ŒUVRES
COMPLÈTES
DE BOSSUET

PUBLIÉES

D'APRÈS LES IMPRIMÉS ET LES MANUSCRITS ORIGINAUX

PURGÉES DES INTERPOLATIONS ET RENDUES A LEUR INTÉGRITÉ

PAR F. LACHAT

ÉDITION

RENFERMANT TOUS LES OUVRAGES ÉDITÉS ET PLUSIEURS INÉDITS

VOLUME XIV

PARIS

LIBRAIRIE DE LOUIS VIVÈS, ÉDITEUR

RUE DELAMBRE, 5

1863

ŒUVRES COMPLÈTES
DE BOSSUET.

Besançon,— imprimerie d'Outhenin Chalandre fils.

OEUVRES

COMPLÈTES

DE BOSSUET

PUBLIÉES

D'APRÈS LES IMPRIMÉS ET LES MANUSCRITS ORIGINAUX

• PURGÉES DES INTERPOLATIONS ET RENDUES A LEUR INTÉGRITÉ

PAR F. LACHAT

ÉDITION

RENFERMANT TOUS LES OUVRAGES ÉDITÉS ET PLUSIEURS INÉDITS

VOLUME XIV

PARIS

LIBRAIRIE DE LOUIS VIVÈS, ÉDITEUR

RUE DELAMBRE, 5

1863

HISTOIRE
DES VARIATIONS
DES ÉGLISES PROTESTANTES.

REMARQUES HISTORIQUES.

Lorsqu'il eut écrit l'*Exposition de la doctrine catholique*, pour donner à cet ouvrage sa dernière perfection, Bossuet en fit imprimer douze exemplaires qu'il soumit à l'examen d'habiles théologiens ; ensuite il le corrigea sur leurs conseils et d'après ses propres réflexions ; puis il le remit sous presse pour le donner au public. Un exemplaire du premier tirage, fait uniquement pour les amis de l'auteur, fut comparé par des docteurs à bout de réponse avec les exemplaires de l'édition définitive, destinée à la publicité ; et bientôt les protestans crièrent par toute l'Europe que Bossuet, tout en proclamant l'invariable perpétuité de la vraie doctrine, avoit lui-même varié dans la foi.

Ces clameurs blessoient toute justice et toute vérité : il étoit facile d'y répondre. Eh ! de quel droit défendrez-vous à l'artisan de modifier son ouvrage, au peintre d'embellir son tableau, à l'écrivain d'améliorer la libre production de son esprit ? Et les exemplaires du premier tirage de l'*Exposition*, n'étoit-ce pas des feuilles d'épreuves, ni plus ni moins ? Bossuet pouvoit donc s'en servir, comme il auroit fait du manuscrit, pour corriger son livre. D'ailleurs que changea-t-il dans la seconde impression ? Il changea des tournures de langage, des membres de phrases, des formes d'expression ; mais il ne toucha pas au dogme. Et quand il seroit allé d'une croyance à la croyance contraire, de l'affirmation à la négation, qu'en pourroit-on conclure ? Les réformateurs furent les pères, les procréateurs, la cause de la doctrine réformée, si bien que la doctrine réformée varioit avec les variations des réformateurs ; les théologiens catholiques au contraire sont, non pas les auteurs, mais les interprètes de la doctrine universelle, tellement que la doctrine universelle reste fixe, immuable, éternelle après comme avant les commentaires et les interprétations des théologiens catholiques.

Bossuet ne se contenta pas de repousser ainsi les attaques de ses adversaires ; il porta la guerre dans le camp ennemi. En étudiant un vaste recueil publié à Genève, le *Syntagma confessionum fidei,* il vit les confessions de foi protestantes en contradiction directe avec elles-mêmes et tout ensemble se heurtant les unes les autres, enseignant les dogmes les plus contraires, disant le oui et le non sur toutes les questions : c'est là, c'est là seulement que se trouvoient les variations dans la foi. Bossuet voulut représenter cette confusion, ce chaos, ce pêle-mêle bizarre de doctrines contradictoires. Son premier dessein fut d'exposer tout cela dans un discours préliminaire, qui devoit figurer à la tête de l'ouvrage si imprudemment attaqué, de l'*Exposition* ; mais à mesure qu'il avançoit dans ses recherches et dans la composition, la matière s'étendoit sous sa plume, les preuves et les raisonnemens s'accumuloient dans son esprit, les faits et les doctrines débordoient pour ainsi dire de son cadre : les limites d'une préface sembloient se rétrécir chaque jour devant ce monde d'idées ; il falloit un ouvrage pour développer un si vaste sujet ; l'infatigable écrivain résolut de le composer [1].

C'est en 1682 qu'il forma ce projet ; mais des occupations nombreuses ne lui permirent pas d'en poursuivre promptement l'exécution. Pendant les cinq années qui suivirent, sans parler de ses fonctions épiscopales et de ses travaux apostoliques, il composa plusieurs ouvrages ; la *Defensio declarationis cleri gallicani* ou plutôt la *Gallia orthodoxa*, le *Traité de la communion sous les deux espèces*, la *Conférence avec Claude* et les *Réflexions sur un écrit de ce ministre*, le *Catéchisme du diocèse de Meaux*, l'*Oraison funèbre* de la Reine, celle de la Princesse Palatine, celle de M. le Tellier, celle de M. le Prince et celle de Condé ; en outre plusieurs éditions, dont quelques-unes augmentées de ses écrits : voilà les travaux littéraires qui occupèrent, avec la préparation de l'*Histoire des Variations*, son zèle et son génie jusqu'en 1687.

Cependant les protestans triomphoient des retards qu'éprouvoit la publication du grand homme : « Qu'on nous montre, s'écrioient-ils, le livre promis avec tant d'emphase ! Qu'est devenu le coup de foudre qui devoit anéantir la Réforme ? Où sont les fluctuations de nos maîtres ? où les transformations de notre doctrine ? où les variations de nos églises ? Plus de déclamations ; des preuves, nous demandons des preuves. »

Étrange présomption de l'ignorance et de la mauvaise foi ! Les protestans ne connoissoient donc pas les travaux de Bossuet ? ils ne connoissoient pas les chefs-d'œuvre qu'il produisoit chaque année ? Et que de nouveaux labeurs, que d'études nouvelles ne devoit pas lui coûter

---

[1] *Mémoires* de l'abbé Ledieu, sur l'*Hist. des Variations.*

l'*Histoire des Variations!* Raconter les emportemens de Luther, les témérités de Zwingle, les subtilités de Bucer, les impiétés de Calvin, les bassesses de Cranmer et les cruautés de Henri VIII; démêler un long tissu de sophismes et de séductions, de mensonges et d'erreurs, de fraudes religieuses et de ruses politiques; montrer la morale affoiblie par de pernicieuses maximes, la famille menacée par une licence effrénée, l'ordre social ébranlé jusque dans ses fondemens par les doctrines d'indépendance et d'insubordination; en un mot retracer un siècle et demi de disputes, de haines, de rapines, de forfaits, de séditions, de guerres civiles, et d'incendies, et de meurtres et de sang : telle est la tâche que l'auteur devoit remplir. Pour vérifier tant d'assertions contraires, pour trancher tant de questions difficiles, pour éclaircir tant de profondes ténèbres, puis pour coordonner tant d'idées diverses et ourdir un drame si vaste et si compliqué, que de recherches à faire, que de témoignages à peser, que de mystères à pénétrer, que de documens à compulser, que de rapports secrets à établir et de fils à ramasser dans sa main ! Bossuet seul pouvoit embrasser tous ces détails, surmonter toutes ces difficultés, mener à fin ce prodigieux travail.

L'*Histoire des Variations* parut en 1688. L'auteur pose, dans la préface, le principe qui dirigera sa plume : il promet aux protestans, non la neutralité, mais la justice; non cette indifférence affectée qui cache toujours la ruse et le mensonge [1], mais la véracité qui ressuscite le passé devant le lecteur et donne à l'histoire ses utiles enseignemens : « Pour le fond des choses, dit-il, on sait bien de quel avis je suis : car assurément, je suis catholique aussi soumis qu'aucun autre aux décisions de l'Eglise, et tellement disposé que personne ne craint davantage de préférer son sentiment particulier au sentiment universel. Après cela d'aller faire le neutre et l'indifférent à cause que j'écris une histoire..., ce serait faire au lecteur une illusion trop grossière : mais avec cet aveu sincère, je maintiens aux protestans qu'ils ne peuvent me refuser leur croyance..., puisque dans ce que j'ai à dire contre leurs églises et leurs auteurs, je n'en raconterai rien qui ne soit prouvé clairement par leurs propres témoignages. » Voilà le langage de la vérité.

Abordant le fond du sujet, Bossuet signale avant toutes choses les variations des réformateurs. Au commencement Luther se contenta de prêcher contre les indulgences; mais sitôt qu'il eut ébranlé dans son aveugle emportement une vérité du catholicisme, il dut les renverser toutes les unes après les autres, parce qu'elles se tiennent intimement par la connexion logique du principe et des conséquences.

---

[1] « Un homme ose-t-il écrire au-dessus de son propre portrait : *Vitam impendere vero?* Gagez sans information que c'est le portrait d'un menteur. » (Le comte de Maistre, *Essai sur le principe des constitutions politiques.*)

Aussi le voyons-nous bientôt combattant les dogmes les plus fondamentaux : l'autorité judiciaire de l'Eglise, car si elle a le pouvoir d'infliger des peines, elle a pareillement celui de les remettre par des indulgences ; le mérite des bonnes œuvres, par la raison que si le chrétien peut mériter pour lui-même, il peut dans une société de frères mériter aussi pour les autres; la liberté morale, puisque si l'homme agit librement, il mérite en agissant bien; la communion des Saints, vu que si les habitans du ciel ne forment avec les habitans de la terre qu'une grande famille, la dispensatrice des graces peut employer les trésors surabondans des uns pour payer à la justice divine les dettes des autres ; enfin l'existence et l'infaillibilité du corps enseignant, parce qu'il proposoit à la croyance des fidèles la communion des Saints, la liberté morale, le mérite des bonnes œuvres, l'autorité judiciaire de l'Eglise, et par une conséquence nécessaire les indulgences. Ainsi l'auteur de la Réforme construisit son évangile de pièces et de dogmes rapportés. Et ce n'est pas tout : l'architecte n'avoit pas encore achevé son échafaudage, que des manœuvres en sous-ordre le renversèrent de fond en comble. Admettant le sens littéral des paroles eucharistiques, Luther enseignoit à Vittenberg la présence réelle; Zwingle attaqua ce dogme à Zurich, en soutenant le sens figuré. A Genève, après avoir longtemps flatté les deux partis par des expressions vagues et des phrases équivoques, lorsqu'il n'eut plus à redouter les foudres du moine saxon, Calvin nia pareillement la présence sur la terre de « celui qui fait ses délices d'être avec les enfans des hommes [1]. » Quant à l'apôtre d'Outre-Manche, il se fit pape pour piller l'Eglise plutôt que pour la réformer, pour pratiquer la luxure plus que pour dogmatiser; mais l'Eglise anglicane ne s'est pas moins signalée par l'inconstance et la mobilité dans ses principes : catholique dans sa forme extérieure sous Henri VIII, elle se fit calviniste par la nudité de son culte sous Edouard VI; elle se rapprocha du catholicisme en ramenant la pompe dans ses temples sous Elisabeth, et devint zwinglienne par la doctrine sous Charles II. L'espace ne nous permet pas de parler des mille sectes qui déchirent le Royaume-Uni; et si l'anglicanisme même semble avoir fixé ses fluctuations dans la foi, c'est que d'une part il n'a plus de croyance religieuse, et que de l'autre la loi temporelle en a fait une institution purement politique.

Mais les symboles sont l'expression officielle des doctrines; la forme authentique de la foi; c'est là principalement, c'est dans les documens publics reconnus par les églises que Bossuet recherche les variations des novateurs. Il passe en revue les confessions de foi qui divisent les grandes fractions de la Réforme : nous ne pouvons le suivre que rapi-

---

[1] *Prov.*, VIII, 31.

dement sur ce terrain. Les protestans présentèrent à la diète d'Augsbourg, en 1530, trois confessions de foi. La première par l'autorité, celle qu'affectent de respecter ceux-là mêmes qui la rejettent, la *Confession d'Augsbourg* enseigne la présence réelle dans les termes les plus formels et les plus positifs; mais la deuxième, dressée par Zwingle au nom des Suisses, la *Confession Helvétique* n'admet que la présence figurée, faisant un simple signe du plus divin de nos mystères. La troisième, appelée *Confession des quatre villes*, vint se placer pour ainsi dire entre les précédentes; rédigée par Bucer, habile artisan d'équivoques et de phrases trompeuses, elle sembloit enseigner et la présence réelle et la présence figurée; si bien que les luthériens et les zwingliens, trouvant dans ce symbole ce qui n'y étoit pas, le mirent chacun de leur côté. C'est Mélanchthon qui avoit composé la *Confession d'Augsbourg*; mais ce premier essai d'autorité dogmatique ne satisfit pas son zèle; il écrivit une nouvelle formule de foi, la *Confession Saxonique*. A Augsbourg, non-seulement il enseignoit la présence réelle, comme on l'a vu tout à l'heure, mais il proclamoit le *Serf arbitre* de Luther et faisoit de l'homme une pure machine sous la main de Dieu; en Saxe, il enveloppa le dogme eucharistique dans un long tissu de paroles inextricables, et il porta le libre arbitre jusqu'au semi-pélagianisme, en attribuant à la nature déchue le commencement des œuvres surnaturelles. Le plus honnête des protestans, comme on se plait à qualifier Mélanchthon, fit plus encore : il alla pendant toute sa vie modifiant, changeant fondamentalement, dans quatre éditions successives, la *Confession d'Augsbourg* qui avoit reçu la sanction suprême et faisoit règle de foi dans son église. Les protestans s'assemblèrent à Naumbourg, en 1561, pour choisir entre ces quatre éditions : on ignore laquelle obtint leur préférence; mais on sait positivement qu'ils ne voulurent en désapprouver aucune, bien qu'elles fussent entre elles comme la lumière et les ténèbres, comme le oui et le non. Telles et cent fois plus nombreuses sont les variations des symboles qu'on vient de nommer; comment retracer dans quelques lignes celles de l'*Apologie*, du livre de la *Concorde*, des *Articles de Smalcalde*, etc.? Et pendant que les confessions de foi luthériennes se heurtoient les unes les autres, les confessions de foi calviniennes vinrent se jeter à la traverse, et ce fut une horrible mêlée de dogmes contradictoires. O profonde humiliation de l'orgueil! ô juste punition de la révolte! des églises entières nous présentent comme la pure expression de la parole évangélique, comme la forme immuable de la vérité divine, quoi! des opinions divergentes, des illusions passagères, des rêves qui se dissipent comme une légère vapeur. C'est dans l'*Histoire des Variations* qu'il faut voir ces apparitions fatastiques de mille erreurs éphémères. Au reste l'auteur n'a pas exploré, ni même nommé tous les symboles protestans; on en trouve le signalement et la doctrine dans la *Symbolique de Mœhler*.

Bossuet rattache au corps de l'ouvrage, avec un art infini, plusieurs faits accessoires qu'il trouve sur les confins du sujet. Ainsi dans les portraits qu'il nous donne des premiers docteurs de la Réforme, il peint la crédulité vulgaire de Mélanchthon; qui l'auroit cru? ce cygne de l'évangélisme, l'esprit le plus noble et le plus élevé de l'aréopage luthérien, trembloit de frayeur à l'aspect des astres, aux révélations des devins, à la naissance d'un veau à deux têtes, ou bien à l'enfantement d'une mule dont le petit avoit un pied de grue. Les prédictions de Jurieu provoquent aussi les recherches de Bossuet et l'épreuve de sa redoutable critique; il fait voir comment ce docteur infaillible, inspiré par le Saint-Esprit comme tous ceux de la secte, applique à l'avenir des prophéties qui ont déjà reçu leur réalisation dans le passé. Ailleurs, voulant montrer le protestantisme hors de la chaîne de la tradition, pour lui ôter jusqu'à l'honneur d'une ignoble descendance, il met en lumière l'origine si obscure des manichéens d'Occident, des albigeois et des vaudois, des vicléfites et des bohémiens. Enfin l'habile historien raconte comment les pères de la Réforme, tout en refusant à l'Eglise universelle le pouvoir de dispenser dans certains cas des lois qu'elle a portées pour régler l'union conjugale, accordèrent une dispense qui introduisoit le mariage turc parmi les chrétiens; il montre par quelle lâche forfaiture, pour ne pas perdre l'appui d'un bras de chair, Luther, Mélanchthon, Bucer, Corvin et d'autres permirent au landgrave Philippe de Hesse d'avoir deux femmes à la fois. L'auteur appuie son récit sur les actes authentiques qui légitimèrent dans le bienheureux bercail évangélique la polygamie païenne. Comment connut-il ces documens officiels? On ne le voit pas dans son ouvrage : disons-le brièvement. Quand ils accordèrent leur criminelle dispense, les pères de l'église réformée, rougissant de honte, prescrivirent au landgrave de garder le secret au fond de son ame, « sous le sceau de la confession. » Le silence et les ténèbres les protégèrent pendant la vie de ce prince; mais après sa mort, le *sceau de la confession* fut rompu; le mystère d'iniquité parut à la lumière du jour. Un des plus zélés défenseurs du protestantisme, l'électeur palatin Charles-Louis entretenoit publiquement, du vivant de sa femme, des relations scandaleuses avec une dame Egenfeld. Pour apaiser la désapprobation que souleva cet outrage à la morale chrétienne, il disoit qu'il lui étoit bien permis d'avoir une femme et une concubine, puisque les auteurs de sa religion avoient donné au landgrave de Hesse la permission d'avoir deux femmes en même temps; mais comme son plaidoyer obtenoit peu de faveur, il chargea un de ses conseillers de plaider sa cause. Daphnæus Arcuarius, ou tout simplement Laurent Bœger soutint, dans un ouvrage volumineux, que plusieurs docteurs avoient permis la polygamie sous la nouvelle alliance ; et non content de nommer Luther, Mélanchthon et Bucer, il rapporta en latin et en allemand la consultation doctrinale et toutes les pièces qui concernoient le mariage du landgrave Philippe. L'électeur envoya son livre aux principales Cours de l'Europe, ainsi qu'à plusieurs savans ; un magistrat de Strasbourg en reçut un exemplaire, et le fit connoître à Bossuet [1]. Quelque temps après, un descendant du fameux landgrave, le prince Ernest abjura le protestantisme pour rentrer dans le sein de l'Eglise ; alors les documens qui seront la honte éternelle des réformateurs, sortirent pour la seconde fois des ténèbres avec tous les caractères de l'authenticité.

Comme nous l'avons déjà dit, l'*Histoire des Variations* vit le jour pour la première fois en 1688 ; ajoutons qu'elle fut éditée de nouveau l'année suivante, en 1689. Ces deux éditions, la première en 2 vol. in-4°, la seconde en 4 vol. in-12, parurent chez la veuve Cramoisy. Deux années plus tard, la seconde édition fut placée chez Guillaume Desprez imprimeur et libraire ordinaire du roi, avec un nouveau frontispice portant la date de 1691. Vers la même époque une magnifique édition fut faite en Hollande. — François Boutard, membre de l'Académie des inscriptions et belles-lettres, commença en 1688 une traduction latine de l'ouvrage, et la termina en 1710 ; Bossuet revit avant sa mort la préface avec les deux premiers livres, et Clément XI en avoit agréé la dédicace ; mais ce travail n'a pas été publié. En récompense une version italienne parut à Padoue en 1733, 4 vol. in-12.

Dans la revue de plusieurs de ses ouvrages, à la suite du *Sixième Avertissement aux protestans*, Bossuet fait sur les deux éditions mentionnées tout à l'heure la remarque que voici : « On est obligé d'avertir que la plus grande partie des fautes de la première édition, qui est de 1688, ont été corrigées dans la seconde, en 1689, et depuis on y a encore remarqué celles-ci... » Suit un long *errata*. Nous avons tenu rigoureusement compte des corrections que l'auteur indique dans cette note, et de celles qu'il a faites dans la seconde édition ; bien plus, nous les avons signalées, comme variantes, au bas des pages [2].

---

[1] Ce magistrat, M. d'Obrecth, étoit préteur royal, c'est-à-dire avocat général à Strasbourg. Il étoit venu à Germigny recevoir l'enseignement du grand évêque, et fit son abjuration en 1684. Les détails donnés dans le texte ont été pris dans une lettre qu'il écrivit à Bossuet.

[2] Dans la première moitié du xviiie siècle, les éditeurs ont reproduit avec une fidélité remarquable l'*Histoire des Variations* ; mais lorsque dom Déforis et ses collaborateurs eurent mis la main sur cet ouvrage, à commencer par leur édition revue et corrigée, comme on le pense bien, les inexactitudes et les altérations les plus grossières sont allées se multipliant dans toutes les réimpressions. Voici

Bossuet cite souvent les pères et les docteurs de la Réforme. Quand leurs ouvrages ont été écrits primitivement ou traduits d'une manière officielle en françois, comme leurs témoignages font autorité dans l'exposition de la nouvelle doctrine, nous les avons reproduits dans la forme originale, d'après l'ancienne orthographe.

On sait que l'*Histoire des Variations* renferme les pièces relatives au

quelques unes des fautes que nous avons remarquées dans l'édition de Versailles.

Fautes dans les articles. — Caractère d'immutabilité (*Edit. de Vers.*, vol. XIX, p. 6, à la marge); *pour :* Caractère de l'immutabilité. — Le livre que les luthériens appellent la *Concorde* (*Ibid.*, p. 12.); *pour :...* appellent *Concorde*. — On en voit autant (de confessions de foi) sous le nom de l'Eglise d'Ecosse (p. 13); *pour :...* sous le nom des églises d'Ecosse. — Jusqu'à ce qu'il ait trouvé occasion de se déclarer (p. 60); *pour :...* l'occasion de..... — Les impertinens discours que les plus illustres de votre noblesse ont tenus (p. 385); *pour :...* que des plus illustres de votre noblesse..... — Aux approches de la mort (p. 427); *pour :* Dans les approches de la mort. — En parlant du primat d'Afrique (p. 463); *pour :...* d'un primat d'Afrique.

Fautes dans les pronoms. — Constance par tous ces conciles,... étoit éloigné (p. 17); *pour :...* s'étoit éloigné. — Si on s'avisoit de les dédire (p. 23); *pour :...* de les en dédire. — Il (saint Bernard) ne craignoit pas d'en avertir aussi les religieux (p. 30); *pour :...* ses religieux. — Ces désordres excitent la haine du peuple contre tout l'ordre ecclésiastique; et si on ne le corrige (p. 31); *pour :...* si on ne les corrige. — On étoit assuré que les péchés sont remis (p. 47); *pour :...* que ses péchés sont remis. — La propre substance de sa chair immolée pour nous (p. 79); *pour :...* de la chair... — Il se vante de l'avoir entre ses mains (p. 318); *pour :...* entre les mains.

Fautes dans les prépositions. — A quels termes elle (la dispute) est réduite (p. 20, à la marge); *pour :* En quels termes... — Le premier traité où Luther parut pour tout ce qu'il étoit (p. 78); *pour :...* parut tout ce qu'il étoit. — Ce fut en cette occasion (p. 140); *pour :...* à cette occasion. — Autre erreur de la justification luthérienne (p. 192, à la marge); *pour :...* dans la justification luthérienne. — Dans le fond de son cœur (p. 222); *pour :* Dans le fond du cœur. — Je ne sais quoi disoit au cœur de Mélanchthon (p. 312); *pour :...* disoit au cœur à Mélanchthon. — ... l'oblige à maltraiter sa première femme, ou même *de* se retirer de sa compagnie (p. 325); *pour :...* à se retirer...

Fautes dans les temps des verbes. — Ce ne fut pas seulement les adversaires de Luther qui blâmoient son mariage (p. 95); *pour :...* qui blâmèrent... — Ceux de Strasbourg entroient dans les mêmes interprétations; Bucer et Capiton devinrent (p. 114); *pour :...* entrèrent... — Plus on désire les louanges, et plus on a de peine à voir transporter aux autres celles qu'on a cru avoir méritées (p. 119); *pour :...* celles qu'on croit avoir méritées. — Il leur demandoit... avec quel front ils osoient dire que la chair de Jésus-Christ ne sert de rien (p. 121); *pour :...* ne servit de rien. — N'est pas une substance qui contient (p. 124); *pour :...* qui contienne. — Nous accorderions au Pape (p. 309); *pour :* Nous accordions. — C'est ce qui le fait soupirer (p. 221); *pour :...* le faisoit soupirer. — Ce qu'il y a de pis pour eux (p. 349); *pour :* Ce qu'il y avoit... — Ils se réduisoient (p. 352); *pour :* Ils se réduisirent. — D'où il concluoit... qu'on ne leur en peut refuser le signe (p. 559); *pour :...* qu'on ne pouvoit...

Fautes par changements de mots. — Un corps entier de la saine théologie (p. 10); *pour :...* de la sainte théologie. — Il ne pouvoit soutenir un jugement

mariage du landgrave de Hesse. Une de ces pièces, l'instruction du landgrave à Bucer, a été mise en françois par l'abbé Leroi ; les deux autres, la consultation des réformateurs et l'acte de mariage, ont été traduites par Bossuet. Les précédens éditeurs ont donné toutes ces traductions ; nous avons rejeté celle de l'abbé Leroi, pour ne garder que celle de Bossuet.

inégal (p. 54) ; *pour :*... souffrir un traitement inégal. — Evangéliste (p. 65); *pour :* Evangélique.— Il faut éprouver... les prophètes (p. 71) ; *pour :*... les prophéties. — Les Pères, les Papes, les conciles,... à moins qu'ils ne tombent dans son sens, ne lui font rien (p. 73) ; *pour :*... ne lui sont rien. — C'est qu'il s'agit du Pape : à ce seul mot (p. 73) ; *pour :*... à ce seul nom. — L'Agneau est la pâque et le passage (p. 116) ; *pour :*... est la pâque ou le passage. — Cette chose est toute particulière (p. 222) ; *pour :* Cette thèse... — *Suum est in bona conscientia* (p. 370) ; *pour : Situm est...*—...que Dieu lui avoit données (p. 403) ; *pour :* Dont la divine libéralité l'avoit rempli. — Les contestations des protestans venoient fort à propos (p. 529) ; *pour :* Les contentions. . — Nous sommes autant assurés de l'un comme de l'autre (p. 558) ; *pour :*... de l'un que de l'autre.

Fautes par additions de mots. — Car c'est (p. 67) ; *pour :* C'est. — Et comme les historiens protestans (p. 91) ; *pour :* Comme les historiens... — Il fait tout ce qu'il peut (p. 96) ; *pour :*... ce qu'il peut. — Calvin écrivit un jour à Mélanchthon (p. 137) ; *pour :* Calvin écrivit à Mélanchthon. — On ne rougit pas de voir condamner saint Bernard (p. 182) ; *pour :* On ne rougit pas de condamner... — Le corps et le sang y doivent être reçus (p. 224) ; *pour :* Le corps et le sang doivent... — le consentement des églises peut se déclarer par d'autres voies que par des conciles universels (p. 461) ; *pour :*... que par des conciles.

Fautes par omission de mots. — Il ne falloit pas espérer que la réformation se pût faire (p. 35) ; *pour :*... se pût bien faire. — Ne déclare pas ce que le pain est devenu, et ce que c'est qui est le corps (p. 125) ; *pour :* Ne déclare pas ce que c'est que le pain est devenu, et ce que... — Jésus-Christ n'impute sa justice qu'à ceux qui sont pénitens et sincèrement pénitens, c'est-à-dire, sincèrement contrits, affligés de leurs péchés, sincèrement convertis (p. 184) ; *pour :*... c'est-à-dire sincèrement contrits, sincèrement affligés de leurs péchés, sincèrement convertis. — *Judicamus... unumquemque habere propter fornicationem* (p. 370) ; *pour : Judicamus... unumquemque debere uxorem habere propter...* — Pour recouvrer sa santé (p. 383) ; *pour :* Pour conserver ou recouvrer sa santé. — Puisque le concile de Trente a toujours cru (p. 428) ; *pour :* Puisque nous avons vu mille fois que le concile... — Le *Kyrie eleison*, le *Pater*, dit en un endroit plutôt qu'en un autre (p. 475) ; *pour :* Le *Kyrie eleison*, le *Pater*, la Paix ou la Bénédiction donnée peut-être en un endroit de la messe plutôt qu'en un autre.

Chacune de ces fautes a été choisie parmi plusieurs autres ; on pourra les vérifier, du moins la plupart, à la simple vue du contexte, sans recourir à l'édition *princeps*. Nous les avons signalées, afin que certain lecteur ne prenne pas nos corrections pour des inexactitudes.

PRÉFACE.

DESSEIN DE L'OUVRAGE.

Idée générale de la religion protestante et de ses variations : que la découverte en est utile à la connoissance de la véritable doctrine, et à la réconciliation des esprits : les auteurs dont on se sert dans cette histoire.

Si les protestans savoient à fond comment s'est formée leur religion; avec combien de variations et avec quelle inconstance leurs confessions de foi ont été dressées; comment ils se sont séparés premièrement de nous, et puis entre eux; par combien de subtilités, de détours et d'équivoques ils ont tâché de réparer leurs divisions, et de rassembler les membres épars de leur Réforme désunie : cette Réforme dont ils se vantent, ne les contenteroit guère; et pour dire franchement ce que je pense, elle ne leur inspireroit que du mépris. C'est donc ces variations, ces subtilités, ces équivoques et ces artifices dont j'entreprends de faire l'histoire : mais afin que ce récit leur soit plus utile, il faut poser quelques principes dont ils ne puissent disconvenir, et que la suite d'un récit, quand on y sera engagé, ne permettroit pas de déduire.

<small>I. Idée générale de la religion protestante et de cet ouvrage.</small>

Lorsque parmi les chrétiens on a vu des variations dans l'exposition de la foi, on les a toujours regardées comme une marque de fausseté et d'inconséquence (qu'on me permette ce mot) dans la doctrine exposée. La foi parle simplement : le Saint-Esprit répand des lumières pures, et la vérité qu'il enseigne a un langage toujours uniforme. Pour peu qu'on sache l'histoire de l'Eglise, on saura qu'elle a opposé à chaque hérésie des explications propres et précises, qu'elle n'a aussi jamais changées; et si l'on prend garde aux expressions par lesquelles elle a condamné les hérétiques, on verra qu'elles vont toujours à attaquer l'erreur dans sa source, par la voie la plus courte et la plus droite.

<small>II. Les variations dans la foi, preuve de fausseté. Celles des ariens. Fermeté de l'Eglise catholique</small>

C'est pourquoi tout ce qui varie, tout ce qui se charge de termes douteux et enveloppés a toujours paru suspect, et non-seulement frauduleux, mais encore absolument faux, parce qu'il marque un embarras que la vérité ne connoît point. Ç'a été un des fondemens sur lesquels les anciens docteurs ont tant condamné les ariens, qui faisoient tous les jours paroître des confessions de foi de nouvelle date, sans pouvoir jamais se fixer. Depuis leur première confession de foi, qui fut faite par Arius et présentée par cet hérésiarque à son évêque Alexandre, ils n'ont jamais cessé de varier. C'est ce que saint Hilaire reproche à Constance, protecteur de ces hérétiques; et pendant que cet empereur assembloit tous les jours de nouveaux conciles pour réformer les symboles, et dresser de nouvelles confessions de foi, ce saint évêque lui adresse ces fortes paroles : « La même chose vous est arrivée qu'aux ignorans architectes, à qui leurs propres ouvrages déplaisent toujours : vous ne faites que bâtir et détruire : au lieu que l'Eglise catholique, dès la première fois qu'elle s'assembla, fit un édifice immortel, et donna dans le Symbole de Nicée une si pleine déclaration de la vérité, que pour condamner éternellement l'arianisme il n'a jamais fallu que la répéter [1]. »

III. Caractère des hérésies, d'être variables. Passage célèbre de Tertullien.

Ce n'a pas été seulement les ariens qui ont varié de cette sorte : toutes les hérésies dès l'origine du christianisme ont eu le même caractère; et longtemps avant Arius, Tertullien avoit déjà dit : « Les hérétiques varient dans leurs règles, *c'est-à-dire, dans leurs confessions de foi :* chacun parmi eux se croit en droit de changer et de modifier par son propre esprit ce qu'il a reçu, comme c'est par son propre esprit que l'auteur de la secte l'a composé : l'hérésie retient toujours sa propre nature en ne cessant d'innover, et le progrès de la chose est semblable à son origine. Ce qui a été permis à Valentin l'est aussi aux valentiniens : les marcionites ont le même pouvoir que Marcion, et les auteurs d'une hérésie n'ont pas plus de droit d'innover que leurs sectateurs : tout change dans les hérésies; et quand on les pénètre à fond, on les trouve dans leur suite différentes en beaucoup de points de ce qu'elles ont été dans leur naissance [2]. »

[1] *Ad Const.*, n. 23, col. 1254. — [2] *De Præscr.*, cap. XLII.

Ce caractère de l'hérésie a toujours été remarqué par les catholiques ; et deux saints auteurs du huitième siècle ont écrit que « l'hérésie en elle-même est toujours une nouveauté, quelque vieille qu'elle soit ; mais que pour se conserver encore mieux le titre de nouvelle, elle innove tous les jours, et tous les jours elle change sa doctrine [1]. »

IV. Ce caractère de l'hérésie reconnu dans tous les âges de l'Eglise.

Mais pendant que les hérésies toujours variables ne s'accordent pas avec elles-mêmes, et introduisent continuellement de nouvelles règles, c'est-à-dire de nouveaux symboles : dans l'Eglise, dit Tertullien, « la règle de la foi est immuable, et ne se réforme point [2] : » c'est que l'Eglise, qui fait profession de ne dire et de n'enseigner que ce qu'elle a reçu, ne varie jamais ; et au contraire l'hérésie, qui a commencé par innover, innove toujours et ne change point de nature.

V. Caractère de l'immutabilité dans la foi de l'Eglise catholique

De là vient que saint Chrysostome traitant ce précepte de l'Apôtre : « Evitez les nouveautés profanes dans vos discours, » a fait cette réflexion : « Evitez les nouveautés dans vos discours, car les choses n'en demeurent pas là : une nouveauté en produit une autre ; et on s'égare sans fin quand on a une fois commencé à s'égarer [3]. »

VI. Principe d'instabilité dans les doctrines nouvelles. S. Paul, S. Chrysostome.

Deux choses causent ce désordre dans les hérésies : l'une est tirée du génie de l'esprit humain, qui depuis qu'il a goûté une fois l'appât de la nouveauté, ne cesse de rechercher avec un appétit déréglé cette trompeuse douceur ; l'autre est tirée de la différence de ce que Dieu fait d'avec ce que font les hommes. La vérité catholique, venue de Dieu, a d'abord sa perfection : l'hérésie, foible production de l'esprit humain, ne se peut faire que par pièces mal assorties. Pendant qu'on veut renverser, contre le précepte du Sage, « les anciennes bornes posées par nos pères [4], » et réformer la doctrine une fois reçue parmi les fidèles, on s'engage sans bien pénétrer toutes les suites de ce qu'on avance ; ce qu'une fausse lueur avait fait hasarder au commencement, se trouve avoir des inconvéniens qui obligent les réformateurs à se réformer tous les jours : de sorte qu'ils ne peuvent dire quand

VII. Deux causes d'instabilité dans les hérésies.

---

[1] Elh. et Beat., lib. I cont. Elip. — [2] De virg. veland., n. 1. — [3] Hom. 5 in II ad Timoth. — [4] Prov., XXII, 28.

finiront les innovations, ni jamais se contenter eux-mêmes.

<small>VIII. Quelles variations on prétend montrer dans les Églises protestantes.</small>

Voilà les principes solides et inébranlables par lesquels je prétends démontrer aux protestans la fausseté de leur doctrine dans leurs continuelles variations, et dans la manière changeante dont ils ont expliqué leurs dogmes, je ne dis pas seulement en particulier, mais en corps d'église, dans les livres qu'ils appellent *symboliques*, c'est-à-dire dans ceux qu'on a faits pour exprimer le consentement des églises, en un mot dans leurs propres confessions de foi arrêtées, signées, publiées, dont on a donné la doctrine comme une doctrine qui ne contenoit que la pure parole de Dieu, et qu'on a changées néanmoins en tant de manières dans les articles principaux.

<small>IX. Le parti protestant divisé en deux corps principaux.</small>

Au reste, quand je parlerai de ceux qui se sont dits *réformés* en ces derniers siècles, mon dessein n'est point de parler des sociniens, ni des différentes sociétés d'anabaptistes, ni de tant de diverses sectes qui s'élèvent en Angleterre et ailleurs dans le sein de la nouvelle Réforme : mais seulement de ces deux corps, dont l'un comprend les luthériens, c'est-à-dire ceux qui ont pour règle la Confession d'Augsbourg, et l'autre suit les sentimens de Zuingle et de Calvin. Les premiers dans l'institution de l'Eucharistie, sont défenseurs du sens littéral, et les autres du sens figuré. C'est aussi par ce caractère que nous les distinguerons principalement les uns des autres, quoiqu'il y ait entre eux beaucoup d'autres démêlés très-graves et très-importans, comme la suite le fera paroître.

<small>X. Que les variations de l'un des partis est une preuve contre l'autre, principalement celles de Luther et des luthériens.</small>

Les luthériens nous diront ici qu'ils prennent fort peu de part aux variations et à la conduite des zuingliens et des calvinistes ; et quelques-uns de ceux-ci pourront penser à leur tour que l'inconstance des luthériens ne les touche pas : mais ils se trompent les uns et les autres, puisque les luthériens peuvent voir dans les calvinistes les suites du mouvement qu'ils ont excité ; et au contraire, les calvinistes doivent remarquer dans les luthériens le désordre et l'incertitude du commencement qu'ils ont suivi ; mais surtout les calvinistes ne peuvent nier qu'ils n'aient toujours regardé Luther et les luthériens comme leurs auteurs ; et sans parler de Calvin, qui a souvent nommé Luther avec respect comme le chef de la Réforme, on verra dans la suite de cette histoire [1], tous les calvinistes (j'appelle ici de ce nom le second parti des protestans) Allemands, Anglois, Hongrois, Polonois, Hollandois, et tous les autres généralement assemblés à Francfort [2] par les soins de la reine Elisabeth, après avoir reconnu « ceux de la Confession d'Augsbourg, » c'est-à-dire les luthériens, « comme les premiers qui ont fait renaître l'Eglise, » reconnoître encore la Confession d'Augsbourg comme une pièce commune de tout le parti qu'ils ne veulent pas contredire, « mais seulement la bien entendre; » et encore dans un seul article, qui est celui de la Cène, nommant aussi pour cette raison parmi leurs pères, non-seulement Zuingle, Bucer et Calvin, mais encore Luther et Mélanchthon, et mettant Luther à la tête de tous les réformateurs.

Qu'ils disent après cela que les variations de Luther et des luthériens ne les touchent pas : nous leur dirons au contraire que selon leurs propres principes et leurs propres déclarations, montrer les variations et les inconstances de Luther et des luthériens, c'est montrer l'esprit de vertige dans la source de la Réforme et dans la tête où elle a été premièrement conçue.

XI.
Recueil de confessions de foi imprimé à Genève.

On a imprimé à Genève, il y a longtemps, un recueil de confessions de foi [3], où avec celle des défenseurs du sens figuré, comme celle de France et des Suisses, sont aussi celles des défenseurs du sens littéral, comme celle d'Augsbourg et quelques autres ; et ce qu'il y a de plus remarquable, c'est qu'encore que les confessions qu'on y a ramassées soient si différentes, et se condamnent les unes les autres en plusieurs articles de foi, on ne laisse pas néanmoins de les proposer dans la préface de ce recueil, « comme un corps entier de la sainte théologie, et comme des registres authentiques où il falloit avoir recours pour connoître la foi ancienne et primitive. » Elles sont dédiées aux rois d'Angleterre, d'Ecosse, de Danemark et de Suède, et aux princes et républiques qui par elles sont suivies. N'importe que ces rois et ces Etats soient séparés entre eux de communion aussi bien que de croyance. Ceux de Genève ne laissent pas de leur parler comme à

---

[1] Liv. XII. — [2] *Act. auth.* Blond., p. 65. — [3] *Syntagma Conf. fidei*, Gen., 1654.

des fidèles « éclairés dans ces derniers temps, par une grace singulière de Dieu, de la véritable lumière de son Evangile, » et ensuite de leur présenter à tous ces confessions de foi comme « un monument éternel de la piété extraordinaire de leurs ancêtres. »

XII. *Les calvinistes approuvent les confessions de foi des luthériens, du moins comme n'ayant rien de contraire aux points fondamentaux.*

C'est qu'en effet ces doctrines sont également adoptées par les calvinistes, ou absolument comme véritables, ou du moins comme n'ayant rien de contraire au fondement de la foi : et ainsi quand on verra dans cette histoire la doctrine des confessions de foi, je ne dis pas de France ou des Suisses et des autres défenseurs du sens figuré, mais encore d'Augsbourg et des autres qui ont été faites par les luthériens, on ne la doit pas prendre pour une doctrine étrangère au calvinisme, mais pour une doctrine que les calvinistes ont expressément approuvée comme véritable, ou en tout cas épargnée comme innocente dans les actes les plus authentiques qui se soient faits parmi eux.

XIII. *Les confessions de foi des luthériens.*

Je n'en dirai pas autant des luthériens, qui, au lieu d'être touchés de l'autorité des défenseurs du sens figuré, n'ont que du mépris et de l'aversion pour leurs sentimens. Leurs propres changemens les doivent confondre. Quand on ne feroit seulement que lire les titres de leurs confessions de foi dans ce recueil de Genève et dans les autres livres de cette nature, où nous les voyons ramassées, on seroit étonné de leur multitude. La première qu'on voit paroître est celle d'Augsbourg, d'où les luthériens prennent leur nom. On la verra présenter à Charles V, en 1530, et on verra depuis qu'on y a touché et retouché plusieurs fois. Mélanchthon, qui l'avoit dressée, en tourna encore le sens d'une autre manière dans l'*Apologie* qu'il en fit alors, souscrite de tout le parti : ainsi elle fut changée en sortant des mains de son auteur. Depuis on n'a cessé de la réformer, et de l'expliquer en différentes manières; tant ces nouveaux réformateurs avoient de peine à se contenter, et tant ils étoient peu stylés à enseigner précisément ce qu'il falloit croire.

Mais comme si une seule confession de foi ne suffisoit pas sur les mêmes matières, Luther crut qu'il avoit besoin d'expliquer ses sentimens d'une autre façon, et dressa en 1537 les articles de Smalcalde, pour être présentés au concile que le pape Paul III avoit indiqué à Mantoue : les articles furent souscrits par tout le parti, et se trouvent insérés dans le livre que les luthériens appellent *Concorde* [1].

Cette explication ne satisfit pas tellement, qu'il ne fallût encore dresser la confession que l'on appelle *Saxonique*. qui fut présentée au concile de Trente en l'an 1551, et celle de Virtenberg, qui fut aussi présentée au même concile en 1552.

A tout cela il faut joindre les explications de l'église de Vitenberg, où la Réforme avoit pris naissance, et les autres que cette histoire fera paroître en leur rang, principalement celle du livre de la *Concorde* dans *l'abrégé des articles*, et encore dans le même livre les *explications répétées* [2], qui sont tout autant de confessions de foi publiées authentiquement dans le parti, embrassées par des églises, combattues par d'autres dans des points très-importans; et ces églises ne laissent pas de faire semblant de composer un seul corps, à cause que par politique elles dissimulent leurs dissensions sur l'ubiquité et sur les autres matières.

L'autre parti des protestans n'a pas été moins fécond en confessions de foi. En même temps que celle d'Augsbourg fut présentée à Charles V, ceux qui ne voulurent pas en convenir lui présentèrent la leur, qui fut publiée sous le nom de quatre villes de l'Empire, dont celle de Strasbourg étoit la première.

XIV. Confessions de foi des défenseurs du sens figuré ou du second parti des protestans.

Elle satisfit si peu les défenseurs du sens figuré, que chacun voulut faire la sienne : nous en verrons quatre ou cinq de la façon des Suisses. Mais si les ministres zuingliens avoient leurs pensées, les autres avoient aussi les leurs; et c'est ce qui a produit la confession de France et de Genève. On voit à peu près dans le même temps deux confessions de foi sous le nom de l'Eglise anglicane, et autant sous le nom des églises d'Ecosse. L'Electeur Palatin Fridéric III voulut faire la sienne en particulier, et celle-ci a trouvé sa place avec les autres dans le recueil de Genève. Ceux des Pays-Bas ne se sont tenus à pas une de celles qu'on avoit faites devant eux, et nous avons une confession de foi belgique approuvée au synode de Dordrecht. Pourquoi les calvinistes polonois n'auroient-ils pas eu la leur? En effet, encore qu'ils eussent

---

[1] *Concord.*, p. 298, 730. — [2] *Concord.*, p. 570, 778.

souscrit la dernière confession des zuingliens, on voit qu'ils ne laissent pas d'en publier encore une autre au synode de Czenger : outre cela s'étant assemblés avec les vaudois et les luthériens à Sendomir, ils convinrent d'une nouvelle manière d'expliquer l'article de l'Eucharistie, sans qu'aucun d'eux se départît de ses sentimens.

XV. Autres actes authentiques. Que ces variations prouvent la foiblesse de la religion protestante.

Je ne parle pas de la confession de foi des Bohémiens, qui vouloient contenter les deux partis de la nouvelle Réforme. Je ne parle pas des traités d'accord qui furent faits entre les églises avec tant de variétés et tant d'équivoques : ils paroîtront en leur lieu avec les décisions des synodes nationaux, et d'autres confessions de foi faites en différentes conjonctures. Est-il possible, ô grand Dieu! que sur les mêmes matières et sur les mêmes questions on ait eu besoin de tant d'actes multipliés, de tant de décisions et de confessions de foi si différentes! Encore ne puis-je pas me vanter de les savoir toutes, et j'en sais que je n'ai pu trouver. L'Eglise catholique n'en eut jamais qu'une à opposer à chaque hérésie : mais les églises de la nouvelle Réforme, qui en ont produit un si grand nombre, chose étrange, et néanmoins véritable! n'en sont pas encore contentes; et on verra dans cette histoire qu'il n'a pas tenu à nos calvinistes qu'ils n'en aient fait de nouvelles, qui aient supprimé ou réformé toutes les autres.

On est étonné de ces variations. On le sera beaucoup davantage quand on verra le détail et la manière dont des actes si authentiques ont été dressés. On s'est joué, je le dis sans exagérer, du nom de confession de foi, et rien n'a été moins sérieux dans la nouvelle Réforme que ce qu'il y a de plus sérieux dans la religion.

XVI. Les protestans ont eu honte de tant de confessions de foi. Vains prétextes dont ils ont tâché de se couvrir.

Cette prodigieuse multitude de confessions de foi a effrayé ceux qui les ont faites; on verra les pitoyables raisons par lesquelles ils ont tâché de s'en excuser : mais je ne puis m'empêcher ici de rapporter celles qui sont proposées dans la préface du recueil de Genève [1], parce qu'elles sont générales, et regardent également toutes les églises qui se disent réformées.

La première raison qu'on allègue pour établir la nécessité de multiplier ces confessions, c'est que plusieurs articles de foi ayant été attaqués, il a fallu opposer plusieurs confessions à ce grand

[1] *Synt. Conf., Præf.*

nombre d'erreurs : j'en conviens, et en même temps par une raison contraire je démontre l'absurdité de toutes ces confessions de foi des protestans, puisque toutes, comme il paroît par la seule lecture des titres, regardent précisément les mêmes articles ; de sorte que c'étoit le cas de dire avec saint Athanase : « Pourquoi un nouveau concile, de nouvelles confessions, un nouveau symbole ? Quelle nouvelle question s'étoit élevée [1] ? »

Une autre excuse qu'on apporte, c'est que tout le monde, comme dit l'Apôtre, doit rendre raison de sa foi ; de sorte que les églises répandues en divers lieux ont dû déclarer leur croyance par un témoignage public ; comme si toutes les églises du monde, dans quelque éloignement qu'elles soient, ne pouvoient pas convenir dans le même témoignage quand elles ont la même croyance, et qu'on n'ait pas vu en effet dès l'origine du christianisme un semblable consentement dans les églises. Où est-ce que l'on me montrera que les églises d'Orient aient eu dans l'antiquité une confession différente de celle d'Occident ? Le Symbole de Nicée ne leur a-t-il pas servi également de témoignage contre tous les ariens ? La définition de Calcédoine, contre tous les eutychiens ? les huit chapitres de Carthage, contre tous les pélagiens ? et ainsi du reste.

Mais, disent les protestans, y avoit-il une des églises réformées qui pût faire la loi à toutes les autres ? Non, sans doute : toutes ces nouvelles églises, sous prétexte d'éloigner la domination, se sont même privées de l'ordre, et n'ont pas pu conserver le principe d'unité. Mais enfin si la vérité les dominoit toutes comme elles s'en glorifient, il ne falloit autre chose pour les unir dans une même confession de foi, sinon que toutes entrassent dans le sentiment de celle à qui Dieu auroit fait la grace d'exposer la première la vérité.

Enfin nous lisons encore dans la Préface de Genève que si la Réforme n'avoit produit qu'une seule confession de foi, on auroit pris ce consentement pour un concert étudié ; au lieu qu'un consentement entre tant d'églises et de confessions de foi sans concert, est l'œuvre du Saint-Esprit. Ce concert en effet seroit mer-

[1] Athan., *De Syn. et Ep. ad Afr.*

veilleux : mais par malheur la merveille du consentement manque à ces confessions de foi, et cette histoire fera paroître qu'il n'y eut jamais dans une matière si sérieuse une si étrange inconstance.

<small>XVII. Les protestans des deux partis tentent vainement de se réunir sous une seule et uniforme confession de foi.</small>

On s'est aperçu d'un si grand mal dans la Réforme, et on a vainement tenté d'y remédier. Tout le second parti des protestans a tenu une assemblée générale pour dresser une commune confession de foi. Mais nous verrons par les actes qu'autant qu'on trouvoit d'inconvénient à n'en avoir point, autant fut-il impossible d'en convenir [1]. »

Les luthériens, qui paroissent plus unis dans la Confession d'Augsbourg, n'ont pas été moins embarrassés de ses éditions différentes, et n'y ont pas pu trouver un meilleur remède [2].

<small>XVIII. Combien ces variétés dégénèrent de l'ancienne simplicité du christianisme.</small>

On sera fatigué sans doute en voyant ces variations et tant de fausses subtilités de la nouvelle Réforme, tant de chicanes sur les mots, tant de divers accommodemens, tant d'équivoques et d'explications forcées sur lesquelles on les a fondées. Est-ce là, dira-t-on souvent, la religion chrétienne, que les païens ont admirée autrefois comme si simple, si nette et si précise en ces dogmes? *Christianam religionem absolutam et simplicem?* Non certainement, ce ne l'est pas. Ammian Marcellin avoit raison, quand il disoit que Constance, par tous ses conciles et tous ses symboles, s'étoit éloigné de cette admirable simplicité, et qu'il avoit affoibli toute la vigueur de la foi par la crainte perpétuelle qu'il avoit de s'être trompé dans ses sentimens [3].

<small>XIX. Pourquoi il faudra beaucoup parler dans cette Histoire de ceux que les protestans appellent les *réformateurs*.</small>

Encore que mon intention soit ici de représenter les confessions de foi et les autres actes publics où paroissent les variations, non pas des particuliers, mais des églises entières de la nouvelle Réforme, je ne pourrai m'empêcher de parler en même temps des chefs de parti qui ont dressé ces confessions, ou qui ont donné lieu à ces changemens. Ainsi Luther, Mélanchthon, Carlostad, Zuingle, Bucer, Œcolampade, Calvin, et les autres paroîtront souvent sur les rangs; mais je n'en dirai rien qui ne soit tiré le plus souvent de leurs propres écrits, et toujours d'auteurs non suspects : de sorte qu'il n'y aura dans tout ce récit aucun fait qui ne soit con-

[1] Liv. XII. — [2] Liv. III, VIII. — [3] Ammian. Marcel., lib. XXI.

stant et utile à faire entendre les variations dont j'écris l'histoire.

Pour ce qui regarde les actes publics des protestans, outre leurs confessions de foi et leurs catéchismes, qui sont entre les mains de tout le monde, j'en ai trouvé quelques-uns dans le recueil de Genève; d'autres dans le livre appelé *Concorde*, imprimé par les luthériens en 1654; d'autres dans le résultat des synodes nationaux de nos prétendus réformés, que j'ai vus en forme authentique dans la bibliothèque du Roi; d'autres dans l'*Histoire Sacramentaire*, imprimée à Zurich en 1602, par Hospinien, auteur zuinglien; ou enfin dans d'autres auteurs protestans : en un mot je ne dirai rien qui ne soit authentique et incontestable. Au reste, pour le fond des choses, on sait bien de quel avis je suis : car assurément je suis catholique aussi soumis qu'aucun autre aux décisions de l'Eglise, et tellement disposé que personne ne craint davantage de préférer son sentiment particulier au sentiment universel. Après cela d'aller faire le neutre et l'indifférent à cause que j'écris une histoire, ou de dissimuler ce que je suis quand tout le monde le sait et que j'en fais gloire, ce seroit faire au lecteur une illusion trop grossière : mais avec cet aveu sincère, je maintiens aux protestans qu'ils ne peuvent me refuser leur croyance, et qu'ils ne liront jamais nulle histoire, quelle qu'elle soit, plus indubitable que celle-ci, puisque dans ce que j'ai à dire contre leurs églises et leurs auteurs, je n'en raconterai rien qui ne soit prouvé clairement par leurs propres témoignages.

XX. Pièces de cette Histoire, d'où tirées. Pourquoi il n'y a point d'histoire plus certaine ni plus authentique que celle-ci.

Je n'ai pas épargné ma peine à les transcrire, et le lecteur se plaindra peut-être que je n'aie pas assez ménagé la sienne. D'autres trouveront mauvais que je me sois quelquefois attaché à des choses qui leur paroîtront méprisables : mais outre que ceux qui sont accoutumés à traiter les matières de la religion, savent bien que dans un sujet de cette importance et de cette délicatesse, presque tout, jusqu'aux moindres mots, est essentiel, il a fallu considérer, non ce que les choses sont en elles-mêmes, mais ce qu'elles ont été, ou sont encore dans l'esprit de ceux à qui j'ai affaire; et après tout on verra bien que cette histoire est d'un genre tout particulier; qu'elle a dû paroître avec toutes ses preuves, et munie pour ainsi dire de tous côtés; et qu'il a fallu

XXI. Quelques objections qu'on peut faire contre cet ouvrage.

hasarder de la rendre moins divertissante, pour la rendre plus convaincante et plus utile.

<small>XXII. Qu'il y a des choses qu'il a fallu reprendre de plus haut, comme l'histoire des vaudois, des albigeois, de Jean Viclef, et de Jean Hus.</small>
Quoique mon dessein me renferme dans l'histoire des protestans, j'ai cru en certains endroits devoir remonter plus haut[1] ; et ç'a été lorsqu'on a vu les vaudois et les hussites se réunir avec les calvinistes et les luthériens. Il a donc fallu en ces endroits faire connoître l'origine et les sentimens de ces sectes, en montrer la descendance, les distinguer d'avec celles avec qui on a voulu les confondre, découvrir le manichéisme de Pierre de Bruis et des albigeois, et montrer comment les vaudois sont sortis d'eux (a) ; raconter les impiétés et les blasphèmes de Viclef, dont Jean Hus et ses disciples ont pris naissance; en un mot révéler la honte de tous ces sectaires à ceux qui se glorifient de les avoir pour prédécesseurs.

<small>XXIII. Pourquoi on suit l'ordre des temps sans distinction des matières.</small>
Quant à la méthode de cet ouvrage, on y verra marcher les disputes et les décisions dans l'ordre qu'elles ont paru, sans distinction des matières, parce que les temps mêmes m'invitoient à suivre cet ordre. Il est certain que par ce moyen les variations des protestans et l'état de leurs églises sera mieux marqué. On verra aussi plus clairement, en mettant ensemble sous les yeux les circonstances des lieux et des temps, ce qui pourra servir à la conviction ou à la défense de ceux dont il s'agit.

<small>XXIV. Toute la matière de l'Eglise traitée ensemble. Etat présent de cette fameuse dispute, et en quels termes elle est réduite par les ministres Claude et Jurieu.</small>
Il n'y a qu'une controverse dont je fais l'histoire à part, et c'est celle qui regarde l'Eglise[2] ; matière si importante et qui seule pourroit emporter la décision de tout le procès, si elle n'étoit aussi embrouillée dans les écrits des protestans qu'elle est claire et intelligible en elle-même. Pour lui rendre sa netteté et sa simplicité naturelle, j'ai recueilli dans le dernier livre tout ce que j'ai eu à raconter sur cette matière, afin qu'ayant une fois bien envisagé la difficulté, le lecteur puisse apercevoir pourquoi les nouvelles églises se sont senties obligées à tourner successivement de tant de côtés ce qui dans le fond ne pouvoit jamais avoir (b) qu'une même face. Car enfin tout se réduit à montrer où étoit l'Eglise avant la Réforme : naturellement on la doit faire visible

---

[1] Liv. XI. — [2] Liv. XV.
(a) 1ʳᵉ édit. : En sont sortis. — (b) 1ʳᵉ édit. : Ne pouvoit avoir.

selon la commune idée de tous les chrétiens, et on étoit allé là dans les premières confessions de foi, comme on le verra dans celles d'Augsbourg et de Strasbourg, qui sont dans chaque parti des protestans les deux premières : on s'obligeoit par ce moyen à montrer dans sa croyance, non pas des particuliers répandus deçà et delà, et encore les uns sur un point et les autres sur un autre; mais des corps d'église, c'est-à-dire des corps composés de pasteurs et de peuples : et on a longtemps amusé le monde en disant qu'à la vérité l'Eglise n'étoit pas toujours dans l'éclat, mais qu'il y avoit du moins dans tous les temps quelque petite assemblée où la vérité se faisoit entendre. A la fin, comme on a bien vu qu'on n'en pouvoit marquer ni petite ni grande, ni obscure ni éclatante, qui fût de la croyance protestante, le refuge d'église invisible s'est présenté très-à propos, et la dispute a roulé longtemps sur cette question. De nos jours on a reconnu plus clairement que l'Eglise réduite à un état invisible étoit une chimère inconciliable avec le plan de l'Ecriture et la commune notion des chrétiens, et on a abandonné ce mauvais poste. Les protestans ont été contraints à chercher leur succession jusque dans l'Eglise romaine. Deux fameux ministres de France ont travaillé à l'envi à sauver les inconvéniens de ce système, pour parler dans le style du temps : on entend bien que ces deux ministres sont MM. Claude et Jurieu. On ne pouvoit apporter ni plus d'esprit, ni plus d'étude, ni plus de subtilité et d'adresse, ni en un mot plus de tout ce qu'il falloit pour se bien défendre : on ne pouvoit non plus faire meilleure contenance, ni renvoyer leurs adversaires d'un air plus fier et plus dédaigneux avec les petits esprits et avec les missionnaires tant méprisés par les ministres : toutefois la difficulté qu'on vouloit faire paroître si légère, à la fin s'est trouvée si grande, qu'elle a mis la division dans le parti. Il a enfin fallu reconnoître publiquement qu'on trouvoit dans l'Eglise romaine comme dans les autres églises, avec la suite essentielle du vrai christianisme, même le salut éternel; secret que la politique du parti avoit tenu si caché depuis longtemps. Au reste on nous a donné tant d'avantage, il a fallu se jeter dans des excès si visibles, on a si fort oublié et les anciennes maximes de la Réforme et ses propres confessions de foi, que je n'ai pu m'empêcher de raconter ce changement dans toute sa suite. Que si je me suis attaché à tracer ici avec soin le plan de ces deux ministres, et à faire bien connoître l'état où ils ont mis la question : c'est de bonne foi que j'ai trouvé dans leurs écrits avec les tours les plus adroits toute l'érudition et toutes les subtilités que j'avois pu remarquer dans tous les auteurs que je connois, soit luthériens ou calvinistes; et si parmi les protestans on s'avisoit de les en dédire sous prétexte des absurdités où on les verroit poussés, et qu'on voulût se réfugier de nouveau ou dans l'église invisible, ou dans les autres retraites également abandonnées : ce seroit comme le désordre d'une armée vaincue, qui consternée par sa déroute voudroit rentrer dans les forts qu'elle n'auroit pu défendre, au hasard de s'y voir bientôt forcée encore une fois; ou comme l'inquiétude d'un malade, qui après s'être longtemps inutilement tourné et retourné dans son lit pour y trouver une place plus commode, reviendroit à celle qu'il auroit quittée, où peu après il sentiroit qu'il n'est pas mieux.

XV.
Quelles plaintes les protestans pourront faire, et combien vaines.

Je ne crains ici qu'une chose; c'est, s'il m'est permis de le dire, de faire trop voir à nos frères le foible de leur Réforme. Il y en aura parmi eux qui s'aigriront contre nous plutôt que de se calmer en voyant dans leur religion un tort si visible, quoique, hélas! je ne songe point à leur imputer le malheur de leur naissance, et que je les plaigne encore plus que je ne les blâme. Mais ils ne laisseront pas de s'élever contre nous. Que de récriminations prépare-t-on contre l'Eglise, et que de reproches peut-être contre moi-même sur la nature de cet ouvrage? Combien de nos adversaires me diront, quoique sans sujet, que je suis sorti de mon caractère et de mes maximes en abandonnant la modération qu'ils ont eux-mêmes louée, et en tournant les disputes de religion à des accusations personnelles et particulières? Mais assurément ils auront tort; si ce récit rend le procédé de la Réforme odieux, les bons esprits verront bien qu'en cela ce n'est pas moi, mais la chose même qui parle. Il ne s'agit de rien moins que de faits personnels dans un discours où je me propose d'exposer, sur les matières de la foi, les actes les plus authentiques de la religion protestante. Que si on trouve dans leurs auteurs, qu'on nous vante comme des hommes extraordinairement envoyés pour faire renaître le christianisme au seizième siècle, une conduite directement opposée à un tel dessein ; et qu'on voie en général dans le parti qu'ils ont formé tous les caractères contraires à un christianisme renaissant : les protestans apprendront dans cet endroit de l'histoire à ne point déshonorer Dieu et sa providence, en lui attribuant un choix spécial qui seroit visiblement mauvais.

Pour les récriminations, il les faudra essuyer avec toutes les injures et les calomnies dont nos adversaires ont accoutumé de nous charger : mais je leur demande deux conditions qu'ils trouveront équitables : la première, qu'ils ne songent à nous accuser de variations dans les matières de foi qu'après qu'ils s'en seront purgés eux-mêmes ; autrement il faut avouer que ce ne seroit pas répondre à cette histoire, mais éblouir le lecteur, et donner le change : la seconde, qu'ils n'opposent pas des raisonnemens ou des conjectures à des faits constans, mais des faits constans à des faits constans, et des décisions de foi authentiques à des décisions de foi authentiques. Que si par de telles preuves ils nous montrent la moindre inconstance ou la moindre variation dans les dogmes de l'Eglise catholique depuis son origine jusqu'à nous, c'est-à-dire depuis la fondation du christianisme, je veux bien leur avouer qu'ils ont raison, et moi-même j'effacerai toute mon histoire.

XXVI Quelles récriminations leur peuvent être permises.

Au reste je ne prétends pas faire un récit sec et décharné des variations de nos réformés. J'en découvrirai les causes : je montrerai qu'il ne s'est fait aucun changement parmi eux qui ne marque un inconvénient dans leur doctrine, et qui n'en soit l'effet nécessaire : leurs variations, comme celle des ariens, découvriront ce qu'ils ont voulu excuser, ce qu'ils ont voulu suppléer, ce qu'ils ont voulu déguiser dans leur croyance. Leurs disputes, leurs contradictions et leurs équivoques rendront témoignage à la vérité catholique : il faudra aussi de temps en temps la représenter telle qu'elle est, afin qu'on voie par combien d'endroits ses ennemis sont enfin contraints de s'en rapprocher. Ainsi au milieu de tant de disputes et des embarras de la nouvelle Réforme, la

XXVII. Cette histoire est très-avantageuse pour la connoissance de la vérité.

vérité catholique éclatera partout comme un beau soleil qui aura percé d'épais nuages ; et ce traité, si je l'exécute comme Dieu me l'a inspiré, sera une démonstration de la justice de notre cause d'autant plus sensible, qu'elle procédera par des principes et par des faits constans entre les parties.

XXVIII.
Et pour faciliter la réunion.

Enfin les altercations et les accommodemens des protestans nous feront voir en quoi ils ont mis de part ou d'autre l'essentiel de la religion, et le nœud de la dispute ; ce qu'il y faut avouer, ce qu'il y faut du moins supporter selon leurs principes. La seule Confession de foi d'Augsbourg avec son *Apologie,* décidera en notre faveur beaucoup plus de points qu'on ne pense, et sans hésiter, ce qu'il y a de plus essentiel. Nous ferons aussi reconnoître au calviniste complaisant envers les uns et inexorable envers les autres, que ce qui lui paroît odieux dans le catholique sans le paroître de la même sorte dans le luthérien, ne l'est pas au fond. Quand on verra qu'on exagère contre l'un ce qu'on favorise ou qu'on tolère dans l'autre, c'en sera assez pour montrer qu'on n'agit point par principes, mais par aversion ; ce qui est le véritable esprit de schisme. Cette épreuve, que le calviniste pourra faire ici de lui-même, s'étendra plus loin qu'il ne croit. Le luthérien trouvera aussi les disputes fort abrégées par les vérités qu'il reconnoît ; et cet ouvrage, qui d'abord pourroit paroître contentieux, se trouvera dans le fond beaucoup plus tourné à la paix qu'à la dispute.

XXIX.
Ce que cette histoire doit opérer dans les catholiques.

Pour ce qui regarde le catholique, il ne cessera partout de louer Dieu de la continuelle protection qu'il donne à son Eglise pour en maintenir la simplicité et la droiture inflexible, au milieu des subtilités dont on embrouille les vérités de l'Evangile. La perversité des hérétiques sera un grand spectacle aux humbles de cœur. Ils apprendront à mépriser, avec la science qui enfle, l'éloquence qui éblouit ; et les talents que le monde admire leur paroîtront peu de chose, lorsqu'ils verront tant de vaines curiosités et tant de travers dans les savans ; tant de déguisemens et tant d'artifice dans la politesse du style ; tant de vanité, tant d'ostentation et des illusions si dangereuses parmi ceux qu'on appelle beaux esprits ; et enfin tant d'arrogance, tant d'emportement, et ensuite des égaremens si fréquens et si manifestes dans les hommes qui paroissent grands, parce qu'ils entraînent les autres. On déplorera les misères de l'esprit humain, et on connoîtra que le seul remède à de si grands maux est de savoir se détacher de son propre sens; car c'est ce qui fait la différence du catholique et de l'hérétique. Le propre de l'hérétique, c'est-à-dire de celui qui a une opinion particulière, est de s'attacher à ses propres pensées; et le propre du catholique, c'est-à-dire de l'universel, est de préférer à ses sentimens le sentiment commun de toute l'Eglise : c'est la grace qu'on demandera pour les errans. Cependant on sera saisi d'une sainte et humble frayeur, en considérant les tentations si dangereuses et si délicates que Dieu envoie quelquefois à son Eglise et les jugemens qu'il exerce sur elle; et on ne cessera de faire des vœux pour lui obtenir des pasteurs également éclairés et exemplaires, puisque c'est faute d'en avoir eu beaucoup de semblables que le troupeau racheté d'un si grand prix a été si indignement ravagé.

HISTOIRE
DES VARIATIONS
DES ÉGLISES PROTESTANTES.

LIVRE PREMIER.

Depuis l'an 1517 jusqu'à l'an 1520.

SOMMAIRE.

Le commencement des disputes de Luther. Ses agitations. Ses soumissions envers l'Eglise et envers le Pape. Les fondemens de sa Réforme dans la justice imputée; ses propositions inouïes; sa condamnation. Ses emportemens, ses menaces furieuses, ses vaines prophéties et les miracles dont il se vante. La Papauté devoit tomber tout à coup sans violence. Il promet de ne point permettre de prendre les armes pour son évangile.

I. La réformation de l'Eglise étoit désirée depuis plusieurs siècles.

Il y avoit plusieurs siècles (*a*) qu'on désiroit la réformation de la discipline ecclésiastique : « Qui me donnera, disoit saint Bernard, que je voie, avant de mourir, l'Eglise de Dieu comme elle étoit dans les premiers jours [1] ? » Si ce saint homme a eu quelque chose à regretter en mourant, ç'a été de n'avoir pas vu un changement si heureux. Il a gémi toute sa vie des maux de l'Eglise. Il n'a cessé d'en avertir les peuples, le clergé, les évêques, les Papes mêmes : il ne craignoit pas d'en avertir aussi ses religieux, qui s'en affligeoient avec lui dans leur solitude, et louoient d'autant plus la bonté divine de les y avoir attirés, que la corruption étoit plus grande dans le monde. Les désordres s'étoient encore augmentés depuis. L'Eglise romaine, la Mère des églises, qui durant neuf siècles entiers, en observant la première avec une exactitude exemplaire la discipline ecclésiastique, la maintenoit de toute sa force par tout l'univers, n'étoit pas exempte de mal;

[1] Bern., Epist. 257 *ad Eugen. Papam.*
(*a*) 1re édit. : Depuis plus d'un siècle.

et dès le temps du concile de Vienne un grand évêque, chargé par le Pape de préparer les matières qui devoient y être traitées, mit pour fondement de l'ouvrage de cette sainte assemblée qu'il y falloit « réformer l'Eglise dans le chef et dans les membres [1]. » Le grand schisme arrivé un peu après mit plus que jamais cette parole à la bouche, non-seulement des docteurs particuliers, d'un Gerson, d'un Pierre d'Ailly, des autres grands hommes de ce temps-là, mais encore des conciles, et tout en est plein dans le concile de Pise et dans le concile de Constance. On sait ce qui arriva dans le concile de Bâle, où la réformation fut malheureusement éludée, et l'Eglise replongée dans de nouvelles divisions. Le cardinal Julien représentoit à Eugène IV les désordres du clergé, principalement de celui d'Allemagne. « Ces désordres, lui disoit-il, excitent la haine du peuple contre tout l'ordre ecclésiastique; et si on ne les corrige, on doit craindre que les laïques ne se jettent sur le clergé à la manière des hussites, comme ils nous en menacent hautement [2]. » Si on ne réformoit promptement le clergé d'Allemagne, il prédisoit qu'après l'hérésie de Bohême, et « quand elle seroit éteinte, il s'en élèveroit bientôt une autre » encore plus dangereuse [3]; car « on dira, poursuivoit-il, que le clergé est incorrigible, et ne veut point apporter de remède à ses désordres. On se jettera sur nous, continuoit ce grand cardinal, quand on n'aura plus aucune espérance de notre correction. Les esprits des hommes sont en attente de ce qu'on fera, et ils semblent devoir bientôt enfanter quelque chose de tragique. Le venin qu'ils ont contre nous se déclare : bientôt ils croiront faire à Dieu un sacrifice agréable, en maltraitant ou en dépouillant les ecclésiastiques comme des gens odieux à Dieu et aux hommes, et plongés dans la dernière extrémité du mal. Le peu qui reste de dévotion envers l'ordre sacré achèvera de se perdre. On rejettera la faute de tous ces désordres sur la cour de Rome, qu'on regardera comme la cause de tous les maux [4], » parce qu'elle aura négligé d'y apporter le remède nécessaire. Il le prenoit dans

---

[1] Guill. Durand., Episc. Mimat., Speculator dictus; *Tract. de modo Gen. Conc. celeb.*, tit. 1, part. I; tit. 1, part. III; ejusd. part. tit. 33, etc. — [2] Epist. I, Julian. card. ad Eug. IV, *inter. Op. Æn. Silv.*, p. 76. — [3] *Ibid.*, p. 67. — [4] *Ibid.*, p. 68.

la suite d'un ton plus haut : « Je vois, disoit-il, que la coignée est à la racine : l'arbre penche ; et au lieu de le soutenir pendant qu'on le pourroit encore, nous le précipitons à terre. » Il voit une prompte désolation dans le clergé d'Allemagne[1]. Les biens temporels dont on voudra le priver, lui paroissent comme l'endroit par où le mal commencera : « Les corps, dit-il, périront avec les ames : Dieu nous ôte la vue de nos périls, comme il a coutume de faire à ceux qu'il veut punir : le feu est allumé devant nous, et nous y courons. »

II.
La réformation qu'on désiroit ne regardoit que la discipline, et non pas la foi.

C'est ainsi que dans le quinzième siècle ce cardinal, le plus grand homme de son temps, en déploroit les maux et en prévoyoit la suite funeste : par où il semble avoir prédit ceux que Luther alloit apporter à toute la chrétienté en commençant par l'Allemagne ; et il ne s'est pas trompé, lorsqu'il a cru que la réformation méprisée, et la haine redoublée contre le clergé, alloit enfanter une secte plus redoutable à l'Eglise que celle des Bohémiens. Elle est venue cette secte sous la conduite de Luther ; et en prenant le titre de *Réforme*, elle s'est vantée d'avoir accompli les vœux de toute la chrétienté, puisque la réformation étoit désirée par les peuples, par les docteurs et par les prélats catholiques. Ainsi pour autoriser cette réformation prétendue, on a ramassé avec soin ce que les auteurs ecclésiastiques ont dit contre les désordres et du peuple et du clergé même. Mais c'est une illusion manifeste, puisque de tant de passages qu'on allègue, il n'y en a pas un seul où ces docteurs aient seulement songé à changer la foi de l'Eglise ; à corriger son culte, qui consistoit principalement dans le sacrifice de l'autel ; à renverser l'autorité de ses prélats, et principalement celle du Pape, qui étoit le but où tendoit toute cette nouvelle réformation, dont Luther étoit l'architecte.

III.
Témoignage de S. Bernard

Nos réformés nous allèguent saint Bernard, qui faisant le dénombrement des maux de l'Eglise, et de ceux qu'elle a soufferts dans son origine durant les persécutions, et de ceux qu'elle a sentis dans son progrès par les hérésies, et de ceux qu'elle a éprouvés dans les derniers temps par la dépravation des mœurs[2],

---

[1] Epist. I, Julian. card. ad Eug. IV, *inter Op. Æn. Silv.*, p. 76. — [2] Bern., serm. XXXIII, *in Cant.*, n. 10.

dit que ceux-ci sont le plus à craindre, parce qu'ils gagnent le dedans, et remplissent toute l'Eglise de corruption : d'où ce grand homme conclut que l'Eglise peut dire avec Isaïe que « son amertume la plus amère et la plus douloureuse est dans la paix[1] ; » lorsqu'en paix du côté des infidèles, et en paix du côté des hérétiques, elle est plus dangereusement combattue par les mauvaises mœurs de ses enfans. Mais il n'en faut davantage pour montrer que ce qu'il déplore n'est pas, comme ont fait nos réformateurs, les erreurs où l'Eglise étoit tombée, puisqu'au contraire il la représente comme étant à couvert de ce côté-là, mais seulement les maux qui venoient du relâchement de la discipline. D'où il est aussi arrivé que, lorsqu'au lieu de la discipline, des esprits inquiets et turbulens comme un Pierre de Bruis, un Henri, un Arnaud de Bresce, ont commencé à reprendre les dogmes : ce grand homme n'a jamais souffert qu'on en affoiblît aucun, et a combattu avec une force invincible tant pour la foi de l'Eglise que pour l'autorité de ses prélats[2].

IV. Témoignages de Gerson et du cardinal Pierre d'Ailly, évêque de Cambrai.

Il en est de même des autres docteurs catholiques, qui dans les siècles suivans ont déploré les abus, et en ont demandé la réformation. Gerson est le plus célèbre de tous, et nul n'a proposé avec plus de force la réformation de l'Eglise dans le chef et dans les membres. Dans un sermon qu'il fit après le concile de Pise devant Alexandre V, il introduisit l'Eglise demandant au Pape la réformation et le rétablissement du royaume d'Israël : mais pour montrer qu'il ne se plaignoit d'aucune erreur qu'on pût remarquer dans la doctrine de l'Eglise, il adresse au Pape ces paroles : « Pourquoi, dit-il, n'envoyez-vous pas aux Indiens, dont la foi peut être facilement corrompue, puisqu'ils ne sont pas unis à l'Eglise romaine, de laquelle se doit tirer la certitude de la foi[3]? » Son maître, le cardinal Pierre d'Ailly, évêque de Cambrai, soupiroit aussi après la réformation : mais il en posoit le fondement sur un principe bien différent de celui que Luther établissoit, puisque celui-ci écrivoit à Mélanchthon « que la bonne doctrine ne pouvoit subsister, tant que l'autorité du Pape seroit conservée[4] : »

---

[1] *Isai.*, XXXVIII, 17. — [2] Bern., Serm. LXV, LXVI, *in Cant.* — [3] Gers., Serm. *de Ascens. Dom.*, ad Alex. V. — [4] Sleid., liv. VII, fol. 112.

et au contraire ce cardinal estimoit que « durant le schisme les membres de l'Eglise étant séparés de leur chef, et n'y ayant point d'économe et de directeur apostolique, » c'est-à-dire n'y ayant point de Pape que toute l'Eglise reconnût, « il ne falloit pas espérer que la réformation se pût bien faire [1]. » Ainsi l'un faisoit dépendre la réformation de la destruction de la Papauté, et l'autre du parfait rétablissement de cette autorité sainte, que Jésus-Christ avoit établie pour entretenir l'unité parmi ses membres, et tenir tout dans le devoir.

<small>V. Deux manières de désirer la réformation de l'Eglise.</small>

Il y avoit donc de deux sortes d'esprits qui demandoient la réformation : les uns vraiment pacifiques et vrais enfans de l'Eglise, en déploroient les maux sans aigreur, en proposoient avec respect la réformation, dont aussi ils toléroient humblement le délai ; et loin de la vouloir procurer par la rupture, ils regardoient au contraire la rupture comme le comble de tous les maux : au milieu des abus ils admiroient la divine Providence, qui savoit selon ses promesses conserver la foi de l'Eglise : et si on sembloit leur refuser la réformation des mœurs, sans s'aigrir et sans s'emporter, ils s'estimoient assez heureux de ce que rien ne les empêchoit de la faire parfaitement en eux-mêmes. C'étoient là les forts de l'Eglise, dont nulle tentation ne pouvoit ébranler la foi, ni les arracher de l'unité. Mais il y avoit outre cela des esprits superbes, pleins de chagrin et d'aigreur, qui frappés des désordres qu'ils voyoient régner dans l'Eglise, et principalement parmi ses ministres, ne croyoient pas que les promesses de son éternelle durée pussent subsister parmi ces abus : au lieu que le Fils de Dieu avoit enseigné à respecter « la chaire de Moïse » malgré les mauvaises œuvres « des docteurs et des pharisiens assis dessus [2] ; » ceux-ci devenus superbes, et par là devenus foibles, succomboient à la tentation qui porte à haïr la chaire en haine de ceux qui y président ; et comme si la malice des hommes pouvoit anéantir l'œuvre de Dieu, l'aversion qu'ils avoient conçue pour les docteurs leur faisoit haïr tout ensemble et la doctrine qu'ils enseignoient, et l'autorité qu'ils avoient reçue de Dieu pour enseigner.

Tels étoient les albigeois et les vaudois; tels étoient Jean Viclef

[1] Conc. I, de S. Lud. — [2] *Matth.*, XXIII, 2, 3.

et Jean Hus. L'appât le plus ordinaire dont ils se servoient pour attirer les ames infirmes dans leurs lacets, étoit la haine qu'ils leur inspiroient pour les pasteurs de l'Eglise : par cet esprit d'aigreur on ne respiroit que la rupture ; et il ne faut pas s'étonner si dans le temps de Luther, où les invectives et l'aigreur contre le clergé furent portées à la dernière extrémité, on vit aussi la rupture la plus violente et la plus grande apostasie qu'on eût peut-être jamais vue jusqu'alors dans la chrétienté.

Martin Luther, augustin de profession, docteur et professeur en théologie dans l'université de Vitenberg, donna le branle à ces mouvemens. Les deux partis de ceux qui se sont dits *réformés*, l'ont également reconnu pour l'auteur de cette nouvelle réformation. Ce n'a pas été seulement les luthériens ses sectateurs qui lui ont donné à l'envi de grandes louanges. Calvin admire souvent ses vertus, sa magnanimité, sa constance, l'industrie incomparable qu'il a fait paroître contre le Pape ; c'est la trompette, ou plutôt c'est le tonnerre ; c'est le foudre qui a tiré le monde de sa léthargie ; ce n'étoit pas Luther qui parloit, c'étoit Dieu qui foudroyoit par sa bouche [1].

VI.
Les commencemens de Luther : ses qualités.

Il est vrai qu'il eut de la force dans le génie, de la véhémence dans ses discours, une éloquence vive et impétueuse, qui entraînoit les peuples et les ravissoit ; une hardiesse extraordinaire quand il se vit soutenu et applaudi, avec un air d'autorité qui faisoit trembler devant lui ses disciples : de sorte qu'ils n'osoient le contredire ni dans les grandes choses ni dans les petites.

Il faudroit ici raconter les commencemens de la querelle de 1517, s'ils n'étoient connus de tout le monde. Mais qui ne sait la publication des indulgences de Léon X, et la jalousie des augustins contre les jacobins qu'on leur avoit préférés en cette occasion ? Qui ne sait que Luther, docteur augustin, choisi pour maintenir l'honneur de son ordre, attaqua premièrement les abus que plusieurs faisoient des indulgences, et les excès qu'on en prêchoit ? Mais il étoit trop ardent pour se renfermer dans ces bornes : des abus il passa bientôt à la chose même. Il avançoit par

1517.
1518.
1519.

---

[1] Calv., II *Def. cont. Vestph.*, opusc. f. 785, 787 et seq.; *Resp. cont. Pigh.*, ibid., fol. 137, 141, etc.

degrés et encore qu'il allât toujours diminuant les indulgences, et les réduisant presque à rien par la manière de les expliquer : dans le fond il faisoit semblant d'être d'accord avec ses adversaires, puisque lorsqu'il mit ses propositions par écrit, il y en eut une couchée en ces termes : « Si quelqu'un nie la vérité des indulgences du Pape, qu'il soit anathème [1]. »

Cependant une matière le menoit à l'autre. Comme celle de la justification et de l'efficace des sacremens touchoit de près à celle des indulgences, Luther se jeta sur ces deux articles, et cette dispute devint bientôt la plus importante.

VII. Fondement de la réforme de Luther : ce que c'est que sa justice imputative et la justification par la foi.

La justification, c'est la grace qui nous remettant nos péchés, nous rend en même temps agréables à Dieu. On avoit cru jusqu'alors que ce qui faisoit cet effet devoit à la vérité venir de Dieu, mais enfin devoit être en nous ; et que pour être justifié, c'est-à-dire de pécheur être fait juste, il falloit avoir en soi la justice, comme pour être savant et vertueux, il faut avoir en soi la science et la vertu. Mais Luther n'avoit pas suivi une idée si simple. Il vouloit que ce qui nous justifie, et ce qui nous rend agréables aux yeux de Dieu, ne fût rien en nous ; mais que nous fussions justifiés, parce que Dieu nous imputoit la justice de Jésus-Christ comme si elle eût été la nôtre propre, et parce qu'en effet nous pouvions nous l'approprier par la foi.

VIII. La foi spéciale de Luther, et la certitude de la justification.

Mais le secret de cette foi justifiante avoit encore quelque chose de bien particulier : c'est qu'elle ne consistoit pas à croire en général au Sauveur, à ses mystères et à ses promesses ; mais à croire très-certainement, chacun dans son cœur, que tous nos péchés nous étoient remis. On étoit justifié, disoit sans cesse Luther, dès qu'on croyoit l'être avec certitude ; et la certitude qu'il exigeoit n'étoit pas seulement cette certitude morale, qui fondée sur des motifs raisonnables exclut l'agitation et le trouble : mais une certitude absolue, une certitude infaillible, où le pécheur devoit croire qu'il étoit justifié, de la même foi dont il croit que Jésus-Christ est venu au monde [2].

Sans cette certitude il n'y avoit point de justification pour le

[1] Prop. 1517, 71, tom. I, Viteb.— [2] Luth., prop. 1518, fol. 52; Serm. *de Indulg.*, fol. 61; *Act. ap. Legat. Apost.*, fol. 211; *Luth. ad Frider.*, fol. 222.

fidèle : car il ne pouvoit, lui disoit-on, ni invoquer Dieu, ni se confier en lui seul, tant qu'il avoit le moindre doute, non-seulement de la bonté divine en général, mais encore de la bonté particulière par laquelle Dieu imputoit à chacun de nous la justice de Jésus-Christ ; et c'est ce qui s'appeloit la foi spéciale.

Il s'élevoit ici une nouvelle difficulté, savoir si pour être assuré de sa justification, il falloit l'être en même temps de la sincérité de sa pénitence. C'est ce qui d'abord venoit dans l'esprit à tout le monde ; et puisque Dieu ne promettoit de justifier que les pénitens, si l'on étoit assuré de sa justification, il sembloit qu'il le falloit être en même temps de la sincérité de sa pénitence. Mais cette dernière certitude étoit l'aversion de Luther ; et loin qu'on fût assuré de la sincérité de sa pénitence, « on n'étoit pas même assuré, disoit-il, de ne pas commettre plusieurs péchés mortels dans ses meilleures œuvres, à cause du vice très-caché de la vaine gloire ou de l'amour-propre [1]. »

IX. Selon Luther, on est assuré de sa justification sans l'être de sa pénitence.

Luther poussoit encore la chose plus loin : car il avoit inventé cette distinction entre les œuvres des hommes et celles de Dieu, « que les œuvres des hommes, quand elles seroient toujours belles en apparence et sembleroient bonnes probablement, étoient des péchés mortels ; et qu'au contraire les œuvres de Dieu, quand elles seroient toujours laides et qu'elles paroîtroient mauvaises, sont d'un mérite éternel [2]. » Ebloui de son antithèse et de ce jeu de paroles, Luther s'imagine avoir trouvé la vraie différence entre les œuvres de Dieu et celles des hommes, sans considérer seulement que les bonnes œuvres des hommes sont en même temps des œuvres de Dieu, puisqu'il les produit en nous par sa grace : ce qui, selon Luther même, leur devoit nécessairement donner « un immortel mérite : » mais c'est ce qu'il vouloit éviter, puisqu'il concluoit au contraire, « que toutes les œuvres des justes seroient des péchés mortels, s'ils n'appréhendoient qu'elles n'en fussent ; et qu'on ne pouvoit éviter la présomption, ni avoir une véritable espérance, si on ne craignoit la damnation dans chaque œuvre qu'on faisoit [3]. »

[1] Luth., tom. I, prop. 1518, prop. 48. — [2] Prop. Heidls., an. 1518 ; *ibib.*, prop. 3, 4, 7, 11. — [3] *Ibid.*

Sans doute la pénitence ne compatit pas avec des péchés mortels actuellement commis : car on ne peut ni être vraiment repentant de quelques péchés mortels sans l'être de tous, ni l'être de ceux qu'on fait pendant qu'on les fait. Si donc on n'est jamais assuré de ne pas faire à chaque bonne œuvre plusieurs péchés mortels : si au contraire on doit craindre d'en faire toujours, on n'est jamais assuré d'être vraiment pénitent ; et si on étoit assuré de l'être, on n'auroit pas à craindre la damnation, comme Luther le prescrit, à moins de croire en même temps que Dieu contre sa promesse condamneroit à l'enfer un cœur pénitent. Et cependant s'il arrivoit qu'un pécheur doutât de sa justification à cause de son indisposition particulière dont il n'étoit pas assuré, Luther lui disoit qu'à la vérité il n'étoit pas assuré de sa bonne disposition, et ne savoit pas, par exemple, s'il étoit vraiment pénitent, vraiment contrit, vraiment affligé de ses péchés : mais qu'il n'en étoit pas moins assuré de son entière justification, parce qu'elle ne dépendoit d'aucune bonne disposition de sa part. C'est pourquoi ce nouveau docteur disoit au pécheur : « Croyez fermement que vous êtes absous, et dès là vous l'êtes, quoi qu'il puisse être de votre contrition [1] ; » comme s'il eût dit : Vous n'avez pas besoin de vous mettre en peine si vous êtes pénitent ou non. « Tout consiste, disoit-il toujours, à croire sans hésiter que vous êtes absous [2] : » d'où il concluoit, « qu'il n'importoit pas que le prêtre vous baptisât, ou vous donnât l'absolution sérieusement, ou en se moquant [3], » parce que dans les sacremens il n'y avoit qu'une chose à craindre, qui étoit de ne croire pas assez fortement que tous vos crimes vous étoient pardonnés, dès que vous aviez pu gagner sur vous de le croire.

X. Inconvénient de cette doctrine.

Les catholiques trouvoient un terrible inconvénient dans cette doctrine. C'est que le fidèle étant obligé de se tenir assuré de sa justification sans l'être de sa pénitence, il s'ensuivroit qu'il devoit croire qu'il seroit justifié devant Dieu, quand même il ne seroit pas vraiment pénitent et vraiment contrit : ce qui ouvroit le chemin à l'impénitence.

[1] Serm. de Indulgent., tom. I, fol. 59. — [2] Prop. 1518, ibid. — [3] Serm. de Indulgent.

Il est néanmoins très-véritable, car il ne faut rien dissimuler, que Luther n'excluoit pas de la justification une sincère pénitence, c'est-à-dire l'horreur de son péché et la volonté de bien faire, en un mot la conversion du cœur : et il trouvoit absurde, aussi bien que nous, qu'on pût être justifié sans pénitence et sans contrition. Il ne paroissoit sur ce point nulle différence entre lui et les catholiques, si ce n'est que les catholiques appeloient ces actes des dispositions à la justification du pécheur, et que Luther croyoit bien mieux rencontrer en les appelant seulement des conditions nécessaires. Mais cette subtile distinction au fond ne le tiroit pas d'embarras : car enfin, de quelque sorte qu'on nommât ces actes, qu'ils fussent ou condition, ou disposition et préparation nécessaire à la rémission des péchés, quoi qu'il en soit, on est d'accord qu'il les faut avoir pour l'obtenir : ainsi la question revenoit toujours, comment Luther pouvoit dire que le pécheur devoit croire très-certainement qu'il étoit absous, « quoi qu'il en fût de sa contrition ; » c'est-à-dire quoi qu'il en fût de sa pénitence : comme si être pénitent ou non, étoit une chose indifférente à la rémission des péchés.

C'étoit donc la difficulté du nouveau dogme, ou, comme on parle à présent, du nouveau système de Luther : Comment, sans être assuré et sans pouvoir l'être qu'on fût vraiment pénitent et vraiment converti, on ne laissoit pas d'être assuré d'avoir le pardon entier de ses péchés ? Mais c'étoit assez, disoit Luther, d'être assuré de sa foi. Nouvelle difficulté, d'être assuré de sa foi sans l'être de la pénitence, que la foi, selon Luther, produit toujours. Mais, répond-il [1], le fidèle peut dire : *Je crois*, et par là sa foi lui devient sensible; comme si le même fidèle ne disoit pas de la même sorte : *Je me repens*, et qu'il n'eût pas le même moyen de s'assurer de sa repentance. Que si l'on répond enfin que le doute lui reste toujours, s'il se repent comme il faut, j'en dis autant de la foi ; et tout aboutit à conclure que le pécheur se tient assuré de sa justification, sans pouvoir être assuré d'avoir accompli comme il faut la condition que Dieu exigeoit de lui pour l'obtenir.

XI. Si l'on peut être assuré de sa foi sans l'être de sa pénitence.

C'étoit encore ici un nouvel abîme. Quoique la foi, selon Lu-

[1] *Ass.*, art. *damnat.*, tom. II, ad prop. 14.

ther, ne disposât pas à la justification (car il ne pouvoit souffrir ces dispositions), c'en étoit la condition nécessaire, et l'unique moyen que nous eussions pour nous approprier Jésus-Christ et sa justice. Si donc après tout l'effort que fait le pécheur de se bien mettre dans l'esprit que ses péchés lui sont remis par sa foi, il venoit à dire en lui-même : Qui me dira, foible et imparfait comme je suis, si j'ai cette vraie foi qui change le cœur? C'est une tentation, selon Luther. Il faut croire que tous nos péchés nous sont remis par la foi, sans s'inquiéter si cette foi est telle que Dieu la demande, et même sans y penser : car y penser seulement, c'est faire dépendre la grace et la justification d'une chose qui peut être en nous; ce que la gratuité, pour ainsi parler, de la justification, selon lui, ne souffroit pas.

XII. La sécurité blâmée par Luther. — Avec cette certitude que mettoit Luther de la rémission des péchés, il ne laissoit pas de dire qu'il y avoit un certain état dangereux à l'ame, qu'il appelle la sécurité. « Que les fidèles prennent garde, dit-il, à ne venir pas à la sécurité [1] : » et incontinent après : « Il y a une détestable arrogance et sécurité dans ceux qui se flattent eux-mêmes, et ne sont pas véritablement affligés de leurs péchés, qui tiennent encore bien avant dans leur cœur. » Si l'on joint à ces deux thèses de Luther celle où il disoit, comme on a vu [2], « qu'à cause de l'amour-propre on n'est jamais assuré de ne pas commettre plusieurs péchés mortels dans ses meilleures œuvres, » de sorte qu'il y « falloit toujours craindre la damnation [3] : » il pouvoit sembler que ce docteur étoit d'accord dans le fond avec les catholiques, et qu'on ne devroit pas (a) prendre la certitude qu'il pose à la dernière rigueur, comme nous avons fait. Mais il ne s'y faut pas tromper : Luther tient au pied de la lettre ces deux propositions qui paroissent si contraires : « On n'est jamais assuré d'être affligé comme il faut de ses péchés; » et : « On doit se tenir pour assuré d'en avoir la rémission; » d'où suivent ces deux autres propositions qui ne semblent pas moins opposées : la certitude doit être admise : la sécurité est à craindre.

---

[1] V. disp. 1538, prop. 44, 45, tom. I. — [2] Ci-dessus, n. IX. — [3] Prop. 1518, 18, tom. I.

(a) 1re édit. : Qu'il ne faudroit pas.

Mais quelle est donc (a) cette certitude, si ce n'est la sécurité ? C'étoit l'endroit inexplicable de la doctrine de Luther, et on n'y trouvoit aucun dénouement.

Pour moi, tout ce que j'ai pu trouver dans ses écrits qui serve à développer ce mystère, c'est la distinction qu'il fait entre les péchés que l'on commet sans le savoir, et ceux que l'on commet « sciemment et contre sa conscience : » *lapsus contra conscientiam* [1]. Il semble donc que Luther ait voulu dire qu'un chrétien ne peut s'assurer de n'avoir pas les péchés du premier genre, mais qu'il peut être assuré de n'en avoir pas du second : et si en les commettant il se tenoit assuré de la rémission de ses péchés, il tomberoit dans cette damnable et pernicieuse sécurité que Luther condamne : au lieu qu'en les évitant, il se peut tenir assuré de la rémission de tous les autres, et même des plus cachés; ce qui suffit pour la certitude que Luther veut établir.

XIII. Réponse de Luther par la distinction de deux sortes de péchés.

Mais la difficulté revenoit toujours : car il demeuroit pour indubitable, selon Luther, que l'homme ne sait jamais si ce vice caché de l'amour-propre n'infecte pas ses meilleures œuvres; qu'au contraire, pour éviter la présomption, il doit tenir pour certain qu'elles en sont mortellement infectées : qu'il « se flatte, » et que, lorsqu'il croit « être affligé (b) véritablement de son péché, » il ne s'ensuit pas qu'il le soit autant qu'il faut pour en obtenir la rémission. Si cela est, malgré tout ce qu'il croit ressentir, il ne sait jamais si le péché ne règne pas dans son cœur, d'autant plus dangereusement qu'il est plus caché. Nous en serons donc réduits à croire que nous serons réconciliés avec Dieu, quand même le péché régneroit en nous : autrement il n'y aura jamais de certitude.

XIV. La difficulté demeure toujours.

Ainsi tout ce qu'on nous dit de la certitude qu'on peut avoir sur le péché commis contre la conscience, est inutile. Ce n'est pas aller assez avant que de ne pas reconnoître que ce péché qui se cache, cet orgueil secret, cet amour-propre qui prend tant de formes, et même celle de la vertu, est peut-être le plus grand

XV. Contradiction de la doctrine de Luther.

---

[1] Luth., *Themat.*, tom. I, fol. 490; *Conf. Aug.*, cap. *de bon. op. Synt. Gen.*, II part., p. 24.

(a) Qu'est-ce donc que. — (b) 1ʳᵉ édit. : Lorsqu'il croit s'affliger.

obstacle de notre conversion, et toujours l'inévitable sujet de ce tremblement continuel, que les catholiques enseignoient après saint Paul. Les mêmes catholiques observoient que tout ce qu'on leur répondoit sur cette matière, étoit manifestement contradictoire. Luther avoit avancé cette proposition : « Personne ne doit répondre au prêtre qu'il est contrit [1], » c'est-à-dire pénitent. Et comme cette proposition fut trouvée étrange, il la soutint (a) de ces passages : « Saint Paul dit : Je ne me sens coupable en rien, mais je ne suis pas pour cela justifié [2]. David dit : Qui connoît ses péchés [3]? Saint Paul dit : Celui qui s'approuve lui-même n'est pas approuvé; mais celui que Dieu approuve [4]. » Luther concluoit de ces passages que nul pécheur n'est en état de répondre au prêtre : « Je suis vraiment pénitent; » et à le prendre à la rigueur et pour une certitude entière, il avoit raison. On n'étoit donc pas assuré absolument, selon lui, qu'on fût pénitent; et néanmoins, selon lui, on étoit absolument assuré que ses péchés sont remis : on étoit donc assuré que le pardon est indépendant de la pénitence. Les catholiques n'entendoient rien dans ces nouveautés : Voilà, disoient-ils, un prodige dans les mœurs et dans la doctrine; l'Eglise ne peut pas souffrir un tel scandale.

XVI.
Suite des contradictions de Luther.

Mais, disoit Luther, on est assuré de sa foi : et la foi est inséparable de la contrition [5]. On lui répliquoit : Permettez donc au fidèle de répondre de sa contrition comme de sa foi; ou si vous défendez l'un, défendez l'autre.

« Mais, poursuivoit-il, saint Paul a dit : Examinez-vous vous-même, si vous êtes dans la foi; éprouvez-vous vous-même [6]. » Donc on sent la foi, conclut Luther : et on concluoit, au contraire, qu'on ne la sent pas. Si c'est une matière d'épreuve, si c'est un sujet d'examen, ce n'est donc pas une chose que l'on connoisse par sentiment, ou, comme on parle, par conscience. Ce qu'on appelle la foi, poursuivoit-on, n'en est peut-être qu'une vaine image ou une foible répétition de ce qu'on a lu dans les livres, de ce qu'on a entendu dire aux autres fidèles. Pour être assuré d'a-

---

[1] *Assert.*, art. *damnat.*, ad art. 14, tom. II. — [2] I *Cor.*, IV, 4. — [3] *Psal.* XVIII, 13. — [4] II *Cor.*, X, 18. — [5] *Ibid.*, ad prop. 12 et 14. — [6] II *Cor.*, XIII, 5.

(a) 1ʳᵉ édit. : Il la soutient.

voir cette foi vive qui opère la véritable conversion du cœur, il faudroit être assuré que le péché ne règne plus en nous ; et c'est ce que Luther ne me peut ni ne me veut garantir, pendant qu'il me garantit ce qui en dépend, c'est-à-dire la rémission des péchés. Voilà toujours la contradiction, et le foible inévitable de sa doctrine.

Et qu'on n'allègue pas ce que dit saint Paul : « Qui sait ce qui est en l'homme, si ce n'est l'esprit de l'homme qui est en lui [1]? » Il est vrai : nulle autre créature, ni homme, ni ange, ne voit en nous ce que nous n'y voyons pas : mais il ne s'ensuit pas de là que nous-mêmes nous le voyions toujours : autrement comment David auroit-il dit ce que Luther objectoit : « Qui connoît ses péchés ? » Ces péchés ne sont-ils pas en nous ? Et puisqu'il est certain que nous ne les connoissons pas toujours, l'homme sera toujours à lui-même une grande énigme, et son propre esprit lui sera toujours le sujet d'une éternelle et impénétrable question. C'est donc une folie manifeste de vouloir qu'on soit assuré du pardon de son péché, si on n'est pas assuré d'en avoir entièrement retiré son cœur.

XVII. Suite.

Luther disoit beaucoup mieux au commencement de la dispute ; car voici ses premières thèses sur les indulgences en 1517 et dès l'origine de la querelle : « Nul n'est assuré de la vérité de sa contrition ; et à plus forte raison ne l'est-il pas de la plénitude du pardon [2]. » Alors il reconnoissoit par l'inséparable union de la pénitence et du pardon, que l'incertitude de l'un emportoit l'incertitude de l'autre. Dans la suite il changea, mais de bien en mal : en retenant l'incertitude de la contrition, il ôta l'incertitude du pardon ; et le pardon ne dépendoit plus de la pénitence. Voilà comme Luther se réformoit. Tel fut son progrès, à mesure qu'il s'échauffoit contre l'Eglise, et qu'il s'enfonçoit dans le schisme. Il s'étudioit en toutes choses à prendre le contre-pied de l'Eglise. Bien loin de s'efforcer comme nous à inspirer aux pécheurs la crainte des jugemens de Dieu, pour les exciter à la pénitence, Luther en étoit venu à cet excès de dire « que la contrition par laquelle on repasse ses ans écoulés dans l'amertume de son cœur,

XVIII. Luther oublioit tout ce qu'il avoit dit de bien au commencement de la dispute.

[1] I *Cor.*, II, 11. — [2] Prop. 1517 ; prop. 30 ; tom. I, fol. 50.

en pesant la grièveté de ses péchés, leur difformité, leur multitude, la béatitude perdue et la damnation méritée, ne faisoit que rendre les hommes plus hypocrites [1] : » comme si c'étoit une hypocrisie au pécheur, de commencer à se réveiller de son assoupissement.

Mais peut-être qu'il vouloit dire que ces sentimens de crainte ne suffisoient pas, et qu'il y falloit joindre la foi et l'amour de Dieu. J'avoue qu'il s'explique ainsi dans la suite [2], mais contre ses propres principes : car il vouloit au contraire (et nous verrons dans la suite que c'est un des fondemens de sa doctrine), que la rémission des péchés précédât l'amour; et il abusoit pour cela de la parabole des deux débiteurs de l'Evangile, dont le Sauveur avoit dit : « Celui à qui on remet la plus grande dette aime aussi avec plus d'ardeur [3] : » d'où Luther et ses disciples concluoient qu'on n'aimoit qu'après que la dette, c'est-à-dire les péchés étoient remis. Telle étoit la grande indulgence que prêchoit Luther, et qu'il opposoit à celles que les jacobins puplioient, et que Léon X avoit données. Sans s'exciter à la crainte, sans avoir besoin de l'amour, pour être justifié de tous ses péchés, il ne falloit que croire, sans hésiter, qu'ils étoient tous pardonnés et dans le moment l'affaire étoit faite.

XIX. Etrange doctrine de Luther sur la guerre contre le Turc.

Parmi les singularités qu'il avançoit tous les jours, il y en eut une qui étonna tout le monde chrétien. Pendant que l'Allemagne menacée par les armes formidables du Turc, étoit toute en mouvement pour lui résister, Luther établissoit ce principe : « Qu'il falloit vouloir, non-seulement ce que Dieu veut que nous voulions, mais absolument tout ce que Dieu veut : » d'où il concluoit que « combattre contre le Turc, c'étoit résister à la volonté de Dieu qui nous vouloit visiter [4]. »

XX. Humilité apparente de Luther, et sa soumission envers le Pape.

Au milieu de tant de hardies propositions, il n'y avoit à l'extérieur rien de plus humble que Luther. Homme timide et retiré, « il avoit, disoit-il, été traîné par force dans le public, et jeté dans ces troubles plutôt par hasard que de dessein. Son style

---

[1] Serm. de Indulgent. — [2] Adver. exec. Antich. Bull., tom. II, fol. 93; ad prop. 6, disp. 1535; prop. 16, 17; ibid. — [3] Luc., VII, 42, 43. — [4] Prop. 1517, 98, fol. 56.

n'avoit rien d'uniforme : il étoit même grossier en quelques endroits, et il écrivoit exprès de cette manière. Loin de se promettre l'immortalité de son nom et de ses écrits, il ne l'avoit jamais recherchée [1]. » Au surplus il attendoit avec respect le jugement de l'Eglise, jusqu'à déclarer en termes exprès que s'il ne s'en tenoit à sa détermination, il consentoit d'être traité comme hérétique [2]. » Enfin tout ce qu'il disoit étoit plein de soumission, non-seulement envers le concile, mais encore envers le Saint-Siége et envers le Pape : car le Pape, ému des clameurs qu'excitoit dans toute l'Eglise la nouveauté de sa doctrine, en avoit pris connoissance ; et ce fut alors que Luther parut le plus respectueux. « Je ne suis pas, disoit-il, assez téméraire pour préférer mon opinion particulière à celle de tous les autres [3]. » Et pour le Pape, voici ce qu'il lui écrit le dimanche de la Trinité en 1518 : « Donnez la vie ou la mort, appelez ou rappelez, approuvez ou réprouvez comme il vous plaira, j'écouterai votre voix comme celle de Jésus-Christ même [4]. » Tous ses discours furent pleins de semblables protestations durant environ trois ans. Bien plus, il s'en rapportoit à la décision des universités de Bâle, de Fribourg et de Louvain [5]. Un peu après il y ajouta celle de Paris, et il n'y avoit dans l'Eglise aucun tribunal qu'il ne voulût reconnoître.

Il sembloit même qu'il parloit de bonne foi sur l'autorité du Saint-Siége. Car les raisons dont il appuyoit son attachement pour ce grand Siége, étoient en effet les plus capables de toucher un cœur chrétien. Dans un livre qu'il écrivit contre Silvestre de Prière, jacobin, il alléguoit en premier lieu ces paroles de Jésus-Christ : « Tu es Pierre ; » et celles-ci : « Pais mes brebis. » « Tout le monde confesse, dit-il, que l'autorité du Pape vient de ces passages [6]. » Là même, après avoir dit : « que la foi de tout le monde se doit conformer à celle que professe l'Eglise romaine, » il continue en cette sorte : « Je rends graces à Jésus-Christ de ce qu'il conserve sur la terre cette Eglise unique par un grand miracle, et qui seul peut montrer que notre foi est véritable, en

XXI. Raisons dont il appuyoit cette soumission.

---

[1] *Resol. de Pot. Papæ, Præfat.*, tom. I, fol. 310; *Præf. oper.*, ibid., 2. — [2] *Cont. Prier.*, tom. I, fol. 177. — [3] *Protest. Luth.*, tom. I, fol. 195. — [4] *Epist. ad Leon. X*, ibid. — [5] *Act. ap. Legat.*, ibid., fol. 208. — [6] *Cont. Prier.*, tom. I, p. 173, 188.

sorte qu'elle ne s'est jamais éloignée de la vraie foi par aucun décret. » Après même que dans l'ardeur de la dispute ces bons principes se furent un peu ébranlés, « le consentement de tous les fidèles le retenoit dans la révérence de l'autorité du Pape. Est-il possible, disoit-il, que Jésus-Christ ne soit pas avec ce grand nombre de chrétiens [1] ? » Ainsi il condamnoit « les Bohémiens qui s'étoient séparés de notre communion, et protestoit qu'il ne lui arriveroit jamais de tomber dans un semblable schisme. »

XXII. Ses emportemens dont il demande pardon.

On ressentoit cependant dans ses écrits je ne sais quoi de fier et d'emporté. Mais encore qu'il attribuât ses emportemens à la violence de ses adversaires, dont les excès en effet n'étoient pas petits, il ne laissoit pas de demander pardon de ceux où il tomboit : « Je confesse, écrivoit-il au cardinal Cajétan, légat alors en Allemagne, que je me suis emporté indiscrètement, et que j'ai manqué de respect envers le Pape. Je m'en repens. Quoique poussé, je ne devois pas répondre au fol qui écrivoit contre moi, selon sa folie. Daignez, poursuivoit-il, rapporter l'affaire au saint Père : je ne demande qu'à écouter la voix de l'Eglise et la suivre [2]. »

XXIII. Nouvelle protestation de soumission envers le Pape : il offre le silence à Léon X et à Charles V.

Après qu'il eut été cité à Rome, en formant (a) son appel du Pape mal informé au Pape mieux informé, il ne laissoit pas de dire « que l'appellation, quant à lui, ne lui sembloit pas nécessaire [3], » puisqu'il demeuroit toujours soumis au jugement du Pape : mais il s'excusoit d'aller à Rome *à cause des frais*. Et d'ailleurs, disoit-il, cette citation devant le Pape étoit inutile contre un homme qui n'attendoit que son jugement pour y obéir [4].

Dans la suite de la procédure, il appela du Pape au concile le dimanche 28 novembre 1518. Mais dans son acte d'appel il persista toujours à dire « qu'il ne prétendoit ni douter de la primauté et de l'autorité du Saint-Siége, ni rien dire qui fût contraire à la puissance du Pape bien avisé et bien instruit [5]. »

En effet le 3 mars 1519, il écrivoit encore à Léon X, « qu'il ne

---

[1] *Disp. Lips.*, tom. I, fol. 251. — [2] *Ibid.*, fol. 215. — [3] *Ad card. Caj.* — [4] *Ibid.* — [5] *Ibid.*, *Appell. Lut. ad Conc.*

(a) 1ʳᵉ édit. : Tout en formant.

prétendoit en aucune sorte toucher à sa puissance, ni à celle de l'Eglise romaine ¹. » Il s'obligeoit à un silence éternel, comme il avoit toujours fait, pourvu qu'on imposât une loi semblable à ses adversaires : car il ne pouvoit souffrir un traitement inégal; et il fût demeuré content du Pape, à ce qu'il disoit, s'il eût voulu seulement ordonner aux deux parties un égal silence : tant il jugeoit la réformation qu'on a depuis tant vantée (a), peu nécessaire au bien de l'Eglise.

Pour ce qui est de rétractation, il n'en voulut jamais entendre parler, encore qu'il y en eût assez de matière, comme on a pu voir : et cependant je n'ai pas tout dit, il s'en faut beaucoup. Mais, disoit-il, « étant engagé, sa réputation chrétienne ne permettoit pas qu'il se cachât dans un coin, » ou qu'il reculât en arrière. Voilà ce qu'il dit pour s'excuser après la rupture ouverte. Mais durant la contention, il alléguoit une excuse plus vraisemblable comme plus soumise. Car après tout, dit-il, « je ne vois pas à quoi est bonne ma rétractation, puisqu'il ne s'agit pas de ce que j'ai dit, mais de ce que me dira l'Eglise, à laquelle je ne prétends pas répondre comme un adversaire, mais l'écouter comme un disciple ². »

Au commencement de 1520, il le prit d'un ton un peu plus haut : aussi la dispute s'échauffoit-elle, et le parti grossissoit. Il écrivit donc au Pape : « Je hais les disputes : je n'attaquerai personne; mais aussi je ne veux pas être attaqué. Si on m'attaque, puisque j'ai Jésus-Christ pour Maître, je ne demeurerai pas sans réplique. Pour ce qui est de chanter la palinodie, que personne ne s'y attende : Votre Sainteté peut finir toutes ces contentions par un seul mot, en évoquant l'affaire à elle, et en imposant silence aux uns et aux autres ³. » Voilà ce qu'il écrivit à Léon X, en lui dédiant le livre *de la Liberté chrétienne*, plein de nouveaux paradoxes, dont nous verrons bientôt les effets funestes. La même année, après la censure des universités de Louvain et de Cologne, tant contre ce livre que contre les autres, Luther

---

¹ Luth. *ad Leon.* X, 1519, *ibid.* — ² *Ad card. Caj.*, tom. I, p. 216 et seq. — ³ *Ad Leon.* X, tom. II, fol. 2, 6 april. 1520.

(a) 1ʳᵉ édit. : Ce qu'on a depuis tant vanté.

s'en plaignit en cette sorte : « En quoi est-ce que notre saint Père Léon a offensé ces universités, pour lui avoir arraché des mains un livre dédié à son nom, et mis à ses pieds pour y attendre sa sentence? » Enfin il écrivit à Charles V « qu'il seroit jusqu'à la mort un fils humble et obéissant de l'Eglise catholique, et promettoit de se taire si ses ennemis le lui permettoient [1]. » Il prenoit ainsi à témoin tout l'univers et ses deux plus grandes puissances, qu'on pouvoit cesser de parler de toutes les choses qu'il avoit remuées; et lui-même il s'y obligeoit de la manière du monde la plus solennelle.

XXIV.
Il est condamné par Léon X, et s'emporte à d'horribles excès.

Mais cette affaire avoit fait un trop grand éclat pour être dissimulée. La sentence partit de Rome : Léon X publia sa bulle de condamnation du 18 juin 1520; et Luther oublia en même temps toutes ses soumissions, comme si c'eût été de vains complimens. Dès lors il n'eut que de la fureur : on vit voler des nuées d'écrits contre la bulle. Il fit paroître d'abord des notes ou des apostilles pleines de mépris [2]. Un second écrit portoit ce titre : *Contre la bulle exécrable de l'Antechrist* [3]. Il le finissoit par ces mots : « De même qu'ils m'excommunient, je les excommunie aussi à mon tour. » C'est ainsi que prononçoit ce nouveau pape. Enfin il publia un troisième écrit pour « la défense des articles condamnés par la bulle [4]. » Là, bien loin de se rétracter d'aucune de ses erreurs, ou d'adoucir du moins un peu ses excès, il enchérit pardessus, et confirma tout jusqu'à cette proposition, que « tout chrétien, une femme ou un enfant peuvent absoudre en l'absence du prêtre, en vertu de ces paroles de Jésus-Christ : Tout ce que vous délierez sera délié [5]; » jusqu'à celle où il avoit dit, que « c'étoit résister à Dieu que de combattre contre le Turc [6]. » Au lieu de se corriger sur une proposition si absurde et si scandaleuse, il l'appuyoit de nouveau; et prenant un ton de prophète, il parloit en cette sorte : « Si l'on ne met le Pape à la raison, c'est fait de la chrétienté. Fuie qui peut dans les montagnes ou qu'on ôte la vie à cet homicide romain. Jésus-Christ le détruira par son glorieux

---

[1] *Prot. Lut. ad Car.* V, ibid., 44. — [2] Tom. I, fol. 56. — [3] *Ibid.*, 88, 91. — [4] *Assert.*, art. *per Bull. damnat.* — [5] *Ibid.*, 1520, tom. II, prop. 13, fol. 94. — [6] *Ibid.*, prop. 33.

avénement; ce sera lui, et non pas un autre [1]. » Puis empruntant les paroles d'Isaïe : « O Seigneur, » s'écrioit ce nouveau prophète, « qui croit à votre parole? » et concluoit en donnant aux hommes ce commandement comme un oracle venu du ciel : « Cessez de faire la guerre au Turc, jusqu'à ce que le nom du Pape soit ôté de dessous le ciel. J'ai dit. »

C'étoit dire assez clairement que le Pape dorénavant seroit l'ennemi commun contre lequel il se falloit réunir. Mais Luther s'en expliqua mieux dans la suite, lorsque fâché que les prophéties n'allassent pas assez vite, il tâchoit d'en hâter l'accomplissement par ces paroles : « Le Pape est un loup possédé du malin esprit : il faut s'assembler de tous les villages et de tous les bourgs contre lui. Il ne faut attendre ni la sentence du juge, ni l'autorité du concile : n'importe que les rois et les Césars fassent la guerre pour lui : celui qui fait la guerre sous un voleur la fait à son dam : les rois et les Césars ne s'en sauvent pas, en disant qu'ils sont défenseurs de l'Eglise, parce qu'ils doivent savoir ce que c'est que l'Eglise [2]. » Enfin, qui l'en eût cru eût tout mis en feu, et n'eût fait qu'une même cendre du Pape et de tous les princes qui le soutenoient. Et ce qu'il y a ici de plus étrange, c'est qu'autant de propositions que l'on vient de voir étoient autant de thèses de théologie, que Luther entreprenoit de soutenir. Ce n'étoit pas un harangueur qui se laissât emporter à des propos insensés dans la chaleur du discours : c'étoit un docteur qui dogmatisoit de sang froid, et qui mettoit en thèses toutes ses fureurs.

xxv.
Sa fureur contre le Pape et contre les princes qui le soutenoient.

Quoiqu'il ne criât pas encore si haut dans l'écrit qu'il publioit contre la bulle, on y a pu voir des commencemens de ces excès; et le même emportement lui faisoit dire au sujet de la citation à laquelle il n'avoit pas comparu : « J'attends pour y comparoître que je sois suivi de vingt mille hommes de pied et de cinq mille chevaux ; alors je me ferai croire [3]. » Tout étoit de ce caractère, et on voyoit dans tout son discours les deux marques d'un orgueil outré, la moquerie et la violence.

On le reprenoit dans la bulle d'avoir soutenu quelques-unes

---

[1] *Assert.*, art. *per bull. damnat.*, 1520, tom. II, prop. 33. — [2] *Disp.*, 1540, prop. 59 et seq., tom. I, fol. 408. — [3] *Adv. execr. Antich. bull.*, tom. II, fol. 91.

des propositions de Jean Hus : au lieu de s'en excuser, comme il auroit fait autrefois : « Oui, disoit-il en parlant au Pape, tout ce que vous condamnez dans Jean Hus, je l'approuve ; tout ce que vous approuvez, je le condamne. Voilà la rétractation que vous m'avez ordonnée : en voulez-vous davantage [1] ? »

Les fièvres les plus violentes ne causent pas de pareils transports. Voilà ce qu'on appeloit dans le parti hauteur de courage ; et Luther dans les apostilles qu'il fit sur la bulle, disoit au Pape sous le nom d'un autre : « Nous savons bien que Luther ne vous cédera pas, parce qu'un si grand courage ne peut pas abandonner la défense de la vérité qu'il a entreprise [2]. » Lorsqu'en haine de ce que le Pape avoit fait brûler ses écrits à Rome, Luther aussi à son tour fit brûler à Vitenberg les *Décrétales*, les actes qu'il fit dresser de cette action portoient, « qu'il avoit parlé avec un grand éclat de belles paroles, et une heureuse élégance de sa langue maternelle [3]. » C'est par où il enlevoit tout le monde. Mais surtout il n'oublia pas de dire que ce n'étoit pas assez d'avoir brûlé ces *Décrétales*, et « qu'il eût été bien à propos d'en faire autant au Pape même; c'est-à-dire, » ajoutoit-il pour tempérer un peu son discours, « au Siége papal. »

XXVI. Comment Luther rejeta enfin l'autorité de l'Eglise.

Quand je considère tant d'emportement après tant de soumission, je suis en peine d'où pouvoit venir cette humilité apparente à un homme de ce naturel. Etoit-ce dissimulation et artifice? ou bien est-ce que l'orgueil ne se connoît pas lui-même dans ses commencemens et que timide d'abord, il se cache sous son contraire, jusqu'à ce qu'il ait trouvé l'occasion de se déclarer avec avantage?

En effet Luther reconnoît après la rupture ouverte, que dans les commencemens il étoit « comme au désespoir, » et que personne ne peut comprendre « de quelle foiblesse Dieu l'a élevé à un tel courage, ni comment d'un tel tremblement il a passé à tant de force [4]. » Si c'est Dieu ou l'occasion qui ont fait ce changement, j'en laisse le jugement au lecteur, et je me contente pour

---

[1] *Assert.* art. *per bull., Leon X damn.*, ad prop. 30, fol. 109. — [2] *Not. in bull.*, tom. II, fol. 56. — [3] *Exust. acta*, tom. II, fol. 123. — [4] *Præf. oper.*, tom. I, fol. 49, 50 et seq.

moi du fait que Luther avoue. Alors dans cette frayeur, il est bien vrai en un certain sens, que « son humilité, » comme il dit, « n'étoit pas feinte. » Ce qui pourroit toutefois faire soupçonner de l'artifice dans ses discours, c'est qu'il s'échappoit de temps en temps jusqu'à dire « qu'il ne changeroit jamais rien dans sa doctrine ; et que s'il avoit remis toute sa dispute au jugement du souverain Pontife, c'est qu'il falloit garder le respect envers celui qui exerçoit une si grande charge [1]. » Mais qui considérera l'agitation d'un homme que son orgueil d'un côté, et les restes de la foi de l'autre, ne cessoient de déchirer au dedans, ne croira pas impossible que des sentimens si divers aient paru tour à tour dans ses écrits. Quoi qu'il en soit, il est certain que l'autorité de l'Eglise le retint longtemps ; et on ne peut lire sans indignation, non plus que sans pitié, ce qu'il en écrit. « Après, dit-il, que j'eus surmonté tous les argumens qu'on m'opposoit, il en restoit un dernier qu'à peine je pus surmonter par le secours de Jésus-Christ avec une extrême difficulté et beaucoup d'angoisse : c'est qu'il falloit écouter l'Eglise [2]. » La grace, pour ainsi dire, avoit peine à quitter ce malheureux. A la fin il l'emporta ; et pour comble d'aveuglement, il prit le délaissement de Jésus-Christ méprisé pour un secours de sa main. Qui eût pu croire qu'on attribuât à la grace de Jésus-Christ l'audace de n'écouter plus son Eglise contre son précepte ? Après cette funeste victoire, qui coûta tant de peine à Luther, il s'écrie comme affranchi d'un joug importun : « Rompons leurs liens, et rejetons leur joug de dessus nos têtes [3] ; » car il se servit de ces paroles, en répondant à la bulle [4], et secouant avec un dernier effort l'autorité de l'Eglise, sans songer que ce malheureux cantique est celui que David met à la bouche des rebelles, dont les complots s'élèvent « contre le Seigneur et contre son Christ. » Luther aveuglé se l'approprie, ravi de pouvoir dorénavant parler sans contrainte, et décider à son gré de toutes choses. Ses soumissions méprisées se tournent en poison dans son cœur : il ne garde plus de mesure : les excès qui devoient rebuter ses disciples, les animent ; on se transporte avec

---

[1] *Pio Lect.*, tom. I, fol. 212. — [2] *Præf. oper. Luth.*, tom. I, fol. 49. — [3] *Psal.* II, 3. — [4] *Not. in bull.*, tom. I, fol. 63. — [5] *Psal.* II, 2.

lui en l'écoutant. Un mouvement si rapide se communique bien loin au dehors, et un grand parti regarde Luther comme un homme envoyé de Dieu pour la réformation du genre humain.

<small>XXVII.
Lettre de Luther aux évêques : sa prétendue mission extraordinaire.</small>

Alors il se mit à soutenir que sa vocation étoit extraordinaire et divine. Dans une lettre qu'il écrivoit « aux évêques, qu'on appeloit, disoit-il, faussement ainsi, » il prit le titre d'*Ecclésiaste* ou de Prédicateur de Vitenberg, que personne ne lui avoit donné. Aussi ne dit-il autre chose, sinon « qu'il se l'étoit donné lui-même ; que tant de bulles et tant d'anathèmes, tant de condamnations du Pape et de l'empereur lui avoient ôté tous ses anciens titres, et avoient effacé en lui le caractère de la bête ; qu'il ne pouvoit pourtant pas demeurer sans titre, et qu'il se donnoit celui-ci pour marque du ministère auquel il avoit été appelé de Dieu, et qu'il *avoit reçu non des hommes, ni par l'homme, mais par le don de Dieu, et par la révélation de Jésus-Christ.* » Le voilà donc appelé à même titre que saint Paul, aussi immédiatement, aussi extraordinairement. Sur ce fondement il se qualifie à la tête et dans tout le corps de la lettre, *Martin Luther, par la grace de Dieu, ecclésiaste de Vitenberg,* et déclare aux évêques, afin qu'ils n'en prétendent cause d'ignorance, que c'est là sa nouvelle qualité qu'il se donne lui-même, avec un magnifique mépris d'eux et de Satan ; qu'il pourroit à aussi bon titre s'appeler Evangéliste par la grace de Dieu, et que très-certainement Jésus-Christ le nommoit ainsi et le tenoit pour ecclésiaste [1]. »

En vertu de cette céleste mission, il faisoit tout dans l'église ; il prêchoit, il visitoit, il corrigeoit, il ôtoit des cérémonies, il en laissoit d'autres, il instituoit et destituoit. Il osa, lui qui ne fut jamais que prêtre, je ne dis pas faire d'autres prêtres, ce qui seul seroit un attentat inouï dans toute l'Eglise depuis l'origine du christianisme ; mais, ce qui est bien plus inouï, faire un évêque. On trouva à propos dans le parti d'occuper par force l'évêché de Naümbourg [2]. Luther fut à cette ville, où par une nouvelle consécration il ordonna évêque Nicolas Amsdorf, qu'il avoit déjà ordonné ministre et pasteur de Magdebourg. Il ne le fit donc pas évêque au sens qu'il appelle quelquefois de ce nom tous les pasteurs ;

[1] *Ep. ad falsò nominat. ordin. Episcop.*, tom. II, fol. 305. — [2] Sleid., XIV, 220.

car Amsdorf étoit déjà établi pasteur; il le fit évêque avec toute la prérogative attachée à ce nom sacré, et lui donna le caractère supérieur que lui-même n'avoit pas. Mais c'est que tout étoit compris dans sa vocation extraordinaire, et qu'enfin un évangéliste, envoyé immédiatement de Dieu comme un nouveau Paul, peut tout dans l'Eglise.

Ces entreprises, je le sais, sont comptées pour rien dans la nouvelle Réforme. Ces vocations et ces missions tant respectées dans tous les siècles, selon les nouveaux docteurs, ne sont après tout que formalités, et il en faut revenir au fond. Mais ces formalités établies de Dieu conservent le fond. Ce sont des formalités, si l'on veut, au même sens que les sacremens en sont aussi; formalités divines, qui sont le sceau de la promesse et les instrumens de la grace. La vocation, la mission, la succession et l'ordination légitime sont formalités dans le même sens. Par ces saintes formalités Dieu scelle la promesse qu'il a faite à son Eglise de la conserver éternellement : « Allez, enseignez et baptisez; et voilà, je suis avec vous jusqu'à la consommation des siècles [1]. » Avec vous enseignans et baptisans, ce n'est pas avec vous qui êtes présens, et que j'ai immédiatement élus; c'est avec vous en la personne de ceux qui vous seront éternellement substitués par mon ordre. Qui méprise ces formalités de mission légitime et ordinaire, peut avec la même raison mépriser les sacremens, et confondre tout l'ordre de l'Eglise. Et sans entrer plus avant dans cette matière, Luther, qui se disoit envoyé avec un titre extraordinaire et immédiatement émané de Dieu comme un évangéliste et comme un apôtre, n'ignoroit pas que la vocation extraordinaire ne dût être confirmée par des miracles. Quand Muncer avec ses anabaptistes entreprit de s'ériger en pasteur, Luther ne vouloit pas qu'on en vînt au fond avec ce nouveau docteur, ni qu'on le reçût à prouver la vérité de sa doctrine par les Ecritures : mais il ordonnoit qu'on lui demandât qui lui avoit donné la charge d'enseigner? « S'il répond que c'est Dieu, poursuivoit-il, qu'il le prouve par un miracle manifeste; car c'est par de tels signes que Dieu se déclare, quand il veut changer quelque chose dans la forme ordi-

XXVIII. Raisonnement de Luther contre les anabaptistes, qui prêchoient sans mission ordinaire et sans miracles.

[1] *Matth.*, XXVIII, 19 et 20.

naire de la mission [1]. » Luther avoit été élevé dans de bons principes, et il ne pouvoit s'empêcher d'y revenir de temps en temps. Témoin le traité qu'il fit de l'autorité des magistrats en 1534 [2]. Cette date est considérable, parce qu'alors, quatre ans après la Confession d'Augsbourg et quinze ans après la rupture, on ne peut pas dire que la doctrine luthérienne n'eût pas pris sa forme : et néanmoins Luther y disoit encore, « qu'il aimoit mieux qu'un luthérien se retirât d'une paroisse que d'y prêcher malgré son pasteur; que le magistrat ne devoit souffrir, ni les assemblées secrètes, ni que personne prêchât sans vocation légitime; que si l'on avoit réprimé les anabaptistes, dès qu'ils répandirent leurs dogmes sans vocation, on auroit bien épargné des maux à l'Allemagne; qu'aucun homme vraiment pieux ne devoit rien entreprendre sans vocation; ce qui devoit être si religieusement observé, que *même un évangélique* (c'est ainsi qu'il appeloit ses disciples) *ne devoit pas prêcher dans une paroisse d'un papiste* ou d'un hérétique, sans la participation de celui qui en étoit le pasteur : ce qu'il disoit, poursuit-il, pour avertir les magistrats d'éviter ces discoureurs, s'ils n'apportoient de bons et assurés témoignages de leur vocation ou de Dieu, ou des hommes; autrement, qu'il ne falloit pas les admettre, quand même ils voudroient prêcher le pur Evangile, ou qu'ils seroient des anges du ciel. » C'est-à-dire qu'il ne suffit pas d'avoir la saine doctrine, et qu'il faut outre cela de deux choses l'une, ou des miracles pour témoigner une vocation extraordinaire de Dieu, ou l'autorité des pasteurs qu'on avoit trouvés en charge pour établir la vocation ordinaire et dans les formes.

A ces mots, Luther sentit bien qu'on lui pouvoit demander où il avoit pris lui-même son autorité; et il répondit « qu'il étoit docteur et prédicateur; qu'il ne s'étoit pas ingéré; et qu'il ne devoit pas cesser de prêcher après qu'une fois on l'avoit forcé à le faire; qu'après tout, il ne pouvoit se dispenser d'enseigner son église; et pour les autres églises, qu'il ne faisoit autre chose que de leur communiquer ses écrits, ce qui n'étoit qu'un simple devoir de charité. »

[1] Sleid., lib. V, édit. 1555, 69. — [2] *In Psal.* LXXXII; *De Magistr.*, tom. III.

Mais quand il parloit si hardiment de son église, la question étoit de savoir qui lui en avoit confié le soin, et comment la vocation qu'il avoit reçue avec dépendance étoit tout à coup devenue indépendante de toute hiérarchie ecclésiastique. Quoi qu'il en soit, à cette fois il étoit d'humeur à vouloir que sa vocation fût ordinaire : ailleurs, lorsqu'il sentoit mieux l'impossibilité de se soutenir, il se disoit, comme on vient de voir, immédiatement envoyé de Dieu, et se réjouissoit d'être dépouillé de tous les titres qu'il avoit reçus dans l'Eglise romaine, pour jouir dorénavant d'une vocation si haute. Au reste les miracles ne lui manquoient pas : il vouloit qu'on crût que le grand succès de ses prédications tenoit du miracle; et lorsqu'il abandonna la vie monastique, il écrivit à son père, qui paroissoit un peu ému de son changement, que Dieu l'avoit tiré de son état par des miracles visibles. « Satan, dit-il, semble avoir prévu dès mon enfance tout ce qu'il auroit un jour à souffrir de moi. Est-il possible que je sois le seul de tous les mortels qu'il attaque maintenant? Vous avez voulu, poursuit-il, me tirer autrefois du monastère. Dieu m'en a bien tiré sans vous. Je vous envoie un livre où vous verrez par combien de miracles et d'effets extraordinaires de sa puissance il m'a absous des vœux monastiques [1]. » Ces vertus et ces prodiges, c'étoit et la hardiesse et le succès inespéré de son entreprise : car c'est ce qu'il donnoit pour miracle, et ses disciples en étoient persuadés.

XXIX. De quels miracles Luther prétendoit autoriser sa mission.

Ils prenoient même pour quelque chose de miraculeux, qu'un *petit moine* eût osé attaquer le Pape, et qu'il parût intrépide au milieu de tant d'ennemis. Les peuples le regardoient comme un héros et comme un homme divin, quand ils lui entendoient dire qu'on ne pensât pas l'épouvanter; que s'il s'étoit caché un peu de temps, « le diable savoit bien (le beau témoin) que ce n'étoit point par crainte; que lorsqu'il avoit paru à Vorms devant l'empereur, rien n'avoit été capable de l'effrayer; et que quand il eût été assuré d'y trouver autant de diables prêts à le tirer qu'il y avoit de tuiles dans les maisons, il les auroit affrontés avec la même confiance [2]. » C'étoit ses expressions ordinaires. Il avoit

XXX. Suite des miracles vantés par Luther.

---

[1] *De vot. monast., ad Joannem Luth., parent. suum,* tom. II, fol. 269. — [2] *Ep. ad Frid. Sax. Ducem;* apud Chytr., lib. X, p. 247.

toujours à la bouche le diable et le Pape, comme des ennemis qu'il alloit abattre ; et ses disciples trouvoient dans ces paroles brutales « une ardeur divine, un instinct céleste, et l'enthousiasme d'un cœur enflammé de la gloire de l'Evangile [1]. »

Lorsque quelques-uns de son parti entreprirent, comme nous verrons bientôt, de renverser les images dans Vitenberg durant son absence et sans le consulter : « Je ne fais pas, disoit-il, comme ces nouveaux prophètes, qui s'imaginent faire un ouvrage merveilleux et digne du Saint-Esprit, en abattant des statues et des peintures. Pour moi, je n'ai pas encore mis la main à la moindre petite pierre pour la renverser; je n'ai fait mettre le feu à aucun monastère : mais presque tous les monastères sont ravagés par ma plume et par ma bouche ; et on publie que sans violence j'ai moi seul fait plus de mal au Pape, que n'auroit pu faire aucun roi avec toutes les forces de son royaume [2]. » Voilà les miracles de Luther. Ses disciples admiroient la force de ce ravageur de monastères, sans songer que cette force formidable pouvoit être celle de l'ange que saint Jean appelle *exterminateur* [3].

XXXI.
Luther fait le prophète : il promet de détruire le Pape en un moment sans souffrir qu'on prenne les armes.

Luther le prenoit d'un ton de prophète contre ceux qui s'opposoient à sa doctrine. Après les avoir avertis de s'y soumettre, à la fin il les menaçoit de prier contre eux. « Mes prières, disoit-il, ne seront pas un foudre de Salmonée, ni un vain murmure dans l'air : on n'arrête pas ainsi la voix de Luther, et je souhaite que V. A. ne l'éprouve pas à son dam [4]. » C'est ainsi qu'il écrivoit à un prince de la maison de Saxe. « Ma prière, poursuivoit-il, est un rempart invincible, plus puissant que le diable même : sans elle, il y a longtemps qu'on ne parleroit plus de Luther ; et on ne s'étonnera pas d'un si grand miracle ! » Lorsqu'il menaçoit quelqu'un des jugemens de Dieu, il ne vouloit pas qu'on crût qu'il le fît comme un homme qui en avoit seulement des vues générales. Vous eussiez dit qu'il lisoit dans les décrets éternels. On le voyoit parler si certainement de la ruine prochaine de la Papauté, que les siens n'en doutoient plus. Sur sa parole on tenoit pour assuré dans le parti qu'il y avoit deux Antechrits clairement marqués

[1] *Chytr.*, ibid. — [2] *Frider. duci elect.*, etc., tom. VII, p. 507, 509. — [3] *Apoc.*, IX, 11. — [4] *Epist. ad Georg. duc. Sax.*, tom. II, fol. 491.

dans les Ecritures, le Pape et le Turc. Le Turc alloit tomber, et
les efforts qu'il faisoit alors dans la Hongrie étoient le dernier acte
de la tragédie. Pour la Papauté, c'en étoit fait, et à peine lui don-
noit-il *deux ans* à vivre ; mais surtout qu'on se gardât bien d'employer les armes dans ce grand ouvrage. C'est ainsi qu'il parla
tant qu'il fut foible ; et il défendoit dans la cause de son évangile
tout autre glaive que celui de la parole. Le règne papal devoit
tomber tout à coup par le souffle de Jésus-Christ, c'étoit-à-dire
par la prédication de Luther. Daniel y étoit exprès : saint Paul ne
permettoit pas d'en douter, et Luther leur interprète l'assuroit
ainsi. On en revient encore à ces prophéties : le mauvais succès
de celles de Luther n'empêche pas les ministres d'en hasarder de
semblables : on connoît le génie des peuples, et il les faut toujours fasciner par les mêmes voies. Ces prophéties de Luther se
voient encore dans ses écrits [1], en témoignage éternel contre ceux
qui les ont crues si légèrement. Sleidan, son historien, les rapporte d'un air sérieux [2] : il emploie toute l'élégance de son style
et toute la pureté de son langage poli à nous représenter une
peinture dont Luther avoit rempli toute l'Allemagne, la plus sale,
la plus basse et la plus honteuse qui fut jamais : cependant, si
nous en croyons Sleidan, c'étoit *une image prophétique :* au reste,
« on voyoit déjà l'accomplissement de beaucoup de prophéties de
Luther, et les autres étoient encore entre les mains de Dieu. »

Ce ne fut donc pas seulement le peuple qui regarda Luther
comme un prophète. Les doctes du parti le donnoient pour tel.
Philippe Mélanchthon, qui se rangea sous sa discipline dès le commencement de ses disputes, et qui fut le plus capable aussi bien
que le plus zélé de ses disciples, se laissa d'abord tellement persuader qu'il y avoit en cet homme quelque chose d'extraordinaire
et de prophétique qu'il fut longtemps sans en pouvoir revenir,
malgré tous les défauts qu'il découvroit de jour en jour dans son
maître ; et il écrivit à Erasme, parlant de Luther : « Vous savez
qu'il faut éprouver, et non pas mépriser les prophètes [3]. »

---

[1] *Ass.*, art. *damnat.*, tom. II, fol. 3, ad prop. 33 ; *adv. lib. Amb. Cathar.*, *ibid.*, fol. 161 ; *Cont. Henr., reg. Ang.*, ibid., 331, 332 et seq. — [2] Sleid., lib. IV, 70 ; XIV, 225 ; XVI, 261, etc. — [3] Mel., lib. III, epist. 65.

XXXII. Les vanteries de Luther, et le mépris qu'il fait de tous les Pères.

Cependant ce nouveau prophète s'emportoit à des excès inouïs. Il outroit tout : parce que les prophètes par ordre de Dieu faisoient de terribles invectives, il devint le plus violent de tous les hommes et le plus fécond en paroles outrageuses. Parce que saint Paul, pour le bien des hommes, avoit relevé son ministère et les dons de Dieu en lui-même avec toute la confiance que lui donnoit la vérité manifeste que Dieu appuyoit d'en haut par des miracles, Luther parloit de lui-même d'une manière à faire rougir tous ses amis. Cependant on s'y étoit accoutumé ; cela s'appeloit *magnanimité* : on admiroit « la sainte ostentation, les saintes vanteries, la sainte jactance » de Luther ; et Calvin même, quoique fâché contre lui, les nomme ainsi [1].

Enflé de son savoir, médiocre au fond, mais grand pour le temps, et trop grand pour son salut et pour le repos de l'Eglise, il se mettoit au-dessus de tous les hommes, et non-seulement de ceux de son siècle, mais encore des plus illustres des siècles passés.

Dans la question du libre arbitre, Erasme lui objectoit le consentement des Pères et de toute l'antiquité : « C'est bien fait, lui disoit Luther ; vantez-nous les anciens Pères, et fiez-vous à leurs discours, après avoir vu que TOUS ENSEMBLE ils ont négligé saint Paul, et que, plongés dans le sens charnel, ils se sont tenus, COMME DE DESSEIN FORMÉ, éloignés de ce bel astre du matin, ou plutôt de ce soleil [2]. » Et encore : « Quelle merveille que Dieu ait laissé TOUTES LES PLUS GRANDES églises aller dans leurs voies, puisqu'il y avoit laissé aller autrefois toutes les nations de la terre [3] ? » Quelle conséquence ! Si Dieu a livré les gentils à l'aveuglement de leur cœur, s'ensuit-il qu'il y livre encore les églises qu'il en a retirées avec tant de soin ? Voilà néanmoins ce que dit Luther dans son livre *du serf Arbitre* : et ce qu'il y a ici de plus remarquable, c'est que dans ce qu'il y soutient, non-seulement « contre tous les Pères et contre toutes les églises, » mais encore contre tous les hommes et contre la voix commune du genre humain, que le libre arbitre n'est rien du tout : il est abandonné, comme nous verrons, de tous ses disciples, et même dans la Confession

---

[1] II *Def. cont. Vestph.*, opusc., fol. 788. — [2] *De serv. Arb.*, tom. II, fol. 480, etc. — [3] *De serv. Arb.*, tom. II, fol. 438.

d'Augsbourg : ce qui fait voir à quel excès sa témérité s'est emportée, puisqu'il a traité avec un mépris si outrageux et les Pères et les églises, dans un point où il avoit un tort si visible. Les louanges que ces saints docteurs ont données d'une même voix à la continence, le révoltent plutôt que de le toucher. Saint Jérôme lui devient insupportable pour l'avoir louée. Il décide que lui et tous les saints Pères, qui ont pratiqué tant de saintes mortifications pour la garder inviolable, eussent mieux fait de se marier. Il n'est pas moins emporté sur les autres matières. Enfin en tout et partout, les Pères, les Papes, les conciles généraux et particuliers, à moins qu'ils ne tombent (*a*) dans son sens, ne lui sont rien. Il en est quitte pour leur opposer l'Ecriture tournée à sa mode ; comme si avant lui l'Ecriture avoit été ignorée, ou que les Pères, qui l'ont gardée et étudiée avec tant de religion, eussent négligé de l'entendre.

Voilà où Luther en étoit venu : de cette extrême modestie qu'il avoit professée au commencement, il étoit passé à cet excès. Que dirai-je des bouffonneries aussi plates que scandaleuses, dont il remplissoit ses écrits ? Je voudrois qu'un de ses sectateurs des plus prévenus prît la peine de lire seulement un discours qu'il composa du temps de Paul III contre la Papauté [1] : je suis certain qu'il rougiroit pour Luther, tant il y trouveroit partout, je ne dirai pas de fureur et d'emportement, mais de froides équivoques, de basses plaisanteries et de saletés ; je dis même des plus grossières, et de celles qu'on n'oit (*b*) sortir que de la bouche des plus vils artisans. « Le Pape, dit-il, est si plein de diables, qu'il en crache, qu'il en mouche : » n'achevons pas ce que Luther n'a pas eu honte de répéter trente fois. Est-ce là le discours d'un réformateur ? Mais c'est qu'il s'agit du Pape : à ce seul nom il rentroit dans ses fureurs, et il ne se possédoit plus. Mais oserai-je rapporter la suite de cette invective insensée ? Il le faut malgré mes horreurs, afin qu'on voie une fois quelles furies possédoient ce chef de la nouvelle Réforme. Forçons-nous donc pour transcrire ces mots qu'il adresse au Pape : « Mon petit Paul, mon petit

XXXIII. Bouffonneries et extravagances.

---

[1] *Advers. Papat.*, tom. VII, fol. 451 et seq.
(*a*) 1re édit. : A moins qu'ils tombent. — (*b*) qu'on n'entend.

pape, mon petit ânon, allez doucement; il fait glacé : vous vous rompriez une jambe; vous vous gâteriez, et on diroit : Que diable est ceci ? Comme le petit papelin s'est gâté ! » Pardonnez-moi, lecteurs catholiques, si je répète ces irrévérences. Pardonnez-moi aussi, ô luthériens, et profitez du moins de votre honte. Mais après ces sales idées, il est temps de voir les beaux endroits. Ils consistent dans ces jeux de mots : *Cœlestissimus, scelestissimus; sanctissimus, satanissimus;* et c'est ce qu'on trouve à chaque ligne. Mais que dira-t-on de cette belle figure ? « Un âne sait qu'il est âne; une pierre sait qu'elle est pierre; et ces ânes de papelins ne savent pas qu'ils sont des ânes [1]. » De peur qu'on ne s'avisât d'en dire autant de lui, il va au-devant de l'objection. « Et, dit-il, le Pape ne me peut pas tenir pour un âne; il sait bien que par la bonté de Dieu et par sa grace particulière, je suis plus savant dans les Ecritures que lui et que tous ses ânes [2]. » Poursuivons : voici le style qui va s'élever : « Si j'étois le maître de l'empire, » où ira-t-il avec un si beau commencement ? « je ferois un même paquet du Pape et des cardinaux, pour les jeter tous ensemble dans ce petit fossé de la mer de Toscane. Ce bain les guériroit; j'y engage ma parole, et je donne Jésus-Christ pour caution [3]. » Le saint nom de Jésus-Christ n'est-il pas ici employé bien à propos ? Taisons-nous : c'en est assez; et tremblons sous les terribles jugemens de Dieu, qui pour punir notre orgueil, a permis que de si grossiers emportemens eussent une telle efficace de séduction et d'erreur.

XXXIV. Les séditions et les violences.

Je ne dis rien des séditions et des pilleries, le premier fruit des prédications de ce nouvel évangéliste. Il en tiroit vanité. L'Evangile, disoit-il, et tous ses disciples après lui, a toujours causé du trouble, et il faut du sang pour l'établir [4]. Zuingle en disoit autant. Calvin se défend de même : « Jésus-Christ, disoient-ils tous, est venu pour jeter le glaive au milieu du monde [5]; » aveugles, qui ne voyoient pas ou qui ne vouloient pas voir quel glaive Jésus-Christ avoit jeté, et quel sang il avoit fait répandre. Il est vrai que les loups au milieu desquels il envoyoit ses disciples,

---

[1] *Advers. Papat.*, tom. VII, fol. 470. — [2] *Ibid.* — [3] *Ibid.*, p. 474. — [4] *De serv. Arb.*, fol. 431, etc. — [5] *Matth.*, x, 34.

devoient répandre le sang de ses brebis innocentes : mais avoit-il dit que ces brebis cesseroient d'être brebis, formeroient de séditieux complots, et répandroient à leur tour le sang des loups? L'épée des persécuteurs a été tirée contre ses fidèles; mais ses fidèles tiroient-ils l'épée, je ne dis pas pour attaquer les persécuteurs, mais pour se défendre de leurs violences? En un mot, il s'est excité des séditions contre les disciples de Jésus-Christ; mais les disciples de Jésus-Christ n'en ont jamais excité aucune durant trois cents ans d'une persécution impitoyable. L'Evangile les rendoit modestes, tranquilles, respectueux envers les puissances légitimes, quoiqu'ennemies de la foi, et les remplissoit d'un vrai zèle; non pas de ce zèle amer qui oppose l'aigreur à l'aigreur, les armes aux armes, et la force à la force. Que les catholiques soient donc, si l'on veut (*a*), des persécuteurs injustes : ceux qui se vantoient de les réformer (*b*) sur le modèle de l'Eglise apostolique, devoient commencer la Réforme par une invincible patience. Mais au contraire, disoit Erasme, qui en a vu naître les commencemens : « Je les voyois sortir de leurs prêches avec un air farouche et des regards menaçans, » comme gens « qui venoient d'ouïr des invectives sanglantes et des discours séditieux. » Aussi voyoit-on « ce peuple évangélique toujours prêt à prendre les armes, et aussi propre à combattre qu'à disputer [1]. » Peut-être que les ministres nous avoueront bien que les prêtres des Juifs et ceux des idoles donnoient lieu à des satyres aussi fortes que les prêtres de l'Eglise romaine, de quelques couleurs qu'ils nous les dépeignent. Quand est-ce qu'on a vu, au sortir de la prédication de saint Paul, ceux qu'il avoit convertis, aller piller les maisons de ces prêtres sacriléges, comme on a vu si souvent, au sortir des prédications de Luther et des prétendus réformateurs, leurs auditeurs aller piller tous les ecclésiastiques, sans distinction des bons ni des mauvais? Que dis-je des prêtres des idoles? Les idoles mêmes étoient en quelque sorte épargnées par les chrétiens. Vit-on jamais à Ephèse ou à Corinthe, où tous les coins en étoient remplis, en renverser une seule après les prédications de saint Paul et des

[1] Lib. XIX, epist. 113; XXIV, 31, 47, p. 2053, etc.

(*a*) 1re édit. : S'ils le veulent. — (*b*) De venir les réformer.

apôtres? Au contraire, ce secrétaire de la commune d'Ephèse rend témoignage à ses citoyens que saint Paul et ses compagnons « ne blasphémoient point contre leur déesse [1]; » c'est-à-dire, qu'ils parloient contre les faux dieux sans exciter aucun trouble, sans altérer la tranquillité publique. Je crois pourtant que les idoles de Jupiter et de Vénus étoient bien aussi odieuses que les images de Jésus-Christ, de sa sainte Mère et de ses Saints que nos réformés ont abattues.

LIVRE II.

Depuis 1520 jusqu'à 1529.

SOMMAIRE.

Les variations de Luther sur la transsubstantiation. Carlostad commence la querelle sacramentaire. Circonstances de cette rupture. La révolte des paysans, et le personnage que Luther y fit. Son mariage, dont lui-même et ses amis sont honteux. Ses excès sur le franc arbitre, et contre Henri VIII, roi d'Angleterre. Zuingle et Œcolampade paroissent. Les sacramentaires préfèrent la doctrine catholique à la luthérienne. Les luthériens prennent les armes, malgré toutes leurs promesses. Mélanchthon en est troublé. Ils s'unissent en Allemagne sous le nom de protestans. Vains projets d'accommodement entre Luther et Zuingle. La conférence de Marpourg.

1. Le livre de la *Captivité de Babylone*: sentimens de Luther sur l'Eucharistie, et l'envie qu'il eut d'ébranler la réalité. 1520. 1521. 1522.

Le premier traité où Luther parut tout ce qu'il étoit, fut celui qu'il composa en 1520, *de la Captivité de Babylone*. Là il éclata hautement contre l'Eglise romaine qui venoit de le condamner; et parmi les dogmes dont il tâcha d'ébranler les fondemens, celui de la transsubstantiation fut un des premiers.

Il eût bien voulu pouvoir donner atteinte à la réalité; et chacun sait ce qu'il en a déclaré lui-même dans la lettre à ceux de Strasbourg, où il écrit « qu'on lui eût fait grand plaisir de lui donner quelque bon moyen de la nier, parce que rien ne lui eût été meilleur dans le dessein qu'il avoit de nuire à la Papauté [2]. » Mais Dieu donne de secrètes bornes aux esprits les plus emportés, et ne permet pas toujours aux novateurs d'affliger son Eglise au-

[1] *Act.*, XIX, 37. — [2] *Epist. ad Argentin.*, tom. VII, fol. 501.

tant qu'ils voudroient. Luther demeura frappé invinciblement de la force et de la simplicité de ces paroles : « Ceci est mon corps, ceci est mon sang ; ce corps livré pour vous, ce sang de la nouvelle alliance ; ce sang répandu pour vous et pour la rémission de vos péchés [1] ; » car c'est ainsi qu'il faudroit traduire ces paroles de Notre-Seigneur pour les rendre dans toute leur force. L'Eglise avoit cru sans peine, que pour consommer son sacrifice et les figures anciennes, Jésus-Christ nous avoit donné à manger la propre substance de la chair immolée pour nous. Elle avoit la même pensée du sang répandu pour nos péchés. Accoutumée dès son origine à des mystères incompréhensibles et à des marques ineffables de l'amour divin, les merveilles impénétrables que renfermoit le sens littéral ne l'avoient point rebutée ; et Luther ne put jamais se persuader, ni que Jésus-Christ eût voulu obscurcir exprès l'institution de son sacrement, ni que des paroles si simples fussent susceptibles de figures si violentes, ou pussent avoir un autre sens que celui qui étoit entré naturellement dans l'esprit de tous les peuples chrétiens en Orient et en Occident, sans qu'ils en aient été détournés ni par la hauteur du mystère, ni par les subtilités de Bérenger et de Viclef.

II. Le changement de substance attaqué par Luther et sa manière grossière d'expliquer la réalité.

Il y voulut pourtant mêler quelque chose du sien. Tous ceux qui jusqu'à lui avoient bien ou mal expliqué les paroles de Jésus-Christ, avoient reconnu qu'elles opéroient quelque sorte de changement dans les dons sacrés. Ceux qui vouloient que le corps n'y fût qu'en figure, disoient que les paroles de Notre-Seigneur opéroient un changement purement mystique, et que le pain consacré devenoit le signe du corps. Par une raison opposée, ceux qui défendirent le sens littéral avec une présence réelle, mirent aussi un changement effectif. C'est pourquoi la réalité s'étoit naturellement insinuée dans tous les esprits avec le changement de substance, et toutes les églises chrétiennes étoient entrées dans un sens si droit et si simple, malgré les oppositions qu'y formoient les sens. Mais Luther ne demeura pas dans cette règle. « Je crois, dit-il, avec Viclef, que le pain demeure ; et je crois avec les sophistes (c'est ainsi qu'il appeloit nos théologiens) que le corps y

[1] *Matth.*, XXVI, 26, 28 ; *Luc.*, XXII, 19, 20 ; 1 *Cor.*, XI, 24.

est ¹. » Il expliquoit sa doctrine en plusieurs façons, et la plupart fort grossières. Tantôt il disoit que le corps est avec le pain comme le feu est avec le fer brûlant. Quelquefois il ajoutoit à ces expressions que le corps étoit dans le pain et sous le pain, comme le vin est dans et sous le tonneau. De là ces propositions si célèbres dans le parti, *in, sub, cum*, qui veulent dire que le corps est dans le pain, sous le pain, et avec le pain. Mais Luther sentoit bien que ces paroles : *Ceci est mon corps*, demandoient quelque chose de plus que de mettre le corps là-dedans, ou avec cela, ou sous cela ; et pour expliquer *ceci est*, il se crut obligé à dire que ces paroles : « Ceci est mon corps, » vouloient dire, ce pain est mon corps substantiellement et proprement ; chose inouïe et embarrassée de difficultés invincibles.

III. L'impanation établie par quelques luthériens et rejetée par Luther.

Néanmoins pour les surmonter, quelques disciples de Luther soutinrent que le pain étoit fait le corps de Notre-Seigneur, et le vin son sang précieux ; comme le Verbe divin a été fait homme : de sorte qu'il se faisoit dans l'Eucharistie une impanation véritable, comme il s'étoit fait une véritable incarnation dans les entrailles de la sainte Vierge. Cette opinion, qui avoit paru dès le temps de Bérenger, fut renouvelée par Osiandre, l'un des principaux luthériens. Elle ne put jamais entrer dans l'esprit des hommes. Chacun vit qu'afin que le pain fût le corps de Notre-Seigneur et que le vin fût son sang, comme le Verbe divin est homme par ce genre d'union que les théologiens appellent *personnelle* ou *hypostatique*, il faudroit que, comme l'homme est la personne, le corps fût aussi la personne et le sang de même ; ce qui détruit les principes du raisonnement et du langage. Le corps humain est une partie de la personne, mais n'est pas la personne même, ni le tout ou, comme on parle, le suppôt. Le sang l'est encore moins, et ce n'est nullement le cas où l'union personnelle puisse avoir lieu. Ces choses s'entendent mieux qu'elles ne s'expliquent méthodiquement. Tout le monde ne sait pas employer le terme d'*union hypostatique* : mais quand elle est un peu expliquée, tout le monde sent à quoi elle peut convenir. Ainsi Osiandre fut le seul à soutenir son impanation et son invination. On lui

¹ *De capt. Babyl.*, tom. II.

laissa dire tant qu'il voulut : « Ce pain est Dieu ; » car il passa jusqu'à cet excès [1]. Mais une si étrange opinion n'eut pas même besoin d'être réfutée : elle tomba d'elle-même par sa propre absurdité, et Luther ne l'approuva point.

Cependant ce qu'il disoit y menoit tout droit. On ne savoit comment concevoir que le pain, en demeurant pain, fût en même temps, comme il l'assuroit, le vrai corps de Notre-Seigneur, sans admettre entre les deux cette union hypostatique qu'il rejetoit. Mais enfin il demeura ferme à la rejeter, et à unir néanmoins les deux substances, jusqu'à dire que l'une étoit l'autre.

Il parla pourtant d'abord avec doute du changement de substance; et encore qu'il préférât l'opinion qui retient le pain à celle qui le change au corps, l'affaire lui parut légère. « Je permets, dit-il, l'une et l'autre opinion ; j'ôte seulement le scrupule [2]. » Voilà comme décidoit ce nouveau pape : la transsubstantiation et la consubstantiation lui parurent indifférentes. Ailleurs, comme on lui reprochoit qu'il faisoit demeurer le pain dans l'Eucharistie, il l'avoue : « mais, ajoute-t-il, je ne condamne pas l'autre opinion : je dis seulement que ce n'est pas un article de foi [3]. » Mais il passa bientôt plus avant dans la réponse qu'il fit à Henri VIII, roi d'Angleterre, qui avoit réfuté sa *Captivité*. « J'avois enseigné, dit-il, qu'il n'importoit pas que le pain demeurât ou non dans le sacrement : mais maintenant je transsubstantie mon opinion ; je dis que c'est une impiété et un blasphème de dire que le pain est transsubstantié [4]; » et il pousse la condamnation jusqu'à l'anathème. Le motif qu'il donne à son changement est mémorable. Voici ce qu'il en écrit dans son livre aux Vaudois : « Il est vrai, je crois que c'est une erreur de dire que le pain ne demeure pas, encore que cette erreur m'ait paru jusqu'ici peu importante : mais maintenant, puisqu'on nous presse si fort de recevoir cette erreur sans autorité de l'Ecriture, en dépit des papistes je veux croire que le pain et le vin demeurent ; » et voilà ce qui attira aux catholiques cet anathème de Luther. Tels furent ses sentimens en 1523 : nous verrons s'il y persistera dans la suite ; et on sera bien aise

IV.
Variations de Luther sur la transsubstantiation ; manière inouie de décider de la foi. 1523.

---

[1] Mel., lib. II, ep. 447. — [2] *De capt. Babyl.*, tom. II, fol. 66. — [3] *Resp. ad artic. extract.*, ibid., 172. — [4] *Cont. reg. Angl.*, tom. II. 184.

dès à présent de remarquer une lettre produite par Hospinien, où Mélanchthon accuse son maître d'avoir accordé la transsubstantiation à certaines églises d'Italie, auxquelles il avoit écrit de cette matière. Cette lettre est de 1543, douze ans après sa réponse au roi d'Angleterre [1].

<small>V. Étranges emportemens dans ses livres contre Henri VIII roi d'Angleterre.</small>

Au reste il s'emporta contre ce prince avec une telle violence, que les luthériens eux-mêmes en étoient honteux. Ce n'étoit que des injures atroces et des démentis outrageux à toutes les pages : « c'étoit un fou, un insensé, le plus grossier de tous les pourceaux et de tous les ânes [2]. » Quelquefois il l'apostrophoit d'une manière terrible : « Commencez-vous à rougir, Henri, non plus roi, mais sacrilége? » Mélanchthon, son cher disciple, n'osoit le reprendre, et ne savoit comment l'excuser. On étoit scandalisé, même parmi ses disciples, du mépris outrageux avec lequel il traitoit tout ce que l'univers avoit de plus grand, et de la manière bizarre dont il décidoit sur les dogmes. Dire d'une façon, et puis tout à coup dire de l'autre, seulement en haine des papistes : c'étoit trop visiblement abuser de l'autorité qu'on lui donnoit, et insulter pour ainsi parler à la crédulité du genre humain. Mais il avoit pris le dessus dans tout son parti, et il falloit trouver bon tout ce qu'il disoit.

<small>VI. Lettre d'Érasme à Mélanchthon sur les emportemens de Luther.</small>

Erasme étonné d'un emportement qu'il avoit vainement tâché de modérer par ses avis, en explique toutes les causes à Mélanchthon son ami. « Ce qui me choque le plus dans Luther, c'est, dit-il, que tout ce qu'il entreprend de soutenir, il le pousse à l'extrémité et jusqu'à l'excès. Averti de ses excès, loin de s'adoucir, il pousse encore plus avant, et semble n'avoir d'autre dessein que de passer à des excès encore plus grands. Je connois, ajoute-t-il, son humeur par ses écrits, autant que je pourrois faire si je vivois avec lui. C'est un esprit ardent et impétueux. On y voit partout un Achille, dont la colère est invincible. Vous n'ignorez pas les artifices de l'ennemi du genre humain. Joignez à tout cela un si grand succès, une faveur si déclarée, un si grand applaudissement de tout le théâtre : il y en auroit assez pour gâter un esprit modeste [3]. »

---

[1] Hosp., part. II, fol. 184. — [2] *Cont. reg. Angl.*, ibid., 333. — [3] Erasm., lib. VI, epist. III *ad Luther.*; lib. XIV, epist. 1, etc.; *idem*, lib. XIX, epist. III *ad Melancht.*

Quoiqu'Erasme n'ait jamais quitté la communion de l'Eglise, il a toujours conservé parmi ces disputes de religion un caractère particulier, qui a fait que les protestans lui donnent assez de créance dans les faits dont il a été témoin. Mais il n'est que trop certain d'ailleurs que Luther enflé du succès inespéré de son entreprise, et de la victoire qu'il croyoit avoir remportée contre la puissance romaine, ne gardoit plus aucune mesure.

C'est une chose étrange d'avoir pris, comme il fit avec tous les siens, le nombre prodigieux de ses sectateurs comme une marque de faveur divine, sans se souvenir que saint Paul avoit dit des hérétiques et des séducteurs que « leur discours gagne comme la gangrène, et qu'ils profitent en mal, errant et jetant les autres dans l'erreur [1]. » Mais le même saint Paul a dit aussi « que leur progrès a des bornes [2]. » Les malheureuses conquêtes de Luther furent retardées par la division qui se mit dans la nouvelle Réforme. Il y a longtemps qu'on a dit que les disciples des novateurs se croient en droit d'innover à l'exemple de leurs maîtres [3] : les chefs des rebelles trouvent des rebelles aussi téméraires qu'eux; et pour dire simplement le fait sans moraliser davantage, Carlostad que Luther avoit tant loué [4], tout indigne qu'il en étoit, et qu'il avoit appelé *son vénérable précepteur en Jésus-Christ*, se trouva en état de lui résister. Luther avoit attaqué le changement de substance dans l'Eucharistie; Carlostad attaqua la réalité que Luther n'avoit pas cru pouvoir entreprendre.

VII. La division parmi les prétendus évangéliques : Carlostad attaque Luther et la réalité. 1524.

Carlostad, si nous en croyons les luthériens, étoit un homme brutal, ignorant, artificieux pourtant et brouillon, sans piété, sans humanité, et plutôt juif que chrétien. C'est ce qu'en dit Mélanchthon [5], homme modéré et naturellement sincère. Mais, sans citer en particulier les luthériens, ses amis et ses ennemis demeuroient d'accord que c'étoit l'homme du monde le plus inquiet, aussi bien que le plus impertinent. Il ne faut point d'autres preuves de son ignorance que l'explication qu'il donna aux paroles de l'institution de la Cène, soutenant que par ces paroles : « Ceci est

---

[1] II *Timoth.*, II, 17; III, 13. — [2] *Ibid.*, III, 9. — [3] Tertull., *De Præscr.*, cap. XLII. — [4] *Ep. dedic. comm. in Gal. ad Carlostad.* — [5] Mell., lib. *Testim. Præf. ad Frid. Mycon.*

mon corps, » Jésus-Christ, sans aucun égard à ce qu'il donnoit, vouloit seulement se montrer lui-même assis à table comme il étoit avec ses disciples [1] : imagination si ridicule, qu'on a peine à croire qu'elle ait pu entrer dans l'esprit d'un homme.

VIII. Origine des démêlés de Luther et de Carlostad : orgueil de Luther. 1521.

Avant qu'il eût enfanté cette interprétation monstrueuse, il y avoit déjà eu de grands démêlés entre lui et Luther. Car en 1521, durant que Luther étoit caché par la crainte de Charles V qui l'avoit mis au ban de l'empire, Carlostad avoit renversé les images, ôté l'élévation du Saint-Sacrement et même les messes basses, et rétabli la communion sous les deux espèces dans l'église de Vitenberg, où avoit commencé le luthéranisme. Luther n'improuvoit pas tant ces changemens qu'il les trouvoit faits à contre-temps, et d'ailleurs peu nécessaires. Mais ce qui le piqua au vif, comme il le témoigne assez dans une lettre qu'il écrivit sur ce sujet, c'est que Carlostad avoit « méprisé son autorité, et avoit voulu s'ériger en nouveau docteur [2]. » Les sermons qu'il fit à cette occasion sont remarquables : car sans y nommer Carlostad, il reprochoit aux auteurs de ces entreprises qu'ils avoient agi sans mission, comme si la sienne eût été bien mieux établie. « Je les défendrois, disoit-il, aisément devant le Pape, mais je ne sais comment les justifier devant le diable, lorsque ce mauvais esprit à l'heure de la mort leur opposera ces paroles de l'Ecriture : « Toute plante que mon Père n'aura pas plantée sera déracinée : » Et encore : « Ils couroient, et ce n'étoit pas moi qui les envoyois. » Que répondront-ils alors ? Ils seront précipités dans les enfers [3]. »

IX. Sermon de Luther, où en dépit de Carlostad et de ceux qui le suivoient, il menace de se rétracter et de rétablir la messe : son extravagance à

Voilà ce que dit Luther pendant qu'il étoit encore caché. Mais au sortir de Patmos (c'est ainsi qu'il appeloit sa retraite), il fit bien un autre sermon dans l'église de Vitenberg. Là il entreprit de prouver qu'il ne falloit pas employer les mains, mais la parole toute seule à réformer les abus. « C'est la parole, disoit-il, qui pendant que je dormois tranquillement, et que je buvois ma bière avec mon cher Mélanchthon et avec Amsdorf, a tellement ébranlé la Papauté, que jamais prince ni empereur n'en a fait

---

[1] Zuing., *ep. ad Matt. Alber.*; Id., lib. *De ver. et fals. relig. Hospin.*, II part., fol. 132. — [2] Ep. Luth. *ad Gasp. Gustol.*, 1522. — [3] Serm. : *Quid Christiano præstandum*, tom. VII, fol. 273.

autant¹. » — « Si j'avois voulu, poursuit-il, faire les choses avec tumulte, toute l'Allemagne nageroit dans le sang ; et lorsque j'étois à Vorms, j'aurois pu mettre les affaires en tel état, que l'empereur n'y eût pas été en sûreté². » C'est ce que nous n'avions pas vu dans les histoires. Mais le peuple une fois prévenu croyoit tout, et Luther se sentoit tellement le maître, qu'il osa bien leur dire en pleine chaire : « Au reste si vous prétendez continuer à faire les choses par ces communes délibérations, je me dédirai sans hésiter, de tout ce que j'ai écrit ou enseigné : j'en ferai ma rétractation, et je vous laisserai là. Tenez-le-vous pour dit une bonne fois ; et après tout, quel mal vous fera la messe papale ? » On croit songer, quand on lit ces choses dans les écrits de Luther imprimés à Vitenberg : on revient au commencement du volume, pour voir si on a bien lu, et on se dit à soi-même : Quel est ce nouvel évangile ? Un tel homme a-t-il pu passer pour réformateur ? N'en reviendra-t-on jamais ? Est-il donc si difficile à l'homme de confesser son erreur ? *vanter son pouvoir.*

Carlostad de son côté ne se tint pas en repos ; et poussé avec tant d'ardeur, il se mit à combattre la doctrine de la présence réelle, autant pour attaquer Luther que par aucun autre motif. Luther aussi, quoiqu'il eût pensé à ôter l'élévation de l'hostie, la retint « en dépit de Carlostad, » comme il le déclare lui-même, « et de peur, poursuit-il, qu'il ne semblât que le diable nous eût appris quelque chose³. » *X. Luther décide des plus grandes choses par dépit : l'élévation les deux espèces.*

Il ne parla pas plus modérément de la communion sous les deux espèces, que le même Carlostad avoit rétablie de son autorité privée. Luther la tenoit alors pour assez indifférente. Dans la lettre qu'il écrivit sur la réformation de Carlostad, il lui reproche « d'avoir mis le christianisme dans ces choses de néant, à communier sous les deux espèces, à prendre le sacrement dans la main, à ôter la confession et à brûler les images⁴. » Et encore en 1523 il dit dans la formule de la messe : « Si un concile ordonnoit ou permettoit les deux espèces, en dépit du concile nous n'en pren-

---

¹ *Sermo docens abusus, non manibus sed verbo exterm.,* etc., 1521. — ² *Ibid.,* 275. — ³ Luth., *par. Confess.,* Hospin., part. II, fol. 188. — ⁴ *Epist. ad Gasp. Gustol.*

drions qu'une, ou ne prendrions ni l'une ni l'autre, et maudirions ceux qui prendroient les deux en vertu de cette ordonnance [1]. » Voilà ce qu'on appeloit la liberté chrétienne dans la nouvelle Réforme : telle étoit la modestie et l'humilité de ces nouveaux chrétiens.

XI. De quelle sorte la guerre fut déclarée entre Luther et Carlostad.

Carlostad chassé de Vitenberg, fut contraint de se retirer à Orlemonde, ville de Thuringe, dépendante de l'électeur de Saxe. En ces temps toute l'Allemagne étoit en feu. Les paysans révoltés contre leurs seigneurs avoient pris les armes, et imploroient le secours de Luther. Outre qu'ils en suivoient la doctrine, on prétendoit que son livre *de la Liberté chrétienne* n'avoit pas peu contribué à leur inspirer la rébellion par la manière hardie dont il y parloit « contre les législateurs et contre les lois [2]. » Car encore qu'il se sauvât en disant qu'il n'entendoit point parler des magistrats ni des lois civiles, il étoit vrai cependant qu'il mêloit « les princes et les potentats » avec le Pape et les évêques ; et prononcer généralement, comme il faisoit, que le chrétien n'étoit sujet à aucun homme, c'étoit, en attendant l'interprétation, nourrir l'esprit d'indépendance dans les peuples et donner des vues dangereuses à leurs conducteurs. Joint que mépriser les puissances soutenues par la majesté de la religion, étoit encore un moyen d'affaiblir les autres. Les anabaptistes, autre rejeton de la doctrine de Luther, puisqu'ils ne s'étoient formés qu'en poussant à bout ses maximes, se mêloient à ce tumulte des paysans, et commençoient à tourner leurs inspirations sacriléges à une révolte manifeste. Carlostad donna dans ces nouveautés, du moins Luther l'en accuse ; et il est vrai qu'il étoit dans une grande liaison avec les anabaptistes [3], grondant sans cesse avec eux autant contre l'électeur que contre Luther, qu'il appeloit un flatteur du Pape, à cause principalement de quelque reste qu'il conservoit de la messe et de la présence réelle : car c'étoit à qui blâmeroit le plus l'Eglise romaine, et à qui s'éloigneroit le plus de ses dogmes. Ces disputes avoient excité de grands mouvemens à Orlemonde (*a*). Luther y

---

[1] *Form. Miss.*, tom. II, fol. 384, 390. — [2] *De libert. Christ.*, tom. II, fol. 10, 11. — [3] Sleid., lib. V, 17.

(*a*) Orlamunde.

fut envoyé par le prince pour apaiser le peuple ému. Dans le chemin il prêcha à Jene (a) en présence de Carlostad, et ne manqua pas de le traiter de séditieux. C'est par là que commença la rupture. J'en veux ici raconter la mémorable histoire comme elle se trouve parmi les œuvres de Luther, comme elle est avouée par les luthériens, et comme les historiens protestans l'ont rapportée [1]. Au sortir du sermon de Luther, Carlostad le vint trouver à l'Ourse Noire où il logeoit; lieu remarquable dans cette histoire, pour avoir donné le commencement à la guerre sacramentaire parmi les nouveaux réformés. Là, parmi d'autres discours et après s'être excusé le mieux qu'il put sur la sédition, Carlostad déclare à Luther qu'il ne pouvoit souffrir son opinion de la présence réelle. Luther avec un air dédaigneux le défia d'écrire contre lui, et lui promit un florin d'or s'il l'entreprenoit. Il tire le florin de sa poche. Carlostad le met dans la sienne. Ils touchèrent en la main l'un de l'autre, en se promettant mutuellement de se faire bonne guerre. Luther but à la santé de Carlostad et du bel ouvrage qu'il alloit mettre au jour. Carlostad fit raison, et avala le verre plein : ainsi la guerre fut déclarée à la mode du pays, le 22 d'août en 1524. L'adieu des combattans fut mémorable. « Puissé-je te voir sur la roue, » dit Carlostad à Luther! — « Puisses-tu te rompre le col avant que de sortir de la ville [2] ! » L'entrée n'avoit pas été moins agréable. Par les soins de Carlostad, Luther entrant dans Orlemonde, « fut reçu à grands coups de pierre, et presque accablé de boue. » Voilà le nouvel évangile; voilà les actes des nouveaux apôtres.

Des combats plus sanglans, mais peut-être pas plus dangereux, suivirent un peu après. Les paysans soulevés s'étoient assemblés au nombre de quarante mille. Les anabaptistes prirent les armes avec une fureur inouïe. Luther interpellé par les paysans de prononcer sur les prétentions qu'ils avoient contre leurs seigneurs, fit un étrange personnage [3]. D'un côté il écrivit aux paysans que Dieu défendoit la sédition. D'autre côté il écrivit aux seigneurs

XII. Les guerres des anabaptistes et celle des paysans révoltés : la part qu'eut Luther dans ces révoltes. 1525.

[1] Luth., tom. II, Jen., 447; Calix., *Judic.*, n. 49; Hospin., II part., ad an. 1524, fol. 32. — [2] Epist. Luth, *ad Argent.*, tom. VII, fol. 302. — [3] Sleid., lib. V.

(a) Iena.

qu'ils exerçoient une tyrannie « que les peuples ne pouvoient, ni ne vouloient, ni ne devoient plus souffrir ¹. » Il rendoit par ce dernier mot à la sédition les armes qu'il sembloit lui avoir ôtées. Une troisième lettre, qu'il écrivit en commun à l'un et l'autre parti, leur donnoit le tort à tous deux, et leur dénonçoit de terribles jugemens de Dieu, s'ils ne convenoient à l'amiable. On blâmoit ici sa mollesse : peu après on eut raison de lui reprocher une dureté insupportable. Il publia une quatrième lettre où il excitoit les princes puissamment armés, « à exterminer sans miséricorde ces misérables, » qui n'avoient pas profité de ses avis, « et à ne pardonner qu'à ceux qui se rendroient volontairement : » comme si une populace séduite et vaincue n'étoit pas un digne objet de pitié, et qu'il la fallût traiter avec la même rigueur que les chefs qui l'avoient trompée. Mais Luther le vouloit ainsi : et quand il vit que l'on condamnoit un sentiment si cruel, incapable de reconnoître qu'il eût tort en rien, il fit encore un livre exprès pour prouver qu'en effet « il ne falloit user d'aucune miséricorde » envers les rebelles, et qu'il ne falloit pas même pardonner à ceux « que la multitude auroit entraînés par force dans quelque action séditieuse ². » On vit ensuite ces fameux combats qui coûtèrent tant de sang à l'Allemagne : tel en étoit l'état quand la dispute sacramentaire y alluma un nouveau feu.

XIII. Le mariage de Luther qui avoit été précédé par celui de Carlostad.

Carlostad, qui l'avoit émue, avoit déjà introduit une nouveauté étrangement scandaleuse; car il fut le premier prêtre de quelque réputation qui se maria, et cet exemple fit des effets surprenans dans l'ordre sacerdotal et dans les cloîtres. Carlostad n'étoit pas encore brouillé avec Luther. On se moqua dans le parti même du mariage de ce vieux prêtre. Mais Luther, qui avoit envie d'en faire autant, ne disoit mot. Il étoit devenu amoureux d'une religieuse de qualité et d'une beauté rare, qu'il avoit tirée de son couvent. C'étoit une des maximes de la nouvelle Réforme, que les vœux étoient une pratique judaïque, et qu'il n'y en avoit point qui obligeât moins que celui de chasteté. L'électeur Frédéric laissoit dire ces choses à Luther; mais il n'eût pu (*a*) digérer qu'il en

¹ Sleid., lib. V, fol. 75. — ² *Ibid.*, fol. 77.
(*a*) 1ʳᵉ édit. : Il n'eût pas pu.

fût venu à l'effet. Il n'avoit que du mépris pour les prêtres et les religieux qui se marioient au préjudice des canons et d'une discipline révérée dans tous les siècles. Ainsi pour ne se point perdre dans son esprit, il fallut patienter durant la vie de ce prince, qui ne fut pas plutôt mort que Luther épousa sa religieuse. Ce mariage se fit en 1525, c'est-à-dire dans le fort des guerres civiles d'Allemagne, et lorsque les disputes sacramentaires s'échauffoient avec le plus de violence. Luther avoit alors quarante-cinq ans; et cet homme, qui à la faveur de la discipline religieuse, avoit passé toute sa jeunesse sans reproche dans la continence, en un âge si avancé et pendant qu'on le donnoit à tout l'univers comme le restaurateur de l'Evangile, ne rougit point de quitter un état de vie si parfait et de reculer en arrière.

Sleidan passe légèrement sur ce fait. « Luther, dit-il, épousa une religieuse; et par là il donna lieu à de nouvelles accusations de ses adversaires, qui l'appelèrent furieux et esclave de Satan[1]. » Mais il ne nous dit pas tout le secret; et ce ne fut pas seulement les adversaires de Luther qui blâmèrent son mariage : il en fut honteux lui-même; ses disciples les plus soumis en furent surpris, et nous apprenons tout ceci dans une lettre curieuse de Mélanchthon au docte Camérarius son intime ami[2].

Elle est écrite toute en grec, et c'est ainsi qu'ils traitoient entre eux les choses secrètes. Il lui dit donc que « Luther, lorsqu'on y pensoit le moins, avoit épousé la Borée (c'étoit la religieuse qu'il aimoit) sans en dire mot à ses amis : mais qu'un soir ayant prié à souper Poméranus (c'étoit le pasteur), un peintre et un avocat, il fit les cérémonies accoutumées; qu'on seroit étonné de voir que dans un temps si malheureux, où tous les gens de bien avoient tant à souffrir, il n'eût pas eu le courage de compatir à leurs maux, et qu'il parût au contraire se peu soucier des malheurs qui les menaçoient, laissant même affoiblir sa réputation dans le temps que l'Allemagne avoit le plus de besoin de son autorité et de sa prudence! » Ensuite il raconte à son ami les causes de son mariage : « Qu'il sait assez que Luther n'est pas ennemi de l'humanité, et qu'il croit qu'il a été engagé à ce mariage par une

XIV.
Lettre mémorable de Mélanchthon à Camérarius sur le mariage de Luther.

---
[1] Sleid., lib. V, fol. 77. — [2] Lib. IV, epist. XXIV, 21. Jul. 1525.

nécessité naturelle : qu'il ne faut donc point s'étonner que la magnanimité de Luther se soit laissée amollir ; que cette manière de vie est basse et commune, mais sainte ; et qu'après tout l'Ecriture dit que le mariage est honorable ; qu'au fond il n'y a ici aucun crime ; et que si on reproche quelque chose à Luther, c'est une manifeste calomnie. » C'est qu'on avoit fait courir le bruit que la religieuse étoit grosse et prête à accoucher quand Luther l'épousa, ce qui ne se trouva pas véritable. Mélanchthon avoit donc raison de justifier son maître en ce point. Il dit « que tout ce qu'on peut blâmer dans son action, c'est le contre-temps dans lequel il fait une chose si peu attendue, et le plaisir qu'il va donner à ses ennemis qui ne cherchent qu'à l'accuser : au reste qu'il le voit tout chagrin et tout troublé de ce changement, et qu'il fait ce qu'il peut pour le consoler. »

On voit assez combien Luther étoit honteux et embarrassé de son mariage, et combien Mélanchthon en étoit frappé malgré tout le respect qu'il avoit pour lui. Ce qu'il ajoute à la fin fait aussi connoître combien il croyoit que Camérarius en seroit ému, puisqu'il dit qu'il avoit voulu le prévenir, « de peur que dans le désir qu'il avoit que Luther demeurât toujours sans reproche et sa gloire sans tache, il ne se laissât trop troubler et décourager par cette nouvelle surprenante. »

Ils avoient d'abord regardé Luther comme un homme élevé au-dessus de toutes les foiblesses communes. Celle qu'il leur fit paroître dans ce mariage scandaleux, les mit dans le trouble. Mais Mélanchthon console le mieux qu'il peut et son ami et lui-même, sur ce que « peut-être il y a ici quelque chose de caché et de divin ; qu'il a des marques certaines de la piété de Luther ; qu'il ne sera point inutile qu'il leur arrive quelque chose d'humiliant, puisqu'il y a tant de péril à être élevé, non-seulement pour les ministres des choses sacrées, mais encore pour tous les hommes ; qu'après tout les plus grands saints de l'antiquité ont fait des fautes ; et qu'enfin il faut apprendre à s'attacher à la parole de Dieu par elle-même, et non par le mérite de ceux qui la prêchent, n'y ayant rien de plus injuste que de blâmer la doctrine à cause des fautes où tombent les docteurs. »

La maxime est bonne sans doute : mais il ne falloit donc pas tant appuyer sur les défauts personnels, ni se tant fonder sur Luther, qu'ils voyoient si foible quoiqu'il fût d'ailleurs si audacieux ; ni enfin nous tant vanter la réformation comme un ouvrage merveilleux de la main de Dieu, puisque le principal instrument de cette œuvre incomparable étoit un homme non-seulement si vulgaire, mais encore si emporté.

Il est aisé de juger par la conjoncture des choses, que le contre-temps qui fait tant de peine à Mélanchthon, et cette fâcheuse diminution qu'il voit arriver de la gloire de Luther dans le temps qu'on en avoit le plus de besoin, regardoient à la vérité ces troubles horribles, qui faisoient dire à Luther lui-même que l'Allemagne alloit périr ; mais regardoient encore plus la dispute sacramentaire, par laquelle Mélanchthon sentoit bien que l'autorité de son maître alloit s'ébranler. En effet on ne croyoit pas Luther innocent des troubles de l'Allemagne[1], puisqu'ils étoient commencés par des gens qui avoient suivi son évangile, et qui paroissoient animés par ses écrits, outre que nous avons vu qu'il avoit au commencement autant flatté que réprimé la fureur des paysans soulevés. La dispute sacramentaire étoit encore regardée comme un fruit de sa doctrine. Les catholiques lui reprochoient qu'en inspirant tant de mépris pour l'autorité de l'Eglise et en ébranlant ce fondement, il avoit tout réduit en questions. Voilà ce que c'est, disoient-ils, d'avoir mis la décision entre les mains des particuliers, et de leur avoir donné l'Ecriture comme si claire, qu'on n'avoit besoin pour l'entendre que de la lire, sans consulter l'Eglise ni l'antiquité. Toutes ces choses tourmentoient terriblement Mélanchthon : lui qui étoit naturellement si prévoyant, il voyoit naître dans la Réforme une division, qui en la rendant odieuse alloit encore y allumer une guerre irréconciliable.

XV. Notable diminution de l'autorité de Luther.

Il arriva dans le même temps d'autres choses qui le troubloient fort. La dispute s'étoit échauffée sur le franc arbitre entre Erasme et Luther. La considération d'Erasme étoit grande dans toute l'Europe, quoiqu'il eût de tous côtés beaucoup d'ennemis. Au commencement des troubles Luther n'avoit rien omis pour le ga-

XVI. Dispute entre Erasme et Luther sur le franc arbitre : Mélanchthon dé-

[1] Sleid., lib. VII, 109.

plore les emportemens de Luther.

gner, et lui avoit écrit avec des respects qui tenoient de la bassesse[1]. D'abord Erasme le favorisoit, sans vouloir pourtant quitter l'Eglise. Quand il vit le schisme manifestement déclaré, il s'éloigna tout à fait, et écrivit contre lui avec beaucoup de modération. Mais Luther, au lieu de l'imiter, publia, un peu après son mariage, une réponse si envenimée, qu'elle fit dire à Mélanchthon : « Plût à Dieu que Luther gardât le silence ! J'espérois que l'âge le rendroit plus doux, et je vois qu'il devient tous les jours plus violent, poussé par ses adversaires et par les disputes où il est obligé d'entrer[2] : » comme si un homme qui se disoit le réformateur du monde, devoit sitôt oublier son personnage et ne devoit pas, quoi qu'on lui fît, demeurer maître de lui-même. « Cela me tourmente étrangement, disoit Mélanchthon ; et si Dieu n'y met la main, la fin de ces disputes sera malheureuse[3]. » Erasme se voyant traité si rudement par un homme qu'il avoit si fort ménagé, disoit plaisamment : « Je croyois que ce mariage l'auroit adouci : » et il déploroit son sort de se voir, « malgré sa douceur et dans sa vieillesse, condamné à combattre contre une bête farouche, contre un sanglier furieux. »

XVII. Blasphèmes et audace de Luther dans son traité du serf Arbitre.

Les outrageux discours de Luther n'étoient pas ce qu'il y avoit de plus excessif dans les livres qu'il écrivit contre Erasme. La doctrine en étoit horrible, puisqu'il concluoit, non-seulement que le libre arbitre étoit tout à fait éteint dans le genre humain depuis sa chute, qui étoit une erreur commune dans la nouvelle Réforme, mais encore qu'il est impossible qu'un autre que Dieu soit libre ; que sa prescience et la Providence divine fait que toutes choses arrivent par une immuable, éternelle et inévitable volonté de Dieu, qui foudroie et met en pièces tout le libre arbitre ; que le nom de *franc arbitre* est un nom qui n'appartient qu'à Dieu, et qui ne peut convenir ni à l'homme, ni à l'ange, ni à aucune créature[4]. »

Par là il étoit forcé de rendre Dieu auteur de tous les crimes ; et il ne s'en cachoit pas, disant en termes formels « que le franc

---

[1] Ep. Luth. *ad Erasm.*, inter *Erasm. epist.*, lib. VI, 3. — [2] Ep. Mel., lib. IV, ep. XXVIII. — [3] Lib. XVIII, ep. XI, 28. — [4] *De serv. Arb.*, tom. II, 426, 429, 431, 435.

arbitre est un titre vain ; que Dieu fait en nous le mal comme le bien ; que la grande perfection de la foi, c'est de croire que Dieu est juste, quoiqu'il nous rende nécessairement damnables par sa volonté, en sorte qu'il semble se plaire aux supplices des malheureux [1]. » Et encore : « Dieu vous plaît quand il couronne des indignes ; il ne doit pas vous déplaire quand il damne des innocens [2]. » Pour conclusion il ajoute « qu'il disoit ces choses, non en examinant, mais en déterminant : qu'il n'entendoit (a) les soumettre au jugement de personne, mais conseilloit à tout le monde de s'y assujettir. »

Il ne faut pas s'étonner que de tels excès troublassent l'esprit modeste de Mélanchthon [3]. Ce n'est pas qu'il n'eût donné au commencement dans ces prodiges de doctrine, ayant dit lui-même avec Luther que « la prescience de Dieu rendoit le libre arbitre absolument impossible, » et que « Dieu n'étoit pas moins cause de la trahison de Judas, que de la conversion de saint Paul. » Mais outre qu'il étoit plutôt entraîné dans ces sentimens par l'autorité de Luther qu'il n'y entroit de lui-même, il n'y avoit rien de plus éloigné de son esprit que de les établir d'une manière si insolente ; et il ne savoit plus où il en étoit, quand il voyoit les emportemens de son maître.

XVIII. Nouveaux emportemens contre le roi d'Angleterre : Luther vante sa douceur.

Il les vit redoubler dans le même temps contre le roi d'Angleterre. Luther, qui avoit conçu quelque bonne opinion de ce prince sur ce que sa maîtresse Anne de Boulen étoit assez favorable au luthéranisme, s'étoit radouci jusqu'à lui faire des excuses de ses premiers emportemens [4]. La réponse du roi ne fut pas telle qu'il espéroit. Henri VIII lui reprocha la légèreté de son esprit, les erreurs de sa doctrine et la honte de son mariage scandaleux. Alors Luther, qui ne s'abaissoit qu'afin qu'on se jetât à ses pieds et ne manquoit pas de fondre sur ceux qui ne le faisoient pas assez vite, répondit au roi « qu'il se repentoit de l'avoir traité si doucement ; qu'il l'avoit fait à la prière de ses amis dans l'espérance que cette douceur seroit utile à ce prince ; qu'un même

---

[1] *De serv. Arb.*, tom. II, fol. 444. — [2] *Ibid.*, fol. 465. — [3] *Loc. com.*, 1re édit.; *Comm. in Ep. ad Rom.* — [4] *Epist. ad reg. Angl.*, tom. II, 92.

(a) 1re édit. : Qu'il n'entendoit pas.

dessein l'avoit porté autrefois à écrire civilement au légat Cajétan, à George duc de Saxe et à Erasme; mais qu'il s'en étoit mal trouvé : ainsi qu'il ne tomberoit plus dans la même faute [1]. »

Au milieu de tous ces excès il vantoit encore sa 'douceur extrême. A la vérité, « s'assurant sur l'inébranlable secours de sa doctrine, il ne cédoit en orgueil ni à empereur, ni à roi, ni à prince, ni à Satan, ni à l'univers entier; mais si le roi vouloit se dépouiller de sa majesté pour traiter plus librement avec lui, il trouveroit qu'il se montroit humble et doux aux moindres personnes; un vrai mouton en simplicité, qui ne pouvoit croire du mal de qui que ce fût [2]. »

XIX. Zuingle et Œcolampade prennent la défense de Carlostad : qui étoit Zuingle : sa doctrine sur le salut des païens.

Que pouvoit penser Mélanchthon, le plus paisible de tous les hommes par son naturel, voyant la plume outrageuse de Luther lui susciter au dehors tant d'ennemis, pendant que la dispute sacramentaire lui en donnoit au dedans de si redoutables?

En effet, dans ce même temps les meilleures plumes du parti s'élevèrent contre lui. Carlostad avoit trouvé des défenseurs qui ne permettoient plus de le mépriser. Poussé par Luther et chassé de Saxe, il s'étoit retiré en Suisse, où Zuingle et Œcolampade prirent sa défense. Zuingle pasteur de Zurich avoit commencé à troubler l'Eglise à l'occasion des indulgences, aussi bien que Luther, mais quelques années après. C'étoit un homme hardi, et qui avoit plus de feu que de savoir. Il y avoit beaucoup de netteté dans son discours, et aucun des prétendus réformateurs n'a expliqué ses pensées d'une manière plus précise, plus uniforme et plus suivie : mais aussi aucun ne les a poussées plus loin, ni avec autant de hardiesse. Comme on connoîtra mieux le caractère de son esprit par ses sentimens que par mes paroles, je rapporterai un endroit du plus accompli de tous ses ouvrages; c'est la *Confession de foi* qu'il adressa un peu devant sa mort à François Ier. Là, expliquant l'article de la vie éternelle, il dit à ce prince « qu'il doit espérer de voir l'assemblée de tout ce qu'il y a eu d'hommes saints, courageux, fidèles et vertueux dès le commencement du monde. Là vous verrez, poursuit-il, les deux Adam, le racheté

---

[1] *Ad maled. reg. Angl. Resp.*, tom. II, 493; Sleid., lib. VI, p. 80. — [2] Sleid., p. 494, 495.

et le Rédempteur. Vous y verrez un Abel, un Enoc, un Noé, un Abraham, un Isaac, un Jacob, un Juda, un Moïse, un Josué, un Gédéon, un Samuel, un Phinées, un Elie, un Elisée, un Isaïe avec la Vierge Mère de Dieu qu'il a annoncée, un David, un Ezéchias, un Josias, un Jean-Baptiste, un saint Pierre, un saint Paul. Vous y verrez Hercule, Thésée, Socrate, Aristide, Antigonus, Numa, Camille, les Catons, les Scipions. Vous y verrez vos prédécesseurs et tous vos ancêtres qui sont sortis de ce monde dans la foi. Enfin il n'y aura aucun homme de bien, aucun esprit saint, aucune ame fidèle, que vous ne voyiez là avec Dieu. Que peut-on penser de plus beau, de plus agréable, de plus glorieux que ce spectacle [1] ? » Qui jamais s'étoit avisé de mettre ainsi Jésus-Christ pêle-mêle avec les saints et à la suite des patriarches, des prophètes, des apôtres et du Sauveur même, jusqu'à Numa le père de l'idolâtrie romaine, jusqu'à Caton qui se tua lui-même comme un furieux; et non-seulement tant d'adorateurs des fausses divinités, mais encore jusqu'aux dieux et jusqu'aux héros, un Hercule, un Thésée qu'ils ont adoré? Je ne sais pourquoi il n'y a pas mis Apollon ou Bacchus, et Jupiter même : et s'il en a été détourné par les infamies que les poëtes leur attribuent, celles d'Hercule étoient-elles moindres? Voilà de quoi le ciel est composé, selon ce chef du second parti de la réformation : voilà ce qu'il a écrit dans une confession de foi, qu'il dédie au plus grand roi de la chrétienté; et voilà ce que Bullinger son successeur nous en a donné « comme le chef-d'œuvre et comme le dernier chant de ce cygne » mélodieux [2]. Et on ne s'étonnera pas que de tels gens aient pu passer pour des hommes extraordinairement envoyés de Dieu, afin de réformer son Eglise?

XX. Vaine réponse de ceux de Zurich pour la défense de Zuingle.

Luther ne l'épargna pas sur cet article; et déclara nettement « qu'il désespéroit de son salut, parce que non content de continuer à combattre le sacrement, il étoit devenu païen en mettant des païens impies, et jusqu'à un Scipion épicurien, jusqu'à un Numa, l'organe du démon pour instituer l'idolâtrie chez les Romains, au rang des ames bienheureuses. Car à quoi nous servent le baptême, les autres sacremens, l'Ecriture et Jésus-Christ même,

[1] *Christ. fidei clara expos.*, 1536, p. 27. — [2] Præf. Bulling., *ibid*.

si les impies, les idolâtres, et les épicuriens sont saints et bienheureux? Et cela qu'est-ce autre chose que d'enseigner que chacun peut se sauver dans sa religion et dans sa croyance [1]? »

Il étoit assez malaisé de lui répondre. Aussi ne lui répondit-on à Zurich que par une mauvaise récrimination [2], et en l'accusant lui-même d'avoir mis parmi les fidèles Nabuchodonosor, Naaman Syrien, Abimélec et beaucoup d'autres, qui étant nés hors de l'alliance et de la race d'Abraham, n'ont pas laissé d'être sauvés, comme dit Luther, « par une fortuite miséricorde de Dieu [3]. » Mais sans défendre cette « fortuite miséricorde de Dieu, » qui à la vérité est un peu bizarre, c'est autre chose d'avoir dit avec Luther qu'il peut y avoir eu des hommes qui aient connu Dieu hors du nombre des Israélites; autre chose de mettre avec Zuingle au nombre des ames saintes ceux qui adoroient les fausses divinités : et si les zuingliens ont eu raison de condamner les excès et les violences de Luther, on en a encore (a) davantage de condamner ce prodigieux égarement de Zuingle. Car enfin ce n'étoit pas ici de ces traits qui échappent aux hommes dans la chaleur du discours : il écrivoit une confession de foi, et il vouloit faire une explication simple et précise du Symbole des apôtres; ouvrage d'une nature à demander plus que tous les autres une mûre considération, une doctrine exacte et un sens rassis. C'étoit aussi dans le même esprit qu'il avoit déjà parlé de Sénèque comme « d'un homme très-saint, » dans le cœur duquel « Dieu avoit écrit la foi de sa propre main, » à cause qu'il avoit dit dans une lettre à Lucile « que rien n'étoit caché à Dieu [4]. » Voilà donc tous les philosophes platoniciens, péripatéticiens et stoïciens au nombre des saints et pleins de foi, puisque saint Paul avoue qu'ils ont connu ce qu'il y a d'invisible en Dieu par les ouvrages visibles de sa puissance [5]; et ce qui a donné lieu à saint Paul de les condamner dans l'*Epître aux Romains*, les a justifiés et sanctifiés dans l'opinion de Zuingle.

XXI. Erreur de   Pour enseigner de pareilles extravagances, il faut n'avoir au-

[1] *Parv. Conf. Luth.*, Hospin., part. II, 187. — [2] *Apol. Tigur.*, Hospin., part. II, fol. 198. — [3] Luth., *Hom. in Gen.*, cap. IV et XX. — [4] *Oper.*, II part., *Declar. de pecc. orig.* — [5] *Rom.*, I, 19.

(a) 1re édit. : Il y en a encore.

cune idée ni de la justice chrétienne, ni de la corruption de la nature. Zuingle aussi ne connoissoit pas le péché originel. Dans cette confession de foi adressée à François Ier et dans quatre ou cinq traités qu'il a faits exprès pour prouver contre les anabaptistes le baptême des petits enfans, et expliquer l'effet du baptême dans ce bas âge, il n'y parle seulement pas du péché originel effacé, qui est pourtant de l'aveu de tous les chrétiens le principal fruit de leur baptême. Il en avoit usé de même dans tous ses autres ouvrages; et lorsqu'on lui objectoit cette omission d'un effet si considérable, il montre qu'il l'a fait exprès, parce que dans son sentiment « aucun péché n'est ôté par le baptême [1]. » Il pousse encore plus avant sa témérité, puisqu'il ôte nettement le péché originel, en disant que « ce n'est pas un péché, mais un malheur, un vice, une maladie; et qu'il n'y a rien de plus foible, ni de plus éloigné de l'Ecriture que de dire que le péché originel soit non-seulement une maladie, mais encore un crime. » Conformément à ces principes, il décide que les hommes naissent à la vérité « portés au péché par leur amour-propre, » mais non pas pécheurs, si ce n'est improprement et en prenant la peine du péché pour le péché même : et cette « inclination au péché, » qui ne peut pas être un péché, fait selon lui tout le mal de notre origine. Il est vrai que dans la suite du discours il reconnoît que tous les hommes périroient sans la grace du Médiateur, parce que cette inclination au péché ne manqueroit pas de produire le péché avec le temps, si elle n'étoit arrêtée; et c'est en ce sens qu'il avoue que tous les hommes sont damnés « par la force du péché originel : » force qui consiste, comme on vient de voir, non point à faire les hommes vraiment pécheurs, comme toutes les églises chrétiennes l'ont décidé contre Pélage, mais à les faire seulement « enclins au péché » par la foiblesse des sens et de l'amour-propre ; ce que les pélagiens et les païens mêmes n'auroient pas nié.

La décision de Zuingle sur le remède de ce mal n'est pas moins étrange. Car il veut qu'il soit ôté indifféremment dans tous les hommes par la mort de Jésus-Christ indépendamment du baptême, en sorte qu'à présent « le péché originel ne damne personne, »

[1] *Declar. de pecc. orig.*

pas même les enfans des païens ; et encore qu'à leur égard il n'ose pas mettre leur salut dans la même certitude que celui des chrétiens et de leurs enfans, il ne laisse pas de dire que comme les autres, « tant qu'ils sont incapables de la loi, ils sont dans l'état d'innocence, » alléguant ce passage de saint Paul : « Où il n'y a point de loi, il n'y a point de prévarication [1]. » Or est-il, poursuit ce nouveau docteur, que les enfans sont foibles, sans expérience et ignorans de la loi, et ne sont pas moins sans loi que saint Paul lorsqu'il disoit : « Je vivois autrefois sans loi [2]. » Comme donc il n'y a point de loi pour eux, il n'y a point aussi de transgression de la loi, ni par conséquent de damnation. Saint Paul dit : « qu'il a vécu autrefois sans loi ; » mais il n'y a aucun âge où l'on soit plus dans cet état que dans l'enfance. Par conséquent on doit dire avec le même saint Paul que « sans la loi le péché étoit mort [3] » en eux. » C'est ainsi que disputoient les pélagiens contre l'Eglise. Et encore que, comme on a dit, Zuingle parle ici avec plus d'assurance des enfans des chrétiens que des autres, il ne laisse pas en effet de parler de tous les enfans sans exception. On voit où porte sa preuve ; et assurément depuis Julien, il n'y a point de plus parfait pélagien que Zuingle.

XXII. Erreur de Zuingle sur le baptême.

Mais encore les pélagiens avouoient-ils que le baptême pouvoit du moins donner la grace et remettre les péchés aux adultes. Zuingle plus téméraire ne cesse de répéter ce qu'on a déjà rapporté de lui, « que le baptême n'ôte aucun péché et ne donne pas la grace. C'est, dit-il, le sang de Jésus-Christ qui remet les péchés ; ce n'est donc pas le baptême. »

On peut voir ici un exemple du zèle mal entendu qu'a eu la Réforme pour la gloire de Jésus-Christ. Il est plus clair que le jour qu'attribuer la rémission des péchés au baptême, qui est le moyen établi par Jésus-Christ pour les ôter, ce n'est non plus faire tort à Jésus-Christ, que c'est faire tort à un peintre d'attribuer le beau coloris et les beaux traits de son tableau au pinceau dont il se sert. Mais la Réforme porte ses vains raisonnemens jusqu'à cet excès de croire glorifier Jésus-Christ, en ôtant la force aux instrumens qu'il emploie. Et pour continuer jusqu'au bout une illu-

---

[1] *Rom.*, IV, 15. — [2] *Rom.*, VII, 9. — [3] *Ibid.*, 8.

sion si grossière, lorsqu'on objecte à Zuingle cent passages de l'Ecriture où il est dit que le baptême nous sauve et qu'il nous remet nos péchés, il croit satisfaire à tout en répondant que dans ces passages le baptême est pris pour le sang de Jésus-Christ, dont il est le signe.

Ces explications licencieuses font trouver tout ce qu'on veut dans l'Ecriture. Il ne faut pas s'étonner si Zuingle y trouve que l'Eucharistie n'est pas le corps, mais le signe du corps, quoique Jésus-Christ ait dit : « Ceci est mon corps, » puisqu'il y a bien trouvé que le baptême ne donne pas en effet la rémission des péchés, mais nous la figure déjà donnée, quoique l'Ecriture ait dit cent fois, non pas qu'il nous la figure, mais qu'il nous la donne. Il ne faut pas s'étonner si le même auteur, pour détruire la réalité qui l'incommodoit, a éludé la force de ces paroles : « Ceci est mon corps, » puisque pour détruire le péché originel dont il étoit choqué, il a bien éludé celle-ci : « Tous ont péché en un seul; » et encore : « Par un seul plusieurs sont faits pécheurs[1]. » Ce qu'il y a ici de plus étrange, c'est la confiance de cet auteur à soutenir ses nouvelles interprétations contre le péché originel avec un mépris manifeste de toute l'antiquité. « Nous avons vu les anciens, dit-il, enseigner une autre doctrine sur le péché originel : mais on s'aperçoit aisément en les lisant combien est obscur et embarrassé, pour ne pas dire tout à fait humain plutôt que divin, tout ce qu'ils en disent. Pour moi, il y a déjà longtemps que je n'ai pas le loisir de les consulter. » C'est en 1526 qu'il composa ce traité; et déjà il y avoit plusieurs années qu'il n'avoit pas le loisir de consulter les anciens, ni de recourir aux sources. Cependant il réformoit l'Eglise. Pourquoi non, diront nos réformés ? Et qu'avoit-il à faire des anciens, puisqu'il avoit l'Ecriture ? Mais au contraire, c'est ici un exemple du peu de sûreté qu'il y a dans la recherche des Ecritures, lorsqu'on prétend les entendre sans avoir recours à l'antiquité. Par une telle manière d'entendre les Ecritures, Zuingle a trouvé qu'il n'y avoit point de péché originel, c'est-à-dire qu'il n'y avoit point de rédemption, et que le scandale de la croix étoit inutile ; et il a poussé si loin cette pensée, qu'il a mis avec les saints ceux qui

XXIII. Zuingle s'accoutume à forcer en tout l'Ecriture sainte. Son mépris pour l'antiquité est la source de son erreur.

[1] *Rom.*, v, 12, 19.

n'avoient en effet, quoi qu'il ait pu dire, aucune part avec Jésus-Christ. Voilà comme on réforme l'Eglise, lorsqu'on entreprend de la réformer sans se mettre en peine du sentiment des siècles passés ; et selon cette nouvelle méthode, on en viendroit aisément à une réformation semblable à celle des sociniens.

XXIV. Tels étoient les chefs de la nouvelle Réforme, gens d'esprit, à la
Quel étoit vérité, et qui n'étoient pas sans littérature ; mais hardis, téméraires
Œcolam- dans leurs décisions et enflés de leur vain savoir; qui se plai-
pade. soient dans des opinions extraordinaires et particulières, et par là croyoient s'élever, non-seulement au-dessus des hommes de leur siècle, mais encore au-dessus de l'antiquité la plus sainte. Œcolampade, l'autre défenseur du sens figuré parmi les Suisses, étoit tout ensemble plus modéré et plus savant ; et si Zuingle dans sa véhémence parut être en quelque façon un autre Luther, Œcolampade ressembloit plus à Mélanchthon, dont aussi il étoit ami particulier. On voit dans une lettre qu'il écrit à Erasme dans sa jeunesse [1], avec beaucoup d'esprit et de politesse, des marques d'une piété aussi affectueuse qu'éclairée : des pieds d'un crucifix devant lequel il avoit accoutumé de faire sa prière, il écrit à Erasme des choses si tendres sur les douceurs ineffables de Jésus-Christ, que cette pieuse image retraçoit si vivement dans son souvenir, qu'on ne peut s'empêcher d'en être touché. La Réforme qui venoit troubler ces dévotions et les traiter d'idolâtrie, commençoit alors : car c'étoit en 1517 que ce jeune homme écrivoit cette lettre. Dans les premières années de ces brouilleries et, comme le remarque Erasme [2], dans un âge déjà assez mûr pour n'avoir à se reprocher aucune surprise, il se fit religieux avec beaucoup de courage et de réflexion. Aussi les lettres d'Erasme nous font-elles voir qu'il étoit très-affectionné au genre de vie qu'il avoit choisi [3], qu'il y goûtoit Dieu tranquillement, et qu'il y vivoit très-éloigné des nouveautés qui couroient. Cependant, ô foiblesse humaine et dangereuse contagion de la nouveauté ! il sortit de son monastère, prêcha la nouvelle Réforme à Bâle où il fut pasteur ; et fatigué du célibat, comme les autres réformateurs, il épousa une

---

[1] *Ep. Erasm.*, lib. VII, ep. XLII, XLIII. — [2] *Ep. Erasm.*, lib. XIII, ep. XII, XIII. — [3] Lib. XIII, ep. XXVII.

jeune fille dont la beauté l'avoit touché. « C'est ainsi, disoit Erasme[1], qu'ils se mortifient; » et il ne cessoit d'admirer ces nouveaux apôtres qui ne manquoient point de quitter la profession solennelle du célibat pour prendre des femmes; au lieu que les vrais apôtres de Notre-Seigneur, selon la tradition de tous les Pères, afin de n'être occupés que de Dieu et de l'Evangile, quittoient leurs femmes pour embrasser le célibat. « Il semble, disoit-il, que la Réforme aboutisse à défroquer quelques moines et à marier quelques prêtres; et cette grande tragédie se termine enfin par un événement tout à fait comique, puisque tout finit en se mariant, comme dans les comédies[2]. » Le même Erasme se plaint aussi, en d'autres endroits[3], que depuis que son ami Œcolampade eut quitté avec l'Eglise et le monastère sa tendre dévotion pour embrasser cette sèche et dédaigneuse Réforme, il ne le reconnoissoit plus; et qu'au lieu de la candeur dont ce ministre faisoit (a) profession tant qu'il agissoit par lui-même, il n'y trouva plus que dissimulation et artifice lorsqu'il fut entré dans les intérêts et dans les mouvemens d'un parti.

Après que la querelle sacramentaire eut été émue de la manière qu'on vient de voir, Carlostad répandit de petits écrits contre la présence réelle; et encore que de l'aveu de tout le monde ils fussent fort pleins d'ignorance[4], le peuple déjà épris de la nouveauté ne laissa pas de les goûter. Zuingle et Œcolampade écrivirent pour défendre ce dogme nouveau : le premier avec beaucoup d'esprit et de véhémence; l'autre avec beaucoup de doctrine et une éloquence si douce, « qu'il y avoit, dit Erasme, de quoi séduire, s'il se pouvoit et que Dieu le permît, les élus mêmes[5]. » Dieu les mettoit à cette épreuve : mais ses promesses et sa vérité soutenoient la simplicité de la foi de l'Eglise contre les raisonnemens humains. Un peu après Carlostad se réconcilia avec Luther, et l'apaisa en lui écrivant que ce qu'il avoit enseigné sur l'Eucharistie étoit plutôt par manière de proposition et d'examen que de décision[6]. Il ne cessa de brouiller toute sa vie; et les Suisses,

xxv. Progrès de la doctrine sacramentaire.

---

[1] *Ep. Erasm.*, lib. XIX, ep. XLI. — [2] *Ibid.*, III. — [3] Lib. XVIII, ep. XXIII; XIX, CXIII; XXXI, XLVII, col. 2057, etc. — [4] Erasm., lib. XIX, ep. CXIII; XXXI, LIX, p. 2106. — [5] Lib. XVIII, ep. IX. — [6] Hospin., IIe part., ad an. 1525, fol. 40.

(a) 1re édit. : Dont il faisoit.

qui le reçurent encore une fois, ne purent venir à bout de calmer cet esprit turbulent.

Sa doctrine se répandoit de plus en plus, mais sur des interprétations plus vraisemblables des paroles de Notre-Seigneur, que celles qu'il avoit données. Zuingle disoit que le bon homme avoit bien senti qu'il y avoit quelque sens caché dans ces divines paroles, mais qu'il n'avoit pu démêler ce que c'étoit. Lui et Œcolampade avec des expressions un peu différentes convenoient au fond que ces paroles: « Ceci est mon corps, » étoient figurées : *Est* veut dire *signifier*, disoit Zuingle ; *corps* c'est *le signe du corps*, disoit Œcolampade. Ceux de Strasbourg entrèrent dans les mêmes interprétations. Bucer et Capiton, qui les conduisoient, devinrent zélés défenseurs du sens figuré. La Réforme se divisa, et ceux qui embrassèrent ce nouveau parti furent appelés *Sacramentaires*. On les nomma aussi *Zuingliens*, parce que Zuingle avoit le premier appuyé Carlostad, ou que son autorité prévalut dans l'esprit des peuples entraînés par sa véhémence.

XXVI. Zuingle soigneux d'ôter de l'Eucharistie tout ce qui s'élevoit au-dessus des sens.

Il ne faut pas s'étonner qu'une opinion qui flattoit autant le sens humain, eût tant de vogue. Zuingle disoit positivement qu'il n'y avoit point de miracle dans l'Eucharistie, ni rien d'incompréhensible; que le pain rompu nous représentoit le corps immolé, et le vin le sang répandu; que Jésus-Christ en instituant ces signes sacrés, leur avoit donné le nom de la chose; que ce n'étoit pourtant pas un simple spectacle, ni des signes tout à fait nus; que la mémoire et la foi du corps immolé et du sang répandu soutenoit notre ame; que cependant le Saint-Esprit scelloit dans les cœurs la rémission des péchés, et que c'étoit là tout le mystère [1]. La raison et le sens humain n'avoient rien à souffrir dans cette explication. L'Ecriture faisoit de la peine : mais quand les uns opposoient : « Ceci est mon corps, » les autres répondoient : « Je suis la vigne [2] : Je suis la porte [3] : La pierre étoit Christ [4]. » Il est vrai que ces exemples n'étoient pas semblables. Ce n'étoit ni en proposant une parabole, ni en expliquant une allégorie, que Jésus-Christ avoit dit : « Ceci est mon corps, ceci est mon sang. » Ces

---

[1] Zuing., *Conf. Fid. ad Franc. it. epist. ad Car. V*, etc. — [2] *Joan.*, XV, 1. — [3] *Joan.*, X, 7. — [4] I *Cor.*, X, 4.

paroles détachées de tout autre discours, portoient tout leur sens en elles-mêmes. Il s'agissoit d'une nouvelle institution qui devoit être faite en termes simples ; et on n'avoit encore trouvé aucun lieu de l'Ecriture, où un signe d'institution reçût le nom de la chose au moment qu'on l'instituoit, et sans aucune préparation précédente.

Cet argument tourmentoit Zuingle : nuit et jour il y cherchoit une solution. On ne laissa pas, en attendant, d'abolir la messe malgré les oppositions du secrétaire de la ville, qui disputoit puissamment pour la doctrine catholique et pour la présence réelle. Douze jours après Zuingle eut ce songe tant reproché à lui et à ses disciples, où il dit que s'imaginant disputer encore avec le secrétaire de la ville qui le pressoit vivement [1], il vit paroître tout d'un coup un fantôme *blanc ou noir* qui lui dit ces mots : « Lâche, que ne réponds-tu ce qui est écrit dans l'Exode : « L'Agneau est la pâque [2], » pour dire qu'il en est le signe ? Voilà donc ce fameux passage tant répété dans les écrits des sacramentaires, où ils crurent avoir trouvé le nom de la chose donné au signe dans l'institution du signe même; et voilà comme ce passage vint dans l'esprit à Zuingle, qui s'en servit le premier. Au reste ses disciples veulent qu'en disant qu'il ne sait pas si celui qui l'avertit étoit blanc ou noir, il vouloit dire seulement que c'étoit un inconnu ; et il est vrai que les termes latins peuvent recevoir cette explication. Mais outre que se cacher sans rien faire qui découvre ce qu'on est, est un caractère naturel d'un mauvais esprit, celui-ci visiblement se trompoit. Ces paroles : « L'Agneau est la pâque ou le passage, » ne signifient nullement qu'il soit la figure du passage. C'est un hébraïsme commun (*a*) où le mot de *sacrifice* est sous-entendu. Ainsi *péché* seulement est le sacrifice pour le péché ; et *passage* simplement ou *pâque*, c'est le sacrifice du passage ou de la pâque : ce que l'Ecriture explique elle-même un peu au-dessous où elle dit tout du long, non que l'Agneau est le passage, mais « que c'est la victime du passage [3]. » Voilà bien assurément le sens de l'*Exode*. On produisit depuis d'autres exemples que

XXVII.
De l'esprit qui apparut à Zuingle pour lui fournir un passage, où le signe d'institution reçut d'abord le nom de la chose.

[1] Hosp., II⁰ part., 25, 26. — [2] *Exod.*, XII, 11. — [3] *Ibid.*, 27.
(*a*) 1ʳᵉ édit. : Vulgaire.

nous verrons en leur temps : mais enfin voici le premier. Il n'y avoit rien, comme on voit, qui dût beaucoup soulager l'esprit de Zuingle, ni qui lui montrât que le signe reçût dès l'institution le nom de la chose. Cependant, à cette nouvelle explication de son inconnu, il s'éveilla, il lut le lieu de l'*Exode*, il alla prêcher ce qu'il avoit vu en songe. On étoit trop bien préparé pour ne pas l'en croire : les nuages qui restoient encore dans les esprits furent dissipés.

XXVIII. Luther écrit contre les sacramentaires, et pourquoi il traite Zuingle plus durement que les autres. 1525.

Il fut sensible à Luther de voir non plus des particuliers, mais des églises entières de la nouvelle Réforme se soulever contre lui. Mais il n'en rabattit rien de sa fierté. On en peut juger par ces paroles : « J'ai le Pape en tête ; j'ai à dos les sacramentaires et les anabaptistes : mais je marcherai moi seul contre eux tous ; je les défierai au combat, je les foulerai aux pieds. » Et un peu après : « Je dirai sans vanité que depuis mille ans l'Ecriture n'a jamais été ni si repurgée, ni si bien expliquée, ni mieux entendue qu'elle l'est maintenant par moi [1]. » Il écrivoit ces paroles en 1525, un peu après la querelle émue. En la même année il fit son livre *contre les Prophètes célestes,* se moquant par là de Carlostad qu'il accusoit d'approuver les visions des anabaptistes. Ce livre avoit deux parties. Dans la première, il soutenoit qu'on avoit eu tort d'abattre les images ; qu'il n'y avoit que les images de Dieu qu'il fût défendu d'adorer dans la loi de Moïse ; que les images de la croix et des saints n'étoient pas comprises dans cette défense ; que personne n'étoit tenu sous l'Evangile d'abolir par force les images, parce que cela étoit contraire à la liberté évangélique, et que ceux qui détruisoient ainsi les images étoient des docteurs de la loi et non pas de l'Evangile. Par là il nous justifioit de toutes les accusations d'idolâtrie, dont on nous charge sans raison sur ce sujet. Dans la seconde partie, il attaquoit les sacramentaires. Au reste il traita d'abord Œcolampade avec assez de douceur, mais il s'emporta terriblement contre Zuingle.

Ce docteur avoit écrit que dès l'an 1516, avant que le nom de Luther eût été connu, il avoit prêché l'Evangile, c'est-à-dire la réformation dans la Suisse, et les Suisses lui donnoient la gloire du

[1] *Ad maled. reg. Ang.*, tom. II, 498.

commencement que Luther vouloit avoir tout entière. Piqué de ce discours il écrivit à ceux de Strasbourg « qu'il osoit se glorifier d'avoir le premier prêché Jésus-Christ; mais que Zuingle lui vouloit ôter cette gloire [1]. Le moyen, poursuivoit-il, de se taire pendant que ces gens troublent nos églises et attaquent notre autorité? S'ils ne veulent pas laisser affoiblir la leur, il ne faut pas non plus affoiblir la nôtre. » Pour conclusion il déclare « qu'il n'y a point de milieu, et qu'eux ou lui sont des ministres de Satan [2]. »

XXIX. Paroles d'un fameux luthérien sur la jalousie de Luther contre Zuingle.

Un habile luthérien et le plus célèbre qui ait écrit de nos jours, fait ici cette réflexion : « Ceux qui méprisent toutes choses et exposent, non-seulement leurs biens, mais encore leur vie, souvent ne peuvent pas s'élever au-dessus de la gloire, tant la douceur en est flatteuse et tant est grande la foiblesse humaine. Au contraire plus on a le courage élevé, plus on désire les louanges, et plus on a de peine à voir transporter aux autres celles qu'on croit avoir méritées. Il ne faut donc pas s'étonner si un homme de la magnanimité de Luther écrivit ces choses à ceux de Strasbourg [3]. »

XXX. Puissans raisonnemens de Luther pour la présence réelle, et ses vanteries après les avoir faits.

Au milieu de ces bizarres transports, Luther confirmoit la foi de la présence réelle par de puissantes raisons : l'Ecriture et la tradition ancienne le soutenoient dans cette cause. Il montroit que de tourner au sens figuré des paroles de Notre-Seigneur si simples et si précises sous prétexte qu'il y avoit des expressions figurées en d'autres endroits de l'Ecriture, c'étoit ouvrir une porte par laquelle toute l'Ecriture et tous les mystères de notre salut se tourneroient en figures; qu'il falloit donc apporter ici la même soumission avec laquelle nous recevions les autres mystères, sans nous soucier de la raison ni de la nature, mais seulement de Jésus-Christ et de sa parole; que le Sauveur n'avoit parlé dans l'institution, ni de la foi, ni du Saint-Esprit; qu'il avoit dit : « Ceci est mon corps, » et non pas : « La foi vous y fera participer; » que le manger dont Jésus-Christ y parloit n'étoit non plus un manger mystique, mais un manger par la bouche; que l'union de la foi se consommoit hors du sacrement, et qu'on ne pouvoit pas croire que Jésus-Christ ne nous donnât rien de particulier

---

[1] Zuing., *in explan.*, art. 18; *Gesn. Bibl.*, etc.; Voy. Calixt., *Judic.*, n. 53. — [2] Tom. II, Jen., epist., p. 202. — [3] Calixt., *Judic.*, n. 53.

par des paroles si fortes ; qu'on voyoit bien que son intention étoit de nous assurer ses dons en nous donnant sa personne ; que le souvenir de sa mort, qu'il nous recommandoit, n'excluoit point la présence, mais nous obligeoit seulement à prendre ce corps et ce sang comme une victime immolée pour nous ; que cette victime en effet devenoit nôtre par cette manducation ; qu'à la vérité la foi y devoit intervenir pour la rendre fructueuse ; mais que pour montrer que sans la foi même la parole de Jésus-Christ avoit son effet, il ne falloit que considérer la communion des indignes [1]. Il pressoit ici avec force les paroles de saint Paul, lorsqu'après avoir rapporté ces mots : « Ceci est mon corps, » il condamnoit si sévèrement ceux qui « ne discernoient pas le corps du Seigneur, et qui se rendoient coupables de son corps et de son sang [2] : » il ajoutoit que partout saint Paul vouloit parler du vrai corps, et non du corps en figure ; et qu'on voyoit par ses expressions qu'il condamnoit ces impies comme ayant outragé Jésus-Christ, non pas en ses dons, mais immédiatement en sa personne.

Mais ce qu'il faisoit avec le plus de force, c'étoit de détruire les objections qu'on opposoit à ces célestes vérités. Il demandoit à ceux qui lui opposoient : « La chair ne sert de rien [3], » avec quel front ils osoient dire que la chair de Jésus-Christ ne sert de rien, et transporter à cette chair qui donne la vie ce que Jésus-Christ a dit du sens charnel, et en tout cas de la chair prise à la manière que l'entendoient les Capharnaïtes ou que la reçoivent les mauvais chrétiens, sans s'y unir par la foi, et recevoir en même temps l'esprit et la vie dont elle est pleine. Quand on osoit lui demander à quoi donc servoit cette chair prise par la bouche du corps, il demandoit à son tour à ces superbes demandeurs à quoi servoit que le Verbe se fût fait chair ? La vérité ne pouvoit-elle être annoncée, ni le genre humain délivré que par ce moyen ? Savent-ils tous les secrets de Dieu, pour lui dire qu'il n'avoit que cette voie de sauver les hommes ? Et qui sont-ils pour faire la loi à leur Créateur, et lui prescrire les moyens par lesquels il leur vouloit

---

[1] *Serm. de Corp. et Sang. Chr., defens. verbi Cœnæ : quod verba adhuc stent,* tom. VII, 277, 381 ; *Catech. maj. de Sac. alt. Concord.,* p. 551, etc. — [2] I *Cor.,* XI, 24, 28, 29. — [3] *Joan.,* VI, 64.

appliquer sa grace? Que si enfin on lui opposoit les raisons humaines, comment un corps en tant de lieux, comment un corps humain tout entier dans un si petit espace : il mettoit en poudre toutes ces machines qu'on élevoit contre Dieu, en demandant comment Dieu conservoit son unité dans la Trinité des personnes, comment de rien il avoit créé le ciel et la terre, comment il avoit revêtu son Fils d'une chair humaine, comment il l'avoit fait naître d'une vierge, comment il l'avoit livré à la mort, et comment il ressusciteroit tous les fidèles au dernier jour? Que prétendoit la raison humaine quand elle opposoit à Dieu ces vaines difficultés, qu'il détruisoit par un souffle? Ils disent que tous les miracles de Jésus-Christ sont sensibles. « Mais qui leur a dit que Jésus-Christ a résolu de n'en point faire d'autres? Lorsqu'il a été conçu du Saint-Esprit dans le sein d'une vierge, ce miracle le plus grand de tous à qui a-t-il été sensible? Marie auroit-elle su ce qu'elle alloit porter dans ses entrailles, si l'ange ne lui avoit annoncé le secret divin? Mais quand la divinité a habité corporellement en Jésus-Christ, qui l'a vu ou qui l'a compris? Mais qui le voit à la droite de son Père, d'où il exerce sa toute-puissance sur tout l'univers? Est-ce là ce qui les oblige à tordre, à mettre en pièces, à crucifier les paroles de leur maître? Je ne comprends pas, disent-ils, comment il les peut exécuter à la lettre. Ils me prouvent bien par cette raison que le sens humain ne s'accorde pas avec la sagesse de Dieu, j'en conviens; j'en suis d'accord : mais je ne savois pas encore qu'il ne fallût croire que ce qu'on découvre en ouvrant les yeux, ou ce que la raison humaine peut comprendre [1]. »

Enfin quand on lui disoit que cette matière n'étoit pas de conséquence et ne valoit pas la peine de rompre la paix : « Qui obligeoit donc Carlostad à commencer la querelle? Qui contraignoit Zuingle et Œcolampade à écrire? Maudite éternellement la paix qui se fait au préjudice de la vérité [2]! » Par de tels raisonnemens il fermoit souvent la bouche aux zuingliens. Il faut avouer qu'il avoit beaucoup de force dans l'esprit : rien ne lui manquoit que la règle, qu'on ne peut jamais avoir que dans l'Eglise et sous le

[1] *Sermo quòd verba stent*, ibid. — [2] *Ibid.*

joug d'une autorité légitime. Si Luther se fût tenu sous ce joug si nécessaire à toute sorte d'esprits, et surtout aux esprits bouillans et impétueux comme le sien, il eût pu retrancher de ses discours ses emportemens, ses plaisanteries, son arrogance brutale, ses excès, ou pour mieux dire ses extravagances; et la force avec laquelle il manie quelques vérités n'auroit pas servi à la séduction. C'est pourquoi on le voit encore invincible, quand il traite les dogmes anciens qu'il avoit pris dans le sein de l'Eglise; mais l'orgueil suivoit de près ses victoires. Cet homme se sut si bon gré d'avoir combattu avec tant de force pour le sens propre et littéral des paroles de Notre-Seigneur, qu'il ne put s'empêcher de s'en glorifier : « Les papistes eux-mêmes, dit-il, sont forcés de me donner la louange d'avoir beaucoup mieux défendu qu'eux la doctrine du sens littéral. Et en effet je suis assuré que quand on les auroit tous fondus ensemble, ils ne la pourroient jamais soutenir aussi fortement que je fais [1]. »

XXXI. Les zuingliens prouvent à Luther que les catholiques entendent mieux que lui le sens littéral.

Il se trompoit : car encore qu'il montrât bien qu'il falloit défendre le sens littéral, il n'avoit pas su le prendre dans toute sa simplicité; et les défenseurs du sens figuré lui faisoient voir que s'il falloit suivre le sens littéral, la transsubstantiation gagnoit le dessus.

C'est ce que Zuingle, et en général tous les défenseurs du sens figuré démontroient très-clairement [2]. Ils remarquent que Jésus-Christ n'a pas dit : « Mon corps est ici, » ou : « Mon corps est sous ceci et avec ceci, » : ou « Ceci contient mon corps; » mais simplement : « Ceci est mon corps. » Ainsi ce qu'il veut donner à ses fidèles n'est pas une substance qui contienne son corps ou qui l'accompagne, mais son corps sans aucune autre susbtance étrangère. Il n'a pas dit non plus : « Ce pain est mon corps, » qui est l'autre explication de Luther; mais il a dit : « Ceci est mon corps, » par un terme indéfini, pour montrer que la substance qu'il donne n'est plus du pain, mais son corps.

Et quand Luther expliquoit : « Ceci est mon corps, » c'est-à-dire « ce pain est mon corps réellement et sans figure, » il détruisoit

[1] *Ep. Luth.*, ap. Hosp. II° part., ad an. 1534, fol. 132. — [2] Hospin., ad an. 1527, fol. 49, etc.

sans y penser sa propre doctrine. Car on peut bien dire avec l'Eglise que le pain devient le corps, au même sens que saint Jean a dit que « l'eau fut faite vin » aux noces de Cana en Galilée [1], c'est-à-dire par le changement de l'un en l'autre. On peut dire pareillement que ce qui est pain en apparence est en effet le corps de Notre-Seigneur; mais que du vrai pain, en demeurant tel, fût en même temps le vrai corps de Notre-Seigneur, comme Luther le prétendoit, les défenseurs du sens figuré lui soutenoient aussi bien que les catholiques que c'est un discours qui n'a point de sens, et concluoient qu'il falloit admettre, ou avec eux un simple changement moral, ou le changement de substance avec les papistes.

C'est pourquoi Bèze soutient aux luthériens dans la Conférence de Montbéliard, que des deux explications qui s'arrêtent au sens littéral, c'est-à-dire de celle des catholiques et de celle des luthériens, c'est celle des catholiques « qui s'éloigne le moins des paroles de l'institution de la Cène, si on les veut exposer de mot à mot [2]. » Il le prouve par cette raison que « les transsubstantiateurs disent que par la vertu de ces paroles divines, ce qui auparavant étoit pain, ayant changé de substance, devient incontinent le corps même de Jésus-Christ, afin qu'en cette façon cette proposition puisse être véritable : « Ceci est mon corps. » Au lieu que l'exposition des consubstantiateurs disant que ces mots : « Ceci est mon corps, » signifient mon corps est essentiellement dedans, avec, ou sous ce pain, ne déclare pas ce que c'est que le pain est devenu, et ce que c'est qui est le corps, mais seulement où il est. »

XXXII. Bèze prouve la même vérité.

Cette raison est simple et intelligible. Car il est clair que Jésus-Christ ayant pris du pain pour en faire quelque chose, il a dû nous déclarer quelle chose il en a voulu faire; et il n'est pas moins évident que ce pain est devenu ce que le Tout-Puissant en a voulu faire. Or ces paroles font voir qu'il en a voulu faire son corps, de quelque manière qu'on le puisse entendre, puisqu'il a dit : « Ceci est mon corps. » Si donc ce pain n'est pas devenu son corps en figure, il l'est devenu en effet; et on ne peut se défendre

[1] Joan., II, 9. — [2] Conf. de Montb., imp. à Gen., 1587, p. 52.

d'admettre ou le changement en figure, ou le changement en substance.

Ainsi à n'écouter simplement que la parole de Jésus-Christ, il faut passer à la doctrine de l'Eglise; et Bèze a raison de dire qu'elle a moins d'inconvénient, « quant à la manière de parler[1], » que celle des luthériens, c'est-à-dire qu'elle sauve mieux le sens littéral.

Calvin confirme souvent la même vérité[2]; et pour ne nous point arrêter au sentiment des particuliers, tout un synode de zuingliens l'a reconnue.

XXXIII. Tout un synode de zuingliens établit la même vérité en Pologne.

C'est le synode de Czenger, ville de Pologne, rapporté dans le recueil de Genève[3]. Ce synode, après avoir rejeté « la transsubstantiation papistique, » montre que *la consubstantiation* luthérienne est insoutenable, parce que « comme la baguette de Moïse n'a pas été serpent sans transsubstantiation, et que l'eau n'a pas été sang en Egypte, ni vin dans les noces de Cana sans changement : ainsi le pain de la Cène ne peut être substantiellement le corps de Christ, s'il n'est changé en sa chair en perdant la forme et la substance de pain. »

C'est le bon sens qui a dicté cette décision. En effet le pain en demeurant pain ne peut non plus être le corps de Notre-Seigneur, que la baguette demeurant baguette put être un serpent, ou que l'eau demeurant eau put être du sang en Egypte et du vin aux noces de Cana. Si donc ce qui étoit pain devient le corps de Notre-Seigneur, ou il le devient en figure par un changement mystique, suivant la doctrine de Zuingle, ou il le devient en effet par un changement réel, comme le disent les catholiques.

XXXIV. Luther n'entendoit pas la force de cette parole: *Ceci est mon corps.*

Ainsi Luther, qui se glorifioit d'avoir lui seul mieux défendu le sens littéral que tous les théologiens catholiques, étoit bien loin de son compte, puisqu'il n'avoit pas même compris le vrai fondement qui nous attache à ce sens, ni entendu la nature de ces propositions qui opèrent ce qu'elles énoncent. Jésus-Christ dit à cet homme : « Ton fils est vivant[4]; » Jésus-Christ dit à cette

---

[1] *Conf. de Montb.*, imp. à Gen., 1587, p. 52. — [2] *Instit.*, lib. IV, cap. XVII, n. 30, etc. — [3] *Syn. Czeng.*, tit. *de Cœnd, in Synt. Gen.*, part. I. — [4] *Joan.*, IV, 50, 51.

femme : « Tu es guérie de ta maladie¹ : » en parlant, il fait ce qu'il dit ; la nature obéit ; les choses changent, et le malade devient sain. Mais les paroles où il ne s'agit que de choses accidentelles, comme sont la santé et la maladie, n'opèrent aussi que des changemens accidentels. Ici où il s'agit de substance, puisque Jésus-Christ a dit : « Ceci est mon corps, ceci est mon sang, » le changement est substantiel ; et par un effet aussi réel qu'il est surprenant, la substance du pain et du vin est changée en la substance du corps et du sang. Par conséquent, lorsqu'on suit le sens littéral, il ne faut pas croire seulement que le corps de Jésus-Christ est dans le mystère, mais encore qu'il en fait (a) toute la substance ; et c'est à quoi nous conduisent les paroles mêmes, puisque Jésus-Christ n'a pas dit : « Mon corps est ici, » ou « Ceci contient mon corps ; » mais : « Ceci est mon corps ; » et il n'a pas même voulu dire : *Ce pain* est mon corps, mais *Ceci* indéfiniment. Et de même que s'il avait dit, lorsqu'il a changé l'eau en vin : « Ce qu'on va vous donner à boire, c'est du vin, » il ne faudroit pas entendre qu'il auroit conservé ensemble et l'eau et le vin, mais qu'il auroit changé l'eau en vin : ainsi quand il prononce que ce qu'il présente est son corps, il ne faut nullement entendre qu'il mêle son corps avec le pain, mais qu'il change effectivement le pain en son corps. Voilà où nous menoit le sens littéral, de l'aveu même des zuingliens, et ce que jamais Luther n'avoit pu entendre.

Faute de l'avoir entendu, ce grand défenseur du sens littéral tomboit nécessairement dans une espèce de sens figuré. Selon lui, « Ceci est mon corps, » vouloit dire : Ce pain contient mon corps, ou : Ce pain est uni avec mon corps ; et par ce moyen les zuingliens le forçoient à reconnoître dans cette expression la figure grammaticale, qui met ce qui contient pour ce qui est contenu, ou la partie pour le tout². Puis ils le pressoient en cette sorte : S'il vous est permis de reconnoître dans les paroles de l'institution la figure qui met la partie pour le tout, pourquoi nous voulez-vous empêcher d'y reconnoître la figure qui met la chose pour

XXXV. Les sacramentaires prouvoient à Luther qu'il admettoit une espèce de sens figuré.

¹ *Luc.*, XIII, 12. — ² Vid. Hosp., IIe part., 12, 35, 47, 61, 76, 161, etc.
(a) 1re édit. : Mais qu'il fait.

le signe? Figure pour figure, la métonymie que nous recevons vaut bien la synecdoque que vous admettez. Ces Messieurs étoient humanistes et grammairiens. Tous leurs livres furent bientôt remplis de la synecdoque de Luther et de la métonymie de Zuingle : il falloit que les protestans prissent parti entre ces deux figures de rhétorique; et il demeuroit pour constant qu'il n'y avoit que les catholiques, qui également éloignés de l'un et de l'autre et ne connoissant dans l'Eucharistie ni le pain, ni un simple signe, établissoient purement le sens littéral.

XXXVI. Différence de la doctrine inventée, et de la doctrine reçue par tradition.
On voyoit ici la différence qu'il y a entre les doctrines qui sont introduites de nouveau par des auteurs particuliers, et celles qui viennent naturellement. Le changement de substance avoit rempli comme par lui-même l'Orient et l'Occident, entrant dans tous les esprits avec les paroles de Notre-Seigneur, sans jamais causer aucun trouble, et sans que ceux qui l'ont cru aient jamais été notés par l'Eglise comme novateurs. Quand il a été contesté, et qu'on a voulu détourner le sens littéral avec lequel il avoit passé par toute la terre, non-seulement l'Eglise est demeurée ferme, mais encore on a vu ses adversaires combattre pour elle en se combattant les uns les autres. Luther et ses sectateurs prouvoient invinciblement qu'il falloit retenir le sens littéral : Zuingle et les siens ne prouvoient pas avec moins de force qu'il ne pouvoit être retenu sans le changement de substance : ainsi ils ne s'accordoient qu'à se prouver les uns aux autres que l'Eglise, qu'ils avoient quittée, avoit plus de raison que chacun d'eux : par je ne sais quelle force de la vérité, tous ceux qui l'abandonnoient en conservoient quelque chose, et l'Eglise qui gardoit le tout gagnoit la victoire.

XXXVII. Le sens catholique est visiblement le plus naturel.
De là il suit clairement que l'interprétation des catholiques, qui admettent le changement de substance, est la plus naturelle et la plus simple; et parce qu'elle est suivie par le plus grand nombre des chrétiens, et parce que des deux qui la combattent de différentes manières, l'un, qui est Luther, ne s'y est opposé que par esprit de contradiction et en dépit de l'Eglise; et l'autre, qui est Zuingle, demeure d'accord que s'il faut recevoir avec Luther le sens littéral, il faut aussi recevoir avec les catholiques le changement de substance.

Dans la suite les luthériens une fois engagés dans l'erreur, s'y sont affermis par cette raison, que c'est détruire le sacrement que d'en ôter, comme nous faisons, la substance du pain et du vin. Je suis obligé de dire que je n'ai trouvé cette raison dans aucun écrit de Luther; et en effet elle est trop foible et trop éloignée pour venir d'abord dans l'esprit : car on sait qu'un sacrement, c'est-à-dire un signe, consiste dans ce qui paroît, et non pas dans le fond ni dans la substance. Il ne fut pas nécessaire de montrer à Pharaon sept vaches et sept épis effectifs, pour lui marquer la fertilité ou la stérilité des sept années[1] : l'image qui s'en forma dans son esprit fut très-suffisante pour cela. Et s'il faut venir à des choses dont les yeux aient été frappés, afin que la colombe nous représentât le Saint-Esprit, et avec toute sa douceur le chaste amour qu'il inspire aux ames saintes, il importoit peu que ce fût une véritable colombe qui descendît visiblement sur Jésus-Christ[2]; il suffisoit qu'elle en eût tout l'extérieur : de même, afin que l'Eucharistie nous marquât que Jésus-Christ étoit notre pain et notre breuvage, c'étoit assez que les caractères de ces alimens et leurs effets ordinaires fussent conservés; en un mot, c'étoit assez qu'il n'y eût rien de changé à l'égard des sens. Dans les signes d'institution, ce qui en marque la force, c'est l'intention déclarée par la parole de l'instituteur : or en disant sur le pain : « Ceci est mon corps, » et sur le vin : « Ceci est mon sang, » et paroissant en vertu de ces divines paroles actuellement revêtu de toutes les apparences du pain et du vin, il fait voir assez clairement qu'il est vraiment nourriture, lui qui en a pris (a) la ressemblance et nous apparoît sous cette forme. Que s'il faut de vrai pain et de vrai vin afin que le sacrement soit réel, c'est aussi de vrai pain et de vrai vin que l'on consacre, et dont on fait en les consacrant le vrai corps et le vrai sang du Sauveur. Le changement qui s'y fait dans l'intérieur, sans que l'extérieur soit changé, fait encore une partie du sacrement, c'est-à-dire du signe sacré, parce que ce changement devenu sensible par la parole, nous fait voir que la parole de Jésus-Christ opérant dans le chrétien,

XXXVIII. Question : si le sacrement est détruit dans la transsubstantiation?

---

[1] *Gen.*, XLI, 2, 3, 5, 6. — [2] *Matth.*, III, 16.
(a) 1ʳᵉ édit. : Qui en a revêtu.

il doit être très-réellement, quoique d'une autre manière, changé au dedans, en ne retenant que l'extérieur d'un homme vulgaire.

XXXIX. Comment les noms de pain et de vin peuvent demeurer dans l'Eucharistie : deux règles tirées de l'Ecriture.

Par là demeurent expliqués les passages où l'Eucharistie est appelée pain, même après la consécration; et cette difficulté est clairement résolue par la règle des changemens et par la règle des apparences. Par la règle des changemens, le pain devenu corps est appelé pain, comme dans l'*Exode* la verge devenue couleuvre est appelée verge, et l'eau devenue sang est appelée eau [1]. On se sert de ces expressions pour faire voir tout ensemble et la chose qui a été faite, et la matière qu'on a employée pour la faire. Par la règle des apparences, de même que dans l'Ancien et dans le Nouveau Testament les anges qui apparoissoient en figure humaine sont appelés tout ensemble, et anges parce qu'ils le sont, et hommes parce qu'ils le paroissent : ainsi l'Eucharistie sera appelée, et corps parce qu'elle l'est, et pain parce qu'elle le paroît. Que si l'une de ces raisons suffit pour lui conserver le nom du pain sans préjudicier au changement, le concours de toutes les deux sera bien plus fort. Et il ne faut s'imaginer aucun embarras à discerner la vérité parmi ces expressions différentes : car enfin, lorsque l'Ecriture sainte nous explique la même chose par des expressions diverses, pour ôter toute sorte d'ambiguïté, il y a toujours l'endroit principal auquel il faut réduire les autres, et où les choses sont exprimées telles qu'elles sont en termes précis. Que ces anges soient appelés hommes en quelques endroits, il y aura un endroit où l'on verra clairement que ce sont des anges. Que ce sang et cette couleuvre soient appelés eau et verge, vous trouverez l'endroit principal où le changement sera marqué, et c'est par là qu'il faudra définir la chose. Quel sera l'endroit principal par lequel nous jugerons de l'Eucharistie, si ce n'est celui de l'institution où Jésus-Christ la fait être ce qu'elle est? Ainsi quand nous voudrons la nommer par rapport à ce qu'elle a été et à ce qu'elle paroît, nous la pourrons appeler du pain et du vin : mais quand nous voudrons la nommer par ce qu'elle est en elle-même, elle n'aura point d'autre nom que celui de corps et de sang; et c'est par là qu'il la faudra définir, puisque jamais elle ne

[1] *Exod.*, VII, 12, 18.

peut être que ce qu'elle est faite par les paroles toutes-puissantes qui lui donnent l'être. Luthériens et zuingliens, vous expliquez contre la nature le lieu principal par les autres; et sortant tous deux de la règle, vous vous éloignez encore plus les uns des autres que vous ne l'êtes (a) de l'Eglise, que vous aviez principalement en butte. L'Eglise qui suit l'ordre naturel, et qui réduit tous les passages où il est parlé de l'Eucharistie à celui qui est sans contestation le principal et le fondement de tous les autres, tient la vraie clef du mystère, et triomphe non-seulement des uns et des autres, mais encore des uns par les autres.

En effet durant ces disputes sacramentaires, ceux qui se disoient réformés malgré l'intérêt commun qui les réunissoit quelquefois en apparence, se faisoient entre eux une guerre plus cruelle qu'à l'Eglise même, s'appelant mutuellement des furieux, des enragés, des esclaves de Satan, plus ennemis de la vérité et des membres de Jésus-Christ, que le Pape même [1]; ce qui étoit tout dire pour eux.

XL. Luther consterné par ces disputes, et son abattement déploré par Mélanchthon.

Cependant l'autorité que Luther vouloit conserver dans la nouvelle Réforme, qui s'étoit soulevée sous ses étendards, s'avilissoit. Il étoit pénétré de douleur, et la fierté qu'il témoignoit au dehors n'empêchoit pas l'accablement où il étoit dans le cœur : au contraire plus il étoit fier, plus il trouvoit insupportable d'être méprisé dans un parti dont il vouloit être le seul chef. Le trouble qu'il ressentoit passoit jusqu'à Mélanchthon. « Luther me cause, dit-il, d'étranges troubles par les longues plaintes qu'il me fait de ses afflictions. Il est abattu et défiguré par des écrits qu'on ne trouve pas méprisables. Dans la pitié que j'ai de lui, je me sens affligé au dernier point du trouble universel de l'Eglise. Le vulgaire incertain se partage en des sentimens contraires; et si Jésus-Christ n'avoit promis d'être avec nous jusqu'à la consommation des siècles, je craindrois que la religion ne fût tout à fait détruite par ces dissensions : car il n'y a rien de plus vrai que la sentence qui dit, que la vérité nous échappe par trop de disputes [2]. »

[1] Luth., *ad Jac. Præp. Brem.;* Hosp., 82; Luth., *maj. Conf.*, ibid., 56; Zuing., *Resp. ad Luth.*, Hosp., 44. — [2] Lib. IV, ep. LXXVI *ad Camer.*

(a) 1re édit. : Que vous ne faites.

XLI.
Luther enseigne l'ubiquité.
1527.
1528.

Etrange agitation d'un homme qui s'attendoit à voir l'Eglise réparée, et qui la voit prête à tomber par les moyens qu'on avoit pris pour la rétablir! Quelle consolation pouvoit-il trouver dans les promesses que Jésus-Christ nous a faites d'être toujours avec nous? C'est aux catholiques à se nourrir de cette foi, eux qui croient que jamais l'Eglise ne peut être vaincue par l'erreur, quelque violente que soit l'attaque, et qui en effet l'ont trouvée toujours invincible. Mais comment peut-on s'attacher à cette promesse dans la nouvelle Réforme, dont le premier fondement, quand elle rompoit avec l'Eglise, étoit que Jésus-Christ l'avoit délaissée jusqu'à la laisser tomber dans l'idolâtrie? Au reste, quoiqu'il soit vrai que la vérité demeure toujours dans l'Eglise, et s'y épure d'autant plus qu'elle est plus violemment attaquée, Mélanchthon avoit raison de penser qu'à force de disputer elle échappoit aux particuliers. Il n'y avoit point d'erreur si prodigieuse où l'ardeur de la dispute n'entraînât l'esprit emporté de Luther. Elle lui fit embrasser cette monstrueuse opinion de l'ubiquité. Voici les raisonnemens dont il appuyoit cette étrange erreur. L'humanité de Notre-Seigneur est unie à la divinité; donc l'humanité est partout aussi bien qu'elle. Jésus-Christ comme homme est assis à la droite de Dieu : la droite de Dieu est partout; donc Jésus-Christ comme homme est partout. Comme homme il étoit dans les cieux avant que d'y être monté. Il étoit dans le tombeau quand les anges dirent qu'il n'y étoit plus. Les zuingliens excédoient en disant que Dieu même ne pouvoit pas mettre le corps de Jésus-Christ en plusieurs lieux. Luther s'emporte à un autre excès, et il soutient que ce corps étoit nécessairement partout. Voilà ce qu'il enseigna dans un livre dont nous avons déjà parlé, qu'il fit en 1527 pour défendre le sens littéral; et ce qu'il osa insérer dans une confession de foi qu'il publia en 1528, sous le titre de *Grande Confession de foi* [1].

XLII.
Luther déclare de nouveau qu'il im-

Il dit dans ce dernier livre qu'il importoit peu de mettre ou d'ôter le pain dans l'Eucharistie; mais qu'il étoit plus raisonnable d'y reconnoître « un pain charnel et du vin sanglant : » *panis*

---

[1] Serm. *Quòd verba stent*, tom. III, Jen.; *Conf. maj.*, tom. IV, Jen.; Calixt., *Judic.*, n. 40, et seq.

carneus et vinum sanguineum. C'étoit le nouveau langage par lequel il exprimoit l'union nouvelle qu'il mettoit entre le pain et le corps. Ces paroles sembloient viser à l'impanation, et il en échappoit souvent à Luther qui portoient plus loin qu'il ne vouloit. Mais du moins elles proposoient un certain mélange de pain et de chair, de vin et de sang qui paroissoit bien grossier, et qui fut insupportable à Mélanchthon. « J'ai, dit-il, parlé à Luther de ce mélange du pain et du corps, qui paroît à beaucoup de gens un étrange paradoxe. Il m'a répondu décisivement qu'il n'y vouloit rien changer, et moi je ne trouve pas à propos d'entrer encore dans cette matière [1]. » C'est-à-dire qu'il n'étoit pas du sentiment de Luther, et qu'il n'osoit le contredire.

porte peu de mettre la substance du pain ou de l'òter : grossière théologie de ce docteur, dont Mélanchthon est scandalisé.

Cependant les excès où l'on s'emportoit de part et d'autre dans la nouvelle Réforme, la décrioient parmi les gens de bon sens. Cette seule dispute renversoit le fondement commun des deux partis. Ils croyoient pouvoir finir toutes les disputes par l'Ecriture toute seule, et ne vouloient qu'elle pour juge; et tout le monde voyoit qu'ils disputoient sans fin sur cette Ecriture, et encore sur un des passages qui devoit être des plus clairs, puisqu'il s'y agissoit d'un Testament. Ils se crioient l'un à l'autre : Tout est clair, et il n'y a qu'à ouvrir les yeux. Sur cette évidence de l'Ecriture, Luther ne trouvoit rien de plus hardi ni de plus impie que de nier le sens littéral, et Zuingle ne trouvoit rien de plus absurde ni de plus grossier que de le suivre. Erasme, qu'ils vouloient gagner, leur disoit avec tous les catholiques : Vous en appelez tous à la pure parole de Dieu, et vous croyez en être les interprètes véritables? Accordez-vous donc entre vous avant que de vouloir faire la loi au monde [2]. Quelque mine qu'ils fissent, ils étoient honteux de ne pouvoir convenir, et ils pensoient tous au fond de leur cœur ce que Calvin écrivit (a) à Mélanchthon, qui étoit son ami. « Il est de grande importance qu'il ne passe aux siècles à venir aucun soupçon des divisions qui sont parmi nous : car il est ridicule au delà de tout ce qu'on peut s'imaginer, qu'a-

XLIII. La dispute sacramentaire renversoit les fondemens de la Réforme. Paroles de Calvin.

---

[1] Serm. *Quòd verba stent,* tom. IV, ep. LXXVI, Jen., 1528; *Conf. maj.*, tom. IV, Jen.; Calixt., *Judic.*, n. 40 et seq. — [2] Lib. XVIII, 3; XIX, 3, 113; XXXI, 59, p. 2102, etc.

(a) 1re édit. : Ecrivit un jour.

près avoir rompu avec tout le monde, nous nous accordions si peu entre nous dès le commencement de notre Réforme[1]. »

<small>XLIV. Les luthériens prennent les armes sous la conduite du landgrave qui reconnoît qu'il a tort. 1528.</small>

Philippe, landgrave de Hesse, très-zélé pour le nouvel évangile, avoit prévu ce désordre, et dès les premières années du différend il avoit tâché de l'accommoder. Aussitôt qu'il vit le parti assez fort, et d'ailleurs menacé par l'empereur et les catholiques, il commença à former des desseins de ligue. On oublia bientôt les maximes que Luther avoit données pour fondement à sa Réforme, de ne chercher aucun appui dans les armes. Sous prétexte d'un traité imaginaire qu'on disoit avoir été fait entre George duc de Saxe et les autres princes catholiques pour exterminer les luthériens, ceux-ci avoient pris les armes[2]. L'affaire à la vérité fut accommodée : le landgrave se contenta des grosses sommes d'argent que quelques princes ecclésiastiques furent obligés de lui donner, pour le dédommager d'un armement que lui-même reconnoissoit avoir été fait sur de faux rapports.

Mélanchthon, qui n'approuvoit pas cette conduite, ne trouva point d'autre excuse au landgrave, sinon qu'il ne vouloit pas faire paroître qu'il eût été trompé, et il disoit pour toute raison qu'une *mauvaise honte* l'avoit fait agir[3]. Mais d'autres pensées le troubloient beaucoup davantage. On s'étoit vanté dans le parti qu'on détruiroit la Papauté sans faire la guerre et sans répandre du sang. Avant que ce tumulte du landgrave arrivât et un peu après la révolte des paysans, Mélanchthon avoit écrit au landgrave même « qu'il valoit mieux tout endurer que d'armer pour la cause de l'Evangile[4]. » Et maintenant il se trouvoit que ceux qui avoient tant fait les pacifiques, étoient les premiers à prendre les armes sur *un faux rapport*, comme Mélanchthon le reconnoît[5]. C'est aussi ce qui lui fait ajouter : « Quand je considère de quel scandale la bonne cause va être chargée, je suis presque accablé de cette peine. » Luther fut bien éloigné de ces sentimens. Encore qu'il fût constant en Allemagne, et que les auteurs même protestans en soient d'accord[6], que ce prétendu traité de George de

---

[1] Calv., *epist. ad Mel.*, p. 145. — [2] Sleid., lib. VI, 92 ; Mel., lib. IV, épist. LXX. — [3] Mel, *ibid*. — [4] Lib. IV, ep. XVI. — [5] Lib. IV, ep. LXX, LXXII. — [6] Mel., *ibid.*; Sleid., *ibid.*; Dav. Chyt., *in Saxon.*, ad an. 1528, p. 312.

Saxe n'étoit qu'une illusion, Luther voulut croire qu'il étoit véritable ; et il écrivit plusieurs lettres et plusieurs libelles où il s'emporte contre ce prince jusqu'à lui dire qu'il étoit « le plus fou de tous les fous ; un Moab orgueilleux, qui entreprenoit toujours au-dessus de ses forces [1] ; » ajoutant « qu'il prieroit Dieu contre lui. » Après quoi « il avertiroit les princes d'EXTERMINER DE TELLES GENS, qui vouloient voir toute l'Allemagne en sang : » c'étoit-à-dire que, de peur de la voir en ce triste état, les luthériens l'y devoient mettre, et commencer par exterminer les princes qui s'opposoient à leurs desseins.

Ce George duc de Saxe, que Luther traite si mal, étoit autant contraire aux luthériens que son parent l'électeur leur étoit favorable. Luther prophétisoit contre lui de toute sa force, sans considérer qu'il étoit de la famille de ses maîtres ; et on voit qu'il ne tint pas à lui qu'on n'accomplît ses prophéties à coups d'épée.

Cet armement des luthériens, qui avoit fait trembler toute l'Allemagne en 1528, les rendit si fiers, qu'ils se crurent en état de protester ouvertement contre le décret publié contre eux l'année d'après dans la diète de Spire, et d'en appeler à l'empereur, au futur concile général, ou à celui qu'on tiendroit en Allemagne. Ce fut à cette occasion qu'ils se réunirent sous le nom de *Protestans* [2] : mais le landgrave, le plus prévoyant et le plus capable aussi bien que le plus vaillant de tous, conçut que la diversité des sentimens seroit un obstacle éternel à la parfaite union qu'il vouloit établir dans le parti. Ainsi dans la même année du décret de Spire il ménagea la conférence de Marpourg (a), où il fit trouver tous les chefs de la nouvelle Réforme, c'est-à-dire Luther, Osiandre et Mélanchthon d'un côté ; Zuingle, Œcolampade et Bucer de l'autre, sans compter les autres qui sont moins connus [3]. Luther et Zuingle parloient seuls : car déjà les luthériens ne parloient point où Luther étoit, et Mélanchthon avoue franchement que lui et ses compagnons furent « des personnages muets [4]. » On ne songeoit pas alors à s'amuser les uns les autres

XLV. Le nom de *protestans*. Conférence de Marpourg, où le landgrave tente vainement de concilier les deux partis des protestans.

[1] Luth., *ep. ad Vences.*, Lync, p. 312, tom. VII ; et ap. Chyt., *in Sax.*, p. 312 et 982. — [2] Sleid., lib. VI, 94, 97. — [3] Sleid., *ibid.* — [4] Lib. IV, ep. 88.

(a) Marbourg.

par des explications équivoques, comme on fit depuis. La vraie présence du corps et du sang fut nettement posée d'un côté, et niée de l'autre [1]. On entendit des deux côtés qu'une présence en figure et une présence par foi n'étoit pas une vraie présence de Jésus-Christ, mais une présence morale, une présence improprement dite et par métaphore. On convint en apparence de tous les articles, à la réserve de celui de l'Eucharistie. Je dis en apparence, car il paroît par deux lettres que Mélanchthon écrivit durant le colloque pour en rendre compte à ses princes, qu'on ne s'entendoit guère dans le fond. « Nous découvrîmes, dit-il, que nos adversaires entendoient fort peu la doctrine de Luther, encore qu'ils tâchassent d'imiter son langage [2]; » c'est-à-dire qu'on s'accordoit par complaisance et en paroles, sans se bien entendre en effet : et il étoit vrai que Zuingle n'avoit jamais rien compris dans la doctrine de Luther sur les sacremens, ni dans sa justice imputée. On accusa aussi ceux de Strasbourg, et Bucer qui en étoit le pasteur, de n'avoir pas de bons sentimens [3], c'est-à-dire, comme on l'entendoit, des sentimens assez luthériens sur cette matière, et il y parut dans la suite comme nous verrons bientôt. C'est que Zuingle et ses compagnons ne se mettant guère en peine de toutes ces choses, en disoient tout ce qu'il plaisoit à Luther, et à vrai dire n'avoient en tête que la question de la présence réelle. Quant à la manière de traiter les choses, Luther parloit avec hauteur selon sa coutume. Zuingle montra beaucoup d'ignorance, jusqu'à demander plusieurs fois : « Comment de méchans prêtres pouvoient faire une chose sacrée [4]? » Mais Luther le releva d'une étrange sorte, et lui fit bien voir par l'exemple du baptême qu'il ne savoit ce qu'il disoit. Lorsque Zuingle et ses compagnons virent qu'ils ne pouvoient persuader à Luther le sens figuré (a), ils le prièrent du moins de vouloir bien les tenir pour frères. Mais ils furent vivement repoussés. « Quelle fraternité me demandez-vous, leur disoit-il, si vous persistez dans votre créance? C'est signe que vous en doutez, puisque vous voulez être frères de ceux

---

[1] Hospin., ad an. 1529, de Coll. Marp. — [2] Mel., ep. ad Elect. Saxon. et ad Henr. Ducem. Sax., ibid. et ap. Luth., tom. IV, Jen. — [3] Ibid. — [4] Hosp., ibid.

(a) 1re édit. : Persuader Luther sur la présence réelle.

qui la rejettent[1]. » Voilà comme finit la conférence. On se promit pourtant une charité mutuelle. Luther interpréta cette charité de celle qu'on doit aux ennemis, et non pas de celle qu'on doit aux personnes de même communion. « Ils frémissoient, disoit-il, de se voir traiter d'hérétiques. » On convint pourtant de ne plus écrire les uns contre les autres ; « mais pour leur donner, poursuivoit Luther, le temps de se reconnoître. »

Cet accord tel quel ne dura guère : au contraire, par les récits différens qui se firent de la conférence, les esprits s'aigrirent plus que jamais : Luther regarda comme un artifice la proposition de fraternité qui lui fut faite par les zuingliens ; et dit « que Satan régnoit tellement en eux, qu'il n'étoit plus en leur pouvoir de dire autre chose que des mensonges [2]. »

LIVRE III.

En l'an 1530.

SOMMAIRE.

Les confessions de foi des deux partis des protestans. Celle d'Augsbourg composée par Mélanchthon. Celle de Strasbourg ou des quatre villes par Bucer. Celle de Zuingle. Variations de celle d'Augsbourg sur l'Eucharistie. Ambiguïté de celle de Strasbourg. Zuingle seul pose nettement le sens figuré. Le terme de substance pourquoi mis pour expliquer la réalité. Apologie de la Confession d'Augsbourg faite par Mélanchthon. L'Eglise calomniée presque sur tous les points, et principalement sur celui de la justification, et sur l'opération des sacremens et de la messe. Le mérite des bonnes œuvres avoué de part et d'autre, l'absolution sacramentale de même, la confession, les vœux monastiques et beaucoup d'autres articles. L'Eglise romaine reconnue en plusieurs manières dans la confession d'Augsbourg. Démonstration par la confession d'Augsbourg et par l'Apologie que les luthériens reviendroient à nous, en retranchant leurs calomnies, et en entendant bien leur propre doctrine.

Au milieu de ces démêlés on se préparoit à la célèbre diète d'Augsbourg, que Charles V avoit convoquée pour y remédier aux troubles que le nouvel évangile causoit en Allemagne. Il arriva à Augsbourg le 15 juin 1530. Ce temps est considérable, car c'est

1. La célèbre diète d'Augsbourg, où les confessions de foi

[1] Luth., *epist. ad Jac. Præp. Bremens.*, ibid. — [2] *Ibid.*

94 HISTOIRE DES VARIATIONS.

sont présentées à Charles V. 1530.

alors qu'on vit paroître pour la première fois des confessions de foi en forme, publiées au nom de chaque parti. Les luthériens défenseurs du sens littéral présentèrent à Charles V la confession de foi appelée la *Confession d'Augsbourg*. Quatre villes de l'empire, Strasbourg, Mémingue, Lindau et Constance, qui défendoient le sens figuré, donnèrent la leur séparément au même prince. On la nomma la *Confession de Strasbourg* ou *des quatre villes :* et Zuingle qui ne voulut pas être muet dans une occasion si célèbre, quoiqu'il ne fût pas du corps de l'empire, envoya aussi sa confession de foi à l'empereur.

II. La Confession d'Augsbourg rédigée par Mélanchthon, et présentée à l'empereur.

Mélanchthon, le plus éloquent et le plus poli aussi bien que le plus modéré de tous les disciples de Luther, dressa la Confession d'Augsbourg de concert avec son maître qu'on avoit fait approcher du lieu de la diète. Cette confession de foi fut présentée à l'empereur en latin et en allemand le 25 juin 1530, souscrite par Jean électeur de Saxe, par six autres princes, dont Philippe landgrave de Hesse étoit un des principaux, et par les villes de Nuremberg et de Reutlingue, auxquelles quatre autres villes étoient associées [1]. On la lut publiquement dans la diète en présence de l'empereur; et on convint de n'en répandre aucune copie, ni manuscrite ni imprimée que de son ordre. Il s'en est fait depuis plusieurs éditions tant en allemand qu'en latin, toutes avec de notables différences, et tout le parti la reçut.

III. De la Confession de Strasbourg ou des quatre villes, et de Bucer qui la dressa.

Ceux de Strasbourg et leurs associés défenseurs du sens figuré, s'offrirent à la souscrire, à la réserve de l'article de la Cène. Ils n'y furent pas reçus : de sorte qu'ils composèrent leur confession particulière, qui fut dressée par Bucer [2].

C'étoit un homme assez docte, d'un esprit pliant et plus fertile en distinctions que les scholastiques les plus raffinés; agréable prédicateur : un peu pesant dans son style : mais il imposoit par la taille et par le son de la voix. Il avoit été jacobin et s'étoit marié comme les autres, et même pour ainsi parler plus que les autres, puisque sa femme étant morte, il passa à un second et à un troisième mariage. Les saints Pères ne recevoient pas au sacerdoce ceux qui avoient été mariés deux fois étant laïques. Celui-ci prêtre

---

[1] Chytr., *Hist. Conf. Aug.*, etc. — [2] *Ibid.*

et religieux se marie trois fois sans scrupule durant son nouveau ministère. C'étoit une recommandation dans le parti, et on aimoit à confondre par ces exemples hardis les observances superstitieuses de l'ancienne Eglise.

Il ne paroît pas que Bucer ait rien concerté avec Zuingle : celui-ci avec les Suisses parloit franchement ; Bucer méditoit des accommodemens, et jamais homme ne fut plus fécond en équivoques.

Cependant lui et les siens ne purent alors s'unir aux luthériens, et la nouvelle Réforme fit en Allemagne deux corps visiblement séparés par des confessions de foi différentes.

Après les avoir dressées, ces églises sembloient avoir pris leur dernière forme, et il étoit temps, du moins alors, de se tenir ferme : mais c'est ici au contraire que les variations se montrent plus grandes.

IV. De la Confession d'Augsbourg et de l'Apologie : l'autorité de ces deux pièces dans tout le parti.

La Confession d'Augsbourg est la plus considérable en toutes manières. Outre qu'elle fut présentée la première, souscrite par un plus grand corps et reçue avec plus de cérémonie, elle a encore cet avantage qu'elle a été regardée dans la suite, non-seulement par Bucer et par Calvin même en particulier, mais encore par tout le parti du sens figuré assemblé en corps, comme une pièce commune de la nouvelle Réforme, ainsi que la suite le fera paroître. Comme l'empereur la fit réfuter par quelques théologiens catholiques, Mélanchthon en fit l'Apologie, qu'il étendit davantage un peu après. Au reste il ne faut pas regarder cette Apologie comme un ouvrage particulier, puisqu'elle fut présentée à l'empereur au nom de tout le parti, par les mêmes qui lui présentèrent la Confession d'Augsbourg, et que depuis les luthériens n'ont tenu aucune assemblée pour déclarer leur foi, où ils n'aient fait marcher d'un pas égal la Confession d'Augsbourg et l'Apologie, comme il paroît par les actes de l'assemblée de Smalcalde (a) en 1537 et par les autres [1].

V. L'article x de la Con-

Il est certain que l'intention de la Confession d'Augsbourg étoit d'établir la présence réelle du corps et du sang ; et comme disent

---

[1] *Præf. Apol. in lib. Concord.*, p. 48 ; art. *Smal.*, ibid., 356 ; *Epitome*, art. ibid., 571 ; *Solida repet.*, ibid., 633, 728, etc.

(a) Schmalden.

les luthériens dans le livre de la Concorde, « on y vouloit expressément rejeter l'erreur des sacramentaires, qui présentèrent en même temps à Augsbourg leur confession particulière [1]. » Mais tant s'en faut que les luthériens tiennent un langage uniforme sur cette matière, qu'au contraire on voit d'abord l'article x de leur confession, qui est celui où ils ont dessein d'établir la réalité : on voit, dis-je, cet article x couché en quatre manières différentes, sans qu'on puisse presque discerner laquelle est la plus authentique, puisqu'elles ont toutes paru dans des éditions où étoient les marques de l'autorité publique.

De ces quatre manières nous en voyons deux dans le recueil de Genève, où la Confession d'Augsbourg nous est donnée telle qu'elle avoit été imprimée en 1540 à Vitenberg, dans le lieu où étoit né le luthéranisme, où Luther et Mélanchthon étoient présens [2]. Nous y lisons l'article de la Cène en deux manières. Dans la première qui est celle de l'édition de Vitenberg, il est dit « qu'avec le pain et le vin, le corps et le sang de Jésus-Christ est vraiment donné à ceux qui mangent dans la Cène. » La seconde ne parle pas du pain et du vin, et se trouve couchée en ces termes : « Elles croient (les églises protestantes) que le corps et le sang sont vraiment distribués à ceux qui mangent, et improuvent ceux qui enseignent le contraire. »

Voilà dès le premier pas une variété assez importante, puisque la dernière de ces expressions s'accorde avec la doctrine du changement de substance, et que l'autre semble être mise pour la combattre. Toutefois les luthériens ne s'en sont pas tenus là; et encore que des deux manières d'énoncer l'article x qui paroissent dans le recueil de Genève, ils aient suivi la dernière dans leur livre de la Concorde à l'endroit où la Confession d'Augsbourg y est insérée [3], on voit néanmoins dans le même livre ce même article x rapporté de deux autres façons.

En effet on trouvera dans ce livre l'Apologie de la Confession d'Augsbourg, où ce même Mélanchthon qui l'avoit dressée et qui la défend, transcrit l'article en ces termes : « Dans la Cène du Sei-

---

[1] *Concord.*, p. 728. — [2] *Conf. Aug.*, art. 10, *Syntagm. Gen.*, II part., p. 13.
[3] *Conf. Aug.*, art. 10, *in lib. Conc.*, p. 13.

gneur, le corps et le sang de Jésus-Christ sont vraiment et substantiellement présens, et sont vraiment donnés avec les choses qu'on voit, c'est-à-dire avec le pain et le vin, à ceux qui reçoivent le sacrement¹. »

couché le même article : leurs différences

Enfin nous trouvons encore ces mots dans le même livre de la *Concorde*² : « L'article de la Cène est ainsi enseigné par la parole de Dieu dans la Confession d'Augsbourg : que le vrai corps et le vrai sang de Jésus-Christ sont vraiment présens, distribués et reçus dans la sainte Cène sous l'espèce du pain et du vin, et qu'on improuve ceux qui enseignent le contraire. » Et c'est aussi la manière dont cet article x est couché dans la version françoise de la *Confession d'Augsbourg* imprimée à Francfort en 1673.

Si on compare maintenant ces deux façons d'exprimer la réalité, il n'y a personne qui ne voie que celle de l'*Apologie* l'exprime par des paroles plus fortes que ne faisoient les deux précédentes rapportées dans le recueil de Genève : mais qu'elle s'éloigne aussi davantage de la transsubstantiation ; et que la dernière au contraire s'accommode tellement aux expressions dont on se sert dans l'Eglise, que les catholiques pourroient la souscrire.

De ces quatre façons différentes, si on demande laquelle est l'originale qui fut présentée à Charles V, la chose est assez douteuse.

VII.
Laquelle de ces manières est l'originale.

Hospinien soutient que c'est la dernière qui doit être l'originale³, parce que c'est celle qui paroît dans l'impression qui fut faite dès l'an 1530 à Vitenberg, c'est-à-dire dans le siége du luthéranisme, où étoit la demeure de Luther et de Mélanchthon.

Il ajoute que ce qui fit changer l'article, c'est qu'il favorisoit trop ouvertement la transsubstantiation, puisqu'il marquoit le corps et le sang véritablement reçus, non point avec la substance, mais « sous les espèces du pain et du vin, » qui est la même expression dont se servent les catholiques.

Et c'est cela même qui fait croire que c'est ainsi que l'article avoit été couché d'abord, puisqu'il est certain par Sleidan et par Mélanchthon, aussi bien que par Chytré et par Célestin dans leur

---

¹ *Apol. Conf. Aug. Conc.*, p. 157. — ² *Solid. repetit., de Cœn. Dom.*, n. 7 ; *Conc.*, p. 728. — ³ Hosp., part. II, fol. 94, 132, 173.

Histoire de la Confession d'Augsbourg [1], que les catholiques ne contredirent point cet article dans la réfutation qu'ils firent alors de la *Confession d'Augsbourg* par ordre de l'empereur.

De ces quatre manières, la seconde est celle qu'on a insérée dans le livre de la *Concorde;* et il pourroit sembler que ce seroit la plus authentique, parce que les princes et Etats qui ont souscrit à ce livre, semblent assurer dans la préface qu'ils ont transcrit la *Confession d'Augsbourg* comme elle se trouve encore dans les archives de leurs prédécesseurs et dans ceux de l'empire [2]. Mais si l'on y prend garde de près, on verra que cela ne conclut pas, puisque les auteurs de cette préface disent seulement qu'ayant conféré les exemplaires avec les archives, « ils ont trouvé que le leur étoit en tout et partout de même sens que les exemplaires latins et allemands : » ce qui montre la prétention d'être d'accord (a) dans le fond avec les autres éditions, mais non pas le fait positif, que les termes soient en tout les mêmes; autrement on n'en verroit pas de si différens dans un autre endroit du même livre, comme nous l'avons remarqué.

Quoi qu'il en soit, il est étrange que la *Confession d'Augsbourg* n'ayant pu être présentée à l'empereur que d'une seule façon, il en paroisse trois autres aussi différentes de celle-là, et tout ensemble aussi authentiques que nous le venons de voir; et qu'un acte si solennel ait été tant de fois altéré par ses auteurs dans un article si essentiel.

VIII. Cinquième manière dont le même article x est rapporté dans l'*Apologie* de la *Confession d'Augsbourg.*

Mais ils ne demeurèrent pas en si beau chemin; et incontinent après la *Confession d'Augsbourg* ils donnèrent à l'empereur une cinquième explication de l'article de la Cène dans l'*Apologie* de leur Confession de foi, qu'ils firent faire par Mélanchthon.

Dans cette *Apologie* approuvée, comme on a vu, de tout le parti, Mélanchthon, soigneux d'exprimer en termes formels le sens littéral, ne se contenta pas d'avoir reconnu « une présence vraie et substantielle, » mais se servit encore du mot de « présence corporelle [3], » ajoutant que Jésus-Christ « nous étoit donné cor-

---

[1] Sleid., *Apol. Conf. Aug.*, ad art. 10; Chrytr., *Hist. Conf. Aug.*; Cœlest., *Hist. Conf. Aug.*, tom. III.— [2] *Præf. Concord.*— [3] *Apol. Conf. Aug.*, in art. x, p. 157.

(a) 1re édit. : Qu'on est d'accord.

porellement, » et que c'étoit le sentiment « ancien et commun non-seulement de l'Eglise romaine, mais encore de l'Eglise grecque. »

Et encore que cet auteur soit peu favorable même dans ce livre au changement de substance, toutefois il ne trouve pas ce sentiment si mauvais qu'il ne cite avec honneur des autorités qui l'établissent : car voulant prouver la doctrine « de la présence corporelle » par le sentiment de l'Eglise orientale, il allègue le canon de la messe grecque, où le prêtre « demande nettement, dit-il, que le propre corps de Jésus-Christ soit fait en changeant le pain, » ou « par le changement du pain [1]. » Bien loin de rien improuver dans cette prière, il s'en sert comme d'une pièce dont il reconnoît l'autorité, et il produit dans le même esprit les paroles de Théophylacte, archevêque de Bulgarie, « qui assure que le pain n'est pas seulement une figure, mais qu'il est vraiment changé en chair. » Il se trouve par ce moyen que de trois autorités qu'il apporte pour confirmer la doctrine de la présence réelle, il y en a deux qui établissent le changement de substance ; tant ces deux choses se suivent, et tant il est naturel de les joindre ensemble.

IX. La manière d'expliquer la réalité dans l'*Apologie*, tend à établir en même temps le changement de substance.

Quand depuis on a retranché dans quelques éditions ces deux passages qui se trouvent dans la première publication qui en fut faite, c'est qu'on a été fâché que les ennemis de la transsubstantiation n'aient pu établir la réalité qu'ils approuvent, sans établir en même temps cette transsubstantiation qu'ils vouloient nier.

Voilà les incertitudes où tombèrent les luthériens dès le premier pas ; et aussitôt qu'ils entreprirent de donner par une confession de foi une forme constante à leur église, ils furent si peu résolus qu'ils nous donnèrent d'abord en cinq ou six façons différentes un article aussi important que celui de l'Eucharistie. Ils ne furent pas plus constans, comme nous verrons, dans les autres articles ; et ce qu'ils répondent ordinairement, que le concile de Constantinople a bien ajouté quelque chose à celui de Nicée ne leur sert de rien : car il est vrai qu'étant survenu depuis le concile de Nicée une nouvelle hérésie, qui nioit la divinité du Saint-

X. Défaite des luthériens sur ces variations.

[1] *Apol. Conf. Aug.*, in art. 10, p. 157.

Esprit, il fallut bien ajouter quelques mots pour la condamner : mais ici, où il n'est rien arrivé de nouveau, c'est une pure irrésolution qui a introduit parmi les luthériens les variations que nous avons vues. Ils ne s'en tinrent pas là, et nous en verrons beaucoup d'autres dans les confessions de foi qu'il fallut depuis ajouter à celle d'Augsbourg.

XI. Les sacramentaires ne sont pas plus constans à expliquer leur foi.

Que si les défenseurs du sens figuré répondent que leur parti n'est pas tombé dans le même inconvénient, qu'ils ne se flattent pas de cette pensée. On a vu que dans la diète d'Augsbourg, où commencent les confessions de foi, les sacramentaires en ont produit d'abord deux différentes, et bientôt nous en verrons les diversités. Dans la suite ils ne furent pas moins féconds en confessions de foi différentes que les luthériens ; et n'ont pas paru moins embarrassés, ni moins incertains dans la défense du sens figuré, que les autres dans la défense du sens littéral.

C'est de quoi il y a sujet de s'étonner; car il semble qu'une doctrine aussi aisée à entendre selon la raison humaine, que l'est celle des sacramentaires, ne devoit faire aucun embarras à ceux qui entreprenoient de la proposer. Mais c'est que les paroles de Jésus-Christ font dans l'esprit naturellement une impression de réalité que toutes les finesses du sens figuré ne peuvent détruire. Comme donc la plupart de ceux qui la combattoient ne pouvoient pas s'en défaire entièrement, et que d'ailleurs ils vouloient plaire aux luthériens qui la retenoient, il ne faut pas s'étonner s'ils ont mêlé tant d'expressions qui ressentent la réalité à leurs interprétations figurées, ni si ayant quitté l'idée véritable de la présence réelle, que l'Eglise leur avoit apprise, ils ont eu tant de peine à se contenter des termes qu'ils avoient choisis pour en conserver quelque image.

XII. Termes vagues et ambigus de la Confession de Strasbourg sur l'article de la Cène.

C'est la cause des équivoques que nous verrons s'introduire dans leurs catéchismes et dans leurs confessions de foi. Bucer, le grand architecte de toutes ces subtilités, en donna un petit essai dans la *Confession de Strasbourg ;* car sans vouloir se servir des termes dont se servoient les luthériens pour expliquer la présence réelle, il affecte de ne rien dire qui lui soit formellement contraire, et s'explique en paroles assez ambiguës pour pouvoir être tirées de ce côté-là. Voici comme il parle, ou plutôt comme il fait parler ceux de Strasbourg et les autres. « Quand les chrétiens répètent la Cène, que Jésus-Christ fit avant sa mort en la manière qu'il a instituée, il leur donne par les sacremens son vrai corps et son vrai sang à manger et à boire véritablement, pour être la nourriture et le breuvage des ames [1]. »

A la vérité ils ne disent pas avec les luthériens « que ce corps et ce sang sont vraiment donnés avec le pain et le vin; » encore moins, « qu'ils sont vraiment et substantiellement donnés. » Bucer n'en étoit pas encore venu là; mais il ne dit rien qui y soit contraire, ni rien en un mot dont un luthérien et même un catholique ne pût convenir, puisque nous sommes tous d'accord que « le vrai corps et le vrai sang de Notre-Seigneur nous sont donnés à manger et à boire véritablement, » non pas pour la nourriture des corps, mais, comme disoit Bucer, « pour la nourriture des ames. » Ainsi cette confession se tenoit dans des expressions générales ; et même lorsqu'elle dit que « nous mangeons et buvons vraiment le vrai corps et le vrai sang de Notre-Seigneur, » elle semble exclure le manger et le boire par la foi, qui n'est après tout qu'un manger et un boire métaphorique : tant on avoit de peine à lâcher le mot, que le corps et le sang ne fussent donnés que spirituellement et d'insérer dans une confession de foi une chose si nouvelle aux chrétiens. Car encore que l'Eucharistie, aussi bien que les autres mystères de notre salut, eût pour fin un effet spirituel, elle avoit pour son fondement, comme les autres mystères, ce qui s'accomplissoit dans le corps. Jésus-Christ devoit naître, mourir, ressusciter spirituellement dans ses fidèles : mais il devoit aussi naître, mourir et ressusciter en effet et selon la chair. De même nous devions participer spirituellement à son sacrifice ; mais nous devions aussi recevoir corporellement la chair de cette victime et la manger en effet. Nous devions être unis spirituellement à l'Epoux céleste ; mais son corps, qu'il nous donnoit dans l'Eucharistie pour posséder en même temps le nôtre, devoit être le gage et le sceau, aussi bien que le fondement de cette union spirituelle ; et ce divin mariage devoit aussi bien que les mariages

[1] *Conf. Argent.*, cap. XVIII, *de Cœnd; Synt. Gen.*, part. I, p. 195.

vulgaires, quoique d'une manière bien différente, unir les esprits en unissant les corps. C'étoit donc à la vérité expliquer la dernière fin du mystère que de parler de l'union spirituelle; mais pour cela il ne falloit pas oublier la corporelle, sur laquelle l'autre étoit fondée. En tout cas, puisque c'étoit là ce qui séparoit les églises, on en devoit parler nettement, ou pour ou contre, dans une confession de foi, et c'est à quoi Bucer ne put se résoudre.

XIII. Suite de ces mêmes ambiguïtés et leur effet mémorable sur les villes qui y souscrivirent.

Il sentoit bien qu'il seroit repris de son silence; et pour aller au-devant de l'objection, après avoir dit en général « que nous mangeons et buvons vraiment le vrai corps et le vrai sang de Notre-Seigneur pour la nourriture de nos ames, » il fit dire à ceux de Strasbourg « que s'éloignant de toute dispute et de toute recherche curieuse et superflue, ils rappellent les esprits à la seule chose qui profite, et qui a été uniquement regardée par Notre-Seigneur, c'est-à-dire qu'étant nourris de lui, nous vivions en lui et par lui [1]; » comme si c'étoit assez d'expliquer la fin principale de Notre-Seigneur, sans parler ni en bien ni en mal de la présence réelle que les luthériens aussi bien que les catholiques donnoient pour moyen.

Après avoir exposé ces choses, ils finissent en protestant « qu'on les calomnie lorsqu'on les accuse de changer les paroles de Jésus-Christ, et de les déchirer par des gloses humaines, ou de n'administrer dans leur Cène que du pain et du vin tout simple, ou de mépriser la Cène du Seigneur : Car au contraire, disent-ils, nous exhortons les fidèles à entendre avec une simple foi les paroles de Notre-Seigneur, en rejetant toutes fausses gloses et toutes inventions humaines, et en s'attachant au sens des paroles sans hésiter en aucune sorte, enfin en recevant les sacremens pour la nourriture de leurs ames. »

Qui ne condamne avec eux les curiosités superflues, les inventions humaines, les fausses gloses des paroles de Notre-Seigneur? Quel chrétien ne fait pas profession de s'attacher au sens véritable de ces divines paroles? Mais puisqu'on disputoit de ce sens il y avoit déjà six ans entiers, et que pour en convenir il s'étoit fait tant de conférences, il falloit déterminer quel il étoit, et quelles étoient

[1] *Conf. Argent.*, cap. XVIII, *de Cœnâ*; *Synt. Gen.*, part. I, p. 195.

ces mauvaises gloses qu'il faut rejeter. Car que sert de condamner en général, par des termes vagues, ce qui est rejeté de tous les partis; et qui ne voit qu'une confession de foi demande des décisions plus nettes et plus précises? Certainement si on ne jugeoit des sentimens de Bucer et de ses confrères que par cette confession de foi, et qu'on ne sût pas d'ailleurs qu'ils n'étoient pas favorables à la présence réelle et substantielle, on pourroit croire qu'ils n'en sont pas éloignés : ils ont des termes pour flatter ceux qui la croient; ils en ont pour leur échapper si on les presse; enfin nous pouvons dire, sans leur faire tort, qu'au lieu qu'on fait ordinairement des confessions de foi pour proposer ce qu'on pense sur les disputes qui troublent la paix de l'Eglise, ceux-ci au contraire, par de longs discours et un grand circuit de paroles, ont trouvé moyen de ne rien dire de précis sur la matière dont il s'agissoit alors.

De là il est arrivé un effet bizarre : c'est que des quatre villes qui s'étoient unies par cette commune confession de foi, et qui toutes embrassoient alors les sentimens contraires aux luthériens, trois, à savoir Strasbourg, Mémingue et Lindau, passèrent un peu après sans scrupule à la doctrine de la présence réelle : tant Bucer avoit réussi par ses discours ambigus à plier les esprits, de sorte qu'ils pussent se tourner de tous côtés.

XIV. La Confession de Zuingle, très-nette et sans équivoque

Zuingle y alloit plus franchement. Dans la Confession de foi qu'il envoya à Augsbourg et qui fut approuvée de tous les Suisses, il expliquoit nettement « que le corps de Jésus-Christ depuis son ascension n'étoit plus que dans le ciel, et ne pouvoit être autre part; qu'à la vérité il étoit comme présent dans la Cène par la contemplation de la foi, et non pas réellement ni par son essence [1]. »

Pour défendre cette doctrine, il écrivit une lettre à l'empereur et aux princes protestans, où il établit cette différence entre lui et ses adversaires, que ceux-ci vouloient « un corps naturel et substantiel, et lui un corps sacramentel [2]. »

Il tient toujours constamment le même langage; et dans une autre Confession de foi qu'il adresse dans le même temps à Fran-

[1] *Conf. Zuing., int. Oper. Zuing., et ap. Hosp.*, ad an. 1530, 101 et seq. —
[2] *Epist. ad Cæs. et princ. prot.*, ibid.

çois Ier, il explique : *Ceci est mon corps*, « d'un corps symbolique, mystique et sacramentel; d'un corps par dénomination et par signification : de même, dit-il, qu'une reine montrant parmi ses joyaux sa bague nuptiale, dit sans hésiter : Ceci est mon roi, c'est-à-dire c'est l'anneau du roi mon mari, par lequel il m'a épousée [1]. » Je ne sache guère de reine qui se soit servie de cette phrase bizarre : mais il n'étoit pas aisé à Zuingle de trouver dans le langage ordinaire des expressions semblables à celles qu'il vouloit attribuer à Notre-Seigneur. Au surplus il ne reconnoît dans l'Eucharistie qu'une pure présence morale, qu'il appelle *sacramentelle et spirituelle*. Il met toujours la force des sacremens « en ce qu'ils aident la contemplation de la foi, qu'ils servent de frein aux sens, et les font mieux concourir avec la pensée. » Quant à la manducation « que mettent les Juifs avec les papistes, selon lui elle doit causer la même horreur qu'auroit un père à qui on donneroit son fils à manger. » En général, « la foi a horreur de la présence visible et corporelle ; ce qui fait dire à saint Pierre : « Seigneur, retirez-vous de moi. » Il ne faut point manger Jésus-Christ de cette manière charnelle et grossière : une ame fidèle et religieuse mange son vrai corps sacramentellement et spirituellement. » Sacramentellement, c'est-à-dire en signe; spirituellement, c'est-à-dire par la contemplation de la foi qui nous représente Jésus-Christ souffrant, et nous montre qu'il est à nous.

XV. L'état de la question paroît clairement dans la Confession de Zuingle.
Il ne s'agit pas de se plaindre de ce qu'il appelle charnelle et grossière notre manducation, qui est si élevée au-dessus des sens, ni de ce qu'il en veut donner de l'horreur, comme si elle étoit cruelle et sanglante. Ce sont les reproches ordinaires qu'ont toujours faits ceux de son parti aux luthériens et à nous. Nous verrons dans la suite comme ceux qui nous les ont faits nous en justifient : maintenant il nous suffit d'observer que Zuingle parle nettement. On entend par ces deux confessions de foi, en quoi consiste précisément la difficulté : d'un côté, une présence en signe et par foi; de l'autre, une présence réelle et substantielle : et voilà ce qui séparoit les sacramentaires d'avec les catholiques et les luthériens.

[1] *Conf. ad Franc. I.*

Il sera maintenant aisé d'entendre d'où vient que les défenseurs du sens littéral, catholiques et luthériens, se sont tant servis des mots de *vrai corps*, de *corps réel*, de *substance*, de *propre substance*, et des autres de cette nature.

XVI. Quelle raison on a eue de se servir du mot de *substance* dans l'Eucharistie : que c'est la même qui a obligé à l'employer dans la Trinité.

Ils se sont servis du mot de *réel* et de *vrai*, pour faire entendre que l'Eucharistie n'étoit pas un simple signe du corps et du sang, mais la chose même.

C'est encore ce qui leur a fait employer le mot de *substance*; et si nous allons à la source, nous trouverons que la même raison qui a introduit ce mot dans le mystère de la Trinité, l'a aussi rendu nécessaire dans le mystère de l'Eucharistie.

Avant que les subtilités des hérétiques eussent embrouillé le sens véritable de cette parole de Notre-Seigneur : « Nous sommes moi et mon Père une même chose [1], » on croyoit suffisamment expliquer l'unité parfaite du Père et du Fils par cette expression de l'Ecriture, sans qu'il fût nécessaire de dire toujours qu'ils étoient un en substance : mais depuis que les hérétiques ont voulu persuader aux fidèles que cette unité du Père et du Fils n'étoit qu'une unité de concorde, de pensée et d'affection, on a cru qu'il falloit bannir ces pernicieuses équivoques, en établissant la consubstantialité, c'est-à-dire l'unité de substance.

Ce terme qui n'étoit point dans l'Ecriture, fut jugé nécessaire pour la bien entendre, et pour éloigner les dangereuses interprétations de ceux qui altéroient la simplicité de la parole de Dieu.

Ce n'est pas qu'en ajoutant ces expressions à l'Ecriture, on prétende qu'elle s'explique sur ce mystère d'une manière ambiguë ou enveloppée : mais c'est qu'il faut résister par ces paroles expresses aux mauvaises interprétations des hérétiques, et conserver à l'Ecriture ce sens naturel et primitif qui frapperoit d'abord les esprits, si les idées n'étoient point brouillées par la prévention ou par de fausses subtilités.

Il est aisé d'appliquer ceci à la matière de l'Eucharistie. Si on eût conservé sans raffinement l'intelligence droite et naturelle de ces paroles : « Ceci est mon corps, ceci est mon sang, » nous eussions cru suffisamment expliquer une présence réelle de Jésus-

[1] *Joan.*, X, 30.

Christ dans l'Eucharistie, en disant que ce qu'il y donne est son corps et son sang : mais depuis qu'on a voulu dire que Jésus-Christ n'y étoit présent qu'en figure, ou par son esprit, ou par sa vertu, ou par la foi ; alors pour ôter toute ambiguïté, on a cru qu'il falloit dire que le corps de Notre-Seigneur nous étoit donné en sa propre et véritable substance ou, ce qui est la même chose, qu'il étoit réellement et substantiellement présent.

Voilà ce qui a fait naître le terme de *transsubstantiation*, aussi naturel pour exprimer un changement de substance, que celui de *consubstantiel* pour exprimer une unité de substance,

XVII. Les luthériens ont eu la même raison que nous de se servir du mot de substance. Zuingle ne s'en est jamais servi, ni Bucer au commencement.

Par la même raison les luthériens, qui reconnoissent la réalité sans changement de substance, en rejetant le terme de *transsubstantiation*, ont retenu celui de *vraie et substantielle présence*, ainsi que nous l'avons vu dans l'*Apologie de la Confession d'Augsbourg*; et ces termes ont été choisis pour fixer au sens naturel ces paroles : « Ceci est mon corps, » comme le mot de *consubstantiel* a été choisi par les Pères de Nicée, pour fixer au sens littéral ces paroles : « Moi et mon Père, ce n'est qu'un [1] ; » et ces autres : « Le Verbe étoit Dieu [2]. »

Aussi ne voyons-nous pas que Zuingle, qui le premier a donné la forme à l'opinion du sens figuré et qui l'a expliquée le plus franchement, ait jamais employé le mot de *substance*. Au contraire, il a perpétuellement exclu « la manducation, » aussi bien que « la présence substantielle, » pour ne laisser qu'une manducation figurée, c'est-à-dire « en esprit et par la foi [3]. »

Bucer, quoique plus porté à des expressions ambiguës, ne se servit non plus au commencement du mot de *substance* ou de *communion* et de *présence substantielle* : il se contenta seulement de ne pas condamner ces termes, et demeura dans les expressions générales que nous avons vues.

Voilà le premier état de la dispute sacramentaire, où les subtilités de Bucer introduisirent ensuite tant d'importunes variations qu'il nous faudra raconter dans la suite. Quant à présent, il suffit d'en avoir touché la cause.

XVIII. Doctrine

La question de la justification, où celle du libre arbitre étoit

---

[1] *Joan.*, x, 30. — [2] *Joan.*, I, 1. — [3] *Epist. ad Cæs. et princ. prot.*

renfermée, paroissoit bien d'une autre importance aux protestans : c'est pourquoi dans l'*Apologie* ils demandent par deux fois à l'empereur une attention particulière sur cette matière, comme étant la plus importante de tout l'Evangile, et celle aussi où ils ont le plus travaillé [1]. Mais j'espère qu'on verra bientôt qu'ils ont travaillé en vain, pour ne rien dire de plus, et qu'il y a plus de malentendu que de véritables difficultés dans cette dispute.

de la justification ; qu'il n'y a plus de difficulté après les choses qui en sont dites dans la Confession d'Ausbourg et dans l'Apologie.

Et d'abord il faut mettre hors de cette dispute la question du libre arbitre. Luther étoit revenu des excès qui lui faisoient dire que la prescience de Dieu mettoit le libre arbitre en poudre dans toutes les créatures ; et il avoit consenti qu'on mit cet article dans la *Confession d'Augsbourg :* « Qu'il faut reconnoître le libre arbitre dans tous les hommes qui ont l'usage de la raison, non pour les choses de Dieu, que l'on ne peut commencer ou du moins achever sans lui, mais seulement pour les œuvres de la vie présente et pour les devoirs de la société civile [2]. » Mélanchthon y ajoutoit, dans l'*Apologie*, « pour les œuvres extérieures de la loi de Dieu [3]. » Voilà donc déjà deux vérités qui ne souffrent aucune contestation : l'une, qu'il y a un libre arbitre, et l'autre, qu'il ne peut rien de lui-même dans les œuvres vraiment chrétiennes.

XIX. *Que la doctrine de Luther sur le libre arbitre est retractée dans la Confession d'Augsbourg.*

Il y avoit même un petit mot dans le passage qu'on vient de voir de la *Confession d'Augsbourg*, où pour des gens qui vouloient tout attribuer à la grace, on n'en parloit pas à beaucoup près si correctement qu'on fait dans l'Eglise catholique. Ce petit mot, c'est qu'on dit que de lui-même « le libre arbitre ne peut commencer ou du moins achever les choses de Dieu : » restriction qui semble insinuer qu'il les peut « du moins commencer » par ses propres forces : ce qui étoit une erreur demi-pélagienne, dont nous verrons dans la suite que les luthériens d'à présent ne sont pas éloignés.

XX. *Paroles de la Confession d'Augsbourg, qui visoit au semi-pélagianisme.*

L'article suivant expliquoit que « la volonté des méchans étoit la cause du péché [4], » où, encore qu'on ne dît pas assez nettement que Dieu n'en est pas l'auteur, on l'insinuoit toutefois contre les premières maximes de Luther.

[1] Ad art. 4, *de Justif.*, p. 60; *de Pœn.*, p. 161. — [2] *Confess. Aug.*, art. 18. — [3] *Apol.*, ad eumd. art. — [4] Art. XIX, *ibid.*

108   HISTOIRE DES VARIATIONS.

XXI. Tous les reproches faits aux catholiques fondés sur des calomnies : première calomnie sur la justification gratuite.

Ce qu'il y avoit de plus remarquable sur le reste de la matière de la grace chrétienne dans la *Confession d'Augsbourg,* c'est que partout on y supposoit dans l'Eglise catholique des erreurs qu'elle avoit toujours détestées : de sorte qu'on sembloit plutôt lui chercher querelle que la vouloir réformer; et la chose paroîtra claire en exposant historiquement la croyance des uns et des autres.

On appuyoit beaucoup dans la *Confession d'Augsbourg* et dans l'*Apologie* sur ce que la rémission des péchés étoit une pure libéralité, qu'il ne falloit pas attribuer au mérite et à la dignité des actions précédentes. Chose étrange ! les luthériens partout se faisoient honneur de cette doctrine, comme s'ils l'avoient ramenée dans l'Eglise; et ils reprochoient aux catholiques « qu'ils croyoient trouver par leurs propres œuvres la rémission de leurs péchés, qu'ils croyoient la pouvoir mériter en faisant de leur côté ce qu'ils pouvoient, et même par leurs propres forces : que tout ce qu'ils attribuoient à Jésus-Christ étoit de nous avoir mérité une certaine grace habituelle, par laquelle nous pouvions plus facilement aimer Dieu ; et qu'encore que la volonté pût l'aimer, elle le faisoit plus volontiers par cette habitude; qu'ils n'enseignent autre chose que la justice de la raison; que nous pouvions approcher de Dieu par nos propres œuvres indépendamment de la propitiation de Jésus-Christ, et que nous avions rêvé une justification sans parler de lui [1] : » ce qu'on répète sans cesse pour conclure autant de fois « que nous avions enseveli Jésus-Christ. »

XXII. On attribuoit aux catholiques les deux propositions contradictoires : *ex opere operato,* ce que c'est.

Mais pendant qu'on reprochoit aux catholiques une erreur si grossière, on leur imputoit d'autre part le sentiment opposé, les accusant de « se croire justifiés par le seul usage du sacrement, *ex opere operato,* » comme on parle, « sans aucun bon mouvement [2]. » Comment les luthériens pouvoient-ils s'imaginer qu'on donnât tant à l'homme parmi nous, et qu'en même temps on y donnât si peu? Mais l'un et l'autre est très-éloigné de notre doctrine, puisque le concile de Trente d'un côté est tout plein des bons sentimens par où il se faut disposer au baptême, à la pénitence et à la communion, déclarant même en termes exprès que

[1] *Conf.,* art. 20; *Apol.,* cap. *de Justif.; Concord.,* p. 61, 62, 74, 102, 103, etc.
— [2] *Conf. Aug.,* art. 13, etc.

« la réception de la grace est volontaire, » et que d'autre côté il enseigne que la rémission des péchés est purement gratuite ; et que tout ce qui nous y prépare de près ou de loin, depuis le commencement de la vocation et les premières horreurs de la conscience ébranlée par la crainte, jusqu'à l'acte le plus parfait de la charité, est un don de Dieu [1].

Il est vrai qu'à l'égard des enfans nous disons que par son immense miséricorde le baptême les sanctifie, sans qu'ils coopèrent à ce grand ouvrage par aucun bon mouvement : mais outre que c'est en cela que reluit le mérite de Jésus-Christ et l'efficace de son sang, les luthériens en disent autant, puisqu'ils confessent avec nous « qu'il faut baptiser les petits enfants; que le baptême leur est nécessaire à salut, et qu'ils sont faits enfans de Dieu par ce sacrement [2]. » N'est-ce pas là reconnoître cette force du sacrement efficace par lui-même et par sa propre action, *ex opere operato*, dans les enfans? Car je ne vois pas que les luthériens s'attachent à soutenir avec Luther que les enfans qu'on porte au baptême, y exercent un acte de foi. Il faut donc qu'ils disent avec nous que le sacrement, par lequel ils sont régénérés, opère par sa propre vertu.

XXIII. Que dans la doctrine des luthériens les sacremens opèrent *ex opere operato*.

Que si l'on objecte que parmi nous le sacrement a encore la même efficace dans les adultes et y opère *ex opere operato*, il est aisé de comprendre que ce n'est pas pour exclure en eux les bonnes dispositions nécessaires, mais seulement pour faire voir que ce que Dieu opère en nous lorsqu'il nous sanctifie par le sacrement, est au-dessus de tous nos mérites, de toutes nos œuvres, de toutes nos dispositions précédentes, en un mot un pur effet de sa grace et du mérite infini de Jésus-Christ.

Il n'y a donc point de mérite pour la rémission des péchés ; et la *Confession d'Augsbourg* ne devoit pas se glorifier de cette doctrine comme si elle lui étoit particulière, puisque le concile de Trente reconnoît aussi bien qu'elle « que nous sommes dits justifiés gratuitement, à cause que tout ce qui précède la justification, soit la foi, soit les œuvres, ne peut mériter cette grace, selon ce

XXIV, Que la rémission des péchés est purement gratuite, selon le concile de Trente.

[1] Sess. VI, cap. v, vi, xiv; sess. XIII, vii; sess. XIV, iv; sess. VI, vii; sess. VI, viii; sess. VI, v, vi; can. 1, 2, 3; sess. XIV, 4. — [2] Art. 9.

que dit l'Apôtre : « Si c'est grace, ce n'est point par œuvres, autrement la grace n'est plus grace¹. »

Voilà donc la rémission des péchés et la justification établie gratuitement et sans mérites dans l'Eglise catholique en termes aussi exprès qu'on l'a pu faire dans la *Confession d'Augsbourg.*

XXV. Seconde calomnie sur le mérite des œuvres : qu'il est reconnu dans la Confession d'Augsbourg et par Luther au même sens que dans l'Eglise.

Que si après la rémission des péchés, lorsque le Saint-Esprit habite en nous, que la charité y domine et que la personne a été rendue agréable par une bonté gratuite, nous reconnoissons du mérite dans nos bonnes œuvres, la *Confession d'Augsbourg* en est d'accord, puisqu'on y lit dans l'édition de Genève imprimée sur celle de Vitenberg faite à la vue de Luther et de Mélanchthon « que la nouvelle obéissance est réputée une justice, ET MÉRITE des récompenses. » Et encore plus expressément, que « bien que fort éloignée de la perfection de la loi, elle est une justice, ET MÉRITE des récompenses. » Et un peu après, que « les bonnes œuvres sont dignes de grandes louanges, qu'elles sont nécessaires, et qu'elles MÉRITENT des récompenses². »

Ensuite expliquant cette parole de l'Evangile : « Il sera donné à celui qui a déjà; » elle dit, « que notre action doit être jointe aux dons de Dieu qu'elle nous conserve, et qu'elle EN MÉRITE l'accroissement³; » et loue cette parole de saint Augustin, « que la charité, quand on l'exerce, mérite l'accroissement de la charité. » Voilà donc en termes formels notre coopération nécessaire, et son mérite établi dans la *Confession d'Augsbourg*. C'est pourquoi on conclut ainsi cet article : « C'est par là que les gens de bien entendent les vraies bonnes œuvres, et comment elles plaisent à Dieu et comment elles SONT MÉRITOIRES⁴. » On ne peut pas mieux établir, ni plus inculquer le mérite; et le concile de Trente n'appuie pas davantage sur cette matière.

Tout cela étoit pris de Luther et du fond de ses sentimens : car il écrit dans son *Commentaire sur l'Epître aux Galates,* que « lorsqu'il parle de la foi justifiante, il entend celle qui opère par la charité : car, dit-il, la foi MÉRITE que le Saint-Esprit nous soit donné⁵. »

¹ *Conc. Trid.,* sess. VI, cap. VIII. — ² Art. 6, *Synt.Gen.,* p. 12; *ibid.,* p. 20, cap. *de bon. oper.* — ³ Art. 6, *Synt. Gen.,* p. 21. — ⁴ *Ibid.,* p. 22. — ⁵ *Comment. in Ep. ad Gal.,* tom. V, 243.

Il venoit de dire qu'avec cet Esprit toutes les vertus nous étoient données ; et c'est ainsi qu'il expliquoit la justification dans ce fameux *Commentaire:* il est imprimé à Vitenberg en l'an 1553 ; de sorte que vingt ans après que Luther eut commencé la Réforme, on n'y trouvoit rien encore à reprendre dans le mérite.

Il ne faut donc pas s'étonner si on trouve ce sentiment si fortement établi dans l'*Apologie de la Confession d'Augsbourg*. Mélanchthon fait de nouveaux efforts pour expliquer la matière de la justification, comme il le témoigne dans ses lettres, et il y enseigne « qu'il y a des récompenses proposées et promises aux bonnes œuvres des fidèles, et qu'elles sont MÉRITOIRES, non de la rémission des péchés ou de la justification (choses que nous n'avons que par la foi), mais d'autres récompenses corporelles et spirituelles en cette vie et en l'autre, selon ce que dit saint Paul, que « chacun recevra sa récompense selon son travail [1]. » Et Mélanchthon est si plein de cette vérité, qu'il l'établit de nouveau dans la réponse aux objections par ces paroles : « Nous confessons, comme nous avons déjà fait souvent, qu'encore que la justification et la vie éternelle appartiennent à la foi, toutefois les bonnes œuvres MÉRITENT d'autres récompenses corporelles et spirituelles et divers degrés de récompenses, selon ce que dit saint Paul, que « chacun sera récompensé selon son travail : » car la justice de l'Évangile occupée de la promesse de la grace, reçoit gratuitement la justification et la vie : mais l'accomplissement de la loi, qui vient en conséquence de la foi, est occupé autour de la loi même ; et là, poursuit-il, la récompense EST OFFERTE, non pas GRATUITEMENT, mais selon les œuvres, ET ELLE EST DUE, et aussi ceux QUI MÉRITENT cette récompense sont justifiés devant que d'accomplir la loi [2]. »

XXVI.
L'Apologie établit le mérite des œuvres.

Ainsi le mérite des œuvres est constamment reconnu par ceux de la *Confession d'Augsbourg* comme chose qui est comprise dans la notion de la récompense, n'y ayant rien en effet de plus naturellement lié ensemble que le mérite d'un côté, quand la récompense est promise et proposée de l'autre.

[1] *Apol. Conf. Aug.*, ad art. 4, 5, 6, 20 ; *Resp. ad object. Concord.*, p. 96.—
[2] *Ibid.*, p. 137.

Et en effet ce qu'ils reprennent dans les catholiques n'est pas d'admettre le mérite qu'ils établissent aussi ; mais « c'est, dit l'*Apologie,* en ce que toutes les fois qu'on parle du mérite, ils le transportent des autres récompenses à la justification ¹. » Si donc nous ne connoissons de mérite qu'après la justification et non pas devant, la difficulté sera levée ; et c'est ce qu'on a fait à Trente par cette décision précise : « Que nous sommes dits justifiés gratuitement, à cause qu'aucune des choses qui précèdent la justification, soit la foi, soit les œuvres, ne la peuvent mériter ². » Et encore : « Que nos péchés nous sont remis gratuitement par la miséricorde divine, à cause de Jésus-Christ ³. » D'où vient aussi que le concile n'admet de mérite, « qu'à l'égard de l'augmentation de la grace et de la vie éternelle ⁴. »

XXVII. Mélanchthon ne s'entend pas lui-même dans l'*Apologie* lorsqu'il y nie que les bonnes œuvres méritent la vie éternelle.

Pour l'augmentation de la grace, on en convenoit à Augsbourg, comme on a vu : et pour la vie éternelle, il est vrai que Mélanchthon ne vouloit pas avouer qu'elle fût méritée par les bonnes œuvres, puisque selon lui elles méritoient seulement d'autres récompenses qui leur sont promises en cette vie et en l'autre. Mais quand Mélanchthon parloit ainsi, il ne considéroit pas ce qu'il disoit lui-même dans ce même lieu ⁵, que c'est la gloire éternelle « qui est due aux justifiés, selon cette parole de saint Paul : « Ceux qu'il a justifiés, il les a aussi glorifiés ⁶. » Il ne considère pas, encore un coup, que c'est la vie éternelle qui est la vraie récompense promise par Jésus-Christ aux bonnes œuvres, conformément à ce passage de l'Evangile qu'il rapporte lui-même ailleurs pour établir le mérite ⁷, que ceux qui obéiront à l'Evangile « recevront le centuple en ce siècle et la vie éternelle en l'autre ⁸ ; » où l'on voit qu'outre le centuple, qui sera notre récompense en ce siècle, la vie éternelle nous est promise comme notre récompense au siècle futur : de sorte que si le mérite est fondé sur la promesse de la récompense, comme l'assure Mélanchthon et comme il est vrai, il n'y a rien de plus mérité que la vie éternelle, quoiqu'il n'y ait rien d'ailleurs de plus gratuit, selon

---

¹ *Apol.,* ibid. — ² Sess. VI, cap. VIII. — ³ Sess. VI, cap. IX. — ⁴ Sess. VI, cap. XVI, et can. 32.— ⁵ *Apol. Conf. Aug.,* ad art. 4, 5, 6, 20; Resp. ad object., Conc., p. 137. — ⁶ *Rom.,* VIII, 30.— ⁷ *In locis com.,* cap. *de Justif.* — ⁸ *Matth.,* XIX, 29.

cette belle doctrine de saint Augustin, que « la vie éternelle est due aux mérites des bonnes œuvres, mais que les mérites auxquels elle est due nous sont donnés gratuitement par Notre-Seigneur Jésus-Christ [1]. »

Aussi est-il véritable que ce qui empêche Mélanchthon de regarder absolument la vie éternelle comme récompense promise aux bonnes œuvres, c'est que dans la vie éternelle il y a toujours un certain fonds qui est attaché à la grace, qui est donné sans œuvres aux petits enfans, qui seroit donné aux adultes quand même ils seroient surpris de la mort au moment précis qu'ils sont justifiés sans avoir eu le loisir d'agir après : ce qui n'empêche pas qu'à un autre égard le royaume éternel, la gloire éternelle, la vie éternelle ne soient promises aux bonnes œuvres comme récompense, et ne puissent aussi être méritées au sens même de la *Confession d'Augsbourg*.

XXVIII. Qu'il y a quelque chose dans la vie éternelle qui ne tombe pas sous le mérite.

Que sert aux luthériens d'avoir altéré cette Confession, et d'en avoir retranché dans leur livre de la *Concorde* et dans d'autres éditions ces passages qui autorisent le mérite? Empêcheront-ils par là que cette *Confession de foi* n'ait été imprimée à Vitenberg, sous les yeux de Luther et de Mélanchthon et sans aucune contradiction dans tout le parti, avec tous les passages que nous avons rapportés? Que font-ils donc autre chose, quand ils les effacent maintenant, que de nous en faire remarquer la force et l'importance? Mais que leur sert de rayer le mérite des bonnes œuvres dans la *Confession d'Augsbourg,* s'ils nous le laissent eux-mêmes aussi entier dans l'*Apologie,* comme ils l'ont fait imprimer dans leur livre de la *Concorde?* N'est-il pas constant que l'*Apologie* a été présentée à Charles V par les mêmes princes et dans la même diète, que la *Confession d'Augsbourg*[2]? Mais ce qu'il y a ici de plus remarquable, c'est qu'elle fut présentée de l'aveu des luthériens, « pour en conserver le vrai et propre sens; » car c'est ainsi qu'il en est parlé dans un écrit authentique, où les princes et les Etats protestans déclarent leur foi [3]. Ainsi on ne peut douter que le mérite des œuvres ne soit de l'esprit du luthéranisme et

XXIX. Variations des luthériens dans ce qu'ils ont retranché de la Confession d'Augsbourg.

---

[1] Aug., ep. cv, nunc cxciv, n. 19, *De Corrept. et grat.*, cap. xiii, n. 41. —
[2] *Præf. Apol., Conc.*, p. 48. — [3] *Solid. repet. Conc.*, 633.

de la *Confession d'Augsbourg :* et c'est à tort que les luthériens inquiètent sur ce sujet l'Eglise romaine.

XXX. Trois autres calomnies contre l'Eglise : l'accomplissement de la loi avoué dans l'*Apologie* au même sens que dans l'Eglise.

Je prévois pourtant qu'on pourra dire qu'ils n'ont pas approuvé le mérite des œuvres dans le même sens que nous, pour trois raisons. Premièrement, parce qu'ils ne reconnoissent pas, comme nous, que l'homme juste puisse et doive satisfaire à la loi. Secondement, parce que pour cette raison ils n'admettent pas le mérite qu'on appelle *de condignité,* dont tous nos livres sont pleins. Troisièmement, parce qu'ils enseignent que les bonnes œuvres de l'homme justifié ont besoin d'une acceptation gratuite de Dieu, pour nous obtenir la vie éternelle; ce qu'ils ne veulent pas que nous admettions.

Voilà, dira-t-on, trois caractères par où la doctrine de la *Confession d'Augsbourg* et de l'*Apologie* sera éternellement séparée de la nôtre. Mais ces trois caractères ne subsistent que par trois fausses accusations de notre croyance : car premièrement, si nous disons qu'il faut satisfaire à la loi, tout le monde en est d'accord, puisqu'on est d'accord qu'il faut aimer, et que l'Ecriture prononce que « l'amour » ou « la charité est l'accomplissement de la loi [1]. » Il y en a même dans l'*Apologie* un chapitre exprès, dont voici le titre : « De la dilection et de l'accomplissement de la loi [2]. » Et nous y venons de voir que « l'accomplissement de la loi vient en conséquence de la justification [3]; » ce qui y est répété en cent endroits, et ne peut être révoqué en doute : mais au reste il n'est pas vrai que nous prétendions qu'après être justifié on satisfasse à la loi de Dieu en toute rigueur, puisqu'au contraire on nous apprend dans le concile de Trente, que nous avons besoin de dire tous les jours : « Pardonnez-nous nos fautes [4]; » de sorte que, pour parfaite que soit notre justice, il y a toujours quelque chose que Dieu y répare par sa grace, y renouvelle par son Saint-Esprit, y supplée par sa bonté.

XXXI. Le mérite de condignité.

Quant au mérite de condignité, outre que le concile de Trente ne s'est pas servi de ce terme, la chose en elle-même n'a aucune difficulté, puisqu'au fond on est d'accord qu'après la justification, c'est-à-dire après que la personne est agréable, que le Saint-Esprit

[1] Rom., XIII, 10. — [2] *Apol.,* p. 83. — [3] *Apol.,* p. 137. — [4] Sess. VI, cap. XI.

y habite et que la charité y règne, l'Ecriture lui attribue une espèce de dignité : « Ils marcheront avec moi en habit blanc, parce qu'ils en sont dignes[1]. » Mais le concile de Trente a clairement expliqué que toute cette dignité vient de la grace[2]; et les catholiques le déclarèrent aux luthériens dès le temps de la *Confession d'Augsbourg*, comme il paroît par l'Histoire de David Chytré et par celle de Georges Célestin, auteurs luthériens[3]. Ces deux historiens rapportent la réfutation de la *Confession d'Augsbourg* faite par les catholiques par ordre de l'empereur, où il est porté « que l'homme ne peut mériter la vie éternelle par ses propres forces et sans la grace de Dieu, et que tous les catholiques confessent que nos œuvres ne sont par elles-mêmes d'aucun mérite, mais que la grace de Dieu les rend dignes de la vie éternelle. »

XXXII. Le mérite de congruité.

Pour ce qui regarde les bonnes œuvres que nous faisons avant que d'être justifiés, parce qu'alors la personne n'est pas agréable ni juste, qu'au contraire elle est regardée comme étant encore en péché et comme ennemie : en cet état elle est incapable d'un véritable mérite ; et le mérite de congruité ou de convenance, que les théologiens y reconnoissent, n'est pas selon eux un véritable mérite ; mais un mérite improprement dit, qui ne signifie autre chose sinon qu'il est convenable à la divine bonté d'avoir égard aux gémissemens et aux pleurs qu'il a lui-même inspirés au pécheur qui commence à se convertir.

Il faut répondre la même chose des aumônes que fait un pécheur « pour racheter ses péchés, » selon le précepte de Daniel[4]; et « de la charité qui couvre la multitude des péchés, » selon saint Pierre[5]; et du pardon promis par Jésus-Christ même « à ceux qui pardonnent à leurs frères[6]. » L'*Apologie* répond ici que Jésus-Christ n'ajoute pas « qu'en faisant l'aumône, » ou « en pardonnant, on mérite le pardon, » *ex opere operato*, en vertu de cette action, « mais en vertu de la foi[7]. » Mais qui aussi le prétend autrement ? Qui a jamais dit que les bonnes œuvres qui plaisent à Dieu ne dussent pas être faites selon l'esprit de la foi, « sans laquelle, comme

---

[1] *Apoc.*, III, 4. — [2] *Conc. Trid.*, sess. VI, cap. XVI, etc. — [3] Chyt., *Hist. Conf. Aug.*, post. *Conf. Georg.*; Cœl., *Hist. Conf. Aug.*, tom. III. — [4] *Dan.*, IV, 24. — [5] I *Petr.*, IV, 8. — [6] *Luc.*, VI, 37. — [7] *Resp. ad Arg.*, p. 111.

dit saint Paul, il n'est pas possible de plaire à Dieu [1]? » Ou qui a jamais pensé que ces bonnes œuvres et la foi qui les produit, méritassent la rémission des péchés *ex opere operato*, et fussent capables de l'opérer par elles-mêmes? On n'avoit pas seulement songé à employer cette locution, *ex opere operato*, dans les bonnes œuvres des fidèles : on ne l'appliquoit qu'aux sacremens, qui ne sont que de simples instrumens de Dieu ; on l'employoit pour montrer que leur action étoit divine, toute-puissante et efficace par elle-même ; et c'étoit une calomnie ou une ignorance grossière de supposer que dans la doctrine catholique les bonnes œuvres opérassent de cette sorte la rémission des péchés et la grace justifiante. Dieu, qui les inspire, y a égard par sa bonté, à cause de Jésus-Christ ; non à cause que nous sommes dignes qu'il y ait égard pour nous justifier, mais parce qu'il est digne de lui de regarder en pitié des cœurs humiliés et d'y achever son ouvrage. Voilà le mérite de convenance, qui peut être attribué à l'homme, avant même qu'il soit justifié. La chose au fond est incontestable ; et si le terme déplaît, l'Eglise aussi ne s'en sert pas dans le concile de Trente.

XXXIII. Médiation de Jésus-Christ toujours nécessaire.

Mais encore que Dieu regarde d'un autre œil les pécheurs déjà justifiés, et que les œuvres qu'il y produit par son Esprit habitant en eux tendent plus immédiatement à la vie éternelle, il n'est pas vrai, selon, nous qu'il n'y faille pas de la part de Dieu une acceptation volontaire, puisque tout est ici fondé, comme dit le concile de Trente, sur la promesse que « Dieu nous a faite miséricordieusement, » c'est-à-dire gratuitement, « à cause de Jésus-Christ [2], » de donner la vie éternelle à nos bonnes œuvres ; sans quoi nous ne pourrions pas nous promettre une si haute récompense.

Ainsi quand on nous objecte partout dans la *Confession d'Augsbourg* et dans l'*Apologie* [3], qu'après la justification nous ne croyons plus avoir besoin de la médiation de Jésus-Christ, on ne peut pas nous calomnier plus visiblement, puisqu'outre que c'est par Jésus-Christ seul que nous conservons la grace reçue, nous avons besoin que Dieu se ressouvienne sans cesse de la promesse qu'il

[1] *Hebr.*, XI, 6. — [2] *Conc. Trid.*, sess. VI, cap. XVI. — [3] *Apol., Resp. ad Arg.*, p. 127, etc.

nous a faite dans la nouvelle alliance par sa seule miséricorde et par le sang du Médiateur.

Enfin tout ce qu'il y a de bon dans la doctrine luthérienne, non-seulement étoit en son entier dans l'Eglise, mais encore s'y expliquoit beaucoup mieux, puisqu'on éloignoit clairement toutes les fausses idées : et c'est ce qui paroît principalement dans la doctrine de la justice imputée. Les luthériens croyoient avoir trouvé quelque chose de merveilleux et qui leur fût particulier, en disant que Dieu nous imputoit la justice de Jésus-Christ, qui avoit parfaitement satisfait pour nous et qui rendoit ses mérites nôtres. Cependant les scolastiques, qu'ils blâmoient tant, étoient tout pleins de cette doctrine. Qui de nous n'a pas toujours cru et enseigné que Jésus-Christ avoit satisfait surabondamment pour les hommes, et que le Père éternel content de cette satisfaction de son Fils, nous traitoit aussi favorablement que si nous eussions nous-mêmes satisfait à sa justice ? Si on ne veut dire que cela quand on dit que la justice de Jésus-Christ nous est imputée, c'est une chose hors de doute, et il ne falloit pas troubler tout l'univers, ni prendre le titre de *Réformateurs* pour une doctrine si connue et si avouée. Et le concile de Trente reconnoissoit bien que « les mérites de Jésus-Christ et de sa passion » étoient rendus nôtres par la justification, puisqu'il répète tant de fois « qu'ils nous y sont communiqués [1], » et que personne ne peut être justifié sans cela.

XXXIV. Comment les mérites de Jésus-Christ sont à nous ; et comment ils nous sont imputés.

Ce que veulent dire les catholiques avec ce concile, lorsqu'ils ne permettent pas de s'en tenir à une simple imputation des mérites de Jésus-Christ, c'est que Dieu lui-même ne s'en tient pas là ; mais que pour nous appliquer ses mérites, en même temps il nous renouvelle, il nous régénère, il nous vivifie, il répand en nous son Saint-Esprit qui est l'esprit de sainteté, et par là il nous sanctifie : et tout cela ensemble selon nous fait la justification du pécheur. C'étoit aussi la doctrine de Luther et de Mélanchthon. Ces subtiles distinctions entre la justification et la régénération ou la sanctification, où l'on met maintenant toute la finesse de la doctrine protestante, sont nées après eux et depuis la *Confession*

XXXV. Justification, régénération, sanctification, renouvellement : comment c'est au fond la même grace.

[1] Sess. VI, cap. III, VII.

d'Augsbourg. Les luthériens d'à présent conviennent eux-mêmes que ces choses sont confondues par Luther et par Mélanchthon [1], et cela dans l'*Apologie,* un ouvrage si authentique de tout le parti. En effet Luther définit ainsi la foi justifiante : « La vraie foi est l'œuvre de Dieu en nous, par laquelle nous sommes renouvelés et nous renaissons de Dieu et du Saint-Esprit. Et cette foi est la véritable justice, que saint Paul appelle la justice de Dieu et que Dieu approuve [2]. » C'est donc par elle que nous sommes justifiés et régénérés tout ensemble, et puisque le Saint-Esprit, c'est-à-dire Dieu même agissant en nous, intervient dans cet ouvrage, ce n'est pas une imputation hors de nous, comme le veulent à présent les protestans, mais un ouvrage en nous.

Et pour ce qui est de l'*Apologie,* Mélanchthon y répète à toutes les pages [3], « que la foi nous justifie et nous régénère, et nous apporte le Saint-Esprit. » Et un peu après : « Qu'elle régénère les cœurs, et qu'elle enfante la vie nouvelle. » Et encore plus clairement : « Etre justifié, c'est d'injuste être fait juste ; et être régénéré, c'est aussi être déclaré et réputé juste : » ce qui montre que ces deux choses concourent ensemble. On ne voit aucun vestige du contraire dans la *Confession d'Augsbourg;* et il n'y a personne qui ne voie combien ces idées qu'avoient alors les luthériens, reviennent aux nôtres.

XXXVI. Les œuvres satisfactoires reconnues dans l'*Apologie* et les moines comptés parmi les saints.

Il semble qu'ils s'en éloignent davantage sur les œuvres satisfactoires et sur les austérités de la vie religieuse ; car ils les rejettent souvent comme contraires à la doctrine de la justification gratuite. Mais au fond ils ne les condamnent pas si sévèrement qu'on le pourroit croire d'abord : car non-seulement saint Antoine et les moines des premiers siècles, gens d'une si terrible austérité, mais encore dans les derniers temps, saint Bernard, saint Dominique et saint François sont comptés dans l'*Apologie* parmi les saints Pères. Leur genre de vie, loin d'être blâmé, est jugé digne des saints, « à cause, dit-on, qu'il ne les a pas empêchés de se croire justifiés par la foi pour l'amour de Jésus-Christ [4]. » Sentiment bien

---

[1] *Solid. repet., Conc.,* p. 686 ; *Epit. artic., Conc.,* p. 185. — [2] *Præf. in Epist. ad Rom.,* tom. V, fol. 97, 98. — [3] *Cap. de Justif., Conc.,* p. 68, 71-74, 82, *cap. de Dilect.,* p. 83, etc. — [4] *Apol., Resp. ad Arg.,* p. 99 ; *de Vot. monast.,* p. 281.

éloigné des emportemens qu'on voit aujourd'hui dans la nouvelle Réforme, où on ne rougit pas de condamner saint Bernard et de traiter saint François d'insensé.

Il est vrai que l'*Apologie*, après avoir mis ces grands hommes au nombre des saints Pères, condamne les moines qui les ont suivis, parce qu'on « prétend qu'ils ont cru mériter la rémission des péchés, la grace et la justice par ces œuvres, et non pas la recevoir gratuitement [1]. » Mais la calomnie est visible, puisque les religieux d'aujourd'hui croient encore, comme les anciens, avec l'Eglise catholique et le concile de Trente, que la rémission des péchés est purement gratuite et donnée par les mérites de Jésus-Christ seul.

Et afin qu'on ne pense pas que le mérite que nous attribuons à ces œuvres de pénitence fût alors improuvé par les défenseurs de la *Confession d'Augsbourg*, ils enseignent en général des œuvres et des afflictions, « qu'elles MÉRITENT non pas la justification, mais d'autres récompenses [2] : » et en particulier de l'aumône, lorsqu'on la fait en état de grace, « qu'elle MÉRITE plusieurs bienfaits de Dieu ; QU'ELLE ADOUCIT LES PEINES ; qu'elle MÉRITE que nous soyons assistés contre les périls du péché et de la mort. » Qui empêche qu'on n'en dise autant du jeûne et des autres mortifications ? Et tout cela bien entendu n'est au fond que ce qu'enseignent tous les catholiques.

Les calvinistes se sont éloignés des véritables idées de la justification, en disant, comme nous verrons, que le baptême n'est pas nécessaire aux petits enfans ; que la justice une fois reçue ne se perd pas ; et ce qui en est une suite, qu'elle se conserve même dans le crime. Mais comme les luthériens virent commencer ces erreurs dans les sectes des anabaptistes, ils les proscrivirent par ces trois articles de la *Confession d'Augsbourg* :

XXXVII. La nécessité du baptême, et l'amissibilité de la justice enseignée dans la *Confession d'Augsbourg*.

« Que le baptême est nécessaire à salut et qu'ils condamnent les anabaptistes, qui assurent que les enfans peuvent être sauvés sans le baptême et hors de l'Eglise de Jésus-Christ [3].

» Qu'ils condamnent les mêmes anabaptistes, qui nient qu'on

---

[1] *Apol., resp. ad Arg.*, p. 99; *de vot. monast.*, p. 281. — [2] *Ibid.*, p. 136. — [3] Art. 9, p. 12.

puisse perdre le Saint-Esprit, quand on a été une fois justifié [1].

» Que ceux qui tombent en péché mortel ne sont pas justes : qu'il faut résister aux mauvaises inclinations : que ceux qui leur obéissent contre le commandement de Dieu, et agissent contre leur conscience, sont injustes et n'ont ni le Saint-Esprit, ni la foi, ni la confiance en la divine miséricorde [2]. »

XXXVIII. Les inconvéniens de la certitude et de la foi spéciale ne sont pas levés dans la Confession d'Augsbourg.

On sera étonné de voir tant d'articles de conséquence décidés selon nos idées dans la *Confession d'Augsbourg,* et enfin quand je considère ce qu'elle a trouvé de particulier; je ne vois que cette foi spéciale dont nous avons parlé au commencement de cet ouvrage, et la certitude infaillible de la rémission des péchés qu'on lui veut faire produire dans les consciences. Il faut avouer aussi que c'est là ce qu'on nous donne pour le dogme capital de Luther, le chef-d'œuvre de sa Réforme et le plus grand fondement de la piété et de la consolation des ames fidèles. Mais cependant on n'a point trouvé de remède à ce terrible inconvénient que nous avons remarqué d'abord [3], d'être assuré de la rémission de ses péchés sans le pouvoir jamais être de la sincérité de sa repentance. Car enfin, quoi qu'il soit de l'imputation, il est bien certain que Jésus-Christ n'impute sa justice qu'à ceux qui sont pénitens et sincèrement pénitens, c'est-à-dire sincèrement contrits, sincèrement affligés de leurs péchés, sincèrement convertis. Que cette sincère pénitence ait en elle-même de la dignité, de la perfection, du mérite, quel qu'il soit, ou qu'elle n'en ait pas, je m'en suis assez expliqué, et c'est de quoi je n'ai que faire en cette occasion. Qu'elle soit ou condition, ou disposition et préparation, ou enfin tout ce qu'on voudra, cela ne m'importe, puisqu'enfin, quoi qu'il en soit, il faut l'avoir, ou il n'y a point de pardon. Or si je l'ai, ou si je ne l'ai pas, c'est de quoi je ne puis jamais être assuré selon les principes de Luther, puisque selon lui je ne sais jamais si ma pénitence n'est pas une illusion, ou une vaine pâture de mon amour-propre, ni si le péché que je crois détruit dans mon cœur, n'y règne pas avec plus de sûreté que jamais en se dérobant à mes yeux.

[1] Art. 11, p. 13. — [2] Art. 6, p. 12; cap. *de bon. oper.,* p. 21. — [3] Ci-dessus, livre I, n. 9 et suiv.

Et on a beau dire avec l'*Apologie :* « La foi ne compatit pas avec le péché mortel [1] : » or j'ai la foi : donc je n'ai plus de péché mortel; car c'est de là que vient tout l'embarras, puisqu'on doit dire au contraire : « La foi ne compatit pas avec le péché mortel : » c'est ce que les luthériens viennent d'enseigner. Or je ne suis pas assuré de n'avoir plus de péché mortel; c'est ce que nous avons prouvé par la doctrine de Luther [2] : je ne suis donc pas assuré d'avoir la foi. En effet on s'écrie dans l'*Apologie :* « Qui aime assez Dieu? Qui le craint assez? Qui souffre avec assez de patience [3]? » Or on peut dire de même : « Qui croit comme il faut? Qui croit assez pour être justifié devant Dieu? » Et la suite de l'*Apologie* établit ce doute; car elle poursuit : « Qui ne doute pas souvent si c'est Dieu ou le hasard qui gouverne le monde? Qui ne doute pas souvent s'il sera exaucé de Dieu? » On doute donc souvent de sa propre foi : comment est-on assuré alors de la rémission de ses péchés? On ne l'a donc pas cette rémission : ou bien, contre le dogme de Luther, on l'a sans en être assuré; ou, ce qui est le comble de l'aveuglement, on en est assuré sans être assuré de la sincérité de sa foi ni de celle de sa pénitence, et la rémission des péchés devient indépendante de l'une et de l'autre. Voilà où nous précipite cette certitude qui fait tout le fond de la *Confession d'Augsbourg* et le dogme fondamental du luthéranisme.

Au reste ce qu'on nous oppose, que par l'incertitude où nous laissons les consciences affligées nous les jetons dans le trouble ou même dans le désespoir, n'est pas véritable; et il faut bien que les luthériens en conviennent par cette raison : car quelque assurés qu'ils se vantent d'être de leur justification, ils n'osent pas s'assurer absolument de leur persévérance, ni par conséquent de leur béatitude éternelle. Au contraire ils condamnent ceux qui disent qu'on ne peut pas perdre la justice une fois reçue [4]. Mais en la perdant, on perd avec elle tout le droit qu'on avoit comme justifié à l'héritage éternel. On n'est donc jamais assuré de ne pas perdre ce droit, puisqu'on n'est pas assuré de ne pas perdre la justice à laquelle il est attaché. On y espère néanmoins à ce bienheureux

XXXIX. Que selon les propres principes des luthériens l'incertitude reconnue par les catholiques ne doit causer aucun trouble, ni empêcher le repos de conscience

---

[1] *Apol.,* cap. *de Justif.,* p. 71, 81, etc.— [2] Ci-dessus, liv. I, n. 9 et suiv.— [3] *Apol.* cap. *de Justif.* p. 91. — [4] *Conf. Aug.,* art. 6, 11, cap. *de bon. operib.,* p. 12, 13, 21.

héritage : on vit heureux dans cette douce espérance, selon ce que dit saint Paul : « Nous réjouissant en espérance [1] ! » On peut donc sans cette assurance dernière qui exclut toute sorte de doute, jouir du repos que l'état de cette vie nous peut permettre.

XL.
Quel est le vrai repos de la conscience dans la justification, et quelle certitude on y reçoit.

On voit par là ce qu'il faut faire pour accepter la promesse et se l'appliquer ; c'est sans hésiter, qu'il faut croire que la grace de la justice chrétienne et par conséquent la vie éternelle est à nous en Jésus-Christ ; et non-seulement à nous en général, mais encore à nous en particulier. Il n'y a point à hésiter du côté de Dieu, je le confesse : le ciel et la terre passeront plutôt que ses promesses nous manquent. Mais qu'il n'y ait point à hésiter ni rien à craindre de notre côté, le terrible exemple de ceux qui ne persévèrent pas jusqu'à la fin et qui, selon les luthériens, n'ont pas été moins justifiés que les élus mêmes, démontre le contraire.

Voici donc en abrégé toute la doctrine de la justification : qu'encore que pour nourrir l'humilité dans nos cœurs nous soyons toujours en crainte de notre côté, tout nous est assuré du côté de Dieu ; de sorte que notre repos en cette vie consiste dans une ferme confiance en sa bonté paternelle, et dans un parfait abandon à sa haute et incompréhensible volonté avec une profonde adoration de son impénétrable secret.

XLI.
La Confession de Strasbourg explique la justification comme l'Eglise romaine.

Pour la *Confession de Strasbourg*, si nous en considérons la doctrine, nous verrons combien on eut de raison, dans la conférence de Marpourg, d'accuser ceux de Strasbourg et en général les sacramentaires, de ne rien entendre dans la justification de Luther et des luthériens : car cette confession de foi ne dit pas un mot ni de la justice par imputation, ni aussi de la certitude qu'on en doit avoir [2]. Elle définit au contraire la justification, ce par quoi « d'injustes nous devenons justes, et de mauvais bons et droits [3], » sans en donner d'autre idée. Elle ajoute qu'elle est gratuite et l'attribue à la foi, mais à la foi unie à la charité et féconde en bonnes œuvres.

Aussi dit-elle avec la *Confession d'Augsbourg* « que la charité est l'accomplissement de toute la loi, selon la doctrine de saint

---

[1] *Rom.*, XII, 12. — [2] Voy. ci-dessus, liv. II, n. dern. — [3] *Conf. Argent.*, cap. III et IV.

Paul [1]; » mais elle explique plus fortement que n'y avoit fait Mélanchthon combien nécessairement la loi doit être accomplie, lorsqu'elle assure « que personne ne peut être pleinement sauvé, s'il n'est conduit par l'esprit de Jésus-Christ à ne manquer d'aucune des bonnes œuvres pour lesquelles Dieu nous a créés ; et qu'il est si nécessaire que la loi s'accomplisse, que le ciel et la terre passeront plutôt qu'il puisse arriver du relâchement dans le moindre trait de la loi ou dans un seul ïota [2]. »

Jamais catholique n'a parlé plus fortement de l'accomplissement de la loi que fait cette confession : mais encore que ce soit là le fondement du mérite, Bucer n'y en disoit mot, quoique d'ailleurs il ne fasse point de difficulté de le reconnoître au sens de saint Augustin, qui est celui de l'Eglise.

Il ne sera pas inutile, pendant que nous sommes sur cette matière, de considérer ce qu'en a pensé ce docteur, un des chefs du second parti de la nouvelle Réforme, dans une conférence solennelle [3] où il parla en ces termes : « Puisque Dieu jugera chacun selon ses œuvres, il ne faut pas nier que les bonnes œuvres faites par la grace de Jésus-Christ, et qu'il opère lui-même dans ses serviteurs, *ne méritent* la vie éternelle, non point à la vérité par leur propre dignité, mais par l'acceptation et la promesse de Dieu, et le pacte fait avec lui : car c'est à de telles œuvres que l'Ecriture promet la récompense de la vie éternelle, qui pour cela n'en est pas moins une grace à un autre égard, parce que ces bonnes œuvres, auxquelles on donne une si grande récompense, sont elles-mêmes des dons de Dieu. » Voilà ce qu'écrit Bucer en 1539 dans la dispute de Lipsic, afin qu'on ne pense que ce soit des choses écrites au commencement de la Réforme, et avant qu'elle eût le loisir de se reconnoître. Selon ce même principe, le même Bucer décide en un autre endroit [4], qu'il ne faut pas nier « qu'on puisse être justifié par les œuvres, comme l'enseigne saint Jacques, puisque Dieu rendra à chacun selon ses œuvres. Et, poursuit-il, la question n'est pas *des mérites :* nous ne les rejetons en aucune sorte, et même nous reconnoissons qu'on *mérite* la vie éternelle,

XLII.
Du mérite, selon Bucer.

---

[1] *Conf. Argent.*, cap. III et IV. — [2] *Conf. Argent.*, cap. V, p. 181. — [3] *Disp. Lips.*, an. 1539. — [4] *Resp. ab Abrinc.*

selon cette parole de Notre-Seigneur : « Celui qui abandonnera tout pour l'amour de moi aura le centuple dans ce siècle, et la vie éternelle en l'autre. »

<small>XLIII.
Bucer entreprend la défense des prières de l'Eglise et fait voir en quel sens les mérites des saints nous sont utiles.</small>

On ne peut reconnoître plus clairement les mérites que chacun peut acquérir pour soi-même, et même par rapport à la vie éternelle. Mais Bucer passe encore plus loin : et comme on accusoit l'Eglise d'attribuer des mérites aux saints, non-seulement pour eux-mêmes, mais encore pour les autres, il la justifioit par ces paroles : « Pour ce qui regarde ces prières publiques de l'Eglise, qu'on appelle *Collectes*, où l'on fait mention des prières et des mérites des saints, puisque dans ces mêmes prières tout ce qu'on demande en cette sorte est demandé à Dieu, et non pas aux saints, et encore qu'il est demandé par Jésus-Christ : dès là tous ceux qui font cette prière reconnoissent que tous les mérites des saints sont des dons de Dieu gratuitement accordés [1]. » Et un peu après : « Car d'ailleurs nous confessons et nous prêchons avec joie que Dieu récompense les bonnes œuvres de ses serviteurs, non-seulement en eux-mêmes, mais encore en ceux pour qui ils prient, puisqu'il a promis qu'il feroit du bien à ceux qui l'aiment, jusqu'à mille générations. » Bucer disputoit ainsi pour l'Eglise catholique en 1546 dans la conférence de Ratisbonne : aussi ces prières avoient-elles été faites par les plus grands hommes de l'Eglise, et dans les siècles les plus éclairés ; et saint Augustin même, tout ennemi qu'il étoit du mérite présomptueux, ne laissoit pas de reconnoître que le mérite des saints nous étoit utile, en disant qu'une des raisons de célébrer dans l'Eglise la mémoire des martyrs, « étoit pour être associés à leurs mérites et aidés par leurs prières [2]. »

Ainsi, quoi qu'on puisse dire, la doctrine de la justice chrétienne, de ses œuvres et de son mérite, étoit avouée dans les deux partis de la nouvelle Réforme ; et ce qui a fait depuis tant de difficultés n'en faisoit aucune alors, ou n'en faisoit en tous cas qu'à cause que dans la Réforme on se laissoit souvent entraîner à l'esprit de contradiction.

<small>XLIV.
Etrange</small>

Je ne puis omettre ici une bizarre doctrine de la *Confession*

[1] *Disp. Ratisb.* — [2] *Lib.* XX, *contra Faust. manich.*, cap. XXI.

d'Augsbourg sur la justification. C'est non-seulement que l'amour de Dieu n'y étoit pas nécessaire, mais que nécessairement il la supposoit accomplie. Luther nous l'a déjà dit : mais Mélanchthon l'explique amplement dans l'*Apologie*. « Il est impossible d'aimer Dieu, dit-il, si auparavant on n'a par la foi la rémission des péchés; car un cœur qui sent vraiment un Dieu irrité, ne le peut aimer; il faut le voir apaisé : tant qu'il menace, tant qu'il condamne, la nature humaine ne peut s'élever jusqu'à l'aimer dans sa colère. Il est aisé aux contemplateurs oisifs d'imaginer ces songes de l'amour de Dieu, qu'un homme coupable de péché mortel le puisse aimer par-dessus toutes choses, parce qu'ils ne sentent pas ce que c'est que la colère ou le jugement de Dieu : mais une conscience agitée sent la vanité de ces spéculations philosophiques [1]. » De là donc il conclut partout « qu'il est impossible d'aimer Dieu, si l'on n'est auparavant assuré de la rémission obtenue [2]. »

C'est donc une des finesses de la justification de Luther, que nous sommes justifiés avant que d'avoir la moindre étincelle de l'amour de Dieu : car tout le but de l'*Apologie* est d'établir, non-seulement qu'on est justifié avant que d'aimer, mais encore qu'il est impossible d'aimer si l'on n'est auparavant justifié [3] : en sorte que la grace offerte avec tant de bonté ne peut rien du tout sur notre cœur; il faut l'avoir reçue pour être capable d'aimer Dieu. Ce n'est pas ainsi que parle l'Eglise dans le concile de Trente : « L'homme excité et aidé par la grace, dit ce concile, croit tout ce que Dieu a révélé et tout ce qu'il a promis; et croit ceci avant toutes choses, que l'impie est justifié par la grace, par la rédemption qui est en Jésus-Christ. Alors se sentant pécheur, de la justice dont il est alarmé, il se tourne vers la divine miséricorde qui relève son espérance, dans la *confiance qu'il a que Dieu lui sera propice par Jésus-Christ*, et il commence à l'aimer comme l'auteur de toute justice [4], » c'est-à-dire comme celui qui justifie gratuitement l'impie. Cet amour si heureusement commencé « le

---

[1] Art. 5, 20, cap. *de bon. oper.*; *Synt. Gen.*, IIe part., sup. liv. I, n. 18; *Apol.*, cap. *de Justif.*, p. 66. — [2] *Ibid.*, p. 81, etc. — [3] *Apol.*, p. 66, 81-83, 121, etc. — [4] Sess. VI, cap. VI.

porte à détester ses crimes; » il reçoit le sacrement, il est justifié. La charité est répandue dans son cœur gratuitement par le Saint-Esprit; et ayant commencé à aimer Dieu lorsqu'il lui offroit la grace, il l'aime encore plus quand il l'a reçue.

XLV. Autre erreur dans la justification luthérienne.

Mais voici une nouvelle finesse de la justification luthérienne. Saint Augustin établit après saint Paul, qu'une des différences de la justice chrétienne d'avec la justice de la loi, c'est que la justice de la loi est fondée sur l'esprit de crainte et de terreur, au lieu que la justice chrétienne est inspirée par un esprit de dilection et d'amour. Mais l'*Apologie* l'explique autrement; et la justice, où l'amour de Dieu est jugé nécessaire, où il entre, dont il fait la pureté et la vérité, y est partout représentée comme la justice des œuvres, la justice de la raison, la justice par les propres mérites, en un mot comme la justice de la loi et la justice pharisaïque [1]. Voici de nouvelles idées que le christianisme ne connoissoit pas encore : une justice que le Saint-Esprit répand dans les cœurs en y répandant la charité, est une justice pharisaïque, qui ne purifie que le dehors; une justice répandue gratuitement dans les cœurs à cause de Jésus-Christ, est une justice de la raison, une justice de la loi, une justice par les œuvres; et enfin on nous accuse d'établir une justice par ses propres forces, lorsqu'il paroît clairement par le concile de Trente que nous établissons une justice dont la foi est le fond, dont la grace est le principe, dont le Saint-Esprit est l'auteur depuis son premier commencement jusqu'à la dernière perfection où l'on peut arriver dans cette vie.

Je crois qu'on voit maintenant combien il a été nécessaire de bien faire entendre la justification luthérienne par la *Confession d'Augsbourg* et par l'*Apologie*, puisque cette exposition a fait paroître que dans un article que les luthériens regardent comme le chef-d'œuvre de leur Réforme, ils n'ont après tout fait autre chose que de nous calomnier dans quelques points, nous justifier en d'autres; et dans ceux où il peut rester quelque dispute, nous laisser visiblement la meilleure part.

XLVI. Les luthériens re-

Outre cet article principal, il y en a d'autres très-importans dans la *Confession d'Augsbourg* ou dans l'*Apologie*, comme « qu'il

[1] *Apol.*, p. 86, 103, etc.

faut retenir dans la confession l'absolution particulière; que c'est l'erreur des novatiens, et une erreur condamnée, de la rejeter ; que cette absolution est un sacrement véritable et proprement dit ; et que la puissance des clefs remet les péchés, non-seulement devant l'Eglise, mais encore devant Dieu [1]. » Quant au reproche qu'on nous fait ici de dire que « ce sacrement conféroit la grace sans aucun bon mouvement de celui qui le reçoit, » je crois qu'on est las d'entendre une calomnie si souvent réfutée.

connoissent le sacrement de pénitence et l'absolution sacramentale.

Quant à ce qu'on enseigne au même lieu qu'en retenant la confession « il n'y falloit pas exiger le dénombrement des péchés, à cause qu'il est impossible, conformément à cette parole : « Qui est-ce qui connoît ses péchés [2] ? » c'étoit à la vérité une bonne excuse à l'égard des péchés que l'on ne connoît pas, mais non pas une raison suffisante de ne point soumettre aux clefs de l'Eglise ceux que l'on connoît. Aussi faut-il avouer de bonne foi que les luthériens non plus que Luther n'ont pas en cela d'autres sentimens que les nôtres, puisque nous trouvons ces mots dans le *Petit Catéchisme* de Luther reçu unanimement dans tout le parti : « Devant Dieu nous devons nous tenir coupables de nos péchés cachés : mais à l'égard du ministre, il faut seulement confesser ceux qui nous sont connus, et que nous sentons dans notre cœur [3]. » Et pour mieux voir la conformité des luthériens avec nous dans l'administration de ce sacrement, il ne sera pas hors de propos de considérer l'absolution, qu'au rapport du même Luther dans le même endroit, le confesseur donne au pénitent après sa confession en ces termes : « Ne croyez-vous pas que ma rémission est celle de Dieu? Oui, répond le pénitent. Et moi, reprend le confesseur, par l'ordre de Notre-Seigneur Jésus-Christ, je vous remets vos péchés au nom du Père, et du Fils, et du Saint-Esprit [4]. »

XLVII.
La confession, avec la nécessité du dénombrement des péchés.

Pour le nombre des sacremens, l'*Apologie* nous enseigne « que le baptême, la cène, et l'absolution sont trois véritables sacremens [5]. » En voici un quatrième, puisqu'il « ne faut point faire

XLVIII.
Les sept sacremens.

[1] Art. 11, 12, 22, édit. Gen., p. 21; *Apol., de Pœnit.,* p. 167, 200, 201 ; *ibid.,* p. 164, 167; *ibid.,* p. 165. — [2] *Conf. Aug.,* art. 10, cap. *de Conf.* — [3] *Cat. min., Concord.,* p. 378. — [4] *Ibid.,* 380. — [5] *Apol.,* cap. *de num. Sac.,* ad art. XIII, p. 200 et seq.

de difficulté de mettre l'ordre en ce rang, en le prenant pour le ministère de la parole, parce qu'il est commandé de Dieu et qu'il a de grandes promesses. » La confirmation et l'extrême-onction sont marquées comme des « cérémonies reçues des Pères, » mais qui n'ont pas une expresse promesse de la grace. Je ne sais donc ce que veulent dire ces paroles de l'*Epître* de saint Jacques, en parlant de l'onction des malades : « S'il est en péché, il lui sera remis [1]; » mais c'est peut-être que Luther n'estimoit pas cette *Epître*, quoique l'Eglise ne l'ait jamais révoquée en doute. Ce hardi réformateur retranchoit du canon des Ecritures tout ce qui ne s'accommodoit pas avec ses pensées; et c'est à l'occasion de cette onction qu'il écrit dans la *Captivité de Babylone*, sans aucun témoignage de l'antiquité, que cette *Epître* « ne paroît pas de saint Jacques, ni digne de l'esprit apostolique [2]. »

Pour le mariage, ceux de la confession d'Ausbourg y reconnoissent une institution divine et des promesses, mais temporelles [3]; comme si c'étoit une chose temporelle que d'élever dans l'Eglise les enfans de Dieu, et se sauver en les engendrant de cette sorte [4]; ou que ce ne fût pas un des fruits du mariage chrétien, de faire que les enfans qui en sortent fussent nommés saints, comme étant destinés à la sainteté [5].

Mais au fond l'*Apologie* ne paroît pas s'opposer beaucoup à notre doctrine sur le nombre des sacremens, « pourvu, dit-elle, qu'on rejette ce sentiment qui domine dans tout le règne pontifical, que les sacremens opèrent la grace sans aucun bon mouvement de celui qui les reçoit [6]. » Car on ne se lasse point de nous faire cet injuste reproche. C'est là qu'on met le nœud de la question, c'est-à-dire qu'il n'y resteroit presque plus de difficulté sans les fausses idées de nos adversaires.

XLIX. Les vœux monastiques et celui de la continence

Luther s'étoit expliqué contre les vœux monastiques d'une manière terrible, jusqu'à dire de celui de la continence (fermez vos oreilles, ames chastes) qu'il étoit aussi peu possible de l'accomplir que de se dépouiller de son sexe [7]. La pudeur seroit offensée si

---

[1] *Jacob.*, v, 18. — [2] *De Captiv. Babylon.*, tom. II, 86. — [3] *Apol.*, 202. — [4] I *Timoth.*, II, 15. — [5] I *Cor.*, VII, 14. — [6] *Apol.*, p. 203. — [7] *Ep. ad Volf.*, tom. VII, fol. 505, etc.

je répétois les paroles dont il se sert en plusieurs endroits sur ce sujet; et à voir comment il s'explique de l'impossibilité de la continence, je ne sais pour moi ce que deviendra cette vie qu'il dit avoir menée sans reproche durant tout le temps de son célibat, et jusqu'à l'âge de quarante-cinq ans. Quoi qu'il en soit, tout s'adoucit dans l'*Apologie*, puisque non-seulement saint Antoine et saint Bernard, mais encore saint Dominique et saint François y sont nommés parmi les saints [1]; et tout ce qu'on demande à leurs disciples, c'est qu'ils recherchent, à leur exemple, la rémission de leurs péchés dans la bonté gratuite de Dieu : à quoi l'Eglise a trop bien pourvu pour appréhender sur ce sujet aucun reproche.

L. Saint Bernard, saint François, saint Bonaventure mis par Luther au rang des saints: son doute bizarre sur le salut de S. Thomas d'Aquin.

Cet endroit de l'*Apologie* est remarquable, puisqu'on y met parmi les saints ceux des derniers temps, et qu'ainsi on reconnoît pour la vraie Eglise celle qui les a portés dans son sein. Luther n'a pu refuser à ces grands hommes ce glorieux titre. Partout il compte parmi les saints, non-seulement saint Bernard, mais encore saint François, saint Bonaventure et les autres du treizième siècle. Saint François entre tous les autres lui parut un homme admirable, animé d'une merveilleuse ferveur d'esprit. Il pousse ses louanges jusqu'à Gerson, lui qui avoit condamné Viclef et Jean Hus dans le concile de Constance, et il l'appelle *un homme grand en tout* [2] : ainsi l'Eglise romaine étoit encore la Mère des saints dans le quinzième siècle. Il n'y a que saint Thomas d'Aquin dont Luther a voulu douter; je ne sais pourquoi, si ce n'est que ce saint étoit jacobin, et que Luther ne pouvoit oublier les aigres disputes qu'il avoit eues avec cet ordre. Quoi qu'il en soit, « il ne sait, dit-il, si Thomas est damné ou sauvé [3], » bien qu'assurément il n'eût pas fait d'autres vœux que les autres saints religieux, qu'il n'eût pas dit une autre messe, et qu'il n'eût pas enseigné une autre foi.

LI. La messe luthérienne.

Pour maintenant revenir à la *Confession d'Ausbourg* et à l'*Apologie*, l'article même de la messe y passe si doucement [4], qu'à peine s'aperçoit-on que les protestans y aient voulu apporter du

---

[1] *Apol., resp. ad Arg.*, p. 98; *de Vot. Mon.*, p. 281. — [2] *Thes.*, 1522, tom. I, 377; *adv. Paris. Theologast.*, tom. II, 193; *de abrog. Miss. priv. primo Tract.*, ibid., 258, 259; *de Vot. Mon.*, ibid., 271, 278.— [3] *Præf. adv. Latom.*, ibid., 243. — [4] *Cap. de Miss.*

changement. Ils commencent par se plaindre « du reproche injuste qu'on leur fait d'avoir aboli la messe. On la célèbre, disent-ils, parmi nous avec une extrême révérence, et on y conserve presque toutes les cérémonies ordinaires. » En effet, en 1523, lorsque Luther réforma la messe, et en dressa la formule [1], il ne changea presque rien de ce qui frappoit les yeux du peuple. On y garda l'Introït, le *Kyrie,* la Collecte, l'Epître, l'Evangile, avec les cierges et l'encens, si l'on vouloit, le *Credo,* la Prédication, les Prières, la Préface, le *Sanctus,* les paroles de la Consécration, l'Elévation, l'Oraison Dominicale, l'*Agnus Dei,* la Communion, l'Action de graces. Voilà l'ordre de la messe luthérienne, qui ne paroissoit pas à l'extérieur fort différente de la nôtre : au reste on avoit conservé le chant, et même le chant en latin; et voici ce qu'on en disoit dans la *Confession d'Augsbourg :* « On y mêle avec le chant en latin des prières en langue allemande pour l'instruction du peuple. » On voyoit dans cette messe et les paremens et les habits sacerdotaux; et on avoit un grand soin de les retenir, comme il paroissoit par l'usage et par toutes les conférences qu'on fit alors [2]. Bien plus, on ne disoit rien contre l'oblation dans la *Confession d'Augsbourg ;* au contraire elle est instituée dans ce passage, qui est rapporté de l'*Histoire tripartite :* « Dans la ville d'Alexandrie, on s'assemble le mercredi et le vendredi, et on y fait tout le service, excepté l'oblation sollennelle [3]. »

C'est qu'on ne vouloit pas faire paroître au peuple qu'on eût changé le service public. A entendre la *Confession d'Augsbourg,* il sembloit qu'on ne s'attachât qu'aux messes sans communians, « qu'on avoit abolies, disoit-on, à cause qu'on n'en célébroit presque plus que pour le gain [4]; » de sorte qu'à ne regarder que les termes de la *Confession,* on eût dit qu'on n'en vouloit qu'à l'abus.

LII. l'oblation, comment retranchée

Cependant on avoit ôté dans le canon de la messe les paroles où il est parlé de l'oblation qu'on faisoit à Dieu des dons proposés. Mais le peuple toujours frappé au dehors des mêmes objets, n'y prenoit pas garde d'abord; et en tout cas, pour lui rendre ce

---

[1] *Form. Mess.,* tom. II. — [2] Chytr., *Hist. Conf. Aug.* — [3] *Confess. Aug.,* cap. *de Miss.,* ibid. — [4] *Ibid.*

changement supportable, on insinuoit que le canon n'étoit pas le même dans les églises : que « celui des Grecs différoit de celui des Latins, et même parmi les Latins celui de Milan d'avec celui de Rome ¹. » Voilà de quoi on amusoit les ignorans : mais on ne leur disoit pas que ces canons ou ces liturgies n'avoient que des différences fort accidentelles ; que toutes les liturgies convenoient unanimement de l'oblation qu'on faisoit à Dieu des dons proposés devant que de les distribuer : et c'est ce qu'on changeoit dans la pratique, sans l'oser dire dans la Confession publique.

Mais pour rendre cette oblation odieuse, on faisoit accroire à l'Eglise qu'elle lui attribuoit « un mérite de remettre les péchés, sans qu'il fût besoin d'y apporter ni la foi, ni aucun bon mouvement : » ce qu'on répétoit par trois fois dans la *Confession d'Augsbourg*; et on ne cessoit de l'inculquer dans l'*Apologie* ², pour insinuer que les catholiques n'admettoient la messe que pour éteindre la piété.

LIII. Ce qu'on inventa pour rendre l'oblation odieuse dans la messe.

On avoit même inventé dans la *Confession d'Augsbourg*, cette admirable doctrine des catholiques, à qui on faisoit dire : « Que Jésus-Christ avoit satisfait dans sa passion pour le péché originel, et qu'il avoit institué la messe pour les péchés mortels et véniels que l'on commettoit tous les jours ³ : » comme si Jésus-Christ n'avoit pas également satisfait pour tous les péchés ; et on ajoutoit comme un nécessaire éclaircissement, « que Jésus-Christ s'étoit offert à la croix, non-seulement pour le péché originel, mais encore pour tous les autres ⁴ ; » vérité dont personne n'avoit jamais douté. Je ne m'étonne donc pas que les catholiques, au rapport même des luthériens, quand ils entendirent ce reproche, se soient comme récriés tout d'une voix : « Que jamais on n'avoit ouï telle chose parmi eux ⁵. » Mais il falloit faire croire au peuple que ces malheureux papistes ignoroient jusqu'aux élémens du christianisme.

Au reste, comme les fidèles avoient bien avant dans l'esprit l'oblation faite de tout temps pour les morts, les protestans ne

LIV. La prière et l'oblation pour les morts.

---

¹ *Consult. Luth.*, apud Chytr., *Hist. Aug. Conf.*, tit. *de Canone.* — ² *Conf. Aug.*, édit. Gen., cap. *de Miss.*, p. 25; *Apol.*, cap. *de Sacram. et sacrif. et de vocab. Miss.*, p. 269 et seq. — ³ *Conf. Aug.*, in lib. *Conc.*, cap. *de Miss.*, p. 25. — ⁴ *Ibid.*, p. 26. — ⁵ Chytr., *Hist. Conf. Aug.*, Confut. Cathol., cap. *de Missâ*.

vouloient pas paroître ignorer ou dissimuler une chose si connue ; et ils en parlèrent dans l'*Apologie* en ces termes : « Quant à ce qu'on nous objecte de l'oblation pour les morts pratiquée par les Pères, nous avouons qu'ils ont prié pour les morts, *et nous n'empêchons pas qu'on ne le fasse*; mais nous n'approuvons pas l'application de la Cène de Notre-Seigneur pour les morts, en vertu de l'action, *ex opere operato* [1]. »

Tout est ici plein d'artifice : car premièrement, en disant qu'ils n'empêchent pas cette prière, ils l'avoient ôtée du canon, et en avoient effacé par ce moyen une pratique aussi ancienne que l'Eglise. Secondement, l'objection parloit de l'oblation, et ils répondent de la prière, n'osant faire voir au peuple que l'antiquité eût offert pour les morts, parce que c'étoit une preuve trop convaincante que l'Eucharistie profitoit même à ceux qui ne recevoient pas la communion.

LV. Les luthériens rejettent la doctrine d'Aérius, contraire à la prière pour les morts.

Mais les paroles suivantes de l'*Apologie* sont remarquables : « C'est à tort que nos adversaires nous reprochent la condamnation d'Aérius, qu'ils veulent qu'on ait condamné à cause qu'il nioit qu'on offrît la messe pour les vivans et pour les morts. Voilà leur coutume de nous opposer les anciens hérétiques, et de comparer notre doctrine avec la leur. Saint Epiphane témoigne qu'Aérius enseignoit que les prières pour les morts *étoient inutiles*. Nous ne soutenons point Aérius ; mais nous disputons avec vous qui dites, contre la doctrine des prophètes, des apôtres et des Pères, que la messe justifie les hommes en vertu de l'action, et mérite la rémission de la coulpe et de la peine aux méchans à qui on l'applique, pourvu qu'ils n'y mettent pas d'obstacle [2]. » Voilà comme on donne le change aux ignorans. Si les luthériens ne vouloient point soutenir Aérius, pourquoi soutenoient-ils « ce dogme particulier, » que cet hérétique arien avoit ajouté « à l'hérésie arienne, qu'il ne falloit point prier ni offrir des oblations pour les morts ? » Voilà ce que saint Augustin rapporte d'Aérius après saint Epiphane, dont il a été fait un abrégé [3]. Si on rejette Aérius, si on n'ose pas soutenir un hérétique réprouvé par les

---

[1] *Apol.*, cap. *de vocab. Miss.*, p. 274. — [2] *Ibid.* — [3] S. Aug., lib. *de Hæres.*, 53 ; Epiph., hæres. 75.

saints Pères, il faut rétablir dans la liturgie, non-seulement la prière, mais encore l'oblation pour les morts.

Mais voici le grand grief de l'*Apologie :* C'est, dit-on, que saint Epiphane en condamnant Aérius, ne disoit pas comme vous, « que la messe justifie les hommes en vertu de l'action, *ex opere operato,* et mérite la rémission de la coulpe et de la peine aux méchans à qui on l'applique, pourvu qu'ils n'y mettent point d'obstacle. » On diroit à les entendre, que la messe par elle-même va justifier tous les pécheurs pour qui on la dit, sans qu'ils y pensent : mais que sert d'amuser le monde? La manière dont nous disons que la messe profite même à ceux qui n'y pensent pas, jusqu'aux plus méchans, n'a aucune difficulté. Elle leur profite comme la prière, laquelle certainement on ne feroit pas pour les pécheurs les plus endurcis, si on ne croyoit qu'elle pût obtenir de Dieu la grace qui surmonteroit leur endurcissement s'ils n'y résistoient, et qui souvent la leur obtient si abondante, qu'elle empêche leur résistance. C'est ainsi que l'oblation de l'Eucharistie profite aux absens, aux morts et aux pécheurs même, parce qu'en effet la consécration de l'Eucharistie, en mettant devant les yeux de Dieu un objet aussi agréable que le corps et le sang de son Fils, emporte avec elle une manière d'intercession très-puissante, mais que trop souvent les pécheurs rendent inutile par l'empêchement qu'ils mettent à son efficace.

LVI. Comment l'oblation de l'Eucharistie profite à tout le monde.

Qu'y avoit-il de choquant dans cette manière d'expliquer l'effet de la messe? Quant à ceux qui détournoient à un gain sordide une doctrine si pure, les protestans savoient bien que l'Eglise ne les approuvoit pas : et pour les messes sans communians, les catholiques leur dirent dès lors ce qui depuis a été confirmé à Trente, que s'y l'on n'y communie pas, ce n'est pas la faute de l'Eglise, » puisqu'elle souhaiteroit au contraire que les assistans communiassent à la messe qu'ils entendent [1] : » de sorte que l'Eglise ressemble à un riche bienfaisant, dont la table est toujours ouverte et toujours servie, encore que les conviés n'y viennent pas.

[1] Chytr., *Hist. Conf. Aug., Confut. Cath.,* cap. *de Missâ ; Conc. Trid.,* sess. XXII, cap. VI.

On voit maintenant tout l'artifice de la *Confession d'Augsbourg* touchant la messe : ne toucher guère au dehors ; changer le dedans, et même ce qu'il y avoit de plus ancien sans en avertir les peuples ; charger les catholiques des erreurs les plus grossières, jusqu'à leur faire dire contre leurs principes que « la messe justifioit le pécheur, » chose constamment réservée aux sacremens de baptême et de pénitence ; et encore sans aucun bon mouvement, afin de rendre l'Eglise et sa liturgie plus odieuses.

LVII. Horrible calomnie fondée sur les prières adressées aux saints.

On n'étoit pas moins soigneux de défigurer les autres parties de notre doctrine, et particulièrement le chapitre de la Prière des saints. « Il y en a, dit l'*Apologie*, qui attribuent *nettement la divinité* aux Saints, en disant qu'ils voient en nous les secrètes pensées de nos cœurs[1]. » Où sont-ils ces théologiens qui attribuent aux Saints de voir le secret des cœurs comme Dieu, ou de le voir autrement que par la lumière qu'il leur donne, comme il a fait aux prophètes quand il lui a plu ? « Ils font des Saints, disoit-on, non-seulement des intercesseurs ; mais encore des *médiateurs de rédemption*. Ils ont inventé que Jésus-Christ étoit plus dur, et les Saints plus aisés à apaiser ; ils se fient plus à la miséricorde des Saints qu'à celle de Jésus-Christ ; *et fuyant Jésus-Christ*, ils cherchent les Saints[2]. » Je n'ai pas besoin de justifier l'Eglise de ces abominables excès. Mais afin qu'on ne doutât pas que ce ne fût là au pied de la lettre le sentiment catholique, « nous ne parlons point encore, ajoutoit-on, des abus du peuple : nous parlons de l'opinion des docteurs. » Et un peu après : « Ils exhortent à se fier davantage à la miséricorde des Saints qu'à celle de Jésus-Christ. Ils ordonnent de se fier aux mérites des Saints, comme si nous étions réputés justes à cause de leurs mérites, comme nous sommes réputés justes à cause des mérites de Jésus-Christ[3]. » Après nous avoir imputé de tels excès, on dit gravement : « Nous n'inventons rien : ils disent dans les indulgences que les mérites des Saints nous sont appliqués. » Il ne falloit qu'un peu d'équité pour entendre de quelle sorte les mérites des Saints nous sont utiles ; et Bucer même, auteur non suspect, nous a justifiés du reproche qu'on nous faisoit sur ce point.

[1] Ad art. 21, cap. *de Invoc. sanct.*, p. 225. — [2] *Ibid.* — [3] *Ibid.*, p. 227.

Mais on ne vouloit qu'aigrir et irriter les esprits. C'est pourquoi on ajoute encore : « De l'invocation des Saints on est venu aux images. On les a honorées, et on pensoit qu'il y avoit une certaine vertu, *comme les magiciens* nous font accroire *qu'il y en a dans les images des constellations,* lorsqu'on les fait en un certain temps[1]. » Voilà comme on excitoit la haine publique. Il faut avouer pourtant qu'on n'en venoit pas à cet excès dans la *Confession d'Augsbourg,* et qu'on n'y parloit pas même des images. Pour contenter le parti, il fallut dire dans l'*Apologie* quelque chose de plus dur. Cependant on se gardoit bien d'y faire voir au peuple que ces prières adressées aux Saints, afin qu'ils priassent pour nous, fussent communes dans l'ancienne Eglise. Au contraire, on en parloit comme d'une « coutume nouvelle, introduite sans le témoignage des Pères, et dont on ne voyoit rien avant saint Grégoire[2], » c'est-à-dire avant le septième siècle. Les peuples n'étoient pas encore accoutumés à mépriser l'autorité de l'ancienne Eglise, et la Réforme timide encore révéroit les grands noms des Pères. Mais maintenant elle a endurci son front; elle ne sait plus rougir; de sorte qu'on nous abandonne le quatrième siècle, et on ne craint point d'assurer que saint Basile, saint Ambroise, saint Augustin, et en un mot tous les Pères de ce siècle si vénérable, ont avec l'invocation des Saints établi dans la nouvelle idolâtrie le règne de l'Antechrist[3].

LVIII. Calomnies sur les images, et imposture grossière sur l'invocation des saints.

Alors et durant le temps de la *Confession d'Augsbourg,* les protestans se glorifioient d'avoir pour eux les saints Pères, principalement dans l'article de la justification, qu'ils regardoient comme le plus essentiel : et non-seulement ils prétendoient avoir pour eux l'ancienne Eglise[4], mais voici encore comme ils finissoient l'exposition de leur doctrine : « Tel est l'abrégé de notre foi, où l'on ne verra rien de contraire à l'Ecriture, ni à l'Eglise catholique, ou même *à l'Eglise romaine,* autant qu'on la peut connoître par ses écrivains. Il s'agit de quelque peu d'abus qui se sont introduits dans les églises sans aucune autorité certaine; et

LIX. Les luthériens n'osoient rejeter l'autorité de l'Eglise romaine.

---

[1] Ad art. 21, cap. *de Invoc. sanct.,* p. 229. — [2] *Ibid.,* p. 223, 225, 229. — [3] Dall., *de cult. Latin.;* Joseph. Meda, *in Comment. Apoc.;* Jur., *Acc. des Proph.* — [4] *Conf. Aug.,* art. 21, edit. Gen., p. 22, 23, etc.; *Apol., Resp. ad Arg.,* p. 141, etc.

quand il y auroit quelque différence, il la faudroit supporter, puisqu'il n'est pas nécessaire que les rites des églises soient partout les mêmes. »

Dans une autre édition on lit ces mots : « Nous ne *méprisons pas le consentement de l'Eglise catholique*, ni ne voulons soutenir les opinions impies et séditieuses qu'elle a condamnées; car ce ne sont point des passions désordonnées; mais c'est l'autorité (a) de la parole de Dieu, et *de l'ancienne Eglise*, qui nous a poussés à embrasser cette doctrine pour augmenter la gloire de Dieu, et pourvoir à l'utilité des bonnes ames dans l'Eglise universelle [1]. »

On disoit aussi dans l'*Apologie*, après y avoir exposé l'article de la justification, qu'on tenoit sans comparaison le principal : « Que c'étoit la doctrine des prophètes, des apôtres, des saints Pères, de saint Ambroise, de saint Augustin, de la plupart des autres Pères, et de toute l'Eglise qui reconnoissoit Jésus-Christ pour propitiateur, et comme l'auteur de la justification; et qu'il ne falloit pas prendre pour doctrine de l'Eglise romaine tout ce qu'approuve le Pape, quelques cardinaux, évêques, théologiens ou moines [2] : » par où l'on distinguoit manifestement les opinions particulières d'avec le dogme reçu et constant, où on faisoit profession de ne vouloir point toucher.

LX. Paroles mémorables de Luther, pour reconnoître la vraie Eglise dans la Communion romaine.

Les peuples croyoient donc encore suivre en tout les sentimens des Pères, l'autorité de l'Eglise catholique, et même celle de l'Eglise romaine, dont la vénération étoit profondément imprimée dans tous les esprits. Luther même, tout arrogant et tout rebelle qu'il étoit, revenoit quelquefois à son bon sens, et il faisoit bien paroître que cette ancienne vénération qu'il avoit eue pour l'Eglise n'étoit pas entièrement effacée. Environ l'an 1534, tant d'années après sa révolte et quatre ans après la *Confession d'Augsbourg*, on publia son traité pour abolir la messe privée. C'est celui où il raconte son fameux colloque avec le prince des ténèbres. Là, tout outré qu'il étoit contre l'Eglise catholique, jusqu'à la regarder comme le siége de l'Antechrist et de l'abomination, loin

[1] Edit. Gen., art. 21, p. 22. — [2] *Apol., Resp. ad ant.*, p. 141.
(a) 1ʳᵉ édit. : Mais l'autorité.

de lui ôter le titre d'Eglise par cette raison, il concluoit au contraire « qu'elle étoit la véritable Eglise, le soutien et la colonne de la vérité, et le lieu très-saint. En cette Eglise, poursuivoit-il, Dieu conserve miraculeusement le baptême, le texte de l'Evangile dans toutes les langues, la rémission des péchés, et l'absolution tant dans la confession qu'en public; le sacrement de l'autel vers Pâque et trois ou quatre fois l'année, quoiqu'on en ait arraché une espèce au peuple; la vocation et l'ordination des pasteurs; la consolation dans l'agonie; l'image du crucifix, et en même temps le ressouvenir de la mort et de la passion de Jésus-Christ; le Psautier, l'Oraison Dominicale, le Symbole, le Décalogue, plusieurs cantiques pieux en latin et en allemand. » Et un peu après: « Où l'on trouve ces vraies reliques des Saints, là sans doute a été et est encore la sainte Eglise de Jésus-Christ; là sont demeurés les Saints; car les institutions et les sacremens de Jésus-Christ y sont, excepté une des espèces arrachée par force. C'est pourquoi il est certain que Jésus-Christ y a été présent, et que son Saint-Esprit y conserve sa vraie connoissance et la vraie foi dans ses élus [1]. » Loin de regarder la croix, qu'on mettoit entre les mains des mourans, comme un objet d'idolâtrie, il la regarde au contraire comme un monument de piété, et comme un salutaire avertissement qui nous rappeloit dans l'esprit la mort et la passion de Jésus-Christ. La révolte n'avoit pas encore éteint dans son cœur ces beaux restes de la doctrine et de la piété de l'Eglise; et je ne m'étonne pas qu'à la tête de tous les volumes de ses œuvres on l'ait peint, avec son maître l'électeur, à genoux devant un crucifix.

Pour ce qu'il dit de la soustraction d'une des espèces, la Réforme se trouvoit fort embarrassée sur cet article; et voici ce qu'on en disoit dans l'*Apologie :* « Nous excusons l'Eglise, qui ne pouvant recevoir les deux espèces, a souffert cette injure : mais nous n'excusons pas les auteurs de cette défense [2]. »

LXI. Les deux espèces.

Pour entendre le secret de cet endroit de l'*Apologie*, il ne faut que remarquer un petit mot que Mélanchthon son auteur écrit à Luther, en le consultant sur cette matière, pendant qu'on en dis-

[1] Tract. *de Missâ priv.*, tom. VII, 236 et seq. — [2] Cap. *De utraque specie*, 235.

putoit à Augsbourg entre les catholiques et les protestans. « Eccius vouloit, lui dit-il, qu'on tînt pour indifférente la communion sous une ou sous deux espèces. C'est ce que je n'ai pas voulu accorder : et toutefois j'ai excusé ceux qui jusqu'ici avoient reçu une seule espèce *par erreur;* car on crioit que nous condamnions toute l'Eglise [1]. »

Ils n'osoient donc pas condamner toute l'Eglise : la seule pensée en faisoit horreur. C'est ce qui fait trouver à Mélanchthon ce beau dénouement, d'excuser « l'Eglise sur une erreur. » Que pourroient dire de pis ceux qui la condamnent, puisque l'erreur dont il s'agit est supposée une erreur dans la foi, et encore une erreur tendante à l'entière subversion d'un aussi grand sacrement que celui de l'Eucharistie ? Mais enfin on n'y trouvoit pas d'autre expédient : Luther l'approuva ; et pour mieux excuser l'Eglise, qui ne communioit que sous une espèce, il joignit la violence qu'elle souffroit de ses pasteurs sur ce point (*a*), à l'erreur où elle étoit induite : la voilà bien excusée, et les promesses de Jésus-Christ, qui ne la devoit jamais abandonner, sauvées admirablement par cette méthode.

Les paroles de Luther dans la réponse à Mélanchthon sont remarquables : « Ils crient que nous condamnons toute l'Eglise. » C'est ce qui (*b*) frappoit tout le monde. « Mais, répondit Luther, nous disons que l'Eglise oppressée et privée par violence d'une des espèces, doit être excusée, comme on excuse la Synagogue de n'avoir pas observé toutes les cérémonies de la loi dans la captivité de Babylone, où elle n'en avoit pas le pouvoir [2]. »

L'exemple étoit cité bien mal à propos : car enfin ceux qui tenoient la Synagogue captive n'étoient pas de son corps, comme les pasteurs de l'Eglise, qu'on faisoit ici passer pour ses oppresseurs, étoient du corps de l'Eglise. D'ailleurs la Synagogue, pour être contrainte au dehors dans ses observances, n'étoit pas pour cela induite « en erreur, » comme Mélanchthon soutenoit que l'Eglise privée d'une des espèces y étoit induite : mais enfin l'article passa. Pour ne point condamner l'Eglise, on demeura d'ac-

[1] Mel., lib. I, ep. XV. — [2] *Resp. Luth. ad Mel.,* tom. II; Sleid., lib. VII, 142.
(*a*) 1ᵐᵉ édit. : Qu'elle souffroit sur ce point de ses pasteurs. — (*b*) Voici ce qui.

cord de l'excuser sur l'erreur où elle étoit et sur « l'injure » qu'on lui avoit faite, et tout le parti souscrivit à cette réponse de l'*Apologie*.

Tout cela ne s'accordoit guère avec l'article VII de la *Confession d'Augsbourg*, où il est porté « qu'il y a une sainte Eglise qui demeurera éternellement. Or l'Eglise, c'est l'assemblée des Saints, où l'Evangile est enseigné et les sacremens administrés comme il faut [1]. » Pour sauver cette idée d'Eglise, il ne falloit pas seulement excuser le peuple; mais il falloit encore que les sacremens fussent bien administrés par les pasteurs; et si celui de l'Eucharistie ne subsistoit sous une seule espèce, on ne pouvoit plus faire subsister l'Eglise même.

LXII. Le corps des luthériens se soumet au jugement du concile général dans la Confession d'Augsbourg

L'embarras n'étoit pas moins grand à en condamner la doctrine; et c'est pourquoi les protestans n'osoient avouer que leur confession de foi fût opposée à l'Eglise romaine, ou qu'ils se fussent retirés de son sein. Ils tâchoient de faire accroire, comme on vient de voir, qu'ils n'en étoient distingués que par certains rites et quelques légères observances. Et au reste, pour faire voir qu'ils prétendoient toujours faire avec elle un même corps, ils se soumettoient publiquement à son concile.

C'est ce qui paroît dans la *Préface de la Confession d'Augsbourg* adressée à Charles V : « Votre Majesté Impériale a déclaré qu'elle ne pouvoit rien déterminer dans cette affaire où il s'agissoit de la religion; mais qu'Elle agiroit auprès du Pape pour procurer l'assemblée du concile universel. Elle réitéra l'an passé la même déclaration dans la dernière diète tenue à Spire, et a fait voir qu'Elle persistoit dans la résolution de procurer cette assemblée du concile général; ajoutant que les affaires qu'Elle avoit avec le Pape étant terminées, Elle croyoit qu'il pouvoit être aisément porté à tenir un concile général [2]. » On voit par là de quel concile on entendoit parler alors : c'étoit d'un concile général assemblé par les Papes, et les protestans s'y soumettent en ces termes : « Si les affaires de la religion ne peuvent pas être accommodées à l'amiable avec nos parties, nous offrons en toute obéissance à Votre Majesté Impériale de comparoître, et de plaider notre cause devant un tel

[1] *Conf. Aug.*, art. 7. — [2] *Præf. Conf. Aug., Concord.*, p. 8, 9.

concile général, libre et chrétien. » Et enfin : « C'est à ce concile général, et ensemble à Votre Majesté Impériale que nous avons appelé et appelons, et nous adhérons à cet appel. » Quand ils parloient de cette sorte, leur intention n'étoit pas de donner à l'Empereur l'autorité de prononcer sur les articles de la foi : mais en appelant au concile, ils nommoient aussi l'Empereur dans leur appel, comme celui qui devoit procurer la convocation de cette sainte assemblée, et qu'ils prioient en attendant de tenir tout en suspens. Une déclaration si solennelle demeurera éternellement dans l'acte le plus authentique qu'aient jamais fait les luthériens, et à la tête de la *Confession d'Augsbourg,* en témoignage contre eux et en reconnoissance de l'inviolable autorité de l'Eglise. Tout s'y soumettoit alors ; et ce qu'on faisoit, en attendant sa décision, ne pouvoit être que provisoire. On retenoit les peuples, et on se trompoit peut-être soi-même par cette belle apparence. On s'engageoit cependant, et l'horreur qu'on avoit du schisme diminuoit tous les jours. Après qu'on y fut accoutumé, et que le parti se fut fortifié par des traités et par des ligues, l'Eglise fut oubliée, tout ce qu'on avoit dit de son autorité sainte s'évanouit comme un songe ; et le titre de *concile libre et chrétien,* dont on s'étoit servi, devint un prétexte pour rendre illusoire la réclamation au concile, comme on le verra par la suite.

LXIII. Conclusion de cette matière : combien elle devroit servir à ramener les luthériens.

Voilà l'histoire de la *Confession d'Augsbourg* et de son *Apologie.* On voit que les luthériens reviendroient de beaucoup de choses, et j'ose dire presque de tout, s'ils vouloient seulement prendre la peine d'en retrancher les calomnies dont on nous y charge, et de bien comprendre les dogmes où l'on s'accommode si visiblement à notre doctrine. Si l'on eût cru Mélanchthon, on se seroit encore approché beaucoup davantage des catholiques : car il ne disoit pas tout ce qu'il vouloit ; et pendant qu'il travailloit à la *Confession d'Augsbourg,* lui-même en écrivant à Luther sur les « articles de foi » qu'il le prioit de revoir : « Il les faut, dit-il, changer souvent et les accommoder à l'occasion [1]. » Voilà comme on bâtissoit cette célèbre Confession de foi, qui est le fondement de la religion protestante ; et c'est ainsi qu'on y traitoit les dogmes. On ne permet-

[1] Lib. I, ep. I.

toit pas à Mélanchthon d'adoucir les choses autant qu'il le souhaitoit. « Je changeois, dit-il, tous les jours, et rechangeois quelque chose, et j'en aurois changé beaucoup davantage, si nos compagnons nous l'avoient permis. Mais, poursuivoit-il, ils ne se mettent en peine de rien [1] : » c'étoit-à-dire, comme il l'explique partout, que, sans prévoir ce qui pouvoit arriver, on ne songeoit qu'à pousser tout à l'extrémité : c'est pourquoi on voyoit toujours Mélanchthon, comme il le confesse lui-même, « accablé de cruelles inquiétudes, de soins infinis, d'insupportables regrets [2]. » Luther le contraignoit plus que tous les autres ensemble. On voit dans les lettres qu'il lui écrit, qu'il ne savoit comment adoucir cet esprit superbe : quelquefois il entroit contre Mélanchthon « dans une telle colère, qu'il ne vouloit pas même lire ses lettres [3]. » C'est en vain qu'on lui envoyoit des messagers exprès : ils revenoient sans réponse ; et le malheureux Mélanchthon, qui s'opposoit le plus qu'il pouvoit aux emportemens de son maître et de son parti, toujours pleurant et gémissant, écrivoit la *Confession d'Augsbourg* avec ces contraintes.

LIVRE IV.

Depuis 1530 jusqu'à 1537.

SOMMAIRE.

Les ligues des protestans, et la résolution de prendre les armes autorisée par Luther. Embarras de Mélanchthon sur ces nouveaux projets si contraires au premier plan. Bucer déploie ses équivoques pour unir tout le parti protestant et les sacramentaires avec les luthériens. Les zuingliens et Luther les rejettent également. Bucer à la fin trompe Luther, en avouant que les indignes reçoivent la vérité du corps. Accord de Vitenberg conclu sur ce fondement. Pendant qu'on revient au sentiment de Luther, Mélanchthon commence à en douter, et ne laisse pas de souscrire tout ce que veut Luther. Articles de Smalcalde, et nouvelle explication de la présence réelle par Luther. Limitation de Mélanchthon sur l'article qui regarde le Pape.

Le décret de la diète d'Augsbourg contre les protestans fut rigoureux. Comme l'Empereur y établissoit une espèce de ligue

I. Les ligues des protes-

[1] Lib. IV, ep. xcv. — [2] *Ibid.* — [3] Lib. I, ep. vi.

tans après le décret de la diète d'Augsbourg; et la résolution de prendre les armes, autorisées par Luther défensive avec tous les Etats catholiques contre la nouvelle religion, les protestans de leur côté songèrent plus que jamais à s'unir entre eux : mais la division sur la Cène, qui avoit si visiblement éclaté à la diète, étoit un obstacle perpétuel à la réunion de tout le parti. Le Landgrave peu scrupuleux fit son traité avec ceux de Bâle, de Zurich et de Strasbourg [1]. Mais Luther n'en vouloit point entendre parler ; et l'électeur Jean Frideric demeura ferme à ne faire avec eux aucune ligue : ainsi pour accommoder cette affaire, le Landgrave fit marcher Bucer, le grand négociateur de ce temps pour les affaires de doctrine, qui s'aboucha par son ordre avec Luther et avec Zuingle.

En ce temps un petit écrit de Luther mit en rumeur toute l'Allemagne. Nous avons vu que le grand succès de sa doctrine lui avoit fait croire que l'Eglise romaine alloit tomber d'elle-même ; et il soutenoit fortement alors qu'il ne falloit pas employer les armes dans l'affaire de l'Evangile, pas même pour se défendre de l'oppression [2]. Les luthériens sont d'accord qu'il n'y avoit rien de plus inculqué dans tous ses écrits, que cette maxime. Il vouloit donner à sa nouvelle église ce beau caractère de l'ancien christianisme : mais il n'y put pas durer longtemps. Aussitôt après la diète [3] et pendant que les protestans travailloient à former la ligue de Smalcalde, Luther déclara qu'encore qu'il eût toujours constamment enseigné jusqu'alors « qu'il n'étoit pas permis de résister aux puissances légitimes, maintenant il s'en rapportoit aux jurisconsultes, dont il ne savoit pas les maximes quand il avoit fait ses premiers écrits ; au reste, que l'Evangile n'étoit pas contraire aux lois politiques ; et que dans un temps si fâcheux on pourroit se voir réduit à des extrémités, où non-seulement le droit civil, mais encore la conscience obligeroit les fidèles à prendre les armes, et à se liguer contre tous ceux qui voudroient leur faire la guerre, et même contre l'Empereur [4]. »

La lettre que Luther avoit écrite contre le duc George de Saxe [5], avoit déjà bien montré qu'il n'étoit plus question parmi les siens de

---

[1] *Recess. Aug.*, Sleid., liv. VII, 111. — [2] Ci-dessus, liv. I, n. 3 ; liv. II, n. 9. — [3] Sleid., lib. VII, VIII. — [4] Sleid., lib. VIII, 217. — [5] Ci-dessus, liv. II, n. 42.

cette patience évangélique tant vantée dans leurs premiers écrits : mais ce n'étoit qu'une lettre écrite à un particulier. Voici maintenant un écrit public, où Luther autorisoit ceux qui prenoient les armes contre le prince.

II. Le trouble de Mélanchthon dans ces nouveaux desseins de guerre.

Si nous en croyons Mélanchthon [1], Luther n'avoit pas été consulté précisément sur les ligues : on lui avoit un peu pallié l'affaire, et cet écrit étoit échappé sans sa participation. Mais ou Mélanchthon ne disoit pas tout ce qu'il savoit, ou l'on ne disoit pas tout à Mélanchthon. Il est constant par Sleidan, que Luther fut expressément consulté, et on ne voit pas que son écrit ait été publié par un autre que par lui-même : car aussi qui l'eût osé faire sans son ordre [2]? Cet écrit mit toute l'Allemagne en feu. Mélanchthon s'en plaignit en vain : « Pourquoi, dit-il, avoir répandu l'écrit par toute l'Allemagne? Et falloit-il ainsi sonner le tocsin pour exciter toutes les villes à faire des ligues [3]? » Il avoit peine à renoncer à cette belle idée de réformation que Luther lui avoit donnée, et qu'il avoit lui-même si bien soutenue, quand il écrivit au Landgrave « qu'il falloit plutôt tout souffrir, que de prendre les armes pour la cause de l'Evangile [4]. » Il en avoit dit autant des ligues que traitoient les protestans [5]; et il les avoit empêchées de tout son pouvoir au temps de la diète de Spire, où son prince l'électeur de Saxe l'avoit mené. « C'est mon sentiment, dit-il, que tous les gens de bien doivent s'opposer à ces ligues [6] : » mais il n'y eut pas moyen de soutenir ces beaux sentimens dans un tel parti. Quand on vit que les prophéties ne marchoient pas assez vite, et que le souffle de Luther étoit trop foible pour abattre cette Papauté tant haïe, au lieu de rentrer en soi-même, on se laissa entraîner à des conseils plus violens. A la fin Mélanchthon vacilla : ce ne fut pas sans des peines extrêmes; et l'agitation où il paroît durant qu'on tramoit ces ligues, fait pitié. Il écrit à son ami Camérarius : « On ne nous consulte plus tant sur la question, s'il est permis de se défendre en faisant la guerre; il peut y en avoir de justes raisons. La malice de quelques-uns est si grande, qu'ils seroient capables de tout entreprendre s'ils nous trouvoient sans

---

[1] Lib. IV, ep. CXI. — [2] Sleid., lib. VIII, ep. CXVII. — [3] Lib. IV, ep. CXI. — [4] Lib. III, ep. XVI. — [5] Lib. IV, ep. LXXXV, 111. — [6] Lib. IV, ep. LXXXV.

défense. L'égarement des hommes est étrange, et leur ignorance est extrême. Personne n'est plus touché de cette parole : « Ne vous inquiétez pas, parce que votre Père céleste sait ce qu'il vous faut. » On ne se croit point assuré si on n'a de bonnes et sûres défenses. Dans cette foiblesse des esprits, nos maximes théologiques ne pourroient jamais se faire entendre [1]. » Il falloit ici ouvrir les yeux et voir que la nouvelle Réforme, incapable de soutenir les maximes de l'Evangile, n'étoit pas ce qu'il en avoit pensé jusqu'alors. Mais écoutons la suite de la lettre : « Je ne veux, dit-il, condamner personne; et je ne crois pas qu'il faille blâmer les précautions de nos gens, pourvu qu'on ne fasse rien de criminel; à quoi nous saurons bien pourvoir. » Sans doute ces docteurs sauront bien retenir les soldats armés, et donner des bornes à l'ambition des princes, quand ils les auront engagés dans une guerre civile. Hé! comment espéroit-il empêcher les crimes durant cette guerre, si cette guerre elle-même, selon les maximes qu'il avoit toujours soutenues, étoit un crime? Mais il n'osoit avouer qu'on avoit tort; et après qu'il n'a pu empêcher les desseins de guerre, il se voit encore forcé à les appuyer de raisons. C'est ce qui le faisoit soupirer. « Ha! dit-il, que j'avois bien prévu tous ces mouvemens à Augsbourg! » C'étoit lorsqu'il y déploroit si amèrement les emportemens des siens, qui poussoient tout à bout, et « ne se mettoient, disoit-il, en peine de rien [2]. » C'est pourquoi il pleuroit sans fin, et Luther par toutes les lettres qu'il lui écrivoit ne pouvoit le consoler. Ses douleurs s'accrurent quand il vit tant de projets de ligues autorisés par Luther même. Mais « enfin, mon cher Camérarius (c'est ainsi qu'il finit sa lettre), cette thèse est toute particulière, et peut être considérée de plusieurs côtés : c'est pourquoi il faut prier Dieu. »

Son ami Camérarius n'approuvoit pas plus que lui dans le fond du cœur ces préparatifs de guerre, et Mélanchthon tâchoit toujours de le soutenir le mieux qu'il pouvoit : surtout il falloit bien excuser Luther. Quelques jours après la lettre que nous avons vue, il mande au même Camérarius « que Luther a écrit très-modérément, et qu'on a eu bien de la peine à lui arracher sa consultation. Je crois,

---

[1] Lib. IV, ep. cx. — [2] Ci-dessus, liv. III, n. 63.

poursuit-il, que vous voyez bien que nous n'avons point de tort. Je ne pense pas que nous devions nous tourmenter davantage sur ces ligues; et pour dire la vérité, la conjoncture du temps fait que je ne crois pas les devoir blâmer : ainsi revenons à prier Dieu [1]. »

C'étoit bien fait. Mais Dieu se rit des prières qu'on lui fait pour détourner les malheurs publics, quand on ne s'oppose pas à ce qui se fait pour les attirer. Que dis-je? quand on l'approuve et qu'on y souscrit, quoique ce soit avec répugnance, Mélanchthon le sentoit bien; et troublé de ce qu'il faisoit autant que de ce que faisoient les autres, il prie son ami de le soutenir : « Ecrivez-moi souvent, lui dit-il : je n'ai de repos que par vos lettres. »

Ce fut donc un point résolu dans la nouvelle Réforme, qu'on pouvoit prendre les armes, et qu'il falloit se liguer. Dans cette conjoncture, Bucer entama ses négociations avec Luther; et soit qu'il le trouvât porté à la paix avec les zuingliens par le désir de former une bonne ligue, ou que par quelque autre moyen il ait su le prendre en bonne humeur, il en remporta de bonnes paroles. Il part aussitôt pour joindre Zuingle : mais la négociation fut interrompue par la guerre qui s'émut entre les cantons catholiques et les protestans. Les derniers, quoique plus forts, furent vaincus. Zuingle fut tué dans une bataille, et ce disputeur emporté sut montrer qu'il n'étoit pas moins hardi combattant. Le parti eut peine à défendre cette valeur à contre-temps d'un pasteur, et on disoit pour excuse qu'il avoit suivi l'armée protestante pour y faire son personnage de ministre plutôt que celui de soldat [2] : mais enfin il étoit constant qu'il s'étoit jeté bien avant dans la mêlée, et qu'il y étoit mort l'épée à la main. Sa mort fut suivie de celle d'Œcolampade. Luther dit qu'il fut accablé des coups du diable, dont il n'avoit pu soutenir l'effort [3]; et les autres, qu'il étoit mort de douleur, et n'avoit pu résister à l'agitation que lui causoient tant de troubles. En Allemagne, la paix de Nuremberg tempéra les rigueurs du décret de la diète d'Ausgbourg : mais les zuingliens furent exceptés de l'accord, non-seulement par les catholiques, mais encore par les luthériens; et l'électeur

III. Négociation de Bucer : mort de Zuingle à la guerre.

_____
[1] Lib. IV, ep. cxi. — [2] Hosp., ad ann. 1531. — [3] Tract. de abrog. Miss., tom. VII, 230.

Jean Frideric persistoit invinciblement à les exclure de la ligue, jusqu'à ce qu'ils fussent convenus avec Luther de l'article de la Présence. Bucer poursuivoit sa pointe sans se rebuter, et par toute sorte de moyens il s'efforçoit de surmonter cet unique obstacle de la réunion du parti.

Se persuader les uns les autres étoit une chose jugée impossible, et déjà vainement tentée à Marpourg. La tolérance mutuelle, en demeurant chacun dans ses sentimens, y avoit été rejetée avec mépris par Luther; et il persistoit avec Mélanchthon à dire qu'elle faisoit tort à la vérité qu'il défendoit. Il n'y avoit donc plus d'autre expédient pour Bucer que de se jeter dans des équivoques, et d'avouer la présence substantielle d'une manière qui lui laissât quelque échappatoire.

IV. Fondement des équivoques de Bucer pour concilier les partis.

Le chemin par où il vint à un aveu si considérable, est merveilleux. C'étoit un discours commun des sacramentaires, qu'il se falloit bien garder de mettre dans les sacremens de simples signes. Zuingle même n'avoit point fait de difficulté d'y reconnoître quelque chose de plus; et pour vérifier son discours, il suffisoit qu'il y eût quelque promesse de grace annexée aux sacremens. L'exemple du baptême le prouvoit assez. Mais comme l'Eucharistie n'étoit pas seulement instituée comme un signe de la grace, et qu'elle étoit appelée *le corps et le sang :* pour n'en être pas un simple signe, constamment le corps et le sang y devoient être reçus. On dit donc qu'ils y étoient reçus par la foi : c'étoit le vrai corps qui étoit reçu, car Jésus-Christ n'en avoit pas deux. Quand on en fut venu à dire qu'on recevoit par la foi le vrai corps de Jésus-Christ, on dit qu'on en recevoit la propre substance. Le recevoir sans qu'il fût présent, n'étoit pas chose imaginable. Voilà donc, disoit Bucer, Jésus-Christ substantiellement présent. Il n'étoit plus besoin de parler de la foi, et il suffisoit de la sous-entendre. Ainsi Bucer avoua dans l'Eucharistie, absolument et sans restriction, la présence réelle et substantielle du corps et du sang de Notre-Seigneur, encore qu'ils demeurassent uniquement dans le ciel; ce qu'il adoucit néanmoins dans la suite. De cette sorte, sans rien admettre de nouveau, il changea tout son langage; et à force de parler comme Luther, il se mit à dire qu'on ne s'étoit jamais entendu, et que cette longue dispute, dans laquelle on s'étoit si fort échauffé, n'étoit qu'une dispute de mots.

Il eût parlé plus juste, en disant qu'on ne s'accordoit que dans les mots, puisqu'enfin cette substance qu'on disoit présente, étoit aussi éloignée de l'Eucharistie que le ciel l'étoit de la terre, et n'étoit non plus reçue par les fidèles que la substance du soleil est reçue dans l'œil. C'est ce que disoient Luther et Mélanchthon. Le premier appeloit les sacramentaires une « faction à deux langues[1], » à cause de leurs équivoques, et disoit qu'ils faisoient « un jeu diabolique des paroles de Notre-Seigneur. » La présence que Bucer admet, disoit le dernier, n'est « qu'une présence en parole, et une présence de vertu. Or c'est la présence du corps et du sang, et non celle de leur vertu, que nous demandons. Si ce corps de Jésus-Christ n'est que dans le ciel, et n'est point avec le pain ni dans le pain; si enfin elle ne se trouve dans l'Eucharistie que par la contemplation de la foi, ce n'est qu'une présence imaginaire[2]. »

V. L'accord que Bucer propose n'est que dans les mots.

Bucer et les siens se fâchoient ici de ce qu'on appeloit imaginaire ce qui se faisoit par la foi, comme si la foi n'eût été qu'une pure imagination. « N'est-ce pas assez, disoit Bucer, que Jésus-Christ soit présent au pur esprit et à l'ame élevée en haut[3] ? »

VI. Equivoque de la présence spirituelle et de la présence réelle.

Il y avoit dans ce discours bien de l'équivoque. Les luthériens convenoient que la présence du corps et du sang dans l'Eucharistie étoit au-dessus des sens, et de nature à n'être aperçue que par l'esprit et par la foi. Mais ils n'en vouloient pas moins que Jésus-Christ fût présent en sa propre substance dans le sacrement : au lieu que Bucer vouloit qu'il ne fût présent en effet que dans le ciel, où l'esprit l'alloit chercher par la foi; ce qui n'avoit rien de réel, rien qui répondît à l'idée que donnoient ces mots sacrés : « Ceci est mon corps, ceci est mon sang. »

Mais quoi donc! ce qui est spirituel n'est-il pas réel? et n'y a-t-il rien de réel dans le baptême à cause qu'il n'y a rien de corporel? Autre équivoque. Les choses spirituelles, comme la grace et le Saint-Esprit, sont autant présentes qu'elles peuvent

VII. Présence du corps, comment spirituelle.

[1] Luth., *ep. ad Sen. Francof.*, Hosp., ad 1533, 128. — [2] *Epist. Mel.*, ap. Hosp., ad 1530, 110. — [3] *Ibid.*, 111.

l'être quand elles le sont spirituellement. Mais qu'est-ce qu'un corps présent en esprit seulement, si ce n'est un corps absent en effet, et présent seulement par la pensée? Présence qui ne peut, sans illusion, être appelée réelle et substantielle.

Mais voulez-vous donc, disoit Bucer, que Jésus-Christ soit présent corporellement? Et vous-mêmes n'avouez-vous pas que la présence de son corps dans l'Eucharistie est spirituelle?

Luther et les siens ne nioient non plus que les catholiques que la présence de Jésus-Christ dans l'Eucharistie ne fût (a) spirituelle quant à la manière, pourvu qu'on leur avouât qu'elle étoit corporelle quant à la substance; c'est-à-dire, en termes plus simples, que le corps de Jésus-Christ étoit présent, mais d'une manière divine, surnaturelle, incompréhensible, où les sens ne pouvoient atteindre; spirituelle en cela, que le seul esprit soumis à la foi la pouvoit connoître, et qu'elle avoit une fin toute céleste. Saint Paul avoit bien appelé le corps humain ressuscité *un corps spirituel* [1], à cause des qualités divines, surnaturelles et supérieures aux sens dont il étoit revêtu : à plus forte raison le corps du Sauveur mis dans l'Eucharistie d'une manière si fort incompréhensible pouvoit-il être appelé de ce nom.

VIII. Si la présence du corps n'est que spirituelle, les paroles de l'institution sont inutiles.

Au reste, tout ce qu'on disoit, que l'esprit s'élevoit en haut pour aller chercher Jésus-Christ à la droite de son Père, n'étoit encore qu'une métaphore peu capable de représenter une réception substantielle du corps et du sang, puisque ce corps et ce sang demeuroient uniquement dans le ciel, comme l'esprit demeuroit uniquement uni à son corps dans la terre, et qu'il n'y avoit non plus d'union véritable et substantielle entre le fidèle et le corps de Notre-Seigneur, que s'il n'y eût jamais eu d'Eucharistie, et que Jésus-Christ n'eût jamais dit : « Ceci est mon corps. »

Feignons en effet que ces paroles ne soient jamais sorties de sa bouche; la présence par l'esprit et par la foi subsistoit toujours également, et jamais on ne se seroit avisé de l'appeler *substantielle*. Que si les paroles de Jésus-Christ obligent à des expressions plus fortes, c'est à cause qu'elles nous donnent ce qui ne nous se-

[1] I *Cor.*, XV, 44, 46.
(a) 1re édit. : Qu'elle fût.

roit point donné sans elles, c'est-à-dire le propre corps et le propre sang, dont l'immolation et l'effusion nous ont sauvés sur la croix.

Il restoit encore à Bucer deux fécondes sources de chicane et d'équivoque : l'une dans le mot de *local*, et l'autre dans le mot de *sacrement* ou de *mystère*.

IX. S'il falloit admettre une présence locale.

Luther et les défenseurs de la présence réelle n'avoient jamais prétendu que le corps de Notre-Seigneur fût enfermé dans l'Eucharistie comme dans un lieu par lequel il fût mesuré et compris à la manière ordinaire des corps; au contraire ils ne croyoient dans la chair de Notre-Seigneur, qui leur étoit distribuée à la sainte table, que la simple et pure substance avec la grace et la vie dont elle étoit pleine, mais au surplus dépouillée de toutes qualités sensibles et des manières d'être que nous connoissons. Ainsi Luther accordoit facilement à Bucer que la présence dont il s'agissoit n'étoit pas locale, pourvu qu'il lui accordât qu'elle étoit substantielle ; et Bucer appuyoit beaucoup sur l'exclusion de la présence locale, croyant affoiblir autant ce qu'il étoit forcé d'avouer de la présence substantielle. Il se servoit même de cet artifice pour exclure la manducation du corps de Notre-Seigneur qui se faisoit par la bouche. Il la trouvoit non-seulement inutile, mais encore grossière, charnelle et peu digne de l'esprit du christianisme : comme si ce gage sacré de la chair et du sang offert sur la croix, que le Sauveur nous donnoit encore dans l'Eucharistie pour nous certifier que la victime et son immolation étoit toute nôtre, eût été une chose indigne d'un chrétien; ou que cette présence cessât d'être véritable, sous prétexte que dans un mystère de foi Dieu n'avoit pas voulu la rendre sensible; ou enfin que le chrétien ne fût pas touché de ce gage inestimable de l'amour divin, parce qu'il ne lui étoit connu que par la seule parole de Jésus-Christ : choses tellement éloignées de l'esprit du christianisme, qu'on ne peut assez s'étonner de la grossièreté de ceux qui, ne pouvant pas les goûter, traitent encore de grossiers ceux qui les goûtent.

L'autre source des équivoques étoit dans le mot de *sacrement* et dans celui de *mystère*. *Sacrement* dans notre usage ordinaire veut dire un signe sacré ; mais dans la langue latine, d'où ce mot

X. Equivoque sur le mot de sacrement et de mystère.

nous est venu, *sacrement* veut dire souvent chose haute, chose secrète et impénétrable. C'est aussi ce que signifie le mot de *mystère*. Les Grecs n'ont point d'autre mot pour signifier sacrement que celui de *mystère;* et les Pères latins appellent souvent le mystère de l'Incarnation, *sacrement de l'Incarnation,* et ainsi des autres.

Bucer et ses compagnons croyoient tout gagner, quand ils disoient que l'Eucharistie étoit un mystère, ou qu'elle étoit un sacrement du corps et du sang; ou que la présence qu'on y reconnoissoit et l'union qu'on y avoit avec Jésus-Christ, étoit une présence et une union sacramentelle : et au contraire, les défenseurs de la présence réelle, catholiques et luthériens, entendoient une présence et une union réelle, substantielle et proprement dite, mais cachée, secrète, mystérieuse, surnaturelle dans sa manière et spirituelle dans sa fin, propre enfin à ce sacrement; et c'étoit pour toutes ces raisons qu'ils l'appeloient *sacramentelle.*

Ils n'avoient donc garde de nier que l'Eucharistie ne fût un mystère au même sens que la Trinité et l'Incarnation, c'est-à-dire une chose haute autant que secrète, et tout à fait incompréhensible à l'esprit humain.

XI.
L'Eucharistie est un signe, et comment.

Ils ne nioient pas même qu'elle ne fût un signe sacré du corps et du sang de Notre-Seigneur; car ils savoient que le signe n'exclut pas toujours la présence : au contraire il y a des signes de telle nature qu'ils marquent la chose présente. Quand on dit qu'un malade a donné des signes de vie, on veut dire qu'on voit par ces signes que l'ame est encore présente en sa propre et véritable substance : les actes extérieurs de religion sont faits pour marquer qu'on a en effet la religion au fond du cœur, et lorsque les anges ont paru en forme humaine, ils étoient présens en personne sous cette apparence qui nous les représentoit : ainsi les défenseurs du sens littéral ne disoient rien d'incroyable, quand ils enseignoient que les symboles sacrés de l'Eucharistie accompagnés de ces paroles : « Ceci est mon corps, ceci est mon sang, » nous marquent Jésus-Christ présent, et que le signe étoit très-étroitement et inséparablement uni à la chose.

XII.
Tous les

Bien plus, il faut reconnoître que tout ce qui est le plus vérité, pour ainsi parler, dans la religion chrétienne, est tout ensemble mystère et signe sacré. L'Incarnation de Jésus-Christ nous figure l'union parfaite que nous devons avoir avec la divinité dans la grace et dans la gloire. Sa naissance et sa mort sont la figure de notre naissance et de notre mort spirituelle : si dans le mystère de l'Eucharistie il daigne s'approcher de nos corps en sa propre chair et en son propre sang, par là il nous invite à l'union des esprits, et nous la figure; enfin jusqu'à ce que nous soyons venus à la pleine et manifeste vérité qui nous rendra éternellement heureux, toute vérité nous sera la figure d'une vérité plus intime : nous ne goûterons Jésus-Christ tout pur en sa propre forme et dégagé de toute figure, que lorsque nous le verrons dans la plénitude de sa gloire à la droite de son Père : c'est pourquoi s'il nous est donné dans l'Eucharistie en substance et en vérité, c'est sous une espèce étrangère. C'est ici un grand sacrement et un grand mystère, où sous la forme du pain on nous cache un corps véritable; où dans le corps d'un homme on nous cache la majesté et la puissance d'un Dieu; où on exécute de si grandes choses d'une manière impénétrable au sens humain.

<small>mystères de Jésus-Christ sont des signes à certains égards.</small>

Quel jeu aux équivoques de Bucer dans ces diverses significations des mots de *sacrement* et de *mystère* ! Et combien d'échappatoires se pouvoit-il préparer dans des termes que chacun tiroit à son avantage ? S'il mettoit une présence et une union réelle et substantielle, encore qu'il n'exprimât pas toujours qu'il l'entendoit par la foi, il croyoit avoir tout sauvé en cousant à ses expressions le mot de *sacramentel* : après quoi il s'écrioit de toute sa force qu'on ne disputoit que des mots, et qu'il étoit étrange de troubler l'Eglise et d'empêcher le cours de la réformation pour une dispute si vaine.

<small>XIII. Bucer se joue des mots.</small>

Personne ne l'en vouloit croire. Ce n'étoit pas seulement Luther et les luthériens qui se moquoient quand il vouloit faire une dispute de mots de toute la dispute de l'Eucharistie : ceux de son parti lui disoient eux-mêmes qu'il trompoit le monde par sa présence substantielle, qui n'étoit au fond qu'une présence par la foi. Œcolampade avoit remarqué combien il embrouilloit la matière par sa présence substantielle du corps et du sang, et lui avoit écrit

<small>XIV. Œcolampade avoit averti Bucer de l'illusion qu'il y avoit dans ces équivoques.</small>

un peu avant que de mourir, qu'il y avoit seulement dans l'Eucharistie pour ceux « qui croyoient une promesse efficace de la rémission des péchés par le corps livré et par le sang répandu : que nos ames en étoient nourries, et nos corps associés à la résurrection par le Saint-Esprit : qu'ainsi nous recevions le vrai corps, et non pas seulement du pain, ni un simple signe (il se gardoit bien de dire qu'on le reçût substantiellement) : qu'à la vérité les impies ne recevoient qu'une figure ; mais que Jésus-Christ étoit présent aux siens comme Dieu, qui nous fortifie et qui nous gouverne[1]. » C'étoit toute la présence que vouloit Œcolampade ; et il finissoit par ces mots : « Voilà, mon cher Bucer, tout ce que nous pouvons donner aux luthériens. L'obscurité est dangereuse à nos églises. Agissez de sorte, mon frère, que vous ne trompiez pas nos espérances. »

XV. Sentimens de ceux de Zurich.

Ceux de Zurich lui témoignoient encore plus franchement que c'étoit une illusion de dire, comme il faisoit, que cette dispute n'étoit que de mots, et l'avertissoient que ces expressions le menoient à la doctrine de Luther, où il arriva en effet, mais pas sitôt[2]. Cependant ils se plaignoient hautement de Luther qui ne vouloit pas les traiter de frères : ils ne laissoient pas de le reconnoître « pour un excellent serviteur de Dieu[3] ; » mais on remarqua dans le parti que cette douceur ne fit que le rendre « plus inhumain et plus insolent[4]. »

1532.

XVI. Confession de foi de ceux de Bâle.

1534.

Ceux de Bâle se montroient fort éloignés et des sentimens de Luther et des équivoques de Bucer. Dans la Confession de foi qui est mise dans le recueil de Genève en l'an 1532 et dans l'histoire d'Hospinien en l'an 1534, peut-être parce qu'elle fut publiée la première fois en l'une de ces années et renouvelée en l'autre, ils disent que, « comme l'eau demeure dans le baptême, où la rémission des péchés nous est offerte, ainsi le pain et le vin demeurent dans la Cène, où avec le pain et le vin le vrai corps et le vrai sang de Jésus-Christ nous est figuré et offert par le ministre[5]. » Pour s'expliquer plus nettement, ils ajoutent « que nos ames sont nourries du corps et du sang de Jésus-Christ par une foi véri-

[1] *Epist. Œcol.*, ap. Hosp., an. 1530, 112. — [2] Hosp. 127. — [3] *Ep. ad March. Brand.*, *ibid.* — [4] Hosp., *ibid.* — [5] *Conf. Bas.*, 1532, art. 7, synt. I, part. LXXII.

table, » et mettent en marge, par forme d'éclaircissement, « que Jésus-Christ est présent dans la Cène, mais sacramentellement et par le souvenir de la foi qui élève l'homme au ciel, et n'en ôte point Jésus-Christ. » Enfin ils concluent, en disant « qu'ils n'enferment point le corps naturel, véritable et substantiel de Jésus-Christ dans le pain et dans le breuvage, et n'adorent point Jésus-Christ dans les signes du pain et du vin, qu'on appelle ordinairement le *sacrement du corps et du sang de Jésus-Christ;* mais dans le ciel, à la droite de Dieu son Père, d'où il viendra juger les vivans et les morts. »

Voilà ce que Bucer ne vouloit point dire ni expliquer clairement, que Jésus-Christ n'étoit qu'au ciel en qualité d'homme, quoiqu'autant qu'on en peut juger il fût alors de ce sentiment : mais il se jetoit de plus en plus dans des pensées si métaphysiques, que ni Scot, ni les plus fins des Scotistes n'en approchoient pas, et c'est sur ces abstractions qu'il faisoit rouler ses équivoques.

XVII. Conférence de Luther avec le diable.

En ce temps Luther publia ce livre contre la messe privée, où se trouve le fameux entretien qu'il avoit eu autrefois avec l'ange de ténèbres, et où forcé par ses raisons, il abolit comme impie la messe qu'il avoit dite durant tant d'années avec tant de dévotion, s'il l'en faut croire. C'est une chose merveilleuse de voir combien sérieusement et vivement il décrit son réveil, comme en sursaut, au milieu de la nuit; l'apparition manifeste du diable pour disputer contre lui ; « la frayeur dont il fut saisi, sa sueur, son tremblement et son horrible battement de cœur dans cette dispute ; les pressans argumens du démon qui ne laisse aucun repos à l'esprit ; le son de sa puissante voix ; ses manières de disputer accablantes, où la question et la réponse se font sentir à la fois. Je sentis alors, dit-il, comment il arrive si souvent qu'on meure subitement vers le matin : c'est que le diable peut tuer et étrangler les hommes ; et sans tout cela les mettre si fort à l'étroit par ses disputes, qu'il y a de quoi en mourir, comme je l'ai plusieurs fois expérimenté [1]. » Il nous apprend en passant que le diable l'attaquoit souvent de la même sorte; et à juger des autres attaques par celle-ci, on doit croire qu'il avoit appris de lui beaucoup d'autres choses que la con-

[1] *De abrog. Miss. priv.*, tom. VII, 216.

damnation de la messe. C'est ici qu'il attribue au malin esprit la mort subite d'Œcolampade, aussi bien que celle d'Emser autrefois si opposé au luthéranisme naissant. Je ne veux pas m'étendre sur une matière tant rebattue : il me suffit d'avoir remarqué que Dieu, pour la confusion ou plutôt pour la conversion des ennemis de l'Eglise, ait permis que Luther tombât dans un assez grand aveuglement pour avouer, non pas qu'il ait été souvent tourmenté par le démon, ce qui pouvoit lui être commun avec plusieurs saints; mais, ce qui lui est particulier, qu'il ait été converti par ses soins, et que l'esprit de mensonge ait été son maître dans un des principaux points de sa Réforme.

C'est en vain qu'on prétend ici que le démon ne disputa contre Luther que pour le jeter dans le désespoir, en le convainquant de son crime ; car la dispute n'est pas tournée de ce côté-là. Lorsque Luther paroît convaincu et n'avoir plus rien à répondre, le démon ne presse pas davantage, et Luther croit avoir appris une vérité qu'il ne savoit pas. Si la chose est véritable, quelle horreur d'avoir un tel maître ! Si Luther se l'est imaginée, de quelles illusions et de quelles noires pensées avoit-il l'esprit rempli ! Et s'il l'a inventée, de quelle triste aventure se fait-il honneur !

XVIII. Les Suisses s'échauffent contre Luther.

Les Suisses furent scandalisés de la conférence de Luther, non tant à cause que le diable y paroissoit comme docteur; ils étoient assez empêchés à se défendre d'une semblable vision dont nous avons vu que Zuingle s'étoit vanté [1] : mais ils ne purent souffrir la manière dont il y traitoit Œcolampade. Il se fit sur ce sujet des écrits très-aigres : mais Bucer ne laissoit pas de continuer sa négociation ; et on tint par son entremise une conférence à Constance pour la réunion des deux partis [2]. Là ceux de Zurich déclarèrent qu'ils s'accommoderoient avec Luther, à condition que de son côté il leur accorderoit trois points : l'un, que la chair de Jésus-Christ ne se mangeoit que par la foi; l'autre, que Jésus-Christ comme homme étoit seulement dans un certain endroit du ciel ; la troisième, qu'il étoit présent dans l'Eucharistie par la foi, d'une manière propre aux sacremens. Ce discours étoit clair et sans équivoque. Les autres Suisses, et en particulier ceux de Bâle,

---

[1] Hosp., ad an. 1533, 131. — [2] Hosp. 136.

approuvèrent une déclaration si nette de leur sentiment commun.
Aussi étoit-elle conforme en tout à la *Confession de Bâle :* mais
encore que cette Confession donnât une idée parfaite de la doctrine du sens figuré, ceux de Bâle, qui l'avoient dressée, ne laissèrent pas d'en dresser une autre deux ans après, à l'occasion
que nous allons dire.

En 1536, Bucer et Capiton vinrent de Strasbourg. Ces deux fameux architectes des équivoques les plus raffinées s'étant servis de l'occasion des confessions de foi que les églises séparées de Rome se préparoient d'envoyer au concile que le Pape venoit d'indiquer, prièrent les Suisses d'en dresser une, « qui fût tournée de sorte qu'elle pût servir à l'accord dont on avoit beaucoup d'espérance [1]; » c'est-à-dire qu'il étoit bon de choisir des termes que les luthériens, ardens défenseurs de la présence réelle, pussent prendre en bonne part. On dresse dans cette vue une nouvelle Confession de foi, qui est la seconde de Bâle : on y retranche de la première, que nous avons rapportée, les expressions qui marquoient trop précisément que Jésus-Christ n'étoit présent que dans le ciel, et qu'on ne reconnoissoit dans le sacrement qu'une présence sacramentelle et par le seul souvenir. A la vérité les Suisses parurent fort attachés à dire toujours, comme ils avoient fait dans la première *Confession de Bâle,* « que le corps de Jésus-Christ n'est pas enfermé dans le pain. » Si on eût usé de ces termes sans quelque adoucissement, les luthériens auroient bien vu qu'on en vouloit nettement à la présence réelle; mais Bucer avoit des expédiens pour toutes choses. Par ses insinuations ceux de Bâle se résolurent à dire « que le corps et le sang ne sont pas naturellement unis au pain et au vin; mais que le pain et le vin sont des symboles par lesquels Jésus-Christ lui-même nous donne une véritable communication de son corps et de son sang, non pour servir au ventre d'une nourriture périssable, mais pour être un aliment de vie éternelle [2]. » Le reste n'est autre chose qu'une assez longue explication des fruits de l'Eucharistie, dont tout le monde convient.

[1] *Synt. Conf. Gen., de Helv. Conf.,* Hosp., part. II, 141. — [2] *Conf. Bas.,* 1536, art. 22, *Synt.,* part. I, p. 70.

xx.
Équivoque de cette confession de foi.

Il n'y avoit là aucun terme dont les luthériens ne pussent demeurer d'accord ; car ils ne prétendent pas que le corps de Jésus-Christ soit un aliment pour notre estomac, et ils enseignent que Jésus-Christ est uni au pain et au vin d'une manière incompréhensible, céleste et surnaturelle; de sorte qu'on peut dire, sans les offenser, qu'il n'y est pas « naturellement uni. » Les Suisses ne pénétrèrent pas plus avant. Tellement qu'à la faveur de cette expression l'article passa en des termes dont un luthérien peut s'accommoder, et où l'on ne pouvoit en tout cas désirer que des expressions plus précises et moins générales.

De la présence substantielle dont il s'agissoit en ce temps-là, ils n'en voulurent dire ni bien ni mal, et ce fut tout ce que Bucer en put obtenir. Ils ne se tinrent dans la suite ni à la première ni à la seconde Confession de foi qu'ils avoient publiée d'un commun accord, et nous en verrons dans son temps paroître une troisième avec des expressions toutes nouvelles.

xxi.
Chacun suivoit les impressions de son conducteur.

Ceux de Zurich, nourris par Zuingle et pleins de son esprit, n'entrèrent avec Bucer dans aucune composition; et au lieu de donner, comme ceux de Bâle, une nouvelle confession de foi ; pour montrer qu'ils persistoient dans la doctrine de leur maître, ils publièrent celle qu'il avoit adressée à François Ier et qui a déjà été rapportée, où il ne veut d'autre présence dans l'Eucharistie que celle qui s'y fait « par la contemplation » de la foi, en excluant nettement la présence substantielle.

C'est ainsi qu'ils continuoient à parler naturellement. Ils étoient les seuls qui le fissent parmi les défenseurs du sens figuré, et on peut voir en ce temps que dans la nouvelle Réforme chaque église agissoit selon l'impression qu'elle avoit reçue de son maître. Luther et Zuingle ardens et extrêmes mirent les luthériens et ceux de Zurich dans de semblables dispositions, et éloignèrent les tempéramens. Si Œcolampade fut plus doux, on voit aussi ceux de Bâle plus accommodans ; et ceux de Strasbourg entrèrent dans tous les adoucissemens, ou pour mieux parler, dans toutes les équivoques et dans toutes les illusions de Bucer.

xxii.
Bucer avoue que

Il poussa la chose si avant, qu'après avoir accordé tout ce qu'on pouvoit souhaiter sur la présence réelle, essentielle, substantielle, naturelle même, c'est-à-dire sur la présence de Jésus-Christ selon sa nature, il trouva encore des expédiens pour le faire réellement recevoir aux fidèles qui communioient indignement. Il demandoit seulement qu'on ne parlât point des impies et des infidèles, pour lesquels ce saint mystère n'a point été institué; et disoit néanmoins que sur ce sujet il ne vouloit avoir de démêlé avec personne [1]. les indignes reçoivent réellement le corps.

Avec toutes ces explications il ne faut pas s'étonner s'il sut adoucir Luther jusqu'alors implacable. Luther crut qu'en effet les sacramentaires revenoient à la doctrine de la *Confession d'Augsbourg* et de l'*Apologie*. Mélanchthon, avec lequel Bucer négocioit, lui manda qu'il trouvoit Luther plus traitable, et qu'il commençoit à parler plus amiablement de lui et de ses collègues [2]. Enfin on tint l'assemblée de Vitenberg en Saxe, où se trouvèrent les députés des églises d'Allemagne des deux partis. Luther le prit d'abord d'un ton bien haut. Il vouloit que Bucer déclarât que lui et les siens se rétractoient, et rejeta bien loin ce qu'ils lui disoient, que la dispute n'étoit pas tant dans la chose que dans la manière. Mais enfin, après beaucoup de discours où Bucer montra toute sa souplesse, Luther prit pour rétractation ces articles que lui accordèrent ce ministre et ses compagnons : 1536.

I. « Que suivant les paroles de saint Irénée, l'Eucharistie consiste en deux choses : l'une terrestre, et l'autre céleste ; et par conséquent que le corps et le sang de Jésus-Christ sont vraiment et substantiellement présens, donnés et reçus avec le pain et le vin. XXIII. Accord de Vitenberg, et ses six articles.

II. » Qu'encore qu'ils rejetassent la transsubstantiation, et ne crussent pas que le corps de Jésus-Christ fût enfermé localement dans le pain, ou qu'il eût avec le pain aucune union de longue durée hors l'usage du sacrement, il ne falloit pas laisser d'avouer que le pain étoit le corps de Jésus-Christ par une union sacramentelle : c'est-à-dire que le pain étant présenté, le corps de Jésus-Christ étoit tout ensemble présent et vraiment donné. »

III. Ils ajoutoient néanmoins, « que hors de l'usage du sacrement, pendant qu'il est gardé dans le ciboire, ou montré dans les

---

[1] Hosp., part. II, fol. 135. — [2] *Ibid.*, an. 1535, 1536.

processions, ils croient que ce n'est pas le corps de Jésus-Christ. »

IV. Ils concluoient en disant : « Que cette institution du sacrement a sa force dans l'Eglise, et ne dépend pas de la dignité ou indignité du ministre, ni de celui qui reçoit.

V. » Que pour les indignes, qui selon saint Paul mangent vraiment le sacrement, le corps et le sang de Jésus-Christ leur sont vraiment présentés, et qu'ils *les reçoivent véritablement,* quand les paroles et l'institution de Jésus-Christ sont gardées.

VI. » Que néanmoins ils le prennent pour leur jugement, comme dit le même saint Paul, parce qu'ils abusent du sacrement en le recevant sans pénitence et *sans foi* [1]. »

XXIV. Bucer trompe Luther, et élude les termes de l'accord.

Luther n'avoit rien, ce semble, à désirer davantage. Quand on lui accorde que l'Eucharistie consiste en deux choses : l'une céleste, et l'autre terrestre ; et que de là on conclut que le corps de Jésus-Christ est substantiellement présent avec le pain [2], on montre assez qu'il n'est pas seulement présent à l'esprit et par la foi : mais Luther, qui n'ignoroit pas les subtilités des sacramentaires, les pousse encore plus avant, et leur fait dire que ceux-là même « qui n'ont pas la foi ne laissent pas de recevoir véritablement le corps de Notre-Seigneur [3]. »

On n'avoit garde de les soupçonner de croire que le corps de Jésus-Christ ne nous fût présent que par la foi, puisqu'ils avouoient qu'il étoit présent, et véritablement reçu par ceux qui étoient sans « foi et sans pénitence. »

Après cet aveu des sacramentaires, Luther se persuada aisément qu'il n'avoit plus rien à en exiger, et il jugea qu'ils avoient dit tout ce qu'il falloit pour confesser la réalité : mais il n'avoit pas encore assez compris que ces docteurs ont des secrets particuliers pour tout expliquer. Quelque claires que lui parussent les paroles de l'accord, Bucer savoit par où en sortir. Il a fait plusieurs écrits, où il explique aux siens en quel sens il a entendu chaque parole de l'accord; là il déclare que « ceux qui, selon saint Paul, sont coupables du corps et du sang, ne reçoivent pas seulement le sacrement, mais en effet la chose même, et qu'ils ne

---

[1] Hosp., part. II, an. 1535, fol. 145; in lib. *Conc.*, 729. — [2] Art. 1. — [3] Art. 5 et 6.

sont pas sans foi, encore, dit-il, qu'ils n'aient pas cette foi vive qui nous sauve, ni une véritable dévotion de cœur [1]. »

Qui auroit jamais cru que les défenseurs du sens figuré pussent avouer dans la Cène une véritable réception du corps et du sang de Notre-Seigneur sans avoir la foi qui nous sauve ? Quoi donc ! une foi qui ne suffit pas pour nous justifier, suffit-elle selon leurs principes pour nous communiquer vraiment Jésus-Christ ? Toute leur doctrine résiste à ce sentiment de Bucer ; et ce ministre lui-même, fût-il cent fois plus subtil, ne peut jamais accorder ce qu'il dit ici avec ses autres maximes. Mais il ne s'agit pas en ce lieu d'examiner les subtilités par lesquelles Bucer se démêle de l'accord qu'il avoit signé à Vitenberg : il me suffit de remarquer ce fait constant, que toutes les églises d'Allemagne qui défendoient le sens figuré, assemblées en corps par leurs députés, ont accordé par un acte authentique « que le corps et le sang de Jésus-Christ sont vraiment et substantiellement présens, donnés et reçus dans la Cène avec le pain et le vin ; et que les indignes qui sont *sans foi*, ne laissent pas de recevoir ce corps et ce sang, pourvu qu'ils gardent les paroles de l'institution. »

Si ces expressions peuvent s'accorder avec le sens figuré, on ne sait plus désormais ce que les mots signifient, et nous trouverons tout en toutes choses. Des hommes qui ont accoutumé leur esprit à tourner en cette sorte le langage humain, feront dire ce qu'il leur plaira et à l'Ecriture et aux Pères ; et il ne faut pas s'étonner de tant de violentes interprétations qu'ils donnent aux passages les plus clairs.

XXV. Sentimens de Calvin sur les équivoques en matière de foi.

Savoir maintenant si Bucer avoit un dessein formel d'amuser le monde par des équivoques affectées, ou si quelque idée confuse de réalité lui fit croire qu'il pouvoit de bonne foi souscrire à des expressions si évidemment contraires au sens figuré, j'en laisse le jugement aux protestans. Ce qui est certain, c'est que Calvin son ami et en quelque façon son disciple, quand il vouloit exprimer une obscurité blâmable dans une profession de foi, disoit « qu'il n'y avoit rien de si embarrassé, de si obscur, de si ambigu, de si tortueux dans Bucer même [2]. »

[1] Buc., *Declar. Conc. Vit.*, id. ap. Hosp., 1536, 148 et seq. — [2] *Ep. Calv.*, p. 50.

Ces artificieuses ambiguïtés étoient tellement de l'esprit de la nouvelle Réforme, que Mélanchthon même, c'est-à-dire le plus sincère de tous les hommes par son naturel, et celui qui avoit le plus condamné les équivoques dans les matières de foi, s'y laissa entraîner contre son inclination. Nous trouvons une lettre de lui en 1541, où il écrit que rien n'étoit plus indigne de l'Eglise, « que d'user d'équivoques dans les confessions de foi, et de dresser des articles qui eussent besoin d'autres articles pour les expliquer ; que c'étoit en apparence faire la paix, et en effet exciter la guerre [1] ; » que c'étoit enfin, « à l'exemple du faux concile de Syrmic et des Ariens, mêler la vérité avec l'erreur [2]. » Il avoit raison ; et néanmoins dans le même temps, lorsqu'on tenoit la première assemblée de Ratisbonne pour concilier la religion catholique avec la protestante, « Mélanchthon et Bucer (ce ne sont pas les catholiques qui l'écrivent, c'est Calvin qui étoit présent et intime confident de l'un et de l'autre), Mélanchthon, dis-je, et Bucer composoient sur la transsubstantiation des formules de foi équivoques et trompeuses, pour voir s'ils pourroient contenter leurs adversaires en ne leur donnant rien [3]. »

Calvin étoit le premier à condamner ces obscurités affectées et ces honteuses dissimulations. « Vous blâmez, dit-il, et avec raison, les obscurités de Bucer. Il faut parler avec liberté, disoit-il en un autre endroit ; il n'est pas permis d'embarrasser par des paroles obscures ou équivoques ce qui demande la lumière.... Ceux qui veulent ici tenir le milieu abandonnent la défense de la vérité [4]. » Et à l'égard de ces pièges dont nous venons de parler, que Bucer et Mélanchthon tendoient dans leurs discours ambigus aux catholiques nommés pour conférer avec eux à Ratisbonne, voici ce qu'en dit le même Calvin : « Pour moi je n'approuve pas leur dessein, encore qu'ils aient leurs raisons : car ils espèrent que les matières s'éclairciront d'elles-mêmes. C'est pourquoi ils passent par-dessus beaucoup de choses, et n'appréhendent point ces ambiguïtés ; ils le font à bonne intention, mais ils s'accommodent trop au temps [5]. » C'est ainsi que, par de mauvaises raisons, les

[1] Lib. I, ep. XXV, 1541. — [2] Lib. I, ep. LXXVI. — [3] *Ep. Calv.*, p. 38. — [4] *Ep.*, p. 50. — [5] *Ep.*, p. 38.

auteurs de la nouvelle Réforme ou pratiquoient, ou excusoient la plus criminelle de toutes les dissimulations, c'est-à-dire les équivoques affectées dans les matières de la foi. La suite nous fera paroître si Calvin, qui paroît ici autant éloigné de les pratiquer lui-même qu'il témoigne de facilité à les excuser dans les autres, sera toujours de même humeur, et il nous faut revenir aux artifices de Bucer.

Au milieu des avantages qu'il donna aux luthériens dans l'accord de Vitenberg, il gagna du moins une chose : c'est que Luther lui laissa passer que le corps et le sang de Jésus-Christ n'avoient pas d'union durable hors l'usage du sacrement avec le pain et le vin ; et que le corps n'étoit pas présent quand on le montroit, ou qu'on le portoit en procession [1].

XXVI. Si la présence est durable dans l'Eucharistie.

Ce n'étoit pas le sentiment de Luther ; jusqu'alors il avoit toujours enseigné que le corps de Jésus-Christ étoit présent dès qu'on avoit dit les paroles, et qu'il demeuroit présent jusqu'à ce que les espèces fussent altérées [2] : de sorte que, selon lui, il étoit présent, « même quand on le portoit en procession, » encore qu'il ne voulût pas approuver cette coutume.

En effet, si le corps étoit présent en vertu des paroles de l'institution et qu'il fallût les entendre à la lettre, comme Luther le soutenoit, il est clair que le corps de Notre-Seigneur devoit être présent à l'instant qu'il dit : « Ceci est mon corps, » puisqu'il ne dit pas : « Ceci sera, » mais : « Ceci est. » Il étoit digne de la puissance et de la majesté de Jésus-Christ, que ses paroles eussent un effet présent, et que l'effet en subsistât aussi longtemps que les choses demeureroient en même état. Aussi n'avoit-on jamais douté dès les premiers temps du christianisme que la partie de l'Eucharistie qu'on réservoit pour la communion des malades, et pour celle que les fidèles pratiquoient tous les jours dans leurs maisons, ne fût autant le vrai corps de Notre-Seigneur que celle qu'on leur distribuoit dans l'assemblée de l'église. Luther l'avoit toujours entendu de cette sorte ; et néanmoins on le porta je ne sais comment à tolérer l'opinion contraire que Bucer proposa au temps de l'accord.

---

[1] Art. 2, 3. — [2] Luth., *Serm. cont. Sverm.*; *it. Epist. ad quemd.*, Hosp., IIe part., p. 14, 44, 132, etc.

XXVII.
Suite :
conclusion
de l'accord

Il ne lui souffrit pourtant pas de dire que le corps ne se trouvât dans l'Eucharistie précisément que dans l'usage, c'est-à-dire dans la réception, mais seulement « que hors l'usage il n'y avoit point d'union durable entre le pain et le corps. » Elle étoit donc cette union, même hors de l'usage, c'est-à-dire hors de la communion; et Luther qui faisoit lever et adorer le Saint-Sacrement, même pendant que se fit l'accord [1], n'eût pas souffert qu'on lui eût nié que Jésus-Christ y fût présent durant ces cérémonies : mais pour ôter la présence du corps de Notre-Seigneur dans les tabernacles et dans les processions des catholiques, qui étoit ce que Bucer prétendoit, il suffisoit de lui laisser dire que la présence du corps et du sang dans le pain et le vin n'étoient pas de longue durée.

Au reste, si on eût demandé à ces docteurs combien donc devoit durer cette présence, et à quel temps ils déterminoient l'effet des paroles de Notre-Seigneur, on les eût vus dans un étrange embarras. La suite le fera paroître, et on verra qu'en abandonnant le sens naturel des paroles de Notre-Seigneur, comme on n'a plus de règle, on n'a plus aussi de termes précis, ni de croyance certaine.

Tet fut l'événement de l'accord de Vitenberg. Les articles en sont rapportés de la même sorte par les deux partis de la nouvelle Réforme, et furent signés sur la fin de mai en 1536 [2]. On convint que l'accord n'auroit de lieu qu'étant approuvé par les églises. Bucer et les siens doutèrent si peu de l'approbation de leur parti, qu'aussitôt après l'accord signé ils firent la Cène avec Luther en signe de paix perpétuelle. Les luthériens ont toujours loué cet accord. Les sacramentaires y ont recours comme à un traité authentique qui avoit réuni tous les protestans. Hospinien prétend que les Suisses, du moins une partie de ce corps, et Calvin même l'ont approuvé [3]. On en trouve en effet l'approbation expresse parmi les lettres de Calvin [4] : de sorte que cet accord doit avoir rang parmi les actes publics de la nouvelle Réforme, puisqu'il

---

[1] *Form. Miss.*, tom. II; Hosp., an. 1536, 148. — [2] *Conc.*, p. 729; Hosp., II⁰ part., fol. 145; Chyt., *Hist. Conf. Aug.* — [3] An. 1536, 1537, p. 38. — [4] Calv., *Ep.* p. 324.

contient les sentimens de toute l'Allemagne protestante, et presque de la Réforme tout entière.

Bucer eût bien voulu le faire agréer à ceux de Zurich. Il leur alla tenir dans leur assemblée de grands et vagues discours, et leur présenta ensuite un long écrit [1]. C'est dans de telles longueurs que se cachent les équivoques; et à expliquer simplement la foi, on n'a besoin que de peu de paroles. Mais il eut beau déployer toutes ses subtilités, il ne put faire digérer aux Suisses sa présence substantielle, ni sa communion des indignes : ils voulurent toujours expliquer leur pensée telle qu'elle étoit, en termes simples, et dire, comme Zuingle, qu'il n'y avoit point de présence physique ou naturelle, ni substantielle, mais une présence « par la foi, » une présence « par le Saint-Esprit, » se réservant la liberté de parler de ce mystère comme ils trouveroient le plus convenable, et toujours le plus simplement et le plus intelligiblement qu'il se pourroit. C'est ce qu'ils écrivirent à Luther; et Luther qui à peine revenu d'une dangereuse maladie et fatigué peut-être de tant de disputes, ne vouloit alors que du repos, renvoya de son côté l'affaire à Bucer [2] avec lequel il croyoit être d'accord.

XXVIII. Ceux de Zurich se moquent des équivoques de Bucer.

Mais comme il avoit mis dans sa lettre qu'en convenant de la présence, il falloit abandonner la manière à la toute-puissance divine, ceux de Zurich étonnés qu'on leur parlât de toute-puissance dans une action où ils n'avoient rien conçu de miraculeux, non plus que leur maître Zuingle, s'en plaignirent à Bucer, qui se tourmenta beaucoup pour les satisfaire : mais plus il leur disoit qu'il y avoit quelque chose d'incompréhensible dans la manière dont Jésus-Christ se donnoit à nous dans la Cène, plus les Suisses lui répétoient au contraire que rien n'étoit plus aisé. Une figure dans cette parole : « Ceci est mon corps, » la méditation de la mort de Notre-Seigneur, et l'opération du Saint-Esprit dans les cœurs, n'avoient aucune difficulté, et ils n'y vouloient point d'autres miracles. C'est en effet comme parleroient les sacramentaires, s'ils vouloient parler naturellement. Les Pères, à la vérité, ne parloient pas de cette sorte, eux qui ne trouvoient point d'exemple

XXIX. Les zuingliens ne veulent point entendre parler de miracles, ni de toute-puissance dans l'Eucharistie.

---

[1] Hosp., part. II, fol. 150 et seq. — [2] *Ibid.*, fol. 157.

trop haut pour amener les esprits à la croyance de ce mystère ; et y employoient la création, l'incarnation de Notre-Seigneur, sa naissance miraculeuse, tous les miracles de l'Ancien et du Nouveau Testament, le changement merveilleux d'eau en sang et d'eau en vin ; persuadés qu'ils étoient que le miracle qu'ils reconnoissoient dans l'Eucharistie n'étoit pas moins un ouvrage de toute-puissance, et ne cédoit rien aux merveilles les plus incompréhensibles de la main de Dieu. C'est ainsi qu'il falloit parler dans la doctrine de la présence réelle, et Luther avoit retenu avec cette foi les mêmes expressions. Par une raison contraire les Suisses trouvoient tout facile, et aimoient mieux tourner en figure les paroles de Notre-Seigneur, que d'appeler sa toute-puissance pour les rendre véritables : comme si la manière la plus simple d'entendre l'Ecriture sainte étoit toujours celle où la raison a le moins de peine, ou que les miracles coûtassent quelque chose au Fils de Dieu, quand il nous veut donner un témoignage de son amour.

<small>XXX. Doctrine de Bucer, et retour des villes de sa croyance à la présence réelle.</small>   Quoique Bucer ne pût rien gagner sur ceux de Zurich durant deux ans qu'il traita continuellement avec eux après l'accord de Vitenberg, et qu'il prévît bien que Luther ne seroit pas longtemps aussi paisible qu'il l'étoit alors, il n'oublioit rien pour l'entretenir dans cette douce disposition. Pour lui, il persista tellement dans l'accord, que toujours depuis il fut regardé par ceux de la Confession d'Augsbourg comme membre de leurs églises, et agit en tout conjointement avec eux.

Pendant qu'il traitoit avec les Suisses, et qu'il tâchoit de leur faire entendre dans la Cène quelque chose de plus haut et de plus impénétrable qu'ils ne pensoient, il leur disoit entre autres choses, qu'encore qu'on ne pût douter que Jésus-Christ ne fût au ciel, on n'entendoit pas bien où étoit ce ciel, ni ce que c'étoit, et que « le ciel étoit même dans la Cène[1] ; » ce qui emportoit une idée si nette de la présence réelle, que les Suisses ne purent l'écouter.

Les comparaisons dont il se servoit, tendoient plutôt à inculquer la réalité qu'à l'affoiblir. Il alléguoit souvent cette action ordinaire de toucher dans la main les uns des autres[2] : exemple

---

[1] Hosp. p. 162. — [2] *Ep. ad Ital.*, int. Calv. ep. p. 44.

très-propre à faire voir que la même main dont on se sert pour exécuter les traités, peut être un gage de la volonté qu'on a de les accomplir; et qu'un contact passager, mais réel et substantiel, peut devenir par l'institution et par l'usage des hommes le signe le plus efficace qu'ils puissent donner d'une perpétuelle union.

Depuis qu'il eut commencé à traiter l'accord, il n'aimoit point à dire avec Zuingle que l'Eucharistie étoit le corps, comme la pierre étoit Christ et comme l'Agneau étoit la Pâque : il disoit plutôt qu'elle l'étoit comme la colombe est appelée le Saint-Esprit : ce qui montre une présence réelle, puisque personne ne doute que le Saint-Esprit ne fût présent, et encore d'une façon particulière sous la forme de la colombe.

Il apportoit aussi l'exemple de Jésus-Christ soufflant sur les apôtres, et leur donnant en même temps le Saint-Esprit[1] : ce qui démontroit encore que le corps de Jésus-Christ n'est pas moins communiqué, ni moins présent que le Saint-Esprit le fut aux apôtres.

Avec tout cela il ne laissa pas d'approuver la doctrine de Calvin[2], toute pleine des idées des sacramentaires, et ne craignit point de souscrire à une confession de foi où le même Calvin disoit que la manière dont on recevoit le corps et le sang de Jésus-Christ dans la Cène, consistoit en ce que le Saint-Esprit y unissoit ce qui étoit séparé de lieu. C'étoit, ce semble, clairement marquer que Jésus-Christ étoit absent. Mais Bucer expliquoit tout, et il avoit sur toute sorte de difficultés des dénouemens merveilleux. Ce qu'il y a ici de plus remarquable, c'est que les disciples de Bucer et, comme nous l'avons dit, les villes entières qui s'étoient tant éloignées sous sa conduite de la présence réelle, rentroient insensiblement dans cette croyance. Les paroles de Jésus-Christ furent tant considérées et tant répétées, qu'enfin elles firent leur effet; et on revenoit naturellement au sens littéral.

Pendant que Bucer et ses disciples, ennemis si déclarés de la doctrine de Luther sur la présence réelle, s'en rapprochoient, Mélanchthon, le cher disciple du même Luther, l'auteur de la *Confession d'Augsbourg* et de l'*Apologie*, où il avoit soutenu la

XXXI. Mélanchthon commence à douter de la doctrine de Luther.

[1] *Epist. ad Ital.*, int. *Ep. Calv.*, p. 44. — [2] Int. *Ep. Calv.*, p. 398.

Sa foible théologie. réalité jusqu'à paroître incliner vers la transsubstantiation, commençoit à se laisser ébranler.

Ce fut en 1535 ou environ que ce doute lui vint dans l'esprit [1]; car auparavant on a pu voir jusqu'à quel point il étoit ferme. Il avoit même composé un livre du sentiment des saints Pères sur la Cène, où il avoit recueilli beaucoup de passages très-exprès pour la présence réelle. Comme la critique en ce temps n'étoit pas encore fort fine, il s'aperçut dans la suite qu'il y en avoit quelques-uns de supposés [2], et que les copistes ignorans ou peu soigneux, avoient attribué aux anciens des ouvrages dont ils n'étoient pas les auteurs. Cela le troubla, encore qu'il eût produit un assez bon nombre de passages incontestables. Mais ce qui l'embarrassa davantage, c'est de trouver dans les anciens beaucoup d'endroits où ils appeloient l'Eucharistie *une figure* [3]. Il ramassoit les passages; et il étoit étonné, disoit-il, « d'y voir une grande diversité : » foible théologien, qui ne songeoit pas que l'état de la foi ni de cette vie ne permettoit pas que nous jouissions de Jésus-Christ à découvert : de sorte qu'il se donnoit sous une forme étrangère, joignant nécessairement la vérité avec la figure, et la présence réelle avec un signe extérieur qui nous la couvroit. C'est de là que vient dans les Pères cette diversité apparente qui étonnoit Mélanchthon. La même chose lui eût paru, s'il y eût pris garde de près, sur le mystère de l'Incarnation et sur la divinité du Fils de Dieu, avant que les disputes des hérétiques eussent obligé les Pères à en parler plus précisément; et en général toutes les fois qu'il faut accorder ensemble deux vérités qui semblent contraires, comme dans le mystère de la Trinité et dans celui de l'Incarnation être égal et être au-dessous, et dans le sacrement de l'Eucharistie être présent et être en figure, il se fait naturellement une espèce de langage qui paroît confus, à moins qu'on n'ait, pour ainsi parler, la clef de l'Eglise et l'entière compréhension de tout le mystère : outre les autres raisons qui obligeoient les saints Pères à envelopper les mystères en certains endroits, donnant en d'autres des moyens certains de les entendre. Mélanch-

---

[1] Hosp., an. 1535, p. 137 et seq. — [2] Lib. III, epist. cxiv, *ad Joan. Brent.* — [3] *Ibid.*

thon n'en savoit pas tant. Ebloui du nom de Réforme et de l'extérieur alors assez spécieux de Luther, il s'étoit d'abord jeté dans son parti. Jeune encore et grand humaniste, mais seulement humaniste nouvellement appelé par l'électeur Frideric pour enseigner la langue grecque dans l'université de Vitenberg, il n'avoit guère pu apprendre d'antiquité ecclésiastique avec son maître Luther; et il étoit tourmenté d'une étrange sorte des contrariétés qu'il croyoit voir dans les saints Pères.

Pour achever de l'embarrasser, il fallut encore qu'il allât tomber sur le livre de Bertram ou de Ratramne, qui commençoit alors à paroître [1] : ouvrage ambigu, où l'auteur constamment ne s'entendoit pas toujours lui-même. Les zuingliens en font leur fort. Les luthériens le citent pour eux, et trouvent seulement à dire qu'il ait jeté des semences de transsubstantiation [2]. Il y a en effet de quoi contenter, ou plutôt de quoi embarrasser les uns et les autres. Jésus-Christ dans l'Eucharistie est si fort un corps humain par sa substance, et il est si dissemblable à un corps humain dans ses qualités, qu'on peut dire que c'en est un et que ce n'en est pas un à divers égards : qu'en un sens et en n'y regardant que la substance, c'est le même corps de Jésus né de Marie ; mais que dans un autre sens et en n'y regardant que les manières, c'en est un autre qu'il s'est fait lui-même par sa parole, qu'il cache sous des ombres et sous des figures, dont la vérité ne vient pas jusqu'aux sens, mais se découvre seulement à la foi.

XXXII. Dispute du temps de Ratramne, où Mélanchthon se confond

C'est ce qui fit au temps de Ratramne une dispute parmi les fidèles. Les uns ayant égard à la substance, disoient que le corps de Jésus-Christ étoit le même dans les entrailles de la sainte Vierge et dans l'Eucharistie : les autres ayant égard aux qualités ou plutôt à la manière d'être, vouloient que c'en fût un autre. Ainsi voit-on que saint Paul, parlant du corps ressuscité, en fait comme un autre corps fort différent de celui que nous avons en cette vie mortelle [3], quoiqu'au fond ce soit le même : mais à cause des qualités différentes dont ce corps est revêtu, saint Paul en fait comme deux corps, dont il appelle l'un *corps animal*, et l'autre *corps*

---

[1] Lib. III, ep. CLXXXVIII, *ad Vit. Theod.* — [2] *Centur.*, IX, cap. IV, *Inclin. doct.*, tit. *de Cœn.* — [3] I *Cor.*, XV, 37 et seq.

spirituel [1]. Dans ce même sens, et à plus forte raison, on pouvoit dire que le corps qu'on recevoit dans l'Eucharistie, n'étoit pas celui qui étoit sorti des entrailles bénites de la Vierge. Mais quoiqu'on le pût dire ainsi en un certain sens, d'autres craignoient en le disant de détruire la vérité du corps. C'est ainsi que les docteurs catholiques, d'accord dans le fond, disputoient des manières; les uns suivant les expressions de Paschase Radbert, qui vouloit que l'Eucharistie contînt le même corps sorti de la Vierge; les autres s'attachant à celles de Ratramne, qui vouloit que ce ne fût pas le même. A cela se joignit un autre embarras; c'est que la forte persuasion de la présence réelle, qui étoit (a) dans toute l'Eglise, et en Orient comme en Occident, avoit porté beaucoup de docteurs à ne pouvoir plus souffrir dans l'Eucharistie le terme de *figure*, qu'ils croyoient contraire à la vérité du corps; et les autres qui considéroient que Jésus-Christ ne se donne pas dans l'Eucharistie en sa propre forme, mais sous une forme étrangère et d'une manière si pleine de mystérieuses significations, vouloient bien que le corps du Sauveur se trouvât réellement dans l'Eucharistie, mais sous des figures, sous des voiles et dans des mystères : ce qui leur paroissoit d'autant plus nécessaire, qu'il étoit constant d'ailleurs que c'étoit un privilège réservé au siècle futur, de posséder Jésus-Christ en sa vérité manifeste, sans qu'il fût couvert d'aucune figure. Tout cela étoit vrai dans le fond : mais avant qu'on l'eût bien expliqué, il y avoit de quoi disputer longtemps. Ratramne, qui suivoit le dernier parti, n'avoit pas assez pénétré toute cette matière; et sans différer au fond d'avec les autres catholiques, il se jetoit quelquefois dans des expressions obscures et qu'il étoit assez malaisé de bien concilier ensemble : c'est ce qui a fait que tous ses lecteurs, et les protestans aussi bien que les catholiques, l'ont pris en tant de divers sens.

Mélanchthon trouvoit que cet auteur donnoit plutôt à deviner qu'il n'expliquoit clairement sa pensée [2]; et il se perdoit avec lui dans une matière que ni lui ni son maître Luther n'avoient jamais bien entendue.

[1] I *Cor.*, xv, 42-44, 46. — [2] Mel., lib. III, ep. CLXXXVIII.
(a) 1ʳᵉ édit. : Qui étoit alors.

Par ces lectures et ces réflexions il tomba dans une déplorable incertitude : mais quelle qu'ait été son opinion, dont nous parlerons dans la suite, il commençoit à s'éloigner de son maître, et il souhaitoit avec une ardeur extrême qu'on fît une assemblée où la matière se traitât de nouveau, « sans passion, sans sophisterie et sans tyrannie [1]. »

<small>XXXIII. Mélanchthon souhaite une nouvelle décision. La tyrannie de Luther.</small>

Ce dernier mot regardoit visiblement Luther : car dans toutes les assemblées qui s'étoient tenues jusqu'alors dans le parti, dès que Luther y étoit et qu'il avoit parlé, Mélanchthon nous apprend lui-même que les autres n'avoient qu'à se taire, et tout étoit fait. Mais pendant que dégoûté d'un tel procédé, il demandoit de nouvelles délibérations, et qu'il s'éloignoit de Luther, il ne laissoit pas de se réjouir de ce que Bucer s'en rapprochoit avec les siens. Nous venons de le voir lui-même approuver l'accord où la présence réelle est plus que jamais attachée aux symboles extérieurs [2], puisqu'on y convient qu'elle se trouve dans la communion des indignes, « quoiqu'il n'y ait ni foi ni pénitence. » Qu'on jette ici un moment les yeux sur les termes de l'accord de Vitenberg, non-seulement souscrit, mais encore procuré par Mélanchthon, pour bien voir combien positivement il y convient d'une chose sur laquelle il étoit entré dans un doute si violent.

C'est que Luther avançoit toujours, et qu'il étoit si ferme sur cette matière, qu'il n'y avoit pas moyen de le contredire. L'année d'après l'accord, c'est-à-dire en 1537, pendant que Bucer continuoit à négocier avec les Suisses, les luthériens se trouvèrent à Smalcalde, lieu ordinaire de leurs assemblées et où se sont traitées toutes leurs ligues. Cette assemblée fut tenue à l'occasion du concile convoqué par Paul III. Il falloit bien que Luther ne fût pas tout à fait content de la *Confession d'Augsbourg* et de l'*Apologie*, ni de la manière dont sa doctrine y avoit été expliquée, puisqu'il dresse lui-même de nouveaux articles, « afin, dit-il, qu'on sache quels sont les points dont il ne se veut jamais départir [3] ; » et c'est pour cela qu'il procura cette assemblée. Là Bucer s'expliqua si formellement sur la présence réelle, « qu'il satisfit, » dit Mélanch-

<small>XXXIV. Luther fait une nouvelle déclaration de sa foi dans les articles de Smalcalde</small>

[1] Lib. II, ep. XL; lib. III, ep. CLXXXVIII, CLXXXIX. — [2] Lib. III, ep. CXIV, *ad Brent.* — [3] *Art. Smalc., Præf.*, in lib. *Conc.*

thon, et le dit avec grande joie, « même ceux des nôtres qui avoient été les plus difficiles¹. » Il satisfit par conséquent Luther : et voilà encore Mélanchthon ravi qu'on s'attachât aux sentimens de Luther, lorsque lui-même il s'en détachoit, c'est-à-dire qu'il étoit ravi de voir l'Allemagne protestante toute réunie. Bucer avoit donné les mains : la ville de Strasbourg s'étoit déclarée avec son docteur pour la Confession d'Augsbourg : la politique étoit contente, c'est ce qui pressoit ; et pour la doctrine, on verroit après.

XXXV. Nouvelle manière d'expliquer les paroles de l'institution.
Il faut pourtant avouer que Luther y alloit de meilleure foi. Il vouloit parler nettement sur la matière de l'Eucharistie ; et voici comme il coucha l'article VI du sacrement de l'autel : « Sur le sacrement de l'autel, dit-il, nous croyons que le pain et le vin sont le vrai corps et le vrai sang de Notre-Seigneur ; et qu'ils ne sont pas seulement donnés et reçus par les chrétiens qui sont pieux, mais encore par ceux qui sont impies². » Ces derniers mots sont les mêmes que nous avons vus dans l'accord de Vitenberg ; sinon, qu'au lieu du terme d'*indignes*, il se sert de celui d'*impies*, qui est plus fort et qui éloigne encore davantage l'idée de la foi.

Il faut aussi remarquer que Luther ne dit rien dans cet article contre la présence hors de l'usage, ni contre l'union durable, mais seulement « que le pain étoit le vrai corps, » sans déterminer quand il l'étoit, ni combien de temps.

XXXVI. Si le pain peut être le corps.
Au reste cette expression, *que le pain étoit le vrai corps*, jusque-là n'avoit été insérée par Luther dans aucun acte public. Les termes ordinaires dont il se servoit, c'est que le corps et le sang étoient donnés « sous le pain et sous le vin³ : » c'est ainsi qu'il s'explique dans son *Petit catéchisme*. Dans le grand il ajoute un mot, et dit « que le corps nous est donné dans le pain et sous le pain⁴. » Je n'ai pas pu démêler encore dans quel temps ont été faits ces deux catéchismes : mais il est certain que les luthériens les reconnoissent comme des actes authentiques de leur religion. Aux deux particules *en* et *sous*, la *Confession d'Augsbourg* ajoute *avec* ; et c'est la phrase ordinaire des vrais luthériens, « que le

---

¹ Ap. Hosp., an. 1537, p. 155 ; Mel., lib. IV, ep. CXCVI. — ² *Conc.*, p. 330. — ³ *Conc.*, p. 380. — ⁴ *Conc.*, p. 553.

corps et le sang sont reçus dans, sous et avec le pain et le vin ; » mais on n'avoit dit encore dans aucun acte public de tout le parti, que le pain et le vin fussent le vrai corps et le vrai sang de Notre-Seigneur. Luther tranche ici le mot ; et il fallut que Mélanchthon, avec toute la répugnance qu'il avoit à unir le pain avec le corps, passât même jusqu'à souscrire que le pain étoit le vrai corps.

Les luthériens nous assurent dans leur livre de la *Concorde*[1], que Luther fut porté à cette expression par les subtilités des sacramentaires, qui trouvoient moyen d'accommoder à leur présence morale ce que Luther disoit de plus fort et de plus précis pour la présence réelle et substantielle ; par où en passant on voit encore une fois qu'il ne faut pas s'étonner si les défenseurs du sens figuré trouvent moyen de tirer à eux les saints Pères, puisque Luther même, vivant et parlant, lui qui connoissoit leurs subtilités et qui entreprenoit de les combattre, avoit peine à trouver des termes qu'ils ne fissent venir à leur sens avec leurs interprétations : fatigué de leurs subtilités, il voulut chercher quelque expression qu'ils ne pussent plus détourner, et il dressa l'article de Smalcalde en la forme que nous avons vue.

XXXVII.
Luther ne peut éviter les équivoques des sacramentaires qui éludent tout.

En effet, comme nous l'avons déjà remarqué[2], si le vrai corps de Jésus-Christ, selon l'opinion des sacramentaires, n'est reçu que par le moyen de la foi vive, on ne peut pas dire avec Luther que « les impies le reçoivent ; » et tant qu'on soutiendra que le pain n'est le corps de Jésus-Christ qu'en figure, assurément on ne dira pas avec l'article de Smalcalde « que le pain est le vrai corps de Jésus-Christ ; » ainsi Luther par cette expression excluoit le sens figuré et toutes les interprétations des sacramentaires. Mais il ne s'aperçut pas qu'il n'excluoit pas moins sa propre doctrine, puisque nous avons fait voir que le pain ne peut être le vrai corps, qu'il ne le devienne par ce changement véritable et substantiel que Luther ne veut point admettre.

Ainsi quand Luther et les luthériens, après avoir tourné en tant de diverses façons l'article de la présence réelle, tâchent enfin de l'expliquer si précisément que les équivoques des sacramentaires demeurent tout à fait bannies, on les voit insensiblement

[1] *Conc.*, p. 730. — [2] Ci-dessus, liv. II, n. 3, 31.

tomber dans des expressions qui n'ont aucun sens selon leurs principes, et ne peuvent se soutenir que dans la doctrine catholique.

<small>XXXVIII. Emportemens de Luther contre le Pape dans les articles de Smalcalde.</small>

Luther s'explique à Smalcalde très-durement contre le Pape, dont, comme nous avons vu, on n'avoit fait nulle mention dans les articles de foi de la *Confession d'Augsbourg*, ni dans l'*Apologie*; et il met parmi les articles dont il ne se veut jamais relâcher, « que le Pape n'est pas de droit divin ; que la puissance qu'il a usurpée est pleine d'arrogance et de blasphème ; que tout ce qu'il a fait et fait encore en vertu de cette puissance est diabolique ; que l'Eglise peut et doit subsister sans avoir un chef ; que quand le Pape auroit avoué qu'il n'est pas de droit divin, mais qu'on l'a établi seulement pour entretenir plus commodément l'unité des chrétiens contre les sectaires, il n'arriveroit jamais rien de bon d'une telle autorité ; et que le meilleur moyen de gouverner et de conserver l'Eglise, c'est que tous les évêques, quoiqu'inégaux dans les dons, demeurent pareils dans leur ministère sous un seul chef, qui est Jésus-Christ ; qu'enfin le Pape est le vrai Antechrist [1]. »

<small>XXXIX. Mélanchthon veut qu'on reconnoisse l'autorité du Pape.</small>

Je rapporte exprès tout au long ces décisions de Luther, parce que Mélanchthon y apporta une restriction qui ne peut être assez considérée.

A la fin des articles on voit deux listes de souscriptions, où paroissent les noms de tous les ministres et docteurs de la *Confession d'Augsbourg* [2]. Mélanchthon signa avec tous les autres : mais parce qu'il ne vouloit pas convenir de ce que Luther avoit dit du Pape, il fit sa souscription en ces termes : « Moi Philippe Mélanchthon, j'approuve les articles précédens comme pieux et chrétiens. Pour le Pape, mon sentiment est que s'il vouloit recevoir l'Evangile, pour la paix et la commune tranquillité de ceux qui sont déjà sous lui ou qui y seront à l'avenir, nous lui pouvons accorder la supériorité sur les évêques, qu'il a déjà de droit humain [3]. »

C'étoit l'aversion de Luther que cette supériorité du Pape, en quelque manière qu'on l'établît. Depuis que le Pape l'avoit condamné, il étoit devenu irréconciliable avec cette puissance, et il avoit fait signer à Mélanchthon même un acte par lequel toute la

[1] Art. 4, p. 312. — [2] *Conc.*, p. 336. — [3] *Conc.*, p. 338.

nouvelle Réforme disoit en corps : « Jamais nous n'approuverons que le Pape ait pouvoir sur les autres évêques[1]. » Mélanchthon s'en dédit à Smalcalde. Ce fut la première et la seule fois qu'il dédit son maître par acte public ; et parce que sa complaisance, ou sa soumission, ou quelqu'autre semblable motif, quel qu'il soit, lui firent passer malgré tous ses doutes le point bien plus difficile de l'Eucharistie, il faut croire que de puissantes raisons l'engagèrent à résister sur celui-ci. Ces raisons sont d'autant plus dignes d'être examinées, que nous verrons dans cet examen l'état véritable de la nouvelle Réforme ; les dispositions particulières de Mélanchthon ; la cause de tous les troubles dont il ne cessa d'être agité jusqu'à la fin de sa vie ; comment on s'engage dans un mauvais parti avec de bonnes intentions générales, et comment on y demeure au milieu des plus violentes agitations que puisse jamais sentir un homme vivant. La chose mérite bien d'être entendue, et ce sera Mélanchthon lui-même qui nous la découvrira dans ses écrits.

LIVRE V.

Réflexions générales sur les agitations de Mélanchthon, et sur l'état de la Réforme.

SOMMAIRE.

Les agitations, les regrets, les incertitudes de Mélanchthon. La cause de ses erreurs, et ses espérances déçues. Le triste succès de la Réforme, et les malheureux motifs qui y attirent les peuples, avoués par les auteurs du parti. Mélanchthon confesse en vain la perpétuité de l'Eglise, l'autorité de ses jugemens et celle de ses prélats. La justice imputative l'entraîne, encore qu'il reconnoisse qu'il n'en trouve rien dans les Pères, ni même dans saint Augustin, dont il s'étoit autrefois appuyé.

Les commencemens de Luther, durant lesquels Mélanchthon se donna tout à fait à lui, étoient spécieux. Crier contre des abus qui n'étoient que trop véritables avec beaucoup de force et de liberté ; remplir ses discours de pensées pieuses, restes d'une bonne insti-

I. Comment Mélanchthon fut attiré à Luther.

[1] Mél., liv. X, ep. LXXVI.

tution; et encore avec cela mener une vie, sinon parfaite, du moins sans reproche devant les hommes, sont choses assez attirantes. Il ne faut pas croire que les hérésies aient toujours pour auteurs des impies ou des libertins, qui de propos délibéré fassent servir la religion à leurs passions. Saint Grégoire de Nazianze ne nous représente pas les hérésiarques comme des hommes sans religion, mais comme des hommes qui prennent la religion de travers. « Ce sont, dit-il, de grands esprits : car les ames foibles sont également inutiles pour le bien et pour le mal. Mais ces grands esprits, poursuit-il, sont en même temps des esprits ardens et impétueux, qui prennent la religion avec une ardeur démesurée [1] : » c'est-à-dire qui ont un faux zèle, et qui mêlant à la religion un chagrin superbe, une hardiesse indomptée et leur propre esprit, poussent tout à l'extrémité; il y faut même trouver une régularité apparente, sans quoi où seroit la séduction tant prédite dans l'Ecriture? Luther avoit goûté la dévotion. Dans sa première jeunesse, effrayé d'un coup de tonnerre dont il avoit pensé périr, il s'étoit fait religieux d'assez bonne foi. On a vu ce qui se passa dans l'affaire des indulgences. S'il avançoit des dogmes extraordinaires, il se soumettoit au Pape. Condamné par le Pape, il réclama le concile que toute la chrétienté réclamoit aussi depuis plusieurs siècles, comme le seul remède des maux de l'Eglise. La réformation des mœurs corrompues étoit désirée de tout l'univers; et quoique la saine doctrine subsistât toujours également dans l'Eglise, elle n'y étoit pas également bien expliquée par tous les prédicateurs. Plusieurs ne prêchoient que les indulgences, les pèlerinages, l'aumône donnée aux religieux, et faisoient le fond de la piété de ces pratiques qui n'en étoient que les accessoires. Ils ne parloient pas autant qu'il falloit de la grace de Jésus-Christ; et Luther, qui lui donnoit tout d'une manière nouvelle par le dogme de la justice imputée, parut à Mélanchthon jeune encore et plus versé dans les belles-lettres que dans les matières de théologie, le seul prédicateur de l'Evangile.

11. Mélanchthon épris

Il est juste de tout donner à Jésus-Christ. L'Eglise lui donnoit tout dans la justification du pécheur, aussi bien et mieux que

[1] *Orat.* 26, tom. I, p. 444.

Luther, mais d'une autre sorte. On a vu que Luther lui donnoit tout, en ôtant absolument tout à l'homme; et que l'Eglise au contraire lui donnoit tout, en regardant comme un effet de sa grace tout ce que l'homme avoit de bien, et même le bon usage de son libre arbitre dans tout ce qui regarde la vie chrétienne. La nouveauté de la doctrine et des pensées de Luther fut un charme pour les beaux esprits. Mélanchthon en étoit le chef en Allemagne. Il joignoit à l'érudition, à la politesse et à l'élégance du style une singulière modération. On le regardoit comme seul capable de succéder dans la littérature à la réputation d'Erasme; et Erasme luimême l'eût élevé par son suffrage aux premiers honneurs parmi les gens de lettres, s'il ne l'eût vu engagé dans un parti contre l'Eglise : mais la nouveauté l'entraîna comme les autres. Dès les premières années qu'il s'étoit attaché à Luther, il écrivit à un de ses amis : « Je n'ai pas encore traité comme il faut la matière de la justification, et je vois qu'aucun des anciens ne l'a encore traitée de cette sorte [1]. » Ces paroles nous font sentir un homme tout épris du charme de la nouvelle doctrine : il n'a encore qu'effleuré une si grande matière, et déjà il en sait plus que tous les anciens. On le voit ravi d'un sermon qu'avoit fait Luther sur le jour du Sabbat [2] : il y avoit prêché le repos où Dieu faisoit tout, où l'homme ne faisoit rien. Un jeune professeur de la langue grecque entendoit débiter de si nouvelles pensées au plus véhément et au plus vif orateur de son siècle, avec tous les ornemens de sa langue naturelle et un applaudissement inouï; c'étoit de quoi être transporté. Luther lui paroît le plus grand de tous les hommes, un homme envoyé de Dieu, un prophète. Le succès inespéré de la nouvelle Réforme le confirme dans ses pensées. Mélanchthon étoit simple et crédule; les bons esprits le sont souvent; le voilà pris. Tous les gens de belles-lettres suivent son exemple, et Luther devient leur idole. On l'attaque, et peut-être avec trop d'aigreur. L'ardeur de Mélanchthon s'échauffe; la confiance de Luther l'engage de plus en plus, et il se laisse entraîner à la tentation de réformer avec son maître, aux dépens de l'unité et de la paix, et les évêques, et les Papes, et les princes, et les rois, et les empereurs.

de la nouveauté, et de la trompeuse apparence de la justice imputative

[1] Lib. IV, ep. cxxvi., col. 574. — [2] *Ibid.*, col. 575.

176   HISTOIRE DES VARIATIONS.

III.
Comment Mélanchthon excusoit les emportemens de Luther.

Il est vrai, Luther s'emportoit à des excès inouïs : c'étoit un sujet de douleur à son disciple modéré. Il trembloit lorsqu'il pensoit à la colère implacable *de cet Achille*, et il ne craignoit « rien moins de la vieillesse d'un homme dont les passions étoient si violentes que les emportemens d'un Hercule, d'un Philoctète, et d'un Marius [1] ; » c'est-à-dire qu'il prévoyoit, ce qui arriva en effet, quelque chose de furieux. C'est ce qu'il écrit confidemment, et en grec à son ordinaire, à son ami Camérarius : mais un bon mot d'Érasme (que ne peut un bon mot sur un bel esprit?) le soutenoit. Érasme disoit que tout le monde opiniâtre et endurci comme il étoit, avoit besoin d'un maître aussi rude que Luther [2] : c'étoit-à-dire, comme il l'expliquoit, que Luther lui paroissoit nécessaire au monde comme les tyrans que Dieu envoie pour le corriger, comme un Nabuchodonosor, comme un Holoferne, en un mot comme un fléau de Dieu. Il n'y avoit pas là de quoi se glorifier : mais Mélanchthon l'avoit pris du beau côté, et vouloit croire au commencement que pour réveiller le monde, il ne falloit rien moins que les violences et le tonnerre de Luther.

IV.
Le commencement des agitations de Mélanchthon.

Mais enfin l'arrogance de ce maître impérieux se déclara. Tout le monde se soulevoit contre lui, et même ceux qui vouloient avec lui réformer l'Eglise. Mille sectes impies s'élevoient sous ses étendards ; et sous le nom de réformation les armes, les séditions, les guerres civiles ravageoient la chrétienté. Pour comble de douleur la querelle sacramentaire partagea la Réforme naissante en deux partis presque égaux : cependant Luther poussoit tout à bout, et ses discours ne faisoient qu'aigrir les esprits au lieu de les calmer. Il parut tant de foiblesse dans sa conduite ; et ses excès furent si étranges, que Mélanchthon ne les pouvoit plus ni excuser, ni supporter. Depuis ce temps ses agitations furent immenses. A chaque moment on lui voyoit souhaiter la mort. Ses larmes ne tarirent point durant trente ans [3] ; et « l'Elbe, disoit-il lui-même, avec tous ses flots, ne lui auroit pu fournir assez d'eaux » pour pleurer les malheurs de la Réforme divisée [4].

V.
Mélanch-

Les succès inespérés de Luther, dont il avoit été ébloui d'abord

[1] Lib. IV, ep. CCXL, p. 315. — [2] Lib. XVIII, ep. XXV; XIX, III. — [3] Lib. IV, ep. C, 119, 842. — [4] Lib. II, ep. CCII.

et qu'il prenoit avec tous les autres pour une marque du doigt de Dieu, n'eurent plus pour lui qu'un foible agrément, lorsque le temps lui eut découvert les véritables causes de ces grands progrès et leurs effets déplorables. Il ne fut pas longtemps sans s'apercevoir que la licence et l'indépendance faisoient la plus grande partie de la réformation. Si l'on voyoit les villes de l'Empire accourir en foule à ce nouvel évangile, ce n'étoit pas qu'elles se souciassent de la doctrine. Nos réformés souffriront avec peine ce discours; mais c'est Mélanchthon qui l'écrit, et qui l'écrit à Luther : « Nos gens me blâment de ce que je rends la juridiction aux évêques. Le peuple accoutumé à la liberté, après avoir une fois secoué ce joug, ne le veut plus recevoir, et les villes de l'Empire sont celles qui haïssent le plus cette domination. Elles ne se mettent point en peine de la doctrine et de la religion, mais seulement de l'empire et de la liberté[1]. » Il répète encore cette plainte au même Luther : « Nos associés, dit-il, disputent non pour l'Evangile, mais pour leur domination[2]. » Ce n'étoit donc pas la doctrine, c'étoit l'indépendance que cherchoient les villes; et si elles haïssoient leurs évêques, ce n'étoit pas tant parce qu'ils étoient leurs pasteurs que parce qu'ils étoient leurs souverains.

thon reconnoit enfin que les grands succès de Luther avoient un mauvais principe.

Il faut tout dire, Mélanchthon n'étoit pas beaucoup en peine de rétablir la puissance temporelle des évêques : ce qu'il vouloit rétablir, c'étoit la police ecclésiastique, la juridiction spirituelle, et en un mot « l'administration épiscopale, » parce qu'il voyoit que sans elle tout alloit tomber en confusion. « Plût à Dieu, plût à Dieu que je pusse, non point confirmer la domination des évêques, mais en rétablir l'administration; car je vois quelle église nous allons avoir, si nous renversons la police ecclésiastique. Je vois que la *tyrannie sera plus insupportable que jamais*[3]. » C'est ce qui arrive toujours quand on secoue le joug de l'autorité légitime. Ceux qui soulèvent les peuples sous prétexte de liberté, se font eux-mêmes tyrans; et si on n'a pas encore assez vu que Luther étoit de ce nombre, la suite le fera paroître d'une manière à ne laisser aucun doute. Mélanchthon continue; et après avoir blâmé ceux qui n'aimoient Luther « qu'à cause

VI.
Il prévoit les désordres qui arriveroient pour avoir méprisé l'autorité des évêques.

[1] Lib. I, ep. XVII. — [2] Lib. I, ep. XX. — [3] Lib. IV, ep. CIV.

que par son moyen ils se sont défaits des évêques, » il conclut
« qu'ils se sont donné une liberté qui ne feroit aucun bien à la
postérité. Car quel sera, poursuit-il, l'état de l'Eglise, si nous
changeons toutes les coutumes anciennes, et qu'il n'y ait plus de
prélats ou de conducteurs certains? »

<small>VII.
L'autorité
et la discipline ecclésiastique entièrement méprisées dans les nouvelles églises. Témoignage de Capiton et des autres.</small>
Il prévoit que dans ce désordre chacun se rendra le maître. Si
les puissances ecclésiastiques, à qui l'autorité des apôtres est venue
par succession, ne sont point reconnues, les nouveaux ministres
qui ont pris leur place, comment subsisteront-ils? Il ne faut
qu'entendre parler Capiton, collègue de Bucer dans le ministère
de l'église de Strasbourg : « L'autorité des ministres est, dit-il, entièrement abolie : tout se perd, tout va en ruine. Il n'y a parmi
nous aucune église, pas même une seule, où il y ait de la discipline.... Le peuple nous dit hardiment : Vous voulez vous faire
les tyrans de l'Eglise qui est libre : vous voulez établir une nouvelle papauté. » Et un peu après : « Dieu me fait connoître ce que
c'est qu'être pasteur, et le tort que nous avons fait à l'Eglise par
le jugement précipité, et la véhémence inconsidérée qui nous a
fait rejeter le Pape. Car le peuple accoutumé et comme nourri à
la licence, a rejeté tout à fait le frein; comme si en détruisant la
puissance des papistes, nous avions détruit en même temps toute la
force des sacremens et du ministère. Ils nous crient : Je sais assez
l'Evangile : qu'ai-je besoin de votre secours pour trouver Jésus-Christ? Allez prêcher ceux qui veulent vous entendre [1]. » Quelle
Babylone est plus confuse que cette église qui se vantoit d'être
sortie de l'église romaine comme d'une Babylone? Voilà quelle
étoit l'Eglise de Strasbourg, elle que les nouveaux réformés proposoient sans cesse à Erasme, lorsqu'il se plaignoit de leurs désordres,
comme la plus réglée et la plus modeste de toutes leurs églises;
voilà quelle elle étoit environ l'an 1537, c'est-à-dire dans sa force
et dans sa fleur.

Bucer, le collègue de Capiton, n'en avoit pas meilleure opinion
en 1549, et il avoue qu'on n'y avoit rien tant recherché « que le
plaisir de vivre à sa fantaisie [2]. »

Un autre ministre se plaint à Calvin qu'il n'y a nul ordre dans

[1] *Ep. ad Farel.*, int. ep. *Calv.*, p. 5. — [2] Int. ep. *Calv.*, p. 509, 510.

leurs églises, et il en rend cette raison, « qu'une grande partie des leurs croit s'être tirée de la puissance de l'Antechrist, en se jouant à sa fantaisie des biens de l'Eglise, et en ne reconnoissant aucune discipline [1]. » Ce ne sont pas là des discours où l'on reprenne les désordres avec exagération. C'est ce que les nouveaux pasteurs s'écrivent confidemment les uns aux autres, et on y voit les tristes effets de la Réforme.

Un des fruits qu'elle produisit fut la servitude où tomba l'Eglise. Il ne faut pas s'étonner si la nouvelle Réforme plaisoit aux princes et aux magistrats, qui s'y rendoient maîtres de tout, et même de la doctrine. Le premier effet du nouvel évangile dans une ville voisine de Genève, c'est Montbéliard (a), fut une assemblée qu'on y tint des principaux habitans pour apprendre « ce que le prince ordonneroit de la Cène [2]. » Calvin s'élève inutilement contre cet abus : il y espère peu de remède, et tout ce qu'il peut faire est de s'en plaindre comme du plus grand désordre qu'on pût introduire dans l'Eglise. Mycon, successeur d'Œcolampade dans le ministère de Bâle, fait la même plainte aussi vainement : « Les laïques, dit-il, s'attribuent tout, et le magistrat s'est fait pape [3]. »

VIII. Autre fruit de la Réforme. La servitude de l'Eglise où le magistrat se fit pape.

C'étoit un malheur inévitable dans la nouvelle Réforme : elle s'étoit établie en se soulevant contre les évêques sur les ordres du magistrat. Le magistrat suspendit la messe à Strasbourg, l'abolit en d'autres endroits, et donna la forme au service divin. Les nouveaux pasteurs étoient institués par son autorité ; il étoit juste après cela qu'il eût toute la puissance dans l'Eglise. Ainsi ce qu'on gagna dans la Réforme en rejetant le Pape ecclésiastique, successeur de saint Pierre, fut de se donner un Pape laïque, et de mettre entre les mains des magistrats l'autorité des apôtres.

Luther tout fier qu'il étoit de son nouvel apostolat, ne se put défendre d'un tel abus. Seize ans s'étoient écoulés depuis l'établissement de sa Réforme dans la Saxe, sans qu'on eût seulement songé à visiter les églises, ni à voir si les pasteurs qu'on y avoit établis faisoient leur devoir, et si les peuples savoient du moins

IX. Luther prend la mission du prince pour faire la visite ecclésiastique.

[1] Int. ep. Calv., p. 43. — [2] Calv., Ep., p. 50-52. — [3] Int. ep. Calv., p. 52.
(a) Il y a quarante lieues de Genève à Montbéliard.

leur catéchisme. On leur avoit fort bien appris, dit Luther, « à manger de la chair les vendredis et les samedis ; à ne se confesser plus, à croire qu'on étoit justifié par la seule foi, et que les bonnes œuvres ne méritoient rien [1] : » mais pour prêcher sérieusement la pénitence, Luther fait bien connoître que c'étoit à quoi on pensoit le moins. Les réformateurs avoient bien d'autres affaires. Pour enfin s'opposer à ce désordre, en 1538 on s'avisa du remède de la visite si connu dans les canons. « Mais personne, dit Luther, n'étoit encore parmi nous appelé à ce ministère ; et saint Pierre défend de rien faire dans l'Église, sans être assuré par une députation certaine que ce qu'on fait est l'œuvre de Dieu [2] : » c'est-à-dire en un mot qu'il faut pour cela une mission, une vocation, une autorité légitime. Remarquez que les nouveaux évangélistes avoient bien reçu d'en haut une mission extraordinaire pour soulever les peuples contre leurs évêques, prêcher malgré eux, et s'attribuer l'administration des sacremens contre leur défense : mais pour faire la véritable fonction épiscopale, qui est de visiter et de corriger, personne n'en avoit reçu la vocation ni l'ordre de Dieu ; tant cette céleste mission étoit imparfaite, tant ceux qui la vantoient s'en défioient dans le fond. Le remède qu'on trouva à ce défaut, fut d'avoir recours au prince, comme « à la puissance indubitablement ordonnée de Dieu dans ce pays [3]. » C'est ainsi que parle Luther. Mais cette puissance établie de Dieu, l'a-t-elle été pour cette fonction ? Non, Luther l'avoue, et il pose pour fondement que la visite est une fonction apostolique. Pourquoi donc ce recours au prince ? C'est, dit Luther, « qu'encore que par sa puissance séculière il ne soit point chargé de cet office » il ne laissera pas « par charité de nommer des visiteurs ; » et Luther exhorte les autres princes à suivre cet exemple, c'est-à-dire qu'il fait exercer la fonction des évêques par l'autorité des princes, et on appelle cette entreprise une charité dans le langage de la Réforme.

X.
Les églises luthériennes ne sont pas mieux

Ce récit fait voir que les sacramentaires n'étoient pas les seuls, qui destitués de l'autorité légitime, avoient rempli leurs églises de confusion. Il est vrai que Capiton, après s'être plaint dans la lettre

---

[1] *Visit. Sax.*, cap. *de doct.*; cap. *De libert. christ.*, etc. — [2] *Ibid.*, *Præf.* — [3] *Ibid.*

qu'on vient de voir que la discipline étoit « inconnue » dans les églises de sa secte, ajoute « qu'il n'y avoit de discipline que dans les églises luthériennes [1]. » Mais Mélanchthon, qui les connoissoit, raconte en parlant de ces églises en 1532 et à peu près dans le même temps que Capiton écrivit sa lettre, « que la discipline y étoit ruinée; qu'on y doutoit des plus grandes choses : cependant qu'on n'y vouloit point entendre, non plus que parmi les autres, à expliquer nettement les dogmes, et que ces maux étoient incurables [2] : » si bien qu'il ne reste aucun avantage aux luthériens, si ce n'est que leur discipline telle quelle, étoit encore si fort au-dessus de celle des sacramentaires, qu'elle leur faisoit envie.

disciplinées et Mélanchthon le reconnoit.

Il est bon d'apprendre encore de Mélanchthon comment les grands du parti traitoient la théologie et la discipline ecclésiastique. On parloit assez foiblement de la confession des péchés parmi les luthériens; et néanmoins le peu qu'on y en disoit, et ce petit reste de la discipline chrétienne qu'on y avoit voulu retenir, frappa tellement un homme d'importance, qu'au rapport de Mélanchton il avança dans un grand festin « (car c'est là, dit-il, seulement qu'ils traitent la théologie) qu'il s'y falloit opposer; que tous ensemble ils devoient prendre garde à ne se laisser pas ravir la *liberté qu'ils avoient recouvrée;* autrement qu'on les replongeroit dans une nouvelle servitude, et que déjà on renouveloit peu à peu les anciennes traditions [3]. » Voilà ce que c'est que d'exciter l'esprit de révolte parmi les peuples, et de leur inspirer sans discernement la haine des traditions. On voit dans un seul festin l'image de ce qu'on faisoit dans les autres. Cet esprit régnoit dans tout le peuple : et Mélanchthon dit lui-même à son ami Camérarius, en parlant de ces nouvelles églises : « Vous voyez les emportemens de la multitude, et ses aveugles désirs [4]; » on n'y pouvoit établir la règle.

XI.
Mélanchthon déplore la licence du parti, où le peuple décidoit à table des points de la religion.

Ainsi la réformation véritable, c'est-à-dire celle des mœurs, reculoit au lieu d'avancer pour deux raisons : l'une, que l'autorité étoit détruite; l'autre, que la nouvelle doctrine portoit au relâchement.

XII.
La justice imputative diminuoit la nécessité des bonnes

---

[1] Int. *ep. Calv.*, p. 5, n. 7. — [2] Lib. IV, ep. cxxxv. — [3] Lib. IV, ep. lxxi. — [4] *Ibid.*, 769.

œuvres.
Décision des luthériens et de Mélanchthon.

Je n'entreprends pas de prouver que la nouvelle justification avoit ce mauvais effet : c'est une matière rebattue, et qui n'est point de mon sujet. Mais je dirai seulement ces faits constans, qu'après l'établissement de la justice imputée, la doctrine des bonnes œuvres baissa tellement, que des principaux disciples de Luther dirent que c'étoit un blasphème d'enseigner qu'elles fussent nécessaires. D'autres passèrent jusqu'à dire qu'elles étoient contraires au salut; tous décidèrent d'un commun accord qu'elles n'y étoient pas nécessaires. On peut bien dire dans la nouvelle Réforme que les bonnes œuvres sont nécessaires comme des choses que Dieu exige de l'homme : mais on ne peut pas dire qu'elles sont nécessaires au salut. Et pourquoi donc Dieu les exige-t-il? N'est-ce pas afin qu'on soit sauvé? Jésus-Christ n'a-t-il pas dit lui-même : « Si vous voulez entrer dans la vie, gardez les commandemens[1]? » C'est donc précisément pour avoir la vie et le salut éternel que les bonnes œuvres sont nécessaires selon l'Evangile, et c'est ce que prêche toute l'Ecriture : mais la nouvelle Réforme a trouvé cette subtile distinction, qu'on peut sans difficulté les avouer nécessaires, pourvu que ce ne soit pas pour le salut.

Il s'agissoit des adultes; car pour les petits enfans, tout le monde en étoit d'accord. Qui eût cru que la réformation dût enfanter un tel prodige, et que cette proposition : « Les bonnes œuvres sont nécessaires au salut, » pût jamais être condamnée? Elle le fut par Mélanchthon et par tous les luthériens[2], en plusieurs de leurs assemblées, et en particulier dans celle de Vorms en 1557, dont nous verrons les actes en son temps.

XIII.
Nulle réformation des mœurs dans les églises protestantes ; témoignage d'Erasme.

Je ne prétends pas ici reprocher à nos réformés leurs mauvaises mœurs ; les nôtres, à les regarder dans la plupart des hommes, ne paroissoient pas meilleures; mais c'est qu'il ne faut pas leur laisser croire que leur Réforme ait eu les fruits véritables qu'un si beau nom faisoit attendre, ni que leur nouvelle justification ait produit aucun bon effet.

Erasme disoit souvent que de tant de gens qu'il voyoit entrer dans la nouvelle Réforme (et il avoit une étroite familiarité avec la

[1] *Matth.*, XIX, 17. — [2] Mel., *Ep.*, lib. I, ep. LXX, col. 84.

plupart et les principaux), il n'en avoit vu aucun qu'elle n'eût rendu plus mauvais, loin de le rendre meilleur. Quelle race évangélique est ceci ? disoit-il[1], jamais on ne vit rien de plus licencieux ni de plus séditieux tout ensemble, rien enfin de moins évangélique que ces évangéliques prétendus : ils retranchent les veilles et les offices de la nuit et du jour. C'étoit, disent-ils, des superstitions pharisaïques; mais il falloit donc les remplacer de quelque chose de meilleur, et ne pas devenir épicuriens à force de s'éloigner du judaïsme. Tout est outré dans cette Réforme : on arrache ce qu'il faudroit seulement épurer; on met le feu à la maison pour en consumer les ordures. Les mœurs sont négligées; le luxe, les débauches, les adultères se multiplient plus que jamais; il n'y a ni règle ni discipline. Le peuple indocile, après avoir secoué le joug des supérieurs, n'en veut plus croire personne; et dans une licence si désordonnée, Luther aura bientôt à regretter cette tyrannie, comme il l'appelle, des évêques. Quand il écrivoit de cette sorte à ses amis protestans des fruits malheureux de leur Réforme[2], ils en convenoient avec lui de bonne foi. « J'aime mieux, leur disoit-il, avoir affaire avec ces papistes que vous décriez tant. » Il leur reproche la malice d'un Capiton; les médisances malignes d'un Farel, qu'Œcolampade, à la table duquel il vivoit, ne pouvoit ni souffrir ni réprimer; l'arrogance et les violences de Zuingle; et enfin celles de Luther, qui tantôt sembloit parler comme les apôtres, et tantôt s'abandonnoit à de si étranges excès et à de si plates bouffonneries, qu'on voyoit bien que cet air apostolique qu'il affectoit quelquefois, ne pouvoit venir de son fonds. Les autres qu'il avoit connus ne valoient pas mieux. Je trouve, disoit-il, plus de piété dans un seul bon évêque catholique que dans tous ces nouveaux évangélistes[4]. Ce qu'il en disoit n'étoit pas pour flatter les catholiques, dont il accusoit les déréglemens par des discours assez libres. Mais outre qu'il trouvoit mauvais qu'on fît sonner si haut la réformation sans valoir mieux que les autres, il falloit mettre grande différence entre ceux qui négligeoient les

---

[1] *Ep.*, p. 818, 822; lib. XIX, ep. III; XXXI, XLVII. p. 2053, etc.; lib. VI, IV; XVIII, VI, 24, 49; XIX, III, IV, 113; XXI, III; XXXI, XLVII, LIX, etc.— [2] Lib. XIX, II; XXX, LXII, — [3] Lib. XIX, III. — [4] Lib. XXXI, epist. LIX, col. 2118.

bonnes œuvres par foiblesse, et ceux qui en diminuoient la nécessité et la dignité par maxime.

XIV. Témoignage de Bucer.

Mais voici un témoignage pour les protestans qui les serrera de plus près : ce sera celui de Bucer. En 1542 et plus de vingt ans après la réformation, ce ministre écrit à Calvin que « parmi eux *les plus évangéliques* ne savoient pas seulement ce que c'étoit que la véritable pénitence [1] : » tant on y avoit abusé du nom de la *Réforme* et de l'Evangile. Nous venons d'apprendre la même chose de la bouche de Luther [2]. Cinq ans après cette lettre de Bucer et parmi les victoires de Charles V, Bucer écrit encore au même Calvin : « Dieu a puni l'injure que nous avons faite à son nom par notre si longue et très-pernicieuse hypocrisie [3]. » C'étoit assez bien nommer la licence couverte du titre de *réformation*. En 1549 il marque en termes plus forts le peu d'effet de la réformation prétendue, lorsqu'il écrit encore à Calvin : « Nos gens ont passé de l'hypocrisie si avant enracinée dans la Papauté, à une profession telle quelle de Jésus-Christ, et il n'y a qu'un très-petit nombre qui soient tout à fait sortis de cette hypocrisie [4]. » A cette fois il cherche querelle, et veut rendre l'Eglise romaine coupable de l'hypocrisie qu'il reconnoissoit dans son parti ; car si par l'hypocrisie romaine il entend, selon le style de la Réforme, les vigiles, les abstinences, les pèlerinages, les dévotions qu'on faisoit à l'honneur des saints et les autres pratiques semblables, on ne pouvoit pas en être plus revenu que l'étoient (a) les nouveaux réformés, puisque tous ils avoient passé aux extrémités opposées : mais comme le fond de la piété ne consistoit pas dans ces choses extérieures, il consistoit encore moins à les abolir : que si c'étoit l'opinion des mérites, que Bucer appeloit ici notre hypocrisie, la Réforme n'étoit encore que trop corrigée de ce mal, elle qui ôtoit ordinairement jusqu'au mérite, qui étoit un don de la grace, bien que la force de la vérité le lui fît quelquefois reconnoître. Quoi qu'il en soit, la réformation avoit si peu prévalu sur l'hypocrisie, que très-peu, selon Bucer, étoient sortis d'un si

---

[1] Int. *ep. Calv.*, p. 54. — [2] *Visit. Sax.*, cap. *De doct.*; cap. *De lib. chr.*, etc.; dessus, n. 9. — [3] Int. *ep. Calv.*, p. 100. — [4] Int. *ep. Calv.*, p. 509, 510.

(a) 1re édit. : Qu'étoient.

grand mal. « C'est pourquoi, poursuit-il, nos gens ont été plus soigneux de paroître disciples de Jésus-Christ que de l'être en effet ; et quand il a nui à leurs intérêts de le paroître, ils se sont encore défaits de cette apparence. Ce qui leur plaisoit, c'étoit de sortir de la tyrannie et des superstitions du Pape, *et de vivre à leur fantaisie.* » Un peu après : « Nos gens, dit-il, n'ont jamais voulu sincèrement recevoir les lois de Jésus-Christ : aussi n'ont-ils pas eu le courage de les opposer aux autres avec une constance chrétienne.... Tant qu'ils ont cru avoir quelque appui dans le bras de la chair, ils ont fait ordinairement des réponses assez vigoureuses : mais ils s'en sont très-peu souvenus, lorsque ce bras de la chair a été rompu, et qu'ils n'ont plus eu de secours humain. »

Sans doute jusqu'alors la réformation véritable, c'est-à-dire celle des mœurs, avoit de foibles fondemens dans la Réforme prétendue, et l'œuvre de Dieu tant vantée et tant désirée ne s'y faisoit pas.

Ce que Mélanchthon avoit le plus espéré dans la Réforme de Luther, c'étoit la liberté chrétienne et l'affranchissement de tout joug humain : mais il se trouva bien déçu dans ses espérances. Il a vu près de cinquante ans durant l'église luthérienne toujours sous la tyrannie, ou dans la confusion. Elle porta longtemps la peine d'avoir méprisé l'autorité légitime. Il n'y eut jamais de maître plus rigoureux que Luther, ni de tyrannie plus insupportable que celle qu'il exerçoit dans les matières de doctrine. Son arrogance étoit si connue, qu'elle faisoit dire à Muncer qu'il y avoit deux papes, l'un celui de Rome et l'autre Luther, et ce dernier le plus dur. S'il n'y eût eu que Muncer, un fanatique et un chef de fanatiques, Mélanchthon eût pu s'en consoler : mais Zuingle, mais Calvin, mais tous les Suisses et tous les sacramentaires, gens que Mélanchthon ne méprisoit pas, disoient hautement, sans qu'il les pût contredire, que Luther étoit un nouveau pape. Personne n'ignore ce qu'écrivit Calvin à son confident Bulinger, « qu'on ne pouvoit plus souffrir les emportemens de Luther, à qui son amour-propre ne permettoit pas de connoître ses défauts, ni d'endurer qu'on le contredît[1]. » Il s'agissoit de doctrine, et c'étoit principalement sur

XV. Tyrannie insupportable de Luther : ce que Calvin en écrivit à Mélanchthon.

---

[1] *Ep.*, p. 526.

la doctrine que Luther se vouloit donner cette autorité absolue. La chose alla si avant, que Calvin s'en plaignit à Mélanchthon même : « Avec quel emportement, dit-il, foudroie votre Périclès[1] ? » C'étoit ainsi qu'on nommoit Luther, quand on vouloit donner un beau nom à son éloquence trop violente. « Nous lui devons beaucoup, je l'avoue, et je souffrirai aisément qu'il ait une très-grande autorité, pourvu qu'il sache se commander à lui-même, quoiqu'enfin il seroit temps d'aviser combien nous voulons déférer aux hommes dans l'église. Tout est perdu lorsque quelqu'un peut seul plus que tous les autres, surtout quand il ne craint pas d'user de tout son pouvoir.... Et certainement nous laissons un étrange exemple à la postérité, pendant que nous aimons mieux abandonner notre liberté, que d'irriter un seul homme par la moindre offense. Son esprit est violent, dit-on, et ses mouvemens sont impétueux, comme si cette violence ne s'emportoit pas davantage pendant que tout le monde ne songe qu'à lui complaire en tout. Osons une fois pousser du moins un gémissement libre. »

Combien est-on captif quand on ne peut pas même gémir en liberté! On est quelquefois de mauvaise humeur, je l'avoue, quoiqu'un des premiers et des moindres effets de la vertu soit de se vaincre soi-même sur (*a*) cette inégalité : mais que peut-on espérer quand un homme, et encore un homme qui n'a pas plus d'autorité, ni peut-être plus de savoir que les autres, ne veut rien entendre et qu'il faut que tout passe à son mot?

XVI.
Mélanchthon tyrannisé par Luther, songe à la fuite.

Mélanchthon n'eut rien à répondre à ces justes plaintes, et lui-même n'en pensoit pas moins que les autres. Ceux qui vivoient avec Luther ne savoient jamais comment ce rigoureux maître prendroit leurs sentimens sur la doctrine. Il les menaçoit de nouveaux formulaires de foi, principalement au sujet des sacramentaires, dont on accusoit Mélanchthon de nourrir l'orgueil *par sa douceur*. On se servoit de ce prétexte pour aigrir Luther contre lui, ainsi que son ami Camérarius l'écrit dans sa Vie[2]. Mélanchthon ne savoit point d'autre remède à ces maux que celui de la

[1] Calv., *Ep. ad Mel.*, p. 72. — [2] Cam., *in Vit. Phil. Mel.*

(*a*) 1ʳᵉ édit. : Se vaincre sur.

fuite, et son gendre Peucer nous apprend qu'il y étoit résolu ¹. Il écrit lui-même que Luther s'emporta si violemment contre lui sur une lettre reçue de Bucer, qu'il ne songeoit qu'à se retirer éternellement de sa présence ². Il vivoit dans une telle contrainte avec Luther et avec les chefs du parti, et on l'accabloit tellement de travail et d'inquiétude, qu'il écrivit, n'en pouvant plus, à son ami Camérarius : « Je suis, dit-il, en servitude comme dans l'antre du Cyclope ; car je ne puis vous déguiser mes sentimens ; et je pense souvent à m'enfuir ³. » Luther n'étoit pas le seul qui le violentoit. Chacun est maître à certains momens parmi ceux qui se sont soustraits à l'autorité légitime, et le plus modéré est toujours le plus captif.

Quand un homme s'est engagé dans un parti pour dire son sentiment avec liberté, et que cet appât trompeur l'a fait renoncer au gouvernement établi, s'il trouve après que le joug s'appesantisse et que non-seulement le maître qu'il aura choisi, mais encore ses compagnons le tiennent plus sujet qu'auparavant, que n'a-t-il point à souffrir ? et faut-il nous étonner des lamentations continuelles de Mélanchthon ? Non, Mélanchthon n'a jamais dit tout ce qu'il pensoit sur la doctrine, pas même quand il écrivoit à Augsbourg sa Confession de foi et celle de tout le parti. Nous avons vu qu'il « accommodoit ses dogmes à l'occasion ⁴ : » il étoit prêt à dire beaucoup de choses plus douces, c'est-à-dire plus approchantes des dogmes reçus par les catholiques, « si ses compagnons l'avoient permis. » Contraint de tous côtés et plus encore de celui de Luther que de tout autre, il n'ose jamais parler et se réserve « à de meilleurs temps, s'il en vient, dit-il, qui soient propres aux desseins que j'ai dans l'esprit ⁵. » C'est ce qu'il écrit en 1537 dans l'assemblée de Smalcalde, où on dressa les articles dont nous venons de parler. On le voit cinq ans après, et en 1542, soupirer encore après une assemblée libre du parti ⁶, où l'on explique « la doctrine d'une manière ferme et précise. » Encore après et vers les dernières années de sa vie, il écrit à Calvin

XVII.
Il passe sa vie sans oser jamais s'expliquer tout à fait sur la doctrine.

---

¹ Peuc., *Ep. ad Vit. Theod.*, Hosp., part. II, fol. 193 et seq. — ² Mel., lib. IV, ep. cccxv. — ³ Lib. IV, ep. cclv. — ⁴ Ci-dessus, liv. III, n. 63. — ⁵ Lib. IV, ep. cciv. — ⁶ Lib. I, ep. cx, col. 147.

et à Bulinger, qu'on devoit écrire contre lui sur le sujet de l'Eucharistie et de l'adoration du pain : c'étoit les luthériens qui devoient faire ce livre : « S'ils le publient, disoit-il, je parlerai franchement ¹. » Mais ce meilleur temps, ce temps de parler franchement et de déclarer sans crainte ce qu'il appeloit la vérité, n'est jamais venu pour lui; et il ne se trompoit pas quand il disoit que, « de quelque sorte que tournassent les affaires, jamais on n'auroit la liberté de parler franchement sur les dogmes ². » Lorsque Calvin et les autres (a) l'excitent à dire ce qu'il pense, il répond comme un homme qui a de grands ménagemens, et qui se réserve toujours à expliquer de certaines choses ³ que néanmoins on n'a jamais vues : de sorte qu'un des maîtres principaux de la nouvelle Réforme, et celui qu'on peut dire avoir donné la forme au luthéranisme, est mort sans s'être expliqué pleinement sur les controverses les plus importantes de son temps.

XVIII. Nouvelle tyrannie dans les églises luthériennes après celle de Luther.

C'est que durant la vie de Luther il falloit se taire. On ne fut pas plus libre après sa mort. D'autres tyrans prirent la place. C'étoit Illyric et les autres qui menoient le peuple. Le malheureux Mélanchthon se regarde au milieu des luthériens ses collègues comme au milieu de ses ennemis, ou, pour me servir de ses mots, comme au milieu de guêpes furieuses, et « n'espère trouver de sincérité que dans le ciel ⁴. » Je voudrois qu'il me fût permis d'employer le terme de *démagogue*, dont il se sert : c'étoit dans Athènes et dans les Etats populaires de la Grèce certains orateurs, qui se rendoient tout-puissants sur la populace, en la flattant. Les églises luthériennes étoient menées par de semblables discoureurs : « gens ignorans, selon Mélanchthon, qui ne connoissoient ni piété, ni discipline. Voilà, dit-il, ceux qui dominent, et je suis comme Daniel parmi les lions ⁵. » C'est la peinture qu'il nous fait des églises luthériennes. On tomba de là dans « une anarchie, » c'est-à-dire, comme il dit lui-même, « dans un état qui enferme tous les maux ensemble ⁶. » il veut mourir, et ne voit plus d'es-

¹ *Ep. Mel.*, int. *Calv. Ep.*, p. 218, 236. — ² Lib. IV, ep. CXXXVI. — ³ *Ep. Mel.*, int. *Calv. Ep.*, p. 199; Calv., resp. 211. — ⁴ Mel., *Epist. ad Calv.*, int. *Calv. Epist.*, p. 144. — ⁵ Lib. IV, ep. DCCCXXXVI, DCCCXLII, DCCCXLV. — ⁶ Lib. IV et lib. I, ep. CVII; IV, LXXVI, DCCCLXXVI, etc.

(a) 1ʳᵉ édit. : Et d'autres.

pérance qu'en celui qui avoit promis de soutenir son église, « même dans sa vieillesse et jusqu'à la fin des siècles. » Heureux, s'il avoit pu voir qu'il ne cesse donc jamais de la soutenir !

C'est à quoi on se devoit arrêter; et puisqu'il en falloit enfin revenir aux promesses faites à l'Eglise, Mélanchthon n'avoit qu'à considérer qu'elles devoient avoir toujours été autant inébranlables dans les siècles passés, qu'il vouloit croire qu'elles le seroient dans les siècles qui ont suivi la réformation. L'église luthérienne n'avoit point d'assurance particulière de son éternelle durée, et la réformation faite par Luther ne devoit pas demeurer plus ferme que la première institution faite par Jésus-Christ et par ses apôtres. Comment Mélanchthon ne voyoit-il pas que la Réforme, dont il vouloit qu'on changeât tous les jours la foi, n'étoit qu'un ouvrage humain? Nous avons vu qu'il a changé et rechangé beaucoup d'articles importans de la *Confession d'Augsbourg*, après même qu'elle a été présentée à l'Empereur [1]. Il a aussi ôté en divers temps beaucoup de choses importantes de l'*Apologie*, encore qu'elle fût souscrite de tout le parti avec autant de soumission que la *Confession d'Augsbourg*. En 1532, après la *Confession d'Augsbourg* et l'*Apologie*, il écrit encore « que des points très-importans restent indécis, et qu'il falloit chercher sans bruit les moyens d'expliquer les dogmes. Que je souhaite, dit-il, que cela se fasse et se fasse bien [2] ! » comme un homme qui sentoit en sa conscience que rien jusqu'alors ne s'étoit fait comme il faut. En 1533 : « Qui est-ce qui songe, dit-il, à guérir les consciences agitées de doutes, et à découvrir la vérité [3]? » En 1535 : « Combien, dit-il, méritons-nous d'être blâmés, nous qui ne prenons aucun soin de guérir les consciences agitées de doutes, ni d'expliquer les dogmes purement et simplement, sans sophisterie? Ces choses me tourmentent terriblement [4]. » Il souhaite dans la même année « qu'une assemblée pieuse juge le procès de l'Eucharistie sans sophisterie et sans tyrannie [5]. » Il juge donc la chose indécise; et cinq ou six manières d'expliquer cet article, que nous trouvons dans la *Confession d'Augsbourg* et dans l'*Apologie*, ne

XIX.
Mélanchthon ne sait où il en est, et cherche toute sa vie sa religion

---

[1] *Voyez* ci-dessus, liv. III, n. 5 et suiv., 29. — [2] Lib. IV, ep. cxxxv. — [3] Lib. IV, ep. cxl. — [4] Lib. IV, ep. clxx. — [5] Lib. III, ep. cxiv.

l'ont pas contenté. En 1536, accusé de trouver encore beaucoup de doutes dans la doctrine dont il faisoit profession, il répond d'abord qu'elle est inébranlable [1]; car il falloit bien parler ainsi, ou abandonner la cause. Mais il fait connoître aussitôt après, qu'en effet il y restoit beaucoup de défauts : il ne faut pas oublier qu'il s'agissoit de doctrine. Mélanchthon rejette ces défauts sur les vices et sur l'opiniâtreté des ecclésiastiques, « par lesquels il est arrivé, dit-il, qu'on a laissé parmi nous aller les choses comme elles pouvoient, pour ne rien dire de pis; qu'on y est tombé en beaucoup de fautes, et qu'on y fit au commencement beaucoup de choses sans raison. » Il reconnoît le désordre; et la vaine excuse qu'il cherche pour rejeter sur l'Eglise catholique les défauts de sa religion, ne le couvre point. Il n'étoit pas plus avancé en 1537, et durant que tous les docteurs du parti assemblés avec Luther à Smalcalde y expliquoient de nouveau les points de doctrine, ou plutôt qu'ils y souscrivoient aux décisions de Luther : « J'étois d'avis, dit-il, qu'en rejetant quelques paradoxes on expliquât plus simplement la doctrine [2]; » et encore qu'il ait souscrit, comme on a vu, à ces décisions, il en fut si peu satisfait, qu'en 1542 nous l'avons vu « souhaiter encore une autre assemblée, où les dogmes fussent expliqués d'une manière ferme et précise [3]. » Trois ans après, et en 1545, il reconnoît encore que la vérité avoit été découverte fort imparfaitement aux prédicateurs du nouvel évangile. « Je prie Dieu, dit-il, qu'il fasse fructifier cette telle quelle petitesse de doctrine qu'il nous a montrée [4]. » Il déclare que pour lui il a fait tout ce qu'il a pu. « La volonté, dit-il, ne m'a pas manqué, mais le temps, les conducteurs et les docteurs. » Mais quoi! son maître Luther, cet homme qu'il avoit cru suscité de Dieu pour dissiper les ténèbres du monde, lui manquoit-il? Sans doute il se fondoit peu sur la doctrine d'un tel maître, quand il se plaint si amèrement d'avoir manqué de docteur. En effet après la mort de Luther, Mélanchthon, qui en tant d'endroits lui donne tant de louanges, écrivant confidemment à son ami Camérarius, se contente de dire assez froidement « qu'il a du moins bien ex-

[1] Lib. IV, ep. cxciv. — [2] Lib. IV, ep. xcviii. — [3] Lib. I, ep. cx. — Lib. IV, ep. dclxii.

pliqué quelque partie de la doctrine céleste [1]. » Un peu après il confesse « que lui et les autres sont tombés dans beaucoup d'erreurs, qu'on ne pouvoit éviter en sortant de tant de ténèbres [2], » et se contente de dire que « plusieurs choses ont été bien expliquées; » ce qui s'accorde parfaitement avec le désir qu'il avoit qu'on expliquât mieux les autres. On voit dans tous les passages que nous avons rapportés, qu'il s'agit de dogmes de foi, puisqu'on y parle partout de décisions et de décrets nouveaux sur la doctrine. Qu'on s'étonne maintenant de ceux qu'on appelle *Chercheurs* en Angleterre. Voilà Mélanchthon lui-même qui cherche encore beaucoup d'articles de sa religion, quarante ans après la prédication de Luther, et l'établissement de sa Réforme.

XX. Quels dogmes Mélanchthon trouvoit mal expliqués.

Si l'on demande quels étoient les dogmes que Mélanchthon prétendoit mal expliqués, il est certain que c'étoit les plus importans. Celui de l'Eucharistie étoit du nombre. En 1553, après tous les changemens de la *Confession d'Augsbourg*, après les explications de l'*Apologie*, après les articles de Smalcalde qu'il avoit signés, il demande encore « une nouvelle formule pour la Cène [3]. » On ne sait pas bien ce qu'il vouloit mettre dans cette formule; et il paroît seulement que ni celles de son parti, ni celles du parti contraire ne lui plaisoient, puisque selon lui les uns et les autres ne faisoient « qu'obscurcir la matière [4]. »

Un autre article, dont il souhaitoit la décision, étoit celui du libre arbitre, dont les conséquences influent si avant dans les matières de la justification et de la grace. En 1548 il écrit à Thomas Cranmer, cet archevêque de Cantorbéri qui jeta le roi son maître dans l'abîme par ses complaisances : « Dès le commencement, dit-il, les discours qu'on a faits parmi nous sur le libre arbitre, selon les opinions des stoïciens, ont été trop durs, et il faut songer à faire quelque formule sur ce point [5]. » Celle de la *Confession d'Augsbourg*, quoiqu'il l'eût lui-même dressée, ne le contentoit plus : il commençoit à vouloir que le libre arbitre agît, non-seulement dans les devoirs de la vie civile, mais encore dans les opérations de la grace et par son secours. Ce n'étoit pas là les

[1] Lib. IV, ep. DCXCIX.— [2] Lib. IV, ep. DCCXXXVII. — [3] Lib. II, ep. CCCCXLVII, — [4] *Ibid.* — [5] Lib. III, *ibid.;* ep. XLII.

idées qu'il avoit reçues de Luther, ni ce que Mélanchthon lui-même avoit expliqué à Augsbourg. Cette doctrine lui suscita des contradicteurs parmi les protestans. Il se préparoit à une vigoureuse défense, quand il écrivoit à un ami : « S'ils publient leurs disputes stoïciennes (touchant la nécessité fatale, et contre le franc arbitre), je répondrai très-gravement et très-doctement [1]. » Ainsi parmi ses malheurs il ressent le plaisir de faire un beau livre, et persiste dans sa croyance, que la suite nous découvrira davantage.

XXI. Mélanchthon déclare qu'il s'en tient à la Confession d'Augsbourg, dans le temps qu'il songe à la réformer.

On pourroit marquer d'autres points dont Mélanchthon désiroit la décision longtemps après la *Confession d'Augsbourg*. Mais ce qu'il y a de plus étrange, c'est que pendant qu'il sentoit en sa conscience, et qu'il avouoit à ses amis, lui qui l'avoit faite, la nécessité de la réformer en tant de chefs importans, lui-même dans les assemblées qui se faisoient en public, il ne cessoit de déclarer avec tous les autres qu'il s'en tenoit précisément à cette confession telle qu'elle fut présentée dans la diète d'Augsbourg, et à l'*Apologie* comme à la pure explication de la parole de Dieu [2]. La politique le vouloit ainsi ; et c'eût été trop décrier la réformation, que d'avouer qu'elle eût erré dans son fondement.

Quel repos pouvoit avoir Mélanchthon durant ces incertitudes ? Le pis étoit qu'elles venoient du fond même, et pour ainsi dire de la constitution de son église, en laquelle il n'y avoit point d'autorité légitime, ni de puissance réglée. L'autorité usurpée n'a rien d'uniforme ; elle pousse, ou se relâche sans mesure. Ainsi la tyrannie et l'anarchie s'y font sentir tour à tour, et on ne sait à qui s'adresser pour donner une forme certaine aux affaires.

XXII. Ces incertitudes venoient de la constitution des églises protestantes.

Un défaut si essentiel et en même temps si inévitable dans la constitution de la nouvelle réforme, causoit des troubles extrêmes au malheureux Mélanchthon. S'il naissoit quelques questions, il n'y avoit aucun moyen de les terminer. Les traditions les plus constantes étoient méprisées. L'Ecriture se laissoit tordre et violenter à qui le vouloit. Tous les partis croyoient l'entendre : tous publioient qu'elle étoit claire. Personne ne vouloit céder à son compagnon. Mélanchthon crioit en vain qu'on s'assemblât pour

[1] Lib. I, ep. cc. — [2] Lib. I, ep. LVI, LXX, LXXVI.

terminer la querelle de l'Eucharistie, qui déchiroit la Réforme naissante. Les conférences qu'on appeloit amiables n'en avoient que le nom, et ne faisoient qu'aigrir les esprits et embarrasser les affaires. Il falloit une assemblée juridique, un concile qui eût pouvoir de déterminer et auquel les peuples se soumissent. Mais où le prendre dans la nouvelle Réforme? La mémoire des évêques méprisés y étoit encore trop récente; les particuliers qu'on voyoit occuper leurs places n'avoient pas pu se donner un caractère plus inviolable. Aussi vouloient-ils de part et d'autre, luthériens et zuingliens, qu'on jugeât de leur mission par le fond. Celui qui disoit la vérité avoit selon eux la mission légitime. C'étoit la difficulté de savoir qui la disoit cette vérité dont tout le monde se fait honneur, et tous ceux qui faisoient dépendre leur mission de cet examen la rendoient douteuse. Les évêques catholiques avoient un titre certain (a), et il n'y avoit qu'eux dont la vocation fût incontestable. On disoit qu'ils en abusoient, mais on ne nioit point qu'ils ne l'eussent. Ainsi Mélanchthon vouloit toujours qu'on les reconnût; toujours il soutenoit qu'on avoit tort de ne « rien accorder à l'ordre sacré[1]. » Si on ne rétablissoit leur autorité, il prévoyoit avec une vive et inconsolable douleur, que « la discorde seroit éternelle, et qu'elle seroit suivie de l'ignorance, de la barbarie et de toute sorte de maux. »

Il est bien aisé de dire, comme font nos réformés, qu'on a une vocation extraordinaire; que l'Eglise n'est pas attachée comme les royaumes à une succession établie, et que les matières de religion ne se doivent pas juger en la même forme que les affaires sont jugées dans les tribunaux. Le vrai tribunal, dit-on, c'est la conscience, où chacun doit juger des choses par le fond, et entendre la vérité par lui-même: ces choses, encore une fois, sont aisées à dire. Mélanchthon les disoit comme les autres[2]; mais il sentoit bien dans sa conscience qu'il falloit quelque autre principe pour former l'Eglise. Car aussi pourquoi seroit-elle moins ordonnée que les empires? Pourquoi n'auroit-elle pas une succession légitime dans ses magistrats? Falloit-il laisser une porte

XXIII. L'autorité de l'Eglise absolument nécessaire dans les matières de la foi.

[1] Lib. IV, ep. CXCVI. — [2] Lib. I, ep. LXIX.
(a) 1re édit.: Plus certain.

ouverte à quiconque se voudroit dire envoyé de Dieu, ou obliger les fidèles à en venir toujours à l'examen du fond, malgré l'incapacité de la plupart des hommes? Ces discours sont bons pour la dispute : mais quand il faut finir une affaire, mettre la paix dans l'Eglise, et donner sans prévention un véritable repos à sa conscience, il faut avoir d'autres voies. Quoi qu'on fasse, il faut revenir à l'autorité, qui n'est jamais assurée, non plus que légitime, quand elle ne vient pas de plus haut, et qu'elle s'est établie par elle-même. C'est pourquoi Mélanchthon vouloit reconnoître les évêques que la succession avoit établis, et ne voyoit que ce remède aux maux de l'Eglise.

XXIV. Sentiment de Mélanchthon sur la nécessité de reconnoître le Pape et les évêques.

La manière dont il s'en explique dans une de ses lettres est admirable : « Nos gens demeurent d'accord que la police ecclésiastique, où on reconnoît des évêques supérieurs de plusieurs églises, et l'évêque de Rome supérieur à tous les évêques, est permise. Il a aussi été permis aux rois de donner des revenus aux églises : ainsi il n'y a point de contestation sur la supériorité du Pape et sur l'autorité des évêques; et tant le Pape que les évêques peuvent aisément conserver cette autorité : car il faut à l'Eglise des conducteurs pour maintenir l'ordre, pour avoir l'œil sur ceux qui sont appelés au ministère ecclésiastique et sur la doctrine des prêtres, et pour exercer les jugemens ecclésiastiques : de sorte que s'il n'y avoit point de tels évêques, *il en faudroit faire. La monarchie du Pape* serviroit aussi beaucoup à conserver entre plusieurs nations le consentement dans la doctrine : ainsi on s'accorderoit facilement sur la *supériorité du Pape*, si on étoit d'accord sur tout le reste; et les rois pourroient eux-mêmes facilement modérer les entreprises des Papes sur le temporel de leurs royaumes [1]. » Voilà ce que pensoit Mélanchthon sur l'autorité du Pape et des évêques. Tout le parti en étoit d'accord quand il écrivit cette lettre : « Nos gens, dit-il, demeurent d'accord : » bien éloigné de regarder l'autorité des évêques avec la supériorité et « la monarchie » du Pape, comme une marque de l'empire antichrétien, il regardoit tout cela comme une chose désirable, et qu'il faudroit établir si elle ne l'étoit pas. Il est vrai qu'il y mettoit

[1] *Resp. ad Bell.*

la condition que les puissances ecclésiastiques « n'opprimassent point la saine doctrine; » mais s'il est permis de dire qu'ils l'oppriment, et sous ce prétexte de leur refuser l'obéissance qui leur est due, on retombe dans l'inconvénient qu'on veut éviter, et l'autorité ecclésiastique devient le jouet de tous ceux qui voudront la contredire.

C'est aussi pour cette raison que Mélanchthon cherchoit toujours un remède à un si grand mal. Ce n'étoit certainement pas son dessein que la désunion fût éternelle. Luther se soumettoit au concile, quand Mélancthon s'étoit attaché à sa doctrine. Tout le parti en pressoit la convocation; et Mélanchthon y espéroit la fin du schisme, sans quoi j'ose présumer que jamais il ne s'y seroit engagé. Mais après le premier pas, on va plus loin qu'on n'avoit voulu. A la demande du concile, les protestans ajoutèrent qu'ils le demandoient « libre, pieux et chrétien. » La demande est juste, Mélanchthon y entre : mais de si belles paroles cachoient un grand artifice. Sous le nom de concile libre, on expliqua un concile d'où le Pape fût exclu avec tous ceux qui faisoient profession de lui être soumis. C'étoient les intéressés, disoit-on : le Pape étoit le coupable, les évêques étoient ses esclaves : ils ne pouvoient pas être juges. Qui donc tiendroit le concile? les luthériens? de simples particuliers, ou des prêtres soulevés contre leurs évêques? Quel exemple à la postérité! et puis n'étoient-ils pas aussi les intéressés? N'étoient-ils pas regardés comme les coupables par les catholiques, qui faisoient sans contestation le plus grand parti, pour ne pas dire ici le meilleur de la chrétienté? Quoi donc! Pour avoir des juges indifférens, falloit-il appeler les Mahométans et les Infidèles, ou que Dieu envoyât des anges? Et n'y avoit-il qu'à accuser tous les magistrats de l'Eglise, pour leur ôter leur pouvoir et rendre le jugement impossible? Mélanchthon avoit trop de sens pour ne pas voir que c'étoit une illusion. Que fera-t-il? Apprenons-le de lui-même. En 1537, quand les luthériens furent assemblés à Smalcalde, pour voir ce que l'on feroit sur le concile que Paul III avoit convoqué à Mantoue, on disoit qu'il ne falloit point donner au Pape l'autorité de former l'assemblée où on lui devoit faire son procès, ni reconnoître le concile qu'il assembleroit. Mais Mélanchthon ne put pas être de cet avis : « Mon avis fut, dit-il, de ne refuser pas absolument le concile, parce qu'encore que le Pape n'y puisse pas être juge, toutefois il *a le droit de le convoquer*, et il faut que le concile ordonne qu'on procède au jugement [1]. » Voilà donc d'abord de son avis le concile reconnu; et ce qu'il y a ici de plus remarquable, c'est que tout le monde demeuroit d'accord qu'il avoit raison dans le fond. « De plus fins que moi, poursuit-il, disoient que mes raisons étoient subtiles et *véritables*, mais inutiles; que la tyrannie du Pape étoit telle que si une fois nous consentions à nous trouver au concile, on entendroit que par là nous accordions au Pape le pouvoir de juger. J'ai bien vu qu'il y avoit quelque inconvénient dans mon opinion, mais enfin elle étoit la plus honnête. L'autre l'emporta après de grandes disputes, et je crois qu'il y a ici quelque fatalité. »

XXVI. Quand on a renversé certains principes, tout ce qu'on fait est insoutenable et contradictoire.

C'est ce qu'on dit lorsqu'on ne sait plus où l'on en est. Mélanchthon cherche une fin au schisme; et faute d'avoir compris la vérité tout entière, ce qu'il dit ne se soutient pas. D'un côté il sentoit le bien que fait à l'Eglise une autorité reconnue : il voit même qu'il y falloit, parmi tant de dissensions qu'on y voyoit naître, une autorité principale pour y maintenir l'unité, et il ne pouvoit reconnoître cette autorité que dans le Pape. D'autre côté, il ne vouloit pas qu'il fût juge dans le procès que lui faisoient les luthériens. Ainsi il lui accorde l'autorité de convoquer l'assemblée, et après il veut qu'il en soit exclu : bizarre opinion, je le confesse. Mais qu'on ne croie pas pour cela que Mélanchthon fût un homme peu entendu dans ces affaires : il n'avoit pas cette réputation dans son parti, dont il faisoit tout l'honneur, je le puis dire : et personne n'y avoit plus de sens, ni plus d'érudition. S'il propose des choses contradictoires, c'est que l'état de la nouvelle Réforme ne permettoit rien de droit ni de suivi. Il avoit raison de dire qu'il appartenoit au Pape de convoquer le concile : car quel autre le convoqueroit, surtout dans l'état présent de la chrétienté ? Y avoit-il une autre puissance que celle du Pape que tout le monde reconnût ? Et la lui vouloir ôter d'abord avant l'assemblée où l'on

[1] Lib. IV, ep. CXCVI.

vouloit, disoit-on, lui faire son procès, n'étoit-ce pas un trop inique préjugé, surtout ne s'agissant pas d'un crime personnel du Pape, mais de la doctrine qu'il avoit reçue de ses prédécesseurs depuis tant de siècles, et qui lui étoit commune avec tous les évêques de l'Eglise? Ces raisons étoient si solides, que les autres luthériens contraires à Mélanchthon, « avouoient, » nous dit-il lui-même, comme on vient de voir, « qu'elles étoient véritables. » Mais ceux qui reconnoissoient cette vérité ne laissoient pas en même temps de soutenir avec raison que si on donnoit au Pape le pouvoir de former l'assemblée, on ne pouvoit plus l'en exclure. Les évêques, qui de tout temps le reconnoissoient comme chef de leur ordre, et se verroient assemblés en corps de concile par son autorité, souffriroient-ils que l'on commençât leur assemblée par déposséder un président naturel pour une cause commune? Et donneroient-ils un exemple inouï dans tous les siècles passés? Ces choses ne s'accordoient pas; et dans ce conflit des luthériens, il paroissoit clairement qu'après avoir renversé certains principes, tout ce qu'on fait est insoutenable et contradictoire.

XXVII. Raisons de la restriction que mit Mélanchthon à sa souscription dans les articles de Smalcalde.

Si on persistoit à refuser le concile que le Pape avoit convoqué, Mélanchthon n'espéroit plus de remède au schisme; et ce fut à cette occasion qu'il dit les paroles que nous avons rapportées, « que la discorde étoit éternelle, » faute d'avoir reconnu l'autorité de l'ordre sacré[1]. Affligé d'un si grand mal, il suit sa pointe; et quoique l'opinion qu'il avoit ouverte pour le Pape, ou plutôt pour l'unité de l'Eglise dans l'assemblée de Smalcalde, y eût été rejetée, il fit sa souscription en la forme que nous avons vue, en réservant l'autorité du Pape.

On voit maintenant les causes profondes qui l'y obligèrent, et pourquoi il vouloit accorder au Pape la supériorité sur les évêques. La paix, que la raison et l'expérience des dissensions de la secte lui faisoient voir impossible sans ce moyen, le portèrent à rechercher malgré Luther un secours si nécessaire. Sa conscience à ce coup l'emporta sur sa complaisance, et il ajouta seulement qu'il donnoit au Pape une supériorité de « droit humain : » mal-

[1] Lib. IV, ep. CXCVI; ci-dessus, n. 22.

heureux de ne pas voir qu'une primauté que l'expérience lui montroit si nécessaire à l'Eglise, méritoit bien d'être instituée par Jésus-Christ, et que d'ailleurs une chose qu'on trouve établie dans tous les siècles ne pouvoit venir que de lui !

XXVIII. Paroles de Mélanchthon sur l'autorité de l'Eglise. Les sentimens qu'il avoit pour l'autorité de l'Eglise étoient surprenans : car encore qu'à l'exemple des autres protestans il ne voulût pas avouer l'infaillibilité de l'Eglise dans la dispute, de peur, disoit-il, de donner aux hommes une trop grande prérogative, son fond le portoit plus loin : il répétoit souvent que Jésus-Christ avoit promis à son Eglise de la soutenir éternellement ; qu'il avoit promis que son « œuvre, » c'est-à-dire son Eglise, « ne seroit jamais dissipée ni abolie ; » et qu'ainsi se fonder sur la foi de l'Eglise, c'étoit se fonder non point sur les hommes, mais sur la promesse de Jésus-Christ même [1]. C'est ce qui lui faisoit dire : « Que plutôt la terre s'ouvre sous mes pieds, qu'il m'arrive de m'éloigner du sentiment de l'Eglise dans laquelle Jésus-Christ règne. » Et ailleurs une infinité de fois : « Que l'Eglise juge, je me soumets au jugement de l'Église [2]. » Il est vrai que la foi qu'il avoit à la promesse vacilloit souvent ; et une fois, après avoir dit selon le fond de son cœur : « Je me soumets à l'Eglise catholique, » il y ajoute, « c'est-à-dire aux gens de bien et aux gens doctes [3]. » J'avoue que ce *c'est-à-dire* détruisoit tout ; et on voit bien quelle soumission est celle où, sous le nom *des gens de bien et des gens doctes*, on ne connoît dans le fond que qui l'on veut : c'est pourquoi il en vouloit toujours venir à un caractère marqué et à une autorité reconnue, qui étoit celle des évêques.

XXIX. Mélanchthon ne se peut déprendre de l'opinion de la justice imputative, quelque grace que Dieu lui fasse pour en revenir. Deux vérités Si on demande maintenant pourquoi un homme si désireux de la paix ne la chercha pas dans l'Eglise, et demeura éloigné de l'ordre sacré qu'il vouloit tant établir, il est aisé de l'entendre : c'est à cause principalement qu'il ne put jamais revenir de sa justice imputée. Dieu lui avoit pourtant fait de grandes graces, puisqu'il avoit connu deux vérités capables de le ramener : l'une, qu'il ne falloit pas suivre une doctrine qu'on ne trouvoit pas dans l'antiquité : « Délibérez, disoit-il à Brentius, avec l'ancienne

---

[1] Lib. I, ep. CVII; IV, LXXVI, DCCXXXIII, DCCCXLV, DCCCLXXVI, etc. — [2] Lib. III, ep. XLIV; lib. I, ep. LXVII, CV; lib. II, ep. CLIX, etc. — [3] Lib. I, ep. CIX.

Eglise¹. » Et encore : « Les opinions inconnues à l'ancienne Eglise ne sont pas recevables ². » L'autre vérité, c'est que sa doctrine de la justice imputée ne se trouvoit point dans les Pères. Dès qu'il a commencé à la vouloir expliquer, nous lui avons ouï dire, « qu'il ne trouvoit rien de semblable dans leurs écrits ³. » On ne laissa pas de trouver beau de dire dans la *Confession d'Augsbourg* et dans l'*Apologie,* qu'on n'y avançoit rien qui ne fût conforme à leur doctrine. On citoit surtout saint Augustin; et il eût été trop honteux à des réformateurs d'avouer qu'un si grand docteur, le défenseur de la grace chrétienne n'en eût pas connu le fondement. Mais ce que Mélanchthon écrit confidemment à un ami nous fait bien voir que ce n'étoit que pour la forme et par manière d'acquit qu'on nommoit saint Augustin dans le parti : car il répète trois ou quatre fois avec une espèce de chagrin que ce qui empêche cet ami de bien entendre cette matière, c'est « qu'il est encore attaché à l'imagination de saint Augustin, » et « qu'il faut entièrement détourner les yeux de l'imagination de ce Père ⁴. » Mais encore quelle est cette imagination dont il faut détourner les yeux ? « C'est, dit-il, l'imagination d'être tenus pour justes par l'accomplissement de la loi, que le Saint-Esprit fait en nous. » Cet accomplissement, selon Mélanchthon, ne sert de rien pour rendre l'homme agréable à Dieu; et c'est à saint Augustin une fausse imagination d'avoir pensé le contraire : voilà comme il traite un si grand homme. Et néanmoins il le cite à cause , dit-il, de « l'opinion publique qu'on a de lui : » Mais au fond, continue-t-il, « il n'explique pas assez la justice de la foi; » comme s'il disoit : En cette matière il faut bien citer un Père que tout le monde regarde comme le plus digne interprète de cet article, quoiqu'à vrai dire il ne soit pas pour nous. Il ne trouvoit rien de plus favorable dans les autres Pères. « Quelles épaisses ténèbres, disoit-il, trouve-t-on sur cette matière dans la doctrine commune des Pères et de nos adversaires⁵ ! » Que devenoient ces belles paroles, qu'il falloit délibérer avec l'ancienne Eglise? Que ne pratiquoit-il ce qu'il conseilloit aux autres? Et puisqu'il ne connois-

¹ Lib. III, ep. cxiv. — ² Mel., *de Eccl. Cath.*, ap. Luth., tom. I, 444.— ³ Lib. III, ep. cxxvi, col. 574; *Sup.*, n. 2. — ⁴ Lib. I, ep. xciv. — ⁵ Lib. IV, ep. ccxxviii.

soit de piété, comme en effet il n'y en a point, que celle qui est fondée sur la véritable doctrine de la justification, comment crut-il que tant de Saints l'eussent ignorée? Comment s'imagina-t-il voir si clairement dans l'Ecriture ce qu'on ne voyoit point dans les Pères, pas même dans saint Augustin, le docteur et le défenseur de la grace justifiante contre les pélagiens, dont aussi toute l'Eglise avoit toujours en ce point constamment suivi la doctrine?

XXX.
Mélanchthon ne peut ni se contenter lui-même sur la justice imputative ni se résoudre à la quitter.

Mais ce qu'il y a ici de plus remarquable, c'est que lui-même, tout épris qu'il étoit de la spécieuse idée de sa justice imputative, il ne pouvoit venir à bout de l'expliquer à son gré. Non content d'en avoir établi le dogme très-amplement dans la *Confession d'Augsbourg*, il s'applique tout entier à l'expliquer dans l'*Apologie :* et pendant qu'il la composoit, il écrivoit à son ami Camérarius : « Je souffre vraiment un très-grand et un très-pénible travail dans l'*Apologie,* à l'endroit de la justification, que je désire expliquer utilement [1]. » Mais du moins après ce grand travail, aura-t-il tout dit? Ecoutons ce qu'il en écrit à un autre ami ; c'est celui que nous avons vu qu'il reprenoit comme encore trop attaché aux imaginations de saint Augustin : « J'ai, dit-il, tâché d'expliquer cette doctrine dans l'*Apologie :* mais dans ces sortes de discours les calomnies des adversaires ne permettent pas de s'expliquer comme je fais maintenant avec vous, quoiqu'au fond je dise la même chose. » Et un peu après : J'espère que vous recevrez quelque sorte de secours par mon *Apologie,* quoique j'y parle de si grandes choses avec précaution [2]. » A peine toute cette lettre a-t-elle une page : l'*Apologie* sur cette matière en a plus de cent ; et néanmoins cette lettre, selon lui, s'explique mieux que l'*Apologie.* C'est qu'il n'osoit dire aussi clairement dans l'*Apologie* qu'il faisoit dans cette lettre, « qu'il *faut entièrement éloigner ses yeux de* l'accomplissement de la loi, même de celui *que le Saint-Esprit fait en nous.* » Voilà ce qu'il appeloit rejeter *l'imagination* de saint Augustin. Il se voyoit toujours pressé de cette demande des catholiques : Si nous sommes agréables à Dieu indépendamment

---

[1] Lib. IV, ep. cx. *Omnino valde multum laboris sustineo*, etc. — [2] Lib. I, ep. xciv.

de toute bonne œuvre et de tout accomplissement de la loi, même de celui que le Saint-Esprit fait en nous, comment et à quoi les bonnes œuvres sont-elles nécessaires? Mélanchthon se tourmentoit en vain à parer ce coup, et à éluder cette terrible conséquence : « Les bonnes œuvres, selon vous, ne sont donc pas nécessaires? » Voilà ce qu'il appeloit « les calomnies des adversaires, » qui l'empêchoient dans l'*Apologie* de dire nettement tout ce qu'il vouloit. C'est la cause de « ce grand travail » qu'il avoit à soutenir, et des « précautions » avec lesquelles il parloit. A un ami on disoit tout le fond de la doctrine; mais en public, il y falloit prendre garde; encore ajoutoit-on à cet ami qu'au fond cette doctrine ne s'entendoit bien « que dans les combats de la conscience. » C'étoit-à-dire que lorsqu'on n'en pouvoit plus, et qu'on ne savoit comment s'assurer d'avoir une volonté suffisante d'accomplir la loi, le remède pour conserver malgré tout cela l'assurance indubitable de plaire à Dieu, qu'on prêchoit dans le nouvel évangile, étoit d'éloigner ses yeux de la loi et de son accomplissement, pour croire qu'indépendamment de tout cela Dieu nous réputoit pour justes. Voilà le repos dont Mélanchthon étoit flatté, et dont il ne vouloit pas se défaire.

Il y avoit à la vérité cet inconvénient, de se tenir assuré de la rémission de ses péchés sans l'être de sa conversion, comme si ces deux choses étoient séparables et indépendantes l'une de l'autre. C'est ce qui causoit à Mélanchthon ce « grand travail, » et il ne pouvoit venir à bout de se satisfaire; de sorte qu'après la *Confession d'Augsbourg* et tant de recherches laborieuses de l'*Apologie*, il en vient encore, dans la Confession qu'on appelle *Saxonique*, à une autre explication de la grace justifiante, où il dit de nouvelles choses que nous verrons dans la suite. C'est ainsi qu'on est agité, quand on est épris d'une idée qui n'a qu'une trompeuse apparence. On voudroit bien s'expliquer; on ne peut : on voudroit bien trouver dans les Pères ce qu'on cherche : on ne l'y trouve nulle part. On ne peut néanmoins se défaire d'une idée flatteuse dont on s'est laissé agréablement prévenir. Tremblons, humilions-nous; avouons qu'il y a dans l'homme une source profonde d'orgueil et d'égarement, et que les foiblesses de l'esprit humain, aussi bien que les jugemens de Dieu, sont impénétrables.

XXXI. Déchirement de Mélanchthon. Il prévoit les maux horribles du renversement de l'autorité de l'Eglise.

Mélanchthon crut voir la vérité d'un côté, et l'autorité légitime de l'autre. Son cœur étoit déchiré, et il ne cessoit de se tourmenter à réunir ces deux choses. Il ne pouvoit ni renoncer aux charmes de sa justice imputative, ni faire recevoir par le collége épiscopal une doctrine inconnue à ceux qui jusqu'alors avoient gouverné l'Eglise. Ainsi l'autorité qu'il aimoit comme légitime lui devenoit odieuse, parce qu'elle s'opposoit à ce qu'il prenoit pour la vérité. En même temps qu'on lui entend dire « qu'il n'a jamais contesté l'autorité aux évêques, » il accuse « leur tyrannie, » à cause principalement qu'ils s'opposoient à sa doctrine, et croit « affoiblir sa cause en travaillant à les retablir [1]. » Incertain de sa conduite, il se tourmente lui-même et ne prévoit que malheurs. « Que sera-ce, dit-il, que le concile s'il se tient, si ce n'est une tyrannie ou des papistes, *ou des autres*, et des combats de théologiens plus cruels et plus opiniâtres que ceux des Centaures [2]? » Il connoissoit Luther, et il ne craignoit pas moins la tyrannie de son parti que celle qu'il attribuoit au parti contraire. Les fureurs des théologiens le font trembler. Il voit que l'autorité étant une fois ébranlée, tous les dogmes, et même les plus importans, viendroient en question l'un après l'autre, sans qu'on sût comment finir. Les disputes et les discordes de la Cène lui faisant voir ce qui devoit arriver des autres articles : « Bon Dieu, dit-il, quelles tragédies verra la postérité, si on vient un jour à remuer ces questions, si le Verbe, si le Saint-Esprit sont (*a*) une personne [3]! » On commença de son temps à remuer ces matières : mais il jugea bien que ce n'étoit encore qu'un foible commencement ; car il voyoit les esprits s'enhardir insensiblement contre les doctrines établies, et contre l'autorité des décisions ecclésiastiques. Que seroit-ce s'il avoit vu les autres suites pernicieuses des doutes que la Réforme avoit excités : tout l'ordre de la discipline renversé publiquement par les uns, et l'indépendance établie, c'est-à-dire, sous un nom spécieux et qui flatte la liberté, l'anarchie avec tous ses maux ; la

---

[1] Lib. IV, ep. CCXXVIII. — [2] Lib. IV, ep. CXL. — [3] *Ibid*.

(*a*) 1ʳᵉ édit. : Est.

puissance spirituelle mise par les autres entre les mains des princes; la doctrine chrétienne combattue en tous ses points ; des chrétiens nier l'ouvrage de la création et celui de la rédemption du genre humain ; anéantir l'enfer ; abolir l'immortalité de l'ame ; dépouiller le christianisme de tous ses mystères, et le changer en une secte de philosophie toute accommodée aux sens : de là naître l'indifférence des religions, et ce qui suit naturellement, le fond même de la religion attaqué ; l'Ecriture directement combattue ; la voie ouverte au déisme, c'est-à-dire à un athéisme déguisé ; et les livres où seroient écrites ces doctrines prodigieuses sortir du sein de la Réforme, et des lieux où elle domine? Qu'auroit dit Mélanchthon, s'il avoit prévu tous ces maux, et quelles auroient été ses lamentations? Il en avoit assez vu pour en être troublé toute sa vie. Les disputes de son temps et de son parti suffisoient pour lui faire dire qu'à moins d'un miracle visible, toute la religion alloit être dissipée.

Quelle ressource trouvoit-il alors dans ces divines promesses, où, comme il l'assure lui-même, Jésus-Christ s'étoit engagé à soutenir son Eglise jusque dans « son extrême vieillesse, » et à ne la laisser jamais périr[1] ? S'il avoit bien pénétré cette bienheureuse promesse, il ne se seroit pas contenté de reconnoître, comme il a fait, que la doctrine de l'Evangile subsisteroit éternellement malgré les erreurs et les disputes : mais il auroit encore reconnu qu'elle devoit subsister par les moyens établis dans l'Evangile ; c'est-à-dire par la succession toujours inviolable du ministère ecclésiastique. Il auroit vu que c'est aux apôtres et aux successeurs des apôtres que s'adresse cette promesse : « Allez, enseignez, baptisez ; et voilà je suis avec vous jusqu'à la fin du monde[2]. » S'il avoit bien compris cette parole, jamais il n'auroit imaginé que la vérité pût être séparée du corps où se trouvoit la succession et l'autorité légitime ; et Dieu même lui auroit appris que, comme la profession de la vérité ne peut jamais être empêchée par l'erreur, la force du ministère apostolique ne peut recevoir d'interruption par aucun relâchement de la discipline. C'est la foi des chrétiens : c'est ainsi qu'il faut croire

XXXII. Causes des erreurs de Mélanchthon. Il allègue les promesses faites à l'Eglise, et ne s'y fie pas assez.

---

[1] Lib. I, ep. CVII; lib. IV, LXXVI, etc.; *voy.* ci-dessus, n. 28. — [2] *Matth.*, XXVIII, 20.

à la promesse avec Abraham, « en espérance contre l'espérance [1]; » et croire enfin que l'Eglise conservera sa succession et produira des enfans même lorsqu'elle paroîtra le plus stérile, et que sa force semblera le plus épuisée par un long âge. La foi de Mélanchthon ne fut pas à cette épreuve. Il crut bien en général à la promesse par laquelle la profession de la vérité devoit subsister : mais il ne crut pas assez aux moyens établis de Dieu pour la maintenir. Que lui servit d'avoir conservé tant de bons sentimens? L'ennemi de notre salut, dit le pape saint Grégoire [2], ne les éteint pas toujours entièrement; et comme Dieu laisse dans ses enfans des restes de cupidité qui les humilient, Satan son imitateur à contre-sens laisse aussi, qui le croiroit? dans ses esclaves, des restes de piété, faussé sans doute et trompeuse, mais néanmoins apparente, par où il achève de les séduire. Pour comble de malheur ils se croient saints, et ne songent pas que la piété qui n'a pas toutes ses suites n'est qu'hypocrisie. Je ne sais quoi disoit au cœur à Mélanchthon que la paix et l'unité, sans laquelle il n'y a point de foi ni d'Eglise, n'avoit point d'autre soutien sur la terre que l'autorité des anciens pasteurs. Il ne suivit pas jusqu'au bout cette divine lumière; tout son fond fut changé ; tout lui réussit contre ses espérances. Il aspiroit à l'unité : il la perdit pour jamais, sans pouvoir même en trouver l'ombre dans le parti où il l'avoit été chercher. La réformation procurée ou soutenue par les armes lui faisoit horreur : il se vit contraint de trouver des excuses à un emportement qu'il détestoit. Souvenons-nous de ce qu'il écrivit au landgrave de Hesse, qu'il voyoit prêt à prendre les armes : « Que V. A. pense, dit-il, qu'il vaut mieux souffrir toutes sortes d'extrémités, que de prendre les armes pour les affaires de l'Evangile [3]. » Mais il fallut bien se dédire de cette belle maxime, quand le parti se fut ligué pour faire la guerre, et que Luther lui-même se fut déclaré. Le malheureux Mélanchthon ne put même conserver sa sincérité naturelle : il fallut avec Bucer tendre des piéges aux catholiques dans des équivoques affectées [4]; les charger de calomnies dans la

---

[1] *Rom.*, iv, 18. — [2] *Pastoral.*, part. III, cap. xxx, tom. II, col. 87. — [3] Lib. III, ep. xvi; lib. IV, ep. cx, cxi. — [4] *Voyez* ci-dessus, lib. IV, n. 2 et suiv.; *ibid.*, n. 25.

Confession d'Augsbourg; approuver en public cette confession, qu'il souhaitoit au fond de son cœur de voir réformer en tant de chefs; parler toujours au gré d'autrui; passer sa vie dans une éternelle dissimulation, et cela dans la religion, dont le premier acte est de croire, comme le second est de confesser : quelle contrainte! quelle corruption! Mais le zèle du parti l'emporte : on s'étourdit les uns les autres : il faut non-seulement se soutenir; mais encore s'accroître; le beau nom de *réformation* rend tout permis, et le premier engagement rend tout nécessaire.

Cependant on sent dans le cœur de secrets reproches, et l'état où l'on se trouve déplaît. Mélanchthon témoigne souvent qu'il se passe en lui des choses étranges, et ne peut bien expliquer ses peines secrètes. Dans le récit qu'il fait à son intime ami Camérarius des décrets de l'assemblée de Spire, et des résolutions que prirent les protestans, tous les termes dont il se sert pour exprimer ses douleurs sont extrêmes. « Ce sont des agitations incroyables et les douleurs de l'enfer; il en est presque à la mort. Ce qu'il ressent est horrible; sa consternation est étonnante. Durant ses accablemens il reconnoît sensiblement combien certaines gens ont tort [1]. » Quand il n'ose nommer, c'est quelque chef du parti qu'il faut entendre, et principalement Luther : ce n'étoit pas assurément par crainte de Rome qu'il écrivoit avec tant de précautions, et qu'il gardoit tant de mesures : et d'ailleurs il est bien constant que rien ne le troubloit tant que ce qui se passoit dans le parti même, où tout se faisoit par des intérêts politiques, par de sourdes machinations et par des conseils violens; en un mot on n'y traitoit que « des ligues que tous les gens de bien, disoit-il, devoient empêcher [2]. » Toutes les affaires de la Réforme rouloient sur ces ligues des princes avec les villes que l'Empereur vouloit rompre, et que les princes protestans vouloient maintenir; et voici ce que Mélanchthon en écrivoit à Camérarius : « Vous voyez, mon cher ami, que dans tous ces accommodemens on ne pense à rien moins qu'à la religion. La crainte fait proposer pour un temps et avec dissimulation des accords tels quels, et il ne faut pas s'étonner si des traités de cette nature réussissent mal :

XXXIII. Les princes et les docteurs du parti lui sont également insupportables.

---
[1] Lib. IV, ep. LXXXV. — [2] Sleid., lib. VII.

car se peut-il faire que Dieu bénisse de tels conseils[1]? » Loin qu'il use d'exagération en parlant ainsi, on reconnoît même dans ses lettres qu'il voyoit dans le parti quelque chose de pis que ce qu'il en écrivoit. « Je vois, dit-il, qu'il se machine quelque chose secrètement, et je voudrois pouvoir étouffer toutes mes pensées[2]. » Il avoit un tel dégoût des princes de son parti et de leurs assemblées, où on le menoit toujours pour trouver dans son éloquence et dans sa facilité des excuses aux conseils qu'il n'approuvoit pas, qu'à la fin il s'écrioit : « Heureux ceux qui ne se mêlent point des affaires publiques[3] ! » et il ne trouva un peu de repos qu'après que, trop convaincu des mauvaises intentions des princes, « il avoit cessé de se mettre en peine de leurs desseins[4]; » mais on le replongeoit, malgré qu'il en eût, dans leurs intrigues; et nous verrons bientôt comme il fut contraint d'autoriser par écrit leurs actions les plus scandaleuses. On a vu l'opinion qu'il avoit des docteurs du parti, et combien il en étoit mal satisfait : mais voici quelque chose de plus fort. « Leurs mœurs sont telles, dit-il, que pour en parler très-modérément, beaucoup de gens émus de la confusion qu'on voit parmi eux, trouvent tout autre état un âge d'or, à comparaison de celui où ils nous mettent[5]. » Il trouvoit « ces plaies incurables[6], » et dès son commencement la Réforme avoit besoin d'une autre réforme.

XXXIV. Les prodiges, les prophéties les horoscopes, dont Mélanchthon étoit troublé.

Outre ces agitations, il ne cessoit de s'entretenir avec Camérarius, avec Osiandre et les autres chefs du parti, avec Luther même, des prodiges qui arrivoient et des funestes menaces du ciel irrité. On ne sait souvent ce que c'est : mais c'est toujours quelque chose de terrible. Je ne sais quoi qu'il promet à son ami Camérarius de lui dire en particulier, inspire de la frayeur en le lisant[7]. D'autres prodiges arrivés vers le temps de la diète d'Augsbourg, lui paroissoient favorables au nouvel évangile. A Rome, « le débordement extraordinaire du Tibre, et l'enfantement d'une mule, dont le petit avoit un pied de grue : » dans le territoire d'Augsbourg la naissance « d'un veau à deux têtes » lui furent

---

[1] Lib. IV, ep. CXXXVII. — [2] Lib. IV, ep. LXX. — [3] Lib. IV, LXXXV. — [4] Lib. IV, ep. CCXVIII. — [5] Lib. IV, ep. DCCXLII. — [6] Lib. IV, ep. DCCLIX. — [7] Lib. II, ep. LXXXIX, CCLXIX.

un signe d'un changement indubitable dans l'état de l'univers, et en particulier « de la ruine prochaine de Rome par le schisme[1] » c'est ce qu'il écrit très-sérieusement à Luther même, en lui donnant avis que ce jour-là on présenteroit à l'Empereur la *Confession d'Augsbourg*. Voilà de quoi se repaissoient, dans une action si célèbre, les auteurs de cette confession et les chefs de la Réforme : tout est plein de songes et de visions dans les lettres de Mélanchthon : et on croit lire Tite-Live lorsqu'on voit tous les prodiges qu'il y raconte. Quoi plus? ô foiblesse extrême d'un esprit d'ailleurs admirable, et hors de ses préventions si pénétrant! les menaces des astrologues lui font peur. On le voit sans cesse effrayé par les tristes conjonctions des astres : « un horrible aspect de Mars » le fait trembler pour sa fille, dont lui-même il avoit fait l'horoscope. Il n'est pas moins « effrayé de la flamme horrible d'une comète extrêmement septentrionale[2]. » Durant les conférences qu'on faisoit à Augsbourg sur la religion, il se console de ce qu'on va si lentement, parce que « les astrologues prédisent que les astres seront plus propices aux disputes ecclésiastiques vers l'automne[3]. » Dieu étoit au-dessus de tous ces présages, il est vrai; et Mélanchthon le répète souvent, aussi bien que les faiseurs d'almanachs : mais enfin les astres régissoient jusqu'aux affaires de l'Eglise. On voit que ses amis, c'est-à-dire les chefs du parti, entrent avec lui dans ces réflexions : pour lui, sa malheureuse nativité ne lui promettoit que des combats infinis sur la doctrine, de grands travaux et peu de fruit[4]. Il s'étonne, né sur les coteaux approchans du Rhin, « qu'on lui ait prédit un naufrage sur la mer Baltique[5]; » et appelé en Angleterre et en Danemark, il se garde bien d'aller sur cette mer. A tant de prodiges et tant de menaces des constellations ennemies, pour comble d'illusion, il se joignoit encore des prophéties. C'étoit une des foiblesses du parti, de croire que tout le succès en avoit été prédit; et voici une des prédictions des plus mémorables qu'on y vante. En l'an 1516, à ce qu'on dit, et un an devant les mouvemens de Luther, je ne sais quel cordelier s'étoit

---

[1] Lib. I, ep. cxx; III, lxix.— [2] Lib. II, ep. xxxvii, cdxlv; lib. IV, ep. cxix, cxxxv, cxxxvii, cxcv, cxcviii, dcclix, dcccxliv, etc.; *ibid.*, cxix; *ibid.*, cxlvi. — [3] Lib. IV, xciii. — [4] Lib. II, ep. cdxlviii. — [5] Lib. II, ep. xciii.

avisé en commentant Daniel, de dire que « la puissance du Pape alloit baisser, et ne se relèveroit jamais[1]. » Cette prédiction étoit aussi vraie que ce qu'ajoutoit ce nouveau prophète, « qu'en 1600 le Turc seroit maître de l'Italie et de l'Allemagne. » Néanmoins Mélanchthon rapporte sérieusement la vision de ce fanatique, et se vante de l'avoir en original entre les mains, comme le frère cordelier l'avoit écrite. Qui n'eût tremblé à ce récit? Le Pape est déjà ébranlé par Luther, et on croit le voir à bas. Mélanchthon prend tout cela pour des prophéties; tant on est foible quand on est prévenu. Après le Pape renversé, il croit voir suivre de près le Turc victorieux; et les tremblemens de terre qui arrivoient, le confirment dans cette pensée[2]. Qui le croiroit capable de toutes ces impressions, si toutes ses lettres n'en étoient remplies? Il lui faut faire cet honneur, ce n'étoit pas ses périls qui lui causoient tant de troubles et tant de tourmens : au milieu de ses plus violentes agitations on lui entend dire avec confiance : « Nos périls me troublent moins que nos fautes[3]. » Il donne un bel objet à ses douleurs : les maux publics, et particulièrement les maux de l'Eglise : mais c'est aussi qu'il ressent en sa conscience, comme il l'explique souvent, la part qu'avoient à ces maux ceux qui s'étoient vantés d'en être les réformateurs. Mais c'est assez parler en particulier des troubles dont Mélanchthon étoit agité : on a vu assez clairement les raisons de la conduite qu'il tint dans l'assemblée de Smalcalde, et les motifs de la restriction qu'il y mit à l'article plein de fureur que Luther y proposa contre le Pape.

[1] Mel., lib. I, ep. LXV. — [2] Ibid. — [3] Lib. IV, ep. LXX.

LIVRE VI.

Depuis 1537 jusqu'à l'an 1546.

SOMMAIRE.

Le landgrave travaille à entretenir l'union entre les luthériens et les zuingliens. Nouveau remède qu'on trouve à l'incontinence de ce prince, en lui permettant d'épouser une seconde femme durant la vie de la première. Instruction mémorable qu'il donne à Bucer pour faire entrer Luther et Mélanchthon dans ce sentiment. Avis doctrinal de Luther, de Bucer et de Mélanchthon en faveur de la polygamie. Le nouveau mariage est fait ensuite de cette consultation. Le parti en a honte, et n'ose ni le nier ni l'avouer. Le Landgrave porte Luther à supprimer l'élévation du Saint-Sacrement en faveur des Suisses, que cette cérémonie rebutoit de la ligue de Smalcalde. Luther à cette occasion s'échauffe de nouveau contre les sacramentaires. Dessein de Mélanchthon pour détruire le fondement du sacrifice de l'autel. On reconnoît dans le parti que le sacrifice est inséparable de la présence réelle, et du sentiment de Luther. On en avoue autant de l'adoration. Présence momentanée et dans la seule réception, comment établie. Le sentiment de Luther méprisé par Mélanchthon et par les théologiens de Leipsick et de Vitenberg. Thèses emportées de Luther contre les théologiens de Louvain. Il reconnoît le sacrement adorable, il déteste les zuingliens, et il meurt.

L'accord de Vitenberg ne subsista guère : c'étoit une erreur de s'imaginer qu'une paix plâtrée comme celle-là pût être de longue durée, et qu'une si grande opposition dans la doctrine, avec une si grande altération dans les esprits, pût être surmontée par des équivoques. Il échappoit toujours à Luther quelque mot fâcheux contre Zuingle. Ceux de Zurich ne manquoient pas de défendre leur docteur : mais Philippe, landgrave de Hesse, qui avoit toujours dans l'esprit des desseins de guerre, tenoit uni autant qu'il pouvoit le parti protestant, et empêcha durant quelques années qu'on n'en vînt à une rupture ouverte. Ce prince étoit le soutien de la ligue de Smalcalde; et par le besoin qu'on avoit de lui dans le parti, on lui accorda une chose dont il n'y avoit point d'exemple parmi les chrétiens : ce fut d'avoir deux femmes à la fois, et la Réforme ne trouva que ce seul remède à son incontinence.

Les historiens qui ont écrit que ce prince étoit à cela près fort

I. L'incontinence scandaleuse du landgrave, et quel remède on y trouva dans la Réforme.

1539.

tempérant[1], n'ont pas su tout le secret du parti : on y couvroit le plus qu'on pouvoit l'intempérance d'un prince que la Réforme vantoit au-dessus de tous les autres. Nous voyons dans les lettres de Mélanchthon[2] qu'en 1539, du temps que la ligue de Smalcalde se rendit si redoutable, ce prince avoit une maladie que l'on cachoit avec soin : c'étoit de ces maladies qu'on ne nomme pas. Il en guérit; et pour ce qui touche son intempérance, les chefs de la Réforme ordonnèrent ce nouveau remède dont nous venons de parler. On cacha le plus qu'on put cette honte du nouvel évangile. M. de Thou, tout pénétrant qu'il étoit dans les affaires étrangères, n'en a pu découvrir autre chose, sinon que ce prince, « par le conseil de ses pasteurs, » avoit une concubine avec sa femme. C'en est assez pour couvrir de honte ces faux pasteurs qui autorisoient le concubinage : mais on ne savoit pas encore alors que ces pasteurs étoient Luther lui-même avec tous les chefs du parti, et qu'on permit au landgrave d'avoir une concubine (a) à titre de femme légitime, encore qu'il en eût une autre dont le mariage subsistoit dans toute sa force. Maintenant tout ce mystère d'iniquité est découvert par les pièces que l'Electeur palatin, Charles-Louis (c'est le dernier mort) a fait imprimer, et dont le prince Ernest de Hesse, un des descendans de Philippe, a manifesté une partie depuis qu'il s'est fait catholique.

II. Actes importans sur cette affaire, tirés d'un livre imprimé par l'ordre de l'électeur Charles-Louis, comte palatin.

Le livre que le prince palatin fit imprimer a pour titre : *Considérations consciencieuses sur le mariage, avec un éclaircissement des questions agitées jusqu'à présent touchant l'adultère, la séparation et la polygamie.* Le livre parut en allemand en 1679, sous le nom emprunté de *Daphnœus Arcuarius*, sous lequel étoit caché celui de *Laurentius Bœger*, c'est-à-dire Laurent l'Archer, un des conseillers de ce prince (b).

Le dessein du livre est en apparence de justifier Luther contre Bellarmin, qui l'accusoit d'avoir autorisé la polygamie : mais en effet il fait voir que Luther la favorisoit; et afin qu'on ne pût pas dire qu'il auroit peut-être avancé cette doctrine dans les commen-

---

[1] Thuan., lib. IV, ad an. 1537. — [2] Mel., lib. IV, ep. ccxiv.

(a) 1re édit. : Cette concubine. — (b) C'est-à-dire un des conseillers de ce prince.

cemens de la Réforme, il produit ce qui s'est fait longtemps après dans le nouveau mariage du landgrave.

Là il rapporte trois pièces, dont la première est une instruction du landgrave même donnée à Bucer : car ce fut lui qui fut chargé de toute la négociation avec Luther ; et on voit par là que le landgrave l'employoit à bien d'autres accommodemens qu'à celui des sacramentaires. Voici un fidèle extrait de cette instruction ; et comme la pièce est remarquable, on la pourra voir ici toute entière traduite d'allemand en latin de mot à mot et de bonne main [1].

Le landgrave expose d'abord, que « depuis sa dernière maladie il avoit beaucoup réfléchi sur son état, et principalement sur ce que quelques semaines après son mariage il avoit commencé à se plonger dans l'adultère : que ses pasteurs l'avoient exhorté souvent à s'approcher de la sainte table ; mais qu'il croyoit y trouver son jugement, parce qu'il *ne veut pas* quitter une telle vie. » Il rejette la cause de ses désordres sur sa femme, et il raconte les raisons pour lesquelles il ne l'a jamais aimée : mais comme il a peine à s'expliquer lui-même de ces choses, il en a, dit-il, découvert tout le secret à Bucer [2].

III. Bucer envoyé à Luther et aux autres chefs du parti, pour obtenir la permission d'épouser une seconde femme. Instruction de ce prince à son envoyé.

Il parle ensuite de sa complexion, et des effets de la bonne chère qu'on faisoit dans les assemblées de l'Empire, où il étoit obligé de se trouver [3]. Y mener une femme de la qualité de la sienne, c'étoit un trop grand embarras. Quand ses prédicateurs lui remontroient qu'il devoit punir les adultères et les autres crimes semblables : « Comment, disoit-il, punir les crimes où je suis plongé moi-même ? Lorsque je m'expose à la guerre pour la cause de l'Evangile, je pense que j'irois au diable si j'y étois tué par quelque coup d'épée ou de mousquet [4]. Je vois qu'avec la femme que j'ai, ni *je ne puis, ni je ne veux* changer de vie, dont je *prends Dieu à témoin ;* de sorte que je ne trouve aucun moyen d'en sortir que par les remèdes que Dieu a permis à l'ancien peuple [5], » c'étoit-à-dire la polygamie.

Là il rapporte les raisons qui lui persuadent qu'elle n'est pas

IV. Suite de

---

[1] *Voyez* la fin de ce livre VI. — [2] *Instr.*, n. 1, 2. — [3] *Instr.*, n. 3. — [4] *Instr.*, n. 5. — [5] *Instr.*, n. 6.

défendue sous l'évangile [1] ; et ce qu'il y a de plus mémorable, c'est qu'il dit « savoir que Luther et Mélanchthon ont conseillé au roi d'Angleterre de ne point rompre son mariage avec la reine sa femme, mais avec elle d'en épouser encore une autre [2]. » C'est là encore un secret que nous ignorions. Mais un prince si bien instruit dit qu'il le sait, et il ajoute qu'on lui doit d'autant plutôt accorder ce remède, qu'il ne le demande que « *pour le salut de son ame.* Je ne veux pas, poursuit-il, demeurer plus longtemps dans les lacets du démon, *je ne puis, ni ne veux* m'en tirer que par cette voie : c'est pourquoi je demande à Luther, à Mélanchthon et à Bucer même, qu'ils me donnent un témoignage que je la puis embrasser [3]. Que s'ils craignent que ce témoignage ne tourne à scandale en ce temps et ne nuise aux affaires de l'évangile, s'il étoit imprimé, je souhaite tout au moins qu'ils me donnent une déclaration par écrit, que si je me mariois secrètement, Dieu n'y seroit point offensé, et qu'ils cherchent les moyens de rendre avec le temps ce mariage public; en sorte que la femme que j'épouserai ne passe pas pour une personne malhonnête : autrement, dans la suite du temps, l'église en seroit scandalisée [4]. »

Après il les assure « qu'il ne faut pas craindre que ce second mariage l'oblige à maltraiter sa première femme, ou même à se retirer de sa compagnie, puisqu'au contraire il veut en cette occasion porter sa croix, et laisser ses Etats à leurs communs enfans. Qu'ils m'accordent donc, continue ce prince, au nom de Dieu, ce que je leur demande, afin que je puisse plus gaiement vivre et mourir pour la cause de l'évangile, et en entreprendre plus volontiers la défense ; et je ferai de mon côté tout ce qu'ils m'ordonneront selon la raison, soit qu'ils me demandent *les biens des monastères,* ou d'autres choses semblables [5]. »

On voit comme il insinue adroitement les raisons dont il savoit, lui qui les connoissoit si intimement, qu'ils pouvoient être touchés ; et comme il prévoyoit que ce qu'ils craindroient le plus, seroit le scandale, il ajoute que « les ecclésiastiques haïssoient déjà tellement les protestans, qu'ils ne les haïroient ni plus ni

---

[1] *Instr.,* n. 6 et seq. — [2] *Instr.,* n. 10. — [3] *Instr.,* n. 11. — [4] *Instr.,* n. 12. — — [5] *Instr.,* n. 13.

moins pour cet article nouveau, qui permettroit la polygamie. Que si contre sa pensée il trouvoit Mélanchthon et Luther inexorables, il lui rouloit dans l'esprit plusieurs desseins, entre autres celui de s'adresser à l'Empereur pour cette dispense, quelque argent qu'il lui en pût coûter [1]. » C'étoit là un endroit délicat : « car il n'y avoit point d'apparence, poursuit-il, que l'Empereur accorde cette permission sans la dispense du Pape, dont je ne me soucie guère, dit-il : mais pour celle de l'Empereur, je ne la dois pas mépriser, quoique je n'en ferois que fort peu de cas, si je ne croyois d'ailleurs que Dieu a plutôt permis que défendu ce que je souhaite : et si la tentative que je fais de ce côté-ci (c'est-à-dire de celui de Luther) ne me réussit pas, une crainte humaine me porte à demander le consentement de l'Empereur, dans la certitude que j'ai d'en obtenir tout ce que je voudrai en donnant une grosse somme d'argent à quelqu'un de ses ministres. Mais quoique pour rien du monde je ne voulusse me retirer de l'évangile, ou me laisser entraîner dans quelque affaire qui fût contraire à ses intérêts, je crains pourtant que les impériaux ne m'engagent à quelque chose qui ne seroit pas utile à cette cause et à ce parti. Je demande donc, conclut-il, qu'ils me donnent le secours que j'attends, de peur que je ne l'aille chercher *en quelque autre lieu* moins agréable, puisque j'aime mieux mille fois devoir mon repos à leur permission qu'à toutes les autres permissions humaines. Enfin je souhaite d'avoir par écrit le sentiment de Luther, de Mélanchthon et de Bucer, afin que je puisse me corriger et approcher du sacrement en bonne conscience. Donné à Melsingue le dimanche après la sainte Catherine 1539. PHILIPPE LANDGRAVE DE HESSE. »

même au Pape, si on le refuse.

L'instruction étoit aussi pressante que délicate. On voit les ressorts que le landgrave fait jouer : il n'oublie rien ; et quelque mépris qu'il témoignât pour le Pape, c'en étoit trop pour les nouveaux docteurs de l'avoir seulement nommé en cette occasion. Un prince si habile n'avoit pas lâché cette parole sans dessein, et d'ailleurs c'étoit assez de montrer la liaison qu'il sembloit vouloir prendre avec l'Empereur, pour faire trembler tout le parti. Ces

VI. Avis doctrinal de Luther. La polygamie accordée par lui et les autres chefs des protestans.

[1] *Instr.*, n. 14 et 15.

raisons valoient beaucoup mieux que celles que le landgrave avoit tâché de tirer de l'Ecriture. A de pressantes raisons on avoit joint un habile négociateur. Ainsi Bucer tira de Luther une consultation en forme, dont l'original fut écrit en allemand de la main et du style de Mélanchthon [1]. On permet au landgrave, *selon l'évangile* [2] (car tout se fait sous ce nom dans la Réforme), d'épouser une autre femme avec la sienne. Il est vrai qu'on déplore l'état où il est, « de ne pouvoir s'abstenir de ses adultères tant qu'il n'aura qu'une femme [3], » et on lui représente cet état comme très-mauvais devant Dieu et comme contraire « à la sûreté de sa conscience [4]. » Mais en même temps et dans la période suivante on le lui permet, et on lui déclare qu'il peut « épouser une seconde femme, s'il y est entièrement résolu, pourvu seulement qu'il tienne le cas secret. » Ainsi une même bouche prononce le bien et le mal [5]. Ainsi le crime devient permis en le cachant. Je rougis d'écrire ces choses, et les docteurs qui les écrivirent en avoient honte. C'est ce qu'on voit dans tout leur discours tortueux et embarrassé. Mais enfin il fallut trancher le mot, et permettre au landgrave en termes formels cette bigamie si désirée. Il fut dit pour la première fois depuis la naissance du christianisme, par des gens qui se prétendoient docteurs dans l'Eglise, que Jésus-Christ n'avoit pas défendu de tels mariages : cette parole de la Genèse : « Ils seront deux dans une chair [6], » fut éludée, quoique Jésus-Christ l'eût réduite à son premier sens et à son institution primitive, qui ne souffre que deux personnes dans le lien conjugal [7]. L'avis en allemand est signé par Luther, Bucer et Mélanchthon [8]. Deux autres docteurs, dont Mélander ministre du landgrave étoit l'un, le signèrent aussi en latin à Vitenberg au mois de décembre 1539. Cette permission fut accordée « par forme de dispense, » et réduite « au cas de nécessité [9]; » car on eut honte de faire passer cette pratique en loi générale. On trouva des nécessités contre l'Evangile ; et après avoir tant blâmé les dispenses de Rome, on osa en donner une de cette importance.

---

[1] *Voyez* la fin de ce livre VI. — [2] *Consult. de Luther*, n. 21, 22. — [3] *Consult. de Luther.*, n. 20. — [4] N. 21. — [5] *Jacob.*, III, 10. — [6] *Ibid.*, n. 6; *Gen.*, II, 24. — [7] *Matth.*, XIX, 4-6. — [8] *Lib. de Consid. conscient.*, 5, n. 2. — [9] *Consult.*, n. 4, 10, 21.

Tout ce que la Réforme avoit de plus renommé en Allemagne consentit à cette iniquité : Dieu les livroit visiblement au sens réprouvé; et ceux qui crioient contre les abus pour rendre l'Eglise odieuse, en commettent de plus étranges et en plus grand nombre dès les premiers temps de leur Réforme, qu'ils n'en ont pu ramasser ou inventer dans la suite de tant de siècles où ils reprochent à l'Eglise sa corruption.

Le landgrave avoit bien prévu qu'il feroit trembler ses docteurs, en leur parlant seulement de la pensée qu'il avoit de traiter de cette affaire avec l'Empereur. On lui répond que ce prince n'a « ni foi, ni religion; » que « c'est un trompeur qui n'a rien des mœurs germaniques, avec qui il est dangereux de prendre des liaisons [1]. » Ecrire ainsi à un prince de l'Empire, qu'est-ce autre chose que de mettre toute l'Allemagne en feu? Mais qu'y a-t-il de plus bas que ce qu'on voit à la tête de cet avis? « Notre pauvre église, disent-ils, petite, misérable et abandonnée, a besoin de princes régens vertueux [2]. » Voilà, si on sait l'entendre, la raison des nouveaux docteurs. Ces princes *vertueux*, dont on avoit besoin dans la Réforme, étoient des princes qui vouloient qu'on fît servir l'Evangile à leurs passions. L'Eglise, pour son repos temporel, peut avoir besoin du secours des princes : mais établir des dogmes pernicieux et inouïs pour leur complaire, et leur sacrifier par ce moyen l'Evangile qu'on se vante de venir rétablir, c'est le vrai mystère d'iniquité et l'abomination de la désolation dans le sanctuaire.

VII. Ce que répondent les consultans sur le sujet de l'Empereur.

Une si infâme consultation eût déshonoré tout le parti, et les docteurs qui la souscrivirent n'auroient pas pu se sauver des clameurs publiques, qui les auroient rangés, comme ils l'avouent, « parmi les mahométans, ou parmi les anabaptistes, qui font un jeu du mariage. » Aussi le prévirent-ils dans leur avis, et défendirent sur toutes choses au landgrave de découvrir ce nouveau mariage [3]. Il ne devoit y avoir qu'un très-petit nombre de témoins, qui devoient encore être obligés au secret, « sous le sceau de la confession [4]; » c'est ainsi que parloit la consultation. La

VIII. Le secret du second mariage qui devoit passer pour concubinage : ce scandale méprisé par les consultans.

[1] *Consult.*, n. 23, 24. — [2] *Consult.*, n. 43. — [3] *Consult.*, n. 10, 18. — [4] *Consult.*, n. 21.

nouvelle épouse devoit passer pour *concubine*. On aimoit mieux ce scandale dans la maison de ce prince, que celui qu'auroit causé dans toute la chrétienté (a) l'approbation d'un mariage si contraire à l'Evangile et à la doctrine commune de tous les chrétiens.

IX.
Le second mariage se fait en secret : le contrat qui en fut passé.
1540.

La consultation fut suivie d'un mariage dans les formes entre Philippe, landgrave de Hesse, et Marguerite de Saal, du consentement de Christine de Saxe sa femme. Le prince en fut quitte pour déclarer en se mariant qu'il ne prenoit cette seconde femme par « aucune légèreté ni curiosité, » mais par « d'inévitables nécessités de corps et de conscience, que son Altesse avoit expliquées à beaucoup de doctes, prudens, chrétiens et dévots prédicateurs, qui lui avoient conseillé de mettre sa conscience en repos par ce moyen [1]. » L'instrument de ce mariage, daté du 4 mars 1540, est avec la consultation dans le livre qui fut publié par l'ordre de l'électeur palatin. Le prince Ernest a encore fourni les mêmes pièces, ainsi elles sont publiques en deux manières. Il y a dix ou douze ans qu'on en a produit des extraits dans un livre qui a couru toute la France [2], sans avoir été contredit; et on vient de nous les donner en forme si authentique [3], qu'il n'y a pas moyen d'en douter. Pour ne rien laisser à désirer, j'y ai joint l'instruction du landgrave, et l'histoire maintenant est complète.

X.
Réponse du landgrave et de Luther à ceux qui leur reprochent ce mariage.

Les crimes échappent toujours par quelque endroit. Quelque précaution qu'on eût prise pour cacher ce mariage scandaleux, on ne laissa pas d'en soupçonner quelque chose, et il est certain qu'on l'a reproché au landgrave aussi bien qu'à Luther dans des écrits publics : mais ils s'en tirèrent par des équivoques. Un auteur allemand a publié une lettre du landgrave à Henri le Jeune, duc de Brunswick [4], où il lui parle en ces termes : « Vous me reprochez un bruit qui court, que j'ai pris une seconde femme, la première étant encore en vie. Mais je vous déclare que si vous ou qui que ce soit, dites que j'ai contracté un mariage *non chrétien,* ou que j'aie fait quelque chose indigne d'un prince chrétien, on me l'impose par pure calomnie : car quoiqu'envers Dieu je me

[1] *Inst. copulat.* Voyez à la fin de ce livre VI. — [2] *Lettres de Gastineau.* — [3] Varill., *Hist. de l'Hérés.*, liv. XII. — [4] Hortlederus, *de caus. bell. Germ.*, an. 1540.

(a) 1re édit. : Dans toute l'Eglise.

tienne pour un malheureux pécheur, je vis pourtant en ma foi et en ma conscience devant lui d'une telle manière que mes confesseurs ne me tiennent pas pour un homme non chrétien. Je ne donne scandale à personne, et je vis avec la princesse ma femme dans une parfaite intelligence. » Tout cela étoit véritable selon sa pensée; car il ne prétendoit pas que le mariage qu'on lui reprochoit fût *non chrétien*. La landgrave sa femme en étoit contente (*a*), et la consultation avoit fermé la bouche aux confesseurs de ce prince (*b*). Luther ne répond pas avec moins d'adresse : « On reproche, dit-il, au landgrave que c'est un polygame. Je n'ai pas beaucoup à parler sur ce sujet-là. Le landgrave est assez fort, et a des gens assez savans pour le défendre. Quant à moi, je connois une seule princesse et landgrave de Hesse, qui est et qui doit être nommée la femme et la mère en Hesse ; et il n'y en a point d'autre qui puisse donner à ce prince de jeunes landgraves, que la princesse qui est fille de George duc de Saxe [1]. » En effet on avoit donné bon ordre que ni la nouvelle épouse ni ses enfans ne pussent porter le titre de landgraves. Se défendre de cette sorte, c'est aider à sa conviction, et reconnoître la honteuse corruption qu'introduisoient dans la doctrine ceux qui ne parloient dans tous leurs écrits que du rétablissement du pur Evangile.

Après tout Luther ne faisoit que suivre les principes qu'il avoit posés ailleurs. J'ai toujours craint de parler de ces « inévitables nécessités » qu'il reconnoissoit dans l'union des deux sexes, et du sermon scandaleux qu'il avoit fait à Vitenberg sur le mariage : mais puisque la suite de cette histoire m'a une fois fait rompre une barrière que la pudeur m'avoit imposée, je ne puis plus dissimuler ce qui se trouve bien imprimé dans les œuvres de Luther [2]. Il est donc vrai que dans un sermon qu'il fit à Vitenberg pour la réformation du mariage, il ne rougit pas de prononcer ces infâmes et scandaleuses paroles : « Si elles sont opiniâtres (il parle des femmes), il est à propos que leurs maris leur disent : Si vous ne voulez pas, une autre le voudra : si la maîtresse ne veut pas venir, que la servante approche. » Si on entendoit un tel discours

XI.
Sermon scandaleux de Luther sur le mariage

---

[1] Tom. VII, Jen., fol. 425. — [2] Tom. V, *Serm. de Matrim.*, fol. 123.
(*a*) La landgrave en étoit contente. — (*b*) A ses confesseurs.

dans une farce et sur le théâtre, on en auroit honte. Le chef des réformateurs le prêche sérieusement dans l'église; et comme il tournoit en dogmes tous ses excès, il ajoute : « Il faut pourtant auparavant que le mari amène sa femme devant l'église, et qu'il l'admoneste deux ou trois fois : après répudiez-la, et prenez Esther au lieu de Vasthi. » C'étoit une nouvelle cause de divorce ajoutée à celle de l'adultère. Voilà comme Luther a traité le chapitre de la réformation du mariage. Il ne lui faut pas demander dans quel évangile il a trouvé cet article; c'est assez qu'il soit renfermé dans *les nécessités* qu'il a voulu croire au-dessus de toutes les lois et de toutes les précautions. Faut-il s'étonner après cela de ce qu'il permit au landgrave ? Il est vrai que dans ce sermon il oblige à répudier la première femme avant que d'en prendre une autre, et dans la consultation il permet au landgrave d'en avoir deux. Mais aussi le sermon fut prononcé en 1522, et la consultation est écrite en 1539. Il étoit juste que Luther apprît quelque chose en dix-sept ou dix-huit ans de réformation.

XII. Le landgrave oblige Luther à supprimer dans la messe l'élévation du Saint-Sacrement comment on se servit de cette occasion pour l'échauffer de nouveau contre les sacramentaires. 1542. 1543.

Depuis ce temps le landgrave eut un pouvoir presque absolu sur l'esprit de ce patriarche de la Réforme; et après en avoir senti le foible dans une matière si essentielle, il ne le crut pas capable de lui résister. Ce prince étoit peu versé dans les controverses : mais en récompense il savoit en habile politique concilier les esprits, ménager les intérêts différens, et entretenir les ligues. Sa plus grande passion étoit de faire entrer les Suisses dans celle de Smalcalde. Mais il les voyoit offensés de beaucoup de choses qui se pratiquoient parmi les luthériens, et en particulier de l'élévation du Saint-Sacrement que l'on continuoit de faire au son de la cloche, le peuple frappant sa poitrine et poussant des gémissemens et des soupirs [1]. Luther avoit conservé vingt-cinq ans ces mouvemens d'une piété dont il savoit bien que Jésus-Christ étoit l'objet, mais il n'y avoit rien de fixe dans la Réforme. Le landgrave ne cessa d'attaquer Luther sur ce point, et il le persécuta tellement, qu'après avoir laissé abolir cette coutume dans quelques églises de son parti, à la fin il l'ôta lui-même dans celle de

---

[1] Gasp. Peuc., *Nar. hist. de Phil. Mel. soceri sui, sentent. de Cœn. Dom.*, Ambergæ, 1596, p. 24.

Vitenberg qu'il conduisoit ¹. Ces changemens arrivèrent en 1542 et 1543. On en triompha parmi les sacramentaires : ils crurent à ce coup que Luther se laissoit fléchir ; on disoit même parmi les luthériens, qu'il s'étoit enfin relâché de cette admirable vigueur avec laquelle il avoit jusqu'alors soutenu l'ancienne doctrine de la présence réelle, et qu'il commençoit à s'entendre avec les sacramentaires. Il fut piqué de ces bruits, car il souffroit avec impatience les moindres choses qui blessoient son autorité ². Peucer, gendre de Mélanchthon, dont nous avons pris ce récit, remarque qu'il dissimula quelque temps : car « son grand cœur, dit-il, ne se laissoit pas aisément émouvoir. » Nous allons voir néanmoins comment on lui faisoit prendre feu. Un médecin nommé Vildus, célèbre dans sa profession, et d'un grand crédit parmi la noblesse de Misnie où ces bruits se répandoient le plus contre Luther, le vint voir à Vitenberg, et fut bien reçu dans sa maison. Il arriva, poursuit Peucer, que dans un festin où étoit aussi Mélanchthon, « ce médecin échauffé du vin (car on buvoit comme ailleurs à la table des réformateurs, et ce n'étoit pas de pareils abus qu'ils avoient entrepris de corriger) « ce médecin, dis-je, se mit à parler avec peu de précaution sur l'élévation ôtée depuis peu ; et il dit tout franchement à Luther que la commune opinion étoit qu'il n'avoit fait ce changement que pour plaire aux Suisses, et qu'il étoit enfin entré dans leurs sentimens. » Ce *grand cœur* ne fut pas à l'épreuve de ce discours fait dans le vin : son émotion fut visible, et Mélanchthon prévit ce qui arriva.

XIII. L'ancienne jalousie de Luther contre Zuingle et ses disciples se réveille. 1543.

Luther fut animé par ce moyen contre les Suisses, et sa colère devint implacable à l'occasion de deux livres que ceux de Zurich firent imprimer dans la même année. L'un fut une version de la Bible faite par Léon de Juda, ce fameux Juif qui embrassa le parti des zuingliens : l'autre fut les œuvres de Zuingle soigneusement ramassées avec de grands éloges de cet auteur. Quoiqu'il n'y eût rien dans ces livres contre la personne de Luther, aussitôt après leur publication il s'emporta à des excès inouïs, et ses transports n'avoient jamais paru si violens. Les zuingliens pu-

¹ Peuc., *Nar. hist. de Phil. Mel. soceri sui, sentent. de Cœn. Dom.*, Ambergæ, 1596, p. 24 ; Sultzeri, *ep. ad Calv.* int. *Calv. ep.* p. 52. — ² Peuc., *ibid.*

blièrent, et les luthériens l'ont presque avoué, que Luther ne put souffrir qu'un autre que lui se mêlât de tourner la Bible [1]. Il en avoit fait une version très-élégante en sa langue ; et il crut qu'il y alloit de son honneur que la Réforme n'en eût point d'autre, du moins où l'allemand étoit entendu. Les œuvres de Zuingle réveillèrent sa jalousie [2], et il crut qu'on lui vouloit toujours opposer cet homme pour lui disputer la gloire de premier des réformateurs. Quoi qu'il en soit, Mélanchthon et les luthériens demeurent d'accord qu'après cinq ou six ans de trêve, Luther recommença le premier la guerre avec plus de fureur que jamais. Quelque pouvoir que le landgrave eût sur l'esprit de Luther, il n'en pouvoit pas retenir longtemps les emportemens. Les Suisses produisent des lettres de la propre main de Luther, où il défend au libraire qui lui avoit fait présent de la version de Léon, de lui rien envoyer jamais de la part de ceux de Zurich ; « que c'étoit des hommes damnés, qui entraînoient les autres en enfer ; que les églises ne pouvoient plus communiquer avec eux, ni consentir à leurs blasphèmes, et qu'il avoit résolu de les combattre par ses écrits et par ses prières jusqu'au dernier soupir [3]. »

XIV. Luther ne veut plus qu'on prie pour les sacramentaires, et les croit damnés sans ressource. 1544.

Il tint parole. L'année suivante il publia une explication sur la *Genèse,* où il mit Zuingle et Œcolampade avec Arius, avec Muncer et les anabaptistes, avec les idolâtres qui se faisoient « une idole de leurs pensées, et les adoroient au mépris de la parole de Dieu. » Mais ce qu'il publia ensuite fut bien plus terrible : ce fut sa petite *Confession de foi,* où il les traita « d'insensés, de blasphémateurs, de gens de néant, de damnés pour qui il n'étoit plus permis de prier [4] : » car il poussa la chose jusque-là, et protesta qu'il ne vouloit plus avoir avec eux aucun commerce, « ni par lettres, ni par paroles, ni par œuvres, » s'ils ne confessoient « que le pain de l'Eucharistie étoit le vrai corps naturel de Notre-Seigneur ; que les impies, et même le traître Judas, ne recevoient pas moins par la bouche que saint Pierre et les autres vrais fidèles. »

---

[1] Hosp., part. II, fol. 183; Calix., *Jud.*, n. 72, 121, 122. — [2] *Ibid.,* fol. 184. — [3] *Ibid.,* fol. 185. — [4] *Ibid.,* fol. 186, 187; Calix., *Jud.*, n. 73, p. 123 et seq.; Luth., *Parv. Conf.*

Par là il crut mettre fin aux scandaleuses interprétations des sacramentaires, qui tournoient tout à leurs sens, et il déclara qu'il tenoit pour fanatiques ceux qui refuseroient de souscrire à cette dernière confession de foi ¹. Au reste, il le prenoit d'un ton si haut, et menaçoit tellement le monde de ses anathèmes, que les zuingliens ne l'appeloient plus que « le nouveau Pape, et le nouvel Antechrist ². »

XV
Anathèmes de Luther.

Ainsi la défense ne fut pas moins violente que l'attaque. Ceux de Zurich scandalisés de cette expression étrange : « Le pain est le vrai corps naturel de Jésus-Christ, » le furent encore davantage des injures atroces de Luther : de sorte qu'ils firent un livre qui avoit pour titre : *Contre les vaines et scandaleuses calomnies de Luther*, où ils soutenoient « qu'il falloit être aussi insensé que lui pour endurer ses emportemens; qu'il déshonoroit sa vieillesse, et se rendoit méprisable par ses violences; et qu'il devroit être honteux de remplir ses livres de tant d'injures et de tant de diables. »

XVI.
Les zuingliens reprennent Luther d'avoir toujours le diable à la bouche, et le traitent d'insensé.

Il est vrai que Luther avoit pris soin de mettre le diable dedans et dehors, dessus et dessous, à droite et à gauche, devant et derrière les zuingliens, en inventant de nouvelles phrases pour les pénétrer de démons, et répétant ce mot odieux jusqu'à faire horreur.

C'étoit sa coutume : en 1542, comme le Turc menaçoit plus que jamais l'Allemagne, il avoit publié une prière contre lui, où il mêla le diable d'une étrange sorte : « Vous savez, disoit-il, ô Seigneur, que le diable, le Pape et le Turc n'ont ni droit ni raison de nous tourmenter; car nous ne les avons jamais offensés : mais, parce que nous confessons que vous, ô Père, et votre Fils Jésus-Christ, et le Saint-Esprit, êtes un seul Dieu éternel, c'est là notre péché, c'est tout notre crime, c'est pour cela qu'ils nous haïssent et nous persécutent; et nous n'aurions plus rien à craindre d'eux, si nous renoncions à cette foi. » Quel aveuglement de mettre ensemble « le diable, le Pape et le Turc » comme les trois ennemis de la foi de la Trinité! Quelle calomnie d'assurer que le Pape les persécute pour cette foi! Et quelle folie de s'excuser envers l'en-

XVII.
Scandaleuse prière de Luther, qui dit qu'il n'a jamais offensé le diable.

¹ *Conc.*, p. 734; Luther., tom. II, fol. 325. — ² Hosp., 193. — ³ Sleid., lib. IV.

nemi du genre humain comme un homme qui ne lui a jamais donné aucun mécontentement !

XVIII. Nouvelle confession de foi de Bucer. Il confirme que les indignes reçoivent réellement le corps de Notre-Seigneur. Invention de la foi solide.

Un peu après que Luther se fut échauffé de nouveau de la manière que nous avons vue contre les sacramentaires, Bucer dressa une nouvelle Confession de foi. Ces Messieurs ne s'en lassoient pas ; il sembla qu'il la voulût opposer à la *Petite Confession* que Luther venoit de publier. Celle de Bucer rouloit à peu près sur les expressions de l'accord de Vitenberg dont il avoit été le médiateur [1] : mais il n'auroit pas fait une nouvelle Confession de foi, s'il n'avoit voulu changer quelque chose. C'est qu'il ne vouloit plus dire aussi nettement et aussi généralement qu'il avoit fait, qu'on pouvoit prendre *sans foi* le corps du Sauveur, et le prendre très-réellement en vertu de l'institution de Notre-Seigneur, que nos mauvaises dispositions ne pouvoient priver de son efficace. Bucer corrige ici cette doctrine, et il semble mettre pour condition de la présence de Jésus-Christ dans la Cène, non-seulement qu'on la célèbre selon l'institution de Jésus-Christ, mais encore « qu'on ait une foi solide aux paroles par lesquelles il se donne lui-même [2]. » Ce docteur, qui n'osoit donner une foi vive à ceux qui communioient indignement, inventa en leur faveur *cette foi solide*, que je laisse à examiner aux protestans, et par une telle foi il vouloit que les indignes reçussent « et le sacrement et le Seigneur même [3]. »

XIX. Embrouillemens du même auteur sur la communion des impies.

Il paroît embarrassé sur ce qu'il doit dire de la communion des impies. Car Luther, qu'il ne vouloit pas contredire ouvertement, avoit décidé dans sa petite Confession « qu'ils recevoient Jésus-Christ aussi véritablement que les saints. » Mais Bucer, qui ne craignoit rien tant que de parler nettement, dit que ceux d'entre les impies « qui ont la foi pour un temps, reçoivent Jésus-Christ dans une énigme, comme ils reçoivent l'évangile. » Quels prodiges d'expressions ! Et pour ceux qui n'ont aucune foi, il semble qu'il devoit dire qu'ils ne reçoivent point du tout Jésus-Christ. Mais cela seroit trop clair : il se contente de dire « qu'ils ne voient et ne touchent dans le sacrement que ce qui est sensible. » Et que veut-il donc qu'on y voie et qu'on y touche, si ce n'est ce qui est

[1] Ci-dessus, liv. IV, n. 23. — [2] *Conf. Buc.*, ibid., art. 22. — [3] *Ibid.*, art. 23.

capable de frapper les sens? Le reste, c'est-à-dire le corps du Sauveur peut être cru, mais personne ne se vante ni de le voir ni de le toucher en lui-même, et les fidèles n'ont de ce côté-là aucun avantage sur les impies. Ainsi à son ordinaire Bucer ne fait que brouiller; et par ses subtilités il prépare la voie, comme nous verrons, à celles de Calvin et des calvinistes.

<small>XX. Mélanchthon travaille à rendre la présence réelle momentanée, et la met seulement dans l'usage.</small>

Mélanchthon durant ces temps prenoit un soin particulier de diminuer, pour ainsi parler, la présence réelle en tâchant de la réduire au temps précis de l'usage. C'est ici un dogme principal du luthéranisme; et il importe de bien entendre comment il s'est établi dans la secte.

<small>XXI. Le vrai fondement de ce dogme est l'aversion pour la messe. Deux choses que les protestans n'y peuvent souffrir.</small>

L'aversion de la nouvelle Réforme étoit la messe, quoique la messe au fond ne fût autre chose que les prières publiques de l'Eglise consacrées par la célébration de l'Eucharistie, où Jésus-Christ présent honoroit son Père, et sanctifioit ses fidèles. Mais deux choses y choquoient les nouveaux docteurs, parce qu'ils ne les avoient jamais bien entendues : l'une étoit l'oblation, et l'autre étoit l'adoration qu'on rendoit à Jésus-Christ présent dans ses mystères.

<small>XXII. La haine aveugle de Luther pour l'oblation et pour le canon de la messe.</small>

L'oblation n'étoit autre chose que la consécration du pain et du vin pour en faire le corps et le sang de Jésus-Christ, et le rendre par ce moyen vraiment présent. Il ne se pouvoit que cette action ne fût par elle-même agréable à Dieu; et la seule présence de Jésus-Christ montré à son Père, en honorant sa majesté suprême, étoit capable de nous attirer ses graces. Les nouveaux docteurs voulurent croire qu'on attribuoit à cette présence et à l'action de la messe une vertu pour sauver les hommes indépendamment de la foi : nous avons vu leur erreur, et sur une si fausse présupposition la messe devint l'objet de leur aversion. Les paroles les plus saintes du canon furent décriées. Luther y trouvoit du venin partout, et jusque dans cette prière que nous y faisons un peu devant la communion : « O Seigneur Jésus-Christ, Fils de Dieu vivant, qui avez donné la vie au monde par votre mort, délivrez-moi de tous mes péchés par votre corps et par votre sang. » Luther, qui le pourroit croire? condamna ces dernières paroles, et voulut s'imaginer qu'on attribuoit notre délivrance au corps et au sang indépendamment de la foi, sans songer que cette prière, adressée à Jésus-Christ « Fils de Dieu vivant, qui avoit vivifié le monde par sa mort, » étoit elle-même dans toute sa suite un acte de foi très-vif. N'importe ; Luther disoit que les moines attribuoient « leur salut au corps et au sang de Jésus-Christ, sans dire un mot de la foi [1]. » Si le prêtre, en communiant, disoit avec le Psalmiste : « Je prendrai le pain céleste, et j'invoquerai le nom du Seigneur [2], » Luther le trouvoit mauvais et disoit que « mal à propos et à contre-temps on détournoit les esprits de la foi aux œuvres. » Combien aveugle est la haine ! combien a-t-on le cœur rempli de venin, quand on empoisonne des choses si saintes !

XXIII. En quel sens on offre dans la messe pour la rédemption du genre humain. Les ministres contraints d'approuver ce sens.

Il ne faut pas s'étonner après cela qu'on se soit emporté contre les paroles du canon, où l'on disoit que « les fidèles offroient ce sacrifice de louange pour la rédemption de leurs ames. » Les ministres les plus passionnés sont à présent obligés de reconnoître que l'intention de l'Eglise est ici d'offrir pour la rédemption : non pas pour la mériter de nouveau, comme si la croix ne l'avoit pas méritée, « mais en action de graces d'un si grand bienfait [3], » et dans le dessein de nous l'appliquer. Mais Luther ni les luthériens ne voulurent jamais entrer dans un sens si naturel : ils ne vouloient voir qu'horreur et abomination dans la messe : ainsi tout ce qu'elle avoit de plus saint étoit détourné à de mauvais sens, et Luther concluoit de là qu'il falloit « avoir autant d'horreur du canon que du diable même. »

XXIV. Toute la messe est renfermée dans la seule présence réelle : qu'on ne peut admettre cette présence sans la reconnoître permanente et hors de la réception.

Dans la haine que la Réforme avoit conçue contre la messe (a), on n'y désiroit rien tant que d'en saper le fondement, qui après tout n'étoit autre que la présence réelle. Car c'étoit sur cette présence que les catholiques appuyoient toute la valeur et la vertu de la messe : c'étoit là le seul fondement de l'oblation et de tout le reste du culte, et Jésus-Christ présent en faisoit le fond. Calixte, luthérien, demeure d'accord qu'une des raisons, pour ne pas dire la principale, qui fit nier la présence réelle à une si grande partie de la Réforme, c'est qu'on n'avoit point de meilleur moyen de

---

[1] *De abomin. Miss. priv. seu Canonis.*, tom. II, 393, 394. — [2] *Psal.* CXV. — [3] Blond., *Præf.* in lib. Albert., *de Euchar.*

(a) 1ʳᵉ édit. : Dans la haine qu'on avoit conçue dans la Réforme contre la messe.

ruiner la messe et tout le culte du papisme [1]. Luther eût entré lui-même dans ce sentiment s'il eût pu, et nous avons vu ce qu'il a dit sur l'inclination qu'il avoit de s'éloigner du papisme par cet endroit-là comme par les autres [2]. Cependant en retenant, comme il s'y voyoit forcé, le sens littéral et la présence réelle, il étoit clair que la messe subsistoit en son entier : car dès là qu'on retenoit ce sens littéral, les catholiques concluoient que non-seulement l'Eucharistie étoit le vrai corps, puisque Jésus-Christ avoit dit : « Ceci est mon corps, » mais encore que c'étoit le corps dès que Jésus-Christ l'avoit dit ; par conséquent avant la manducation et dès la consécration, puisqu'enfin on n'y disoit pas : Ceci sera, mais : *Ceci est :* doctrine où nous allons voir toute la messe renfermée.

Cette conséquence que tiroient les catholiques de la présence réelle à la présence permanente et hors de l'usage étoit si claire, que Luther l'avoit reconnue : c'étoit sur ce fondement qu'il avoit toujours retenu l'élévation de l'hostie jusqu'en 1543 ; et après même qu'il l'eut abolie, il écrit encore dans sa *Petite Confession*, en 1544, « qu'on la pouvoit conserver avec piété comme un témoignage de la présence réelle et corporelle dans le pain, puisque par cette action le prêtre disoit : Voyez, chrétiens, ceci est le corps de Jésus-Christ qui a été livré pour vous [3]. » D'où il paroît que, pour avoir changé la cérémonie de l'élévation, il n'en changea pas pour cela le fond de son sentiment sur la présence réelle, et qu'il continuoit à la reconnoître incontinent après la consécration.

XXV. La présence réelle permanente et hors de l'usage, retenue par Luther après même qu'il eut supprimé l'élévation.

Avec cette foi il est impossible de nier le sacrifice de l'autel : car que veut-on que fasse Jésus-Christ avant que l'on mange son corps et son sang, si ce n'est de se rendre présent pour nous devant son Père ? C'étoit donc pour empêcher une conséquence si naturelle que Mélanchthon cherchoit des moyens de réduire cette présence à la seule manducation ; et ce fut principalement à la conférence de Ratisbonne qu'il étala cette partie de sa doctrine. Charles V avoit ordonné cette conférence en 1541 entre les catholiques et les protestans, pour aviser aux moyens de concilier les

XXVI. Mélanchthon ne trouve point d'autre moyen pour détruire la messe qu'en niant la présence permanente.

---

[1] *Judic.*, Calix., n. 47, p. 70 ; n. 51, p. 78. — [2] Ci-dessus, liv. II, n. 1. — [3] Luth., *Parv. Conf.*, 1544 ; Hosp., 13.

deux religions. Ce fut là que Mélanchthon, en reconnoissant à son ordinaire avec les catholiques la présence réelle et substantielle, s'appliqua beaucoup à faire voir que l'Eucharistie, comme les autres sacremens, « n'étoit sacrement que dans l'usage légitime[1], » c'est-à-dire, comme il l'entendoit, dans la réception actuelle.

XXVII. Vaines raisons de Mélanchthon.
La comparaison qu'il tiroit des autres sacremens étoit bien foible : car dans les signes de cette nature où tout dépend de la volonté de l'instituteur, ce n'est pas à nous à lui faire des lois générales, ni à lui dire qu'il ne peut faire des sacremens que d'une sorte ; il a pu dans l'institution de ses sacremens s'être proposé divers desseins, qu'il faut entendre par les paroles dont il s'est servi à chaque institution particulière. Or Jésus-Christ ayant dit précisément : *Ceci est,* l'effet devoit être aussi prompt que les paroles sont puissantes et véritables, et il n'y avoit pas à raisonner davantage.

XXVIII. Autres raisons aussi frivoles.
Mais Mélanchthon répondoit (et c'étoit la grande raison qu'il ne cessoit de répéter) que la promesse de Dieu ne s'adressant pas au pain, mais à l'homme, le corps de Notre-Seigneur ne devoit être dans le pain que lorsque l'homme le recevoit[2]. Par un semblable raisonnement on pourroit aussi bien conclure que l'amertume de l'eau de Mara ne fut corrigée[3], ou que l'eau de Cana ne fut faite vin[4], que dans le temps qu'on en but, puisque ces miracles ne se faisoient que pour les hommes qui en burent. Comme donc ces changemens se firent dans l'eau, mais non pas pour l'eau, rien n'empêche qu'on ne connoisse de même un changement dans le pain qui ne soit pas pour le pain ; rien n'empêche que le pain céleste, aussi bien que le terrestre, ne soit fait et préparé avant qu'on le mange, et je ne sais comment Mélanchthon s'appuyoit si fort sur un argument si pitoyable.

XXIX. Ces raisons de Mélanchthon détruisoient toute la
Mais ce qu'il y a ici de plus considérable, c'est que par ce raisonnement il n'attaquoit pas moins son maître Luther qu'il attaquoit les catholiques ; car en voulant qu'il ne se fît rien du tout dans le pain, il montroit qu'il ne s'y fait rien en aucun moment,

[1] Hosp., 154, 179, 180. — [2] Hosp., *ibid.;* Mel., lib. II, ep. XXV, XL; lib. III, CLXXXVIII, CLXXXIX, etc. — [3] *Exod.,* XV, 23. — [4] *Joan.,* II, 9.

et que le corps de Notre-Seigneur n'y est, ni dans l'usage ni hors de l'usage : mais que l'homme à qui s'adresse toute la promesse, le reçoit à la présence du pain, comme on reçoit dans le baptême à la présence de l'eau le Saint-Esprit et la grace. Mélanchthon voyoit bien cette conséquence, comme il paroîtra dans la suite : mais soit qu'il eût l'adresse de la couvrir alors, ou que Luther n'y prît pas garde de si près, la haine qu'il avoit conçue contre la messe lui faisoit passer tout ce qu'on avançoit pour la détruire.

<small>doctrine de Luther.</small>

Mélanchthon se servoit encore d'une autre raison plus foible que les précédentes. Il disoit que Jésus-Christ ne vouloit pas être lié, et que l'attacher au pain hors de l'usage, c'étoit lui ôter son franc arbitre [1]. Comment peut-on penser une telle chose, et dire que le libre arbitre de Jésus-Christ soit détruit par un attachement qui vient de son choix ? Sa parole le lie sans doute, parce qu'il est fidèle et véritable ; mais ce lien n'est pas moins volontaire qu'inviolable.

<small>XXX. Dernière raison de Mélanchthon plus foible que toutes les autres.</small>

Voilà ce qu'opposoit la raison humaine au mystère de Jésus-Christ, de vaines subtilités, de pures chicanes : aussi n'étoit-ce pas là le fond de l'affaire. La vraie raison de Mélanchthon, c'est qu'il ne pouvoit empêcher que Jésus-Christ posé sur la sainte table avant la manducation, et par la seule consécration du pain et du vin, ne fût une chose par elle-même agréable à Dieu, qui attestoit sa grandeur suprême, intercédoit pour les hommes, et avoit toutes les conditions d'une oblation véritable. De cette sorte la messe subsistoit, et on ne la pouvoit renverser qu'en renversant la présence hors de la manducation. Aussi quand on vint dire à Luther que Mélanchthon avoit hautement nié cette présence dans la conférence de Ratisbonne, Hospinien nous rapporte qu'il s'écria : « Courage, mon cher Mélanchthon, à cette fois la messe est à bas. Tu en as ruiné le mystère, auquel jusqu'à présent je n'avois donné qu'une vaine atteinte [2]. » Ainsi de l'aveu des protestans le sacrifice de l'Eucharistie demeurera toujours inébranlable, tant qu'on admettra dans ces mots : « Ceci est mon corps, » une efficace présente ; et pour détruire la messe il faut suspendre l'effet des pa-

<small>XXXI. La vraie raison de Mélanchthon, c'est qu'il ne pouvoit séparer la messe de la présence réelle, si on la reconnoissoit permanente : parole de Luther.</small>

---

[1] Mel., ep. sup. cit.; Hosp., part. II, p. 184, etc.; Joan. Sturm., *Antip.*, IV, part. IV. — [2] Hosp., p. 180.

roles de Jésus-Christ, leur ôter leur sens naturel, et changer *ceci est* en *ceci sera.*

XXXII. Dissimulation de Mélanchthon. Lettres mémorables de Luther pour la présence permanente.

Quoique Luther laissât dire à Mélanchthon tout ce qu'il vouloit contre la messe, il ne se départoit pas en tout de ses anciens sentimens, et il ne réduisoit pas à la seule réception de l'Eucharistie l'usage où Jésus-Christ y étoit présent : on voit même que Mélanchthon biaisoit avec lui sur ce sujet ; et il y a deux lettres de Luther en 1543, où il loue une parole de Mélanchthon, qui avoit dit « que la présence étoit dans l'action de la Cène, mais non pas dans un point précis ni mathématique [1]. » Pour Luther, il en déterminoit le temps depuis le *Pater noster*, qui se disoit dans la messe luthérienne incontinent après la consécration, « jusqu'à ce que tout le monde eût communié et qu'on eût consumé les restes. » Mais pourquoi en demeurer là ? Si on eût porté à l'instant la communion aux absens, comme saint Justin nous raconte qu'on le faisoit de son temps [2], quelle raison eût-on eue de dire que Jésus-Christ eût aussitôt retiré sa sainte présence ? Mais pourquoi ne la continueroit-il pas quelques jours après, lorsque le Saint-Sacrement seroit réservé pour l'usage des malades ? Ce n'est que par une pure fantaisie qu'on voudroit retirer en ce cas la présence de Jésus-Christ ; et Luther ni les luthériens n'avoient plus de règle, lorsqu'ils mettoient un usage, quelque court qu'il fût, hors de la réception actuelle : mais ce qu'il y avoit de pis pour eux, c'est que la messe et l'oblation subsistoient toujours ; et n'y eût-il qu'un seul moment de présence devant la communion, cette présence de Jésus-Christ ne pouvoit être frustrée de tous les avantages qui l'accompagnoient. C'est pourquoi Mélanchthon tendoit toujours, quoi qu'il pût dire à Luther, à ne mettre la présence que dans le temps précis de la réception, et il ne voyoit que ce seul moyen de ruiner l'oblation et la messe.

XXXIII. L'élévation irrépréhensible, selon le sentiment de Luther.

Il n'y en avoit non plus aucun autre de ruiner l'élévation et l'adoration. On a vu qu'en ôtant l'élévation, Luther bien éloigné de la condamner, en avoit approuvé le fond [3]. Je répète encore ces paroles : « On peut, dit-il, conserver l'élévation comme un

---

[1] Tom. IV, Jen., p. 585, 586 ; et ap. Cœlest. — [2] Just., *Apol.*, II. — [3] Ci-dessus, n. 25.

témoignage de la présence réelle et corporelle, puisque la faire, c'est dire au peuple : Voyez, chrétiens, ceci est le corps de Jésus-Christ qui a été livré pour nous [1]. » Voilà ce qu'écrit Luther après avoir ôté l'élévation. Mais pourquoi donc, dira-t-on, l'a-t-il ôtée? La raison en est digne de lui ; et c'est lui-même qui nous enseigne « que s'il avoit attaqué l'élévation, c'étoit seulement en dépit de la Papauté ; et s'il l'avoit retenue si longtemps, c'étoit en dépit de Carlostad. » En un mot, concluoit-il, « il la falloit retenir lorsqu'on la rejetoit comme impie, et il la falloit rejeter lorsqu'on la commandoit comme nécessaire [2]. » Mais au fond il reconnoissoit, ce qui en effet est indubitable, qu'il n'y pouvoit avoir nul inconvénient à montrer au peuple ce divin corps dès qu'il commençoit à être présent.

Pour ce qui est de l'adoration, après l'avoir tantôt tenue pour indifférente et tantôt établie comme nécessaire, il s'en tint à la fin à ce dernier parti [3]; et dans les thèses qu'il publia contre les docteurs de Louvain en 1545, c'est-à-dire un an avant sa mort, il appela l'Eucharistie le *Sacrement adorable* [4]. Le parti sacramentaire, qui s'étoit tant réjoui lorsqu'il avoit ôté l'élévation, fut consterné, et Calvin écrivit que par cette décision « il avoit élevé l'idole dans le temple de Dieu [5]. »

XXXIV. L'adoration nécessaire : aveu formel de Luther après beaucoup de variations.

Mélanchthon connut alors plus que jamais qu'on ne pouvoit venir à bout de détruire ni l'adoration, ni la messe, sans réduire toute la présence réelle au moment précis de la manducation. Il vit même qu'il falloit aller plus avant, et que tous les points de la doctrine catholique sur l'Eucharistie revenoient l'un après l'autre, si on ne trouvoit le moyen de détacher le corps et le sang du pain et du vin. Il poussoit donc jusque-là le principe que nous avons vu, qu'il ne se faisoit rien pour le pain ni pour le vin, mais tout pour l'homme : de sorte que c'étoit dans l'homme seul que se trouvoit en effet le corps et le sang. De quelle sorte cela se faisoit selon Mélanchthon, il ne l'a jamais expliqué : mais pour le fond de cette doctrine, il ne cessoit de l'insinuer dans un grand secret et le plus adroitement qu'il pouvoit. Car tant que Luther vécut, il

XXXV. Les théologiens de Vitenberg et de Leipsick reconnoissent avec Mélanchthon qu'on ne peut éviter le sacrifice, la transsubstantiation et l'adoration, qu'en changeant la doctrine de Luther.

---

[1] *Parv. Conf.* — [2] *Parv. Conf.* — [3] Hosp., p. 14.— [4] *Ad art. Lov.*, thesi 16, tom. II, 501. — [5] *Ep. ad Buc.*, p. 108.

n'y avoit aucune espérance de le fléchir sur ce point, ni de pouvoir dire ce qu'on en pensoit avec liberté : mais Mélanchthon mit si avant cette doctrine dans l'esprit des théologiens de Vitenberg et de Leipzick, qu'après la mort de Luther et après la sienne, ils s'en expliquèrent nettement dans une assemblée qu'ils tinrent à Dresde par ordre de l'électeur en 1561. Là ils ne craignirent pas de rejeter la propre doctrine de Luther et la présence réelle qu'il admettoit dans le pain; et ne voyant point d'autre moyen de se défendre de la transsubstantiation, de l'adoration et du sacrifice, ils se réduisirent à la présence réelle que Mélanchthon leur avoit apprise, non plus dans le pain et dans le vin, mais dans le fidèle qui les recevoit. Ils déclarèrent donc « que le vrai corps substantiel étoit vraiment et substantiellement donné dans la Cène, sans toutefois qu'il fût nécessaire de dire que le pain fût le corps essentiel (ou le propre corps) de Jésus-Christ, ni qu'il se prît corporellement et charnellement par la bouche corporelle; que l'ubiquité leur faisoit horreur; qu'il y avoit sujet de s'étonner de ce qu'on s'attachoit si fort à dire que le corps fût présent dans le pain, puisqu'il valoit bien mieux considérer ce qui se fait dans l'homme, pour lequel, et non pour le pain, Jésus-Christ se rendoit présent [1]. » Ils s'expliquoient ensuite sur l'adoration, et soutenoient qu'on ne la pouvoit nier en admettant la présence réelle dans le pain, quand même on auroit expliqué que le corps n'y est présent que dans l'usage ; « que les moines auroient toujours la même raison de prier le Père éternel de les exaucer par son Fils, qu'ils lui rendoient présent dans cette action; que la Cène étant établie pour se souvenir de Jésus-Christ, comme on ne pouvoit le prendre, ni s'en souvenir sans y croire et sans l'invoquer, il n'y avoit pas moyen d'empêcher qu'on ne s'adressât à lui dans la Cène comme étant présent, et comme se mettant lui-même entre les mains du sacrificateur, après les paroles de la consécration. » Par la même raison ils soutenoient qu'en admettant cette présence réelle du corps dans le pain, on ne pouvoit rejeter le sacrifice; et ils le prouvoient par cet exemple : « C'étoit, disoient-ils, une coutume ancienne de

---

[1] Vit. et Lips., *Theol. Orthod., Conf. Heildelb.*, an. 1575 ; Hosp., an. 1561, p. 291.

tous les supplians, de prendre entre leurs mains les enfans de ceux dont ils imploroient le secours, et de les présenter à leurs pères, comme pour les fléchir par leur entremise. » Ils disoient de la même sorte qu'ayant Jésus-Christ présent dans le pain et dans le vin de la Cène, rien ne nous pouvoit empêcher de le présenter à son Père pour nous le rendre propice ; et enfin ils concluoient « qu'il seroit plus aisé aux moines d'établir leur transsubstantiation, qu'il ne seroit aisé de la combattre à ceux qui en la rejetant de parole, ne laissoient pas d'assurer que le pain étoit le corps essentiel (c'est-à-dire le propre corps) de Jésus-Christ. »

C'est Luther qui avoit dit à Smalcalde, et qui avoit fait souscrire à tout le parti, que le pain étoit le vrai corps de Notre-Seigneur, également reçu par les saints et par les impies : c'est lui-même qui avoit dit dans sa dernière confession de foi approuvée dans tout le parti, que « le pain de l'Eucharistie est le vrai corps naturel de Notre-Seigneur [1]. » Mélanchthon et toute la Saxe avoient reçu cette doctrine avec tous les autres, car il falloit bien obéir à Luther : mais ils en revinrent après sa mort et reconnurent avec nous que ces mots : « Le pain est le vrai corps, » emporte nécessairement le changement du pain au corps, puisque le pain ne pouvant être le corps en nature, il ne le peut devenir que par changement ; ainsi ils rejetèrent ouvertement la doctrine de leur maître. Mais ils passent encore plus avant dans la déclaration qu'on vient de voir, et ils confessent qu'en admettant, comme on avoit fait jusqu'alors parmi les luthériens, la présence réelle dans le pain, on ne peut plus empêcher ni le sacrifice que les catholiques offrent à Dieu, ni l'adoration qu'ils rendent à Jésus-Christ dans l'Eucharistie.

XXXVI. Doctrine de Luther changée incontinent après sa mort par les théologiens de Vitenberg.

Leurs preuves sont convaincantes. Si Jésus-Christ est cru dans le pain, si la foi s'attache à lui dans cet état, cette foi peut-elle être sans adoration ? Mais cette foi elle-même n'emporte-t-elle pas nécessairement une adoration souveraine, puisqu'elle entraîne l'invocation de Jésus-Christ comme Fils de Dieu et comme présent ? La preuve du sacrifice n'est pas moins concluante : car, comme disent ces théologiens, si par les paroles sacramentales on rend

XXXVII. Qu'on ne peut répondre aux raisonnemens de ces théologiens.

[1] Art. 6, *Concord.*, p. 330; ci-dessus liv. IV, n. 35 ; *Parv. Confess.*, ci-dessus n. 14.

Jésus-Christ présent dans le pain, cette présence de Jésus-Christ n'est-elle pas par elle-même agréable au Père, et peut-on sanctifier ses prières par une offrande plus sainte que par celle de Jésus-Christ présent? Que disent les catholiques davantage, et qu'est-ce que leur sacrifice, sinon Jésus-Christ présent dans le sacrement de l'Eucharistie, et représentant lui-même à son Père la victime par laquelle il a été apaisé? Il n'y a donc point de moyen d'éviter le sacrifice, non plus que l'adoration et la transsubstantiation, sans nier cette présence réelle de Jésus-Christ dans le pain.

XXXVIII. *Les théologiens de Vitenberg reviennent au sentiment de Luther, et pourquoi? Les seuls catholiques ont une doctrine suivie* C'est ainsi que l'église de Vitenberg, la mère de la Réforme et celle d'où selon Calvin étoit sortie dans nos jours la lumière de l'Evangile [1], comme autrefois elle étoit sortie de Jérusalem, ne peut plus soutenir les sentimens de Luther qui l'a fondée. Tout se dément dans la doctrine de ce fondateur de la Réforme : il établit invinciblement le sens littéral et la présence réelle ; il en rejette les suites nécessaires soutenues par les catholiques. Si l'on admet avec lui la présence réelle dans le pain, on s'engage à la messe toute entière, et à la doctrine catholique sans réserve. Cela paroît trop fâcheux à la nouvelle Réforme, qui ne sait plus à quoi elle est bonne, s'il faut approuver ces choses et le culte de l'Eglise romaine tout entier. Mais d'autre part, qu'y a-t-il de plus chimérique qu'une présence réelle séparée du pain et du vin? N'est-ce pas en montrant le pain et le vin que Jésus-Christ a dit : « Ceci est mon corps? » A-t-il dit que nous dussions recevoir son corps et son sang détachés des choses où il lui a plu de les renfermer ; et si nous avons à en recevoir la propre substance, ne faut-il pas que ce soit de la manière qu'il l'a déclaré en instituant ce mystère ? Dans ces embarras inévitables le désir d'ôter la messe l'emporta; mais le moyen que prit Mélanchthon avec les Saxons pour la détruire étoit si mauvais, qu'il ne put subsister. Ceux de Vitenberg et de Leipsick en revinrent eux-mêmes bientôt après ; et l'opinion de Luther, qui mettoit le corps dans le pain, demeura ferme.

XXXIX. *Luther plus furieux que jamais sur* Pendant que ce chef des réformateurs tiroit à sa fin, il devenoit tous les jours plus furieux. Ses thèses contre les docteurs de Louvain en sont une preuve; et je ne crois pas que ses disciples puis-

[1] *Epist. Calv.*, p. 590.

sent voir sans honte, jusque dans les dernières années de sa vie, le prodigieux égarement de son esprit. Tantôt il fait le bouffon, mais dela manière du monde la plus plate : il remplit toutes ses thèses de ces misérables équivoques : *vaccultas*, au lieu de *facultas* ; *cacolyca Ecclesia*, au lieu de *catholica*, parce qu'il trouve dans ces deux mots, *vaccultas* et *cacolyca*, une froide allusion avec les vaches, les méchans et les loups. Pour se moquer de la coutume d'appeler les docteurs *nos maîtres*, il appelle toujours ceux de Louvain *nostrolli magistrolli, bruta magistrollia*, croyant les rendre fort odieux ou fort méprisables par ces ridicules diminutifs qu'il invente. Quand il veut parler plus sérieusement, il appelle ces docteurs « de vraies bêtes, des pourceaux, des épicuriens, des païens, et des athées, qui ne connoissent d'autre pénitence que celle de Judas et de Saül, qui prennent non de l'Ecriture, mais de la doctrine des hommes, tout ce qu'ils vomissent ; » et il ajoute, ce que je n'ose traduire, *quidquid ructant, vomunt, et cacant*. C'est ainsi qu'il oublioit toute pudeur ; et ne se soucioit pas de s'immoler lui-même à la risée publique, pourvu qu'il poussât tout à l'extrémité contre ses adversaires.

la fin de ses jours : ses emportemens contre les docteurs de Louvain

Il ne traitoit pas mieux les zuingliens ; et outre ce qu'il avoit dit du *Sacrement adorable*, qui détruisoit leur doctrine de fond en comble, il déclaroit sérieusement « qu'ils les tenoit hérétiques et éloignés (*a*) de l'Eglise de Dieu [1]. » Il écrivit en même temps la fameuse lettre où, sur ce que les zuingliens l'avoient appelé malheureux : « Ils m'ont fait plaisir, dit-il : moi donc, le plus malheureux de tous les hommes, je m'estime heureux d'une seule chose et ne veux que cette béatitude du Psalmiste : Heureux l'homme qui n'a point été dans le conseil des sacramentaires, et qui n'a jamais marché dans les voies des zuingliens, ni ne s'est assis dans la chaire de ceux de Zurich. » Mélanchthon et ses amis étoient honteux de tous les excès de leur chef. On en murmuroit sourdement dans le parti, mais personne n'osoit parler. Si les sacramentaires se plaignoient à Mélanchthon et aux autres qui leur étoient plus affectionnés, des emportemens de Luther, ils répon-

XL. Ses derniers sentimens sur les zuingliens.

[1] *Cont. art. Lov.*, thes. 28 ; Hosp., 199.
(*a*) 1re édit. : Qu'il les tenoit pour éloignés de l'Eglise de Dieu.

doient « qu'il adoucissoit les expressions de ses livres par ses discours familiers, et les consoloient sur ce que leur maître, lorsqu'il étoit échauffé, disoit plus qu'il ne vouloit dire [1]; » ce qui « étoit, disoient-ils, un grand inconvénient, » mais où ils ne voyoient point de remède.

XLI. La mort de Luther. 1546.

La lettre qu'on vient de voir est du 25 janvier 1546. Le 18 février suivant, Luther mourut. Les zuingliens, qui ne purent lui refuser des louanges sans ruiner la réformation dont il avoit été l'auteur, pour se consoler de l'inimitié implacable qu'il avoit témoignée contre eux jusqu'à la mort, débitèrent quelques entretiens qu'ils avoit eus avec ses amis, où ils prétendent qu'il s'étoit beaucoup adouci. Il n'y a aucune apparence dans ces récits, mais au fond il importe peu pour le dessein de cet ouvrage. Ce n'est pas les entretiens particuliers que j'écris, mais seulement les actes et les ouvrages publics; et si Luther avoit donné ces nouvelles marques de son inconstance, ce seroit en tout cas aux luthériens à nous fournir des moyens de le défendre.

XLII. Pièce nouvelle produite par M. Burnet sur le sentiment de Luther.

Pour ne rien omettre de ce que je sais sur ce fait, je veux bien remarquer encore que je trouve dans l'*Histoire de la Réforme d'Angleterre*, de M. Burnet, un écrit de Luther à Bucer qu'on nous y donne avec ce titre : *Papier concernant la réconciliation avec les zuingliens.* Cette pièce de M. Burnet, pourvu qu'on la voie, non pas dans l'extrait que cet adroit historien en a fait dans son histoire, mais comme elle se trouve dans son *Recueil de pièces* [2], fera voir les extravagances qui passent dans l'esprit des novateurs. Luther commence par cette remarque, « qu'il ne faut point dire qu'on ne s'entende pas les uns les autres. » C'est ce que Bucer (a) prétendoit toujours, qu'on ne disputoit que des mots, et qu'on ne s'entendoit pas : mais Luther ne pouvoit souffrir cette illusion. En second lieu, il propose « une nouvelle pensée » pour concilier les deux opinions. « Il faut, dit-il, que les défenseurs du sens figuré accordent que Jésus-Christ est vraiment présent : et nous, poursuit-il, nous accorderons que le seul pain est mangé, »

---

[1] *Epist. Crucig. ad Vit. Theod.*; Hosp., p. 194, 199, etc. — [2] Tom. II, liv. I, an. 1549, p. 159; *Collect. des pièces,* 11e part., liv. 1, n. 34.

(a) C'est que Bucer.

Panem solum manducari. Il ne dit pas : Nous accorderons « qu'il y a véritablement du pain et du vin dans le sacrement, » ainsi que M. Burnet l'a traduit ; car ce n'eût pas été là « une nouvelle opinion, » comme Luther le promet ici. On sait assez que la consubstantiation qui reconnoît le pain et le vin dans le sacrement, avoit été reçue dans le luthéranisme dès son origine. Mais ce qu'il propose de nouveau, c'est qu'encore que le corps et le sang soient véritablement présens, néanmoins « il n'y a que le pain seul qui soit mangé : » raffinement si absurde que M. Burnet n'en a pu couvrir l'absurdité qu'en le retranchant. Au reste on n'a que faire de se mettre en peine à trouver du sens dans ce nouveau projet d'accord. Après l'avoir proposé comme *utile,* Luther tourne tout court, et « considérant les ouvertures que l'on donneroit par là à de nouvelles questions qui tendroient à établir l'épicurisme : » Non, dit-il, « il vaut mieux laisser ces deux opinions comme elles sont, » que d'en venir à ces nouvelles explications, qui « ne feroient aussi bien qu'irriter le monde, loin qu'on pût les faire passer. » Enfin « pour assoupir cette » dissension, « qu'il voudroit, dit-il, avoir rachetée de son corps et de son sang, » il déclare de son côté qu'il veut croire que ses adversaires « sont de bonne foi. » Il demande qu'on en croie autant de lui, et conclut à se supporter mutuellement, sans déclarer ce que c'est que ce support : de sorte qu'il ne paroît entendre autre chose, sinon que de part et d'autre on s'abstienne d'écrire et de se dire des injures, comme on en étoit déjà convenu, mais très-inutilement, dès le colloque de Marpourg. Voilà tout ce que Bucer put obtenir pour les zuingliens, pendant même que Luther étoit en meilleure humeur, et apparemment durant ces années où il y eut une espèce de suspension d'armes. Quoi qu'il en soit, il revint bientôt à son naturel ; et dans la crainte qu'il eut que les sacramentaires ne tâchassent par leurs équivoques de le tirer à leurs sentimens après sa mort, il fit contre eux sur la fin de sa vie les déclarations que nous avons vues, laissant ses disciples aussi animés contre eux qu'il l'avoit été lui-même.

PIÈCES

CONCERNANT LE SECOND MARIAGE DU LANDGRAVE, DONT IL EST PARLÉ EN CE LIVRE VI.

INSTRUCTIO.

Quid doctor Martinus Bucer apud doctorem Martinum Lutherum et Philippum Melanchthonem sollicitare debeat, et si id ipsis rectum videbitur, postmodum apud Electorem Saxoniæ (a).

I. Primò ipsis gratiam et fausta meo nomine denuntiet, et si corpore animoque adhuc benè valerent, quod id libenter intelligerem. Deindè incipiendo quòd ab eo tempore quo me noster Dominus Deus infirmitate visitavit, varia apud me considerassem, et præsertim quòd in me repererim quòd ego ab aliquo tempore, quo uxorem duxi, in adulterio et fornicatione jacuerim. Quia verò ipsi et mei prædicantes sæpè me adhortati sunt ut ad sacramentum accederem : ego autem apud me talem præfatam vitam deprehendi, nullâ bonâ conscientiâ aliquot annis ad sacramentum accedere potui. Nam quia talem vitam *deserere nolo*, quâ bonâ conscientiâ possem ad mensam Domini accedere? Et sciebam per hoc non aliter quàm ad judicium Domini, et non ad christianam confessionem me perventurum. Ulteriùs legi in Paulo pluribus quàm uno locis, quomodò nullus fornicator nec adulter regnum Dei possidebit. Quia verò apud me deprehendi quòd apud meam uxorem præsentem à fornicatione ac luxuriâ atque adulterio abstinere non possim, nisi ab hâc vitâ desistam, et ad emendationem me convertam : nihil certius habeo expectandum quàm exhæredationem à regno Dei et æternam damnationem. Causæ autem, quare à fornicatione, adulterio et his similibus abstinere non possim apud hanc meam præsentem uxorem, sunt istæ.

II. Primò quòd initio, quo eam duxi, nec animo nec desiderio eam complexus fuerim. Quali ipsa quoque complexione, amabilitate et odore sit, et quomodò interdùm se superfluo potu gerat, hoc sciunt ipsius aulæ præfecti, et virgines, aliique plures : cùmque ad ea describenda difficultatem habeam, Bucero tamen omnia declaravi.

III. Secundò, quia validâ complexione, ut medici sciunt, sum, et

(a) Nous supprimons, bien qu'elle se trouve dans les éditions modernes, la traduction françoise que l'abbé Leroy a faite de cette *Instruction*.

sæpè contingit ut in fœderum et Imperii comitiis diu verser, ubi lautè vivitur et corpus curatur ; quomodò me ibi gerere queam absque uxore, cùm non semper magnum gynæceum mecum ducere possim, facile est conjicere et considerare.

IV. Si porrò diceretur quare meam uxorem duxerim, verè imprudens homo tunc temporis fui, et ab aliquibus meorum consiliariorum, quorum potior pars defuncta est, ad id persuasus sum. Matrimonium meum ultrà tres septimanas non servavi, et sic constanter perrexi.

V. Ulteriùs me concionatores constanter urgent, ut scelera puniam, fornicationem et alia, quod etiam libenter facerem : quomodò autem scelera, quibus ipsemet immersus sum, puniam, ubi omnes dicerent : *Magister, priùs teipsum puni?* Jam si deberem in rebus evangelicæ confœderationis bellare, tunc id semper malâ conscientiâ facerem et cogitarem : Si tu in hâc vitâ gladio vel sclopeto, vel alio modo occubueris, ad dæmonem perges. Sæpè Deum inter ea invocavi et rogavi, sed semper idem remansi.

VI. Nunc verò diligenter consideravi Scripturas Antiqui et Novi Testamenti, et quantùm mihi gratiæ Deus dedit, studiosè perlegi, et ibi nullum aliud consilium nec medium invenire potui ; cùm videam quòd ab hoc agendi modo penès modernam uxorem meam NEC POSSIM, NEC VELIM ABSTINERE (quod coràm Deo testor) quàm talia media adhibendo, quæ à Deo permissa nec prohibita sunt. Quòd pii patres, ut Abraham, Jacob, David, Lamech, Salomon et alii plures quàm unam uxorem habuerint, et in eumdem Christum crediderint, in quem nos credimus, quemadmodùm sanctus Paulus, *ad Cor.*, x, ait. Et prætereà Deus in Veteri Testamento tales sanctos valdè laudavit : Christus quoque eosdem in Novo Testamento valdè laudat ; insuper lex Moysis permittit, si quis duas uxores habeat, quomodò se in hoc gerere debeat.

VII. Et si objiceretur, Abrahamo et antiquis concessum fuisse propter Christum promissum, invenitur tamen clarè quòd lex Moysis permittat, et in eo neminem specificet ac dicat, utrùm duæ uxores habendæ, et sic neminem excludit. Etsi Christus solùm promissus sit stemmati Judæ, et nihilominùs Samuelis pater, rex Achab et alii, plures uxores habuerunt, qui tamen non sunt de stemmate Judæ. Idcircò hoc, quòd istis id solum permissum fuerit propter Messiam, stare non potest.

VIII. Cùm igitur nec Deus in Antiquo, nec Christus in Novo Testamento, nec prophetæ, nec apostoli prohibeant, ne vir duas uxores habere possit ; nullus quoque propheta, vel apostolus proptereà reges, principes, vel alias personas punierit aut vituperarit, quòd duas uxores in matrimonio simul habuerint, neque pro crimine aut peccato, vel quòd Dei regnum non consequentur, judicarit, cùm tamen Paulus multos indicet qui regnum Dei non consequentur, et de his qui duas uxores habent nullam omninò mentionem faciat. Apostoli quoque, cùm gentibus indicarent quomodò se gerere, et à quibus abstinere deberent, ubi illos primò ad fidem receperant, uti in *Actis Apostolorum* est, de hoc etiam nihil prohibuerunt, quòd non duas uxores in matrimonio habere possent; cùm tamen multi gentiles fuerint qui plures quàm unam uxores habuerunt : Judæis quoque non prohibitum fuit, quia lex illud permittebat, et est omninò apud aliquos in usu. Quandò igitur Paulus clarè nobis dicit oportere episcopum esse unius uxoris virum, similiter et ministrum ; absque necessitate fecisset, si quivis tantùm unam uxorem deberet habere, quòd id ita præcepisset, et plures uxores habere prohibuisset.

IX. Et post hæc, ad hunc diem usque in orientalibus regionibus aliqui Christiani sunt, qui duas uxores in matrimonio habent. Item Valentinianus imperator, quem tamen historici, Ambrosius et alii docti laudant, ipsemet duas uxores habuit, legem quoque edi curavit, quod alii duas uxores habere possent.

X. Item, licet quod sequitur non multùm curem, Papa ipsemet comiti cuidam qui sanctum Sepulcrum invisit, et intellexerat uxorem suam mortuam esse, et ideò aliam vel adhuc unam acceperat, concessit ut is utramque retinere posset. Item scio Lutherum et Philippum regi Angliæ suasisse ut primam uxorem non dimitteret, sed aliam præter ipsam duceret, quemadmodùm *præter propter* (a) consilium sonat. Quandò verò in contrarium opponeretur, quòd ille nullum masculum hæredem ex primâ habuerit, judicamus nos plus hîc concedi oportere causæ quàm Paulus dat, unumquemque debere uxorem habere propter fornicationem. Nam utique plus situm est in bonâ conscientiâ, salute animæ, christianâ vitâ, abstractione ab ignominiâ et inordinatâ luxuriâ, quàm in eo ut quis hæredes vel nullos habeat. Nam omninò plus animæ quàm res temporales curandæ sunt.

XI. Itaque hæc omnia me permoverunt, ut mihi proposuerim, quia id cum Deo fieri potest, sicut non dubito, abstinere à fornicatione, et omni impudicitiâ, et viâ, quam Deus permittit, uti. Nam diutiùs in vinculis diaboli constrictus perseverare non intendo, et aliàs absque hâc viâ me præservare *nec possum, nec volo.* Quare hæc sit mea ad Lutherum, Philippum et ipsum Bucerum petitio, ut mihi testimonium dare velint, si hoc facerem, illud illicitum non esse.

XII. Casu quo autem id ipsi hoc tempore propter scandalum, et quòd evangelicæ rei fortassis præjudicare aut nocere posset, publicè typis

(a) Quoi qu'en dise l'abbé Leroy, cette locution adverbiale ne renferme ni mystère, ni instruction secrète, ni « quelque mot du guet. » *Præter propter* signifie littéralement, *outre le pourquoi, indépendamment des motifs;* ou dans un sens plus éloigné *au fond, en dernière analyse, à peu près, plus ou moins.* La phrase incidente présente donc le sens que voici : Comme leur consultation le dit, outre les raisons qu'elle apporte, ou comme elle s'exprime à peu près, dans le fond, en substance.

mandare non vellent; petitionem tamen meam esse, ut mihi scripto testimonium dent : si id occultò facerem, me per id non contra Deum egisse, et quòd ipsi etiam id pro matrimonio habere et cum tempore viam inquirere velint, quomodò res hæc publicanda in mundum, et quâ ratione persona quam ducturus sum, non pro inhonestâ, sed etiam pro honestâ habenda sit. Considerare enim possent, quòd aliàs personæ quam ducturus sum graviter accideret, si illa pro tali habenda esset, quæ non christianè vel inhonestè ageret. Postquam etiam nihil occultum remanet, si constanter ita permanerem, et communis Ecclesia nesciret quomodò huic personæ cohabitarem, utique hæc quoque tractu temporis scandalum causaret.

XIII. Item non metuant quòd proptereà, etsi aliam uxorem acciperem, meam modernam uxorem malè tractare, nec cum eâ dormire, vel minorem amicitiam ei exhibere velim, quàm anteà feci : sed me velle in hoc casu crucem portare, et eidem omne bonum præstare, neque ab eâdem abstinere. Volo etiam filios quos ex primâ uxore suscepi, principes regionis relinquere, et reliquis aliis honestis rebus prospicere : esse proindè adhuc semel petitionem meam, ut per Deum in hoc mihi consulant, et me juvent in iis rebus quæ non sunt contra Deum, ut hilari animo vivere et mori, atque evangelicas causas omnes eò liberiùs et magis christianè suscipere possim. Nam quidquid me jusserint quod christianum et rectum sit, *sive monasteriorum bona,* seu alia concernat, ibi me promptum reperient.

XIV. Vellem quoque et desidero non plures quàm tantùm unam uxorem ad istam modernam uxorem meam. Item ad mundum vel mundanum fructum hâc in re non nimis attendendum est ; sed magis Deus respiciendus, et quod hîc præcipit, prohibet et liberum relinquit. Nam imperator et mundus me et quemcumque permittent, ut publicè meretrices retineamus ; sed plures quàm unam uxorem non facilè concesserint. Quod Deus permittit, hoc ipsi prohibent : quod Deus prohibet, hoc dissimulant, et videtur mihi sicut matrimonium sacerdotum. Nam sacerdotibus nullas uxores concedunt, et meretrices retinere ipsis permittunt. Item ecclesiastici nobis adeò infensi sunt, ut propter hunc articulum quo plures christianis uxores permitteremus, nec plus nec minùs nobis facturi sint.

XV. Item Philippo et Luthero postmodùm indicabit, si apud illos, præter omnem tamen opinionem meam, de illis nullam opem inveniam; tùm me varias cogitationes habere in animo : quòd velim apud Cæsarem pro hâc re instare per mediatores, etsi multis mihi pecuniis constaret, quod Cæsar absque Pontificis dispensatione non faceret ; quamvis etiam Pontificum dispensationem omninò nihili faciam : verùm Cæsaris permissio mihi omninò non esset contemnenda ; Cæsaris permissionem omninò non curarem, nisi scirem quòd propositi mei rationem coràm

Deo haberem, et certius esset Deum id permisisse quàm prohibuisse.

XVI. Verùm nihilominùs ex humano metu, si apud hanc partem nullum solatium invenire possem, Cæsareum consensum obtinere uti insinuatum est, non esset contemnendum. Nam apud me judicabam si aliquibus Cæsareis consiliariis egregias pecuniæ summas donarem, me omnia ab ipsis impetraturum : sed prætereà timebam, quamvis propter nullam rem in terrâ ab evangelio deficere, vel cum divinâ ope me permittere velim induci ad aliquid quod evangelicæ causæ contrarium esse posset; ne Cæsareani tamen me in aliis sæcularibus negotiis ita uterentur et obligarent, ut isti causæ et parti non foret utile : esse idcircò adhuc petitionem meam, ut me aliàs juvent, ne cogar rem in iis locis quærere, ubi id non libenter facio, et quòd millies libentiùs ipsorum permissioni.

CONSULTATIO LUTHERI

ET ALIORUM

SUPER POLYGAMIA.

Serenissimo Principi Domino Philippo, Landgravio Hassiæ, Comiti in Catzenlenbogen, Diets, Ziegenhain et Nidda, nostro clementi Domino, gratiâ Dei per Dominum nostrum Jesum Christum.

Serenissime princeps et domine,

1. Postquam Vestra Celsitudo per dominum Bucerum diuturnas conscientiæ suæ molestias, nonnullas simulque considerationes indicari curavit, addito scripto seu instructione quam illi Vestra Celsitudo tradidit ; licèt ita properanter expedire responsum difficile sit, noluimus tamen dominum Bucerum, reditum utique maturantem, sine scripto dimittere.

II. Imprimis sumus ex animo recreati, et Deo gratias agimus quòd Vestram Celsitudinem difficili morbo liberaverit, petimusque ut Deus Celsitudinem Vestram in corpore et animo confortare et conservare dignetur.

III. Nam, prout Celsitudo Vestra videt, paupercula et misera Ecclesia est, exigua et derelicta, indigens probis dominis regentibus, sicut non dubitamus Deum aliquos conservaturum, quantumvis tentationes diversæ occurrant.

IV. Circa quæstionem quam nobis Bucerus proposuit, hæc nobis occurrunt consideratione digna. Celsitudo Vestra per se ipsam satis per-

quàm cum Deo et bonâ conscientiâ facere possunt, confidere velim, quàm Cæsareæ vel *aliis humanis* permissionibus : quibus tamen non ulteriùs confiderem, nisi antecedenter in divinâ Scripturâ fundatæ essent, uti superiùs est declaratum.

XVII. Deniquè iteratò est mea petitio ut Lutherus, Philippus et Bucerus mihi hâc in re scripto opinionem suam velint aperire, ut posteà vitam meam emendare, bonâ conscientiâ ad sacramentum accedere, et omnia negotia nostræ religionis eò liberiùs et confidentiùs agere possim.

Datum Melsingæ, Dominicâ post Catharinæ, anno 1539.

Philippus, Landgraffius Hassiæ.

CONSULTATION DE LUTHER

ET DES AUTRES DOCTEURS PROTESTANS

SUR LA POLYGAMIE (a).

Au Sérénissime Prince et Seigneur Philippe, Landgrave de Hesse, Comte de Catzenlembogen, de Dietz, de Ziegenhain et de Nidda, notre clément Seigneur, nous souhaitons avant toutes choses la grace de Dieu par Jésus-Christ.

Sérénissime Prince et Seigneur,

I. Nous avons appris de Bucer, et lu dans l'instruction que Votre Altesse lui a donnée, les peines d'esprit et les inquiétudes de conscience où elle est présentement; et quoiqu'il nous ait paru très-difficile de répondre sitôt aux doutes qu'elle propose, nous n'avons pas néanmoins voulu laisser partir sans réponse le même Bucer, qui étoit pressé de retourner vers Votre Altesse.

II. Nous avons reçu une extrême joie, et nous avons loué Dieu de ce qu'il a guéri Votre Altesse d'une dangereuse maladie, et nous le prions qu'il la veuille longtemps conserver dans l'usage parfait de la santé qu'il vient de lui rendre.

III. Elle n'ignore pas combien notre église pauvre, misérable, petite, et abandonnée a besoin de princes régens vertueux qui la protégent; et nous ne doutons point que Dieu ne lui en laisse toujours quelques-uns, quoiqu'il menace de temps en temps de l'en priver, et qu'il la mette à l'épreuve par de différentes tentations.

IV. Voici donc ce qu'il y a d'important dans la question que Bucer

(a) Cette pièce et la suivante ont été traduites par Bossuet.

spicit, quantùm differant universalem legem condere, vel in certo casu gravibus de causis, et concessione divinâ, dispensatione uti ; nam contra Deum locum non habet dispensatio.

V. Nunc suadere non possumus ut introducatur publicè, et velut lege sanciatur permissio plures quàm unam uxores ducendi. Si aliquid hâc de re prælo committeretur, facilè intelligit Vestra Celsitudo, id præcepti instar intellectum et acceptatum iri, undè multa scandala et difficultates orirentur. Consideret, quæsumus, Celsitudo Vestra quàm sinistrè acciperetur, si quis convinceretur hanc legem in Germaniam introduxisse, quæ æternarum litium et inquietudinum (quod timendum) futura esset seminarium.

VI. Quod opponi potest, quod coràm Deo æquum est id omninò permittendum, hoc certâ ratione et conditione est accipiendum. Si res est mandata et necessaria, verum est quod objicitur ; si nec mandata, nec necessaria sit, alias circumstantias oportet expendere, ut ad propositam quæstionem propiùs accedamus : Deus matrimonium instituit ut tantùm duarum et non plurium personarum esset societas, si natura non esset corrupta; hoc intendit illa sententia : « Erunt duo in carne unâ, » idque primitùs fuit observatum.

VII. Sed Lamech pluralitatem uxorum in matrimonium invexit, quod de illo Scriptura memorat tanquam introductam contra primam regulam.

VIII. Apud infideles tamen fuit consuetudine receptum; posteà Abraham quoque et posteri ejus plures duxerunt uxores. Certum est hoc postmodùm lege Mosis permissum fuisse, teste Scripturâ, *Deuter.*, xxi, 15, ut homo haberet duas uxores : nam Deus fragili naturæ aliquid indulsit. Cùm verò principio et creationi consentaneum sit unicâ uxore contentum vivere, hujusmodi lex est laudabilis, et ab Ecclesiâ acceptanda, nec lex huic contraria statuenda; nam Christus repetit hanc sententiam : « Erunt duo in carne unâ, » *Matth.*, xix, 5, et in memoriam revocat quale matrimonium ante humanam fragilitatem esse debuisset.

IX. Certis tamen casibus locus est dispensationi. Si quis apud exteras nationes captivus ad curam corporis et sanitatem, inibi alteram uxorem superinduceret, vel si quis haberet leprosam : his casibus alteram ducere cum consilio sui pastoris, non intentione novam legem indu-

nous a proposée. Votre Altesse comprend assez d'elle-même la différence qu'il y a d'établir une loi universelle, et d'user de dispense en un cas particulier pour de pressantes raisons et avec la permission de Dieu : car il est d'ailleurs évident que les dispenses n'ont point de lieu contre la première des lois, qui est la divine.

V. Nous ne pouvons pas conseiller maintenant que l'on introduise en public, et que l'on établisse, comme par une loi, dans le Nouveau Testament, celle de l'Ancien, qui permettoit d'avoir plus d'une femme. Votre Altesse sait que si l'on faisoit imprimer quelque chose sur cette matière, on le prendroit pour un précepte, d'où il arriveroit une infinité de troubles et de scandales. Nous prions Votre Altesse de considérer les dangers où seroit exposé un homme convaincu d'avoir introduit en Allemagne une semblable loi, qui diviseroit les familles et les engageroit en des procès éternels.

VI. Quant à l'objection que l'on fait, que ce qui est juste devant Dieu doit être absolument permis, on y doit répondre en cette manière. Si ce qui est équitable aux yeux de Dieu est d'ailleurs commandé et nécessaire, l'objection est véritable : s'il n'est ni commandé ni nécessaire, il faut encore, avant que de le permettre, avoir égard à d'autres circonstances; et pour venir à la question dont il s'agit, Dieu a institué le mariage pour être une société de deux personnes, et non pas de plus, supposé que la nature ne fût pas corrompue; et c'est là le sens du passage de la *Genèse* : « Ils seront deux en une seule chair, » et c'est ce qu'on observa au commencement.

VII. Lamech fut le premier qui épousa plusieurs femmes; et l'Ecriture témoigne que cet usage fut introduit contre la première règle.

VIII. Il passa néanmoins en coutume dans les nations infidèles, et l'on trouve même depuis, qu'Abraham et sa postérité eurent plusieurs femmes. Il est encore constant par le *Deutéronome*, que la loi de Moïse le permit ensuite, et que Dieu eut en ce point de la condescendance pour la foiblesse de la nature. Puisqu'il est donc conforme à la création des hommes et au premier établissement de leur société, que chacun d'eux se contente d'une seule femme, il s'ensuit que la loi qui l'ordonne est louable; qu'elle doit être reçue dans l'Eglise; et que l'on n'y doit point introduire une loi contraire, parce que Jésus-Christ a répété dans le chapitre xix de saint Matthieu le passage de la *Genèse* : « Ils seront deux en une seule chair, » et y rappelle dans la mémoire des hommes quel avoit dû être le mariage avant qu'il eût dégénéré de sa pureté.

IX. Ce qui n'empêche pourtant pas qu'il n'y ait lieu de dispense en de certaines occasions. Par exemple, si un homme marié, détenu captif en pays éloigné, y prenoit une seconde femme pour conserver ou pour recouvrer sa santé, ou que la sienne devînt lépreuse, nous ne voyons pas

cendi : sed suæ necessitati consulendi, hunc nescimus quâ ratione damnare liceret.

X. Cùm igitur aliud sit inducere legem, aliud uti dispensatione, obsecramus Vestram Celsitudinem sequentia velit considerare.

Primò ante omnia cavendum, ne hæc res inducatur in orbem ad modum legis quam sequendi libera omnium sit potestas. Deindè considerare dignetur Vestra Celsitudo scandalum nimium, quòd Evangelii hostes exclamaturi sint, nos similes esse anabaptistis, qui simul plures duxerunt uxores. Item evangelicos eam sectari libertatem plures simul ducendi, quæ in Turciâ in usu est.

XI. Item, principum facta latiùs spargi quàm privatorum consideret.

XII. Item consideret privatas personas, hujusmodi principum facta audientes, facilè eadem sibi permissa persuadere, prout apparet talia facilè irrepere.

XIII. Item considerandum Celsitudinem Vestram abundare nobilitate efferi spiritûs, in quâ multi, uti in aliis quoque terris, sint, qui propter amplos proventus, quibus ratione cathedralium beneficiorum perfruuntur, valdè Evangelio adversantur. Non ignoramus ipsi magnorum nobilium valdè insulsa dicta ; et qualem se nobilitas et subdita ditio erga Celsitudinem Vestram sit præbitura, si publica introductio fiat, haud difficile est arbitrari.

XIV. Item Celsitudo Vestra, quæ Dei singularis est gratia, apud reges et potentes etiam exteros magno est in honore et respectu : apud quos meritò est, quòd timeat ne hæc res pariat nominis diminutionem. Cùm igitur hîc multa scandala confluant, rogamus Celsitudinem Vestram, ut hanc rem maturo judicio expendere velit.

XV. Illud quoque est verum, quòd Celsitudinem Vestram omni modo rogamus et hortamur, ut fornicationem et adulterium fugiat. Habuimus quoque, ut quod res est loquamur, longo tempore non parvum mœrorem, quòd intellexerimus Vestram Celsitudinem ejusmodi impuritate oneratam, quam divina ultio, morbi aliaque pericula sequi possent.

XVI. Etiam rogamus Celsitudinem Vestram ne talia extra matrimo-

qu'en ces cas on pût condamner le fidèle qui épouseroit une autre femme par le conseil de son pasteur, pourvu que ce ne fût pas à dessein d'introduire une loi nouvelle, mais seulement pour satisfaire à son besoin.

X. Puisque ce sont deux choses toutes différentes d'introduire une loi nouvelle et d'user de dispense à l'égard de la même loi, nous supplions Votre Altesse de faire réflexion sur ce qui suit.

Premièrement, il faut prendre garde avant toutes choses que la pluralité des femmes ne s'introduise point dans le monde en forme de loi que tout le monde puisse suivre quand il voudra. Il faut en second lieu que Votre Altesse ait égard à l'effroyable scandale, qui ne manquera pas d'arriver, si elle donne occasion aux ennemis de l'Evangile de s'écrier que nous ressemblons aux anabaptistes qui font un jeu du mariage, et aux Turcs qui prennent autant de femmes qu'ils en peuvent nourrir.

XI. En troisième lieu, que les actions des princes sont plus en vue que celles des particuliers.

XII. En quatrième lieu, que les inférieurs ne sont pas plutôt informés que les supérieurs font quelque chose, qu'ils s'imaginent avoir la liberté d'en faire autant, et que c'est par là que la licence devient générale.

XIII. En cinquième lieu, que les Etats de Votre Altesse sont remplis d'une noblesse farouche, fort opposée pour la plus grande partie à l'Evangile, à cause de l'espérance qu'on y a, comme dans les autres pays, de parvenir aux bénéfices des églises cathédrales dont le revenu est très-grand. Nous savons les impertinens discours que des plus illustres de votre noblesse ont tenu; et il est aisé de juger quelle seroit la disposition de votre noblesse et de vos autres sujets, si Votre Altesse introduisoit une semblable nouveauté.

XIV. En sixième lieu, que Votre Altesse, par une grace particulière de Dieu, est en grande réputation dans l'Empire et dans les pays étrangers; et qu'il est à craindre que l'on ne diminue beaucoup de l'estime et du respect que l'on a pour elle, si elle exécute le projet d'un double mariage. La multitude des scandales qui sont ici à craindre, nous oblige à conjurer Votre Altesse d'examiner la chose avec toute la maturité de jugement que Dieu lui a donnée.

XV. Ce n'est pas aussi avec moins d'ardeur que nous conjurons Votre Altesse d'éviter en toute manière la fornication et l'adultère; et pour avouer sincèrement la vérité, nous avons eu longtemps un regret sensible de voir Votre Altesse abandonnée à de telles impuretés, qui pouvoient être suivies des effets de la vengeance divine, de maladies et de beaucoup d'autres inconvéniens.

XVI. Nous prions encore Votre Altesse de ne pas croire que l'usage

nium levia peccata velit æstimare, sicut mundus hæc ventis tradere et parvipendere solet. Verùm Deus impudicitiam sæpè severissimè punivit : nam pœna diluvii tribuitur regentum adulteriis. Item adulterium Davidis est severum vindictæ divinæ exemplum; et Paulus sæpiùs ait : Deus non irridetur. Adulteri non introibunt in regnum Dei; nam fidei obedientia comes esse debet, ut non contra conscientiam agamus, I *Timoth*., III. Si cor nostrum non reprehenderit nos, possumus læti Deum invocare; et *Rom*., VIII, si carnalia desideria spiritu mortificaverimus, vivemus; si autem secundùm carnem ambulemus, hoc est si contra conscientiam agamus, moriemur.

XVII. Hæc referimus, ut consideret Deum ob talia vitia non ridere, prout aliqui audaces faciunt, et ethnicas cogitationes animo fovent. Libenter quoque intelleximus Vestram Celsitudinem ob ejusmodi vitia angi et conqueri. Incumbunt Celsitudini Vestræ negotia totum mundum concernentia. Accedit Celsitudinis Vestræ complexio subtilis, et minimè robusta, ac pauci somni; undè meritò corpori parcendum esset, quemadmodùm multi alii facere coguntur.

XVIII. Legitur de laudatissimo principe Scanderbergo, qui multa præclara facinora patravit contra duos Turcarum imperatores, Amurathem et Mahumetem, et Græciam, dùm viveret, feliciter tuitus est ac conservavit. Hic suos milites sæpiùs ad castimoniam hortari auditus est et dicere, nullam rem fortibus viris æquè animos demere ac venerem. Item quòd si Vestra Celsitudo insuper alteram uxorem haberet, et nollet pravis affectibus et consuetudinibus repugnare, adhuc non esset Vestræ Celsitudini consultum ac prospectum. Oportet unumquemque in externis istis suorum membrorum esse dominum, uti Paulus scribit : Curate ut membra vestra sint arma justitiæ. Quare Vestra Celsitudo in consideratione aliarum causarum, nempe scandali, curarum, laborum, ac sollicitudinum et corporis infirmitatis, velit hanc rem æquâ lance perpendere, et simul in memoriam revocare, quòd Deus ei ex modernâ conjuge pulchram sobolem utriusque sexûs dederit, ita ut contentus hâc esse possit. Quot alii in suo matrimonio debent patientiam exercere ad vitandum scandalum? Nobis non sedet animo Celsitudinem Vestram ad tam dfificilem novitatem impellere aut inducere; nam ditio Vestræ Cel-

des femmes hors le mariage soit un péché léger et méprisable, comme le monde se le figure, puisque Dieu a souvent châtié l'impudicité par les peines les plus sévères : que celle du déluge est attribuée aux adultères des grands : que l'adultère de David a donné lieu à un exemple terrible de la vengeance divine : que saint Paul répète souvent que l'on ne se moque point impunément de Dieu, et qu'il n'y aura point d'entrée pour les adultères au royaume de Dieu. Car il est dit au second chapitre de l'*Epître première à Timothée* que l'obéissance doit être compagne de la foi, si l'on veut éviter d'agir contre la conscience; au troisième chapitre de la *première de saint Jean*, que si notre cœur ne nous reproche rien, nous pouvons avec joie invoquer le nom de Dieu; et au chapitre VIII de l'*Epître aux Romains,* que nous vivrons, si nous mortifions par l'esprit les désirs de la chair : mais que nous mourrons au contraire, en marchant selon la chair, c'est-à-dire en agissant contre notre propre conscience.

XVII. Nous avons rapporté ces passages, afin que Votre Altesse considère mieux que Dieu ne traite point en riant le vice de l'impureté, comme le supposent ceux qui, par une extrême audace, ont des sentimens païens sur ces matières. C'est avec plaisir que nous avons appris le trouble et les remords de conscience où Votre Altesse est maintenant pour cette sorte de défauts, et que nous avons entendu le repentir qu'elle en témoigne. Votre Altesse a présentement à négocier des affaires de la plus grande importance qui soient dans le monde : elle est d'une complexion fort délicate et fort vive : elle dort peu; et ces raisons, qui ont obligé tant d'autres personnes prudentes à ménager leurs corps, sont plus que suffisantes pour disposer Votre Altesse à les imiter.

XVIII. On lit de l'incomparable Scanderberg, qui défit en tant de rencontres les deux plus puissans empereurs des Turcs Amurat II et Mahomet II, et qui tant qu'il vécut préserva la Grèce de leur tyrannie, qu'il exhortoit souvent ses soldats à la chasteté, et leur disoit qu'il n'y avoit rien de si nuisible à leur profession que le plaisir de l'amour. Que si Votre Altesse, après avoir épousé une seconde femme, ne vouloit pas quitter sa vie licencieuse, le remède dont elle propose de se servir lui seroit inutile. Il faut que chacun soit le maître de son corps dans les actions extérieures, et qu'il fasse, suivant l'expression de saint Paul, que ses membres soient des armes de justice. Qu'il plaise donc à Votre Altesse d'examiner sérieusement les considérations du scandale, des travaux, du soin, du chagrin et des maladies qui lui ont été représentées. Qu'elle se souvienne que Dieu lui a donné de la princesse sa femme un grand nombre d'enfans des deux sexes, si beaux et si bien nés, qu'elle a tout sujet d'en être satisfaite. Combien y en a-t-il d'autres qui doivent exercer la patience dans le mariage, par le seul motif d'éviter le scandale? Nous n'avons garde d'exciter Votre Altesse à introduire dans sa

situdinis, aliique nos impeterent, quod nobis eò minùs ferendum esset, quòd ex præcepto divino nobis incumbat matrimonium omniaque humana ad divinam institutionem dirigere, atque in eâ quoad possibile, conservare omneque scandalum removere.

XIX. Is jam est mos sæculi, ut culpa omnis in prædicatores conferatur, si quid difficultatis incidat, et humanum cor in summæ et inferioris conditionis hominibus instabile, undè diversa pertimescenda.

XX. Si autem Vestra Celsitudo ab impudicâ vitâ non abstineat, quod dicit sibi impossibile, optaremus Celsitudinem Vestram in meliori statu esse coràm Deo, et securâ conscientiâ vivere ad propriæ animæ salutem et ditionum ac subditorum emolumentum.

XXI. Quòd si deniquè Vestra Celsitudo omninò concluserit adhuc unam conjugem ducere, judicamus id secretò faciendum, ut superiùs de dispensatione dictum; nempè, ut tantùm Vestræ Celsitudini, illi personæ ac paucis personis fidelibus constet Celsitudinis Vestræ animus et conscientia sub sigillo confessionis. Hinc non sequuntur alicujus momenti contradictiones aut scandala. Nihil enim est inusitati principes concubinas alere; et quamvis non omnibus è plebe constaret rei ratio, tamen prudentiores intelligerent, et magis placeret hæc moderata vivendi ratio, quàm adulterium et alii belluini et impudici actus; nec curandi aliorum sermones, si rectè cum conscientiâ agatur. Sic et in tantum hoc approbamus ; nam quod circa matrimonium in lege Mosis fuit permissum, Evangelium non revocat, aut vetat quod externum regimen non immutat; sed adfert æternam justitiam et æternam vitam, et orditur veram obedientiam erga Deum, et conatur corruptam naturam reparare.

XXII. Habet itaque Celsitudo Vestra non tantùm omnium nostrûm testimonium in casu necessitatis, sed etiam antecedentes nostras considerationes, quas rogamus, ut Vestra Celsitudo, tanquam laudatus, sapiens et christianus princeps velit ponderare. Oramus quoque Deum, ut velit Celsitudinem Vestram ducere ac regere ad suam laudem, et Vestræ Celsitudinis animæ salutem.

XXIII. Quod attinet ad consilium hanc rem apud Cæsarem tractandi, existimamus illum adulterium inter minora peccata numerare; nam

maison une nouveauté si difficile. Nous attirerions sur nous, en le faisant, les reproches et la persécution, non-seulement des peuples de la Hesse, mais encore de tous les autres ; ce qui nous seroit d'autant moins supportable, que Dieu nous commande dans le ministère que nous exerçons, de régler, autant qu'il nous sera possible, le mariage et les autres états de la vie humaine selon l'institution divine ; de les conserver en cet état lorsque nous les y trouvons, et d'éviter toute sorte de scandale.

XIX. C'est maintenant la coutume du siècle de rejeter sur les prédicateurs de l'Evangile toute la faute des actions où ils ont eu tant soit peu de part, lorsque l'on y trouve à redire. Le cœur de l'homme est également inconstant dans les conditions les plus relevées et dans les plus basses, et on a tout à craindre de ce côté-là.

XX. Quant à ce que Votre Altesse dit qu'il ne lui est pas possible de s'abstenir de la vie impudique qu'elle mène tant qu'elle n'aura qu'une femme, nous souhaiterions qu'elle fût en meilleur état devant Dieu ; qu'elle vécût en sûreté de conscience ; qu'elle travaillât pour le salut de son ame, et qu'elle donnât à ses sujets un meilleur exemple.

XXI. Mais enfin si Votre Altesse est entièrement résolue d'épouser une seconde femme, nous jugeons qu'elle doit le faire secrètement, comme nous avons dit à l'occasion de la dispense qu'elle demandoit pour le même sujet ; c'est-à-dire qu'il n'y ait que la personne qu'elle épousera et peu d'autres personnes fidèles qui le sachent, en les obligeant au secret sous le sceau de la confession. Il n'y a point ici à craindre de contradiction, ni de scandale considérable ; car il n'est point extraordinaire aux princes de nourrir des concubines ; et quand le menu peuple s'en scandalisera, les plus éclairés se douteront de la vérité ; et les personnes prudentes aimeront toujours mieux cette vie modérée que l'adultère et les autres actions brutales. L'on ne doit pas se soucier beaucoup de ce qui s'en dira, pourvu que la conscience aille bien. C'est ainsi que nous l'approuvons, et dans les seules circonstances que nous venons de marquer : car l'Evangile n'a ni révoqué, ni défendu ce qui avoit été permis dans la loi de Moïse à l'égard du mariage. Jésus-Christ n'en a point changé la police extérieure ; mais il a ajouté seulement la justice et la vie éternelle pour récompense. Il enseigne la vraie manière d'obéir à Dieu, et il tâche de réparer la corruption de la nature.

XXII. Votre Altesse a donc dans cet écrit, non-seulement l'approbation de nous tous en cas de nécessité sur ce qu'elle désire, mais encore les réflexions que nous y avons faites : nous la prions de les peser en prince vertueux, sage et chrétien ; et nous prions Dieu qu'il conduise tout pour sa gloire, et pour le salut de Votre Altesse.

XXIII. Pour ce qui est de la vue qu'a Votre Altesse de communiquer à l'Empereur l'affaire dont il s'agit avant que de la conclure, il nous

magnoperè verendum, illum papisticâ, cardinalitiâ, italicâ, hispanicâ, sarracenicâ imbutum fide, non curaturum Vestræ Celsitudinis postulatum, et in proprium emolumentum vanis verbis sustentaturum, sicut intelligimus perfidum ac fallacem virum esse morisque germanici oblitum.

XXIV. Videt Celsitudo Vestra ipsa quòd nullis necessitatibus christianis sincerè consulit. Turcam sinit imperturbatum, excitat tantùm rebelliones in Germaniâ, ut Burgundicam potentiam efferat. Quare optandum ut nulli christiani principes illius infidis machinationibus se misceant. Deus conservet Vestram Celsitudinem. Nos ad serviendum Vestræ Celsitudini sumus promptissimi. Datum Vittenbergæ, die Mercurii post festum sancti Nicolai 1539.

Vestræ Celsitudinis parati ac subjecti servi,

Martinus Luther, Philippus Melanchthon, Martinus Bucerus, Antonius Corvinus, Adam, Joannes Leningus, Justus Wintferte, Dionysius Melanther.

Ego Georgius Nuspicher, acceptâ à Cæsare potestate, notarius publicus et scriba, testor hoc meo chirographo publicè, quòd hanc copiam ex vero et inviolato originali propriâ manu à Philippo Melanchthone exarato, ad instantiam et petitionem mei clementissimi Domini et Principis Hassiæ, ipse scripserim, et quinque foliis numero, exceptâ inscriptione, complexus sim; etiam omnia propriè et diligenter auscultarim et contulerim, et in omnibus cum originali et subscriptione nominum concordet. De quâ re iterùm testor propriâ manu. Georgius Nuspicher, notarius.

INSTRUMENTUM COPULATIONIS
PHILIPPI LANDGRAVII ET MARGARETÆ DE SAAL.

In nomine Domini. *Amen.*

Notum sit omnibus et singulis qui hoc publicum instrumentum vident, audiunt, legunt, quòd anno post Christum natum 1540, die Mercurii mensis Martii, post meridiem, circa secundam circiter, indictionis anno 13, potentissimi et invictissimi Romanorum Imperatoris

semble que ce prince met l'adultère au nombre des moindres péchés; et il y a beaucoup à craindre que sa foi étant à la mode de celle du Pape, des Cardinaux, des Italiens, des Espagnols et des Sarrasins, il ne traite de ridicule la proposition de Votre Altesse ou qu'il n'en prétende tirer avantage en amusant Votre Altesse par de vaines paroles. Nous savons qu'il est trompeur et perfide, et qu'il ne tient rien des mœurs allemandes.

XXIV. Votre Altesse voit qu'il n'apporte aucun soulagement sincère aux maux extrêmes de la chrétienté : qu'il laisse le Turc en repos, et qu'il ne travaille qu'à diviser l'Empire, afin d'agrandir sur ses ruines la maison d'Autriche. Il est donc à souhaiter qu'aucun prince chrétien ne se joigne à ses pernicieux desseins. Dieu conserve Votre Altesse. Nous sommes très-prompts à lui rendre service. Fait à Vitenberg le mercredi après la fête de saint Nicolas, l'an 1539.

Les très-humbles et très-obéissans serviteurs de Votre Altesse,

MARTIN LUTHER, PHILIPPE MÉLANCHTHON, MARTIN BUCER, ANTOINE CORVIN, ADAM, JEAN LENINGUE, JUSTE WINTFERTE, DENIS MÉLANTHER.

Je George Nuspicher, notaire impérial, rends témoignage par l'acte présent, écrit et signé de ma propre main, que j'ai transcrit la présente copie sur l'original véritable et fidèlement conservé jusqu'à présent de la propre main de Philippe Mélanchthon à la requête du Sérénissime prince de Hesse; que j'en ai examiné avec une extrême exactitude chaque ligne et chaque mot; que je les ai confrontés avec le même original; que je les y ai trouvés conformes, non-seulement pour les choses, mais encore pour les signatures, et j'en ai délivré la présente copie en cinq feuilles de bon papier. De quoi je rends encore témoignage. GEORGE NUSPICHER, notaire.

CONTRAT DE MARIAGE

DE PHILIPPE LANDGRAVE DE HESSE AVEC MARGUERITE DE SAAL.

AU NOM DE DIEU. *Ainsi soit-il.*

Que tous ceux, tant en général qu'en particulier, qui verront, entendront, ou liront cette convention publique, sachent qu'en l'année 1540, le mercredi, quatrième jour du mois de mars, à deux heures ou environ après midi, la treizième année de l'Indiction et la vingt-unième du

Caroli Quinti, clementissimi nostri Domini, anno regiminis 21, coràm
me infrascripto notario et teste, Rotemburgi in arce comparuerint Se-
renissimus Princeps et Dominus Philippus Landgravius, Comes in Catzenlenbogen, Dietz, Ziegenhain et Niddâ, cum aliquibus suæ Celsitudinis consiliariis ex unâ parte ; et honesta ac virtuosa virgo, Margareta de
Saal, cum aliquibus ex suâ consanguinitate, ex alterâ parte; illa intentione et voluntate, coràm me publico notario ac teste, publicè confessi
sunt ut matrimonio copulentur : et posteà antememoratus meus cle-
mentissimus Dominus et Princeps Landgravius Philippus per reveren-
dum Dominum Dionysium Melandrum, suæ Celsitudinis concionatorem,
curavit proponi fermè hunc sensum. Cùm omnia aperta sint oculis Dei,
et homines pauca lateant, et sua Celsitudo velit cum nominatâ virgine
Margaretâ matrimonio copulari, etsi prior suæ Celsitudinis conjux
adhuc sit in vivis; ut hoc non tribuatur levitati et curiositati, ut evite-
tur scandalum, et nominatæ virginis et illius honestæ consanguinitatis
honor et fama non patiatur ; edicit sua Celsitudo hîc coram Deo, et in
suam conscientiam et animam, hoc non fieri ex levitate, aut curiosi-
tate, nec ex aliquâ vilipensione juris et superiorum, sed urgeri aliquibus gravibus inevitabilibus necessitatibus conscientiæ et corporis,
adeò ut impossibile sit sine aliâ superinductâ legitimâ conjuge corpus
suum et animam salvare. Quam multiplicem causam etiam sua Celsitudo
multis prædoctis, piis, prudentibus et christianis prædicatoribus ante-
hac indicavit, qui etiam, consideratis inevitabilibus causis id ipsum
suaserunt, ad suæ Celsitudinis animæ et conscientiæ consulendum. Quæ
causa et necessitas etiam serenissimam principem Christianam, ducis-
sam Saxoniæ, suæ Celsitudinis primam legitimam conjugem, utpotè
altâ principali prudentiâ et piâ mente præditam movit, ut suæ Celsitudinis tanquam dilectissimi mariti animæ et corpori serviret, et honor
Dei promoveretur ad gratiosè consentiendum. Quemadmodùm suæ Celsitudinis hæc super relata syngrapha testatur ; et ne cui scandalum
detur eò quòd duas conjuges habere moderno tempore sit insolitum ;
etsi in hoc casu christianum et licitum sit, non vult sua Celsitudo publicè coràm pluribus consuetas cæremonias usurpare, et palàm nuptias
celebrare cum memoratâ virgine Margaretâ de Saal ; sed hîc in privato
et silentio in præsentiâ subscriptorum testium volunt invicem jungi matrimonio. Finito hoc sermone, nominati Philippus et Margareta sunt
matrimonio juncti, et unaquæque persona alteram sibi desponsam
agnovit et acceptavit, adjunctâ mutuæ fidelitatis promissione in nomine
Domini. Et antememoratus Princeps ac Dominus ante hunc actum me infrà
scriptum notarium requisivit, ut desuper unum aut plura instrumenta
conficerem, et mihi etiam tanquam personæ publicæ verbo ac fide Principis addixit ac promisit, se omnia hæc inviolabiliter semper ac firmiter
servaturum, in præsentiâ reverendorum prædoctorum dominorum

règne du très-puissant et très-victorieux Empereur Charles-Quint, notre très-clément Seigneur, sont comparus devant moi notaire et témoin soussigné, dans la ville de Rotembourg, au château de la même ville, le Sérénissime Prince et Seigneur Philippe, landgrave de Hesse, comte de Catzenlenbogen, de Dietz, de Ziegenhain, et de Nidda, assisté de quelques conseillers de Son Altesse, d'une part; et honnête et vertueuse fille, Marguerite de Saal, assistée de quelques-uns de ses parens de l'autre part; dans l'intention et la volonté déclarée publiquement devant moi notaire et témoin public, de s'unir par mariage : et ensuite mon très-clément Seigneur et Prince Landgrave a fait proposer ceci par le révérend Denis Mélander, prédicateur de Son Altesse. Comme l'œil de Dieu pénètre toutes choses, et qu'il en échappe peu à la connoissance des hommes, Son Altesse déclare qu'elle veut épouser la même fille Marguerite de Saal, quoique la princesse sa femme soit encore vivante; et pour empêcher que l'on n'impute cette action à inconstance ou à curiosité, pour éviter le scandale et conserver l'honneur à la même fille et la réputation de sa parenté, Son Altesse jure ici devant Dieu, et sur son ame et sa conscience, qu'elle ne la prend à femme ni par légèreté, ni par curiosité, ni par aucun mépris du droit ou des supérieurs; mais qu'elle y est obligée par de certaines nécessités si importantes et si inévitables de corps et de conscience; en sorte qu'il lui est impossible de sauver sa vie et de vivre selon Dieu, à moins que d'ajouter une seconde femme à la première. Que Son Altesse s'en est expliquée à beaucoup de prédicateurs doctes, dévots, prudens et chrétiens, et qu'elle les a là-dessus consultés. Que ces grands personnages, après avoir examiné les motifs qui leur avoient été représentés, ont conseillé à Son Altesse de mettre son ame et sa conscience en repos par un double mariage. Que la même cause et la même nécessité ont obligé la sérénissime princesse Christine, duchesse de Saxe, première femme légitime de Son Altesse, par la haute prudence et par la dévotion sincère qui la rendent si recommandable, à consentir de bonne grace qu'on lui donne une compagne, afin que l'ame et le corps de son très-cher époux ne courent plus de risque et que la gloire de Dieu en soit augmentée, comme le billet écrit de la propre main de cette princesse le témoigne suffisamment. Et de peur que l'on n'en prenne occasion de scandale, sur ce que ce n'est pas la coutume d'avoir deux femmes, quoique cela soit chrétien et permis dans le cas dont il s'agit, Son Altesse ne veut pas célébrer les présentes noces à la mode ordinaire, c'est-à-dire publiquement, devant plusieurs personnes et avec les cérémonies accoutumées, avec la même Marguerite de Saal; mais l'un et l'autre veulent ici se joindre par mariage en secret et en silence, sans qu'aucun autre en ait connoissance que les témoins ci-dessous signés. Après que Mélander eût achevé de parler, le même Philippe et la même Marguerite se sont acceptés

M. Philippi Melanchthonis, M. Martini Buceri, Dionysii Melandri; etiam in præsentiâ strenuorum ac præstantium Eberhardi de Than, electoralis Consiliarii, Hermanni de Malsberg, Hermanni de Hundelshausen, domini Johannis Fegg Cancellariæ, Rodolphi Schenck, ac honestæ ac virtuosæ dominæ Annæ natæ de Miltitz, viduæ defuncti Joannis de Saal, memoratæ sponsæ matris, tanquam ad hunc actum requisitorum testium.

Et ego, Balthasar Rand de Fulda, potestate Cæsaris notarius publicus, qui huic sermoni, instructioni, et matrimoniali sponsioni, et copulationi cum suprà memoratis testibus interfui, et hæc omnia et singula audivi et vidi, et tanquam notarius publicus requisitus fui, hoc instrumentum publicum meâ manu scripsi et subscripsi, et consueto sigillo munivi in fidem et testimonium. BALTHASAR RAND.

pour époux et pour épouse, et se sont promis une fidélité réciproque au nom de Dieu. Le même prince a demandé à moi notaire soussigné, que je lui fisse une ou plusieurs copies collationnées du présent contrat, et a aussi promis, en parole et foi de prince, à moi personne publique, de l'observer inviolablement, toujours et sans altération, en présence des révérends et très-doctes maîtres Philippe Mélanchthon, Martin Bucer, Denis Mélander; et aussi en présence des illustres et vaillans Eberhard de Than, conseiller de Son Altesse électorale de Saxe, Herman de Malsberg, Herman de Hundelshausen, le seigneur Jean Fegg de la Chancellerie, Rodolphe Schenck; et aussi en présence de très-honnête et très-vertueuse dame Anne de la maison de Miltitz, veuve de feu Jean de Saal et mère de l'épouse, tous en qualité de témoins recherchés pour la validité du présent acte.

Et moi Balthasar Rand de Fulde, notaire public impérial, qui ai assisté au discours, à l'instruction, au mariage, aux épousailles et à l'union dont il s'agit, avec les mêmes témoins, et qui ai écouté et vu tout ce qui s'y est passé : j'ai signé le présent contrat à la requête qui m'en a été faite, et j'y ai apposé le sceau ordinaire, pour servir de foi et de témoignage au public. BALTHASAR RAND.

LIVRE VII.

Récit des Variations et de la Réforme d'Angleterre sous Henri VIII, depuis l'an 1529 jusqu'à 1547; et sous Edouard VI, depuis 1547 jusqu'à 1553, avec la suite de l'histoire de Cranmer jusqu'à sa mort en 1556.

SOMMAIRE.

La réformation anglicane, condamnable par l'histoire même de M. Burnet. Le divorce de Henri VIII. Son emportement contre le Saint-Siége. Sa primauté ecclésiastique. Principes et suites de ce dogme. Hors ce point, la foi catholique demeure en son entier. Décision de foi de Henri. Ses six articles. Histoire de Thomas Cranmer, archevêque de Cantorbéri, auteur de la réformation anglicane; ses lâchetés, sa corruption, son hypocrisie. Ses sentimens honteux sur la hiérarchie. La conduite des prétendus réformateurs, et en particulier celle de Thomas Cromwel, vice-gérent du roi au spirituel. Celle d'Anne de Boulen, contre laquelle la vengeance divine se déclare. Prodigieux aveuglement de Henri dans tout le cours de sa vie. Sa mort. La minorité d'Edouard VI, son fils. Les décrets de Henri sont changés. La primauté ecclésiastique du roi demeure seule. Elle est portée à des excès dont les protestans rougissent. La réformation de Cranmer appuyée sur ce fondement. Le roi regardé comme l'arbitre de la foi. L'antiquité méprisée. Continuelles variations. Mort d'Edouard VI. Attentat de Cranmer et des autres contre la reine Marie sa sœur. La religion catholique est rétablie. Honteuse fin de Cranmer. Quelques remarques particulières sur l'histoire de M. Burnet et sur la réformation anglicane.

I. La mort de Henri VIII roi d'Angleterre : on entreprend à cette occasion de raconter le commencement et la suite de la réformation anglicane. 1547.

La mort de Luther fut bientôt suivie d'une autre mort, qui causa de grands changemens dans la religion. Ce fut celle de Henri VIII, qui après avoir donné de si belles espérances dans les premières années de son règne, fit un si mauvais usage des rares qualités d'esprit et de corps dont la divine libéralité l'avoit rempli (a). Personne n'ignore les déréglemens de ce prince, ni l'aveuglement où il tomba par ses malheureuses amours, ni combien il répandit de sang depuis qu'il s'y fut abandonné, ni les suites effroyables de ses mariages, qui presque tous furent funestes à celles qu'il épousa. On sait aussi à quelle occasion, de prince très-catholique il se fit auteur d'une nouvelle secte, également détestée par les catholiques, par les luthériens et par les sacramen-

(a) 1ʳᵉ édit. : Que Dieu lui avoit données.

taires. Le Saint-Siége ayant condamné le divorce qu'il avoit fait après vingt-cinq ans de mariage avec Catherine d'Arragon, veuve de son frère Arthus, et le mariage qu'il contracta avec Anne de Boulen, non-seulement il s'éleva contre l'autorité du Siége qui le condamnoit, mais encore par une entreprise inouïe jusqu'alors parmi les chrétiens, il se déclara chef de l'Eglise anglicane tant au spirituel qu'au temporel; et c'est par là que commence la réformation anglicane, dont on nous a donné depuis quelques années une histoire si ingénieuse, et en même temps si pleine de venin contre l'Eglise catholique.

Le docteur Gilbert Burnet, qui en est l'auteur, nous reproche dès sa préface et dans toute la suite de son histoire, d'avoir tiré beaucoup d'avantage de la conduite de Henri VIII et des premiers réformateurs de l'Angleterre. Il se plaint surtout de Sanderus, historien catholique, qu'il accuse d'avoir inventé des faits atroces, afin de rendre odieuse la réformation anglicane. Ces plaintes se tournent ensuite contre nous et contre la doctrine catholique. « Une religion, dit-il, fondée sur la fausseté et élevée sur l'imposture, peut se soutenir par les mêmes moyens qui lui ont donné naissance [1]. » Il pousse encore plus loin cet outrageux discours : « Le livre de Sanderus peut bien être utile à une église, qui jusques ici ne s'est agrandie que par des faussetés et des tromperies publiques. » Autant que sont noires les couleurs dont il nous dépeint, autant sont éclatans et pompeux les ornemens dont il pare son église. « La réformation, poursuit-il, a été un ouvrage de lumière; on n'a pas besoin du secours des ombres pour en relever l'éclat : et si l'on veut faire son apologie, il suffit d'écrire son histoire. » Voilà de belles paroles; et on n'en emploieroit pas de plus magnifiques, quand même dans les changemens de l'Angleterre on auroit à nous faire voir la même sainteté qui parut dans le christianisme naissant. Considérons donc, puisqu'il le veut, cette histoire qui justifie la réformation par sa seule simplicité. Nous n'avons pas besoin d'un Sanderus; M. Burnet nous suffit pour bien entendre ce que c'est que cet ouvrage de lumière; et la seule suite des faits rapportés par cet adroit défenseur de la

II.
On pose ici pour fondement l'histoire de M. Burnet : magnifiques paroles de ce docteur sur la réformation anglicane.

[1] *Réfut. de Sand.*, tom. I, p. 545.

réformation anglicane, suffisent pour nous en donner une juste idée. Que si l'Angleterre y trouve des marques sensibles de l'aveuglement que Dieu répand quelquefois sur les rois et sur les peuples, qu'elle ne s'en prenne pas à moi, puisque je ne fais que suivre une histoire que son parlement en corps a honorée d'une approbation si authentique [1]; mais qu'elle adore les jugemens cachés de Dieu, qui n'a laissé aller les erreurs de cette savante et illustre nation jusqu'à un excès si visible, qu'afin de lui donner de plus faciles moyens de se reconnoître.

III. Premier fait avoué : que la réformation a commencé par un homme également rejeté de tous les partis.

Le premier fait important que je remarque dans M. Burnet, est celui qu'il avance dès sa préface, et qu'il fait paroître ensuite dans tout son livre : c'est que lorsque Henri VIII commença la réformation, « il semble qu'il ne songeoit en tout cela qu'à intimider la cour de Rome, et à contraindre le Pape de le satisfaire : car dans son cœur il crut toujours les opinions les plus extravagantes de l'Eglise romaine, telles que sont la transsubstantiation et les autres corruptions du sacrifice de la messe : ainsi il mourut plutôt dans cette communion que dans celle des protestans. » Quoi qu'en dise M. Burnet, nous n'accepterons pas la communion de ce prince qu'il semble nous offrir; et puisqu'il le rejette de la sienne, il résulte d'abord de ce fait, que l'auteur de la réformation anglicane, et celui qui à vrai dire en a posé le véritable fondement dans la haine qu'il a inspirée contre le Pape et contre l'Eglise romaine, est un homme également rejeté et anathématisé de tous les partis.

IV. Quelle fut la foi de Henri VIII auteur de la Réforme.

Ce qu'il y a ici de plus remarquable, c'est que ce prince ne s'est pas contenté de croire en son cœur et de professer de bouche tous ces points de croyance, que M. Burnet appelle les plus grandes et les plus extravagantes de nos corruptions : il les a données pour loi à toute l'église anglicane, « en sa nouvelle qualité de chef souverain de cette église sous Jésus-Christ. » Il les a fait approuver par tous les évêques et par tous les parlemens, c'est-à-dire par tous les tribunaux, où consiste encore à présent dans la réformation anglicane, le souverain degré de l'autorité

---

[1] *Ext. des Rég. de la Chamb. des Seign. et des Comm.*, du 3 janv. 1681, 23 déc. 1680, et 5 janv. 1681, à la tête du tom. II de l'*Hist. de Burnet.*

ecclésiastique. Il les a fait souscrire et mettre en pratique par toute l'Angleterre, et en particulier par les Cromwel, par les Cranmer et par tous les autres héros de M. Burnet, qui luthériens ou zuingliens dans leur cœur et désirant d'établir le nouvel évangile, assistoient néanmoins à l'ordinaire à la messe, comme au culte public qu'on rendoit à Dieu, ou la disoient eux-mêmes; et en un mot, pratiquoient tout le reste de la doctrine et du service reçu dans l'Eglise, malgré leur religion et leur conscience.

Thomas Cromwel fut celui que le roi établit son vicaire général au spirituel en 1535, incontinent après sa condamnation, et qu'en 1536 il fit son vice-gérant dans sa qualité de chef souverain de l'église [1] : par où il le mit à la tête de toutes les affaires ecclésiastiques et de tout l'ordre sacré, quoiqu'il fût un simple laïque et qu'il soit toujours demeuré tel. On n'avoit point encore trouvé cette dignité dans l'état des charges d'Angleterre, ni dans la notice des offices de l'Empire, ni dans aucun royaume chrétien; et Henri VIII fit voir pour la première fois à l'Angleterre et au monde chrétien un milord vice-gérant, et un vicaire général du roi au spirituel.

<small>V. Quels furent les instruments dont se servit Henri VIII dans la Réforme Cromwel son vice-gérent dans le spirituel.</small>

L'intime ami de Cromwel et celui qui conduisit le dessein de la réformation anglicane, fut Thomas Cranmer, archevêque de Cantorbéry. C'est le grand héros de M. Burnet. Il abandonne Henri VIII, dont les scandales et les cruautés sont trop connus. Mais il a bien vu qu'en faire autant de Cranmer, qu'il regarde comme l'auteur de la réformation, ce seroit nous donner d'abord une trop mauvaise idée de tout cet ouvrage. Il s'étend donc sur les louanges de ce prélat; et non content d'en admirer partout la modération, la piété et la prudence, il ne craint point de le faire autant ou plus irréprébensible que saint Athanase et saint Cyrille, et d'un si rare mérite, que « jamais peut-être prélat de l'Eglise n'a eu plus d'excellentes qualités et moins de défauts [2]. »

<small>VI. Thomas Cranmer est le héros de M. Burnet.</small>

Il est vrai qu'il ne faut pas compter beaucoup sur les louanges que M. Burnet donne aux héros de la Réforme : témoin celles qu'il a données à Montluc, évêque de Valence. « C'étoit, dit-il,

<small>VII. Les héros de M. Burnet ne sont pas tou-</small>

[1] Burn., *Hist.*, tom. I, p. 244. — [2] *Préf.*, sur la fin.

jours, selon lui-même, de fort honnêtes gens: ce qu'il raconte de Montluc, évêque de Valence. un des plus sages ministres de son siècle, toujours modéré dans les délibérations qui regardoient la conscience ; ce qui le fit soupçonner d'être hérétique. Toute sa vie a les caractères d'un grand homme, et l'on n'y sauroit guère blâmer que l'attachement inviolable qu'il eut durant tant d'années pour la reine Catherine de Médicis [1]. » Le crime sans doute étoit médiocre, puisqu'il devoit tout à cette princesse, qui d'ailleurs étoit sa reine, femme et mère de ses rois et toujours unie avec eux : de sorte que ce prélat, à qui on ne peut guère reprocher que d'avoir été fidèle à sa bienfaitrice, doit être, selon M. Burnet, un des hommes de son siècle des plus élevés au-dessus de tout reproche. Mais il ne faut pas prendre au pied de la lettre les éloges que ces réformés donnent aux héros de leur secte. Le même M. Burnet, dans le même livre où il relève Montluc par cette belle louange, en parle ainsi : « Cet évêque a été célèbre, mais il a eu ses défauts [2]. » Après ce qu'il en a dit, on doit croire que ces défauts seront légers : mais qu'on achève, et on trouvera que « ces défauts qu'il a eus, » c'est seulement « de s'être efforcé de corrompre la fille d'un seigneur d'Irlande qui l'avoit reçu dans sa maison; » c'est d'avoir eu avec lui « une courtisane angloise qu'il entretenoit; » c'est que cette malheureuse ayant bu sans réflexion le précieux baume dont Soliman avoit fait présent à ce prélat, « il en fut outré dans un tel excès, que ses cris réveillèrent tout le monde dans la maison, où l'on fut aussi témoin de ses emportemens et de son incontinence. » Voilà les petits défauts d'un prélat dont toute la vie « a les caractères d'un grand homme. » La Réforme, ou peu délicate en vertu, ou indulgente envers ses héros, leur pardonne facilement de semblables abominations; et si pour avoir eu seulement une légère teinture de réformation, Montluc malgré de tels crimes est un homme presque irréprochable, il ne faut pas s'étonner que Cranmer, un si grand réformateur, ait pu mériter tant de louanges.

Ainsi sans dorénavant nous laisser surprendre aux éloges dont M. Burnet relève ses réformés, et surtout Cranmer, faisons l'histoire de ce prélat sur les faits qu'en a rapportés cet historien qui

[1] II⁰ part., liv. I, p. 128. — [2] *Ibid.*, p. 312.

est son perpétuel admirateur, et voyons en même temps dans quel esprit la réformation a été conçue.

Dès l'an 1529 Thomas Cranmer s'étoit mis à la tête du parti qui favorisoit le divorce avec Catherine, et le mariage que le roi avoit résolu avec Anne de Boulen [1]. En 1530 il fit un livre contre la validité du mariage de Catherine, et on peut juger de l'agrément qu'il trouva auprès d'un prince dont il flattoit la passion dominante. On commença dès lors à le regarder à la cour comme une espèce de favori, qu'on croyoit devoir succéder au crédit du cardinal de Volsey. Cranmer étoit dès lors « engagé dans les sentimens de Luther [2]; » et, comme dit M. Burnet, il « étoit le plus estimé » de ceux qui les avoient embrassés [3]. « Anne de Boulen, poursuit cet auteur, avoit aussi reçu quelque teinture de cette doctrine. » Dans la suite il la fait paroître tout à fait liée au sentiment de ceux qu'il appelle les réformateurs. Il faut toujours entendre par ce mot les ennemis ou cachés ou déclarés de la messe et de la doctrine catholique. « Tous ceux du même parti, ajoute-t-il, se déclaroient pour le divorce [4]. » Voilà les secrètes liaisons de Cranmer et de ses adhérens avec la maîtresse de Henri : voilà les fondemens du crédit de ce nouveau confident et les commencemens de la Réforme d'Angleterre. Le malheureux prince, qui ne savoit rien de ces liaisons ni de ces desseins, se lioit lui-même insensiblement avec les ennemis de la foi qu'il avoit jusqu'alors si bien défendue, et par leurs trames secrètes il servoit sans y penser au dessein de la détruire.

VIII. Cranmer luthérien, selon M. Burnet. Comment il entra en faveur auprès du Roi et d'Anne de Boulen. 1529-1530.

Cranmer fut envoyé en Italie et à Rome pour l'affaire du divorce; et il y poussa si loin la dissimulation de ses erreurs, que le Pape le fit son pénitencier [5]; ce qui montre qu'il étoit prêtre. Il accepta cette charge, tout luthérien qu'il étoit. De Rome il passa en Allemagne, pour y ménager les protestans ses bons amis; et ce fut alors qu'il épousa la sœur d'Osiandre. On dit qu'il l'avoit séduite, et qu'on le contraignit de l'épouser [6]; mais je ne garantis point ces faits scandaleux, jusqu'à ce que je les trouve bien avérés par le témoignage des auteurs du parti, ou en tout cas non sus-

IX. Cranmer envoyé à Rome pour le divorce, y est fait pénitencier du Pape : il se marie, quoique prêtre, mais en secret. 1530.

[1] Burn., tom. I, liv. I, p. 123. — [2] Ibid., p. 132. — [3] Ibid., p. 135. — [4] Ibid. — [5] Ibid., p. 136, 141. — [6] Ibid., p. 245.

pects. Pour le mariage, le fait est constant. Ces messieurs sont accoutumés, malgré les canons et malgré la profession de la continence, à tenir de tels mariages pour honnêtes. Mais Henri n'étoit pas de cet avis, et il détestoit les prêtres qui se marioient. Cranmer avoit déjà été chassé du collége de Christ à Cambridge à cause d'un premier mariage. Le second, qu'il contracta dans la prêtrise, lui eût fait de bien plus terribles affaires, puisque même, selon les canons, il eût été exclu de ce saint ordre par un second mariage, quand il eût été contracté devant la prêtrise. Les réformateurs se jouoient en leur cœur et des saints canons et de leurs vœux : mais par la crainte de Henri il fallut tenir ce mariage fort caché, et ce grand réformateur commença par tromper son maître dans une matière si importante.

X. Cranmer, nommé archevêque de Cantorbéri, prend des bulles du Pape, quoique marié et luthérien. 1533.

Pendant qu'il étoit en Allemagne en l'an 1533, l'archevêché de Cantorbéry vint à vaquer par la mort de Varham. Le roi d'Angleterre y nomma Cranmer : il l'accepta. Le Pape qui ne lui connoissoit aucune autre erreur que celle de soutenir la nullité du mariage de Henri, chose alors assez indécise, lui donna ses bulles[1] : Cranmer les reçut, et ne craignit pas de se souiller en recevant, comme on parloit dans le parti, le caractère de la bête.

XI. Le sacre de Cranmer : profession de soumission envers le Pape : sa protestation, son hypocrisie.

A son sacre et devant que de procéder à l'ordination, il fit le serment de fidélité qu'on avoit accoutumé de faire au Pape depuis quelques siècles. Ce ne fut pas sans scrupule, à ce que dit M. Burnet; mais Cranmer étoit un homme d'accommodement : il sauva tout, en protestant que par ce serment il ne prétendoit nullement se dispenser de son devoir envers sa conscience, envers le roi et l'Etat : protestation en elle-même fort inutile, car qui de nous prétend s'engager par ce serment à rien qui soit contraire à sa conscience, ou au service du roi et de son Etat ? Loin qu'on prétende préjudicier à ces choses, il est même exprimé dans ce serment qu'on le fait sans préjudice des droits de son ordre, *salvo ordine meo*[2]. La soumission qu'on jure au Pape pour le spirituel, est d'un autre ordre que celle qu'on doit naturellement à son prince pour le temporel : et sans protestation nous avons toujours bien entendu que l'une n'apporte point de préjudice à l'autre.

[1] Tom. I, livre II, p. 189. — [2] *Pontif. Rom., in consec. Ep.*

Mais enfin, ou ce serment est une illusion, ou il oblige à reconnoître la puissance spirituelle du Pape. Le nouvel archevêque la reconnut donc, quoiqu'il n'y crût pas. M. Burnet avoue que cet expédient « étoit peu conforme à la sincérité de Cranmer [1] : » et, pour adoucir comme il peut une si criminelle dissimulation, il ajoute un peu après : « Si cette conduite ne fut pas suivant les règles les plus austères de la sincérité, du moins on n'y voit aucune supercherie. » Qu'appelle-t-on donc supercherie ? et y en a-t-il de plus grande que de jurer ce qu'on ne croit pas, et se préparer des moyens d'éluder son serment par une protestation conçue en termes si vagues ? Mais M. Burnet ne nous dit pas que Cranmer, qui fut sacré avec toutes les cérémonies du *Pontifical*, outre ce serment dont il prétendoit éluder la force, fît d'autres déclarations contre lesquelles il ne réclama pas : comme de « recevoir avec soumission les traditions des Pères et les constitutions du Saint-Siége apostolique; de rendre obéissance à saint Pierre en la personne du Pape son vicaire et de ses successeurs selon l'autorité canonique; de garder la chasteté [2] : » ce qui dans le dessein de l'Eglise expressément déclaré dès le temps qu'on y reçoit le sous-diaconat, emportoit le célibat et la continence. Voilà ce que M. Burnet ne nous dit pas. Il ne nous dit pas que Cranmer dit la messe selon la coutume avec son consacrant. Cranmer devoit encore protester contre cet acte et contre toutes les messes qu'il dit en officiant dans son église, du moins durant tout le règne de Henri VIII, c'est-à-dire trente ans entiers. M. Burnet ne nous dit pas toutes ces belles actions de son héros. Il ne nous dit pas qu'en faisant des prêtres, comme il en fit sans doute durant tant d'années étant archevêque, il les fit selon les termes du *Pontifical*, où Henri ne changea rien, non plus qu'à la messe. Il leur donna donc le pouvoir « de changer par leur sainte bénédiction le pain et le vin au corps et au sang de Jésus-Christ, et d'offrir le sacrifice et dire la messe tant pour les vivans que pour les morts [3]. » Il eût été bien plus important de protester contre tant d'actes si contraires au luthéranisme, que contre le serment d'obéir au Pape.

---

[1] Burn., tom. I, liv. II, p. 190. — [2] *Pont. Rom., in consec. Episc.* — [3] *Pont. Rom., in ord. Presbyt.*

Mais c'est que Henri VIII, qu'une protestation contre la primauté du Pape n'offensoit pas, n'auroit pas souffert les autres : c'est pourquoi Cranmer dissimule. Le voilà tout ensemble luthérien, marié, cachant son mariage, archevêque selon le *Pontifical romain,* soumis au Pape dont en son cœur il abhorroit la puissance, disant la messe qu'il ne croyoit pas, et donnant pouvoir de la dire ; et néanmoins, selon M. Burnet, un second Athanase, un second Cyrille, un des plus parfaits prélats qui fut jamais dans l'Eglise. Quelle idée nous veut-on donner, non-seulement de saint Athanase et de saint Cyrille, mais encore de saint Basile, de saint Ambroise, de saint Augustin et en un mot de tous les saints, s'ils n'ont rien de plus excellent ni de moins défectueux qu'un homme qui pratique durant si longtemps ce qu'il croit être le comble de l'abomination et du sacrilége ? Voilà comme on s'aveugle dans la nouvelle Réforme, et comme les ténèbres, dont l'esprit des réformateurs a été couvert, se répandent encore aujourd'hui sur leurs défenseurs.

XII. Réflexion sur la prétendue modération de Cranmer.

M. Burnet prétend que son archevêque fit ce qu'il put pour ne pas accepter cette éminente dignité, et il admire sa modération. Pour moi je veux bien ne pas disputer aux plus grands ennemis de l'Eglise certaines vertus morales qu'on trouve dans les philosophes et dans les païens, qui n'ont été dans les hérétiques qu'un piége de Satan pour prendre les foibles, et une partie de l'hypocrisie qui les séduit. Mais M. Burnet a trop d'esprit pour ne voir pas que Cranmer, qui avoit pour lui Anne de Boulen dont le roi étoit si épris, qui faisoit tout ce qu'il falloit pour favoriser les nouvelles amours de ce prince, et qui après s'être déclaré contre le mariage de Catherine, se rendoit si nécessaire pour le rompre, sentoit bien que Henri ne se pouvoit jamais donner un plus favorable archevêque : de sorte que rien ne lui étoit plus aisé que d'avoir l'archevêché en le refusant, et de joindre à l'honneur d'une si grande prélature celui de la modération.

XIII. Cranmer procède au divorce : il prend la qualité de légat du

En effet, dès que Cranmer y fut élevé, il commença à travailler dans le Parlement à déclarer la nullité du mariage. Dès l'année d'auparavant, c'est-à-dire en 1532, le roi avoit déjà épousé Anne de Boulen en secret : elle étoit grosse, et il étoit temps d'éclater¹. L'archevêque, qui n'ignoroit pas ce secret, se signala en cette rencontre ², et témoigna beaucoup de vigueur à flatter le roi. Par son autorité archiépiscopale il lui écrivit une grave lettre sur son mariage incestueux avec Catherine ³ : mariage, disoit-il, qui scandalisoit tout le monde; et lui déclaroit que pour lui, il n'étoit pas résolu à souffrir davantage un si grand scandale. Voilà un homme bien courageux et un nouveau Jean-Baptiste. Là-dessus il cite le roi et la reine devant lui : on procède : la reine ne comparoît pas : l'archevêque par contumace déclara le mariage nul dès le commencement, et n'oublia pas dans sa sentence de prendre la qualité de légat du Saint-Siége selon la coutume des archevêques de Cantorbéry. M. Burnet insinue qu'on crut par là donner plus de force à la sentence, c'est-à-dire que l'archevêque, qui en son cœur ne reconnoissoit ni le Pape, ni le Saint-Siége, vouloit pour l'amour du roi prendre la qualité la plus favorable à autoriser ses plaisirs. Cinq jours après il approuva le mariage secret d'Anne de Boulen, quoique fait avant la déclaration de la nullité de celui de Catherine, et l'archevêque confirma une procédure si irrégulière.

<small>St.-Siége dans la sentence.</small>

On sait assez la sentence définitive de Clément VII contre le roi d'Angleterre. Elle suivit de près celle que Cranmer avoit donnée en sa faveur. Henri qu'on avoit flatté de quelque espérance du côté de la cour de Rome, s'étoit de nouveau soumis à la décision du Saint-Siége, même depuis le jugement de l'archevêque. Je n'ai pas besoin de raconter jusqu'à quel excès de colère il fut transporté; et M. Burnet avoue lui-même « qu'il ne garda aucune mesure dans son ressentiment ⁴. » Dès là donc il commença de pousser à l'extrémité sa nouvelle qualité « de chef souverain de l'église anglicane sous Jésus-Christ. »

<small>XIV. Sentence de Clément VII, et emportement de Henri contre le St.-Siége.</small>

Ce fut alors que l'univers déplora le supplice des deux plus grands hommes d'Angleterre en savoir et en piété : Thomas Morus, grand chancelier, et Fischer, évêque de Rochestre. M. Burnet en gémit lui-même, et regarde « la fin tragique de ces deux grands hommes » comme une « tache à la vie de Henri ⁵. »

Ils furent les deux plus illustres victimes de la primauté ecclé-

<small>XV. Morus et Fischer condamnés à mort pour n'avoir pas voulu reconnoître le roi comme</small>

¹ Burn., tom. I, liv. II, p. 191. — ² Ibid., p. 186. — ³ Ibid., p. 193. — ⁴ Ibid., p. 190. — ⁵ Ibid., p. 227, 229, etc.; liv. III, p. 483 et suiv.

siastique. Morus pressé de la reconnoître, fit cette belle réponse, qu'il se défieroit de lui-même s'il étoit seul contre tout le Parlement : mais que s'il avoit contre lui le grand conseil d'Angleterre, il avoit pour lui toute l'Eglise, ce grand conseil des chrétiens [1]. La fin de Fischer ne fut pas moins belle ni moins chrétienne.

Alors commencèrent les supplices indifféremment contre les catholiques et les protestans, et Henri devint le plus sanguinaire de tous les princes. Mais la date est remarquable. « Nous ne voyons nullement, dit M. Burnet, que la cruauté lui ait été naturelle : il a régné, poursuit-il, vingt-cinq ans sans faire mourir autre personne pour crime d'Etat, » que deux hommes, dont le supplice ne lui peut être reproché. Dans les dix dernières années de sa vie, il ne garda, dit le même auteur, « aucunes mesures dans ses exécutions [2] : » M. Burnet ne veut ni qu'on l'imite, ni aussi qu'on le condamne avec une extrême rigueur; mais nul ne le condamne plus rigoureusement que M. Burnet lui-même. C'est lui qui parle ainsi de ce prince : « Il fit des dépenses excessives qui l'obligèrent à fouler ses peuples : il extorqua du Parlement par deux fois un acquit de toutes ses dettes : il falsifia sa monnoie, et commit bien d'autres actions indignes d'un roi : son esprit chaud et emporté le rendit sévère et cruel : il fit condamner à mort un bon nombre de ses sujets pour avoir nié sa primauté ecclésiastique, entre autres Fischer et Morus, dont le premier étoit fort vieux, et l'autre pouvoit passer pour l'honneur de l'Angleterre, soit en probité ou en savoir [3]. » On peut voir le reste dans la préface de M. Burnet ; mais je ne puis oublier ce dernier trait : « Ce qui mérite le plus de blâme, c'est, dit-il, qu'il donna l'exemple pernicieux de fouler aux pieds la justice et d'opprimer l'innocence, en faisant juger des personnes sans les entendre. » M. Burnet avec tout cela veut que nous croyions qu'encore que pour des « fautes légères il traînât les gens en justice, » néanmoins « les lois présidoient dans toutes ces causes-là; les accusés n'étoient ni poursuivis ni jugés que conformément au droit [4] : » comme si ce n'étoit pas le comble de la cruauté et de la tyrannie de faire des lois iniques, comme

[1] Tom. I, liv. III, p. 228. — [2] *Ibid.*, p. 242. — [3] *Præf.* — [4] Liv. III, p. 243.

fut celle de condamner des accusés sans les ouïr, et de tendre des piéges aux innocens dans les formalités de la justice. Mais qu'y a-t-il de plus affreux que ce qu'ajoute ce même historien : « Que ce prince, soit qu'il ne pût souffrir qu'on lui contredît, soit qu'il fût enflé du titre glorieux de chef de l'Eglise que ses peuples lui avoient déféré, soit que les louanges de ses flatteurs l'eussent gâté, se persuadoit que tous ses sujets étoient obligés de régler leur foi sur ses décisions [1]? » Voilà, comme dit M. Burnet, dans la vie d'un prince, « des taches si odieuses, qu'un honnête homme ne sauroit l'en excuser; » et nous sommes obligés à cet auteur de nous avoir par son aveu sauvé la peine de rechercher des preuves de tous ces excès dans des histoires qui auroient pu paroître plus suspectes. Mais ce qu'on ne peut dissimuler, c'est que Henri auparavant si éloigné de ces horribles désordres, n'y tomba, de l'aveu de M. Burnet, que dans les dix dernières années de sa vie, c'est-à-dire qu'il y tomba incontinent après son divorce, après sa rupture ouverte avec l'Eglise, après qu'il eut usurpé par un exemple inouï dans tous les siècles la primauté ecclésiastique : et on est forcé d'avouer qu'une des causes de son prodigieux aveuglement fut « ce titre glorieux de chef de l'Eglise, que ses peuples lui avoient déféré. » Je laisse maintenant à penser au lecteur chrétien, si ce sont là des caractères d'un réformateur, ou d'un prince dont la justice divine venge les excès par d'autres excès, qu'elle livre aux désirs de son cœur, et qu'elle abandonne visiblement au sens réprouvé.

Le supplice de Fischer et de Morus, et tant d'autres sanglantes exécutions, répandirent la terreur dans les esprits : chacun jura la primauté de Henri, et on n'osa plus s'y opposer. Cette primauté fut établie par divers décrets du Parlement ; et le premier acte qu'en fit le roi, « fut de donner à Cromwel la qualité de son vicaire général » au spirituel, « et celle de visiteur de tous les couvens et de tous les privilégiés d'Angleterre [2]. » C'étoit proprement se déclarer Pape : et ce qu'il y a ici de plus remarquable, c'étoit remettre toute la puissance ecclésiastique entre les mains d'un zuinglien, car je crois que Cromwel l'étoit ; ou tout au moins

XVII. Cromwel fait vice-gérent : tout concourt à exciter le roi contre la foi de l'Eglise. 1535.

[1] Tom. I, lib. III, p. 243. — [2] Ibid., p. 244.

d'un luthérien, si M. Burnet l'aime mieux ainsi. Nous avons vu que Cranmer étoit de même parti, intime ami de Cromwel, et tous deux ils agissoient de concert pour pousser le roi irrité contre la foi ancienne [1]. La nouvelle reine les appuyoit de tout son pouvoir, et fit donner à Schaxton et à Latimer, ses aumôniers, autres protestans cachés, les évêchés de Salisburi et de Worchester. Mais quoique tout fût si contraire à l'ancienne religion, et que les premières puissances ecclésiastiques et séculières conspirassent à la détruire de fond en comble, il n'est pas toujours au pouvoir des hommes de pousser leurs mauvais desseins aussi loin qu'ils veulent. Henri n'étoit irrité que contre le Pape et le Saint-Siége. Ce fut donc cette autorité qu'il attaqua seule : et Dieu voulut que la réformation portât sur le front, dès son origine, le caractère de la haine et de la vengeance de ce prince. Ainsi quelque aversion que le vicaire général eût de la messe, il ne lui fut pas donné alors de prévaloir, comme un autre Antiochus, « contre le sacrifice perpétuel [2]. » Une de ses ordonnances de visite fut que chaque prêtre diroit la messe tous les jours [3], et que les religieux observeroient soigneusement leur règle, et en particulier leurs trois vœux [4].

XVIII. Visite archiépiscopale de Cranmer par l'autorité du Roi.

Cranmer fit aussi sa visite archiépiscopale dans sa province, mais ce fut « avec la permission du roi [5] : » on commençoit à faire tous les actes de la juridiction ecclésiastique par l'autorité royale. Tout le but de cette visite, comme de toutes les actions de ce temps, fut de bien établir la primauté ecclésiastique du roi. Le complaisant archevêque n'avoit rien tant à cœur alors; et le premier acte de juridiction que fit l'évêque du premier siége d'Angleterre, fut de mettre l'Eglise sous le joug, et de soumettre aux rois de la terre la puissance qu'elle avoit reçue d'en haut.

XIX. Déprédation des biens des monastères.

Ces visites furent suivies de la suppression des monastères, dont le roi s'appropria le revenu. On cria dans la Réforme, comme dans l'Eglise, contre cette sacrilége déprédation des biens consacrés à Dieu : mais au caractère de vengeance que la réformation anglicane avoit déjà dans son commencement, il y fallut joindre

[1] Tom. I, liv. II, p. 245. — [2] *Dan.*, VIII, 12. — [3] Burn., tom. I, liv. III, p. 251. — [4] *Ibid.*, p. 248. — [5] *Ibid.*, p. 247.

celui d'une si honteuse avarice ; et ce fut un des premiers fruits de la primauté de Henri, qui se fit chef de l'Église pour la piller avec titre.

Un peu après, la reine Catherine mourut : « Illustre par sa piété, dit M. Burnet, et par son attachement aux choses du ciel, vivant dans l'austérité et dans la mortification, travaillant de ses propres mains, et songeant même au milieu de sa grandeur à tenir ses femmes dans l'occupation et dans le travail [1] : » et afin que les vertus plus communes se joignent aux grandes, le même historien ajoute que « les écrivains du temps nous la représentent comme une fort bonne femme. » Ces caractères sont bien différens de ceux de sa rivale, Anne de Boulen. Quand on voudroit la justifier des infamies dont ses favoris la chargèrent en mourant, M. Burnet ne nie pas que son enjouement ne fût immodeste, ses libertés indiscrètes, sa conduite irrégulière et licencieuse [2]. On ne vit jamais une honnête femme, pour ne pas dire une reine, se laisser manquer de respect, jusqu'à souffrir des déclarations telles que des gens de toute qualité, et même de la plus basse, en firent à cette princesse. Que dis-je, les souffrir ? s'y plaire, et non-seulement y entrer, mais encore se les attirer elle-même, et ne rougir pas de dire à un de ses galans « qu'elle voyoit bien qu'il différoit de se marier dans l'espérance de l'épouser elle-même après la mort du roi. » Ce sont toutes choses avouées par Anne ; et loin d'en voir de plus mauvais œil ces hardis amans, il est certain, sans vouloir approfondir davantage, qu'elle ne les en traitoit que mieux. Au milieu de cette étrange conduite, on nous assure « qu'elle redoubloit ses bonnes œuvres et ses aumônes [3] ; » et hors l'avancement de la réformation prétendue que personne ne lui dispute, voilà tout ce qu'on nous dit de ses vertus.

XX. Mort de la reine Catherine : parallèle de cette princesse avec Anne de Boulen. 1536.

Mais, à regarder les choses plus à fond, on ne peut s'empêcher de reconnoître la main de Dieu sur cette princesse. Elle ne jouit que trois ans de la gloire où tant de troubles l'avoient établie : de nouvelles amours la ruinèrent, comme la nouvelle amour qu'on eut pour elle l'avoit élevée ; et Henri, qui lui avoit sacrifié Catherine, la sacrifia bientôt elle-même à la jeunesse et aux charmes

XXI. Suite du parallèle, et marque visible du jugement de Dieu. Cranmer casse le mariage du roi et d'Anne.

[1] Tom. I, liv. III, p. 261. — [2] Ibid., p. 268, 271, 282, etc. — [3] Ibid., p. 266.

de Jeanne Seymour. Mais Catherine en perdant les bonnes graces du roi, conserva du moins son estime jusqu'à la fin, au lieu qu'il fit mourir Anne sur un échafaud comme une infâme. Cette mort arriva quelques mois après celle de Catherine. Mais Catherine sut conserver jusqu'à la fin le caractère de gravité et de constance qu'elle avoit eu dans tout le cours de sa vie [1]. Pour Anne, au moment qu'elle fut prise, pendant qu'elle prioit Dieu fondant en larmes, on la vit éclater de rire comme une personne insensée [2] : les paroles qu'elle prononçoit dans son transport, contre ses amans qui l'avoient trahie, faisoient voir le désordre où elle étoit, et le trouble de sa conscience. Mais voici la marque visible de la main de Dieu. Le roi, toujours abandonné à ses nouvelles amours, fit casser son mariage avec Anne en faveur de Jeanne Seymour, comme il avoit, en faveur d'Anne, fait casser le mariage de Catherine. Elisabeth, fille d'Anne, fut déclarée illégitime, comme Marie fille de Catherine l'avoit été. Par un juste jugement de Dieu, Anne tomba dans un abîme semblable à celui qu'elle avoit creusé à sa rivale innocente. Mais Catherine soutint jusqu'à la mort avec la dignité de reine la vérité de son mariage, et l'honneur de la naissance de Marie : au contraire par une honteuse complaisance Anne reconnut, ce qui n'étoit pas, qu'elle avoit épousé Henri durant la vie de milord Perci, avec lequel elle avoit auparavant contracté ; et contre sa conscience, en avouant que son mariage avec le roi étoit nul, elle enveloppa dans sa honte sa fille Elisabeth. Afin qu'on vît la justice de Dieu plus manifeste dans ce mémorable événement, Cranmer, ce même Cranmer qui avoit cassé le mariage de Catherine, cassa encore celui d'Anne, à laquelle il devoit tout. Dieu frappa d'aveuglement tout ce qui avoit contribué à la rupture d'un mariage aussi solennel que celui de Catherine : Henri, Anne, l'archevêque même, rien ne s'en sauva. L'indigne foiblesse de Cranmer et son extrême ingratitude envers Anne, furent l'horreur de tous les gens de bien ; et sa honteuse complaisance à casser tous les mariages au gré de Henri, ôtèrent à sa première sentence toute l'apparence d'autorité que le nom d'un archevêque lui pouvoit donner.

[1] Tom. I, liv. III, p. 260, 261. — [2] P. 270.

M. Burnet voit avec peine une tache si odieuse dans la vie de son grand réformateur : et il dit pour l'excuser qu'Anne déclara en sa présence son mariage avec Perci, qui emportoit la nullité de celui qu'elle avoit fait avec le roi ; de sorte qu'il ne pouvoit s'empêcher de la séparer d'avec ce prince, ni de donner sa sentence pour la nullité de ce mariage[1]. Mais c'est ici une illusion trop manifeste : il étoit notoire en Angleterre que l'engagement d'Anne avec Perci, loin d'être un mariage conclu, comme on dit, par paroles de présent, n'étoit pas même une promesse d'un mariage à conclure, mais une simple proposition d'un mariage désiré par le milord[2] : ce qui bien loin d'annuler un autre mariage contracté depuis, n'eût pas même été un empêchement à le faire. M. Burnet en convient, et il établit tous ces faits comme constans[3]. Cranmer, qui avoit su tout le secret du roi et d'Anne, n'avoit pu les ignorer ; et Perci, ce prétendu mari de la reine, avoit déclaré par serment, en présence de cet archevêque et encore de celui d'York, « qu'il n'y avoit jamais eu de contrat ni même de promesse de mariage entre lui et Anne. Pour rendre ce serment plus solennel, il reçut la communion » après sa déclaration, en présence des principaux du conseil d'Etat, « souhaitant que la réception de ce sacrement fût suivie de sa damnation, s'il avoit été dans un engagement de cette nature. » Un serment si solennel reçu par Cranmer, lui faisoit bien voir que l'aveu d'Anne n'étoit pas libre. Quand elle le fit, elle étoit condamnée à mort, et comme dit M. Burnet, « encore étourdie de l'arrêt terrible qui avoit été rendu contre elle[4]. » Les lois la condamnoient au feu, et tout l'adoucissement dépendoit du roi. Cranmer pouvoit bien juger qu'en cet état on lui feroit avouer tout ce qu'on voudroit, en lui promettant « de lui sauver la vie, ou tout au moins d'adoucir son supplice. » C'est alors qu'un archevêque doit prêter sa voix à une personne opprimée, que son trouble ou l'espérance d'adoucir sa peine, fait parler contre sa conscience. Si Anne sa bienfaitrice ne le touchoit pas, il devoit du moins avoir pitié de l'innocence d'Elisabeth, qu'on alloit déclarer née en adultère, et comme telle incapable de succéder à la couronne, sans

XXII. La lâcheté de Cranmer mal excusée par M. Burnet.

[1] Tom. I, liv. II, p. 281. — [2] Liv. I, 71 ; liv. III, 276, etc. — [3] Liv. III, 276. — [4] P. 277.

autre fondement que celui d'une déclaration forcée de la reine sa mère. Dieu n'a donné tant d'autorité aux évêques, qu'afin qu'ils puissent prêter leur voix aux infirmes et leur force aux oppressés. Mais il ne falloit pas attendre de Cranmer des vertus qu'il ne connoissoit pas : il n'eut pas même le courage de représenter au roi la manifeste contrariété des deux sentences qu'il faisoit prononcer contre Anne [1], dont l'une la condamnoit à mort comme ayant souillé la couche royale par son adultère, et l'autre déclaroit qu'elle n'étoit pas mariée avec le roi. Cranmer dissimula une iniquité si criante; et tout ce qu'il fit en faveur de la malheureuse princesse, fut d'écrire au roi une lettre où il souhaite « qu'elle se trouve innocente [2], » qu'il finit par une apostille, où il témoigne son déplaisir de ce que les fautes de cette princesse « sont prouvées, » comme on l'en assure : tant il craignoit de laisser Henri dans la pensée qu'il pût improuver ce qu'il faisoit.

XXIII. Exécution d'Anne de Boulen.

On avoit cru son crédit ébranlé par la chute d'Anne. En effet il avoit reçu d'abord des défenses de voir le Roi : mais il sut bientôt se rétablir aux dépens de sa bienfaitrice et par la cassation de son mariage. La malheureuse espéra en vain de fléchir le roi, en avouant tout ce qu'il vouloit. Cet aveu ne lui sauva que le feu. Henri lui fit couper la tête [3]. Le jour de l'exécution, elle se consola sur ce qu'elle avoit ouï dire que « l'exécuteur étoit fort habile; et d'ailleurs, ajouta-t-elle, j'ai le cou assez petit. Au même temps, dit le témoin de sa mort, elle y a porté la main, et s'est mise à rire de tout son cœur [4], » soit par l'ostentation d'une intrépidité outrée, soit que la tête lui eût tourné dans les approches de la mort; et il semble, quoi qu'il en soit, que Dieu vouloit, quelque affreuse que fût la fin de cette princesse, qu'elle tînt autant du ridicule que du tragique.

XXIV. Définitions de Henri sur la foi. Il confirme celle de l'Eglise sur le sacrement de pénitence.

Il est temps de raconter les définitions de foi que Henri fit en Angleterre comme chef souverain de l'Eglise. Voici dans les articles qu'il dressa lui-même, la confirmation de la doctrine catholique. On y trouve « l'absolution du prêtre » comme « une chose instituée par Jésus-Christ, et aussi bonne que si Dieu la donnoit

---

[1] Tom. I, liv. III, p. 277. — [2] *Ibid.*, p. 273, 274. — [3] *Ibid.*, p. 277. — [4] *Ibid.*, p. 279.

lui-même, avec la confession de ses péchés à un prêtre, nécessaire quand on la pouvoit faire¹. » On établit sur ce fondement les trois actes de la pénitence divinement instituée, « la contrition et la confession » en termes formels, et « la satisfaction, » sous le nom de « dignes fruits de la repentance » qu'on est obligé « de porter, encore qu'il soit véritable que Dieu pardonne les péchés dans la seule vue de la satisfaction de Jésus-Christ, et non à cause de nos mérites. » Voilà toute la substance de la doctrine catholique. Et il ne faut pas que les protestans s'imaginent que ce qui est dit de la satisfaction leur soit particulier, puisque nous avons vu mille fois que le concile de Trente a toujours cru la rémission des péchés une pure grace accordée par les seuls mérites de Jésus-Christ.

Dans le sacrement de l'autel on reconnoît « le même corps du Sauveur conçu de la Vierge, comme donné en sa propre substance sous les enveloppes, » ou comme parle l'original anglois, « sous la forme et figure du pain : » ce qui marque très-précisément la présence réelle du corps; et donne à entendre, selon le langage usité, qu'il ne reste du pain que les espèces. *XXV. Sur l'Eucharistie.*

Les images étoient retenues avec la liberté toute entière « de leur faire fumer de l'encens, de ployer le genou (a) devant elles, de leur faire des offrandes et de leur rendre du respect, en considérant ces hommages comme un honneur relatif qui alloit à Dieu, et non à l'image ². » Ce n'étoit pas seulement approuver en général l'honneur des images, mais encore approuver en particulier ce que ce culte avoit de plus fort. *XXVI. Sur les images et sur les Saints.*

On ordonnoit d'annoncer au peuple qu'il « étoit bon de prier les Saints de prier pour les fidèles, » sans néanmoins espérer d'en obtenir les choses que Dieu seul pouvoit donner.

Quand M. Burnet regarde ici comme une espèce de réformation, « qu'on ait aboli le service immédiat des images, et changé l'invocation directe des Saints en une simple prière de prier pour les fidèles ³, » il ne fait qu'amuser le monde, puisqu'il n'y a point de catholique qui ne lui avoue qu'il n'espère rien des Saints

¹ Tom. I, liv. III, p. 292. — ² P. 296. — ³ P. 298.
(a) Genouïl.

que par leurs prières, et qu'il ne rend aucun honneur aux images que celui qui est ici exprimé par rapport à Dieu.

XXVII. Sur les cérémonies : sur la croix. On approuve expressément les cérémonies de l'eau bénite, du pain bénit, de la bénédiction des fonts baptismaux, et des exorcismes dans le baptême; celle de donner des cendres au commencement du carême, celle de porter des rameaux le jour de Pâque fleurie; celle « de se prosterner devant la croix, et de la baiser, pour célébrer la mémoire de la passion de Jésus-Christ[1] : » toutes ces cérémonies étoient regardées comme une espèce de langage mystérieux, qui rappeloient en notre mémoire les bienfaits de Dieu et excitoient l'ame à s'élever au ciel; qui est aussi la même idée qu'en ont tous les catholiques.

XXVIII. Sur le purgatoire, et les messes pour les morts. La coutume de prier pour les morts est autorisée comme ayant un fondement certain dans le livre des *Machabées*, et comme ayant été reçue dès le commencement de l'Eglise : tout est approuvé, jusqu'à l'usage « de faire dire des messes pour la délivrance des ames des trépassés[2] : » par où on reconnoissoit dans la messe ce qui faisoit l'aversion de la nouvelle Réforme, c'est-à-dire, cette vertu par laquelle, indépendamment de la communion, elle profitoit à ceux pour qui on la disoit, puisque sans doute ces ames ne communioient pas.

XXIX. Le roi décide sur la foi de son autorité. Le roi disoit à chacun de ces articles qu'il ordonnoit aux évêques de les annoncer au peuple « dont il leur avoit commis conduite; » langage jusqu'alors fort inconnu dans l'Eglise. A la vérité, quand il décida ces points de foi, il avoit auparavant ouï les évêques, comme les juges entendent des experts : mais c'étoit lui qui ordonnoit et qui décidoit. Tous les évêques souscrivirent après Cromwel vicaire général, et Cranmer archevêque de Cantorbéry.

XXX. Cranmer et les autres souscrivent contre leur conscience aux articles de Henri. Vaine dé- M. Burnet a de la honte de voir ses réformateurs approuver les principaux articles de la doctrine catholique, et jusqu'à la messe, qui seule les contenoit tous. Il les excuse, en disant que « divers évêques et divers théologiens n'avoient pas eu au commencement une connoissance distincte de toutes les matières; et que s'ils s'étoient relâchés à certains égards, c'avoit été par igno-

[1] Tom. I, lib. III, p. 298. — [2] *Rec. des piéc.*, Ire part., add., n. 1.

rance plutôt que par politique ou par foiblesse ¹. » Mais n'est-ce pas se moquer trop visiblement que de faire ignorer aux réformateurs ce qu'il y avoit de plus essentiel dans la Réforme ? Si Cranmer et ses adhérens approuvoient de bonne foi tous ces articles, et même la messe, en quoi donc étoient-ils luthériens ? Et s'ils rejetoient dès lors en leur cœur tous ces prétendus abus, comme on n'en peut douter, leur signature qu'est-ce autre chose qu'une honteuse prostitution de leur conscience ? Cependant à quelque prix que ce soit, M. Burnet veut que dès lors on ait réformé, à cause que dès le premier article de la définition de Henri on recommandoit au peuple « la foi à l'Ecriture et aux trois Symboles ², » avec défense de rien dire qui n'y fût conforme : chose que personne ne nioit, et qui ainsi n'avoit pas besoin d'être réformée.

faite de M. Burnet.

Voilà les articles de foi donnés par Henri en 1536. Mais quoiqu'il n'eût pas tout mis, et qu'en particulier il y eût quatre sacremens dont il n'avoit fait aucune mention, la confirmation, l'extrême-onction, l'ordre et le mariage, il est très-constant d'ailleurs qu'il n'y changea rien, non plus que dans les autres points de notre foi : mais il voulut en particulier exprimer dans ses articles ce qu'il y avoit alors de plus controversé, afin de ne laisser aucun doute de sa persévérance dans l'ancienne foi.

En ce même temps, par le conseil de Cromwel et pour engager sa noblesse dans ses sentimens, il vendit aux gentilshommes de chaque province les terres des couvens qui avoient été supprimés, et les leur donna à fort bas prix ³. Voilà les adresses des réformateurs, et les liens par où l'on tenoit à la réformation.

XXXI. Pour engager la noblesse, on lui vend les biens de l'Eglise à vil prix.

Le vice-gérent publia aussi un nouveau règlement ecclésiastique, dont le fondement étoit la doctrine des articles qu'on vient de voir si conformes à la doctrine catholique. M. Burnet trouve beaucoup d'apparence à croire que ce règlement fut dressé par Cranmer ⁴, et nous donne une nouvelle preuve que cet archevêque étoit capable en matière de religion des dissimulations les plus criminelles.

XXXII. Cromwel et Cranmer confirment de nouveau la foi de l'Eglise, qu'ils détestoient dans leur cœur.

Henri s'expliqua encore plus précisément sur l'ancienne foi,

XXXIII. Les six ar-

¹ Burn., tom. I, liv. III, p. 299. — ² P. 293, 298. — ³ P. 305. — ⁴ P. 308.

276 HISTOIRE DES VARIATIONS.

ticles de Henri. 1539.
dans la déclaration de ces six articles fameux qu'il publia en 1539. Il établissoit dans le premier la transsubstantiation : dans le second, la communion sous une espèce : dans le troisième, le célibat des prêtres, avec la peine de mort contre ceux qui y contreviendroient : dans le quatrième, l'obligation de garder les vœux ; dans le cinquième, les messes particulières ; dans le sixième, la nécessité de la confession auriculaire[1]. Ces articles furent publiés par l'autorité du roi et du Parlement, à peine de mort pour ceux qui les combattroient opiniâtrément, et de prison pour les autres autant de temps qu'il plairoit au roi.

XXXIV. Le mariage du roi avec Anne de Clèves. Dessein de Cromwel qui le proposa. Nouvelles amours du roi. Cromwel condamné à mort.
Pendant que Henri se déclaroit d'une manière si terrible contre la réformation prétendue, Cromwel le vice-gérent et l'archevêque ne voyoient plus d'autre moyen de l'avancer, qu'en donnant au roi une femme qui protégeât leurs personnes et leurs desseins. La reine Jeanne Seymour étoit morte dès l'an 1537 en accouchant d'Edouard[2]. Si elle n'éprouva pas la légèreté de Henri, M. Burnet reconnoît qu'elle en est apparemment redevable à la brièveté de sa vie[3]. Cromwel, qui se souvenoit combien les femmes de Henri avoient de pouvoir sur lui tant qu'elles en étoient aimées, crut que la beauté d'Anne de Clèves seroit propre à seconder ses desseins, et porta le roi à l'épouser. Mais par malheur ce prince devint amoureux de Catherine Howard[4] ; et à peine eut-il accompli son mariage avec Anne, qu'il tourna toutes ses pensées à le

1540.
rompre. Le vice-gérent porta la peine de l'avoir conseillé, et trouva sa perte où il avoit cru trouver son soutien. On s'aperçut qu'il donnoit une secrète protection aux nouveaux prédicateurs ennemis des six articles et de la présence réelle, que le roi défendoit avec ardeur[5]. Quelques paroles qu'il dit à cette occasion contre le roi, furent rapportées. Ainsi par l'ordre de ce prince, le Parlement le condamna comme hérétique et traître à l'Etat. On remarqua qu'il fut condamné sans être ouï[6] ; et qu'ainsi il porta la peine du détestable conseil dont il avoit été le premier auteur, de condamner des accusés sans les entendre. Et on dira que la main de Dieu n'est pas visible sur ces malheureux réformateurs, qui

[1] Tom. I, livre III, p. 352. — [2] P. 351. — [3] P. 282. — [4] P. 379. — [5] P. 381. — [6] P. 363, 382, 538.

étoient aussi, comme on voit, les plus méchans aussi bien que les plus hypocrites de tous les hommes !

Cromwel prostituoit plus que tous les autres sa conscience à la flatterie, puisque par sa qualité de vice-gérent il autorisoit en public tous les articles de foi de Henri, qu'il tâchoit secrètement de détruire. M. Burnet conjecture que si on refusa de l'entendre, « c'est qu'apparemment, dans toutes les choses qu'il avoit faites » pour la réformation prétendue, « il étoit muni de bons ordres de son maître, et n'avoit agi vraisemblablement que par le commandement du roi, dont les démarches vers une réforme sont assez connues [1]. » Mais à ce coup l'artifice est trop grossier; et pour y être surpris, il faudroit vouloir s'aveugler. M. Burnet osera-t-il dire que les démarches qu'il attribue à Henri vers la Réforme ont été au préjudice de ses six articles, ou de la présence réelle, ou de la messe? Il se démentiroit lui-même, puisqu'il avoue dans tout son livre que ce prince a toujours été très-zélé ou, pour parler avec lui, très-entêté de tous ces articles. Cependant il voudroit ici nous faire accroire que Cromwel avoit des ordres secrets pour les affoiblir, pendant qu'on le fait mourir lui-même pour avoir favorisé ceux qui s'y opposoient.

XXXV. Hypocrisie de Cromwel. Vains artifices de M. Burnet.

Mais laissons les conjectures de M. Burnet et les tours dont il tâche en vain de colorer la réformation pour nous attacher aux faits que la bonne foi ne lui permet pas de nier. Après la condamnation de Cromwel, il restoit encore, pour satisfaire le roi, à le défaire d'une épouse odieuse, en cassant le mariage d'Anne de Clèves. Le prétexte en étoit grossier. On alléguoit pour cause de nullité les fiançailles de cette princesse avec le marquis de Lorraine, pendant que les deux parties étoient en minorité, et sans que jamais ils les eussent ratifiées étant majeurs [2]. On voit bien qu'il n'y a rien de plus foible pour casser un mariage accompli : mais au défaut des raisons, le roi avoit un Cranmer prêt à tout défaire. Par le moyen de cet archevêque ce mariage fut cassé comme les deux autres : « la sentence en fut prononcée le neuvième juillet 1540, signée de tous les ecclésiastiques des deux chambres, et scellée du sceau des deux archevêques [3]. » M. Burnet en a

XXXVI. Prostitution de la conscience de Cranmer. Il casse le mariage avec Anne de Clèves. Termes magnifiques de cette iniques sentence. Le roi épouse Catherine Howard, favorable à la Réforme, et bientôt décapitée pour ses infamies.

[1] Tom. I, liv. III, p. 382. — [2] P. 373, 378, 385. — [3] P. 385.

honte, et il avoue que « Henri n'avoit jamais eu une marque plus éclatante de la complaisance aveugle de ses ecclésiastiques. Car ils savoient, poursuit-il, que ce contrat prétendu, dont on faisoit le fondement du divorce, n'avoit rien qui portât atteinte au mariage[1]. » Ils agissoient donc ouvertement contre leur conscience; mais afin qu'on ne se laisse pas éblouir une autre fois aux spécieuses paroles de la nouvelle Réforme, il est bon de remarquer qu'ils donnent cette sentence « en représentant le concile universel; » après avoir dit que le roi ne leur demandoit que ce « qui étoit véritable, ce qui étoit juste, ce qui étoit honnête et saint[2] : » voilà comme parloient ces évêques corrompus. Cranmer, qui présidoit à cette assemblée et qui en porta le résultat au Parlement, fut le plus lâche de tous; et M. Burnet, après lui avoir cherché une vaine excuse, est obligé d'avouer que, « craignant que ce ne fût là une entreprise formée pour le perdre, il fut de l'avis général[3]. » Tel fut le courage de ce nouvel Athanase et de ce nouveau Cyrille.

Sur cette inique sentence le roi épousa Catherine Howard, assez zélée pour la Réforme aussi bien qu'Anne de Boulen : mais le sort de ces réformées est étrange. La vie scandaleuse de celle-ci lui fit bientôt perdre la tête sur un échafaud, et la maison de Henri fut toujours remplie de sang et d'infamie.

XXXVII. Nouvelle déclaration de foi, conforme aux sentimens de l'Eglise.

Les prélats dressèrent une Confession de foi que ce prince confirma par son autorité[4]. Là on déclare en termes formels l'observation des sept sacremens : celui de la pénitence dans l'absolution du prêtre; la confession nécessaire; la transsubstantiation; la concomitance, « ce qui levoit, dit M. Burnet, la nécessité de la communion sous les deux espèces[5]; » l'honneur des images, et la prière des Saints au même sens que nous avons vu dans les premières déclarations du roi, c'est-à-dire au sens de l'Eglise; la nécessité et le mérite des bonnes œuvres pour obtenir la vie éternelle; la prière pour les morts[6]; et en un mot, tout le reste de la doctrine catholique, à la réserve de l'article de la primauté, dont nous parlerons à part.

[1] P. 384. — [2] *Jugem. de Cran. et des Evêq., Rec. de Burn.*, Ire part., liv. III, n. 19. p. 197, 385. — [3] P. 384, 385. — [4] P. 391. — [5] P. 397. — [6] P. 404, 402.

Cranmer souscrivit à tout avec les autres : car, encore que M. Burnet témoigne que quelques articles avoient passé contre son avis, il cédoit à la pluralité, et on ne nous marque aucune opposition de sa part au décret commun. La même exposition avoit été publiée par l'autorité du roi dès l'an 1538, signée de dix-neuf évêques, de huit archidiacres et de dix-sept docteurs, sans aucune opposition. Voilà quelle étoit alors la foi de l'église anglicane et de Henri, qu'elle s'étoit donné pour chef. L'archevêque passoit tout contre sa conscience. La volonté de son maître étoit sa règle suprême; et au lieu du Saint-Siége avec l'Eglise catholique, c'étoit le roi seul qui devenoit infaillible.

XXXVIII. Hypocrisie de Cranmer, qui souscrit à tout.

Cependant il continuoit à dire la messe qu'il rejetoit dans son cœur, encore qu'on n'eût rien changé dans les Missels. M. Burnet demeure d'accord que « les altérations furent si légères, qu'on ne fut point obligé de faire imprimer de nouveau ni les Bréviaires, ni les Missels, ni aucun office : car, poursuit cet historien, en effaçant quelques collectes où on prioit Dieu pour le Pape, l'office de Thomas Becquet » (c'est saint Thomas de Cantorbéry) « et celui des autres Saints retranchés [1] ; » et en faisant outre cela quelques « ratures peu considérables, » on se servit toujours des mêmes livres. On pratiquoit donc au fond le même culte. Cranmer s'en accommodoit; et si nous voulons savoir toute sa peine, c'est, comme nous l'apprend M. Burnet, qu'à la réserve de Fox, évêque de Hereford, aussi dissimulé que lui, « les autres évêques de son parti l'embarrassoient plus qu'ils ne lui étoient utiles, à cause qu'ils ne connoissoient ni la prudence politique, ni l'art des ménagemens; de sorte qu'ils attaquoient *ouvertement* des choses qu'on n'avoit pas encore abolies [2]. » Cranmer, qui trahissoit sa conscience et qui attaquoit sourdement ce qu'il approuvoit et pratiquoit en public, étoit plus habile, puisqu'il savoit porter « la politique et l'art des ménagemens » jusqu'au plus intime de la religion.

XXXIX. On ne changea rien de considérable dans les Missels et autres livres d'Eglise. Suite des hypocrisies de Cranmer.

On s'étonnera peut-être comment un homme de cette humeur osa parler contre les six articles, car c'est là le seul endroit où M. Burnet le fait courageux : mais il nous en découvre lui-même la cause [3]. C'est qu'il avoit « un intérêt particulier » dans l'article

XL. Conduite de Cranmer sur les six articles.

[1] P. 404, 405. — [2] P. 350. — [3] P. 353.

qui condamnoit à mort les prêtres mariés, puisqu'alors il l'étoit lui-même. Laisser passer dans le Parlement en loi de l'Etat sa propre condamnation, c'eût été trop, et sa crainte lui fit alors montrer quelque sorte de vigueur : ainsi en parlant assez foiblement contre quelques autres articles, il s'expliqua beaucoup contre celui-là. Mais après tout, on ne voit pas qu'il ait fait autre effort en cette rencontre, si ce n'est qu'après avoir tâché vainement de dissuader la loi, il se rangea selon sa coutume à l'avis commun.

XLI. Récit de M. Burnet sur la résistance de Cranmer.

Mais voici le plus grand acte de son courage. M. Burnet, sur la foi d'un auteur de la Vie de Cranmer, veut que nous croyions que le roi inquiété par Cranmer sur la loi des six articles, voulut savoir pourquoi il s'y opposoit, et qu'il ordonna au prélat de mettre ses raisons par écrit [1]. Il le fit. Son écrit mis au net par son secrétaire, tomba entre les mains d'un ennemi de Cranmer. On le porta aussitôt à Cromwel, qui vivoit encore, dans le dessein d'en faire prendre l'auteur. Mais Cromwel éluda la chose, et « Cranmer sortit ainsi d'un pas dangereux. »

Ce récit est tout propre à nous faire voir que le roi ne savoit rien en effet de l'écrit de Cranmer contre les articles ; que s'il l'eût su, le prélat étoit perdu ; et enfin qu'il ne se sauvoit que par une adresse et une dissimulation continuelle : en tout cas si M. Burnet l'aime mieux ainsi, je veux bien croire que le roi trouvoit dans Cranmer une si grande facilité d'approuver dans le public tout ce que son maître vouloit, que ce prince n'avoit pas besoin de se mettre en peine de ce que pensoit dans son cœur un homme si complaisant, et ne pouvoit se défaire d'un si commode conseil.

XLII. Honteuses pensées de Cranmer sur l'autorité ecclésiastique, qu'il sacrifie à la royauté.

Ce n'étoit pas seulement dans ses nouvelles amours qu'il le trouvoit si flatteur : Cranmer avoit fabriqué dans son esprit cette nouvelle idée de chef de l'Eglise attachée à la royauté ; et ce qu'il en dit dans une pièce que M. Burnet a donnée dans son recueil, est inouï. Il enseigne donc « que le prince chrétien est commis immédiatement de Dieu, autant pour ce qui regarde l'administration de la parole, que pour l'administration du gouvernement politique : que dans ces deux administrations il doit avoir des ministres qu'il établisse au-dessous de lui, comme par exemple

[1] P. 363.

le chancelier et le trésorier, les maires et les shérifs dans le civil ; et les évêques, curés, vicaires et prêtres, *qui auront titre par Sa Majesté* dans l'administration de la parole, comme par exemple l'évêque de Cantorbéry, le curé de Winwick et les autres : que tous les officiers et ministres, tant de ce genre que de tout autre, doivent être destinés, assignés et élus par les soins et les ordres des princes, avec diverses solennités *qui ne sont pas de nécessité*, mais de bienséance seulement ; de sorte que si ces charges étoient données par le prince sans de telles solennités, elles ne seroient pas moins données ; et qu'il n'y a pas plus de promesse de Dieu que la grace soit donnée dans l'établissement d'un office ecclésiastique, que dans l'établissement d'un office politique[1]. »

Après avoir ainsi établi tout le ministère ecclésiastique sur une simple délégation des princes, sans même que l'ordination ou la consécration ecclésiastique y fût nécessaire, il va au devant d'une objection qui se présente d'abord à l'esprit : c'est à savoir comment les pasteurs exerçoient leur autorité sous les princes infidèles ; et il répond conformément à ses principes, qu'en ce temps il n'y avoit pas dans l'Eglise de vrai « pouvoir » ou « commandement ; » mais que le peuple acceptoit ceux qui étoient présentés par les apôtres, ou autres qu'il croyoit remplis de l'Esprit de Dieu, « de sa seule volonté libre ; » et dans la suite les écoutoit « comme un bon peuple prêt à obéir aux avis de bons conseillers. » Voilà ce que dit Cranmer dans une assemblée d'évêques, et voilà l'idée qu'il avoit de cette puissance que Jésus-Christ a donnée à ses ministres.

XLIII. Réponse de Cranmer à une objection. Honteuse doctrine sur l'autorité de l'Eglise durant les persécutions.

Je n'ai pas besoin de rejeter ce prodige de doctrine tant réfuté par Calvin et par tous les autres protestans, puisque M. Burnet en rougit lui-même pour Cranmer, et veut prendre pour rétractation de ce sentiment ce qu'il a souscrit ailleurs de l'institution divine des évêques. Mais outre que nous avons vu que ses souscriptions ne sont pas toujours une preuve de ses sentimens, je dirai encore à M. Burnet qu'il nous cache avec trop d'adresse les vrais sentimens de Cranmer. Il ne lui importoit pas que l'institution des évêques et des prêtres fût divine, et il reconnoît cette vérité dans la pièce même dont nous venons de produire l'extrait : car il y est

[XLIV. Cranmer a toujours persisté dans ce sentiment.

[1] *Rec.*, 1re part., liv. III, n. 21, p. 201.

expressément porté à la fin, que « tout le monde, » et Cranmer par conséquent, « étoit d'avis que les apôtres avoient reçu de Dieu le pouvoir de créer des évêques¹ » ou des pasteurs. C'est aussi ce qu'on ne pouvoit nier sans contredire trop ouvertement l'Evangile. Mais la prétention de Cranmer et de ses adhérens, étoit que Jésus-Christ instituoit les pasteurs pour exercer leur puissance, comme dépendante du prince dans toutes leurs fonctions ; ce qui est sans difficulté la plus inouïe et la plus scandaleuse flatterie qui soit jamais tombée dans l'esprit des hommes.

XLV. *Le dogme qui fait émaner de la royauté toute l'autorité ecclésiastique, mis en pratique.*

De là donc il est arrivé que Henri VIII donnoit pouvoir aux évêques de visiter leurs diocèses avec cette préface : « Que toute juridiction, tant ecclésiastique que séculière, venoit de la puissance royale, comme de la source première de toute magistrature dans chaque royaume : que ceux qui jusqu'alors avoient exercé *précairement* cette puissance, la devoient reconnoître comme venue de la libéralité du prince, *et la quitter quand il lui plairoit :* que sur ce fondement il donne pouvoir à tel évêque de visiter son diocèse *comme vicaire du Roi* et par son autorité de promouvoir aux ordres sacrés et même à la prêtrise, ceux qu'il trouvera à propos²; » et en un mot, d'exercer toutes les fonctions épiscopales, « avec pouvoir de subdéléguer, » s'il le jugeoit nécessaire.

XLVI. *Cranmer agit suivant ce dogme, qui est le seul où la Réforme n'a pas varié.*

Ne disons rien contre une doctrine qui se détruit elle-même par son propre excès, et remarquons seulement cette affreuse proposition qui fait la puissance des évêques tellement émanée de celle du roi, qu'elle est même révocable à sa volonté.

Cranmer étoit si persuadé de cette puissance royale, qu'il n'eut pas de honte lui-même, archevêque de Cantorbéry et primat de toute l'église d'Angleterre, de recevoir une semblable commission sous Edouard VI, lorsqu'il réforma l'Eglise à sa mode³, et ce fut le seul article qu'il retint de ceux que Henri avoit publiés.

XLVII. *Scrupule de la reine Elisabeth sur le pou-*

On poussa si loin cette puissance dans la réformation anglicane, qu'Elisabeth en eut du scrupule ; et l'horreur qu'on eut de voir une femme chef souverain de l'Eglise et source de la puis-

¹ *Rec.*, Iʳᵉ part., liv. III, n. 21. — ² *Commiss. à Bonner.*, ibid., n. 14, p. 184. — ³ Burn., IIᵉ part., liv. I, p. 90.

sance pastorale dont elle est incapable par son sexe, fit qu'on ou- *voir qu'on lui donnoit dans l'Église.* vrit enfin les yeux aux excès où on s'étoit emporté [1]. Mais nous verrons que sans en changer le fond ni la force, on y apporta seulement des adoucissemens palliatifs ; et M. Burnet déplore encore aujourd'hui de voir « l'excommunication, un acte si purement ecclésiastique dont on devoit remettre le droit entre les mains des évêques et du clergé, abandonnée à des tribunaux sécularisés [2], » c'est-à-dire non-seulement aux rois, mais encore à leurs officiers : « erreur, poursuit ce docteur, qui s'est accrue à un tel point, qu'il est plus facile d'en découvrir les inconvéniens, que d'en marquer les remèdes. »

Et certainement je ne pense pas qu'on puisse rien imaginer de plus contradictoire d'un côté, que de dénier aux rois l'administration de la parole et des sacremens ; et de l'autre, de leur accorder l'excommunication, qui en effet n'est autre chose que la parole céleste armée de la censure qui vient du ciel, et une partie des plus essentielles de l'administration des sacremens, puisqu'assurément le droit d'en priver les fidèles ne peut appartenir qu'à ceux qui sont aussi établis de Dieu pour les leur donner. Mais l'église anglicane est encore allée plus loin, puisqu'elle attribue à ses rois et à l'autorité séculière, le droit d'autoriser les Rituels et les Liturgies, et même de décider en dernier ressort des vérités de la foi, c'est-à-dire de ce qu'il y a de plus intime dans l'administration des sacremens, et de plus inséparablement attaché à la prédication de la parole. Et tant sous Henri VIII que dans les règnes suivans, nous ne voyons ni Liturgie, ni Rituel, ni confession de foi, qui ne tire sa dernière force de l'autorité des rois et des parlemens, comme la suite le fera connoître. On a passé jusqu'à cet excès, qu'au lieu que les empereurs orthodoxes, s'ils faisoient anciennement quelques constitutions sur la foi, ou ils ne le faisoient qu'en exécution des décrets de l'Eglise, ou bien ils en attendoient la confirmation de leurs ordonnances : on enseignoit au contraire (a) en Angleterre, « que les décisions des conciles sur la foi n'avoient nulle force sans l'approbation des

XLVIII. *Contradiction manifeste dans la doctrine anglicane.*

---

[1] Burn., II⁰ part., liv. III, p. 558, 571. — [2] II⁰ part., liv. I, p. 65.

(a) 1ʳᵉ édit. : Mais au contraire on enseignoit.

princes¹ ; et c'est la belle idée que donnoit Cranmer des décisions de l'Eglise dans un discours rapporté par M. Burnet.

XLIX. Les flatteries de Cranmer et les désordres de Henri, sources de la Réforme en Angleterre.

Cette réforme avoit donc son origine dans les flatteries de cet archevêque, et dans les désordres de Henri VIII. M. Burnet prend beaucoup de peine à entasser des exemples de princes très-déréglés dont Dieu s'est servi pour de grands ouvrages ². Qui en doute ? Mais sans examiner les histoires qu'il en rapporte, où il mêle le vrai avec le faux, et le certain avec le douteux, montrera-t-il un seul exemple où Dieu voulant révéler aux hommes quelque vérité importante et inconnue durant tant de siècles, pour ne pas dire entièrement inouïe, ait choisi un roi aussi scandaleux que Henri VIII et un évêque aussi lâche et aussi corrompu que Cranmer ? Si le schisme de l'Angleterre, si la réformation anglicane est un ouvrage divin, rien n'y sera plus divin que la primauté ecclésiastique du roi, puisque ce n'est pas seulement par là que la rupture avec Rome, c'est-à-dire selon les protestans, le fondement nécessaire de toute bonne réforme a commencé, mais que c'est encore le seul point où l'on n'a jamais varié depuis le schisme. Dieu a choisi Henri VIII pour introduire ce nouveau dogme parmi les chrétiens, et tout ensemble il a choisi ce même prince pour être un exemple de ses jugemens les plus profonds et les plus terribles : non de ceux où il renverse les trônes, et donne à des rois impies une fin manifestement tragique ; mais de ceux où les livrant à leurs passions et à leurs flatteurs, il les laisse se précipiter dans le plus excessif aveuglement (*a*). Cependant il les retient autant qu'il lui plaît sur ce penchant, pour faire éclater en eux ce qu'il veut que nous sachions de ses conseils. Henri VIII n'attente rien contre les autres vérités catholiques. La Chaire de saint Pierre est la seule qui est attaquée : l'univers a vu par ce moyen que le dessein de ce prince n'a été que de se venger de cette puissance pontificale qui le condamnoit, et que sa haine fut la règle de sa foi.

L. Inutile à la foi d'exa-

Après cela je n'ai pas besoin d'examiner tout ce que raconte M. Burnet, ni sur les intrigues des conclaves, ni sur la conduite

1 II⁰ part., liv. I, p. 231. — ² *Préf.*
(*a*) 1ʳᵉ édit. : Dans le comble de l'aveuglement.

des papes, ni sur les artifices de Clément VII. Quel avantage en peut-il tirer? Ni Clément, ni les autres papes ne sont parmi nous auteurs d'un nouveau dogme. Ils ne nous ont pas séparés de la sainte société où nous avions été baptisés, et ne nous ont point appris à condamner nos anciens pasteurs. En un mot, ils ne font pas secte parmi nous, et leur vocation n'a rien d'extraordinaire. S'ils n'entrent pas par la porte qui est toujours ouverte dans l'Eglise, c'est-à-dire par les voies canoniques, ou qu'ils usent mal du ministère ordinaire et légitime qui leur a été confié d'en haut, c'est ce cas marqué dans l'Evangile [1], d'honorer la chaire sans approuver ou imiter les personnes. Je ne dois non plus me mettre en peine si la dispense de Jules II étoit bien donnée, ni si Clément VII pouvoit ou devoit la révoquer, et annuler le mariage. Car encore que je tienne pour certain que ce dernier Pape a bien fait au fond, et qu'à mon avis en cette occasion on ne puisse blâmer tout au plus que sa politique, tantôt trop tremblante, et tantôt trop précipitée, ce n'est pas là une affaire que je doive décider en ce lieu, ni un prétexte d'accuser d'erreur l'Eglise romaine. Ces matières de dispense se règlent souvent par de simples probabilités; et on n'est pas obligé d'y rechercher la certitude de la foi; dont même elles ne sont pas toujours capables. Mais puisque M. Burnet fait de ceci une accusation capitale contre l'Eglise romaine, on ne peut presque s'empêcher de s'y arrêter un moment.

miner la conduite et la procédure de Clément VII.

Le fait est connu. On sait que Henri VII avoit obtenu une dispense de Jules II pour faire épouser la veuve d'Arthus son fils aîné, à Henri son second fils et son successeur. Ce prince après avoir vu toutes les raisons de douter, avoit accompli ce mariage étant roi et majeur, du consentement unanime de tous les ordres de son royaume, le 3 juin 1509, c'est-à-dire six semaines après son avénement à la couronne [2]. Vingt ans se passèrent sans qu'on révoquât en doute un mariage contracté de si bonne foi. Henri devenu amoureux d'Anne de Boulen, fit venir sa conscience au secours de sa passion; et son mariage lui devenant odieux, lui devint en même temps douteux et suspect [3]. Cependant il en étoit sorti une princesse qui avoit été reconnue dès son enfance pour

LI. *On entre dans le récit de l'affaire du mariage. Le fait établi. Vains prétextes dont Henri couvroit sa passion.*

[1] *Matth.*, XXIII, 2, 3. — [2] Burn., Ire part., liv. II, p. 58. — [3] *Ibid.*, p. 59.

l'héritière du royaume ; de sorte que le prétexte que prenoit Henri de faire casser son mariage, de peur, disoit-il, que la succession du royaume ne fût douteuse, n'étoit qu'une illusion ; puisque personne ne songeoit à contester son état à Marie, sa fille, qui en effet fut reconnue reine d'un commun consentement, lorsque l'ordre de la naissance l'eut appelée à la couronne. Au contraire si quelque chose pouvoit causer du trouble à la succession de ce grand royaume, c'étoit le doute de Henri ; et il paroît que tout ce qu'il publia sur l'embarras de sa succession ne fut qu'une couverture, tant de ses nouvelles amours, que du dégoût qu'il avoit conçu de la reine sa femme, à cause des infirmités qui lui étoient survenues, comme M. Burnet l'avoue lui-même [1].

LII. La dispense de Jules II attaquée par des raisons de fait et de droit.

Un prince passionné veut avoir raison. Ainsi pour plaire à Henri, on attaqua la dispense sur laquelle étoit fondé son mariage, par divers moyens, dont les uns étoient tirés du fait et les autres du droit. Dans le fait, on soutenoit que la dispense étoit nulle, parce qu'elle avoit été accordée sur de fausses allégations. Mais comme ces moyens de fait réduits à ces minuties, étoient emportés par la condition favorable d'un mariage qui subsistoit depuis tant d'années, on s'attacha principalement aux moyens de droit ; et on soutint la dispense nulle, comme accordée au préjudice de la loi de Dieu, dont le Pape ne pouvoit pas dispenser.

LIII. Raison de droit, fondée sur le Lévitique. Etat de la question.

Il s'agissoit de savoir si la défense de contracter en certains degrés de consanguinité ou d'affinité, portée par le *Lévitique* [2], et entre autres celle d'épouser la veuve de son frère, appartenoit tellement à la loi naturelle, qu'on fût obligé de garder cette défense dans la loi évangélique. La raison de douter étoit qu'on ne lisoit point que Dieu eût jamais dispensé de ce qui étoit purement de la loi naturelle : par exemple, depuis la multiplication du genre humain il n'y avoit point d'exemple que Dieu eût permis le mariage de frère à sœur, ni les autres de cette nature au premier degré, soit ascendant, ou descendant, ou collatéral. Or il y avoit dans le *Deutéronome* une loi expresse, qui ordonnoit en certains cas à un frère d'épouser sa belle-sœur et la veuve de son frère [3]. Dieu donc ne détruisant pas la nature dont il est l'auteur,

[1] Burn., Ire part., liv. II, p. 59, etc. — [2] *Levit.*, XVIII, 20. — [3] *Deut.*, XXV, 5.

faisoit connoître par là que ce mariage n'étoit pas de ceux que la nature rejette; et c'étoit sur ce fondement que la dispense de Jules II étoit appuyée.

Il faut rendre ce témoignage aux protestans d'Allemagne : Henri n'en put obtenir l'approbation de son nouveau mariage, ni la condamnation de la dispense de Jules II. Lorsqu'on parla de cette affaire dans une ambassade solennelle que ce prince avoit envoyée en Allemagne, pour se joindre à la ligue protestante, Mélanchthon décida ainsi : « Nous n'avons pas été de l'avis des ambassadeurs d'Angleterre : car nous croyons que la loi de ne pas épouser la femme de son frère est susceptible de dispense, quoique nous ne croyions pas qu'elle soit abolie [1]. » Et encore plus brièvement dans un autre endroit : « Les ambassadeurs prétendent que la défense d'épouser la femme de son frère est indispensable; et nous soutenons au contraire qu'on en peut dispenser [2]. » C'étoit justement ce qu'on avoit prétendu à Rome, et Clément VII avoit appuyé sur ce fondement sa sentence définitive contre le divorce.

LIV. Les protestans d'Allemagne favorables à la dispense de Jules II et au premier mariage de Henri.

Bucer avoit été de même avis sur le même fondement; et nous apprenons de M. Burnet que selon cet auteur l'un des réformateurs de l'Angleterre, « la loi du *Lévitique* ne pouvoit être une loi morale ou perpétuelle, puisque Dieu même en avoit voulu dispenser [3]. »

LV. Bucer de même avis.

Zuingle et Calvin avec leurs disciples furent favorables au roi d'Angleterre, et je ne sais si le dessein d'établir leur doctrine dans ce royaume-là ne contribua pas un peu à leur complaisance : mais les luthériens n'y entrèrent pas, encore que M. Burnet les fasse un peu varier. « Leur première pensée, dit-il, fut que les ordonnances du *Lévitique* n'étoient pas morales, et qu'elles n'avoient nulle force parmi les chrétiens. Ensuite ils changèrent de sentiment, lorsque la question eut été un peu agitée; mais ils ne convinrent jamais qu'un mariage déjà fait pût être cassé [4]. »

LVI. Zuingle et Calvin d'avis contraire.

Ce fut à la vérité une étrange décision que la leur, telle que nous la rapporte M. Burnet, puisqu'après avoir reconnu que « la

LVII. Bizarre décision

---

[1] Lib. IV, ep. CLXXXV. — [2] Lib. IV, ep. CLXXXIII. — [3] Burn., lib. II, p. 142. — [4] *Ibid.*, p. 144.

loi du *Lévitique* est divine, naturelle et morale, et doit être gardée comme telle dans toutes les églises, en sorte que le mariage contracté contre cette loi avec la veuve d'un frère est incestueux [1] : » ils ne laissent pas de conclure qu'on ne doit pas rompre ce mariage, avec quelque doute d'abord, mais à la fin par une dernière et définitive résolution, de l'aveu de M. Burnet [2] : de sorte qu'un mariage incestueux, un mariage fait « contre les lois divines, morales et naturelles, » dont la vigueur est entière dans l'Eglise chrétienne, doit subsister selon eux, et le divorce en ce cas n'est pas permis.

LVIII. Remarques sur la conformité du sentiment des protestans avec la sentence de Clément VII.

Cette décision des luthériens est rapportée par M. Burnet à l'an 1530. Celle de Mélanchthon, que nous venons de produire, est postérieure et de l'an 1536. Et quoi qu'il en soit, c'est un préjugé favorable pour la dispense de Jules II et pour la sentence de Clément VII, que ces papes aient trouvé des défenseurs parmi ceux qui ne cherchoient, à quelque prix que ce fût, qu'à censurer leurs actions.

Les protestans d'Allemagne furent si fermes dans ce sentiment, qu'avec toutes les liaisons que Cranmer avoit dès lors avec eux, il n'en put engager aucun dans les sentimens du roi d'Angleterre, que le seul Osiandre son beau-frère, dont nous verrons dans la suite que l'autorité ne devoit pas être fort considérable.

LIX. Henri corrompt quelques docteurs catholiques.

A l'égard des catholiques, M. Burnet nous raconte que Henri VIII corrompit deux ou trois cardinaux. Sans m'informer de ces faits, je remarquerai seulement qu'une cause est bien mauvaise, lorsqu'elle a besoin d'être soutenue par des moyens si infâmes. Et pour les docteurs dont M. Burnet nous vante les souscriptions, quelle merveille dans un siècle si corrompu, qu'un si grand roi en ait pu trouver qui n'aient pas été à l'épreuve de ses sollicitations et de ses présens? Notre historien ne veut pas qu'il soit permis de révoquer en doute le témoignage de Fra-Paolo, ni celui de M. de Thou [3]. Qu'il écoute donc ces deux historiens. L'un dit que Henri « ayant consulté en Italie, en Allemagne et en France, il trouva une partie des théologiens favorable et l'autre contraire.

[1] *Rec. des Pièces,* 1re part., liv. II, n. 35. — [2] *Ibid.,* liv. II, p. 144. — [3] Tom. I, *Préf.*

Que la plupart de ceux de Paris furent pour lui, et que plusieurs crurent qu'ils l'avoient fait, plutôt persuadés par l'argent du roi, que par ses raisons [1]. » L'autre dit aussi « que Henri rechercha l'avis des théologiens, et en particulier de ceux de Paris, et que le bruit étoit que ceux-ci gagnés par argent avoient souscrit au divorce [2]. »

Je ne veux pas décider si la conclusion de la Faculté de théologie de Paris, que M. Burnet produit en faveur des prétentions de Henri [3], est véritable; d'autres que moi traiteront cette question : mais je dirai seulement qu'elle est très-suspecte, tant à cause du style fort différent de celui dont la Faculté a coutume d'user qu'à cause que la conclusion de M. Burnet est datée du 2 juillet 1530 aux Mathurins; au lieu qu'en ce temps et quelques années auparavant, les assemblées de la Faculté se tenoient ordinairement en Sorbonne (a).

LX. Touchant la consultation prétendue de la Faculté de théologie de Paris.

Dans les notes que Charles Dumoulin, ce célèbre jurisconsulte, a faites sur les conseils de Décius, il y est parlé d'une délibération des docteurs en théologie de Paris en faveur du roi d'Angleterre le premier juin 1530 [4]; mais cet auteur la marque en Sorbonne. Au reste il fait peu de cas de cette délibération, où l'avis favorable au roi d'Angleterre « passa de cinquante-trois contre quarante-deux, » c'est-à-dire de huit voix seulement, « dont, dit-il, on ne devoit pas beaucoup se mettre en peine, à cause des angelots d'Angleterre qu'on avoit distribués pour les acheter : » ce qu'il assure avoir reconnu par « des attestations que les présidens Dufresne et Poliot en avoient données par ordre de François Ier. » D'où il conclut que le « vrai avis de la Sorbonne, » c'est-à-dire le naturel et celui qui n'avoit pas été acheté, étoit celui qui favorisoit le mariage de Henri et de Catherine. Au surplus il est bien certain que dans le temps de la délibération, François, qui favorisoit alors le roi d'Angleterre, avoit chargé M. Liset, premier président, de solliciter pour lui les docteurs, comme il paroît par les lettres qu'on a encore en original dans la Bibliothèque du roi, où il rend compte

LXI. Récit du jurisconsulte Charles Dumoulin.

---

[1] *Hist. del. Conc. Trid.*, lib. I, ann. 1534. — [2] Th. *Hist.*, lib. I, an. 1534, p. 20. — [3] *Rec. des Pièces*, I part., liv. II, p. 8, n. 34. — [4] *Not. ad Cons.*, 602.

(a) 1re édit. : Se tenoient plus ordinairement en Sorbonne qu'aux Mathurins.

de ses diligences. Savoir maintenant si cette délibération fut faite par la Faculté assemblée en corps, ou si c'est seulement l'avis de plusieurs docteurs, qu'on publia en Angleterre sous le nom *de la Faculté,* comme il arrive en cas semblable, c'est ce qu'il ne m'importe guère d'examiner. On voit assez que la conscience du roi d'Angleterre étoit plutôt chargée que soulagée par de semblables consultations, faites par brigues, par argent et par l'autorité de deux si grands rois. Les autres, qu'on nous rapporte, ne se firent pas de meilleure foi. M. Burnet raconte lui-même une lettre de l'agent du roi d'Angleterre en Italie, qui écrit « que s'il avoit assez d'argent, il engageroit tous les théologiens d'Italie à signer [1]. » C'étoit donc l'argent, et non pas la volonté qui lui manquoit. Mais sans m'arrêter davantage aux historiettes que M. Burnet nous rapporte avec une si vaine exactitude [2], il n'y a personne qui n'avoue que Clément VII eût été trop indigne de sa place, si dans une affaire de cette importance il avoit eu le moindre égard à ces consultations mendiées.

LXII. Raisons de la décision de Clément VII. En effet la question fut déterminée par des principes plus solides. Il paroissoit clairement que la défense du *Lévitique* ne portoit point le caractère d'une loi naturelle et indispensable, puisque Dieu y dérogeoit en d'autres endroits. La dispense de Jules II, appuyée sur cette raison, avoit un fondement si probable, qu'il parut tel même aux protestans d'Allemagne. Qu'il y ait pu avoir sur cette matière quelque diversité de sentimens, c'est assez qu'il ne fût pas évident que la dispense fût contraire aux lois divines, auxquelles les chrétiens sont obligés. Cette matière étoit donc de la nature de celles où tout dépend de la prudence des supérieurs, et dans lesquelles la bonne foi doit faire le repos des consciences. Il n'étoit aussi que trop visible que sans ses nouvelles amours Henri VIII n'auroit jamais fatigué l'Eglise de la honteuse proposition d'un divorce, après un mariage contracté et continué de bonne foi depuis tant d'années. Voilà le nœud de l'affaire; et sans parler de la procédure, où peut-être on aura mêlé de la politique bonne ou mauvaise, le fond de la décision de Clément VII sera un témoignage aux siècles futurs, que l'Eglise ne sait point flatter

[1] Liv. I, p. 138. — [2] *Ibid.*

les passions des princes, ni approuver les actions scandaleuses.

Nous pourrions finir en ce lieu ce qui regarde le règne de Henri VIII, si M. Burnet ne nous obligeoit à considérer deux commencemens de réformation qu'il y remarque : l'un, que ce prince ait mis l'Ecriture sainte dans les mains du peuple ; et l'autre, qu'il ait montré que chaque nation pouvoit se réformer d'elle-même.

<small>LXIII. Deux points de Réforme sous Henri VIII, selon M. Burnet.</small>

Pour ce qui regarde la Bible, voici ce qu'en disoit Henri VIII en 1540, à la tête de l'Exposition chrétienne dont nous avons parlé. Que « puisqu'il y avoit des docteurs dont l'office étoit d'instruire les autres hommes, il falloit aussi qu'il y eût des auditeurs qui se contentassent d'entendre expliquer la sainte Ecriture, qui en imprimassent la substance dans leurs cœurs, et qui en suivissent les préceptes dans leur conduite, sans entreprendre de la lire *eux-mêmes :* et que c'étoit là le motif qui l'avoit porté à priver plusieurs de ses sujets de l'usage de la Bible, leur laissant au reste l'avantage de l'entendre interpréter à leurs pasteurs [1]. »

<small>LXIV. Ier point. La lecture de l'Ecriture. Comment elle fut accordée au peuple sous Henri VIII.</small>

Ensuite il en accorda la lecture, la même année, à condition que « le peuple ne se donneroit pas la liberté d'expliquer les Ecritures, et d'en tirer des raisonnemens [2] ; » ce qui étoit les obliger de nouveau à se rapporter dans l'interprétation de l'Ecriture à l'Eglise et à leurs pasteurs ; auquel cas on est d'accord que la lecture de ce divin livre ne pouvoit être que très-salutaire. Au reste si l'on mit alors la Bible en langue vulgaire, il n'y avoit rien de nouveau dans cette pratique. Nous avons de semblables versions à l'usage des catholiques dans les siècles qui ont précédé les prétendus réformateurs, et ce n'est pas là un point de nos controverses.

Quand M. Burnet a prétendu que le progrès de la nouvelle réformation étoit dû à la lecture des livres divins qu'on permit au peuple, il devoit dire que cette lecture étoit précédée de prédications artificieuses, par où l'on avoit rempli l'esprit des peuples de nouvelles interprétations. Ainsi un peuple ignorant et passionné ne trouvoit en effet dans l'Ecriture que les erreurs dont il étoit prévenu ; et la témérité qu'on lui inspiroit de juger par son propre

<small>LXV. Si les progrès de la Réforme sont dus à la lecture de l'Ecriture, et comment</small>

---

[1] Liv. III, p. 402. — [2] Liv. III, p. 415.

esprit du vrai sens de l'Ecriture, et de former sa foi de lui-même achevoit de le perdre. Voilà comme les peuples ignorans et prévenus trouvoient la réformation prétendue dans l'Ecriture : mais il n'y a point d'homme de bonne foi qui ne m'avoue que par les mêmes moyens les peuples y auroient trouvé l'arianisme aussi clair, qu'ils se sont imaginés y trouver le luthéranisme ou le calvinisme.

LXVI. *Comment on déçoit les hommes par l'Ecriture mal interprétée.* Lorsqu'on a mis dans la tête d'un peuple ignorant que tout est si clair dans l'Ecriture, qu'il y entend tout ce qu'il y faut entendre, et qu'ainsi il se peut passer du jugement de tous les pasteurs et de tous les siècles : il prend pour vérité constante le premier sens qui se présente à son esprit, et celui auquel il est accoutumé lui paroît toujours le plus naturel. Mais il faudroit lui faire entendre que c'est là souvent la lettre qui tue, et que c'est dans les passages qui paroissent les plus clairs que Dieu a souvent caché les plus grandes et les plus terribles profondeurs.

LXVII. *Preuve par M. Burnet des piéges qu'on tend aux simples par la prétendue netteté de l'Ecriture.* Par exemple, M. Burnet nous propose ce passage : « Buvez-en tous, » comme un des plus clairs qu'on se puisse imaginer, et celui qui nous mène le plus promptement à la nécessité des deux espèces. Mais il va voir par les choses qu'il avoue lui-même, que ce qu'il trouve si clair devient un piége aux ignorans : car cette parole : « Buvez-en tous, » dans l'institution de l'Eucharistie, quelque claire qu'il veuille se l'imaginer, après tout ne l'est pas plus que celle-ci dans l'institution de la Pâque : « Vous mangerez » l'agneau pascal, « avec la robe retroussée et un bâton à la main [1] : » debout par conséquent et dans la posture de gens prêts à partir ; car c'étoit là en effet l'esprit de ce sacrement. Toutefois M. Burnet nous apprend que les Juifs ne le pratiquoient point ainsi [2] : qu'ils étoient couchés en mangeant l'agneau, comme dans les autres repas, selon la coutume du pays ; et que « ce changement, » qu'ils apportèrent à l'institution divine, étoit « si peu criminel, que Jésus-Christ ne fit pas de scrupule de s'y conformer. » Je lui demande en ce cas si un homme qui auroit pris à la lettre ce commandement divin, sans consulter la tradition et l'interprétation de l'Eglise, n'y auroit pas trouvé sa mort cer-

[1] *Exod.*, XII, 11. — [2] Burn., II⁰ part., liv. I, p. 259.

taine, puisqu'il y auroit trouvé la condamnation de Jésus-Christ ; et puisque cet auteur ajoute après qu'on doit attribuer « à l'Eglise chrétienne la même puissance qu'à l'Eglise judaïque : » pourquoi dans la nouvelle Pâque un chrétien croira-t-il avoir tout vu sur la Cène en lisant les paroles de l'institution? Et ne sera-t-il pas obligé d'examiner outre ces paroles la tradition de l'Eglise, pour savoir ce qu'elle a toujours regardé dans la communion comme nécessaire et indispensable? C'en est assez, sans pousser plus avant cet examen, pour faire voir à M. Burnet qu'on ne peut se dispenser d'y entrer, et que la clarté prétendue qu'un ignorant croit trouver dans ces paroles : « Buvez-en tous, » n'est qu'une illusion.

Pour le second fondement de réformation qu'on prétend posé par Henri VIII, M. Burnet le fait consister en ce qu'on déclara que « l'église de chaque Etat faisoit un corps entier, et qu'ainsi l'Eglise anglicane pouvoit sous l'autorité et de l'aveu de son chef, c'est-à-dire de son roi, examiner et réformer les corruptions, soit de la doctrine ou du service¹. » Voilà de belles paroles. Mais qu'on en pénètre le sens, on verra qu'une telle réformation n'est autre chose qu'un schisme. Une nation qui se regarde comme un « corps entier, » qui règle sa foi en particulier sans avoir égard à ce qu'on croit dans tout le reste de l'Eglise, est une nation qui se détache de l'Eglise universelle, et qui renonce à l'unité de la foi et des sentimens, tant recommandée à l'Eglise par Jésus-Christ et par ses apôtres. Quand une Eglise ainsi cantonnée se donne son roi pour son chef, elle se fait en matière de religion un principe d'unité que Jésus-Christ et l'Evangile n'ont pas établi ; elle change l'Eglise en corps politique, et donne lieu à ériger autant d'églises séparées qu'il se peut former d'Etats. Cette idée de réformation et d'Eglise est née dans l'esprit de Henri VIII et de ses flatteurs, et jamais les chrétiens ne l'avoient connue.

LXVIII. IIᵉ point de réformation de Henri VIII selon M. Burnet. Que l'Eglise anglicane agissoit par un principe schismatique, lorsqu'elle croyoit pouvoir régler sa foi indépendamment de tout le reste de l'Eglise.

On nous dit que « tous les conciles provinciaux de l'ancienne Eglise fournissoient l'exemple d'une semblable pratique, ayant condamné les hérésies et réformé les abus². » Mais cela, c'est visiblement donner le change. Il est bien vrai que les conciles pro-

LXIX. Si en cela l'Eglise anglicane suivoit l'ancienne Eglise,

¹ *Préf.*, Iʳᵉ part., liv. III, p. 403. — ² *Ibid.*, *Préf.*

vinciaux ont dû condamner d'abord les hérésies qui s'élevoient dans leur pays : car pour y remédier, eût-il fallu attendre que le mal gagnât, et que toute l'Eglise en fût avertie? Aussi n'est-ce pas là notre question. Ce qu'il falloit nous faire voir, c'est que ces églises se regardassent comme « un corps entier, » à la manière qu'on le fit en Angleterre, et qu'on y réformât la doctrine sans prendre pour règle ce qu'on croyoit unanimement dans tout le corps de l'Eglise. C'est de quoi on ne produira jamais aucun exemple. Lorsque les Pères d'Afrique condamnèrent l'hérésie naissante de Célestius et de Pélage, ils posèrent pour fondement la défense d'entendre l'Ecriture sainte « autrement que toute l'Eglise catholique répandue par toute la terre ne l'avoit toujours entendue[1]. » Alexandre d'Alexandrie posa le même fondement contre Arius, lorsqu'il dit en le condamnant : « Nous ne connoissons qu'une seule Eglise catholique et apostolique, qui ne pouvant être renversée par toute la puissance du monde, détruit toute impiété et toute hérésie. » Et encore : « Nous croyons dans tous ces articles ce qu'il a plu à l'Eglise apostolique[2]. » C'est ainsi que les évêques et les conciles particuliers condamnoient les hérésies par un premier jugement, en se conformant à la foi commune de tout le corps. On envoyoit ces décrets à toutes les églises ; et c'étoit de cette unité qu'ils tiroient leur dernière force.

LXX. Si l'Eglise anglicane eut raison de croire qu'il étoit trop difficile en nos jours de consulter la foi de toute l'Eglise.

Mais on dit que le remède du concile universel, aisé sous l'empire romain, lorsque les églises avoient un souverain commun, est devenu trop difficile depuis que la chrétienté est partagée en tant d'Etats[3] : autre illusion. Car premièrement le consentement des églises peut se déclarer par d'autres voies que par les conciles universels : témoin dans saint Cyprien la condamnation de Novatien ; témoin celle de Paul de Samosate, dont on a écrit qu'il avoit été condamné « par le concile et le jugement de tous les évêques du monde[4], » parce que tous avoient consenti au concile tenu contre lui à Antioche ; témoin enfin les pélagiens et tant d'autres hérésies, qui sans concile universel ont été suffisamment condamnées par l'autorité réunie du Pape et de tous les évêques. Lorsque

---

[1] *Conc. Milev.*, cap. II. — [2] *Ep. Alexand.; Epist. Alexand. ad Alexand. Constantinop.* — [3] Burn., *loc. cit.* — [4] *Epist. Alex. ad Alex. Constantin.*

les besoins de l'Eglise ont demandé qu'on assemblât un concile universel, le Saint-Esprit en a bien trouvé les moyens; et tant de conciles qui se sont tenus depuis la chute de l'empire romain ont bien fait voir que pour assembler les pasteurs, quand il a fallu, on n'avoit pas besoin de son secours. C'est qu'il y a dans l'Eglise catholique un principe d'unité indépendant des rois de la terre. Le nier, c'est faire l'Eglise leur captive, et rendre défectueux le céleste gouvernement institué par Jésus-Christ. Mais les protestans d'Angleterre n'ont pas voulu reconnoître cette unité, à cause que le Saint-Siége en est dans l'extérieur le principal et ordinaire lien; et ils ont mieux aimé, même en matière de religion, avoir leurs rois pour leurs chefs, que de reconnoître dans la chaire de saint Pierre un principe établi de Dieu pour l'unité chrétienne.

Les six articles publiés de l'autorité du roi et du Parlement tinrent lieu de loi durant tout le règne de Henri VIII. Mais que peuvent sur les consciences des décrets de religion, qui tirant leur force de l'autorité royale, à qui Dieu n'a rien commis de semblable, n'ont rien que de politique? Encore que Henri VIII les soutînt par des supplices innombrables, et qu'il fît mourir cruellement non-seulement les catholiques qui détestoient sa suprématie, mais encore les luthériens et les zuingliens qui attaquoient aussi les autres articles de sa foi : toutes sortes d'erreurs se couloient insensiblement dans l'Angleterre; et les peuples ne surent plus à quoi se tenir, quand ils virent qu'on avoit méprisé la chaire de saint Pierre, d'où l'on savoit que la foi étoit venue en cette grande île, soit qu'on voulût regarder la conversion de ses anciens habitans sous le pape saint Eleuthère, soit qu'on s'arrêtât à celle des Anglois qui fut procurée par le pape saint Grégoire.

LXXI. Toutes sortes de nouveautés s'introduisoient en Angleterre malgré les rigueurs de Henri VIII, et pourquoi.

Tout l'état de l'Eglise anglicane, tout l'ordre de la discipline, toute la disposition de la hiérarchie dans ce royaume, et enfin la mission aussi bien que la consécration de ses évêques, venoit si certainement de ce grand Pape et de la chaire de saint Pierre, ou des évêques qui la regardoient comme le chef de leur communion, que les Anglois ne pouvoient renoncer à cette sainte puissance, sans affoiblir parmi eux l'origine même du christianisme, et toute l'autorité des anciennes traditions.

LXXII.
On raisonna en Angleterre sur de faux principes, lorsqu'on y rejeta la primauté du Pape.

Lorsqu'on voulut affoiblir en Angleterre l'autorité du Saint-Siége, on remarqua « que saint Grégoire avoit refusé le titre d'évêque universel à peu près dans le même temps qu'il travailloit à la conversion de l'Angleterre : et ainsi, concluoient Cranmer et ses associés, lorsque nos ancêtres reçurent la foi, l'autorité du Siége de Rome étoit dans une louable modération [1]. »

LXXIII.
Si le pape S. Grégoire, sous qui les Anglois furent convertis, a eu d'autres sentimens que les nôtres sur l'autorité de son Siége.

Sans disputer vainement sur ce titre d'*universel* que les Papes ne prennent jamais, et qui peut être plus ou moins supportable selon les divers sens dont on le prend, voyons un peu dans le fond ce que saint Grégoire, qui le rejetoit, croyoit cependant de l'autorité de son Siége. Deux passages connus de tout le monde vont décider cette question. « Pour ce qui regarde, dit-il, l'Eglise de Constantinople, qui doute qu'elle ne soit soumise au Siége apostolique ? ce que l'Empereur et Eusèbe notre frère, évêque de cette ville, ne cessent de reconnoître [2]. » Et dans la lettre suivante, en parlant d'un primat d'Afrique : « Quant à ce qu'il dit, qu'il est soumis au Siége apostolique, je ne sache aucun évêque qui n'y soit soumis lorsqu'il se trouve dans quelque faute. Au surplus quand la faute ne l'exige pas, nous sommes tous frères selon la loi de l'humilité [3]. » Voilà donc manifestement tous les évêques soumis à l'autorité et à la correction du Saint-Siége; et cette autorité reconnue même par l'Eglise de Constantinople, la seconde Eglise du monde dans ces temps-là en dignité et en puissance. Voilà le fond de la puissance pontificale : le reste, que la coutume ou la tolérance, ou l'abus même, si l'on veut, pourroit avoir introduit ou augmenté, pouvoit être conservé, ou souffert, ou étendu plus ou moins, selon que l'ordre, la paix et la tranquillité publique le demandoit. Le christianisme étoit né en Angleterre avec la reconnoissance de cette autorité. Henri VIII ne la put souffrir, « même avec cette louable modération » que Cranmer reconnoissoit dans saint Grégoire : sa passion et sa politique la lui firent attacher à sa couronne, et ce fut par une si étrange nouveauté qu'il ouvrit la porte à toutes les autres.

LXXIV.
Mort de Henri VIII

On dit que, sur la fin de ses jours, ce malheureux prince eut

[1] Burn., 1re part., liv. II, p. 204. — [2] Lib. VII, epist. LXIV. — [3] Lib. VII ep. LXV.

quelques remords des excès où il s'étoit laissé emporter, et qu'il
appela les évêques pour y chercher quelque remède. Je ne le sais
pas : ceux qui veulent toujours trouver dans les pécheurs scandaleux, et surtout dans les rois, de ces vifs remords qu'on a vus
dans un Antiochus, ne connoissent pas toutes les voies de Dieu,
et ne font pas assez de réflexion sur le mortel assoupissement et
la fausse paix où il laisse quelquefois ses plus grands ennemis.
Quoi qu'il en soit, quand Henri VIII auroit consulté ses évêques,
que pouvoit-on attendre d'un corps qui avoit mis l'Eglise et la
vérité sous le joug? Quelque démonstration que fît Henri de
vouloir dans cette occasion des conseils sincères, il ne pouvoit
rendre aux évêques la liberté que ses cruautés leur avoient ôtée :
ils craignoient les fâcheux retours auxquels ce prince étoit sujet;
et celui qui n'avoit pu entendre la vérité de la bouche de Thomas
Morus son chancelier, et de celle du saint évêque de Rochestre,
qu'il fît mourir l'un et l'autre pour la lui avoir dite franchement,
mérita de ne l'entendre jamais.

Il mourut en cet état, et il ne faut pas s'étonner si les choses
empirèrent par sa mort. Peu à peu tout va en ruine, quand on a
ébranlé les fondemens. Edouard VI, son fils unique, lui succéda
selon les lois de l'Etat. Comme il n'avoit que dix ans, le royaume
fut gouverné par un conseil que le roi défunt avoit établi : mais
Edouard Seymour, frère de la reine Jeanne et oncle maternel du
jeune roi, eut l'autorité principale avec le titre de protecteur du
royaume d'Angleterre. Il étoit zuinglien dans le cœur, et Cranmer étoit son intime ami. Cet archevêque cessa donc alors de dissimuler, et tout le venin qu'il avoit dans le cœur contre l'Eglise
catholique parut.

LXXV.
Tout change après sa mort. Le tuteur du jeune roi est zuinglien.
1547.
1548.

Pour préparer la voie à la réformation qu'on méditoit sous le
nom du roi, on commença par le reconnoître, comme on avoit
fait Henri, pour chef souverain de l'Eglise anglicane au spirituel
et au temporel. La maxime qu'on avoit établie dès le temps de
Henri VIII, étoit que « le roi tenoit la place du Pape en Angleterre [1]. » Mais on donnoit à cette nouvelle papauté des prérogatives que le Pape n'avoit jamais prétendues. Les évêques prirent

LXXVI.
Fondement de la Réforme sur la ruine de l'autorité ecclésiastique.

[1] Burn., Ire part., liv. II, p. 229, 230.

d'Édouard de nouvelles commissions révocables à la volonté du roi, comme Henri l'avoit déjà déclaré ; et on crut que pour avancer la réformation « il falloit tenir les évêques sous le joug d'une puissance arbitraire [1]. » L'archevêque de Cantorbéry, primat d'Angleterre, fut le premier à baisser la tête sous ce joug honteux. Je ne m'en étonne pas, puisque c'étoit lui qui inspiroit tous ces sentimens : les autres suivirent ce pernicieux exemple. On se relâcha un peu dans la suite ; et les évêques furent obligés à recevoir comme une grace, que le roi « donnât les évêchés à vie [2]. » On expliquoit bien nettement dans leur commission, comme on avoit fait sous Henri, selon la doctrine de Cranmer, que la puissance épiscopale, aussi bien que celle des magistrats séculiers, émanoit de la royauté comme de sa source ; que les évêques ne l'exerçoient que « précairement, » et qu'ils devoient « l'abandonner à la volonté du roi, » d'où elle leur étoit communiquée. Le roi leur donnoit pouvoir « d'ordonner et de déposer les ministres, de se servir des censures ecclésiastiques contre les personnes scandaleuses ; et en un mot, de faire tous les devoirs de la charge pastorale, » tout cela « au nom du roi, et sous son autorité [3]. » On reconnoissoit en même temps que cette charge pastorale étoit établie « par la parole de Dieu ; » car il falloit bien nommer cette parole dont on vouloit se faire honneur. Mais encore qu'on n'y trouvât rien pour la puissance royale que ce qui regardoit l'ordre des affaires du siècle, on ne laissa pas de l'étendre jusqu'à ce qu'il y a de plus sacré dans les pasteurs. On expédioit une commission du roi à qui on vouloit pour sacrer un nouvel évêque. Ainsi selon la nouvelle hiérarchie, comme l'évêque n'étoit sacré que par l'autorité royale, ce n'étoit que par la même autorité qu'il célébroit les ordinations. La forme même et les prières de l'ordination, tant des évêques que des prêtres, furent réglées au Parlement [4]. On en fit autant de la liturgie, ou du service public, et de toute l'administration des sacremens. En un mot, tout étoit soumis à la puissance royale ; et en abolissant l'ancien droit, le Parlement devoit faire encore le nouveau corps de canons [5]. Tous

---

[1] Burn., II⁰ part., liv. I, p. 8, 332 ; *Rec. des pièces*, II⁰ part., liv. I, p. 90. — [2] *Ibid.*, et 227. — [3] *Ibid.*, 332. — [4] *Ibid.*, p. 212, 216, 217. — [5] *Ibid.*, 213, 214.

ces attentats étoient fondés sur la maxime dont le Parlement d'Angleterre s'étoit fait un nouvel article de foi, « qu'il n'y avoit point de juridiction, soit séculière, soit ecclésiastique, qui ne dût être rapportée à l'autorité royale comme à sa source [1]. »

Il n'est pas ici question de déplorer les calamités de l'Eglise mise en servitude et honteusement dégradée par ses propres ministres. Il s'agit de rapporter des faits, dont le seul récit fait assez voir l'iniquité. Un peu après le roi déclara « qu'il alloit faire la visite de son royaume, et défendoit aux archevêques et à tous autres d'exercer aucune juridiction ecclésiastique, tant que la visite dureroit [2]. » Il y eut une ordonnance du roi pour se faire recommander dans les prières publiques « comme le souverain chef de l'Eglise anglicane; et la violation de cette ordonnance emportoit la suspension, la déposition et l'excommunication [3]. » Voilà donc avec les peines ecclésiastiques tout le fond de l'autorité pastorale usurpé ouvertement par le roi, et le dépôt le plus intime du sanctuaire arraché à l'ordre sacerdotal, sans même épargner celui de la foi que les apôtres avoient laissé à leurs successeurs.

LXXVII. Suite de l'anéantissement de l'autorité ecclésiastique.

Je ne puis m'empêcher de m'arrêter ici un moment, pour considérer les fondemens de la réformation anglicane, et cet « ouvrage de lumière » de M. Burnet, « dont on fait l'apologie en écrivant son histoire [4]. » L'Eglise d'Angleterre se glorifie plus que toutes les autres de la Réforme, de s'être réformée selon l'ordre et par des assemblées légitimes. Mais pour y garder cet ordre dont on se vante, le premier principe qu'il falloit poser, étoit que les ecclésiastiques tinssent du moins le premier rang dans les affaires de la religion. Mais on fit tout le contraire; et dès le temps de Henri VIII « ils n'eurent plus le pouvoir de s'en mêler sans son ordre [5]. » Toute la plainte qu'ils en firent fut qu'on les faisoit déchoir « de leur privilége, » comme si « se mêler de la religion » étoit seulement un privilége, et non pas le fond et l'essence de l'ordre ecclésiastique.

LXXVIII. Réflexion sur les misérables commencemens de la Réforme où l'ordre sacré n'a aucune part aux affaires de la religion et de la foi.

Mais on pensera peut-être qu'on les traita mieux sous Edouard,

---

[1] II⁰ part., liv. I, p. 63. — [2] P. 37. — [3] P. 41. — [4] Ci-dessus, n. 2. — [5] Burn., II⁰ part., liv. I, p. 72.

lorsqu'on entreprit la réformation d'une manière que M. Burnet croit bien plus solide. Tout au contraire; ils demandèrent comme une grace au Parlement, « du moins que les affaires de la religion ne fussent point réglées sans que l'on eût pris leur avis et écouté leurs raisons [1]. » Quelle misère de se réduire à être écoutés comme simples consulteurs (a), eux qui le doivent être comme juges, et dont Jésus-Christ a dit : « Qui vous écoute, m'écoute [2]! » Mais « cela, dit notre historien, ne leur réussit pas. » Peut-être qu'ils décideront du moins sur la foi dont ils sont les prédicateurs. Nullement. Le conseil du roi résolut « d'envoyer des visiteurs dans tout le royaume avec des constitutions ecclésiastiques, et des articles de foi [3]; » et ce fut au conseil du roi, et par son autorité, qu'on régla « ces articles de religion [4] » qu'on devoit proposer au peuple. En attendant qu'on y eût mieux pensé, on s'en tint aux six articles de Henri VIII; et on ne rougissoit pas de demander aux évêques une déclaration expresse « de faire profession de la doctrine, selon que de temps en temps elle seroit établie et expliquée par le roi et par le clergé [5]. » Au surplus il n'étoit que trop visible que le clergé n'étoit nommé que par cérémonie, puisqu'au fond tout se faisoit au nom du roi.

LXXIX. Le roi est rendu maître absolu de la prédication, et fait défense de prêcher par tout le royaume jusqu'à nouvel ordre.

Il semble qu'il ne faudroit plus rien dire, après avoir rapporté de si grands excès. Mais ne laissons pas de continuer ce lamentable récit. C'est travailler en quelque façon à guérir les plaies de l'Eglise, que d'en gémir devant Dieu. Le roi se rendit tellement le maître de la prédication, qu'il y eut même un édit qui « défendoit de prêcher sans sa permission, ou sans celle de ses visiteurs, de l'archevêque de Cantorbéry, ou de l'évêque diocésain [6]. » Ainsi le droit principal étoit au roi, et les évêques y avoient part avec sa permission seulement. Quelque temps après le conseil permit de prêcher « à ceux qui se sentiroient animés du Saint-Esprit [7]. » Le conseil avoit changé d'avis. Après avoir fait dépendre la prédication de la puissance royale, on s'en remet à la discrétion de ceux qui s'imagineroient avoir en eux-mêmes le Saint-Esprit; et

[1] Burn., IIe part., liv. I, p. 73. — [2] *Luc.*, x, 16. — [3] Burn., IIe part., liv. p. 37, 39. — [4] P. 39. — [5] P. 82. — [6] P. 88. — [7] P. 90.

(a) 1re édit. : A être écoutés, eux dont Jésus-Christ a dit.

on y admet par ce moyen tous les fanatiques. Un an après on changea encore. Il fallut ôter aux évêques le pouvoir d'autoriser les prédicateurs, et le réserver au roi et à l'archevêque [1]. » Par ce moyen il sera aisé de faire prêcher telle hérésie qu'on voudra. Mais je n'en suis pas à remarquer les effets de cette ordonnance. Ce qu'il faut considérer, c'est qu'on ait remis au prince seul toute l'autorité de la parole. On poussa la chose si loin, qu'après avoir déclaré au peuple que le roi faisoit travailler à ôter toutes les matières de controverses, « on défendoit » en attendant « généralement à tous les prédicateurs de prêcher dans quelque assemblée que ce fût [2]. » Voilà donc la prédication suspendue par tout le royaume, la bouche fermée aux évêques par l'autorité du roi, et tout en attente de ce que le prince établiroit sur la foi. On y joignoit un avis « de recevoir avec soumission les ordres qui seroient bientôt envoyés. » C'est ainsi que s'est établie la réformation anglicane, « et cet ouvrage de lumière, dont on fait, selon M. Burnet [3], l'apologie en écrivant son histoire. »

Avec ces préparatifs, la réformation anglicane fut commencée par le duc de Sommerset et par Cranmer. D'abord la puissance royale détruisit la foi que la puissance royale avoit établie. Les six articles, que Henri VIII avoit publiés avec toute son autorité spirituelle et temporelle, furent abolis [4]; et malgré toutes les précautions qu'il avoit prises par son testament pour conserver ces précieux restes de la religion catholique, et peut-être pour la rétablir toute entière avec le temps, la doctrine zuinglienne tant détestée par ce prince gagna le dessus.

LXXX. Les six articles abolis.

Pierre Martyr Florentin, et Bernardin Ochin qui depuis fut l'ennemi déclaré de la divinité de Jésus-Christ, furent appelés pour commencer cette réforme. Tous deux avoient quitté, comme les autres réformateurs, la vie monastique pour celle du mariage. Pierre Martyr étoit un pur zuinglien. La doctrine qu'il proposa sur l'Eucharistie en Angleterre en 1549 se réduisoit à ces trois thèses. « 1° Qu'il n'y avoit point de transsubstantiation. 2° Que le corps et le sang de Jésus-Christ n'étoient point corporellement dans

LXXXI. Pierre Martyr appelé, et la doctrine zuinglienne établie. 1549. 1550. 1551.

---

[1] Burn., II° part., liv. I, p. 122. — [2] Ibid. — [3] Préf. — [4] II° part., liv. I, p. 58.

l'Eucharistie ni sous les espèces. 3° Qu'ils étoient unis sacramentalement, » c'est-à-dire figurément, ou tout au plus en vertu, « au pain et au vin ¹. »

LXXXII. Bucer n'est pas écouté.

Bucer n'approuva point la seconde thèse ; car comme nous avons vu, il vouloit bien qu'on exclût une présence locale, mais non pas une présence corporelle et substantielle. Il soutenoit que Jésus-Christ ne pouvoit pas être éloigné de la Cène, et qu'il étoit tellement au ciel, qu'il n'étoit pas substantiellement éloigné de l'Eucharistie. Pierre Martyr croyoit que c'étoit une illusion d'admettre une présence corporelle et substantielle dans la Cène, sans y admettre la réalité que les catholiques soutenoient avec les luthériens ; et quelque respect qu'il eût pour Bucer, le seul des protestans qu'il considéroit, il ne suivit pas son avis. On dressa en Angleterre une formule selon le sentiment de Pierre Martyr : on y disoit « que le corps de Jésus-Christ n'étoit qu'au ciel, qu'il ne pouvoit pas être réellement présent en divers lieux, qu'ainsi on ne devoit établir aucune présence réelle ou corporelle de son corps et de son sang dans l'Eucharistie ². » Voilà ce qu'on définit. Mois la foi n'étoit pas encore en son dernier état, et nous verrons en son temps cet article bien réformé.

1551.

LXXXIII. Aveu de M. Burnet sur la croyance de l'Eglise grecque.

Nous sommes ici obligés à M. Burnet d'un aveu considérable : car il nous accorde que la présence réelle est reconnue dans l'Eglise grecque. Voici ses paroles : « Le sentiment des luthériens sembloit approcher assez de la doctrine de l'Eglise grecque, qui avoit enseigné que la substance du pain et du vin, et le corps de Jésus-Christ étoient dans le sacrement ³. » Il est en cela de meilleure foi que la plupart de ceux de sa religion : mais en même temps il oppose une plus grande autorité aux nouveautés de Pierre Martyr.

LXXXIV. Les réformateurs se repentent d'avoir dit qu'ils avoientagi par l'assistance du

L'esprit de changement se mit alors tout à fait en Angleterre. Dans la réforme de la liturgie et des prières publiques qui se fit par l'autorité du Parlement (car Dieu n'en écoutoit aucunes que celles-là), on avoit dit que les commissaires nommés par le roi pour les dresser, en « avoient achevé l'ouvrage d'un consente-

---

¹ Hosp., II part., an. 1547, fol. 207, 208 et seq.; Burn., II° part., liv. I, p. 161. — ² Burn., p. 259, 601. — ³ Burn., p. 158.

ment unanime, et par l'assistance du Saint-Esprit¹. » L'on fut étonné de cette expression : mais les réformateurs surent bien répondre « que cela ne s'entendoit pas d'une assistance ou d'une inspiration surnaturelle, et qu'autrement il n'eût point été permis d'y faire des changemens². » Or ils y en vouloient faire ces réformateurs, et ils ne prétendoient pas former d'abord leur religion. En effet on fit bientôt dans la liturgie des changemens très-considérables, et ils alloient principalement à ôter toutes les traces de l'antiquité que l'on avoit conservées.

Saint-Esprit dans la réformation de la liturgie.

On avoit retenu cette prière dans la consécration de l'Eucharistie : « Bénis, ô Dieu, et sanctifie ces présens et ces créatures de pain et de vin, afin qu'elles soient pour nous le corps et le sang de ton très-cher Fils³, » etc. On avoit voulu conserver dans cette prière quelque chose de la liturgie de l'Eglise romaine, que le moine saint Augustin avoit portée aux Anglois avec le christianisme, lorsqu'il leur fut envoyé par saint Grégoire. Mais bien qu'on l'eût affoiblie en y retranchant quelques termes, on trouva encore « qu'elle sentoit trop la transsubstantiation, » ou même « la présence corporelle⁴ ; » et on l'a depuis entièrement effacée.

LXXXV. *Tous les restes d'antiquité retenus d'abord dans la liturgie, en sont effacés.*

Elle étoit pourtant encore bien plus forte, comme la disoit l'Eglise anglicane, lorsqu'elle reçut le christianisme : car au lieu qu'on avoit mis dans la liturgie réformée « que ces présens soient pour nous le corps et le sang de Jésus-Christ, » il y a dans l'original que « cette oblation nous soit faite le corps et le sang de Jésus-Christ. » Ce mot de *faite* signifie une action véritable du Saint-Esprit qui change ces dons, conformément à ce qui est dit dans les autres liturgies de l'antiquité : « Faites, ô Seigneur, de ce pain le propre corps, et de ce vin le propre sang de votre Fils, les changeant par votre Esprit-Saint⁵. » Et ces paroles : « Nous soit fait le corps et le sang, » se disent dans le même esprit que celles-ci d'Isaïe : « Un petit enfant nous est né, un fils nous est donné⁶ : » non pour dire que les dons sacrés ne sont faits le corps et le sang que lorsque nous les prenons, comme on l'a voulu entendre dans la Réforme ; mais pour dire que c'est pour

LXXXVI. *L'Angleterre abroge la messe qu'elle avoit ouïe en se faisant chrétienne.*

¹ Burn., p. 141. — ² P. 142. — ³ Liv. I, p. 114. — ⁴ P. 235, 258. — ⁵ *Lit. de S. Bas.*, édit. Bénéd., app., tom. II, p. 679 et 693. — ⁶ *Isa.*, IX, 6.

nous qu'ils sont faits tels dans l'Eucharistie, comme c'est pour nous qu'ils ont été formés dans le sein d'une Vierge. La réformation anglicane a corrigé toutes ces choses « qui ressentoient trop la transsubstantiation. » Le mot d'*oblation* « eût aussi trop senti le sacrifice : » on l'avoit voulu rendre en quelque façon par le terme de *présens*. A la fin on l'a ôté tout à fait ; et l'Eglise anglicane n'a plus voulu entendre la sainte prière qu'elle entendit, lorsqu'en sortant des eaux du baptême on lui donna la première fois le pain de vie.

LXXXVII. La messe gallicane et les autres, au fond, sont la même chose que la romaine

Que si on aime mieux que le saint prêtre Augustin lui ait porté la liturgie ou la messe gallicane que la romaine, à cause de la liberté que lui en laissa saint Grégoire [1], il n'importe (a) : la messe gallicane dite par les Hilaires et par les Martins ne différoit pas au fond de la romaine, ni des autres. Le *Kyrie eleison*, le *Pater*, la paix ou la bénédiction donnée peut-être en un endroit de la messe (b) plutôt qu'en un autre, et d'autres choses aussi peu essentielles faisoient toute la différence ; et c'est pourquoi saint Grégoire en laissoit le choix au saint prêtre qu'il envoya en Angleterre [2]. On faisoit en France, comme à Rome et dans tout le reste de l'Eglise, une prière pour demander la transformation et le changement du pain et du vin au corps et au sang ; partout on employoit auprès de Dieu le mérite et l'entremise (c) des Saints, mais un mérite fondé sur la divine miséricorde et une entremise appuyée sur celle de Jésus-Christ. Partout on y offroit pour les morts ; et on n'avoit sur toutes ces choses qu'un seul langage en Orient et en Occident, dans le Midi et dans le Nord.

LXXXVIII La Réforme se corrige elle-même sur la prière pour les morts.

La réformation anglicane avoit conservé quelque chose de la prière pour les morts du temps d'Edouard ; car on y « recommandoit encore à la bonté infinie de Dieu les ames des trépassés [3]. » On demandoit, comme nous faisons encore aujourd'hui dans les obsèques, pour l'ame qui venoit de sortir du monde « la rémission de ses péchés. » Mais tous ces restes de l'ancien esprit sont abolis : cette prière ressentoit trop le purgatoire. Il est certain

[1] Burn., II⁰ part., liv. I, p. 108. — [2] Greg., lib. VII, epist. LXIV. — [3] Burn., p. 114, 116.

(a) 1ʳᵉ édit. : n'importe. — (b) Le *Kyrie eleison*, le *Pater* dit en un endroit plutôt qu'en un autre. — (c) Et les prières.

qu'on l'a dite dès les premiers temps en Orient et en Occident : n'importe, c'étoit la messe du Pape et de l'Eglise romaine : il la faut bannir d'Angleterre, et en tourner toutes les paroles dans le sens le plus odieux.

Tout ce que la Réforme anglicane tiroit de l'antiquité, le dirai-je? elle l'altéroit. La confirmation n'a plus été qu'un catéchisme pour faire renouveler les promesses du baptême [1]. Mais, disoient les catholiques, les Pères dont nous la tenons par une tradition fondée sur les Actes des Apôtres et aussi ancienne que l'Eglise, ne disent pas seulement un mot de cette idée de catéchisme. Il est vrai, et il le faut avouer : on ne laisse pas de tourner la confirmation en cette forme, autrement elle seroit trop papistique. On en ôte le saint Chrême, que les Pères les plus anciens avoient appelé *l'instrument du Saint-Esprit* [2] : l'onction même à la fin sera ôtée de l'extrême-onction [3], quoi qu'en puisse dire saint Jacques ; et malgré le pape saint Innocent, qui parloit de cette onction au quatrième siècle, on décidera que l'extrême-onction ne se trouve que « dans le dixième. »

LXXXIX.
Suite des altérations

Parmi ces altérations trois choses sont demeurées, les cérémonies sacrées, les fêtes des Saints, les abstinences et le carême. On a bien voulu que dans le service les prêtres eussent des habits mystérieux, symboles de la pureté et des autres dispositions que demande le culte divin. On regarda les cérémonies comme un langage mystique [4], et Calvin parut trop outré en les rejetant. On retint l'usage du signe de la croix [5], pour témoigner solennellement que la croix de Jésus-Christ ne nous fait point rougir. On vouloit d'abord que « le sacrement du baptême, le service de la confirmation et la consécration de l'Eucharistie fussent témoins du respect qu'on avoit pour cette sainte cérémonie. » A la fin néanmoins on l'a « supprimée dans la confirmation et dans la consécration [6], » où saint Augustin avec toute l'antiquité témoigne qu'elle a toujours été pratiquée ; et je ne sais pourquoi elle est demeurée seulement dans le baptême.

XC.
Les cérémonies et le signe de la croix retenus.

- M. Burnet nous justifie sur les fêtes et les abstinences. Il veut

XCI.
L'Angle-

[1] Burn., p. 107, 116, 235. — [2] *Ibid.* — [3] P. 116, 258. — [4] P. 121, 508. — [5] P. 120. — [6] P. 258.

que les jours de fêtes « ne soient pas estimés saints d'une sainteté actuelle et naturelle [1]. » Nous y consentons; et jamais personne n'a imaginé cette sainteté actuelle et naturelle des fêtes qu'il se croit obligé à rejeter. Il dit « qu'aucun de ces jours n'est proprement dédié à un Saint, et qu'on les consacre à Dieu en la mémoire des Saints dont on leur donne le nom. » C'est notre même doctrine. Enfin on nous justifie en tout et partout sur cette matière, puisqu'on demeure d'accord qu'il faut observer ces jours « par un principe de conscience [2]. » Ceux donc qui nous objectent ici que nous suivons « les commandemens des hommes [3], » n'ont qu'à faire cette objection aux Anglois; ils leur répondront pour nous.

<small>XCII. De même sur l'abstinence des viandes.</small>

Ils ne nous justifient pas moins clairement du reproche qu'on nous fait d'enseigner une doctrine de démons, en nous abstenant de certaines viandes par pénitence. M. Burnet répond pour nous [4], lorsqu'il « blâme les mondains qui ne veulent pas concevoir que l'abstinence assaisonnée de dévotion et accompagnée de la prière, est peut-être un des moyens les plus efficaces que Dieu nous propose pour mettre nos ames dans une tranquillité nécessaire, et pour avancer notre sanctification. » Puisque c'est dans cet esprit, et non pas, comme plusieurs se l'imaginent, par une espèce de police temporelle, que l'Eglise anglicane a défendu la viande au vendredi, au samedi, aux vigiles, aux quatre-temps et dans tout le carême, nous n'avons rien sur ce sujet à nous reprocher les uns aux autres. Il y a seulement sujet de s'étonner que ce soit le roi et le Parlement qui ordonnent ces fêtes et ces abstinences, que ce soit le roi qui déclare « les jours maigres, » et qui dispense de ces « observances [5]; » et enfin, qu'en matière de religion, on ait mieux aimé avoir des commandemens du roi que des commandemens de l'Eglise.

<small>XCIII. Cranmer renverse tout l'ordre dans sa Réforme.</small>

Mais ce qu'il y a de plus surprenant dans la réformation anglicane, c'est une maxime de Cranmer. Au lieu que dans la vérité le culte dépend du dogme et doit être réglé par là, Cranmer renversoit cet ordre; et avant que d'examiner la doctrine, il supprimoit dans le culte ce qui lui déplaisoit le plus. Selon M. Burnet,

[1] Burn., p. 291. — [2] Ibid. — [3] Matth., xv, 9. — [4] P. 145. — [5] P. 144, 294.

« l'opinion de la présence de Jésus-Christ dans chaque miette de pain a donné lieu au retranchement de la coupe¹. Et en effet, poursuit-il, si cette hypothèse est juste, la communion sous les deux espèces est inutile². » Ainsi la question de la nécessité des deux espèces dépendoit de celle de la présence réelle. Or en 1548 l'Angleterre croyoit encore la présence réelle, et le Parlement déclaroit que « le corps du Seigneur étoit contenu dans chaque morceau, et dans les plus petites portions de pain³. » Cependant on avoit déjà établi la nécessité de la communion sous les deux espèces, c'est-à-dire qu'on avoit tiré la conséquence avant que de s'être bien assuré du principe.

L'année d'après on voulut douter « de la présence réelle; et la question n'étoit pas encore décidée⁴, » quand on supprima par provision l'adoration de Jésus-Christ dans le sacrement : de même que si on disoit en voyant le peuple dans un grand respect comme en présence du roi : Commençons par empêcher tous ces honneurs; nous verrons après si le roi est là, et si ces respects lui sont agréables. On ôta de même l'oblation du corps et du sang, encore que cette oblation dans le fond ne soit autre chose que la consécration faite devant Dieu de ce corps et de ce sang comme réellement présens avant la manducation ; et sans avoir examiné le principe, on en avoit déjà renversé la suite infaillible.

XCIV.
Suite.

La cause d'une conduite si irrégulière, c'est qu'on menoit le peuple par le motif de la haine, et non par celui de la raison. Il étoit aisé d'exciter la haine contre certaines pratiques dont on ne montroit ni la source ni le droit usage, surtout lorsqu'il s'y étoit mêlé quelques abus : ainsi il étoit aisé de rendre odieux les prêtres qui abusoient de la messe pour un gain sordide ; et la haine une fois échauffée contre eux, étoit tournée insensiblement par mille artifices contre le mystère qu'ils célébroient, et même, comme on a vu⁵, contre la présence réelle qui en étoit le soutien.

On en usoit de même sur les images ; et une lettre françoise que M. Burnet nous a rapportée d'Edouard VI à son oncle le Protecteur, nous le fait voir. Pour exercer le style de ce jeune prince,

XCV.
Comment
on excitoit
la haine
publique

¹ Burn., p. 251. — ² IIᵉ part., p. 61. — ³ P. 97. — ⁴ P. 121. — ⁵ Ci-dessus, liv. VI, n. 21 et suiv.

contre la doctrine catholique Exemple dans l'instruction du jeune Édouard, et sur les images.

ses maîtres lui faisoient recueillir tous les passages où Dieu parle contre les idoles. « J'ai voulu, disoit-il, en lisant la sainte Ecriture, noter plusieurs lieux qui défendent de *n'adorer ni faire* aucunes images, non-seulement de dieux étrangers, mais aussi de ne former chose, pensant *la faire semblable à la majesté de Dieu le Créateur* [1]. » Dans cet âge crédule il avoit cru simplement ce qu'on lui disoit, que les catholiques faisoient des images, pensant « les faire semblables à la majesté de Dieu, » et ces grossières idées lui causoient de l'étonnement et de l'horreur. « Si m'ébahis, poursuit-il dans le langage du temps, veû que luy-mesme et son Saint-Esprit l'a si souvent défendu, que tant de gens ont osé commettre idolâtrie, *en faisant et adorant* les images. » Il attache toujours, comme on voit, la même haine à les faire qu'à les adorer ; et il a raison, selon les idées qu'on lui donnoit, puisque constamment il n'est pas permis de faire des images dans la pensée de faire quelque chose « de semblable à la majesté du Créateur. » « Car, comme ajoute ce prince, Dieu ne peut estre veû en choses qui soient matérielles, mais veut estre veû dans ses œuvres. » Voilà comme on abusoit un jeune enfant : on excitoit sa haine contre les images païennes, où on prétend représenter la Divinité : on lui montroit que Dieu défend de faire de telles images ; mais on n'avoit garde de lui enseigner que celles des catholiques ne sont pas de ce genre, puisqu'on ne s'est pas encore avisé de dire qu'il soit défendu d'en faire de telles, ni de peindre Jésus-Christ et ses Saints. Un enfant de dix à douze ans n'y prenoit pas garde de si près : c'étoit assez qu'en général et confusément on lui décriât les images. Celles de l'Eglise, quoique d'un autre ordre et d'un autre dessein, passoient avec les autres : ébloui d'un raisonnement spécieux et de l'autorité de ses maîtres, tout étoit idole pour lui ; et la haine qu'il avoit contre l'idolâtrie se tournoit aisément contre l'Eglise.

XCVI. Si l'on peut tirer avantage du soudain progrès de la Réforme prétendue.

Le peuple n'étoit pas plus fin, et il n'étoit que trop aisé de l'animer par un semblable artifice. Après cela on ose prendre les progrès soudains de la Réforme pour un miracle visible et un témoignage de la main de Dieu [2] ! Comment M. Burnet l'a-t-il

[1] *Rec.*, II⁰ part., liv. II, p. 68. — [2] I⁰ part., liv. I, p. 49, etc.

osé dire, lui qui nous découvre si bien les causes profondes de ce malheureux succès? Un prince prévenu d'un amour aveugle et condamné par le Pape, fait exagérer des faits particuliers, des exactions odieuses, des abus réprouvés par l'Eglise même. Toutes les chaires résonnent de satires contre les prêtres ignorans et scandaleux : on en fait des comédies et des farces publiques, et M. Burnet lui-même en est indigné. Sous l'autorité d'un enfant et d'un protecteur entêté de la nouvelle hérésie, on pousse encore plus loin la satire et l'invective : les peuples « déjà prévenus d'une secrète aversion pour leurs conducteurs spirituels [1], » écoutent avidement la nouvelle doctrine. On ôte les difficultés du mystère de l'Eucharistie ; et au lieu de retenir les sens asservis, on les flatte. Les prêtres sont déchargés de la continence, les moines de tous leurs vœux, tout le monde du joug de la confession, salutaire à la vérité pour la correction des vices, mais pesant à la nature. On prêchoit une doctrine plus libre, et qui, comme dit M. Burnet, « traçoit un chemin simple et aisé pour aller au ciel [2]. » Des lois si commodes trouvoient une facile exécution. « De seize mille » ecclésiastiques dont le clergé d'Angleterre étoit composé, M. Burnet nous raconte que « les trois quarts » renoncèrent à leur célibat du temps d'Edouard [3], c'est-à-dire en cinq ou six ans ; et on faisoit de bons réformés de ces mauvais ecclésiastiques qui renonçoient à leurs vœux. Voilà comme on gagnoit le clergé. Pour les laïques, les biens de l'Eglise étoient en proie : l'argenterie des sacristies enrichissoit le fisc du prince : la seule châsse de saint Thomas de Cantorbéry, avec les inestimables présens qu'on y avoit envoyés de tous côtés, produisit au trésor royal des sommes immenses [4]. C'en fut assez pour faire dégrader le saint martyr. On le condamna pour le piller, et les richesses de son tombeau firent une partie de son crime. Enfin on aimoit mieux piller les églises que de faire un bon usage de leurs revenus selon l'intention des fondateurs. Quelle merveille qu'on ait gagné si promptement et les grands, et le clergé, et les peuples ! N'est-ce pas au contraire un miracle visible qu'il soit resté une

---

[1] Ire part., liv. I, p. 49. — [2] Ibid. — [3] Ire part., liv. II, p. 115. — [4] Ibid., Ire part.

étincelle en Israël, et que les autres royaumes n'aient pas suivi l'exemple de l'Angleterre, du Danemark, de la Suède et de l'Allemagne réformées par ces moyens?

XCVII. Si le duc de Sommerset avoit l'air d'un réformateur.

Parmi toutes ces réformations, la seule qui n'avançoit pas étoit visiblement celle des mœurs. Nous avons vu sur ce point comme l'Allemagne avoit profité de la Réforme de Luther; et il n'y a qu'à lire l'histoire de M. Burnet pour voir qu'il n'en alloit pas autrement en Angleterre. On a vu Henri VIII son premier réformateur, l'ambitieux duc de Sommerset fut le second. Il s'égaloit aux souverains, lui qui n'étoit qu'un sujet, et prenoit le titre « de duc de Sommerset par la grace de Dieu [1]. » Au milieu « des désordres de l'Angleterre, et des ravages que la peste faisoit à Londres, » il ne songeoit qu'à bâtir le plus magnifique palais qu'on eût jamais vu ; et pour comble d'iniquité, il le bâtissoit « des ruines d'églises et d'hôtels d'évêques, » et des revenus que « lui cédoient les évêques et les chapitres [2] ; » car il falloit bien lui céder tout ce qu'il vouloit. Il est vrai qu'il en prenoit un don du roi : mais c'étoit le crime d'abuser ainsi de l'autorité d'un roi enfant et d'accoutumer son pupille à ces donations sacrilèges [3]. Je passe le reste des attentats qui le firent condamner par arrêt du Parlement premièrement à perdre l'autorité qu'il avoit usurpée sur le conseil ; et ensuite à perdre la vie. Mais sans examiner les raisons qu'il eut de faire couper la tête à son frère l'amiral, quelle honte d'avoir fait subir à un homme de cette dignité et à son propre frère la loi inique d'être condamné « sur de simples dépositions, et sans écouter ses défenses [4] ! » En vertu de cette coutume l'amiral fut jugé, comme tant d'autres, sans être ouï. Le Protecteur obligea le roi à ordonner aux communes de passer outre au procès, sans entendre l'accusé ; et c'est ainsi qu'il instruisoit son pupille à faire justice.

XCVIII. Vains empressemens de M. Burnet à justifier Cranmer sur de petites choses.

M. Burnet se met fort en peine pour justifier son Cranmer de ce qu'il signa étant évêque l'arrêt de mort de ce malheureux, et se mêla contre les canons dans une cause de sang [5]. Sur cela il fait à son ordinaire un de ces plans spécieux, où il tâche toujours indirectement de rendre odieuse la foi de l'Eglise, et d'en éluder

[1] P. 203. — [2] Ibid. — [3] Ibid. — [4] P. 151. — [5] Ibid.

les canons : mais il ne prend pas garde au principal. S'il falloit chercher des excuses à Cranmer, ce n'étoit pas seulement pour avoir violé les canons, qu'il devoit respecter plus que tous les autres étant archevêque, mais pour avoir violé la loi naturelle observée par les païens mêmes, « de ne condamner aucun accusé sans l'entendre dans ses défenses [1]. » Cranmer, malgré cette loi, condamna l'amiral et signa l'ordre de l'exécuter. Un si grand réformateur ne devoit-il pas s'élever contre une coutume si barbare ? Mais non : il valoit bien mieux démolir les autels, abattre les images sans épargner celle de Jésus-Christ, et abolir la messe que tant de Saints avoient dite et entendue depuis l'établissement du christianisme parmi les Anglois.

Pour achever ici la vie de Cranmer, à la mort d'Edouard VI il signa la disposition où ce jeune prince, en haine de la princesse sa sœur qui étoit catholique, changeoit l'ordre de la succession. M. Burnet veut qu'on croie que l'archevêque souscrivit avec peine [2]. Ce lui est assez que ce grand réformateur fasse les crimes avec quelque répugnance : mais cependant le conseil dont Cranmer étoit le chef, donna tous les ordres pour armer le peuple contre la reine Marie, et pour soutenir l'usurpatrice Jeanne de Suffolk ; la prédication y fut employée, et Ridley évêque de Londres eut charge de parler pour elle dans la chaire [3]. Quand elle fut sans espérance, Cranmer avec tous les autres avoua son crime, et eut recours à la clémence de la reine. Cette princesse rétablissoit la religion catholique, et l'Angleterre se réunissoit au Saint-Siége. Comme on avoit toujours vu Cranmer accommoder sa religion à celle du roi, on crut aisément qu'il suivroit celle de la reine, et qu'il ne feroit non plus de difficulté de dire la messe, qu'il en avoit fait sous Henri, treize ans durant, sans y croire. Mais l'engagement étoit trop fort, et il se seroit déclaré trop évidemment un homme sans religion, en changeant ainsi à tout vent. On le mit dans la tour de Londres et pour le crime d'Etat et pour le crime d'hérésie [4]. Il fut déposé par l'autorité de la reine [5]. Cette autorité étoit légitime à son égard, puisqu'il l'avoit reconnue et même

XCIX.
Cranmer et les autres réformateurs inspirent la révolte contre la reine Marie. 1553.

1554.

---

[1] *Act.*, xxv, 16. — [2] IIe part., p. 341. — [3] Liv. II, p. 356 et seq. — [4] P. 374. — [5] P. 414.

établie. C'étoit par cette autorité qu'il avoit lui-même déposé Bonner évêque de Londres, et il fut puni par les lois qu'il avoit faites. Par une raison semblable les évêques qui avoient reçu leurs évêchés pour un certain temps furent révoqués [1], et jusqu'à ce que l'ordre ecclésiastique fût entièrement rétabli, on agit contre les protestans selon leurs maximes.

C. Cranmer déclaré hérétique, et pour quel article. 1555.

Après la déposition de Cranmer, on le laissa quelque temps en prison. Ensuite il fut déclaré hérétique, et il reconnut lui-même « que c'étoit pour avoir nié la présence corporelle de Jésus-Christ dans l'Eucharistie [2]. » On voit par là en quoi on faisoit consister alors la principale partie de la réformation d'Edouard VI; et je suis bien aise de le faire remarquer ici, parce que tout cela sera changé sous Elisabeth.

CI. Fausse réponse de Cranmer devant ses juges.

1556.

Lorsqu'il s'agit de décerner dans les formes du supplice de Cranmer, ses juges furent composés de commissaires du Pape et de commissaires de Philippe et de Marie; car la reine avoit alors épousé Philippe II, roi d'Espagne. L'accusation roula sur les mariages et les hérésies de Cranmer. M. Burnet nous apprend que la reine lui pardonna le crime d'Etat, pour lequel il avoit déjà été condamné dans le Parlement. Il avoua les faits qu'on lui imputoit sur sa doctrine et ses mariages, « et remontra seulement qu'il n'avoit jamais forcé personne de signer ses sentimens [3]. »

CII. Cranmer condamné selon ses principes.

A entendre un discours si plein de douceur, on pourroit croire que Cranmer n'avoit jamais condamné personne pour la doctrine. Mais pour ne point ici parler de l'emprisonnement de Gardiner évêque de Winchester, de celui de Bonner évêque de Londres [4], ni d'autres choses semblables, l'archevêque avoit souscrit sous Henri au jugement où Lambert, et ensuite Anne Askew furent condamnés à mort pour avoir nié la présence réelle [5] : et sous Edouard à celui de Jeanne de Kent, et à celui de George de Pare, brûlés pour leurs hérésies [6]. Bien plus, Edouard porté à la clémence refusoit de signer l'arrêt de mort de Jeanne de Kent, et il n'y fut déterminé que par l'autorité de Cranmer [7]. Si donc on le condamna pour

---

[1] P. 412. — [2] P. 425. — [3] II° part., liv. II, p. 496. — [4] II° part., liv. I, p. 53, 54. — [5] I°° part., liv. II, p. 346; liv. III, p. 467. — [6] II° part., liv. I, p. 169, 171. — [7] *Ibid.*, p. 170.

cause d'hérésie, il en avoit lui-même très-souvent donné l'exemple.

Dans le dessein de prolonger l'exécution de son jugement, il déclara « qu'il étoit prêt d'aller soutenir sa doctrine devant le Pape [1], » sans néanmoins le reconnoître : du Pape, au nom duquel on le condamnoit, il appela au concile général. Comme il vit qu'il ne gagnoit rien, « il abjura les erreurs de Luther et de Zuingle [2], » et reconnut distinctement avec la présence réelle tous les autres points de la foi catholique. L'abjuration qu'il signa étoit conçue dans les termes qui marquoient le plus une véritable douleur de s'être laissé séduire. Les réformés furent consternés. Cependant leur réformateur fit une seconde abjuration [3], c'est-à-dire que lorsqu'il vit, malgré son abjuration précédente, que la reine ne lui vouloit pas pardonner, il revint à ses premières erreurs; mais il s'en dédit bientôt, « ayant » encore, dit M. Burnet, « de foibles espérances d'obtenir sa grace. » Ainsi, poursuit cet auteur, « il se laissa persuader de mettre au net son abjuration, et de la signer de nouveau. » Mais voici le secret qu'il trouva pour mettre sa conscience à couvert. M. Burnet continue : « Appréhendant d'être brûlé malgré ce qu'il avoit fait, il écrivit secrètement une confession sincère de sa créance, et la porta avec lui quand on le mena au supplice. » Cette confession ainsi « secrètement écrite, » nous fait assez voir qu'il ne voulut point paroître protestant tant qu'il lui resta quelque espérance. Enfin comme il en fut tout à fait déchu, il se résolut à dire ce qu'il avoit dans le cœur, et à se donner la figure d'un martyr.

CIII.
Cranmer abjure la Réforme par deux fois, un peu avant son supplice.

M. Burnet emploie toute son adresse à couvrir la honte d'une mort si misérable ; et après avoir allégué en faveur de son héros les fautes de saint Athanase et de saint Cyrille, dont nous ne voyons nulle mention dans l'histoire ecclésiastique, il allègue le reniement de saint Pierre très-connu dans l'Evangile. Mais quelle comparaison de la foiblesse d'un moment de ce grand apôtre avec la misère d'un homme qui a trahi sa conscience durant presque tout le cours de sa vie, et treize ans durant à commencer depuis le temps de son épiscopat? qui jamais n'a osé se déclarer que lorsqu'il a eu un roi pour lui? et qui enfin prêt à mourir con-

CIV.
M. Burnet compare la faute de Cranmer à celle de S. Pierre.

[1] II⁰ part., liv. I, p. 497. — [2] P. 498. — [3] P. 499.

fessa tout ce qu'on voulut, tant qu'il eut un moment d'espérance, en sorte que sa feinte abjuration n'est visiblement qu'une suite de la lâche dissimulation de toute sa vie ?

<small>CV. S'il est vrai que Cranmer ne fut complaisant envers Henri VIII que tant que sa conscience le lui permit.</small> Avec cela, si Dieu le permet, on nous vantera encore la vigueur de ce perpétuel flatteur des rois [1], qui a tout sacrifié à la volonté de ses maîtres, cassant tout autant de mariages, souscrivant à tout autant de condamnations, et consentant à tout autant de lois qu'on a voulu, même à celles qui étoient ou en vérité, ou selon son sentiment, les plus iniques ; qui enfin n'a point rougi d'asservir la céleste autorité des évêques à celle des rois de la terre, et à rendre l'Eglise leur captive dans la discipline, dans la prédication de la parole, dans l'administration des sacremens et dans la foi. Cependant M. Burnet ne trouve en lui « qu'une tache remarquable [2], » qui est celle de son abjuration ; et pour le reste il avoue seulement, encore en veut-il douter, « qu'il a été peut-être un peu trop soumis aux volontés de Henri VIII. » Mais ailleurs, pour le justifier tout à fait, il assure que « s'il eut de la complaisance pour Henri, ce fut tant que sa conscience le lui permit [3]. » Sa conscience lui permettoit donc de casser deux mariages sur des prétextes notoirement faux, et qui n'avoient d'autre fondement que de nouvelles amours ? Sa conscience lui permettoit donc, étant luthérien, de souscrire à des articles de foi où tout le luthéranisme étoit condamné et où la messe, l'injuste objet de l'horreur de la nouvelle Réforme, étoit approuvée ? Sa conscience lui permettoit donc de la célébrer sans y croire durant toute la vie de Henri ; d'offrir à Dieu, même pour les morts, un sacrifice qu'il regardoit comme une abomination ; de consacrer des prêtres à qui il donnoit le pouvoir de l'offrir ; d'exiger de ceux qu'il faisoit sous-diacres, selon la formule du *Pontifical* auquel on n'avoit encore osé toucher, la continence, à laquelle il ne se croyoit pas obligé lui-même, puisqu'il étoit marié ; de jurer obéissance au Pape qu'il regardoit comme l'Antechrist, d'en recevoir des bulles, et de se faire instituer archevêque par son autorité ; de prier les Saints et d'encenser les images, quoique selon les maximes des luthériens tout cela ne fût autre chose qu'une idolâtrie ; enfin de professer et

---

[1] M. Burnet, p. 502, 503. — [2] P. 503. — [3] P. 523.

de pratiquer tout ce qu'il croyoit devoir ôter de la maison de Dieu comme une exécration et un scandale ?

Mais c'est que « les réformateurs (ce sont les paroles de M. Burnet) ne savoient pas encore que ce fût absolument un péché de retenir tous ces abus, jusqu'à ce que l'occasion se présentât de les abolir[1]. » Sans doute ils ne savoient pas que ce fût absolument un péché que de changer selon leur pensée la Cène de Jésus-Christ en un sacrilége, et de se souiller par l'idolâtrie ! Pour s'abstenir de ces choses, le commandement de Dieu ne suffisoit pas : il falloit attendre que le roi et le Parlement le voulussent !

CVI. M. Burnet excuse mal les réformateurs.

On nous allègue Naaman, qui obligé par sa charge de donner la main à son roi, ne vouloit pas demeurer debout pendant que son maître fléchissoit le genou dans le temple de Remmon[2]; et on compare des actes de religion avec le devoir et la bienséance d'une charge séculière. On nous allègue les apôtres, qui « après l'abolition de la loi mosaïque adoroient encore dans le temple, retenoient la circoncision et offroient des sacrifices[3]; » et on compare des cérémonies que Dieu avoit instituées et qu'il falloit, comme disent tous les saints Pères, ensevelir avec honneur, à des actes que l'on croit être d'une manifeste impiété. On nous allègue les mêmes apôtres qui se faisoient tout à tous, et les premiers chrétiens qui ont adopté des cérémonies du paganisme. Mais si les premiers chrétiens ont adopté des cérémonies indifférentes, s'ensuit-il qu'on en doive pratiquer qu'on croit pleines de sacrilége ? Que la Réforme est aveugle, qui pour donner de l'horreur des pratiques de l'Eglise, les appelle des idolâtries ! qui contraire à elle-même, lorsqu'il s'agit d'excuser les mêmes pratiques dans ses auteurs, les traite d'indifférentes, et fait voir plus clair que le jour, ou qu'elle se moque de tout l'univers en appelant *idolâtrie* ce qui ne l'est pas, ou que ceux qu'elle regarde comme ses héros sont les plus corrompus de tous les hommes ! Mais Dieu a révélé leur hypocrisie par leur historien, et c'est M. Burnet qui met leur honte en plein jour.

CVII. Illusion dans les exemples de M. Burnet.

Au reste si pour convaincre la réformation prétendue par elle-même, je n'ai fait pour ainsi dire qu'abréger l'histoire de M. Bur-

CVIII. M. Burnet peu sûr

[1] Tom. I, *Préf.* — [2] IV *Reg.*, V, 18, 19. — [3] Tom. I, *Préf.*

net, et que j'aie reçu comme vrais les faits que j'ai rapportés : par là je ne prétends point accorder les autres, ni qu'il soit permis à M. Burnet de faire passer tout ce qu'il raconte à la faveur des vérités désavantageuses à sa religion qu'il n'a pu nier. Je ne lui avouerai pas, par exemple, ce qu'il dit sans témoignage et sans preuve, que c'étoit « une résolution prise » entre François Ier et Henri VIII de se soustraire « de concert » à l'obéissance du Pape, et de changer la messe en une simple communion, c'est-à-dire d'en supprimer l'oblation et le sacrifice [1]. On n'a jamais ouï parler en France de ce fait avancé par M. Burnet. On ne sait non plus ce que veut dire cet historien, lorsqu'il assure que ce qui fit changer à François Ier la résolution d'abolir la puissance des Papes, c'est que Clément VII « lui accorda tant d'autorité sur tout le clergé de France, que ce prince n'en eût pas eu davantage en créant un patriarche [2]; » car ce n'est là qu'un discours en l'air, et une chose inconnue à notre histoire. M. Burnet ne sait pas mieux l'histoire de la religion protestante, lorsqu'il avance si hardiment, comme chose avouée entre les réformateurs, que « les bonnes œuvres étoient indispensablement nécessaires pour le salut [3]; » car il a vu et il verra cette proposition : « Les bonnes œuvres sont nécessaires au salut, » expressément condamnée par les luthériens dans leurs assemblées les plus solennelles [4]. Je m'éloignerois trop de mon dessein, si je relevois les autres faits de cette nature : mais je ne puis m'empêcher d'avertir le monde du peu de croyance que mérite cet historien sur le sujet du concile de Trente qu'il a parcouru si négligemment, qu'il n'a pas même pris garde au titre que ce concile a mis à la tête des ses décisions, puisqu'il lui reproche « d'avoir usurpé le titre glorieux de très-saint concile œcuménique, représentant l'Eglise universelle [5], » bien que cette qualité ne se trouve en aucun de ses décrets : chose peu importante en elle-même, puisque ce n'est pas cette expression qui constitue un concile, mais enfin elle n'eût pas échappé à un homme qui auroit seulement ouvert le livre avec quelque attention.

---

[1] Ire part., liv. II, p. 196; Ire part., liv. III, p. 467. — [2] Ire part., lib. III, p. 196. — [3] *Ibid.*, p. 392, 393. — [4] Ci-dessus, liv. V, n. 12; et ci-après liv. VIII, n. 30 et suiv. — [5] IIe part., liv. I, p. 29.

On se doit donc bien garder de croire notre historien en ce qu'il prononce touchant ce concile sur la foi de Fra-Paolo, qui n'en est pas tant l'historien que l'ennemi déclaré. M. Burnet fait semblant de croire que cet auteur doit être pour les catholiques au-dessus de tout reproche, parce qu'il est « de leur parti [1] ; » et c'est le commun artifice de tous les protestans. Mais ils savent bien en leur conscience que ce Fra-Paolo, qui faisoit semblant d'être des nôtres, n'étoit en effet qu'un protestant habillé en moine. Personne ne le connoît mieux que M. Burnet qui nous le vante. Lui qui le donne dans son *Histoire de la Réformation* pour un auteur « de notre parti, » nous le fait voir dans un autre livre qu'on vient de traduire en notre langue, comme un protestant caché, qui regardoit « la liturgie anglicane comme son modèle [2] ; » qui à l'occasion des troubles arrivés entre Paul V et la république de Venise, ne travailloit qu'à porter cette république à « une entière séparation, non-seulement de la Cour, mais encore de l'Eglise de Rome ; » qui se croyoit « dans une Eglise corrompue et dans une communion idolâtre, » où il ne laissoit pas de demeurer; qui écoutoit « les confessions, qui disoit la messe, et adoucissoit les reproches de sa conscience en omettant une grande partie du canon, et en gardant le silence dans les parties de l'office qui étoient contre sa conscience. » Voilà ce qu'écrit M. Burnet dans la vie de Guillaume Bedell évêque protestant de Kilmore en Irlande, qui s'étoit trouvé à Venise dans le temps du démêlé, et à qui Fra-Paolo avoit ouvert son cœur. Je n'ai pas besoin de parler des lettres de cet auteur, toutes protestantes qu'on avoit dans toutes les bibliothèques, et que Genève a enfin rendues publiques. Je ne parle à M. Burnet que de ce qu'il écrivoit lui-même, pendant qu'il comptoit parmi nos auteurs Fra-Paolo, protestant sous un froc, qui disoit la messe sans y croire, et qui demeuroit dans une église dont le culte lui paroissoit une idolâtrie.

CIX.
Illusion de M. Burnet sur Fra-Paolo.

Mais ce que je lui pardonne le moins, c'est ces images ingénieuses qu'il nous trace, à l'exemple de Fra-Paolo, et avec aussi peu de vérité, des anciens dogmes de l'Eglise. Il est vrai que cette

CX.
Les plans de la religion que fait

---

[1] 1re part., *Préf.* — [2] *Vie de Guill. Bedel., év. de Kilmore, en Irlande*, p. 9, 19, 20.

Burnet, à l'exemple de Fra-Paolo.

invention est aussi commode qu'agréable. Au milieu de son récit un adroit historien fait couler tout ce qu'il lui plaît de l'antiquité, et nous en fait un plan à sa mode. Sous prétexte qu'un historien ne doit ni entrer en preuve, ni faire le docteur, on se contente d'avancer des faits qu'on croit favorables à sa religion. On veut se moquer du culte des images ou des reliques, ou de l'autorité du Pape, ou de la prière pour les morts, ou même, pour ne rien omettre, du *Pallium;* on donne à ces pratiques telle forme et telle date qu'on veut. On dit par exemple que le *Pallium*, « honneur chimérique, est de l'invention de Paschal II [1], » quoiqu'on le trouve cinq cents ans devant dans les lettres du pape Vigile et de saint Grégoire. Le crédule lecteur, qui trouve une histoire toute parée de ces réflexions, et qui voit partout, dans un ouvrage dont le caractère doit être la sincérité, un abrégé des antiquités de plusieurs siècles, sans songer que l'auteur lui donne ou ses préventions ou ses conjectures pour des vérités constantes, en admire l'érudition comme les tours agréables, et croit être à l'origine des choses. Mais il n'est pas juste que M. Burnet, sous le titre insinuant d'*historien,* décide ainsi des antiquités; ni que Fra-Paolo qu'il a imité acquière le droit de faire croire tout ce qu'il voudra de notre religion, à cause que sous un froc il cachoit un cœur calviniste, et qu'il travailloit sourdement à décréditer la messe qu'il disoit tous les jours.

CXI.
Pitoyable allégation de Gerson.

Qu'on ne croie donc plus M. Burnet en ce qu'il dit sur les dogmes de l'Eglise, qu'il tourne tout à contre-sens. Soit qu'il parle par lui-même, ou qu'il introduise dans son histoire quelqu'un qui parle contre notre doctrine, il a toujours un dessein secret de la décrier. Peut-on souffrir son Cranmer, lorsqu'abusant d'un traité que Gerson a fait *de auferibilitate Papæ,* il en conclut que selon ce docteur « on peut fort bien se passer du Pape [2]? » au lieu qu'il veut dire seulement, comme la suite de cet ouvrage le montre d'une manière à ne laisser aucun doute, qu'on peut déposer le Pape en certains cas. Quand on raconte sérieusement de pareilles choses, on veut amuser le monde, et on s'ôte toute croyance parmi les gens sérieux.

[1] P. 509. — [2] Ire part., liv. II, p. 251.

Mais l'endroit où notre historien a épuisé toutes ses adresses et usé pour ainsi dire toutes ses plus belles couleurs, est celui du célibat des ecclésiastiques. Je ne prétends pas discuter ce qu'il en dit sous le nom de Cranmer ou de lui-même [1]. On peut juger de ses remarques sur l'antiquité par celles qu'il fait sur le *Pontifical romain*, dont on avouera bien que les sentimens sur le célibat ne sont pas obscurs. « On consideroit, dit-il, que l'engagement où entrent les gens d'église, suivant les cérémonies du *Pontifical romain*, n'emportent pas nécessairement le célibat. Celui qui confère les ordres demande à celui qui les reçoit, *s'il promet de vivre dans la chasteté et dans la sobriété?* [2] » A quoi le sous-diacre répond : « Je le promets. » M. Burnet conclut de ces paroles qu'on n'obligeoit qu'à la chasteté qui « se trouve parmi les gens mariés, de même que parmi ceux qui ne le sont pas. » Mais l'illusion est trop grossière pour être soufferte. Les paroles qu'il rapporte ne se disent pas dans l'ordination du sous-diacre, mais dans celle de l'évêque [3]. Et dans celle du sous-diacre, on arrête celui qui se présente à cet ordre, pour lui déclarer que « jusqu'alors il a été libre ; » mais que s'il passe plus avant, « il faudra garder la chasteté [4]. » M. Burnet dira-t-il encore que la chasteté dont il est ici question est celle qu'on garde dans le mariage, et qui nous apprend « à nous abstenir de tous les plaisirs illicites ? » Est-ce donc qu'il falloit attendre le sous-diaconat pour entrer dans cette obligation ? Et qui ne reconnoît ici cette profession de la continence imposée, selon les anciens canons, aux principaux clercs, dès le temps qu'on les élève au sous-diaconat ?

CXII. Erreur grossière sur le célibat et sur le *Pontifical romain*.

M. Burnet répond encore que sans s'arrêter au *Pontifical*, les prêtres anglois qui se marièrent du temps d'Edouard avoient été ordonnés sans qu'on leur en eût fait la demande, et par conséquent sans en avoir fait le vœu [5]. Mais le contraire paroît par lui-même, puisqu'il a reconnu que du temps de Henri VIII on ne retrancha rien dans les *Rituels*, ni dans les autres livres d'offices, si ce n'est quelques prières outrées qu'on y adressoit aux Saints, ou quelque autre chose peu importante ; et on voit bien que ce

CXIII. Vaine défaite.

---

[1] Ire part., liv. III, p. 353. — [2] IIe part., liv. I, p. 138. — [3] *Pont. Rom. in Cons. Episc.* — [4] *Ibid., in Ordin. Subdiac.* — [5] IIe part., liv. I, p. 139.

prince n'avoit garde de retrancher dans l'ordination la profession de la continence, lui qui a défendu de la violer premièrement sous peine de mort, et lorsqu'il s'est le plus relâché, « sous peine de confiscation de tous biens [1]. » C'est aussi pour cette raison que Cranmer n'osa jamais déclarer son mariage durant la vie de Henri, et il lui fallut ajouter à un mariage défendu la honte de la clandestinité.

CXIV. Conclusion de ce livre. — Je ne m'étonne donc plus que sous un tel archevêque on ait méprisé la doctrine de ses saints prédécesseurs, d'un saint Dunstan, d'un Lanfranc, d'un saint Anselme, dont les vertus admirables, et en particulier la continence, ont été l'honneur de l'Eglise. Je ne m'étonne pas qu'on ait effacé du nombre des Saints un saint Thomas de Cantorbéry, dont la vie étoit la condamnation de Thomas Cranmer. Saint Thomas de Cantorbéry résista aux rois iniques; Thomas Cranmer leur prostitua sa conscience, et flatta leurs passions. L'un banni, privé de ses biens, persécuté dans les siens et dans sa propre personne, et affligé en toutes manières, acheta la liberté glorieuse de dire la vérité comme il la croyoit, par un mépris courageux de la vie et de toutes ses commodités : l'autre, pour plaire à son prince, a passé sa vie dans une honteuse dissimulation, et n'a cessé d'agir en tout contre sa croyance. L'un combattit jusqu'au sang pour les moindres droits de l'Eglise; et en soutenant ses prérogatives, tant celles que Jésus-Christ lui avoit acquises par son sang que celles que les rois pieux lui avoient données, il défendit jusqu'au dehors de cette sainte cité : l'autre en livra aux rois de la terre le dépôt le plus intime, la parole, le culte, les sacremens, les clefs, l'autorité, les censures, la foi même : tout enfin est mis sous le joug, et toute la puissance ecclésiastique étant réunie au trône royal, l'Eglise n'a plus de force qu'autant qu'il plaît au siècle. L'un enfin toujours intrépide et toujours pieux pendant sa vie, le fut encore plus à la dernière heure : l'autre toujours foible et toujours tremblant, l'a été plus que jamais dans les approches de la mort, et à l'âge de soixante-deux ans il a sacrifié à un misérable reste de vie sa foi et sa conscience. Aussi n'a-t-il laissé qu'un nom odieux parmi

[1] II⁰ part., liv. III, p. 386.

les hommes ; et pour l'excuser dans son parti même, on n'a que des tours ingénieux que les faits démentent : mais la gloire de saint Thomas de Cantorbéry vivra autant que l'Eglise; et ses vertus que la France et l'Angleterre ont révérées comme à l'envi, ne seront jamais oubliées : plus la cause que ce saint martyr soutenoit a paru douteuse et équivoque aux politiques et aux mondains, plus la divine puissance s'est déclarée d'en haut en sa faveur par les châtimens terribles qu'elle exerça sur Henri II, qui avoit persécuté le saint prélat; par la pénitence exemplaire de ce prince, qui seule put apaiser l'ire de Dieu ; et par des miracles d'un si grand éclat, qu'ils attirèrent, non-seulement les rois d'Angleterre, mais encore les rois de France à son tombeau : miracles d'ailleurs si continuels et si attestés par le concours unanime de tous les écrivains du temps, que pour les révoquer en doute, il faut rejeter toutes les histoires. Cependant la réformation anglicane a rayé un si grand homme du nombre des Saints. Mais elle a porté bien plus haut ses attentats : il faut qu'elle dégrade tous les Saints qu'elle a eus depuis qu'elle a été chrétienne. Bède son vénérable historien ne lui a conté que des fables, ou en tout cas des histoires peu prisées, quand il lui a raconté les merveilles de sa conversion, et la sainteté de ses pasteurs, de ses rois et de ses religieux. Le moine saint Augustin, qui lui a porté l'Evangile, et le pape saint Grégoire qui l'a envoyé, ne se sauvent pas des mains de la Réforme : elle les attaque par ses écrits. Si nous l'en croyons, la mission des Saints qui ont fondé l'Eglise anglicane est l'ouvrage de l'ambition et de la politique des Papes; et en convertissant les Anglois, saint Grégoire, un Pape si humble et si saint, a prétendu les assujettir à son Siége plutôt qu'à Jésus-Christ [1]. Voilà ce qu'on publie en Angleterre ; et sa réformation s'établit en foulant aux pieds, jusque dans la source, tout le christianisme de la nation. Mais une nation si savante ne demeurera pas longtemps dans cet éblouissement : le respect qu'elle conserve pour les Pères, et ses curieuses et continuelles recherches sur l'antiquité la ramèneront à la doctrine des premiers siècles. Je ne puis croire qu'elle persiste dans la haine qu'elle a conçue

[1] Vitach., *cont. Duræ.;* Fulc., *cont. Stapl.;* Ivel., *Apol. Eccl. Ang.*

contre la Chaire de saint Pierre, d'où elle a reçu le christianisme. Dieu travaille trop puissamment à son salut en lui donnant un roi incomparable en courage comme en piété. Enfin les temps de vengeance et d'illusion passeront, et Dieu écoutera les gémissemens de ses Saints.

LIVRE VIII.

Depuis 1546 jusqu'à l'an 1561.

SOMMAIRE.

Guerre ouverte entre Charles V et la ligue de Smalcalde. Thèses de Luther qui avoient excité les luthériens à prendre les armes. Nouveau sujet de guerre à l'occasion de Herman, archevêque de Cologne. Prodigieuse ignorance de cet archevêque. Les protestans défaits par Charles V. L'électeur de Saxe et le landgrave de Hesse prisonniers. L'*Interim*, ou le livre de l'Empereur, qui règle par provision et en attendant le concile, les matières de religion pour les protestans seulement. Les troubles causés dans la Prusse par la nouvelle doctrine d'Osiandre luthérien sur la Justification. Disputes entre les luthériens après l'*Interim*. Illyric disciple de Mélanchthon tâche de le perdre à l'occasion des cérémonies indifférentes. Il renouvelle la doctrine de l'ubiquité. L'Empereur presse les luthériens de comparoître au concile de Trente. La Confession appelée *Saxonique*, et celle du duché de Virtemberg dressées à cette occasion. La distinction des péchés mortels et véniels. Le mérite des bonnes œuvres reconnu de nouveau. Conférence à Vorms pour la conciliation des religions. Les luthériens s'y brouillent entre eux, et décident néanmoins d'un commun accord que les bonnes œuvres ne sont pas nécessaires à salut. Mort de Mélanchthon dans une horrible perplexité. Les zuingliens condamnés par les luthériens dans un synode tenu à Iène (a). Assemblée de luthériens tenue à Naümbourg, pour convenir de la vraie édition de la *Confession d'Augsbourg*. L'incertitude demeure aussi grande. L'ubiquité s'établit presque dans tout le luthéranisme. Nouvelles décisions sur la coopération du libre arbitre. Les luthériens sont contraires à eux-mêmes; et pour répondre tant aux libertins qu'aux chrétiens infirmes, ils tombent dans le demi-pélagianisme. Du livre de la *Concorde* compilé par les luthériens, où toutes leurs décisions sont renfermées.

1. Thèses de Luther pour exciter les luthériens à prendre les armes.

La ligue de Smalcalde étoit redoutable, et Luther l'avoit excitée à prendre les armes d'une manière si furieuse, qu'il n'y avoit aucun excès qu'on n'en dût craindre. Enflé de la puissance de tant de princes conjurés, il avoit publié des thèses dont il a déjà été

(a) Iéna.

parlé ¹. Jamais on n'avoit rien vu de plus violent. Il les avoit soutenues dès l'an 1540; mais nous apprenons de Sleidan ² qu'il les publia de nouveau en 1545, c'est-à-dire un an avant sa mort. Là il comparoit le Pape à un loup enragé, « contre lequel tout le monde s'arme au premier signal, sans attendre l'ordre du magistrat. Que si renfermé dans une enceinte le magistrat le délivre, on peut continuer, disoit-il, à poursuivre cette bête féroce, et attaquer impunément ceux qui auront empêché qu'on ne s'en défît. Si on est tué dans cette attaque avant que d'avoir donné à la bête le coup mortel, il n'y a qu'un seul sujet de se repentir; c'est de ne lui avoir pas enfoncé le couteau dans le sein. Voilà comme il faut traiter le Pape. Tous ceux qui le défendent doivent aussi être traités comme les soldats d'un chef de brigands, fussent-ils des rois et des césars. » Sleidan qui récite une grande partie de ces thèses sanguinaires, n'a osé rapporter ces derniers mots, tant ils lui ont paru horribles : mais ils étoient dans les thèses de Luther, et on les y voit encore dans l'édition de ses œuvres ³.

1540.
1545.

II. Il arriva en ce temps un nouveau sujet de querelle. Herman archevêque de Cologne s'étoit avisé de réformer son diocèse à la nouvelle manière, et il y avoit appelé Mélanchthon et Bucer. C'étoit constamment le plus ignorant de tous les prélats, et un homme toujours entraîné où vouloient ses conducteurs. Tant qu'il écouta les conseils du docte Gropper, il tint de très-saints conciles pour la défense de l'ancienne foi, et pour commencer une véritable réformation des mœurs. Dans la suite les luthériens s'emparèrent de son esprit, et le firent donner à l'aveugle dans leurs sentimens. Comme le landgrave parloit une fois à l'Empereur de ce nouveau réformateur : « Que réformera ce bon homme? lui répondit-il, à peine entend-il le latin. En toute sa vie il n'a jamais dit que trois fois la messe : je l'ai ouï deux fois; il n'en savoit pas le commencement ⁴. » Le fait étoit constant; et le landgrave, qui n'osoit dire qu'il sût un mot de latin, assura « qu'il avoit lu de bons livres allemands, et entendoit la religion. » C'étoit l'entendre, selon le landgrave, que de favoriser le parti. Comme le Pape et l'Empe-

II. Herman, archevêque de Cologne, appelle les protestans dans son diocèse. Son ignorance prodigieuse.

¹ Ci-dessus, liv. I, n. 25. — ² Sleid., liv. XVI, p. 264. — ³ Tom. I, Vit., 407. — ⁴ Sleid., lib. XVII, 276.

reur s'unirent contre lui, les princes protestans de leur côté « lui promirent de le secourir si on l'attaquoit pour la religion¹. »

On en vint bientôt à la force ouverte. Plus l'Empereur témoignoit que ce n'étoit pas pour la religion qu'il prenoit les armes, mais pour mettre à la raison quelques rebelles dont l'électeur de Saxe et le landgrave étoient les chefs; plus ceux-ci publioient dans leurs manifestes que cette guerre ne se faisoit que par la secrète instigation de l'Antechrist romain et du concile de Trente². C'est ainsi que, selon les thèses de Luther, ils tâchoient de faire paroître licite la guerre qu'ils faisoient à l'Empereur. Il y eut pourtant entre eux une dispute, comment on traiteroit Charles V dans les écrits qu'on publioit. L'électeur plus consciencieux ne vouloit pas qu'on lui donnât le nom d'empereur : « Autrement, disoit-il, on ne pourroit pas licitement lui faire la guerre³. » Le landgrave n'avoit point de ces scrupules, et d'ailleurs qui avoit dégradé l'Empereur? Qui lui avoit ôté l'Empire? Vouloit-on établir cette maxime, qu'on cessât d'être empereur dès qu'on seroit uni avec le Pape? C'étoit une pensée ridicule autant que criminelle. A la fin, pour tout accommoder, il fut dit que sans avouer ni nier que Charles V fût empereur, on le traiteroit comme se portant pour tel, et par cet expédient toutes les hostilités devinrent permises. Mais la guerre ne fut pas heureuse pour les protestans. Abattus par la fameuse victoire de Charles V près de l'Elbe, et par la prise du duc de Saxe et du landgrave, ils ne savoient à quoi se résoudre. L'Empereur leur proposa de son autorité un formulaire de doctrine qu'on appela l'*Interim,* ou le livre de l'Empereur, qu'il leur ordonnoit de suivre par provision jusqu'au concile. Toutes les erreurs des luthériens y étoient rejetées : on y toléroit seulement le mariage des prêtres qui s'étoient faits luthériens, et on laissoit la communion sous les deux espèces à ceux qui l'avoient rétablie. A Rome on blâma l'Empereur d'avoir osé prononcer sur des matières de religion. Ses partisans répondoient qu'il n'avoit pas prétendu faire une décision ni une loi pour l'Eglise, mais seulement prescrire aux luthériens ce

¹ *Epist. Vit. Theod.,* inter *Ep. Calv.,* p. 82. — ² Sleid., *ibid.,* 289, 295, etc. — ³ *Ibid.,* 297.

qu'ils pouvoient faire de mieux en attendant le concile. Cette question n'est pas de mon sujet; et il me suffit de remarquer en passant, que l'*Interim* ne peut point passer pour un acte authentique de l'Eglise, puisque ni le Pape ni les évêques ne l'ont jamais approuvé. Quelques luthériens l'acceptèrent plutôt par force qu'autrement : la plupart le rejetèrent, et le dessein de Charles V n'eut pas grand succès.

Pendant que nous en sommes sur ce livre, il n'est pas hors de propos de remarquer qu'il avoit déjà été proposé à la conférence de Ratisbonne en 1541. Trois théologiens catholiques, Pflugius évêque de Naümbourg, Gropper et Eccius y devoient traiter par l'ordre de l'Empereur de la réconciliation des religions avec Mélanchthon, Bucer et Pistorius, trois protestans. Eccius rejeta le livre; et les prélats avec les Etats catholiques n'approuvèrent pas qu'on proposât un corps de doctrine sans en communiquer avec le légat du Pape qui étoit alors à Ratisbonne [1]. C'étoit le cardinal Contarénus, très-savant théologien, et qui est loué même par les protestans. Ce légat ainsi consulté répondit qu'une affaire de cette nature devoit être « renvoyée au Pape, pour être réglée ou dans le concile général qu'on alloit ouvrir, ou par quelque autre manière convenable. »

IV.
Projet de l'*Interim*. La conférence de Ratisbonne de 1541.

Il est vrai qu'on ne laissa pas de continuer les conférences; et quand les trois protestans furent convenus avec Pflugius et Gropper de quelques articles, on les appela *les articles conciliés*, encore qu'Eccius s'y fût toujours opposé. Les protestans demandoient que l'Empereur autorisât ces articles, en attendant qu'on pût convenir des autres [2]. Mais les catholiques s'y opposèrent, et déclarèrent plusieurs fois qu'ils ne pouvoient consentir au changement d'aucun dogme ni d'aucun rit reçu dans l'Eglise catholique [3]. De leur côté les protestans, qui pressoient la réception des articles conciliés, y donnoient des explications à leur mode dont on n'étoit pas convenu; et ils firent un dénombrement des choses « omises dans les articles conciliés [4]. » Mélanchthon, qui rédigea

V.
Articles conciliés et non conciliés ce que c'est dans cette conférence.

---

[1] Sleid., lib. XIV; *Act. coll. Ratisb.*, Argent., 1542, p. 199; *ibid.*, 132; Mel., ib. I, ep. XXIV, XXV; *Act. Ratisb.*, ibid., 136. — [2] *Ibid.*, 153; Sleid., *ibid.* — [3] *Ibid.*, 157. — [4] Sleid., *Resp. princ.*, 78; *Annotata aut omissa in artic. Concil.*, 82.

ces remarques, écrivit à l'Empereur au nom de tous les protestans, qu'on recevroit les articles conciliés, « pourvu qu'ils fussent bien entendus [1]; » c'est-à-dire qu'ils les trouvoient eux-mêmes conçus en termes ambigus, et ce n'étoit qu'une illusion d'en presser la réception comme ils faisoient. Ainsi tous les projets d'accommodement demeurèrent sans effet : ce que je suis bien aise de remarquer par occasion, afin qu'on ne trouve pas étrange que je n'aie parlé qu'en passant d'une action aussi célèbre que la conférence de Ratisbonne.

VI. Autre conférence. La dernière main mise à l'*Interim*. Le peu de succès de ce livre. 1546.

Il s'en tint une autre dans la même ville et avec aussi peu de succès en 1546. L'Empereur faisoit cependant retoucher à son livre, où Pflugius évêque de Naümbourg, Michel Helding l'évêque titulaire de Sidon, et Islebius, protestans, mirent la dernière main [2]. Mais il ne fit que donner un nouvel exemple du mauvais succès que ces décisions impériales avoient accoutumé d'avoir en matière de religion.

VII. Nouvelle Confession de foi de Bucer.

Durant que l'Empereur s'efforçoit de faire recevoir son *Interim* dans la ville de Strasbourg, Bucer y publia une nouvelle Confession de foi [3], où cette église déclare qu'elle retient toujours immuablement sa première Confession de foi présentée à Charles V à Augsbourg en 1530, et qu'elle reçoit aussi l'accord fait à Vitenberg avec Luther; c'est-à-dire cet acte où il étoit dit que ceux mêmes qui n'ont pas la foi et qui abusent du sacrement, reçoivent la propre substance du corps et du sang de Jésus-Christ.

Dans cette confession de foi Bucer n'exclut formellement que la transsubstantiation, et laisse en son entier tout ce qui peut établir la présence réelle et substantielle.

VIII. On reçoit en même temps à Strasbourg deux actes contraires.

Ce qu'il y eut ici de plus remarquable, c'est que Bucer, qui en souscrivant les articles de Smalcalde, avoit souscrit en même temps, comme on a vu [4], la *Confession d'Augsbourg*, retint en même temps la *Confession de Strasbourg*, c'est-à-dire qu'il autorisa deux actes qui étoient faits pour se détruire l'un l'autre : car on se peut souvenir que la *Confession de Strasbourg* ne fut dressée que pour éviter de souscrire celle d'*Augsbourg* [5], et que

---

[1] Lib., ep. xxv, *ad Carol. V.* — [2] Sleid., lib. XX, 344. — [3] Hosp., ann. 1548, 204. — [4] Ci-dessus, liv. IV, 34. — [5] Ci-dessus, liv. III, n. 41.

ceux de la *Confession d'Augsbourg* ne voulurent jamais recevoir parmi leurs frères ceux de Strasbourg ni leurs associés. Maintenant tout cela s'accorde, c'est-à-dire qu'il est bien permis de changer dans la nouvelle Réforme, mais il n'est pas permis d'avouer qu'on change. La Réforme paroîtroit par cet aveu un ouvrage trop humain; et il vaut mieux approuver quatre ou cinq actes contradictoires, pourvu qu'on n'avoue pas qu'ils le sont, que de confesser qu'on a eu tort, surtout dans des confessions de foi.

Ce fut la dernière action que Bucer fit en Allemagne. Durant les mouvemens de l'*Interim*, il trouva un asile en Angleterre parmi les nouveaux protestans qui se fortifioient sous Edouard. Il y mourut en grande considération, sans néanmoins avoir pu rien changer dans les articles que Pierre Martyr y avoit établis : de sorte qu'on y demeura dans le pur zuinglianisme. Mais les sentimens de Bucer auront leur tour, et nous verrons les articles de Pierre Martyr changés sous Elisabeth.

<small>IX. Bucer passe en Angleterre où il meurt sans avoir pu rien changer dans les articles de Pierre Martyr.</small>

Les troubles de l'*Interim* écartèrent beaucoup de réformateurs. On fut scandalisé dans le parti même de leur voir abandonner leurs églises. Ce n'étoit pas leur coutume de s'exposer pour elles, ni pour la Réforme; et on a remarqué il y a longtemps qu'aucun d'eux n'y a laissé la vie; si ce n'est Cranmer, qui fit encore tout ce qu'il put pour la sauver en abjurant sa religion tant qu'on voulut. Le fameux Osiandre fut un de ceux qui prit le plus tôt la fuite. Il disparut tout à coup à Nuremberg, église qu'il gouvernoit il y avoit vingt-cinq ans et dès le commencement de la Réforme, et il fut reçu dans la Prusse. C'étoit une des provinces des plus affectionnées au luthéranisme. Elle appartenoit à l'ordre Teutonique : mais le prince Albert de Brandebourg, qui en étoit le grand-maître, conçut tout ensemble le désir de se marier, de réformer, et de se faire une souveraineté héréditaire. C'est ainsi que tout le pays devint luthérien, et le docteur de Nuremberg y excita bientôt de nouveaux désordres.

<small>X. Osiandre abandonne aussi son église de Nuremberg, et met tout en trouble dans la Prusse.</small>

<small>1525.</small>

André Osiandre s'étoit signalé parmi les luthériens par une opinion nouvelle qu'il y avoit introduite sur la justification. Il ne vouloit pas qu'elle se fît, comme tous les autres protestans le soutenoient, par l'imputation de la justice de Jésus-Christ, mais

<small>XI. Quel étoit Osiandre. Sa doctrine sur la justification.</small>

par l'intime union de la justice substantielle de Dieu avec nos ames [1], fondé sur cette parole souvent répétée en Isaïe et en Jérémie : « Le Seigneur est notre justice [2]. » Car de même que, selon lui, nous vivions par la vie substantielle de Dieu, et que nous aimions par l'amour essentiel qu'il a pour lui-même, ainsi nous étions justes par sa justice essentielle, qui nous étoit communiquée : à quoi il falloit ajouter la substance du Verbe incarné, qui étoit en nous par la foi, par la parole et par les sacremens. Dès le temps qu'on dressa la *Confession d'Augsbourg*, il avoit fait les derniers efforts pour faire embrasser cette prodigieuse doctrine par tout le parti, et il la soutint avec une audace extrême à la face de Luther. Dans l'assemblée de Smalcalde on fut étonné de sa témérité : mais comme on craignoit de faire éclater de nouvelles divisions dans le parti où il tenoit un grand rang par son savoir, on le souffrit. Il avoit un talent tout particulier pour divertir Luther ; et au retour de la conférence qu'on eut à Marpourg avec les sacramentaires, Mélanchthon écrivoit à Camérarius : « Osiandre a fort réjoui Luther et nous tous [3]. »

XII. L'esprit profane d'Osiandre remarqué par Calvin.

C'est qu'il faisoit le plaisant, surtout à table, et qu'il y disoit de bons mots, mais si profanes que j'ai peine à les répéter. C'est Calvin qui nous apprend dans une lettre qu'il écrit à Mélanchthon sur le sujet de cet homme, « que toutes les fois qu'il trouvoit le vin bon dans un festin, il le louoit en lui appliquant cette parole que Dieu disoit de lui-même : *Je suis celui qui suis*. Et encore : *Voici le Fils du Dieu vivant*[4]. » Calvin s'étoit trouvé aux banquets où il proféroit ces blasphèmes qui lui inspiroient de l'horreur. Mais cependant cela se passoit sans qu'on en dît mot. Le même Calvin parle d'Osiandre comme « d'un brutal et d'une bête farouche, incapable d'être apprivoisée. Pour lui, disoit-il, dès la première fois qu'il le vit, il en détesta l'esprit profane et les mœurs infâmes, et il l'avoit toujours regardé comme la honte du parti protestant. » C'en étoit pourtant une des colonnes : l'église de Nuremberg, une des premières de la secte, l'avoit mis à la tête de ses pasteurs dès l'an 1522, et on le trouve partout dans les con-

[1] Chyt., lib. XVII, *Saxon.*, lit. *Osiandrica*, p. 444. — [2] *Isa.*, VIII, 14 ; *Jer.*, XXIII, 6. — [3] Lib. IV, ep. LXXXVIII. — [4] Calv., *ep. ad Mel.*, 146.

férences avec les premiers du parti : mais Calvin s'étonne « qu'on ait pu l'y endurer si longtemps ; et on ne comprend pas après toutes ses fureurs comment Mélanchthon a pu lui donner tant de louanges. »

<small>XIII. Sentiment de Mélanchthon et des autres protestans sur Osiandre.</small>

On croira peut-être que Calvin le traite si mal par une haine particulière ; car Osiandre étoit le plus violent ennemi des sacramentaires ; et c'est lui qui avoit outré la matière de la présence réelle, jusqu'à soutenir qu'il falloit dire du pain de l'Eucharistie : « Ce pain est Dieu [1]. » Mais les luthériens n'en avoient pas meilleure opinion ; et Mélanchthon qui trouvoit souvent à propos, comme Calvin le lui reproche, de lui donner des louanges excessives, ne laisse pas en écrivant à ses amis, de blamer « son extrême arrogance, ses rêveries, » ses autres excès « et les prodiges de ses opinions [2]. » Il ne tint pas à Osiandre qu'il n'allât troubler l'Angleterre, où il espéroit que la considération de son beau-frère Cranmer lui donneroit du crédit : mais Mélanchthon nous apprend que des personnes de savoir et d'autorité avoient représenté le péril qu'il y avoit « d'attirer en ce pays-là un homme qui avoit répandu dans l'Eglise un si grand chaos de nouvelles opinions. » Cranmer lui-même entendit raison sur ce sujet, et il écouta Calvin, qui lui parloit « des illusions » dont Osiandre fascinoit les autres et se fascinoit lui-même [3].

<small>XIV. Osiandre, enflé de sa faveur auprès du prince, ne garde plus de mesures.</small>

Il ne fut pas plutôt en Prusse, qu'il mit en feu l'université de Konisberg (a) par sa nouvelle doctrine de la justification [4]. Quelque ardeur qu'il eût toujours eue à la soutenir, il craignit, disent mes auteurs, « la magnanimité de Luther [5], » et durant sa vie il n'osa rien écrire sur cette matière. Le magnanime Luther ne le craignoit pas moins : en général, la Réforme sans autorité ne craignoit rien tant que de nouvelles divisions, qu'elle ne savoit comment finir ; et pour ne pas irriter un homme dont l'éloquence étoit redoutée, on lui laissa débiter de vive voix tout ce qu'il voulut. Quand il se vit dans la Prusse affranchi du joug du parti et, ce qui lui enfla le cœur, en grande faveur auprès du prince,

---

[1] Ci-dessus, liv. II, n. 3. — [2] Lib. II, ep. CCXL, CCLIX, CDXLVII, etc. — [3] Calv., ep. ad Cranm., col. 134. — [4] Acad. Regiomontana. — [5] Chytr., ibid., p. 445.

(a) Kœnigsberg.

qui lui donna la première chaire dans son université, il éclata de toute sa force, et partagea bientôt toute la province.

XV. La dispute des cérémonies, ou des choses indifférentes. 1549.

D'autres disputes s'allumoient en même temps dans le reste du luthéranisme. Celle qui eut pour sujet les cérémonies, ou les choses indifférentes, fut poussée avec beaucoup d'aigreur. Mélanchthon soutenu des académies de Leipsick et de Vitenberg où il étoit tout-puissant, ne vouloit pas qu'on les rejetât [1]. De tout temps ç'avoit été son opinion, qu'il ne falloit changer que le moins qu'il se pourroit dans le culte extérieur [2]. Ainsi durant l'*Interim* il se rendit fort facile sur ces pratiques indifférentes, et ne croyoit pas, dit-il, que « pour un surplis, pour quelques fêtes, ou pour l'ordre des leçons [3], » il fallût attirer la persécution. On lui fit un crime de cette doctrine, et on décida dans le parti que ces choses indifférentes devoient être absolument rejetées [4], parce que l'usage qu'on en faisoit étoit contraire à la liberté des églises et enfermoit, disoit-on, une espèce de profession du papisme.

XVI. Jalousie et desseins cachés d'Illyric contre Mélanchthon.

Mais Flaccius Illyricus, qui remuoit cette question, avoit un dessein plus caché. Il vouloit perdre Mélanchthon, dont il avoit été disciple, mais dont il étoit ensuite tellement devenu jaloux, qu'il ne le pouvoit souffrir. Des raisons particulières l'obligeoient à le pousser plus que jamais : car au lieu que Mélanchthon tâchoit alors d'affoiblir la doctrine de Luther sur la présence réelle, Illyric et ses amis l'outroient jusqu'à établir l'ubiquité [5]. En effet nous la voyons décidée par la plupart des églises luthériennes, et les actes en sont imprimés dans le livre de la *Concorde* que presque toute l'Allemagne luthérienne a reçu.

Nous en parlerons dans la suite; et pour suivre l'ordre des temps, il nous faut parler maintenant de la Confession de foi qu'on appela *Saxonique*, et de celle de Virtemberg [6] : ce n'est point Vitenberg en Saxe, mais la capitale du duché de Virtemberg.

XVII. La *Con-*

Elles furent faites toutes deux à peu près dans le même temps,

---

[1] Sleid., lib. XXI, 365 ; XXII, 378. — [2] Lib. I, ep. XVI *ad Phil. Cant.*, ann. 1525. — [3] Lib. II, ep. LXX; lib. II, XXXVI. — [4] *Concord.*, p. 514, 789. — [5] Sleid., *ibid.* — [6] *Synt. Gen.*, IIe part., p. 48, 98.

c'est-à-dire en 1551 et 1552, pour être présentées au concile de Trente, où Charles V victorieux vouloit que les protestans comparussent.

Fession saxonique et celle de Virtemberg : pourquoi faites, et par quels auteurs. 1551. 1552.

La *Confession saxonique* fut dressée par Mélanchthon, et nous apprenons de Sleidan [1] que ce fut par ordre de l'électeur Maurice que l'Empereur avoit mis à la place de Jean Fridéric. Tous les docteurs et tous les pasteurs assemblés solennellement à Leipsick l'approuvèrent d'une commune voix; et il ne devoit rien y avoir de plus authentique qu'une confession de foi faite par un homme si célèbre, pour être proposée dans un concile général. Aussi fut-elle reçue, non-seulement dans toutes les terres de la maison de Saxe et de plusieurs autres princes, mais encore par les églises de Poméranie et par celle de Strasbourg [2], comme il paroît par les souscriptions et les déclarations de ces églises. Brentius fut l'auteur de la *Confession de Virtemberg* [3], et c'étoit après Mélanchthon l'homme le plus célèbre de tout le parti. La Confession de Mélanchthon fut appelée par lui-même la *Répétition de la Confession d'Augsbourg*. Christophe, duc de Virtemberg, par l'autorité duquel la *Confession de Virtemberg* fut publiée, déclare aussi qu'il confirme et ne fait que répéter la *Confession d'Augsbourg :* mais pour ne faire que la répéter, il n'étoit pas besoin d'en faire une autre; et ce terme de *répétition* fait voir seulement qu'on avoit honte de produire tant de nouvelles confessions de foi.

En effet pour commencer par la *Saxonique,* l'article de l'Eucharistie y fut expliqué en des termes bien différens de ceux dont on s'étoit servi à Augsbourg. Car pour ne rien dire du long discours de quatre ou cinq pages que Mélanchthon substitue aux deux ou trois lignes du dixième article d'Augsbourg, où cette matière est décidée, voici ce qu'il y avoit d'essentiel : « Il faut, disoit-il, apprendre aux hommes que les sacremens sont des actions instituées de Dieu, et que les choses ne sont sacremens que dans le temps de l'usage ainsi établi; mais que dans l'usage établi de cette communion, Jésus-Christ est véritablement et substantiellement présent, vraiment donné à ceux qui reçoivent le corps

XVIII.
Article de l'Eucharistie dans la *Confession saxonique.*

---

[1] Lib. XXII. — [2] *Synt. Gen.*, IIe part., p. 94 et seq. — [3] *Ibid.*

et le sang de Jésus-Christ ; par où Jésus-Christ témoigne qu'il est en eux, et les fait ses membres [1]. »

XIX. Changement que fit Mélanchthon dans la *Confession saxonique*, aux articles de celles d'Augsbourg et de Smalcalde

Mélanchthon évite de mettre ce qu'il avoit mis à Augsbourg, « que le corps et le sang sont vraiment donnés avec le pain et le vin, » et encore plus ce que Luther avoit ajouté à Smalcalde, « que le pain et le vin sont le vrai corps et le vrai sang de Jésus-Christ, qui ne sont pas seulement donnés et reçus par les chrétiens pieux, mais encore par les impies. » Ces importantes paroles, que Luther avoit choisies avec tant de soin pour expliquer sa doctrine, quoique signées par Mélanchthon à Smalcalde, comme on a vu, furent retranchées par Mélanchthon même de sa *Confession saxonique*. Il semble qu'il ne vouloit plus que le corps de Jésus-Christ fût pris par la bouche avec le pain, ni qu'il fût reçu substantiellement par les impies, encore qu'il ne niât pas une présence substantielle où Jésus-Christ vînt à ses fidèles, non-seulement par sa vertu et par son esprit, mais encore en sa propre chair et en sa propre substance, détaché néanmoins du pain et du vin : car il falloit que l'Eucharistie produisît encore cette nouveauté, et que, selon la prophétie du saint vieillard Siméon, Jésus-Christ y fût dans les derniers siècles « en butte aux contradictions [2], » comme sa divinité et son incarnation l'avoient été dans les premiers.

XX. L'article de l'Eucharistie dans la *Confession de Virtemberg*.

Voilà comme on répétoit la *Confession d'Augsbourg* et la doctrine de Luther dans la *Confession saxonique*. La *Confession de Virtemberg* ne s'éloigne pas moins de celle d'Augsbourg, ni des articles de Smalcalde. Elle dit « que le vrai corps et le vrai sang est distribué dans l'Eucharistie, » et rejette ceux qui disent « que le pain et le vin sont des signes du corps et du sang de Jésus-Christ absent [3]. » Elle ajoute « qu'il est au pouvoir de Dieu d'anéantir la substance du pain, ou de la changer en son corps ; mais que Dieu n'use pas de ce pouvoir dans la Cène, et que le vrai pain demeure avec la vraie présence du corps. » Elle établit manifestement la concomitance, en décidant qu'encore que Jésus-Christ soit distribué tout entier tant dans le pain que dans le vin

[1] Cap. *de Cœnâ, Synt. Gen.*, II⁰ part., p. 72. — [2] *Luc.*, II, 34. — [3] *Conf. Virtemb.*, cap. *de Euch.*, ibid., p. 115.

de l'Eucharistie, l'usage des deux parties ne laisse pas de devoir être universel. » Ainsi elle nous accorde deux choses : l'une, que la transsubstantiation est possible; et l'autre, que la concomitance est certaine : mais encore qu'elle défende la réalité jusqu'à admettre la concomitance, elle ne laisse pas d'expliquer cette parole : « Ceci est mon corps, » par celle d'Ezéchiel qui dit : « Celle-là est Jérusalem, » en montrant la représentation de cette ville.

C'est ainsi que tout se confond, lorsqu'on sort du droit sentier pour suivre ses propres idées. Comme les défenseurs du sens figuré reçoivent quelque impression du sens littéral, ainsi les défenseurs du sens littéral sont quelquefois éblouis par les trompeuses subtilités du sens figuré. Au reste il ne s'agit pas ici de savoir si à force de raffiner sur des expressions différentes de tant de confessions de foi, on trouvera quelque moyen violent de les réduire à un sens conforme. Il me suffit de faire observer combien de peine ont eu à se contenter de leurs propres confessions de foi ceux qui ont quitté la foi de l'Eglise.

XXI. La confusion où l'on tombe quand on s'abandonne à ses propres pensées.

Les autres articles de ces confessions de foi ne sont pas moins remarquables que celui de l'Eucharistie.

XXII. Dieu ne veut pas le péché. Article mieux expliqué dans la Confession saxonique, qu'on n'avoit fait dans celle d'Augsbourg.

La *Confession saxonique* reconnoît que « la volonté est libre; que Dieu ne veut point le péché, ni ne l'approuve, ni n'y coopère : mais que la libre volonté des hommes et des diables est cause de leur péché et de leur chute [1]. » Il faut louer Mélanchthon d'avoir ici corrigé Luther et de s'être corrigé lui-même plus clairement qu'il n'avoit fait dans la *Confession d'Augsbourg*.

Nous avons déjà remarqué qu'il n'avoit reconnu à Augsbourg l'exercice du libre arbitre que dans les actions de la vie civile, et que depuis il l'avoit étendu même aux actions chrétiennes. C'est ce qu'il commence à nous découvrir plus clairement dans la *Confession saxonique* [2] : car après avoir expliqué la nature du libre arbitre et le choix de la volonté, et avoir aussi expliqué qu'elle ne suffit pas seule pour les œuvres que nous appelons surnaturelles, il répète par deux fois que « la volonté, après avoir reçu le

XXIII. La coopération du libre arbitre.

---

[1] P. 53. — [2] Cap. *de rem. pecc., de lib. arb.*, etc.; *Synt. Gen.*, IIe part., p. 54, 60, 61, etc.

Saint-Esprit, ne demeure pas oisive, » c'est-à-dire qu'elle n'est pas sans action ; ce qui semble lui donner, comme fait aussi le concile de Trente, une action libre sous la conduite du Saint-Esprit qui la meut intérieurement.

XXIV. Doctrine de Mélanchthon sur la coopération du libre arbitre. Demi-pélagianisme.

Et ce que Mélanchthon nous donne à entendre dans cette confession de foi, il l'explique plus clairement dans ses lettres ; car il en vient jusqu'à reconnoître dans les œuvres surnaturelles la volonté humaine, selon l'expression de l'Ecole, comme « un agent partial, » *agens partiale* [1] ; c'est-à-dire que l'homme agit avec Dieu, et que des deux il se fait un agent total. C'est ainsi qu'il s'en étoit expliqué dans la conférence de Ratisbonne en 1541. Et encore qu'il sentît bien que cette manière de s'expliquer déplairoit aux siens, il ne laissa pas de passer outre, « à cause, dit-il, que la chose est véritable. » Voilà comme il revenoit des excès que Luther lui avoit appris, encore que Luther y eût persisté jusqu'à la fin. Mais il s'explique plus amplement sur cette matière dans une lettre écrite à Calvin : « J'avois, dit-il, un ami qui en raisonnant sur la prédestination, croyoit également ces deux choses, et que tout arrive parmi les hommes comme l'ordonne la Providence, et qu'il y a néanmoins de la contingence : il avouoit cependant qu'il ne pouvoit pas concilier ces choses. Pour moi qui tiens, poursuit-il, que Dieu n'est pas la cause du péché, et ne veut pas le péché, je reconnois cette contingence dans l'infirmité de notre jugement, afin que les ignorans confessent que David est tombé de lui-même et par sa propre volonté dans le péché ; qu'il pouvoit conserver le Saint-Esprit qu'il avoit en lui, et que dans ce combat il faut reconnoître quelque action de la volonté [2]. » Ce qu'il confirme par un passage de saint Basile, où il dit : « Ayez seulement la volonté, et Dieu vient à vous. » Par où Mélanchthon sembloit insinuer, non-seulement que la volonté agit, mais qu'elle commence ; ce que saint Basile rejette en d'autres endroits, et ce qu'il ne me paroît pas que Mélanchthon ait jamais assez rejeté, puisque même nous avons vu qu'il avoit coulé un mot dans la *Confession d'Augsbourg*, où il sembloit insinuer que le grand mal est de dire, non que la volonté puisse com-

---

[1] Lib. IV, ep. CCXL. — [2] *Ep. Mel.*, inter *ep. Calv.*, p. 384.

mencer, mais qu'elle puisse *achever* par elle-même l'œuvre de Dieu [1].

Quoi qu'il en soit, il est certain qu'il reconnoissoit l'exercice du libre arbitre dans les opérations de la grace, puisqu'il avouoit si clairement que David pouvoit conserver le Saint-Esprit quand il le perdit, comme il pouvoit le perdre quand il le conserva : mais encore que ce fût là son sentiment, il n'osa le déclarer nettement dans la *Confession saxonique;* trop heureux de le pouvoir insinuer doucement par ces paroles : « La volonté n'est pas oisive, ni sans action. »

xxv. L'exercice du libre arbitre clairement reconnu par Mélanchthon dans les opérations de la grace

C'est que Luther avoit tellement foudroyé le libre arbitre, et avoit laissé dans sa secte une telle aversion pour son exercice, que Mélanchthon n'osoit dire qu'en tremblant ce qu'il en croyoit, et que ses propres confessions de foi étoient ambiguës.

Mais toutes ses précautions ne le sauvèrent pas de la censure. Illyric et ses sectateurs ne lui purent souffrir ce petit mot qu'il avoit mis dans la *Confession saxonique*, « que la volonté n'étoit pas oisive, ni sans action. » Ils condamnèrent cette expression dans deux assemblées synodales, avec le passage de saint Basile dont nous avons vu que Mélanchthon se servoit.

xxvi. Sa doctrine condamnée par ses confrères.

Cette condamnation est insérée dans le livre de la *Concorde* [2]. Tout l'honneur qu'on fait à Mélanchthon, c'est de ne le pas nommer, et de condamner ses expressions sous le nom général de nouveaux auteurs, ou sous le nom des papistes et des scolastiques. Mais qui considérera avec quel soin on a choisi les expressions de Mélanchthon pour les condamner, verra bien que c'est à lui qu'on en vouloit, et les luthériens de bonne foi en sont d'accord.

Voilà donc enfin ce que c'est que les nouvelles sectes. On s'y laisse prévenir contre des dogmes certains dont on prend de fausses idées. Ainsi Mélanchthon s'étoit emporté d'abord avec Luther contre le libre arbitre, et n'en vouloit reconnoître aucune action dans les œuvres surnaturelles. Convaincu de son erreur, il penche à l'extrémité opposée ; et loin d'exclure l'action du libre arbitre, il se porte à lui attribuer le commencement des œuvres surnaturelles. Quand il veut un peu revenir à la vérité, et dire

xxvii. Confusion des nouvelles sectes.

---

[1] *Conf. Aug.*, art. 18 ; ci-dessus, liv. III, n. 19, 20. — [2] P. 5, 82, 680.

que le libre arbitre a son action dans les ouvrages de la grace, il se trouve condamné par les siens : telles sont les agitations et les embarras où l'on tombe en secouant le joug salutaire de l'autorité de l'Eglise.

XXVIII. Doctrine des luthériens, qui se contredit elle-même.

Mais encore qu'une partie des luthériens ne veuille pas recevoir ces termes de Mélanchthon : « La volonté n'est pas sans action » dans les opérations de la grace, je ne sais comment ils peuvent nier la chose, puisqu'ils confessent tous d'un commun accord que l'homme qui est sous la grace la peut rejeter et la perdre.

C'est ce qu'ils ont assuré dans la *Confession d'Augsbourg;* c'est ce qu'ils ont répété dans l'*Apologie;* c'est ce qu'ils ont de nouveau décidé et inculqué dans le livre de la *Concorde* [1] : de sorte qu'il n'y a rien de plus certain parmi eux. D'où il paroît qu'ils reconnoissent, avec le concile de Trente, le libre arbitre agissant sous l'opération de la grace jusqu'à la pouvoir rejeter ; ce qu'il est bon de remarquer à cause de quelques-uns de nos calvinistes, qui, faute de bien entendre l'état de la question, nous font un crime d'une doctrine qu'ils ne laissent pas de supporter dans leurs frères les luthériens.

XXIX. Article considérable de la Confession saxonique sur la distinction des péchés mortels et véniels.

Il y a encore dans la *Confession saxonique* un article d'autant plus considérable, qu'il renverse un des fondemens de la nouvelle Réforme. Elle ne veut pas reconnoître que la distinction des péchés entre les mortels et les véniels soit appuyée sur la nature du péché même : mais ici les théologiens de Saxe confessent avec Mélanchthon, qu'il y a de deux sortes de péchés : « les uns qui chassent du cœur le Saint-Esprit, et les autres qui ne le chassent pas [2]. » Pour expliquer la nature de ces péchés différens, on remarque deux genres de chrétiens, « dont les uns répriment la convoitise, et les autres lui obéissent. Dans ceux qui la combattent, poursuit-on, le péché n'est pas régnant; il est *véniel;* il ne nous fait pas perdre le Saint-Esprit; il ne renverse pas le fondement, et n'est pas contre la conscience. » On ajoute « que ces sortes de péchés sont couverts, » c'est-à-dire qu'ils ne sont pas imputés « par la miséricorde de Dieu. » Selon cette doctrine il est

[1] P. 675, etc. — [2] P. 75.

certain que la distinction des péchés mortels et véniels ne consiste pas seulement en ce que Dieu pardonne les uns, et ne pardonne pas les autres, comme on le dit ordinairement dans la prétendue Réforme, mais qu'elle vient de la nature de la chose. Or il n'en faut pas davantage pour condamner la doctrine de la justice imputative, puisqu'il demeure pour constant que, malgré les péchés où le juste tombe tous les jours, le péché ne règne pas en lui, mais plutôt que la charité y règne, et par conséquent la justice : ce qui suffit de soi-même pour le faire nommer vraiment juste, puisque la chose est dénommée par ce qui prévaut en elle. D'où il s'ensuit que, pour expliquer la justification gratuite, il n'est pas nécessaire de dire que nous soyons justifiés par imputation, et qu'il faut dire plutôt que nous sommes vraiment justifiés par une justice qui est en nous, mais que Dieu nous donne.

XXX. Le mérite des œuvres dans la *Confession de Virtemberg.*

Je ne sais pourquoi Mélanchthon ne mit pas dans la *Confession saxonique* ce qu'il avoit mis dans la *Confession d'Augsbourg* et dans l'*Apologie* sur le mérite des bonnes œuvres. Mais il ne faut pas conclure de là que les luthériens eussent rejeté cette doctrine, puisqu'on trouve dans le même temps un chapitre de la *Confession de Virtemberg*, où il est dit « que les bonnes œuvres doivent être nécessairement pratiquées, et que par la bonté gratuite de Dieu elles *méritent* leurs récompenses corporelles et spirituelles[1]. » Ce qui fait voir en passant que la nature du mérite s'accorde parfaitement avec la grace.

XXXI. La conférence de Vorms pour concilier les deux religions. Divisions des luthériens. 1557.

En 1557 il se fit à Vorms, par l'ordre de Charles V, une nouvelle assemblée pour concilier les religions. Pflugius l'auteur de l'*Interim* y présidoit. M. Burnet toujours attentif à tirer tout à l'avantage de la nouvelle Réforme, en fait un récit abrégé, où il représente les catholiques comme gens qui « ne pouvant vaincre leurs ennemis, les divisent et les animent les uns contre les autres dans des matières peu importantes [2]. » Mais le récit de Mélanchthon va découvrir le fond de l'affaire [3]. Dès que les docteurs protestans nommés pour la conférence furent arrivés à Vorms, les

---

[1] *Confess. Virt.*, cap. *de Bonis operib.*, ibid., p. 106. — [2] Burn., IIe part., liv. II, p. 531. — [3] Mel., lib. 1, ep. LXX; ejusdem ep. *ad Alber. Hardenb. et ad Bulling.*, apud Hosp., an. 1557, p. 250.

ambassadeurs de leurs princes les assemblèrent pour leur dire de la part des mêmes princes, qu'il falloit avant toutes choses et avant que de conférer avec les catholiques, « s'accorder entre eux, et en même temps condamner quatre sortes d'erreurs : 1° Celle des zuingliens ; 2° celle d'Osiandre sur la justification ; 3° la proposition qui assure que les bonnes œuvres sont nécessaires au salut ; 4° et enfin l'erreur de ceux qui avoient reçu les cérémonies indifférentes. » Ce dernier article regardoit nommément Mélanchthon, et c'étoit Illyric avec sa cabale qui le proposoit. Mélanchthon avoit été averti de ses desseins, et il écrivit durant le voyage à son ami Camérarius, « qu'à table et parmi les verres on dressoit certains articles préliminaires qu'on prétendoit faire signer à lui et à Brentius [1]. » Il étoit alors fort uni avec le dernier, et il représente Illyric, ou quelqu'un de cette cabale, « comme une furie qui alloit de porte en porte » animer le monde. On croyoit aussi dans le parti Mélanchthon assez favorable aux zuingliens, et Brentius à Osiandre. Le même Mélanchthon paroissoit porté pour la nécessité des bonnes œuvres, et toute cette entreprise le regardoit visiblement avec ses amis. Ce n'étoit donc pas jusqu'ici les catholiques qui travailloient à diviser les protestans. Ils se divisoient assez d'eux-mêmes ; et ce n'étoit pas, comme le prétend M. Burnet, « sur des matières peu importantes, » puisqu'à la réserve de la question sur les choses indifférentes, tout le reste, où il s'agissoit de la présence réelle, de la justification monstrueuse d'Osiandre et de la manière dont on jugeroit les bonnes œuvres nécessaires, étoit de la dernière conséquence.

XXXII. Les luthériens condamnent tout d'une voix la nécessité des bonnes œuvres pour le salut.

Sur le premier de ces points Mélanchthon demeuroit d'accord que les « zuingliens méritoient d'être condamnés aussi bien que les papistes ; » sur le second, qu'Osiandre n'étoit pas moins digne de censure ; sur le troisième, que de cette proposition : « Les bonnes œuvres sont nécessaires au salut, » il en falloit retrancher le dernier mot [2] : de manière que les bonnes œuvres, malgré l'Evangile qui crie que sans elles on n'a point de part au royaume de Dieu, demeuroient « nécessaires » à la vérité, mais non pas « pour le salut : » et au lieu que M. Burnet nous a dit que les pro-

[1] Lib. IV, 868 et seq. — [2] Loc. mox. cit.

testans admettoient tout d'une voix cette nécessité des bonnes œuvres pour être sauvé [1], nous la voyons au contraire également rejetée par les ennemis de Mélanchthon et par lui-même, c'est-à-dire par les deux partis des protestans d'Allemagne.

Pour ce qui regarde Osiandre, Brentius ne manqua pas d'en prendre le parti, non pas en défendant la doctrine qu'on lui imputoit, mais en soutenant qu'on n'entendoit pas la pensée de cet auteur, quoiqu'Osiandre l'eût expliquée si nettement, que ni Mélanchthon ni personne n'en doutoit. Il paroissoit donc bien aisé parmi les luthériens de convenir des condamnations que demandoit Illyric avec ses amis : mais Mélanchthon les empêcha, craignant toujours d'exciter de nouveaux troubles dans la Réforme, qui à force de se diviser sembloit devoir s'en aller par pièces.

XXXIII. Osiandre épargné par les luthériens.

Ces disputes des protestans vinrent bientôt aux oreilles des catholiques; car Illyric et ses amis faisoient grand bruit, non-seulement à Vorms, mais encore dans toute l'Allemagne. Le dessein des catholiques étoit de presser dans la conférence la nécessité de déférer aux jugemens de l'Eglise, pour mettre fin aux disputes qui s'élèvent parmi les chrétiens; et les contentions des protestans venoient très-à propos pour ce dessein, puisqu'elles faisoient paroître qu'eux-mêmes, qui disoient tant que l'Ecriture étoit claire et pleinement suffisante pour tout régler, s'accordoient si peu, et n'avoient pu encore trouver le moyen de terminer entre eux la moindre dispute. La foiblesse de la Réforme si prompte à produire des difficultés et si impuissante pour les résoudre, paroissoit visible. Alors Illyric et ses amis, pour faire voir aux catholiques qu'ils ne manquoient pas de force pour condamner les erreurs nées dans le parti protestant, firent voir aux députés catholiques un modèle qu'ils avoient dressé des condamnations que leurs compagnons avoient rejetées : ainsi la division éclata d'une manière à ne pouvoir être cachée. Les catholiques ne voulurent plus continuer les conférences, où aussi bien on n'avançoit rien, et laissèrent les illyriciens disputer avec les mélanchthonistes, comme saint Paul laissa disputer les pharisiens et les saducéens [2], en tirant tout le profit qu'il avoit pu de leurs dissensions connues.

XXXIV. Les divisions des luthériens éclatent. Les catholiques tâchent d'en profiter pour leur salut.

[1] *Voyez* ci-dessus, liv. VII, n. 108. — [2] *Act.*, XXIII, 6.

XXXV.
Triomphe d'Osiandre dans la Prusse. Conversion mémorable de Staphyle.

On attendoit dans la Prusse quelque chose de vigoureux, et quelque ferme décision contre Osiandre, dont l'insolence ne pouvoit plus être supportée. Il témoignoit ouvertement faire peu d'état de la *Confession d'Augsbourg*, et de Mélanchthon qui l'avoit dressée, et des mérites de Jésus-Christ même, dont il ne faisoit nulle mention dans la justification des pécheurs [1]. Quelques théologiens de Kœnisberg s'opposoient le plus qu'ils pouvoient à sa doctrine, et entre autres Fridéric Staphyle, un des plus célèbres professeurs en théologie de cette université, qui avoit ouï durant seize ans Luther et Mélanchthon à Vitenberg [2]; mais comme ils ne gagnoient rien avec leurs doctes ouvrages, et que l'éloquence d'Osiandre entraînoit le monde, ils eurent recours à l'autorité de l'église de Vitenberg et du reste de l'Allemagne protestante. Lorsqu'ils virent qu'au lieu des condamnations précises et vigoureuses dont la foi infirme des peuples avoit besoin, il ne venoit de ce côté-là que de timides écrits dont Osiandre tiroit avantage, ils déplorèrent la foiblesse du parti où il n'y avoit nulle autorité contre les erreurs. Staphyle ouvrit les yeux, et retourna au giron de l'Eglise catholique.

XXXVI.
Nouvelle formule des luthériens pour expliquer l'Eucharistie dans l'assemblée de Francfort. 1558.

L'année suivante les luthériens s'assemblèrent à Francfort pour convenir d'une formule sur l'Eucharistie, comme si on n'eût rien fait jusqu'alors. On commença, selon la coutume, en disant qu'on ne faisoit que répéter la *Confession d'Augsbourg*. On y ajoutoit néanmoins que « Jésus-Christ étoit donné dans l'usage du sacrement, vraiment, substantiellement, et d'une manière vivifiante; que ce sacrement contenoit deux choses, c'est-à-dire le pain et le corps; et que c'est une invention des moines, ignorée par toute l'antiquité, de dire que le corps nous soit donné dans l'espèce du pain [3]. »

Etrange confusion ! L'on ne faisoit, disoit-on, que répéter la *Confession d'Ausgbourg;* et cependant cette expression que l'on condamnoit à Francfort, que « le corps fût présent sous les espèces, » se trouve dans une des éditions de cette même Confession qu'on se vantoit de répéter, et encore dans l'édition qu'on reconnoissoit

---

[1] Chyt., *in Sax.*, lib. XVII, tit. *Osiand.*, p. 444 et seq. — [2] *Ibid.*, 448. — [3] Hosp., fol. 264.

à Francfort même pour si véritable, qu'encore aujourd'hui dans les livres rituels dont se sert l'église françoise de cette ville (a) nous lisons l'article x de la *Confession d'Augsbourg* couché en ces termes, « qu'on reçoit le corps et le sang sous les espèces du pain et du vin. »

Mais la grande affaire du temps parmi les luthériens fut celle de l'ubiquité, que Vestphale, Jacques-André Smidelin, David Chytré et les autres établissoient de toutes leurs forces. Mélanchthon leur opposoit deux raisons qui ne pouvoient pas être plus convaincantes : l'une, que cette doctrine confondoit les deux natures de Jésus-Christ, le faisant immense, non-seulement selon sa divinité, mais encore selon son humanité et même encore selon son corps : l'autre, qu'elle détruisoit le mystère de l'Eucharistie, à qui on ôtoit tout ce qu'il avoit de particulier, si Jésus-Christ comme homme n'y étoit présent que de la même manière qu'il l'est dans le bois ou dans les pierres. Ces deux raisons faisoient regarder à Mélanchthon la doctrine de l'ubiquité avec horreur, et l'aversion qu'il en avoit lui faisoit insensiblement tourner sa confiance du côté des défenseurs du sens figuré. Il entretenoit un commerce particulier avec eux, principalement avec Calvin. Mais il est certain qu'il ne trouvoit pas dans ses sentimens ce qu'il désiroit.

XXXVII. La question de l'ubiquité fait tourner Mélanchthon vers les sacramentaires. 1559.

Calvin soutenoit opiniâtrément qu'un fidèle régénéré une fois ne pouvoit perdre la grace, et Mélanchthon convenoit avec les autres luthériens que cette doctrine étoit condamnable et impie [1]. Calvin ne pouvoit souffrir la nécessité du baptême, et Mélanchthon ne voulut jamais s'en départir. Calvin condamnoit ce que disoit Mélanchthon sur la coopération du libre arbitre, et Mélanchthon ne croyoit pas pouvoir s'en dédire.

XXXVIII. Incompatibilité des sentimens de Mélanchthon et de Calvin.

On voit assez qu'ils n'étoient nullement d'accord sur la prédestination ; et quoique Calvin répétât sans cesse que Mélanchthon ne pouvoit pas s'empêcher d'être dans son cœur de même sentiment que lui, il n'a jamais rien tiré de Mélanchthon sur ce sujet-là.

Pour ce qui regarde la Cène, Calvin se vante partout que Mélanchthon étoit de son avis : mais comme il ne produit aucune

XXXIX. Si Mélanchthon

[1] Lib. I, ep. LXX.

(a) 1re édit. : L'église françoise de Francfort.

parole de Mélanchthon qui le dise clairement, et qu'au contraire il l'accuse dans toutes ses lettres et dans tous ses livres de ne s'être jamais assez expliqué sur ce sujet, je crois qu'on peut douter raisonnablement de ce qu'avance Calvin; et il me semble que ce qu'on peut dire avec le plus de vraisemblance, c'est que ces deux auteurs ne s'entendoient pas bien l'un l'autre, Mélanchthon étant ébloui des termes de propre substance que Calvin affectoit partout, comme nous verrons; et Calvin aussi tirant à lui les paroles où Mélanchthon séparoit le pain d'avec le corps de Notre-Seigneur, sans néanmoins prétendre par là déroger à la présence substantielle qu'il reconnoissoit dans les fidèles communians.

S'il en falloit croire Peucer le gendre de Mélanchthon, son beau-père étoit un pur calviniste. Peucer le devint lui-même, et souffrit beaucoup dans la suite, à cause des intelligences qu'il entretint avec Bèze pour introduire le calvinisme dans la Saxe. Il se faisoit un honneur de suivre les sentimens de son beau-père, et il a fait des livres exprès, où il raconte ce qu'il lui a dit en particulier sur ce sujet [1]. Mais sans attaquer la foi de Peucer, il pourroit dans une matière qu'on avoit rendue si fertile en équivoques, n'avoir pas assez entendu les paroles de Mélanchthon, et les avoir accommodées à ses préventions.

Après tout, il m'importe peu de savoir ce qu'aura pensé Mélanchthon. Plusieurs protestans d'Allemagne plus intéressés que nous en cette cause, ont entrepris sa défense; et la bonne foi m'oblige à dire en leur faveur que je n'ai trouvé nulle part dans les écrits de cet auteur, qu'on ne reçoive Jésus-Christ que par la foi; ce qui est pourtant le vrai caractère du sens figuré. Je ne vois pas non plus qu'il ait jamais dit avec ceux qui le soutiennent, que les indignes ne reçussent pas le vrai corps et le vrai sang; et au contraire il me paroît qu'il a persisté en ce qui fut arrêté sur ce sujet dans l'accord de Vitenberg [2].

Ce qu'il y a de certain, c'est que dans la crainte qu'avoit Mélanchthon d'augmenter les divisions scandaleuses de la nouvelle Réforme, où il ne voyoit aucune modération, il n'osoit presque

---

[1] Peuc., *Narr. hist. de sent. Mel.*; Item, *Hist. carcer.*, etc. — [2] Ci-dessus, liv. IV, n. 23.

plus parler qu'en termes si généraux, que chacun y pouvoit entendre tout ce qu'il vouloit. Les sacramentaires l'accommodoient peu : les luthériens couroient tous à l'ubiquité. Brentius, le seul presque des luthériens qui avoit gardé avec lui une parfaite union, se rangeoit de ce parti-là : ce prodige de doctrine gagnoit insensiblement dans toute la secte. Il eût bien voulu parler, et il ne savoit que dire, tant il trouvoit d'opposition à ce qu'il croyoit être la vérité. « Puis-je, disoit-il, expliquer la vérité toute entière dans le pays où je suis, et la cour le souffriroit-elle? » A quoi il ajoutoit souvent : « Je dirai la vérité quand les cours ne m'en empêcheront point [1]. »

Il est vrai que ce sont les sacramentaires qui le font parler de cette sorte : mais outre qu'ils produisent ses lettres, dont ils prétendent avoir les originaux, il n'y a qu'à lire celles que ses amis ont publiées, pour voir que ces discours qu'on lui fait tenir s'accordent parfaitement avec la disposition où l'avoient mis les dissensions implacables de la nouvelle Réforme.

Son gendre, qui conte les faits avec beaucoup de simplicité, nous rapporte qu'il étoit tellement haï des ubiquitaires, qu'une fois Chytré, un des plus zélés, avoit dit « qu'il se falloit défaire de Mélanchthon; autrement qu'ils auroient en lui un obstacle éternel à leurs desseins [2]. » Lui-même dans une lettre à l'électeur palatin, dont Peucer fait mention, dit « qu'il ne vouloit plus disputer contre des gens dont il éprouvoit les cruautés [3]. » Voilà ce qu'il écrivoit quelques mois avant sa mort. « Combien de fois, dit Peucer, et avec combien de sanglots m'a-t-il expliqué les raisons qui l'empêchoient de découvrir au public le fond de ses sentimens? » Mais qui pouvoit le contraindre dans la cour de Saxe où il étoit, et au milieu des luthériens, si ce n'étoit la cour elle-même et les violences de ses compagnons?

Quel état de ne pouvoir trouver nulle part ni la paix, ni la vérité comme il l'entendoit! Il avoit quitté l'ancienne Eglise, qui avoit pour elle la succession et tous les siècles précédens. L'église luthérienne qu'il avoit fondée avec Luther, et qu'il avoit crue le

XLI.
Triste état de Mélanchthon, et sa mort.

---

[1] Hospin., ad an. 1557, p. 249, 250.— [2] Peuc., *Hist. carc.*, *ep. ad Pal.*, ap. Hosp., an. 1559, p. 260. — [3] Peuc., *Aulic.*

seul asile de la vérité, embrassoit l'ubiquité qu'il détestoit. Les églises sacramentaires, qu'il avoit crues les plus pures après les luthériennes, étoient pleines d'autres erreurs qu'il ne pouvoit supporter, et qu'il avoit rejetées dans toutes ses confessions de foi. Il paroissoit qu'on le respectoit dans l'église de Vitenberg ; mais les cruels ménagemens auxquels il se voyoit asservi l'empêchoient de dire tout ce qu'il pensoit, et il finit en cet état sa vie malheureuse en l'an 1560.

XLII. Les zuingliens condamnés par les luthériens : et les catholiques justifiés par cette conduite. 1560.

Illyric et ses sectateurs triomphèrent par sa mort ; l'ubiquité fut établie presque dans tout le luthéranisme, et les zuingliens furent condamnés par un synode tenu en Saxe dans la ville de Iène [1]. Mélanchthon avoit empêché qu'on ne prononçât jusqu'alors une pareille sentence. Depuis qu'elle eut été donnée, on ne parla plus dans les écrits contre les zuingliens que de l'autorité de l'Eglise, et on vouloit que tout y cédât sans raisonner. On commençoit à connoître dans le principal parti de la nouvelle Réforme, c'est-à-dire parmi les luthériens, qu'il n'y avoit que l'autorité de l'Eglise qui pût retenir les esprits et empêcher les divisions. Aussi voyons-nous que Calvin ne cesse de leur reprocher qu'ils faisoient valoir le nom de l'Eglise plus que ne faisoient les papistes, et qu'ils alloient contre les principes que Luther avoit établis [2]. Il étoit vrai, et les luthériens avoient à répondre aux mêmes raisonnemens que tout le parti protestant avoit opposés à l'Eglise catholique et à son concile. Ils objectoient à l'Eglise qu'elle se rendoit juge en sa propre cause, et que le Pape avec ses évêques étoient tout ensemble accusés, accusateurs et juges [3]. Les sacramentaires en disoient autant aux luthériens qui les condamnoient [4]. Tout le corps des protestans disoit à l'Eglise, que leurs pasteurs devoient être assis avec tous les autres dans le concile qui se tiendroit pour juger les questions de la foi, qu'autrement c'étoit préjuger contre eux, sans les avoir entendus. Les sacramentaires faisoient le même reproche aux luthériens [5], et leur soutenoient qu'en s'attribuant l'autorité de les condamner sans appeler leurs pasteurs dans les

[1] Hospin., 1560, p. 269. — [2] II *Def. cont. Vestph.* — [3] Calv., *Ep.*, p. 324 ; *ad Ill. Germ. Princ* ; II *Def. cont. Vestph.*, opusc. 286. — [4] Hospin., an. 1560, p. 269 et seq. — [5] Hospin., an. 1560, p. 270, 271.

séances, ils commençoient à faire eux-mêmes ce qu'ils avoient appelé une tyrannie dans l'Eglise romaine. Il paroissoit clairement qu'il en falloit enfin venir à imiter l'Eglise catholique, comme celle qui savoit seule la vraie manière de juger les questions de la foi ; et il paroissoit en même temps par les contradictions où tomboient les luthériens en suivant cette manière, qu'elle n'appartenoit pas aux novateurs, et ne pouvoit subsister que dans un corps qui l'eût pratiquée dès l'origine du christianisme.

En ce temps on voulut choisir entre toutes les éditions de la *Confession d'Augsbourg* celle qu'on réputeroit pour authentique. C'étoit une chose surprenante qu'une confession de foi qui faisoit la règle des protestans d'Allemagne et de tout le Nord, et qui avoit donné le nom à tout le parti, eût été publiée en tant de manières, et avec des diversités si considérables à Vitenberg et ailleurs, à la vue de Luther et de Mélanchthon, sans qu'on se fût avisé de concilier ces variétés. Enfin en 1561, trente ans après cette confession, pour mettre fin aux reproches qu'on faisoit aux protestans, de n'avoir point encore de confession fixe, ils s'assemblèrent à Naümbourg, ville de Thuringe, où ils choisirent une édition [1] ; mais en vain, parce que toutes les autres éditions ayant été imprimées par autorité publique, on n'a jamais pu les abolir, ni empêcher que les uns ne suivissent l'une et les autres l'autre, comme il a été dit ailleurs [2].

XLIII. Assemblée des luthériens à Naümbourg, pour convenir sur la *Confession d'Augsbourg*. 1561.

Bien plus, l'assemblée de Naümbourg, en choisissant une édition, déclara expressément qu'il ne falloit pas croire pour cela qu'elle eût improuvé les autres, principalement celle qui avoit été faite à Vitenberg en 1540 sous les yeux de Luther et de Mélanchthon, et dont aussi on s'étoit servi publiquement dans les écoles des luthériens, et dans les conférences avec les catholiques.

Enfin on ne peut pas même bien décider laquelle de ces éditions fut préférée à Naümbourg. Il semble plus vraisemblable que c'est celle qui est imprimée avec presque le consentement de tous les princes, à la tête du livre de la *Concorde :* mais cela même n'est pas certain, puisque nous avons fait voir quatre éditions de l'article de la Cène également reconnues dans le même livre. Si

[1] *Act. conv. Naümb.*, apud Hosp., an. 1561, p. 280 et seq.— [2] Ci-dessus, liv. III, n. 7.

d'ailleurs on y a ôté le mérite des bonnes œuvres dans la *Confession d'Augsbourg,* nous avons vu qu'il y est resté dans l'*Apologie* [1] ; et cela même est une preuve de ce qui étoit originairement dans la Confession, puisqu'il est certain que l'*Apologie* n'étoit faite que pour l'expliquer et pour la défendre.

Au reste les dissensions des protestans sur le sens de la *Confession d'Augsbourg,* furent si peu terminées dans l'assemblée de Naümbourg, qu'au contraire l'électeur palatin Fridéric, qui en étoit un des membres, crut ou fit semblant de croire qu'il trouvoit dans cette confession la doctrine zuinglienne qu'il avoit nouvellement embrassée [2] : de sorte qu'il fut zuinglien, et demeura tout ensemble de la *Confession d'Augsbourg* sans se mettre en peine de Luther.

XLIV. Railleries des zuingliens.

C'est ainsi que tout se trouvoit dans cette Confession. Les zuingliens malins et railleurs l'appeloient « la boîte de Pandore » d'où sortoit le bien et le mal, « la pomme de discorde » entre les déesses, « une chaussure à tous pieds, » un grand et vaste « manteau où Satan se pouvoit cacher aussi bien que Jésus-Christ [3]. » Ces Messieurs savoient tous les proverbes, et rien n'étoit oublié pour se moquer des sens différens que chacun trouvoit dans la *Confession d'Augsbourg.* Il n'y avoit que l'ubiquité qu'on n'y trouvoit pas, et ce fut cependant cette ubiquité dont on fit parmi les luthériens un dogme authentiquement inséré dans le livre de la *Concorde.*

XLV. L'ubiquité établie.

Voici ce que nous trouvons dans la partie de ce livre qui a pour titre : *Abrégé des articles controversés parmi les théologiens de la Confession d'Augsbourg.* Dans le chapitre VII, intitulé *de la Cène du Seigneur :* « La droite de Dieu est partout, et Jésus-Christ y est uni vraiment et en effet selon son humanité [4]. » Et encore plus expressément dans le chapitre VIII, intitulé *de la Personne de Jésus-Christ,* où on explique ce que c'est que cette majesté attribuée au Verbe incarné dans les Ecritures : là nous lisons ces paroles : « Jésus-Christ, non-seulement comme Dieu, mais encore comme homme, sait tout, peut tout, est présent à toutes les créatures. » Cette doctrine est étrange. Il est vrai que la sainte ame de Jésus-

[1] Ci-dessus, liv. III, n. 25.— [2] Hosp., an. 1561, p. 281.— [3] Hosp., *ibid.*— [4] Lib. Concord., p. 600.

Christ peut tout ce qu'elle veut dans l'Eglise, puisqu'elle ne veut rien que ce que veut la divinité qui la gouverne. Il est vrai que cette sainte ame sait tout ce qui regarde le monde présent, puisque tout y a rapport au genre humain, dont Jésus-Christ est le Rédempteur et le Juge, et que les anges mêmes, qui sont les ministres de notre salut, relèvent de sa puissance. Il est vrai que Jésus-Christ se peut rendre présent où il lui plaît, même selon son humanité, et selon son corps et son sang : mais que l'ame de Jésus-Christ sache ou puisse savoir tout ce que Dieu sait, c'est attribuer à la créature une science ou une sagesse infinie, et l'égaler à Dieu même. Que la nature humaine de Jésus-Christ soit nécessairement partout où Dieu est, c'est lui donner une immensité qui ne lui convient pas, et abuser manifestement de l'union personnelle : car par la même raison il faudroit dire que Jésus-Christ comme homme est dans tous les temps ; ce qui seroit une extravagance trop manifeste, mais néanmoins qui suivroit aussi naturellement de l'union personnelle selon les raisonnemens des luthériens, que la présence de l'humanité de Jésus-Christ dans tous les lieux.

On peut voir la même doctrine de l'ubiquité, mais avec plus d'embarras et un plus long circuit de paroles, dans la partie de ce même livre qui a pour titre : *Solide, facile et nette répétition de quelques articles de la* Confession d'Augsbourg, *dont on a disputé quelque temps parmi quelques théologiens de cette Confession, et qui sont ici décidés et conciliés selon la règle et l'analogie de la parole de Dieu, et la briève formule de notre doctrine chrétienne* [1]. Attendra qui voudra d'un tel titre la netteté et la brièveté qu'il promet ; pour moi je remarquerai seulement deux choses sur ce mot de *répétition :* la première, c'est qu'encore qu'il ne soit parlé en nulle manière dans la *Confession d'Augsbourg* de la doctrine de l'ubiquité qui est ici établie, néanmoins cela s'appelle répétition « de quelques articles de la *Confession d'Augsbourg.* » On craignoit de faire paroître qu'il y eût fallu ajouter quelque nouveau dogme, et on faisoit passer sous le nom de *répétition* tout ce qu'on établissoit de nouveau. La seconde, qu'il n'est

XLVI.
Autre déclaration sur l'ubiquité sous le nom de répétition de la Confession d'Augsbourg.

---

[1] *Solida, plana,* etc., *Conc.,* 628 ; cap. VII, *de Cœna,* p. 752 et seq.; cap. VII, *de pers. Ch.,* p. 761 et seq., 782 et seq.

jamais arrivé dans la nouvelle Réforme qu'on se soit bien expliqué la première fois : il a toujours fallu revenir à des répétitions, qui au fond ne se trouvent pas plus claires que les précédentes.

XLVII. Desseins des luthériens en établissant l'ubiquité.

Pour ne rien dissimuler de ce qu'il y a d'important dans la doctrine des luthériens au livre de la *Concorde*, je me crois obligé de dire qu'ils ne mettent pas l'ubiquité comme le fondement de la présence de Jésus-Christ dans la Cène : il est certain au contraire qu'ils ne font dépendre cette présence que des paroles de l'institution ; mais ils mettent cette ubiquité comme un moyen de fermer la bouche aux sacramentaires, qui avoient osé assurer qu'il n'étoit pas possible à Dieu de mettre le corps de Jésus-Christ en plus d'un lieu à la fois ; ce qui leur paroissoit contraire, non-seulement à l'article de la toute-puissance de Dieu, mais encore à la majesté de la personne de Jésus-Christ.

XLVIII. Deux mémorables décisions des luthériens sur la coopération du libre arbitre.

Il faut maintenant considérer ce que disent les luthériens sur la coopération de la volonté avec la grace : question si considérable dans nos controverses, qu'on ne lui peut refuser son attention.

Sur cela les luthériens disent deux choses, qui nous donneront beaucoup de lumière pour finir nos contestations. Je les vais proposer avec autant d'ordre et de netteté qu'il me sera possible ; et je n'oublierai rien pour soulager l'esprit du lecteur, qui se pourroit trouver confondu dans la subtilité de ces questions.

XLIX. Doctrine des luthériens, que nous sommes sans action dans la conversion.

La première chose que font les luthériens pour expliquer la coopération de la volonté avec la grace, est de distinguer le moment de la conversion d'avec ses suites ; et après avoir enseigné que la coopération de l'homme n'a point de lieu dans la conversion du pécheur, ils ajoutent que cette coopération doit seulement être reconnue dans les bonnes œuvres que nous faisons dans la suite [1].

J'avoue qu'il est assez difficile de bien comprendre ce qu'ils veulent dire. Car la coopération qu'ils excluent du moment de la conversion est expliquée en certains endroits d'une manière qui semble n'exclure que « la coopération qui se fait par nos propres forces naturelles et de nous-mêmes, » ainsi que parle saint Paul [2]. Si cela est, nous sommes d'accord : mais en même temps nous

[1] *Conc.*, p. 582, 673, 680-682. — [2] P. 656, 662, 668, 674, 678, 687 et seq.

ne voyons pas quel besoin on avoit de distinguer entre le moment de la conversion et toute sa suite, puisque dans toute la suite, non plus que dans le moment de la conversion, l'homme n'opère ni ne coopère que par la grace de Dieu.

Il n'y a donc rien de plus ridicule que de dire avec les luthériens, qu'au moment de la conversion « l'homme n'agit pas davantage qu'une pierre ou de la boue [1], » puisqu'au moment de sa conversion on ne peut nier qu'il ne commence à se repentir, à croire, à espérer, à aimer par une action véritable; ce qu'un tronc et une pierre ne peuvent faire.

Et il est clair que l'homme qui se repent, qui croit et qui aime parfaitement, se repent, croit et aime avec plus de force; mais non pas au fond d'une autre manière que lorsqu'il commence à se repentir, à croire et à aimer : de sorte qu'en l'un et l'autre état, si le Saint-Esprit opère, l'homme coopère avec lui, et se soumet à la grace par un acte de sa volonté.

En effet il semble que les luthériens en excluant la coopération du libre arbitre, ne veulent exclure que celle qu'on voudroit attribuer à nos propres forces. « Lors, disent-ils, que Luther assure que la volonté étoit purement passive et n'agissoit en aucune sorte dans la conversion, son intention n'étoit pas de dire qu'il ne s'excitât dans notre ame aucun nouveau mouvement, et qu'il ne s'y commençât aucune nouvelle opération : mais seulement de faire entendre que l'homme ne peut rien de lui-même, ni par ses forces naturelles [2]. »

L. Embarras et contradiction de la doctrine luthérienne.

C'étoit fort bien commencer : mais ce qui suit n'est pas de même. Car après avoir dit, ce qui est très-vrai, que « la conversion de l'homme est une opération et un don du Saint-Esprit, non-seulement dans quelqu'une de ses parties, mais en sa totalité, » ils concluent très-mal à propos que « le Saint-Esprit agit dans notre entendement, dans notre cœur et dans notre volonté comme dans un sujet qui souffre, l'homme demeurant sans action et ne faisant que souffrir. »

Cette mauvaise conclusion qu'on tire d'un principe véritable, fait voir qu'on ne s'entend pas; car il semble au fond que ce qu'on

[1] *Conc.*, p. 662. — [2] *Conc.*, p. 680.

veut dire, c'est que l'homme ne peut rien de lui-même et que la grace le prévient en tout; ce qui encore une fois est incontestable. Mais s'il s'ensuit de ce principe que nous sommes sans action, cette conséquence s'étend, non-seulement au moment de la conversion, comme le prétendent les luthériens, mais encore contre leur pensée à toute la vie chrétienne, puisque nous ne pouvons non plus par nos propres forces conserver la grace que l'acquérir, et qu'en quelque état que nous soyons elle nous prévient en tout.

LI. Conclusion. Que si l'on s'entend, il n'y a plus de dispute sur la coopération.

Je ne sais donc à qui en veulent les luthériens, quand ils disent qu'il ne faut pas croire que « l'homme converti coopère au Saint-Esprit, comme deux chevaux concourent à traîner un chariot [1]; » car c'est là une vérité que personne ne leur dispute, puisque l'un de ces chevaux ne reçoit pas de l'autre la force qu'il a : au lieu que nous convenons que l'homme coopérant n'a point de force que le Saint-Esprit ne lui donne; et qu'il n'y a rien de plus véritable que ce que disent les luthériens dans le même endroit, que « lorsqu'on coopère à la grace, ce n'est point par ses propres forces naturelles, mais par ses forces nouvelles » qui nous sont données par le Saint-Esprit.

Ainsi pour peu qu'on s'entende, je ne vois plus entre nous aucune ombre de difficulté. Si lorsque les luthériens enseignent que notre volonté n'agit pas au commencement de la conversion, ils veulent dire seulement que Dieu excite en nous de bons mouvemens qui se font en nous sans nous-mêmes, la chose est incontestable, et c'est ce qu'on appelle la grace excitante. S'ils veulent dire que la volonté, lorsqu'elle consent à la grace et qu'elle commence par ce moyen à se convertir, n'agit pas de ses propres forces naturelles, c'est encore un point avoué par les catholiques. S'ils veulent dire qu'elle n'agit point du tout, et qu'elle est purement passive, ils ne s'entendent pas eux-mêmes; et contre leurs propres principes, ils éteignent toute action et toute coopération, non-seulement dans le commencement de la conversion, mais encore dans toute la suite de la vie chrétienne.

LII. Objection

La seconde chose qu'enseignent les luthériens sur la coopéra-

[1] *Conc.*, p. 674.

tion de la volonté est encore digne d'être remarquée, parce qu'elle nous découvre clairement dans quel abîme on se jette quand on abandonne la règle.

des libertins, et difficulté des infirmes sur la coopération.

Le livre de la *Concorde* tâche d'éclaircir l'objection suivante des libertins, faite sur le fondement de la doctrine luthérienne : « S'il est vrai, disent-ils, comme on l'enseigne parmi vous, que la volonté de l'homme n'ait point de part à la conversion des pécheurs, et que le Saint-Esprit seul y fasse tout, je n'ai que faire ni de lire ni d'entendre la prédication, ni de fréquenter les sacremens, et j'attendrai que le Saint-Esprit m'envoie ses dons [1]. »

Cette même doctrine jetoit les fidèles dans d'étranges perplexités : car comme on leur apprenoit que d'abord que le Saint-Esprit agissoit en eux, il les tournoit tellement lui seul qu'ils n'avoient rien du tout à faire : tous ceux qui ne sentoient point en eux-mêmes cette foi ardente, mais seulement des misères et des foiblesses, tomboient dans ces tristes pensées et dans ce doute dangereux, s'ils étoient du nombre des élus, et si Dieu leur vouloit donner son Saint-Esprit.

Pour satisfaire à ces doutes et des libertins et des chrétiens infirmes qui différoient leur conversion, il n'y avoit point à leur dire qu'ils résistoient au Saint-Esprit dont la grace les sollicitoit au dedans de se rendre à lui, puisqu'on leur disoit au contraire que dans ces premiers momens où il s'agissoit de convertir un pécheur, le Saint-Esprit faisoit tout lui seul, et que l'homme n'agissoit non plus qu'une souche.

LIII. *La résolution des luthériens par huit propositions. Les quatre premières, qui contiennent les principes généraux.*

Ils prennent donc un autre moyen de faire entendre aux pécheurs qu'il ne tient qu'à eux de se convertir; et ils avancent ces propositions [2].

En premier lieu : « Que Dieu veut que tous les hommes se convertissent, et parviennent au salut éternel. »

En second lieu : « Que pour cela il a ordonné que l'Evangile fût annoncé publiquement. »

En troisième lieu : « Que la prédication est le moyen par lequel Dieu assemble dans le genre humain une Eglise dont la durée n'a point de fin. »

[1] *Conc.*, p. 669. — [2] P. 669 et seq.

En quatrième lieu : « Que prêcher et écouter l'Evangile sont les instrumens du Saint-Esprit, par lesquels il agit efficacement en nous et nous convertit. »

<small>LIV.
Quatre autres propositions pour appliquer les premières.</small> Après qu'ils ont posé ces quatre propositions générales touchant l'efficace de la prédication, ils en font l'application à la conversion du pécheur par quatre autres propositions plus particulières[1]. Ils disent donc :

En cinquième lieu : « Qu'avant même que l'homme soit régénéré, il peut lire ou écouter l'Evangile au dehors; et que dans ces choses extérieures il a en quelque façon son libre arbitre pour assister aux assemblées de l'Eglise, et y écouter ou n'écouter pas la parole de Dieu. »

En sixième lieu ils ajoutent : « Que par cette prédication, et par l'attention qu'on y donne, Dieu amollit les cœurs; qu'il s'y allume une petite étincelle de foi, par laquelle on embrasse les promesses de Jésus-Christ; et que le Saint-Esprit, qui opère ces bons sentimens, est envoyé dans les cœurs par ce moyen. »

En septième lieu ils remarquent : « Qu'encore qu'il soit véritable que ni le prédicateur, ni l'auditeur ne puissent rien par eux-mêmes, et qu'il faille que le Saint-Esprit agisse en nous, afin que nous puissions croire à la parole : ni le prédicateur, ni l'auditeur ne doivent avoir aucun doute que le Saint-Esprit ne soit présent par sa grace, lorsque la parole est annoncée en sa pureté selon le commandement de Dieu, et que les hommes l'écoutent et la méditent sérieusement. »

Enfin ils posent en huitième lieu : « Qu'à la vérité cette présence et ces dons du Saint-Esprit ne se font pas toujours sentir; mais qu'il n'en faut pas moins tenir pour certain que la parole écoutée est l'organe du Saint-Esprit, par lequel il déploie son efficace dans les cœurs. »

<small>LV.
La résolution des luthériens, fondée sur les huit propositions précédentes.</small> Par là donc la difficulté, selon eux, demeure entièrement résolue tant du côté des libertins que du côté des chrétiens infirmes. Du côté des libertins, parce que par les 1re, IIe, IIIe, IVe, V^e, VIe, et VIIe propositions, la prédication attentivement écoutée opère la grace. Or par la cinquième il est établi que l'homme est libre à

---

[1] *Conc.*, p. 669 et seq.

écouter la prédication : il est donc libre à se donner à lui-même ce par où la grace lui est donnée, et par là les libertins sont contens.   *est purement demi-pélagienne*

Et pour les chrétiens infirmes, qui, encore qu'ils soient attentifs à la prédication, ne savent s'ils ont la grace, à cause qu'ils ne la sentent pas : on remédie à leur doute par la huitième proposition, qui leur enseigne qu'il n'est pas permis de douter que la grace du Saint-Esprit, quoiqu'on ne la sente pas, n'accompagne l'attention à la parole : de sorte qu'il ne reste plus aucune difficulté selon les principes des luthériens; et ni le libertin, ni le chrétien infirme n'ont à se plaindre, puisqu'enfin pour la conversion tout dépend de l'attention à la parole, qui elle-même dépend du libre arbitre.

Et afin qu'on ne doute pas de quelle attention ils parlent, je remarque qu'ils parlent de l'attention en tant qu'elle précède la grace du Saint-Esprit : ils parlent de l'attention, où « par son libre arbitre on peut écouter, ou n'écouter pas [1] : » ils parlent de l'attention par laquelle on « écoute l'Évangile au dehors, » par laquelle on assiste « aux assemblées de l'Eglise » où la vertu du Saint-Esprit se developpe, par laquelle on prête l'oreille attentive à la parole, qui est son organe. C'est à cette attention libre que les luthériens attachent la grace; et ils sont excessifs en tout, puisqu'ils veulent d'un côté que, lorsque le Saint-Esprit commence à nous émouvoir, nous n'agissions point du tout; et de l'autre, que cette opération du Saint-Esprit qui nous convertit sans aucune coopération de notre côté, soit attirée nécessairement par un acte de nos volontés où le Saint-Esprit n'a point de part, et où notre liberté agit purement par ses forces naturelles.   *LVI. Preuve du demi-pélagianisme des luthériens.*

C'est la doctrine commune des luthériens, et le plus savant de tous ceux qui ont écrit de nos jours l'a expliquée par cette comparaison. Il suppose que tous les hommes sont abîmés dans un lac profond, sur la surface duquel Dieu fait nager une huile salutaire qui délivrera par sa seule force tous ces malheureux, pourvu qu'ils veuillent se servir des forces naturelles qui leur sont laissées pour s'approcher de cette huile et en avaler quelques gouttes [2].   *LVII. Semi-pélagianisme des luthériens. Exemple proposé par Calixte*

[1] *Conc.*, p. 671. — [2] Calixt., *Judic.*, n. 32-34.

Cette huile, c'est la parole annoncée par les prédicateurs. Les hommes peuvent d'eux-mêmes s'y rendre attentifs : mais aussitôt qu'ils s'approchent par leurs propres forces pour l'écouter, d'elle-même, sans qu'ils s'en mêlent davantage, elle répand dans leurs cœurs une vertu qui les guérit.

LVIII. Confusion des nouvelles sectes, où l'on passe d'une extrémité à l'autre.

Ainsi tous les vains scrupules par où les luthériens, sous prétexte d'honorer Dieu, détruisent premièrement le libre arbitre, et craignent du moins dans la suite de lui donner trop, aboutissent enfin à lui donner tant de force, que tout soit attaché à son action et à son exercice le plus naturel. Ainsi on marche sans règle, quand on abandonne la règle de la tradition : on croit éviter l'erreur des pélagiens; on y revient par un autre endroit, et le circuit qu'on fait ramène au demi-pélagianisme.

LIX. Les calvinistes entrent dans le semi-pélagianisme des luthériens.

Ce demi-pélagianisme des luthériens se répand aussi peu à peu dans le calvinisme, par l'inclination qu'on y a de s'unir aux luthériens; et déjà on commence à dire en leur faveur que le demi-pélagianisme ne damne pas [1], c'est-à-dire qu'on peut innocemment attribuer à son libre arbitre le commencement de son salut.

LX. Difficulté dans le livre de la *Concorde* sur la certitude du salut.

Je trouve encore une chose dans le livre de la *Concorde* qui pourroit causer beaucoup d'embarras dans la doctrine luthérienne, si elle n'étoit bien entendue. On y dit que les fidèles, au milieu de leurs foiblesses et de leurs combats, « ne doivent nullement douter ni de la justice qui leur est imputée par la foi, ni de leur salut éternel [2]. » Par où il pourroit sembler que les luthériens admettent la certitude du salut, aussi bien que les calvinistes. Mais ce seroit ici dans leur doctrine une contradiction trop visible, puisque pour croire dans chaque fidèle la certitude du salut, comme la croient les calvinistes, il faudroit aussi croire avec eux l'inamissibilité de la justice, que la doctrine luthérienne rejette expressément, comme on a vu.

LXI. Résolution par la doctrine du docteur Jean-André Gérard.

Pour concilier cette contrariété, les docteurs luthériens répondent deux choses : l'une, que par le doute du salut qu'ils excluent de l'ame fidèle, ils n'entendent que l'anxiété, l'agitation et le trouble, que nous en excluons aussi bien qu'eux; l'autre, que la certitude qu'ils admettent du salut dans tous les justes, n'est pas

[1] Jur., *Syst. de l'Egl.*, liv. II, chap. III, p. 249, 253. — [2] *Conc.*, p. 585.

une certitude absolue, mais une certitude conditionnelle, et supposé que le fidèle ne s'éloigne pas de Dieu par une malice volontaire. C'est ainsi que l'explique le docteur Jean-André Gérard [1], qui a donné depuis peu un corps entier de controverses ; c'est-à-dire que dans la doctrine des luthériens le fidèle se doit tenir pour très-assuré que Dieu de son côté ne lui manquera jamais, si lui-même ne manque pas le premier à Dieu : ce qui est indubitable. Mettre dans le juste plus de certitude, c'est contredire trop évidemment la doctrine qui nous apprend que, quelque juste qu'on soit, on peut déchoir de la justice et perdre l'esprit d'adoption : chose dont les luthériens ne doutent non plus que nous.

Depuis la compilation du livre de la *Concorde*, je ne crois pas que les luthériens aient fait en corps aucune nouvelle décision de foi. Les pièces dont ce livre est composé sont de différens auteurs et de différentes dates, et les luthériens nous y ont voulu donner un recueil de ce qu'il y a parmi eux de plus authentique. Le livre fut mis au jour en 1579, après les célèbres assemblées tenues à Torg et à Berg en 1576 et 1577. Ce dernier lieu étoit, si je ne me trompe, un monastère auprès de Magdebourg. Je ne raconterai pas comment ce livre fut souscrit en Allemagne, ni les surprises et les violences dont on prétend qu'on usa avec ceux qui le reçurent, ni les oppositions de quelques princes et de quelques villes qui refusèrent d'y souscrire. Hospinien a écrit une longue histoire qui paroît assez bien fondée en la plupart de ses faits [2]. C'est aux luthériens qui s'y intéressent à la contredire. Les décisions particulières qui regardent la Cène et l'ubiquité ont été faites dans les temps voisins de la mort de Mélanchthon, c'est-à-dire environ les années 1558, 59, 60 et 61.

LXII. Histoire abrégée du livre de la Concorde.

Ces années sont célèbres parmi nous par les commencemens des troubles de France. En 1559 nos prétendus réformés dressèrent la confession de foi qu'ils présentèrent à Charles IX en 1561, au colloque de Poissy [3]. C'est l'ouvrage de Calvin, dont nous avons déjà souvent parlé. Mais l'importance de cette action, et les ré-

LXIII. Les troubles de France commencent. Confession de foi dressée par Calvin.

[1] *Confess. Cath.*, 1679, lib. II, part. III, art. 22, cap. II, thesi 3, n. 2-4, et art. 23, cap. v, thes. unic., n. 6, p. 1426 et 1499. — [2] Hospin., *Concord. discors. imp.*, 1607. — [3] Bez., *Hist. Ecc.*, liv. IV, p. 520.

flexions qu'il nous faudra faire sur cette confession de foi, nous obligent à expliquer plus profondément la conduite et la doctrine de son auteur.

LIVRE IX.

En l'an 1561. Doctrine et caractère de Calvin.

SOMMAIRE.

Les prétendus réformés de France commencent à paroître. Calvin en est le chef. Ses sentimens sur la justification, où il raisonne plus conséquemment que les luthériens; mais comme il raisonne sur de faux principes, il tombe aussi dans des inconvéniens plus manifestes. Trois absurdités qu'il ajoute à la doctrine luthérienne : La certitude du salut, l'inamissibilité de la justice et la justification des petits enfans indépendamment du baptême. Contradictions sur ce troisième point. Sur le sujet de l'Eucharistie, il condamne également Luther et Zuingle, et tâche de prendre un sentiment mitoyen. Il prouve la réalité plus nécessaire qu'il ne l'admet en effet. Fortes expressions pour l'établir. Autres expressions qui l'anéantissent. Avantage de la doctrine catholique. On croit nécessaire de parler comme elle, et de prendre ses principes même en la combattant. Trois confessions différentes des calvinistes, pour contenter trois différentes sortes de personnes, les luthériens, les zuingliens, et eux-mêmes. Orgueil et emportemens de Calvin. Comparaison de son génie avec celui de Luther. Pourquoi il ne parut pas au colloque de Poissy. Bèze y présente la confession de foi des prétendus réformés : ils y ajoutent une nouvelle et longue explication de leur doctrine sur l'Eucharistie. Les catholiques s'énoncent simplement et en peu de mots. Ce qui se passa au sujet de la *Confession d'Augsbourg*. Sentiment de Calvin.

I. Le génie de Calvin. Il raffine au delà de Luther.
Je ne sais si le génie de Calvin se seroit trouvé aussi propre à échauffer les esprits et à émouvoir les peuples, que le fut celui de Luther : mais après les mouvemens excités, il s'éleva en beaucoup de pays, principalement en France, au-dessus de Luther même, et se fit le chef d'un parti qui ne cède guère à celui des luthériens.

Par son esprit pénétrant et par ses décisions hardies, il raffina sur tous ceux qui avoient voulu en ce siècle-là faire une église nouvelle, et donna un nouveau tour à la Réforme prétendue.

II. Deux points.
Elle rouloit principalement sur deux points, sur celui de la justification et sur celui de l'Eucharistie.

Pour la justification, Calvin s'attacha autant pour le moins que Luther à la justice imputative, comme au fondement commun de toute la nouvelle Réforme, et il enrichit cette doctrine de trois articles importans.

<small>principaux de la Réforme. Calvin raffine sur l'un et sur l'autre.</small>

Premièrement, cette certitude que Luther reconnoissoit seulement pour la justification, fut étendue par Calvin jusqu'au salut éternel; c'est-à-dire qu'au lieu que Luther vouloit seulement que le fidèle se tînt assuré d'une certitude infaillible qu'il étoit justifié, Calvin voulut qu'il tînt pour certaine avec sa justification sa prédestination éternelle[1]: de sorte qu'un parfait calviniste ne peut non plus douter de son salut qu'un parfait luthérien de sa justification.

<small>III. Trois choses que Calvin ajoute à la justice imputative, et premièrement la certitude du salut.</small>

De cette sorte, si un calviniste faisoit sa particulière confession de foi, il y mettroit cet article : « Je suis asseûré de mon salut. » Un d'eux l'a fait. Nous avons dans le *Recueil de Genève* la Confession de foi du prince Fridéric III, comte Palatin et électeur de l'Empire. Ce prince en expliquant son *Credo*, après avoir dit comme il croit au Père, au Fils et au Saint-Esprit, quand il vient à exposer comme il croit l'Eglise catholique, dit « qu'il croit que Dieu ne cesse de la recueillir de tout le genre humain par sa parole et son Saint-Esprit, et qu'il croit qu'il en est et sera éternellement un membre vivant. » Il ajoute qu'il croit que « Dieu apaisé par la satisfaction de Jésus-Christ, ne se souviendra d'aucun de ses péchez, ni de toute la malice avec laquelle j'auray, dit-il, à combattre toute ma vie; mais qu'il me veut donner gratuitement la justice de Jésus-Christ, en-sorte que *je n'ay point à appréhender les jugemens de Dieu.* Enfin je sçay très-certainement, poursuit-il, que je seray sauvé, et que je comparoistray avec un visage gay devant le tribunal de Jésus-Christ [2]. » Voilà un bon calviniste, et voilà les vrais sentimens qu'inspire la doctrine de Calvin, que ce prince avoit embrassée.

<small>IV. Mémorable confession de foi de l'électeur palatin Fridéric III.</small>

De là s'ensuivoit un second dogme, c'est qu'au lieu que Luther demeuroit d'accord que le fidèle justifié pouvoit déchoir de la grace, ainsi que nous l'avons vu dans la *Confession d'Augsbourg*,

<small>V. Second dogme ajouté par Calvin à la</small>

---

[1] *Instit.*, lib. III, 2, n. 16 et 24, cap. *Antid. Conc. Trid.*, in sess. VI, cap. XIII, XIV; *Opusc.*, p. 185. — [2] *Synt. Gen.*, II⁰ part., p. 149, 156.

Calvin soutient au contraire, que la grace une fois reçue ne se peut plus perdre : ainsi qui est justifié et qui reçoit une fois le Saint-Esprit, est justifié et reçoit le Saint-Esprit pour toujours. C'est pourquoi le Palatin mettoit tout à l'heure parmi les articles de sa foi, « qu'il estoit(a) membre vivant et perpétuel de l'Église. » C'est ce dogme, qui est appelé l'inamissibilité de la justice, c'est-à-dire le dogme où l'on croit que la justice une fois reçue ne se peut plus perdre. Ce mot est si fort reçu dans cette matière, qu'il faut s'y accoutumer comme à un terme consacré qui abrége le discours.

<small>justice imputative : qu'elle ne se peut jamais perdre.</small>

Il y eut encore un troisième dogme que Calvin établit comme une suite de la justice imputée : c'est que le baptême ne pouvoit pas être nécessaire à salut, comme le disent les luthériens.

<small>VI. Troisième dogme de Calvin : que le baptême n'est pas nécessaire au salut.</small>

Calvin crut que les luthériens ne pouvoient rejeter ces dogmes sans renverser leurs propres principes. Ils veulent que le fidèle soit absolument assuré de sa justification dès qu'il la demande, et qu'il se confie en la bonté divine, parce que, selon eux, ni l'invocation ni la confiance ne peuvent souffrir le moindre doute. Or l'invocation et la confiance ne regardent pas moins le salut que la justification et la rémission des péchés ; car nous demandons notre salut et nous espérons l'obtenir, autant que nous demandons la rémission des péchés et que nous espérons l'obtenir : nous sommes donc autant assurés de l'un que de l'autre.

<small>VII. Raisons de Calvin tirées des principes de Luther, et premièrement sur la certitude du salut.</small>

Que si on croit que le salut ne nous peut manquer, on doit croire en même temps que la grace ne se peut perdre, et rejeter les luthériens qui enseignent le contraire.

<small>VIII. Pour l'inamissibilité de la justice.</small>

Et si nous sommes justifiés par la seule foi, le baptême n'est nécessaire ni en effet, ni en vœu. C'est pourquoi Calvin ne veut pas qu'il opère en nous la rémission des péchés, ni l'infusion de la grace ; mais seulement qu'il en soit le sceau, et la marque que nous l'avons obtenue.

<small>IX. Contre la nécessité du baptême.</small>

Il est certain qu'en disant ces choses, il falloit dire en même temps que les petits enfans étoient en grace indépendamment du baptême. Aussi Calvin ne fit-il point de difficulté de l'avouer. C'est ce qui lui fit inventer que les enfans des fidèles naissoient

<small>X. Suite de la doctrine de Calvin : que les enfans des fidèles</small>

(a) 1ʳᵉ édit. : Que lui palatin étoit.

dans l'alliance, c'est-à-dire dans la sainteté que le baptême ne faisoit que sceller en eux : dogme inouï dans l'Eglise, mais nécessaire à Calvin pour soutenir ses principes.

naissent dans la grâce.

Le fondement de cette doctrine étoit, selon lui, dans cette promesse faite à Abraham : « Je seray ton Dieu et de ta postérité après toy [1]. » Calvin soutenoit que la nouvelle alliance non moins efficace que l'ancienne, devoit par cette raison passer comme elle de père en fils, et se transmettre par la même voie : d'où il concluoit que « la substance du baptême, » c'est-à-dire la grace et l'alliance, « appartenant aux petits enfans, on ne leur en pouvoit refuser le signe, » c'est-à-dire le sacrement de baptême : doctrine selon lui si assurée, qu'il l'insèra dans le Catéchisme dans les mêmes termes que nous venons de rapporter [2], et en termes aussi forts dans « la forme d'administrer le baptême. »

XI. *Passage dont Calvin appuie ce nouveau dogme.*

Quand je regarde Calvin comme l'auteur de ces trois dogmes, je ne veux pas dire qu'il soit absolument le premier qui les ait enseignés ; car les anabaptistes et d'autres encore les avoient déjà soutenus, ou en tout, ou en partie : mais je veux dire qu'il leur a donné un nouveau tour, et a fait voir mieux que personne le rapport qu'ils ont avec la justice imputée.

XII. *Pourquoi Calvin est regardé comme l'auteur des trois dogmes précédens.*

Je crois pour moi qu'en ces trois articles Calvin raisonnoit plus conséquemment que Luther : mais il s'engageoit aussi à de plus grands inconvéniens, comme il arrive nécessairement à ceux qui raisonnent sur de faux principes.

XIII. *Calvin, posé ces principes, raisonnoit mieux que Luther; mais s'égaroit davantage.*

Si c'étoit un inconvénient dans la doctrine de Luther, qu'on fût assuré de sa justification, c'en étoit un bien plus grand, et qui exposoit la foiblesse humaine à une tentation bien plus dangereuse, qu'on fût assuré de son salut.

XIV. *Inconvéniens de la certitude du salut.*

D'ailleurs, en disant que le Saint-Esprit et la justice ne se pouvoient perdre non plus que la foi, on obligeoit le fidèle une fois justifié et persuadé de sa justification, à croire que nul crime ne seroit capable de le faire déchoir de cette grace.

XV. *Inconvéniens de l'inamissibilité soutenue par Calvin.*

En effet, Calvin soutenoit « qu'en perdant la crainte de Dieu on ne perdoit pas la foy qui nous justifie [3]. » Il se servoit à la vérité

[1] *Instit.*, IV, XV, n. 22; XVI, 3, etc., 9, etc.; *Gen.*, XVII, 7. — [2] *Dim.*, L. — [3] *Antid. Conc. Trid.*, in sess. VI, cap. XVI; *Opusc.*, p. 288.

de termes étranges; car il disoit que la foi « estoit accablée, ensevelie, suffoquée; qu'on en perdoit la possession, c'est-à-dire le sentiment et la connoissance, » mais il ajoutoit qu'avec tout cela « elle n'estoit pas éteinte. »

Il faut trop de subtilité pour concilier ensemble toutes ces paroles de Calvin : mais c'est que comme il vouloit soutenir son dogme, il vouloit aussi donner quelque chose à l'horreur qu'on a de reconnoître la foi justifiante dans une ame qui a perdu « la crainte de Dieu » et qui est tombée dans les plus grands crimes.

XVI. Inconvéniens de la doctrine qui fait naître en grace les enfans.

Mais si on joint à ces dogmes celui qui enseigne que les enfans des fidèles apportent au monde la grace en naissant, dans quelle horreur tombe-t-on, puisqu'il faut nécessairement avouer que toute la postérité d'un fidèle est prédestinée !

La démonstration en est aisée selon les principes de Calvin. Qui naît d'un fidèle naît dans l'alliance, et par conséquent dans la grace : qui a une fois la grace n'en peut plus déchoir : si non-seulement on l'a pour soi-même, mais encore qu'on la transmette nécessairement à ses descendans, voilà donc la grace étendue à des générations infinies. S'il y a un seul fidèle dans toute une race, la descendance de ce fidèle est toute prédestinée. Si on y trouve un seul homme qui meure dans le crime, tous ses ancêtres sont damnés.

XVII. Luther n'est pas moins blâmable d'avoir posé ces principes, que Calvin d'avoir tiré ces conséquences.

Au reste les suites horribles de la doctrine de Calvin ne condamnent pas moins les luthériens que les calvinistes; et si les derniers sont inexcusables de se jeter dans de si étranges inconvéniens, les autres n'ont pas moins de tort d'avoir posé des principes d'où suivent si clairement de telles conséquences.

XVIII. Si ces trois dogmes se trouvent dans les confessions de foi

Mais encore que les calvinistes aient embrassé ces trois dogmes comme un fondement de la Réforme, le respect des luthériens a fait, si je ne me trompe, que dans les confessions de foi des églises calviniennes on a plutôt insinué qu'expressément établi les deux premiers dogmes, c'est-à-dire la certitude de la prédestination et l'inamissibilité de la justice [1]. Ce n'est proprement qu'au synode de Dordrect qu'on en a fait authentiquement la déclaration : nous la verrons en son lieu. Pour le dogme qui reconnoît dans les

[1] *Confess. de Fr.*, art. 18-22; *Catéch. Dim.*, 18, 19, 36.

enfans des fidèles la grace inséparable d'avec leur naissance, nous le trouvons dans le *Catéchisme* dont nous avons rapporté les termes, et dans la forme d'administrer le baptême [1].

Je ne veux pas assurer pourtant que Calvin et les calvinistes soient bien constans dans ce dernier dogme. Car encore qu'ils disent d'un côté que les enfans des fidèles naissent dans l'alliance, et que le sceau de la grace qui est le baptême ne leur est dû qu'à cause que la chose même, c'est-à-dire la grace et la régénération leur est acquise par le bonheur qu'ils ont d'être nés de parens fidèles : il paroît en d'autres endroits qu'ils ne veulent pas que les enfans des fidèles soient toujours régénérés quand ils reçoivent le baptême, pour deux raisons : la première, parce que selon leurs maximes le sceau du baptême n'a pas son effet à l'égard de tous ceux qui le reçoivent, mais seulement à l'égard des prédestinés. La seconde, parce que le sceau du baptême n'a pas toujours son effet présent, même à l'égard des prédestinés, puisque tel qui est baptisé dans son enfance n'est régénéré que dans sa vieillesse.

XIX. Deux dogmes des calvinistes sur les enfans, peu convenables à leurs principes.

Ces deux dogmes sont enseignés par Calvin en plusieurs endroits, mais principalement dans l'accord qu'il fit en 1554 de l'église de Genève avec celle de Zurich. Cet accord contient la doctrine de ces deux églises; et étant reçu de l'une et de l'autre, il a toute l'autorité d'une confession de foi; de sorte que les deux dogmes que je viens de rapporter y étant expressément enseignés, on les peut compter parmi les articles de foi de l'église calvinienne [2].

XX. Accord avec ceux de Genève. 1554.

Il paroît donc que cette église enseigne deux choses contradictoires. La première, que les enfans des fidèles naissent certainement dans l'alliance et dans la grace, ce qui oblige nécessairement à leur donner le baptême; la seconde, qu'il n'est pas certain qu'ils naissent dans l'alliance ni dans la grace, puisque personne ne sait s'ils sont du nombre des prédestinés.

XXI. Contradiction dans la doctrine des calvinistes.

C'est encore un grand inconvénient de dire d'un côté que le baptême soit par lui-même un signe certain de la grace, et de

XXII. Autre contradiction.

[1] *Catéch. Dim.*, 50 ; *Form. du Bap.*, 5, n. 11.— [2] *Conf. Tigur. et Genev.*, art. 17, 20; *Opusc. Calv.*, p. 754; Hosp., an. 1554.

l'autre que plusieurs de ceux qui le reçoivent sans apporter de leur part aucun obstacle à la grace qu'il leur présente, comme sont les petits enfans, n'en reçoivent pourtant aucun effet. Mais en laissant aux calvinistes le soin de concilier leurs dogmes, je me contente de rapporter ce que je trouve dans leurs confessions de foi.

XXIII. Raffinement de Calvin sur l'autre point de réforme, qui est celui de l'Eucharistie.

Jusqu'ici Calvin s'est élevé au-dessus des luthériens, en tombant aussi plus bas qu'ils n'avoient fait. Sur le point de l'Eucharistie il s'éleva, non-seulement au-dessus d'eux, mais encore au-dessus des zuingliens; et par une même sentence il donna le tort aux deux partis qui divisoient depuis si longtemps toute la nouvelle Réforme.

XXIV. Traité de Calvin, pour montrer qu'après quinze ans de dispute, les luthériens et les zuingliens ne s'étoient point entendus.

Il y avoit quinze ans qu'ils disputoient sur le point de la présence réelle, sans jamais avoir pu convenir, quoi qu'on eût pu faire pour les mettre d'accord, lorsque Calvin [1] encore assez jeune décida qu'ils ne s'étoient point entendus, et que les chefs des deux partis avoient tort : Luther, pour avoir trop pressé la présence corporelle; Zuingle et Œcolampade, pour n'avoir pas assez exprimé que la chose même, c'est-à-dire le corps et le sang étoient joints aux signes, parce qu'il falloit reconnoître une certaine présence de Jésus-Christ dans la Cène, qu'ils n'avoient pas bien comprise.

XXV. Calvin, déjà connu par son *Institution*, se fait regarder par son *Traité de la Cène*. 1540. 1534.

Cet ouvrage de Calvin fut imprimé en françois l'an 1540, et depuis traduit en latin par l'auteur même. Il s'étoit déjà donné un grand nom par son *Institution* qu'il publia la première fois en 1534, et dont il faisoit souvent de nouvelles éditions avec des additions considérables, ayant une extrême peine à se contenter lui-même, comme il le dit dans ses préfaces. Mais on tourna encore plus les yeux sur lui, quand on vit un assez jeune homme entreprendre de condamner les chefs des deux partis de la Réforme, et tout le monde fut attentif à ce qu'il apporteroit de nouveau.

XXVI. Doctrine de Calvin sur l'Eucharistie, presque oubliée par les siens.

C'est en effet un des points des plus mémorables de la nouvelle Réforme; et il mérite d'autant plus d'être considéré, que les calvinistes d'à présent semblent l'avoir oublié, quoiqu'il fasse une partie des plus essentielles de leur confession de foi.

[1] Tract. *de Cœnâ Domini, Opusc.*, p. 1.

Si Calvin n'avoit fait que dire que les signes ne sont pas vides dans l'Eucharistie, ou que l'union que nous y avons avec Jésus-Christ est effective et réelle, et non pas imaginaire, ce ne seroit rien : nous avons vu que Zuingle et Œcolampade, dont Calvin n'étoit pas tout à fait content, en avoient bien dit autant dans leurs écrits.

<small>XXVII. Calvin ne se contente pas qu'on reçoive un signe dans la Cène.</small>

Les graces que nous recevons par l'Eucharistie et les mérites de Jésus-Christ qui nous y sont appliqués, suffisent pour nous faire entendre que les signes ne sont pas vides dans ce sacrement; et personne n'a jamais nié que ce fruit que nous en tirons ne fût très-réel.

La difficulté étoit donc, non pas à nous faire voir que la grace unie au sacrement en faisoit un signe efficace et plein de vertu, mais à montrer comment le corps et le sang nous étoient effectivement communiqués : car c'est ce que ce saint sacrement avoit de particulier, et ce que tous les chrétiens avoient accoutumé d'y rechercher en vertu des paroles de l'institution.

<small>XXVIII. Ni même un signe efficace.</small>

De dire qu'on y reçût avec la figure la vertu et le mérite de Jésus-Christ par la foi, Zuingle et Œcolampade l'avoient tant dit, que Calvin n'eût eu rien à désirer dans leur doctrine, s'il n'eût voulu quelque chose de plus.

<small>XXIX. Ni la vertu et le mérite de Jésus-Christ.</small>

Bucer, qu'il reconnoissoit en quelque façon pour son maître, en confessant, comme il l'avoit fait dans l'accord de Vitenberg, une présence substantielle qui fût commune à tous les communians dignes et indignes, établissoit par là une présence réelle indépendante de la foi; et il avoit tâché de remplir l'idée de réalité que les paroles de Notre-Seigneur portent naturellement dans les esprits. Mais Calvin croyoit qu'il en disoit trop; et encore qu'il trouvât bon qu'on alléguât aux luthériens les articles de Vitenberg, pour montrer que la querelle de l'Eucharistie étoit finie par ces articles [1], il ne s'en tenoit pas dans son cœur à cette décision. Ainsi il prit quelque chose de Bucer et de cet accord qu'il ajusta à sa mode, et tâcha de faire un système tout particulier.

<small>XXX. La doctrine de Calvin tient quelque chose de celle de Bucer et des articles de Vitenberg.</small>

Pour entendre le fond, il faut remettre en peu de paroles l'état

<small>XXXI. État de la</small>

[1] *Ep. ad illust. Princ. Germ.*, p. 324.

question remis.
Sentiment des catholiques sur ces paroles « Ceci est mon corps. »

Il s'agissoit du sens de ces paroles : « Ceci est mon corps, ceci est mon sang. »

Les catholiques prétendoient que le dessein de Notre-Seigneur étoit de nous y donner à manger son corps et son sang, comme on donnoit aux anciens la chair des victimes immolées pour eux.

Comme cette manducation étoit un signe aux anciens que la victime étoit à eux, et qu'ils participoient au sacrifice : ainsi le corps et le sang de Jésus-Christ immolé pour nous, nous étant donnés pour les prendre par la bouche avec le sacrement, ce nous étoit un signe qu'ils étoient à nous, et que c'étoit pour nous que le Fils de Dieu en avoit fait à la croix le sacrifice.

Afin que ce gage de l'amour de Jésus-Christ fût efficace et certain, il falloit que nous eussions, non point seulement les mérites, l'esprit et la vertu, mais encore la propre substance de la victime immolée, et qu'elle nous fût donnée aussi véritablement à manger que la chair des victimes avoit été donnée à l'ancien peuple.

C'est ainsi qu'on entendoit ces paroles : « Ceci est mon corps livré pour vous ; ceci est mon sang répandu pour vous [1] : » C'est aussi véritablement mon corps, qu'il est vrai que ce corps a été livré pour vous, et aussi véritablement mon sang, qu'il est vrai que ce sang a été répandu pour vous.

Par la même raison, on entendoit que la substance de cette chair et de ce sang ne nous étoit donnée qu'en l'Eucharistie, puisque Jésus-Christ n'avoit dit que là : « Ceci est mon corps, ceci est mon sang. »

Nous recevons donc Jésus-Christ en plusieurs manières dans tout le cours de notre vie par sa grace, par ses lumières, par son Saint-Esprit, par sa vertu toute-puissante ; mais cette manière singulière de le recevoir en la propre et véritable substance de son corps et de son sang, étoit particulière à l'Eucharistie.

Ainsi l'Eucharistie étoit regardée comme un miracle nouveau, qui nous confirmoit tous les autres que Dieu avoit faits pour notre salut. Un corps humain tout entier donné en tant de lieux, à tant

---

[1] *Matth.*, XXVI, 26, 28 ; *Luc.*, XXII, 19-20 ; I *Cor.*, XI, 24.

de personnes, sous les espèces du pain, c'étoit de quoi étonner tous les esprits; et nous avons déjà vu que les Pères s'étoient servis des effets les plus étonnans de la puissance divine pour expliquer celui-ci.

C'étoit peu que Dieu eût fait un si grand miracle en notre faveur, s'il ne nous eût donné le moyen d'en profiter; et nous ne le pouvions espérer que par la foi.

XXXII. Ce que fait la foi dans ce mystère. Sentiment des catholiques sur ces paroles « Faites ceci en mémoire de moi. »

Ce mystère étoit pourtant, comme tous les autres, indépendant de la foi. Qu'on croie ou qu'on ne croie pas, Jésus-Christ s'est incarné, Jésus-Christ est mort et s'est immolé pour nous; et par la même raison, qu'on croie ou qu'on ne croie pas, Jésus-Christ nous donne à manger dans l'Eucharistie la substance de son corps; car il nous falloit confirmer par là que c'est pour nous qu'il l'a prise, et pour nous qu'il l'a immolée : les gages de l'amour divin, en eux-mêmes, sont indépendans de notre foi; seulement il faut notre foi pour en profiter.

En même temps que nous recevons ce précieux gage, qui nous assure que Jésus-Christ immolé est tout à nous, il faut aussi appliquer notre esprit à ce témoignage inestimable de l'amour divin. Et comme les anciens en mangeant la victime immolée devoient la manger comme immolée, et se souvenir de l'oblation qui en avoit été faite à Dieu en sacrifice pour eux : ceux aussi qui reçoivent à la sainte table la substance du corps et du sang de l'Agneau sans tache, la doivent recevoir comme immolée, et se souvenir que le Fils de Dieu en avoit fait le sacrifice à son Père pour le salut, non-seulement de tout le monde en général, mais encore de chacun des fidèles en particulier. C'est pourquoi en disant : « Ceci est mon corps, ceci est mon sang, » il avoit ajouté aussitôt après : « Faites ceci en mémoire de moi[1]; » c'est-à-dire, comme la suite le fait voir, en mémoire de moi immolé pour vous, et de cette immense charité qui m'a fait donner ma vie pour vous racheter, conformément à cette parole de saint Paul : « Vous annoncerez la mort du Seigneur[2]. »

Il falloit donc bien se garder de recevoir seulement dans notre corps le corps sacré de Notre-Seigneur : on devoit s'y attacher

---

[1] *Luc.*, XXII, 19, 20; 1 *Cor.*, XI, 24, 25. — [2] 1 *Cor.*, XI, 26.

par l'esprit, et se souvenir qu'il ne nous donnoit son corps, qu'afin que nous eussions un gage certain que cette sainte victime étoit toute à nous. Mais en même temps que nous rappelions ce pieux souvenir dans notre esprit, nous devions entrer dans les sentimens d'une tendre reconnoissance envers le Sauveur, et c'étoit l'unique moyen de jouir parfaitement de ce gage inestimable de notre salut.

XXXIII.
Comment la jouissance du corps de Jésus-Christ est perpétuelle et permanente.

Et encore que la réception actuelle de ce corps et de ce sang ne nous fût permise qu'à certains momens, c'est-à-dire dans la communion, notre reconnoissance n'étoit pas bornée à un temps si court; et c'étoit assez qu'à certains momens nous reçussions ce gage sacré, pour faire durer dans tous les momens de notre vie la jouissance spirituelle d'un si grand bien.

Car encore que la perception actuelle du corps et du sang ne fût que momentanée, le droit que nous avons de le recevoir est perpétuel, semblable au droit sacré qu'on a l'un sur l'autre par le lien du mariage.

Ainsi l'esprit et le corps se joignent pour jouir de Notre-Seigneur et de la substance adorable de son corps et de son sang; mais comme l'union des corps est le fondement d'un si grand ouvrage, celle des esprits en est la perfection.

Celui donc qui ne s'unit pas en esprit à Jésus-Christ dont il reçoit le corps sacré, ne jouit pas comme il faut d'un si grand don : semblable à ces époux brutaux ou trompeurs qui unissent les corps sans unir les cœurs.

XXXIV.
Il faut unir à Jésus-Christ le corps et l'esprit.

Jésus-Christ veut trouver en nous l'amour dont il est plein, lorsqu'il s'en approche. Quand il ne le trouve pas, l'union des corps n'en est pas moins réelle : mais au lieu d'être fructueuse, elle est odieuse et outrageuse à Jésus-Christ. Ceux qui viennent à son corps sans cette foi vive, sont « la troupe qui le presse; » ceux qui ont cette foi, c'est la femme malade « qui le touche[1]. »

A la rigueur tous le touchent; mais ceux qui le touchent sans foi le pressent et l'importunent : ceux qui non contens de le toucher, regardent cet attouchement de sa chair comme un gage de la vertu qui sort de lui sur ceux qui l'aiment, le touchent vérita-

[1] *Marc.*, V, 30, 31; *Luc.*, VIII, 45, 46.

blement, parce qu'ils lui touchent également le corps et le cœur.

C'est ce qui fait la différence de ceux qui communient en discernant ou en ne discernant pas le corps du Seigneur; en recevant avec le corps et le sang la grace qui les accompagne naturellement, ou en se rendant coupables de l'attentat sacrilége de les avoir profanés. Jésus-Christ par ce moyen exerce sur tous la toute-puissance qui lui est donnée dans le ciel et dans la terre, s'appliquant aux uns comme sauveur et aux autres comme juge rigoureux.

Voilà ce qu'il faut rappeler du mystère de l'Eucharistie pour entendre ce que nous avons à dire; et il paroît que l'état de la question est de savoir d'un côté, si le don que Jésus-Christ nous fait de son corps et de son sang dans l'Eucharistie est un mystère comme les autres indépendant de la foi dans sa substance, et qui exige seulement la foi pour en profiter; ou si tout le mystère consiste dans l'union que nous avons par la seule foi avec Jésus-Christ, sans qu'il intervienne autre chose de sa part que des promesses spirituelles figurées dans le sacrement et annoncées par sa parole. Par le premier de ces sentimens la présence réelle et substantielle est établie; par le second elle est niée, et Jésus-Christ ne nous est uni qu'en figure dans le sacrement et en esprit par la foi.

<small>xxxv.
L'état précis de la question posé par la doctrine précédente.</small>

Nous avons vu que Luther, quelque dessein qu'il eût de rejeter la présence substantielle, en demeura si fort pénétré par les paroles de Notre-Seigneur, qu'il ne put jamais s'en défaire. Nous avons vu que Zuingle et Œcolampade rebutés de l'impénétrable hauteur d'un mystère si élevé au-dessus des sens, ne purent jamais y entrer. Calvin pressé d'un côté de l'impression de réalité; et de l'autre des difficultés qui troubloient les sens, cherche une voie mitoyenne, dont il est assez difficile de concilier toutes les parties.

<small>xxxvi.
Calvin cherche à concilier Luther et Zuingle.</small>

Premièrement il admet que nous participons réellement au vrai corps et au vrai sang de Jésus-Christ; et il le disoit avec tant de force, que les luthériens croyoient presque qu'il étoit des leurs : car il répète cent et cent fois que « la vérité nous doit estre donnée avec les signes; que *sous ces signes* nous recevons vrayment le corps et le sang de Jésus-Christ; que la chair de Jésus-Christ

<small>xxxvii.
Combien Calvin parle fortement de la réalité.</small>

est *distribuée* dans ce sacrement ; qu'elle nous pénètre ; que nous sommes participans, non-seulement de l'esprit de Jésus-Christ, mais encore de sa chair; que nous en avons la propre substance, et que nous en sommes faits participans ; que Jésus-Christ s'unit à nous tout entier, et pour cela qu'il s'y unit de corps et d'esprit; qu'il ne faut point douter que nous ne recevions son propre corps ; et que s'il y a quelqu'un dans le monde qui reconnoisse sincèrement cette vérité, c'est lui [1]. »

XXXVIII. *Il faut qu'on soit uni au corps de Jésus-Christ plus que par vertu et par pensée.*

Il reconnoît bien dans la Cène « la vertu du corps et du sang, » mais « il veut que la substance y soit jointe ; » et déclare que lorsqu'il parle de la manière dont on reçoit Jésus-Christ dans la Cène, il n'entend point parler de la part qu'on y peut avoir « à ses mérites, à sa vertu, à son efficace, au fruit de sa mort, à sa puissance [2]. » Calvin rejette toutes ces idées, et il se plaint des luthériens, qui, dit-il, en lui reprochant qu'il ne donnoit part aux fidèles qu'aux mérites de Jésus-Christ, « obscurcissent la communion qu'il veut qu'on ait avec luy. » Il pousse cette pensée si avant qu'il exclut même comme insuffisante toute l'union qu'on peut avoir avec Jésus-Christ, non-seulement par l'imagination, mais encore par la pensée, ou par la seule appréhension de l'esprit. « Nous sommes, dit-il, unis à Jésus-Christ, non par phantaisie et par imagination, ni par la pensée ou la seule appréhension de l'esprit, mais réellement et en effet par une vraye et substantielle unité [3]. »

XXXIX. *Nouvel effet de la foi selon Calvin.*

Il ne laisse pas de dire que nous y sommes unis seulement par la foi, ce ne qui s'accorde guère avec ses autres expressions : mais c'est que par une idée aussi bizarre qu'elle est nouvelle, il ne veut pas que ce qui nous est uni par la foi nous soit uni simplement par la pensée, comme si la foi étoit autre chose qu'une pensée ou une appréhension de notre esprit, divine à la vérité et surnaturelle, que le Père céleste peut inspirer seul, mais enfin toujours une pensée.

XL. *Calvin veut la*

On ne sait ce que veulent dire toutes ces expressions de Calvin, si elles ne signifient que la chair de Jésus-Christ est en nous non-

---

[1] *Instit.*, lib. IV, cap. XVII, n. 17, etc.; *Diluc. expos., Adm. contr. Vestph.*, int. *Opusc.*, etc.—[2] *Tract. de Cœnd Domin.*, 1540, lut. *Opusc.*; *Inst.*, IV, XVI, XVIII, etc.; *Diluc. expos., Opusc.*, p. 846. — [3] *Brev. admon. de Cœnd Domin.*, int. Ep. p. 594.

seulement par sa vertu, mais encore par elle-même et par sa propre substance; et ces fortes expressions ne se trouvent pas seulement dans les livres de Calvin, mais encore dans les Catéchismes et dans la Confession de foi qu'il donna à ses disciples [1]; ce qui montre combien simplement il les faut entendre.

propre substance.

Zuingle et Œcolampade avoient souvent objecté aux catholiques et aux luthériens, que nous recevions le corps et le sang de Jésus-Christ comme les anciens Hébreux les avoient reçus dans le désert : d'où il s'ensuivoit que nous les recevons non pas en substance, puisque leur substance n'étoit pas alors, mais seulement en esprit. Mais Calvin ne souffre pas ce raisonnement; et en avouant que nos pères ont reçu Jésus-Christ dans le désert, il soutient qu'ils ne l'ont pas reçu comme nous, puisque nous avons maintenant « la substance de sa chair, et que nostre manducation est substantielle : ce que celle des anciens ne pouvoit pas estre [2]. »

XLI. Il veut que nous recevions le corps et le sang de Jésus-Christ autrement que les anciens Hébreux ne le pouvoient faire.

Secondement il enseigne que ce corps une fois offert pour nous, nous « est donné dans la Cène pour nous certifier que nous avons part à son immolation [3], » et à la réconciliation qu'elle nous apporte : ce qui, à parler naturellement, voudroit dire qu'il faut distinguer ce qu'il y a du côté de Dieu d'avec ce qu'il y a de notre côté, et que ce n'est pas notre foi qui nous rend Jésus-Christ présent dans l'Eucharistie; mais que Jésus-Christ présent d'ailleurs comme un sacré gage de l'amour divin, sert de soutien à notre foi. Car comme quand nous disons que le Fils de Dieu s'est fait homme pour nous certifier qu'il aimoit notre nature, nous reconnoissons son incarnation comme indépendante de notre foi, et tout ensemble comme un moyen qui nous est donné pour la soutenir : ainsi enseigner que Jésus-Christ nous donne dans ce mystère son corps et son sang, pour nous *certifier* que nous avons part au sacrifice qu'il en a fait, à vrai dire, c'est reconnoître que ce corps et ce sang nous sont donnés, non parce que nous croyons, mais afin que notre foi, excitée par un si digne présent, se tienne plus assurée de l'amour divin qui nous est *certifié* par un tel gage.

XLII. A entendre naturellement les expressions de Calvin, on doit croire que la réception du corps et du sang est indépendante de la foi.

Par là donc il paroît certain que le don du corps et du sang est

---

[1] *Dim.*, LI-LIII; *Confess.*, XXXVI. — [2] II *Def. cont. Vestph.*, p. 779. — [3] *Cat. Dim.*, LII.

indépendant de la foi dans le sacrement, et la doctrine de Calvin nous porte encore à cette pensée par un autre endroit.

XLIII. *Que selon les expressions de Calvin, le vrai corps doit être dans le sacrement.*

Car il dit en troisième lieu, et il répète souvent, que la sainte Cène « est composée de deux choses, ou, qu'il y a deux choses dans ce sacrement, le pain matériel et le vin que nous voyons à l'œil, et Jésus-Christ dont nos ames sont intérieurement nourries [1]. »

Nous avons vu ces paroles dans l'accord de Vitenberg [2] : Luther et les luthériens les avoient tirées d'un fameux passage de saint Irénée [3], où il est dit que l'Eucharistie étoit « composée d'une chose céleste et d'une chose terrestre; » c'est-à-dire, comme ils l'expliquoient, tant de la substance du pain que de celle du corps. Les catholiques contestoient cette explication; et sans entrer ici dans cette dispute contre les luthériens, si cette explication leur sembloit contraire à la transsubstantiation catholique, elle ruinoit visiblement la figure zuinglienne, et établissoit du moins la consubstantiation de Luther : car en disant qu'on trouve dans le sacrement, c'est-à-dire dans le signe même, la chose terrestre avec la céleste, c'est-à-dire selon le sens des luthériens, le pain matériel avec le propre corps de Jésus-Christ, c'est mettre manifestement les deux substances ensemble ; et dire que le sacrement soit composé du pain qui est devant nos yeux, et de Jésus-Christ qui est au plus haut des cieux à la droite de son Père, ce seroit une expression tout à fait extravagante. Il faut donc dire que les deux substances se trouvent en effet dans le sacrement, et que le signe y est conjoint avec la chose.

XLIV. *Autre expression de Calvin, que le corps est sous le signe du pain, comme le Saint-Esprit sous la colombe.*

C'est à quoi tend encore cette expression que nous trouvons dans Calvin, « que sous le signe du pain nous prenons le corps, et sous le signe du vin nous prenons le sang distinctement l'un de l'autre, afin que nous jouissions de Jésus-Christ tout entier [4]. » Et ce qu'il y a ici de plus remarquable, c'est que Calvin dit que le corps de Jésus-Christ est sous le pain, « comme le Saint-Esprit est sous la colombe [5]; » ce qui marque nécessairement une pré-

---

[1] *Instit.*, lib. IV, cap. XVII, n. 11, 14; *Catech. Dim.*, LIII.— [2] Ci-dessus, liv. IV, n. 23. — [3] Lib. IV, *adv. Hæres.*, cap. XXXIV. — [4] *Instit.*, lib. IV, cap. XVII, n. 16, 17. — [5] *Diluc. exp. sanæ doct.*, *Opusc.*, p. 839.

sence substantielle, personne ne doutant que le Saint-Esprit ne fût substantiellement présent sous la forme de la colombe, comme Dieu l'étoit toujours d'une façon particulière lorsqu'il apparoissoit sous quelque figure.

Les paroles dont il se sert sont précises : « Nous ne prétendons pas, dit-il, qu'on reçoive un corps symbolique, comme ce n'est pas un esprit symbolique qui a paru dans le baptême de Nostre-Seigneur : le Saint-Esprit fut alors vrayment et substantiellement présent; mais il se rendit présent par un symbole visible, et il fut veû dans le baptême de Jésus-Christ, parce qu'il apparut véritablement sous le symbole et sous la forme extérieure de la colombe [1]. »

Si le corps de Jésus-Christ nous est aussi présent sous le pain que le Saint-Esprit fut présent sous la forme de la colombe, je ne sais plus ce que l'on peut désirer pour une présence réelle et substantielle. Et Calvin dit toutes ces choses dans un ouvrage où il se propose d'expliquer plus clairement que jamais comme on reçoit Jésus-Christ, puisqu'il les dit après avoir longtemps disputé sur cette matière avec les luthériens, dans un livre qui a pour titre : *Claire exposition de la manière dont on participe au corps de Nostre-Seigneur.*

XLV. Autre expression de Calvin, qui fait Jésus-Christ présent sous le pain, comme Dieu l'étoit dans l'arche.

Dans ce même livre il dit encore que Jésus-Christ est présent dans le sacrement « comme Dieu estoit présent dans l'arche, où il se rendoit, dit-il, véritablement présent, et non-seulement en figure, mais en propre substance [2]. »

Ainsi quand on veut parler très-clairement et très-simplement de ce mystère, on emploie naturellement les expressions qui mènent l'esprit à la présence réelle.

XLVI. Calvin dit qu'il ne dispute que de la manière, et qu'il met la chose autant que nous.

Et c'est pourquoi, en quatrième lieu Calvin dit en cet endroit et partout ailleurs, qu'il ne dispute point de la chose, mais seulement de la manière. « Je ne dispute point, dit-il, de la présence ni de la manducation substantielle, mais de la manière de l'une et de l'autre [3]. » Il répète cent et cent fois qu'il convient de la chose, et ne dispute que de la façon. Tous ses disciples parlent de même,

[1] *Diluc. exp. sanæ doct., Opusc.*, p. 844. — [2] *Ibid.* — [3] *Ibid.*, p. 777 et seq., 839, 844, etc.

et encore à présent nos réformés se fâchent quand nous leur disons que le corps de Jésus-Christ, selon leur croyance, n'est pas aussi substantiellement avec eux, qu'il l'est avec nous selon la nôtre : ce qui montre que l'esprit du christianisme est de mettre Jésus-Christ dans l'Eucharistie aussi présent qu'il se peut, et que sa parole nous conduit naturellement à ce qu'il y a de plus substantiel.

XLVII. Calvin met une présence du corps ineffable et miraculeuse.

De là vient qu'en cinquième lieu Calvin met une présence tout à fait miraculeuse et divine. Il n'est pas comme les Suisses qui se fâchent quand on leur dit qu'il y a du miracle dans la Cène : lui au contraire se fâche quand on dit qu'il n'y en a point. Il ne cesse de répéter que le mystère de l'Eucharistie passe les sens ; que c'est un ouvrage incompréhensible de la puissance divine, et un secret impénétrable à l'esprit humain ; que les paroles lui manquent pour exprimer ses pensées, et que ses pensées, quoique beaucoup au-dessus de ses expressions, n'égalent pas la hauteur de ce mystère ineffable [1] : « De sorte, dit-il, qu'il expérimente plûtost ce que c'est que cette union qu'il ne l'entend : » ce qui montre qu'il en ressent ou qu'il croit en ressentir les effets, mais que la cause le passe. C'est aussi ce qui lui fait mettre dans la confession de foi, « que ce mystère surmonte en sa hautesse la mesure de nostre sens et tout ordre de nature ; et que pour ce qu'il est céleste, il ne peut estre appréhendé (c'est-à-dire compris) que par foy [2]. » Et s'efforçant d'expliquer dans le *Catéchisme* comment il se peut faire que « Jésus-Christ nous fasse participans de sa propre substance, veû que son corps est au ciel, et nous sur la terre, » il répond « que cela se fait par la vertu incompréhensible de son esprit, laquelle conjoint bien les choses séparées par distance de lieu [3]. »

XLVIII. Réflexion sur ces paroles de Calvin.

Un philosophe comprendroit bien que la vertu divine n'est pas bornée par les lieux : les moins capables entendent comment on se peut unir par l'esprit et par la pensée à ce qu'il y a de plus éloigné, et Calvin nous menant par ses expressions à une union plus miraculeuse, ou il ne dit rien, ou il exclut l'union par la seule foi.

[1] *Instit.*, lib. IV, cap. XVII, n. 32. — [2] Art. 36. — [3] *Dim.*, LIII.

Aussi voyons-nous en sixième lieu qu'il met dans l'Eucharistie une participation qui ne se trouve ni au baptême, ni dans la prédication, puisqu'il dit dans le *Catéchisme* « qu'encore que Jésus-Christ nous y soit vrayment communiqué, toutefois ce n'est qu'en partie et non pleinement [1]; » ce qui montre qu'il nous est donné dans la Cène autrement que par la foi, puisque la foi se trouvant aussi vive et aussi parfaite dans la prédication et dans le baptême, il nous y seroit donné aussi pleinement que dans l'Eucharistie.

XLIX.
Calvin admet une présence qui est propre et particulière à la Cène.

Ce qu'il ajoute pour expliquer cette plénitude est encore plus fort; car c'est là qu'il dit ce qui a déjà été rapporté, que « Jésus-Christ nous donne son corps et son sang pour nous certifier que nous en recevons le fruit. » Voilà donc cette plénitude que nous recevons dans l'Eucharistie, et non au baptême ou dans la prédication : d'où il s'ensuit que la seule foi ne nous donne pas le corps et le sang de Notre-Seigneur; mais que ce corps et ce sang nous étant donnés d'une manière spéciale dans l'Eucharistie, nous *certifient*, c'est-à-dire nous donnent une foi certaine que nous avons part au sacrifice où ils ont été immolés.

L.
Suite des expressions de Calvin.

Enfin ce qui échappe à Calvin en parlant même des indignes, fait voir combien il faut croire dans ce sacrement une présence miraculeuse indépendante de la foi : car encore que ce qu'il inculque le plus soit que les indignes n'ayant pas la foi, Jésus-Christ est prêt de venir à eux, mais n'y vient pas en effet : néanmoins la force de la vérité lui fait dire « qu'il est véritablement offert et donné à tous ceux qui sont assis à la sainte Table, encore qu'il ne soit receû avec fruit que des seuls fidèles [2], » qui est la même façon de parler dont nous nous servons.

LI.
La communion des indignes, combien réelle selon Calvin.

Ainsi pour entendre la vérité du mystère que Jésus-Christ opère dans l'Eucharistie, il faut croire que son propre corps y est véritablement « offert et donné, » même aux indignes, et qu'il en est même « receû, » quoiqu'il n'en soit pas reçu « avec fruit; » ce qui ne peut être vrai, s'il n'est vrai aussi que ce qu'on nous donne dans ce sacrement est le propre corps du Fils de Dieu indépendamment de la foi.

[1] *Dim.*, LII. — [2] *Inst.*, lib. IV, cap. XVII, n. 10; *Opusc., de Cœnâ Domini*, 1540.

LII.
Suite des expressions de Calvin sur la communion des indignes.

Calvin le confirme encore en un autre endroit où il écrit ces mots : « C'est en cecy que consiste l'intégrité du sacrement, que le monde entier ne peut violer; que la chair et le sang de Jésus-Christ sont donnez aussi véritablement aux indignes qu'aux fidèles et aux élûs[1]. » D'où il s'ensuit que ce qu'on leur donne est la chair et le sang du Fils de Dieu indépendamment de la foi, puisqu'il est certain, selon Calvin, qu'ils n'ont pas la foi, ou du moins qu'ils ne l'exercent pas en cet état.

Ainsi les catholiques ont raison de dire que ce qui fait que le don sacré que nous recevons dans l'Eucharistie est le corps et le sang de Jésus-Christ, ce n'est pas la foi que nous avons à la parole, mais la parole elle seule par son efficace toute-puissante : de sorte que la foi n'ajoute rien à la vérité du corps et du sang, mais la foi fait seulement que ce corps et ce sang nous profitent; et il n'y a rien de plus véritable que ce mot de saint Augustin, que l'Eucharistie n'est pas moins « le corps de Notre-Seigneur pour Judas que pour les autres apôtres[2]. »

LIII.
Comparaison de Calvin, qui appuie la vérité du corps reçu par les indignes.

La comparaison dont se sert Calvin dans le même lieu appuie encore plus la réalité : car après avoir dit du corps et du sang ce qu'on vient d'entendre, *qu'ils ne sont pas moins donnez aux indignes qu'aux dignes,* il ajoute qu'il en est comme « de la pluye qui tombant sur un rocher, s'écoule sans le pénétrer. Ainsi, dit-il[3], les impies repoussent la grace de Dieu, et l'empêchent de pénétrer au dedans d'eux-mêmes. » Remarquez qu'il parle ici du corps et du sang, qui par conséquent doivent être donnés aux indignes aussi réellement que la pluie tombe sur un rocher. Quant à la substance de la pluie, elle ne tombe pas moins sur les rochers et sur les lieux stériles que sur ceux où elle fructifie; et ainsi selon cette comparaison, Jésus-Christ ne doit pas être moins substantiellement présent aux endurcis qu'aux fidèles qui reçoivent son Sacrement, quoiqu'il ne fructifie que dans les derniers. Le même Calvin nous dit encore avec saint Augustin, que les indignes qui participent à son Sacrement sont ces importuns « qui le pressent » dans l'Evangile; et que les fidèles qui le reçoivent dignement

---

[1] *Instit.*, ibid, n. 33. — [2] Aug., *Serm.* xi *de verb. Dom.* — [3] *Instit.*, lib. IV, cap. XVII, n. 33; II *Def.*, *Opusc.*, p. 781.

sont la femme pieuse « qui le touche [1]. » A ne regarder que le corps, tous le touchent également : mais on a raison de dire que ceux qui le touchent avec foi sont les seuls qui le touchent véritablement, parce que seuls ils le touchent avec fruit. Peut-on parler de cette sorte, sans reconnoître que Jésus-Christ est présent très-réellement aux uns et aux autres, et que cette parole : « Ceci est mon corps, » a toujours infailliblement l'effet qu'elle énonce?

Je sais bien qu'en disant des choses si fortes sur le corps donné aux impies aussi véritablement qu'aux saints, Calvin n'a pas laissé de distinguer entre donner et recevoir, et qu'au même lieu où il dit que la chair de Jésus-Christ « étoit aussi véritablement donnée aux indignes qu'aux élus, » il dit aussi *qu'elle n'estoit receuë* que des élus seuls [2] : mais il abuse des mots. Car s'il veut dire que Jésus-Christ n'est pas reçu par les indignes au même sens que saint Jean a dit dans son Evangile : *Il est venu chez soi, et les siens ne l'ont pas reçu* [3], c'est-à-dire ils n'y ont pas cru, il a raison. Mais comme ceux qui n'ont pas reçu Jésus-Christ de cette sorte n'ont pas empêché par leur infidélité qu'il ne soit aussi véritablement venu à eux qu'aux autres, ni que « le Verbe fait chair pour habiter au milieu de nous [4], » eu égard à sa présence personnelle, n'ait été vraiment reçu au milieu du monde, je dis même au milieu du monde qui l'a méconnu et crucifié : ainsi pour parler conséquemment, il faut dire que cette parole : « Ceci est mon corps, » ne le rend pas moins présent aux indignes qui sont coupables de son corps et de son sang, qu'aux fidèles qui s'en approchent avec foi; et qu'à regarder simplement la présence corporelle, il est reçu également des uns et des autres.

LIV. Calvin parle peu conséquemment

Je remarquerai encore ici une parole de Calvin, qui nous met à couvert d'un reproche que lui et les siens ne cessent de nous faire. Combien de fois nous objectent-ils ces paroles de Notre-Seigneur : « La chair ne sert de rien [5]? » et cependant Calvin les explique ainsi : « La chair ne sert de rien toute seule; mais elle sert avec l'esprit [6]. » C'est justement ce que nous disons, et ce qu'on doit conclure de cette parole : ce n'est pas que Jésus-Christ ne nous

LV. Calvin explique comme nous cette parole : « La chair ne sert de rien. »

---

[1] *Diluc. exp., Opusc.*, p. 848. — [2] *Instit.*, lib. IV, cap. XVII, n. 33. — [3] *Joan.*, I, 11. — [4] *Ibid.*, 14. — [5] *Joan.*, VI, 64. — [6] *Diluc. exp., Opusc.*, 859.

donne point la propre substance de sa chair indépendamment de notre foi; car il la donne, selon Calvin même, aux indignes; mais c'est qu'il ne sert de rien de recevoir sa chair, si on ne la reçoit avec son esprit.

Que si on ne reçoit pas toujours son esprit avec sa chair, ce n'est pas qu'il n'y soit toujours, car Jésus-Christ vient à nous « plein d'esprit et de grace; » mais c'est que pour recevoir l'esprit qu'il apporte, il lui faut ouvrir le nôtre par une foi vive.

LVI. Expression de Calvin, que les indignes ne reçoivent selon nous que le cadavre de Jésus-Christ.

Ce n'est donc pas un corps sans ame, ou, comme parle Calvin, un cadavre que nous faisons recevoir aux indignes, quand ils reçoivent la sainte chair de Jésus-Christ sans en profiter, comme ce n'est pas un cadavre et un corps sans ame et sans esprit que Jésus-Christ leur donne selon Calvin même [1]. C'est déjà une vaine exagération d'appeler cadavre un corps qu'on sait être animé : car Jésus-Christ ressuscité ne meurt plus; la vie est en lui, et non-seulement la vie qui fait vivre le corps, mais encore la vie qui fait vivre l'ame. Partout où Jésus-Christ vient, il y vient avec la grace et la vie. Il portoit avec lui et en lui toute sa vertu à l'égard de la troupe qui le pressoit : mais « cette vertu ne sortit » qu'en faveur de celle qui le toucha avec la foi. Ainsi quand Jésus-Christ se donne aux indignes, il vient à eux avec la même vertu et le même esprit qu'il déploie sur les fidèles; mais cet esprit et cette vertu n'agissent que sur ceux qui croient; et Calvin doit dire sur tous ces points les mêmes choses que nous, s'il veut parler conséquemment.

LVII. Calvin affoiblit ses propres expressions.

Il est pourtant vrai qu'il ne le dit pas. Il est vrai qu'encore qu'il dise que nous sommes participans de la propre substance du corps et du sang de Jésus-Christ, il veut que cette substance ne nous soit unie que par la foi; et qu'au fond, malgré ces grands mots de propre substance, il n'a dessein de reconnoître dans l'Eucharistie qu'une présence de vertu.

Il est vrai aussi qu'après avoir dit que nous sommes participans de la propre substance de Jésus-Christ, il refuse de dire « qu'il soit réellement et substantiellement présent [2]; » comme si la partici-

---

[1] *Inst.*, IV, xvii, n. 33; *Ep. ad Mart. Schal.*, p. 247. — [2] II *Defens.*, *Opusc.*, p. 775.

pation n'étoit pas de même nature que la présence, et qu'on pût jamais recevoir la propre substance d'une chose, quand elle n'est présente que par sa vertu.

Il élude avec le même artifice ce grand miracle qu'il se sent obligé lui-même à reconnoître dans l'Eucharistie : c'étoit, disoit-il, un secret incompréhensible ; c'étoit une merveille qui passoit les sens et tout le raisonnement humain. Et quel est ce secret et cette merveille? Calvin croit l'avoir exposé, quand il dit ces mots : « Est-ce la raison qui nous apprend que l'ame, qui est immortelle et spirituelle par sa création, soit vivifiée par la chair de Jésus-Christ, et qu'il coule du ciel en terre une vertu si puissante [1] ? » Mais il nous donne le change, et se le donne à lui-même. La merveille particulière que les saints Pères, et après eux tous les chrétiens, ont crue dans l'Eucharistie, ne regarde pas précisément la vertu que l'incarnation met dans la chair du Fils de Dieu. Cette merveille consiste à savoir comment se vérifie cette parole : « Ceci est mon corps, » lorsqu'il ne paroît à nos yeux que de simple pain ; et comment un même corps est donné en même temps à tant de personnes. C'est pour expliquer ces merveilles incompréhensibles que les Pères nous ont rapporté toutes les autres merveilles de la puissance divine, et le changement d'eau en vin, et tous les autres changemens, et même ce grand changement qui de rien a fait toutes choses. Mais le miracle de Calvin n'est pas de cette nature, et n'est pas même un miracle qui soit propre au sacrement de l'Eucharistie, ni une suite de ces paroles : « Ceci est mon corps. » C'est un miracle qui se fait dans l'Eucharistie et hors de l'Eucharistie, et qui à vrai dire, n'est que le fond même du mystère de l'incarnation.

LVIII. Il élude le miracle qu'il reconnoît dans la Cène.

Calvin a senti lui-même qu'il falloit chercher une autre merveille dans l'Eucharistie. Il l'a proposée en divers endroits de ses écrits, et surtout dans le *Catéchisme* : « Comment est-ce, dit-il, que Jésus-Christ nous fait participans de la propre substance de son corps, veû que son corps est au ciel, et nous sur la terre [2] ? » Voilà le miracle de l'Eucharistie. A cela que répond Calvin, et que répondent avec lui tous les calvinistes? « Que la vertu in-

LIX. Calvin sent le foible de sa doctrine dans l'explication du miracle de l'Eucharistie.

[1] *Diluc. exp., Opusc.*, p. 845. — [2] *Dim.*, LIII.

compréhensible du Saint-Esprit conjoint bien les choses séparées par distance de lieu. » Veut-il parler en catholique, et dire que le Saint-Esprit peut rendre présent partout où il veut, ce qu'il veut donner en substance? Je l'entends, et je reconnois le vrai miracle de l'Eucharistie. Veut-il dire que des choses séparées, demeurant autant séparées que le ciel l'est de la terre, ne laissent pas d'être unies substance à substance? Ce n'est pas un miracle du Tout-Puissant, c'est un discours chimérique et contradictoire, où personne ne peut rien comprendre.

<small>LX. Les calvinistes ont mieux senti qu'il falloit admettre un miracle dans l'Eucharistie, qu'ils ne l'ont admis en effet.</small>

Aussi, à dire le vrai, ni Calvin, ni les calvinistes ne mettent point de miracle dans l'Eucharistie. La présence par la foi et la présence de vertu n'en est pas un : le soleil a tant de vertu, et produit de si grands effets d'une si grande distance. Il n'y a donc point de miracle dans l'Eucharistie, si Jésus-Christ n'y est présent que par sa vertu : c'est pourquoi les Suisses, gens de bonne foi, qui s'énoncent en termes simples, n'y en ont jamais voulu reconnoître aucun. Calvin en cela plus pénétrant, a senti avec tous les Pères et tous les fidèles qu'il y avoit dans ces paroles : « Ceci est mon corps, » une marque de toute-puissance aussi vive que dans celles-ci : « Que la lumière soit faite [1]. » Pour satisfaire à cette idée, il a bien fallu faire sonner du moins le nom de *miracle*; mais au fond jamais personne n'a été moins disposé que Calvin à croire du miracle dans l'Eucharistie : autrement pourquoi nous reprocher sans cesse que nous renversons la nature, et qu'un corps ne peut être en plusieurs lieux, ni nous être donné tout entier sous la forme d'un petit pain? N'est-ce pas là des raisonnemens tirés de la philosophie? Sans doute; et toutefois Calvin qui s'en sert partout, déclare en plusieurs endroits « qu'il ne veut point se servir des raisons naturelles, ni philosophiques, et qu'il n'en fait nul état [2], » mais de la seule Ecriture. Pourquoi? Parce que d'un côté il ne peut pas s'en défaire ni s'élever assez au-dessus de l'homme pour les mépriser; et de l'autre, qu'il sent bien que les recevoir en matière de religion, c'est détruire non-seulement le mystère de l'Eucharistie, mais tout d'un coup tous les mystères du christianisme.

[1] *Genes.*, I, 3. — [2] *Diluc. exp., Opusc.*, 858.

Le même embarras paroît, quand il s'agit d'expliquer ces paroles : « Ceci est mon corps. » Tous ses livres, tous ses sermons, tous ses discours sont remplis de l'interprétation figurée et de la figure métonymie, qui met le signe pour la chose. C'est la façon de parler qu'il appelle *sacramentelle*, à laquelle il veut que les apôtres fussent déjà tout accoutumés quand Jésus-Christ fit la Cène. La pierre étoit Christ, l'Agneau est la pâque, la circoncision est l'alliance : « Ceci est mon corps, » ce sont, selon lui, des façons de parler semblables : et voilà ce qu'on trouve à toutes les pages.

LXI.
Embarras et contradictions de Calvin dans la défense du sens figuré

Savoir s'il en est content, ce passage le va faire connoître. Il est tiré de ce livre intitulé : *Claire explication*, dont nous avons déjà fait mention, et qui est écrit contre Heshusius, ministre luthérien. « Voicy, dit Calvin, comme ce pourceau nous fait parler. Dans cette phrase, « Cecy est mon corps, » il y a une figure semblable à celle-cy : La circoncision est l'alliance, la pierre estoit Christ, l'agneau est la pasque. Le faussaire s'est imaginé qu'il causoit à table, et qu'il plaisantoit avec ses convives. Jamais on ne trouvera dans nos écrits de semblables niaiseries : mais voicy simplement ce que nous disons, que lorsqu'il s'agit des sacremens, il faut suivre une certaine et particulière façon de parler qui est en usage dans l'Ecriture. Ainsi sans nous échapper à la faveur d'une figure, nous nous contentons de dire ce qui seroit clair à tout le monde, si ces bestes n'obscurcissoient tout, jusques au soleil mesme, qu'il faut reconnoistre icy la figure métonymie, où le nom de la chose est donné au signe. »

Si Heshusius fût tombé dans une semblable contradiction, Calvin n'eût pas manqué de lui reprocher qu'il étoit ivre : mais Calvin étoit sobre, je l'avoue, et il ne s'embrouille que parce qu'il ne trouve point dans ses explications de quoi contenter son esprit. Il désavoue ici ce qu'il dit à chaque page ; il rejette avec mépris la figure où dans le même moment il est contraint de se replonger; en un mot, il ne peut rien dire de certain, et il a honte de sa propre doctrine.

LXII.
La cause de son embarras.

Il faut pourtant avouer qu'il étoit plus délicat que les autres sacramentaires, et qu'outre qu'il avoit meilleur esprit, la dispute

LXIII.
Il a mieux vu la diffi-

---

[1] *Diluc. exp., Opusc.*, 861.

qui avoit duré si longtemps lui avoit donné le loisir de mieux digérer cette matière. Car il ne s'arrête pas tant aux allégories et aux paraboles : « Je suis la porte, je suis la vigne, » ni aux autres expressions de même nature [1], qui portent toujours leurs explications avec elles si claires et si manifestes, qu'un enfant même ne pourroit pas s'y tromper. Et d'ailleurs, si sous prétexte que Jésus-Christ s'est servi de paraboles et d'allégories il falloit tout entendre en ce sens, il voyoit bien que c'étoit remplir tout l'Evangile de confusion.

Calvin, pour y remédier, trouva ces locutions qu'il appelle *sacramentelles*, où on met le signe pour la chose [2]; et en les admettant dans l'Eucharistie, qui est sans contestation un sacrement, il croit trouver un moyen certain d'y établir la figure, sans qu'on puisse la tirer à conséquence dans les autres matières.

Il avoit même apporté des exemples de l'Ecriture plus propres que tous les autres qui avoient écrit devant lui. La principale difficulté étoit de trouver un signe d'institution, où dans l'institution même on donnât d'abord au signe le nom de la chose sans y préparer les esprits, et dans la propre parole où l'on institue ce signe. Il s'agissoit de savoir s'il y en avoit quelque exemple dans l'Ecriture. Les catholiques prétendoient que non; et Calvin crut les convaincre par ce texte de la *Genèse*, où Dieu en parlant de la circoncision qu'il instituoit, l'avoit nommée l'alliance : « Vous aurez, dit-il, mon alliance en votre chair [3]. » Mais il se trompoit visiblement, puisque Dieu, avant que de dire : « Mon alliance sera dans votre chair, » avoit commencé de dire : « C'est ici le signe de l'alliance [4]. » Le signe étoit donc institué avant qu'on lui donnât le nom de la chose, et l'esprit étoit préparé par cet exorde à l'intelligence de toute la suite : d'où il s'ensuit que Notre-Seigneur auroit dû préparer l'esprit des apôtres à prendre le signe pour la chose, s'il avoit voulu donner ce sens à ces mots : « Ceci est mon corps, ceci est mon sang; » ce que n'ayant pas fait, on doit croire qu'il a voulu laisser les paroles dans leur sens naturel et simple. Calvin le reconnoît lui-même, puisqu'en nous disant

---

[1] *Admon. ult. ad Vestph., Opusc.*, p. 812. — [2] II *Def., Opusc.*, p. 781, etc., 812, 813, 818, etc. — [3] *Gen.*, XVII, 13. — [4] *Ibid.*, 11.

que les apôtres devoient déjà être accoutumés à ces façons de parler sacramentelles, il reconnoît qu'il y eût eu de l'inconvénient à en employer de semblables, s'ils n'y eussent pas été accoutumés. Comme donc il paroît manifestement qu'ils ne pouvoient pas être accoutumés à donner le nom de la chose à un signe d'institution, sans en être auparavant avertis, puisqu'on ne trouve aucun exemple de cet usage ni dans l'Ancien Testament ni dans le Nouveau; il faut conclure contre Calvin, par les principes de Calvin même, que Jésus-Christ n'a pas dû parler en ce sens; et que s'il l'eût fait, ses apôtres ne l'auroient pas entendu.

LXV. Autre exemple qui ne fait rien à la question : que l'Eglise est aussi appelée *le corps de Jésus-Christ.*

Aussi est-il véritable qu'encore qu'il fasse son fort de ces façons de parler qu'il appelle *sacramentelles*, où le signe est pris pour la chose, et que ce soit là son vrai dénouement, il en est si peu satisfait, qu'il dit en d'autres endroits que ce qu'il a de plus fort pour soutenir sa doctrine, c'est que l'Eglise est nommée *le corps de Notre-Seigneur* [1]. C'est bien sentir sa foiblesse que de mettre là sa principale défense. L'Eglise est-elle le signe du corps de Notre-Seigneur, comme le pain l'est selon Calvin? Nullement : elle est son corps comme il est son chef par cette façon de parler si vulgaire, où l'on regarde les sociétés et le prince qui les gouverne comme une espèce de corps naturel qui a sa tête et ses membres. D'où vient donc qu'après avoir fait son fort de ces façons de parler sacramentelles, Calvin le met encore davantage dans une façon de parler qui est tout à fait d'un autre genre, si ce n'est que pour soutenir la figure dont il a besoin, il appelle à son secours toutes les façons de parler figurées, de quelque nature qu'elles soient et quelque peu de rapport qu'elles aient ensemble.

LXVI. Calvin fait de nouveaux efforts pour sauver l'idée de réalité.

Le reste de la doctrine ne lui donne pas moins de peine, et les expressions violentes dont il se sert le font assez voir. Nous avons vu comme il veut que la chair de Jésus-Christ nous pénètre par sa substance. Nous avons dit qu'il ne veut pourtant nous insinuer autre chose par ces magnifiques paroles, sinon qu'elle nous pénètre par sa vertu : mais cette façon de parler lui paroissant foible, pour y mêler la substance, il veut que nous ayons dans l'Eucharistie comme « un extrait de la chair de Jésus-Christ, à

[1] *Instit.*, lib. IV, cap. XVII.

condition toutefois qu'elle demeure dans le ciel, et que la vie coule en nous de sa substance [1], » comme si nous recevions une quintescence et le plus pur de la chair, le reste demeurant au ciel. Je ne veux pas dire qu'il l'ait cru ainsi; mais seulement que l'idée de réalité dont il étoit plein ne pouvant être remplie par le fond de sa doctrine, il suppléoit à ce défaut par des expressions recherchées, inouïes et extravagantes.

<small>LXVII. Il ne peut satisfaire l'idée de réalité qu'imprime l'institution de Notre-Seigneur.</small>

Pour ne dissimuler ici aucune partie de la doctrine de Calvin sur la communication que nous avons avec Jésus-Christ, je suis obligé de dire qu'en quelques endroits il semble mettre Jésus-Christ aussi présent dans le baptême que dans la Cène : car en général il distingue trois choses dans le sacrement outre le signe, « La signification qui consiste dans les promesses; la matière ou la substance qui est Jésus-Christ, avec sa mort et sa résurrection; et l'effet, c'est-à-dire la sanctification, la vie éternelle, et toutes les graces que Jésus-Christ nous apporte [2]. » Calvin reconnoît toutes ces choses dans le sacrement de baptême comme dans celui de la Cène; et en particulier il enseigne du baptême « que le sang de Jésus-Christ n'y est pas moins présent pour laver les ames que l'eau pour laver les corps; qu'en effet, selon saint Paul, nous y sommes revestus de Jésus-Christ, et que nostre vestement ne nous environne pas moins que nostre nourriture nous pénètre [3]. » Par là donc il déclare nettement que Jésus-Christ est aussi présent dans le baptême que dans la Cène, et j'avoue que la suite de sa doctrine le mène là naturellement : car au fond, ni il ne connoît d'autre présence que par la foi, ni il ne met une autre foi dans la Cène que dans le baptême; ainsi je n'ai garde de prétendre qu'il y mette en effet une autre présence. Ce que je prétends faire voir, c'est l'embarras où le jettent ces paroles : « Ceci est mon corps. » Car, ou il faut embrouiller tous les mystères, ou il faut pouvoir rendre une raison pourquoi Jésus-Christ n'a parlé avec cette force que dans la Cène. Si son corps et son sang sont aussi présens et aussi réellement reçus partout ailleurs, il n'y avoit aucune raison de choisir ces fortes paroles pour l'Eucharistie

---

[1] *Diluc. exp., Opusc.*, 864. — [2] *Instit.*, lib. IV, cap. XVII, n. 11. — [3] *Diluc. exp., Opuc.*, 864.

plutôt que pour le baptême, et la sagesse éternelle auroit parlé en l'air. Cet endroit sera l'éternelle et inévitable confusion des défenseurs du sens figuré. D'un côté la nécessité de donner à l'Eucharistie à l'égard de la présence du corps quelque chose de particulier, et d'autre part l'impossibilité de le faire selon leurs principes, les jetteront toujours dans un embarras d'où ils ne pourront se démêler; et ç'a été pour s'en tirer que Calvin a dit tant de choses fortes de l'Eucharistie qu'il n'a jamais osé dire du baptême, quoiqu'il eût selon ses principes la même raison de le faire.

Ses expressions sont si violentes et les tours qu'il donne ici à sa doctrine si forcés, que ses disciples ont été contraints de l'abandonner dans le fond; et je ne puis m'empêcher de marquer ici une insigne variation de la doctrine calvinienne. C'est que les calvinistes d'à présent, sous prétexte d'interpréter les paroles de Calvin, les réduisent tout à fait à rien. Selon eux, recevoir la propre substance de Jésus-Christ, c'est seulement le recevoir « par sa vertu, par son efficace, par son mérite [1]; » toutes choses que Calvin avoit rejetées comme insuffisantes. Tout ce que nous pouvons espérer de ces grands mots de *propre substance de Jésus-Christ reçue dans la Cène*, c'est seulement que ce que nous y recevons « n'est pas la substance d'un autre [2] : » mais pour la sienne, on ne la reçoit non plus que l'œil reçoit celle du soleil lorsqu'il est éclairé de ses rayons : cela veut dire qu'en effet on ne sait plus ce que c'est que cette propre substance tant inculquée par Calvin; on ne la défend plus que par honneur, et pour ne se point dédire trop ouvertement; et si Calvin, qui l'a établie avec tant de force dans ses livres, ne l'avoit encore insérée dans les Catéchismes et dans la confession de foi, il y a longtemps qu'elle seroit abandonnée.

LXVIII.
Les calvinistes dans le fond ont abandonné Calvin : comment il est expliqué dans le livre du *Préservatif*.

J'en dis autant de cette parole de Calvin et du *Catéchisme*, que Jésus-Christ est reçu *pleinement* dans l'Eucharistie, et *en partie* seulement dans la prédication et dans le baptême [3]. A l'entendre naturellement, c'est-à-dire que l'Eucharistie a quelque chose de particulier que la prédication ni le baptême n'ont pas : mais main-

LXIX.
Suite des explications qu'on donne aux paroles de Calvin.

[1] *Préserv.*, 195. — [2] *Préserv.*, 196. — [3] *Dim.*, LII.

tenant c'est toute autre chose : « c'est que trois c'est plus que deux ; » c'est « qu'après avoir receû la grace par le baptême, et l'instruction par la parole, quand Dieu ajouste à tout cela l'Eucharistie, la grace s'augmente et s'affermit, et nous possédons Jésus-Christ plus parfaitement [1]. » Ainsi toute la perfection de l'Eucharistie, c'est qu'elle vient la dernière ; et encore que Jésus-Christ se soit servi en l'instituant de termes si particuliers, au fond elle n'a rien de particulier, rien enfin de plus que le baptême, si ce n'est peut-être un nouveau signe ; et c'est en vain que Calvin y mettoit avec tant de soin la propre substance.

Par ce moyen les explications qu'on donne à présent aux paroles de Calvin et à celles du *Catéchisme* et de la confession de foi, c'est sous couleur d'interprétation une variation effective dans la doctrine, et une preuve que les illusions dont Calvin avoit voulu amuser le monde pour entretenir l'idée de réalité, ne pouvoient subsister longtemps.

LXX. S'il n'y a que de simples défauts d'expressions dans ces endroits de Calvin.

Il est vrai que, pour couvrir ce foible visible de la secte, les calvinistes répondent qu'en tout cas on ne peut conclure autre chose de ces expressions qu'on leur reproche, si ce n'est peut-être qu'au commencement on ne se seroit pas expliqué parmi eux en termes assez propres [2] : mais répondre de cette sorte, c'est faire semblant de ne voir pas la difficulté. Ce qu'on doit conclure de ces expressions de Calvin et des calvinistes, c'est que les paroles de Notre-Seigneur leur ont mis d'abord dans l'esprit, malgré qu'ils en eussent, une impression de réalité qu'ils ne pouvoient remplir, et qui ensuite les obligeoit à dire des choses qui n'ayant aucun sens dans leur croyance, rendent témoignage à la nôtre ; ce qui n'est pas seulement se tromper dans les expressions, mais confesser une erreur dans la chose même, et en porter encore la conviction dans sa propre confession de foi.

LXXI. Calvin a voulu faire entendre plus qu'il ne disoit en effet.

Par exemple, quand d'un côté il faut dire qu'on reçoit la propre substance du corps et du sang de Notre-Seigneur ; et de l'autre, qu'il faut dire aussi qu'on ne les reçoit que par leur vertu, comme on reçoit le soleil par ses rayons, c'est dire des choses contradictoires, et se confondre soi-même.

[1] *Préserv.*, p. 197. — [2] *Préserv.*, 194.

De même, quand d'un côté il faut dire que dans la Cène calvinienne on reçoit autant la propre substance du corps et du sang de Jésus-Christ que dans celle des catholiques, et qu'il n'y a de différence que de la manière ; et qu'il faut dire d'autre part que le corps et le sang de Jésus-Christ sont en leur substance aussi éloignés des fidèles que le ciel l'est de la terre, de sorte qu'une présence réelle et substantielle se trouve au fond la même chose qu'un si prodigieux éloignement : c'est un prodige inouï dans le discours, et de telles expressions ne servent qu'à faire voir qu'on voudroit bien pouvoir dire ce qu'en effet on ne peut pas dire raisonnablement selon ses principes.

Et afin de faire voir une fois, pour n'être plus obligé d'y revenir, la conséquence de ces expressions de Calvin et des premiers calvinistes, songeons qu'il n'y eut jamais d'hérétiques qui n'affectassent de parler comme l'Eglise. Les ariens et les sociniens disent bien comme nous que Jésus-Christ est Dieu, mais improprement et par représentation, parce qu'il agit au nom de Dieu et par son autorité. Les nestoriens disent bien que le Fils de Dieu et le Fils de Marie ne sont que la même personne, mais comme un ambassadeur est aussi la même personne avec le prince qu'il représente. Dira-t-on qu'ils ont le même fond que l'Eglise catholique, et n'en diffèrent que dans la manière de s'expliquer? On dira au contraire qu'ils parlent comme elle, sans penser comme elle, parce que le mensonge est forcé d'imiter du moins la vérité. C'est justement ce que fait la propre substance, et les autres expressions semblables dans le discours de Calvin et des calvinistes.

LXXII. Pourquoi les hérétiques sont obligés d'imiter le langage de l'Eglise.

Nous pouvons remarquer ici le triomphe tout manifeste de la vérité catholique, puisque le sens littéral des paroles de Jésus-Christ que nous défendons, après avoir forcé Luther à le soutenir malgré qu'il en eût, ainsi que nous l'avons vu, a encore forcé Calvin, qui le nie, à confesser tant de choses par lesquelles il est établi d'une manière invincible.

LXXIII. Triomphe de la vérité.

Avant que de sortir de cette matière, il faut encore observer un endroit de Calvin qui nous donnera beaucoup à deviner; et je ne sais si nous en pourrons pénétrer le fond. Il s'agit des luthériens qui sans détruire le pain, « enferment le corps dedans. »

LXXIV. Passage de Calvin pour une présence réelle indépendante de la foi.

« Si, dit-il [1], ce qu'ils prétendent étoit seulement que pendant qu'on présente le pain dans le mystère on présente en même temps le corps, à cause que la vérité est inséparable de son signe, je ne m'y opposerai pas beaucoup. »

C'est donc ici quelque chose qu'il n'approuve ni n'improuve pas tout à fait. C'est une opinion mitoyenne entre la sienne et celle du commun des luthériens : opinion où l'on met le corps inséparable du signe, par conséquent indépendamment de la foi, puisqu'il est constant que le signe peut être reçu sans elle ; et cela, qu'est-ce autre chose que l'opinion que nous avons attribuée à Bucer et à Mélanchthon, où l'on admet une présence réelle, même dans la communion des indignes et sans le secours de la foi ; où l'on veut que cette présence accompagne le signe quant au temps, mais ne soit point enfermée dedans quant au lieu ? Voilà ce que Calvin « n'improuve pas beaucoup ; » de sorte qu'il n'improuve pas beaucoup une vraie présence réelle inséparable du sacrement et indépendante de la foi.

LXXV. Les cérémonies rejetées par Calvin.

J'ai tâché de faire connoître la doctrine de ce second patriarche de la nouvelle Réforme, et je pense avoir découvert ce qui lui a donné tant d'autorité dans ce parti. Il a paru avoir de nouvelles vues sur la justice imputative qui faisoit le fondement de la Réforme, et sur la matière de l'Eucharistie qui la divisoit depuis si longtemps : mais il y eut un troisième point qui lui donna grand crédit parmi ceux qui se piquoient d'avoir de l'esprit. C'est la hardiesse qu'il eut de rejeter les cérémonies beaucoup plus que n'avoient fait les luthériens ; car ils s'étoient fait une loi de retenir celles qui n'étoient pas manifestement contraires à leurs nouveaux dogmes. Mais Calvin fut inexorable sur ce point. Il condamnoit Mélanchthon, qui trouvoit à son avis les cérémonies trop indifférentes [2] ; et si le culte qu'il introduisit parut trop nu à quelques-uns, cela même fut un nouveau charme pour les beaux esprits, qui crurent par ce moyen s'élever au-dessus des sens et se distinguer du vulgaire. Et parce que les apôtres avoient écrit peu de choses touchant les cérémonies qu'ils se contentoient d'établir par la pratique, ou que même ils laissoient souvent à la disposition de

[1] *Inst.*, IV, XVII, n. 16. — [2] *Ep. ad Mel.*, p. 120, etc.

chaque église, les calvinistes se vantoient d'être ceux des réformés qui s'attachoient le plus purement à la lettre de l'Ecriture ; ce qui fut cause qu'on leur donna le titre de *Puritains* en Angleterre et en Ecosse.

Par ces moyens Calvin raffina au-dessus des premiers auteurs de la nouvelle Réforme. Le parti qui porta son nom fut extraordinairement haï par tous les autres protestans, qui le regardèrent comme le plus fier, le plus inquiet et le plus séditieux qui eût encore paru. Je n'ai pas besoin de rapporter ce qu'en a écrit en divers endroits Jacques, roi d'Angleterre et d'Ecosse. Il fait néanmoins une exception en faveur des puritains des autres pays, assez content pourvu qu'on sût qu'il ne connoissoit rien de plus dangereux, ni de plus ennemi de la royauté que ceux qu'il avoit trouvés dans ses royaumes. Calvin fit de grands progrès en France, et ce grand royaume se vit à la veille de périr par les entreprises de ses sectateurs : de sorte qu'il fut en France à peu près ce que Luther fut en Allemagne. Genève, qu'il gouverna, ne fut guère moins considérée que Vitenberg, où le nouvel évangile avoit commencé, et il se rendit chef du second parti de la nouvelle Réforme.

LXXVI. Quelle opinion on eut des calvinistes parmi les protestans.

Combien il fut touché de cette gloire, un petit mot qu'il écrit à Mélanchthon nous le fait sentir. « Je me reconnois, dit-il, de beaucoup au-dessous de vous; mais néanmoins je n'ignore pas en quel degré de son théâtre Dieu m'a élevé, et nostre amitié ne peut estre violée sans faire tort à l'Eglise [1]. »

LXXVII. Orgueil de Calvin.

Se voir exposé aux yeux de toute l'Europe comme sur un grand théâtre, s'y voir par son éloquence dans les premiers rangs, et s'y être fait un nom et une autorité qu'on respecte dans un grand parti : Calvin ne s'en peut taire; c'est pour lui un doux appât, et c'est celui qui a fait tous les hérésiarques.

C'est ce charme secret qui lui a fait dire dans sa réponse à Baudouin son grand adversaire : « Il me reproche que je n'ay point d'enfans, et que Dieu m'a osté un fils qu'il m'avoit donné. Falloit-il me faire ce reproche à moy qui ay tant de milliers d'enfans dans toute la chrétienté ? » A quoi il ajoute : « Toute la France

LXXVIII. Ses vanteries.

[1] *Ep. Calv.*, p. 145.

connoist ma foy irréprochable, mon intégrité, ma patience, ma vigilance, ma modération et mes travaux assidus pour le service de l'Eglise; choses qui sont prouvées par tant de marques illustres dès ma première jeunesse. Il me suffit de pouvoir par une telle confiance me tenir toujours dans mon rang jusques à la fin de ma vie [1]. »

LXXIX.
Différence de Luther et de Calvin.

Il a tant loué la sainte jactance et la magnanimité de Luther, qu'il étoit malaisé qu'il ne l'imitât, encore que pour éviter le ridicule où tomba Luther, il se piquât surtout d'être modeste, comme un homme qui vouloit pouvoir se vanter *d'estre sans faste et de ne craindre rien tant que l'ostentation* [2] : de sorte que la différence entre Luther et Calvin, quand ils se vantent, c'est que Luther, qui s'abandonnoit à son humeur impétueuse sans jamais prendre aucun soin de se modérer, se louoit lui-même comme un emporté : mais les louanges que Calvin se donnoit sortoient par force du fond de son cœur, malgré les lois de modération qu'il s'étoit prescrites, et rompoient violemment toutes ces barrières.

Combien se goûtoit-il lui-même, quand il élève si haut « sa frugalité, ses continuels travaux, sa constance dans les périls, sa vigilance à faire sa charge, son application infatigable à étendre le règne de Jésus-Christ, son intégrité à défendre la doctrine de piété, et la sérieuse occupation de toute sa vie dans la méditation des choses célestes [3] ? » Luther n'en a jamais tant dit, et tout ce que ses emportemens lui ont tiré de la bouche n'approche pas de ce que Calvin dit froidement de lui-même.

LXXX.
Comme Calvin vantoit son éloquence.

Rien ne le flattoit davantage que la gloire de bien écrire; et Vestphale luthérien l'ayant appelé *déclamateur* : « Il a beau faire, dit-il, jamais il ne le persuadera à personne; et tout le monde sçait combien je sçay presser un argument, et combien est précise la brièveté avec laquelle j'écris [4]. »

C'est se donner en trois mots la plus grande gloire que l'art de bien dire puisse attirer à un homme. Voilà du moins une louange que jamais Luther ne s'étoit donnée : car quoiqu'il fût un des orateurs des plus vifs de son siècle, loin de faire jamais semblant de

---

[1] *Resp. ad Bald. int. Opusc. Calv.*, p. 370. — [2] II *Def. adv. Vestph., Opusc.*, 788. — [3] II *Def. cont. Vestph., Opusc.*, 842. — [4] II *Def.*, 791.

se piquer d'éloquence, il prenoit plaisir de dire qu'il étoit un pauvre moine nourri dans l'obscurité et dans l'école, qui ne savoit point l'art de discourir. Mais Calvin blessé sur ce point ne se peut tenir; et aux dépens de sa modestie il faut qu'il dise que personne ne s'explique plus précisément, ni ne raisonne plus fortement que lui.

Donnons-lui donc, puisqu'il le veut tant, cette gloire d'avoir aussi bien écrit qu'homme de son siècle; mettons-le même, si l'on veut, au-dessus de Luther : car encore que Luther eût quelque chose de plus original et de plus vif, Calvin inférieur par le génie sembloit l'avoir emporté par l'étude. Luther triomphoit de vive voix; mais la plume de Calvin étoit plus correcte, surtout en latin; et son style, qui étoit plus triste, étoit aussi plus suivi et plus châtié. Ils excelloient l'un et l'autre à parler la langue de leur pays; l'un et l'autre étoient d'une véhémence extraordinaire; l'un et l'autre par leurs talens se sont fait beaucoup de disciples et d'admirateurs; l'un et l'autre enflés de ces succès, ont cru pouvoir s'élever au-dessus des Pères; l'un et l'autre n'ont pu souffrir qu'on les contredît, et leur éloquence n'a été en rien plus féconde qu'en injures. {LXXXI. L'éloquence de Calvin.}

Ceux qui ont rougi de celles que l'arrogance de Luther lui a fait écrire, ne seront pas moins étonnés des excès de Calvin. Ses adversaires ne sont jamais que des fripons, des fols, des méchans, des ivrognes, des furieux, des enragés, des bêtes, des taureaux, des ânes, des chiens, des pourceaux, et le beau style de Calvin est souillé de toutes ces ordures à chaque page. Catholiques et luthériens, rien n'est épargné. L'école de Vestphale, selon lui, est « une puante étable à pourceaux [1]. » La Cène des luthériens est presque toujours appelée *une Cène de Cyclopes*, « où on voit une barbarie digne des Scythes [2] : » s'il dit souvent que le diable pousse les papistes, il répète cent et cent fois qu'il a fasciné les luthériens, et « qu'il ne peut pas comprendre pourquoy ils s'attaquent à luy plus violemment qu'à tous les autres, si ce n'est que Satan, dont ils sont les vils esclaves, les anime d'autant plus contre luy, qu'il voit ses travaux plus utiles que les leurs au bien de l'E- {LXXXII. Il est aussi violent, et plus aigre que Luther}

[1] *Opusc.*, 799. — [2] *Opusc.*, 803, 837.

glise ¹. » Ceux qu'il traite de cette sorte sont les premiers et les plus célèbres des luthériens. Au milieu de ces injures il vante encore sa douceur ²; et après avoir rempli son livre de ce qu'on peut s'imaginer, non-seulement de plus aigre, mais encore de plus atroce, il croit en être quitte en disant « qu'il avoit tellement esté sans fiel lors qu'il écrivoit ces injures, que luy-mesme en relisant son ouvrage estoit demeuré tout étonné que tant de paroles dures luy fussent échappées sans amertume. C'est, dit-il, l'indignité de la chose qui luy a fourni toute seule les injures qu'il a dites, et il en a supprimé beaucoup d'autres qui luy venoient à la bouche. Après tout, il n'est pas fasché que ces stupides ayent enfin senti les piqueûres ³, » et il espère qu'elles serviront à les guérir. Il veut bien pourtant avouer qu'il en a dit plus qu'il ne vouloit, et que le remède qu'il a appliqué au mal « estoit un peu trop violent. » Mais après ce modeste aveu il s'emporte plus que jamais, et tout en disant : « M'entens-tu bien, chien? M'entens-tu, frénétique? M'entens-tu bien, grosse beste? » Il ajoute « qu'il est bien-aise que les injures dont on l'accable demeurent sans réponse ⁴. »

Auprès de cette violence Luther étoit la douceur même; et s'il faut faire la comparaison de ces deux hommes, il n'y a personne qui n'aimât mieux essuyer la colère impétueuse et insolente de l'un, que la profonde malignité et l'amertume de l'autre, qui se vante d'être de sang-froid, quand il répand tant de poison dans ses discours.

LXXXIII. Le mépris qu'il fait des Pères. Tous deux après avoir attaqué les hommes mortels, ont tourné leur bouche contre le ciel, quand ils ont si ouvertement méprisé l'autorité des saints Pères. Chacun sait combien de fois Calvin a passé par-dessus leurs décisions, quel plaisir il a pris à les traiter d'écoliers, à leur faire leur leçon, et la manière outrageuse dont il a cru pouvoir éluder leur témoignage unanime, en disant, par exemple, « que ces bonnes gens ont suivi sans discrétion une coustume qui dominoit sans raison, et qui avoit gagné la vogue en peu de temps ⁵. »

---

¹ *Diluc. expos., Opusc.*, 839. — ² Il *Def., in Vesiph.* — ³ *Ult. adm.*, 795. — ⁴ *Opusc.*, 838. — ⁵ Tract. *de ref. Eccl.*

Il s'agissoit dans ce lieu de la prière pour les morts. Tous ses écrits sont pleins de pareils discours. Mais malgré l'orgueil des hérésiarques, l'autorité des Pères et de l'antiquité ecclésiastique ne laisse pas de subsister dans leur esprit. Calvin, qui méprise tant les saints Pères, ne laisse pas de les alléguer comme des témoins dont il n'est pas permis de rejeter l'autorité, lorsqu'il écrit ces paroles, après les avoir cités : « Que diront-ils à l'ancienne Eglise? Veulent-ils damner l'ancienne Eglise? » Ou bien, « veulent-ils chasser de l'Eglise saint Augustin [1]? » On pourroit lui en dire autant dans le point de la prière pour les morts, et dans les autres où il est certain, et souvent de son aveu propre, qu'il a les Pères contre lui. Mais sans entrer dans cette dispute particulière, il me suffit d'avoir remarqué que nos réformés sont souvent contraints par la force de la vérité à respecter le sentiment des Pères plus qu'il ne semble que leur doctrine et leur esprit ne le porte.

LXXXIV. Les Pères se font respecter par les protestans, malgré qu'ils en aient.

Ceux qui ont vu les variations infinies de Luther pourront demander si Calvin est tombé dans la même faute. A quoi je répondrai qu'outre que Calvin avoit l'esprit plus suivi, il est vrai d'ailleurs qu'il a écrit longtemps après le commencement de la Réforme prétendue; de sorte que les matières ayant déjà été fort agitées, et les docteurs ayant eu plus de loisir de les digérer, la doctrine de Calvin paroît plus uniforme que celle de Luther. Mais nous verrons dans la suite que par une politique ordinaire aux chefs des nouvelles sectes qui cherchent à s'établir, ou par la nécessité commune de ceux qui tombent dans l'erreur, Calvin ne laisse pas d'avoir beaucoup varié, non-seulement dans ses écrits particuliers, mais encore dans les actes publics qu'il a dressés au nom de tous les siens, ou qu'il leur a inspirés.

LXXXV. Si Calvin a varié dans sa doctrine.

Et même sans aller plus loin, en considérant seulement ce que nous avons rapporté de sa doctrine, nous avons vu qu'elle est pleine de contradictions, qu'il ne suit pas ses principes, et qu'avec de grands mots il ne dit rien.

Et pour peu qu'on fasse de réflexion sur les actes qu'il a dressés, ou que les calvinistes ont publiés de son aveu en cinq ou six ans,

LXXXVI. Variations dans les

[1] II Def., Opusc., p. 777; Admonit. ult., 836, ibid.

ils ne pourront se laver ni lui ni eux tous d'avoir expliqué leur foi avec une dissimulation criminelle.

En 1554 nous avons vu qu'il se fit un accord solennel entre ceux de Genève et de Zurich [1] : c'est Calvin qui le dressa, et la foi commune de ces deux églises y est expliquée.

Sur la Cène, il n'y est dit autre chose, « sinon que ces paroles : « Ceci est mon corps, » ne doivent pas estre prises précisément à la lettre, mais figurément, en sorte que le nom de corps et de sang soit donné par métonymie au pain et au vin qui les signifient; et que si Jésus-Christ nous nourrit par la viande de son corps et le breuvage de son sang, cela se fait par la foy et par la vertu du Saint-Esprit sans aucune transfusion ni aucun mélange de substance, mais parce que nous avons la vie par son corps une fois immolé et son sang une fois répandu pour nous [2]. »

Si on n'entend parler dans cet accord ni de la propre substance du corps et du sang reçus dans la Cène, ni des merveilles incompréhensibles de ce sacrement, ni des autres choses semblables que nous avons remarquées dans le *Catéchisme* et dans la *Confession de foi* des calvinistes de France, la raison n'en est pas malaisée à deviner. C'est, comme nous l'avons vu, que les Suisses, et surtout ceux de Zurich instruits par Zuingle, n'avoient jamais voulu reconnoître aucun miracle dans la Cène; et contens de la présence de vertu, ils ne savoient ce que vouloit dire cette communication de propre substance que Calvin et les calvinistes vantoient tant; de sorte que pour s'accorder, il fallut supprimer ces choses, et présenter aux Suisses une confession de foi dont ils pussent s'accommoder.

LXXXVII. Troisième confession de foi envoyée en Allemagne

A ces deux confessions de foi dressées par Calvin, dont l'une étoit pour la France, et l'autre fut composée pour s'accommoder avec les Suisses, on en ajouta, pendant qu'il vivoit encore, une troisième en faveur des protestans d'Allemagne.

1557.

Bèze et Farel comme députés des églises réformées de France et de celle de Genève, la portèrent en 1557 à Vorms, où les princes et les Etats de la Confession d'Augsbourg étoient assemblés. On les vouloit engager à intercéder pour les calvinistes auprès de

---

[1] *Opusc. Calv.*, 752; Hosp., an. 1554. — [2] Art. 22, 23.

Henri II, qui à l'exemple de François Ier son père, n'oublioit rien pour les abattre. Les termes de propre substance ne furent pas oubliés, comme on faisoit volontiers quand on traitoit avec les Suisses. Mais on y ajouta beaucoup d'autres choses, et je ne sais pour moi comment on peut accorder cette confession avec la doctrine du sens figuré. Car il y est dit « qu'on reçoit dans la Cène, non-seulement les bienfaits de Jésus-Christ, mais sa substance mesme et sa propre chair; que le corps du Fils de Dieu ne nous y est pas proposé en figure seulement et par signification symboliquement ou typiquement comme un mémorial de Jésus-Christ absent, mais qu'il est vraiment et certainement rendu présent avec les symboles qui ne sont pas de simples signes; et si, disoient-ils, nous ajoustons que la manière dont ce corps nous est donné est symbolique et sacramentelle, ce n'est pas qu'elle soit seulement figurative, mais parce que sous l'espèce des choses visibles Dieu nous offre, nous donne, et nous rend présent avec les symboles ce qui nous y est signifié; ce que nous disons afin qu'il paroisse que nous retenons dans la Cène la présence du propre corps et du propre sang de Jésus-Christ, et que, s'il reste quelque dispute, elle ne regarde plus que la maniére [1]. »

Nous n'avions pas encore ouï dire aux calvinistes qu'il ne fallût pas regarder la Cène « comme un mémorial de Jésus-Christ absent : » nous ne leur avions pas ouï dire que pour nous donner non ses bienfaits, mais sa substance et sa propre chair, « il nous la rendît vraiment présente sous les espèces; » ni qu'il fallût reconnoître dans la Cène « une présence du propre corps et du propre sang; » et si nous ne connoissions les équivoques des sacramentaires, nous ne pourrions nous empêcher de les prendre pour des défenseurs aussi zélés de la présence réelle que le sont les luthériens. A les entendre parler, on pourroit douter s'il reste quelque dispute entre la doctrine luthérienne et la leur : « S'il reste encore, disent-ils, quelque dispute, elle ne regarde pas la chose même, mais la maniére de la présence, » de sorte que la présence qu'ils reconnoissent dans la Cène doit être dans le fond aussi réelle et aussi substantielle que celle qu'y reconnoissent les luthériens.

[1] Hosp., ad an. 1557, fol. 252.

Et en effet, dans la suite où ils traitent de la manière de cette présence, ils ne rejettent dans cette manière que ce qu'y rejettent les luthériens : ils rejettent la manière de s'unir à nous « naturelle ou locale; » et personne ne dit que Jésus-Christ nous soit uni à la manière ordinaire et naturelle, ni qu'il soit dans le sacrement ou dans ses fidèles comme les corps sont dans leur lieu; car il y est certainement d'une manière plus haute. Ils rejettent « l'épanchement de la nature humaine de Jésus-Christ, » c'est-à-dire l'ubiquité que quelques luthériens rejetoient aussi, et qui n'avoit pas encore si hautement gagné le dessus. Ils rejettent un « grossier mélange de la substance de Jésus-Christ avec la nôtre, » que personne n'admettoit; car il n'y a rien de moins grossier, ni de plus éloigné des mélanges vulgaires que l'union du corps de Notre-Seigneur avec les nôtres, que les luthériens reconnoissent aussi bien que les catholiques. Mais ce qu'ils rejettent sur toutes choses, c'est « cette grossière et diabolique transsubstantiation, » sans dire aucun mot de la consubstantiation luthérienne, qu'ils ne trouvoient en leur cœur, comme nous verrons, guère moins diabolique, ni moins charnelle. Mais il étoit bon de n'en point parler, de peur de choquer les luthériens, dont on imploroit le secours. Et enfin ils concluent tout court, en disant que la présence qu'ils reconnoissent se fait « d'une manière spirituelle, qui est appuyée sur la vertu incompréhensible du Saint-Esprit : » paroles que les luthériens employoient eux-mêmes aussi bien que les catholiques, pour exclure avec la présence en figure, même la présence en vertu qui n'a rien de miraculeux ni d'incompréhensible.

LXXXVIII
Autre confession de foi des prisonniers, pour être envoyée aux protestans.

Telle fut la confession de foi que les calvinistes de France envoyèrent aux protestans d'Allemagne. Ceux qu'on tenoit en prison en France pour la religion y joignirent leur déclaration particulière, où ils reçoivent expressément la *Confession d'Augsbourg* en tous ses articles, à la réserve de celui de l'Eucharistie; en ajoutant toutefois, ce qui n'étoit pas moins fort que la *Confession d'Augsbourg*, que « la Cène n'est pas un signe de Jésus-Christ absent; » et se tournant aussitôt « contre les papistes, et leur changement de substance et leur adoration, » toujours sans dire aucun mot contre la doctrine particulière du luthéranisme.

C'est ce qui fit que les luthériens, de l'avis commun de tous leurs théologiens, jugèrent la déclaration envoyée de France « conforme en tout point à la *Confession d'Augsbourg*, malgré ce qu'on y disoit sur l'article x, parce qu'au fond on en disoit plus sur la présence réelle que n'avoit fait cet article.

L'article d'Augsbourg disoit « qu'avec le pain et le vin le corps et le sang étoient vraiment présens et vraiment distribués à ceux qui prenoient la Cène. » Ceux-ci disent « que la propre chair et la propre substance de Jésus-Christ est vraiment présente et vraiment donnée avec les symboles, et sous les espèces visibles, » et le reste non moins précis que nous avons rapporté; de sorte que si on demande lesquels expriment le plus fortement la présence substantielle, ou des luthériens qui la croient ou des calvinistes qui ne la croient pas, il se trouvera que c'est les derniers.

Pour ce qui étoit des autres articles de la *Confession d'Augsbourg*, ils demeuroient établis par l'exception du seul article de la Cène, c'est-à-dire que les calvinistes, même ceux qu'on détenoit en prison pour leur religion, professoient contre leur croyance la nécessité du baptême, l'amissibilité de la justice, l'incertitude de la prédestination, le mérite des bonnes œuvres et la prière pour les morts; tous points que nous avons lus en termes formels dans la *Confession d'Augsbourg*; et voilà de quelle manière les martyrs de la nouvelle Réforme détruisoient par leurs équivoques, ou par un exprès désaveu, la foi pour laquelle ils mouroient.

LXXXIX. Tous les autres articles de la *Confession d'Augsbourg* sont avoués par les calvinistes.

Ainsi nous avons vu clairement trois langages différens de nos calvinistes en trois différentes Confessions de foi. Par celle qu'ils firent pour eux-mêmes, ils songèrent apparemment à se satisfaire : ils en ôtoient quelque chose pour contenter les zuingliens, et ils savoient y ajouter dans le besoin ce qui pouvoit leur rendre les luthériens plus favorables.

XC. Réflexions sur ces trois confessions de foi.

Nous allons maintenant entendre les calvinistes s'expliquer, non plus entre eux, ni avec les zuingliens ou les luthériens, mais avec les catholiques. Ce fut en 1561 durant la minorité de Charles IX, au fameux colloque de Poissy, où, par l'ordre de la reine Catherine de Médicis sa mère et régente du royaume, les

XCI. Le colloque de Poissy, comment entrepris. Calvin n'y vient point et laisse cette affaire à Bèze. 1561. prélats furent assemblés pour conférer avec les ministres, et réformer les abus qui donnoient prétexte à l'hérésie [1]. Comme on s'ennuyoit en France des longues remises du concile général si souvent promis par les papes, et des fréquentes interruptions de celui qu'ils avoient enfin commencé à Trente, la reine abusée par quelques prélats d'une doctrine suspecte, dont le chancelier de l'Hôpital, très-zélé pour l'Etat et grand personnage, appuyoit l'avis, crut trop aisément que dans une commotion si universelle elle pourroit pourvoir en particulier au royaume de France, sans l'autorité du Saint-Siége et du concile. On lui fit entendre qu'une conférence concilieroit les esprits, et que les disputes qui les partageoient seroient plus sûrement terminées par un accord, que par une décision dont l'un des partis seroit toujours mécontent. Le cardinal Charles de Lorraine, archevêque de Reims, qui ayant tout gouverné sous François II avec François, duc de Guise, son frère, s'étoit toujours conservé une grande considération; grand génie, grand homme d'Etat, d'une vive et agréable éloquence, savant même pour un homme de sa qualité et de ses emplois, espéra de se signaler dans le public, et tout ensemble de plaire à la cour en entrant dans le dessein de la reine. C'est ce qui fit entreprendre cette assemblée de Poissy. Les calvinistes y députèrent ce qu'ils avoient de plus habile, à la réserve de Calvin qu'on ne voulut pas montrer, soit qu'on craignît d'exposer à la haine publique le chef d'un parti si odieux, soit qu'il crût que son honneur fût mieux conservé en envoyant ses disciples et conduisant secrètement l'assemblée de Genève où il dominoit, que s'il se fût commis lui-même. Il est vrai aussi que par la foiblesse de sa santé et la violence de son humeur emportée, il étoit moins propre à se soutenir dans une conférence que Théodore de Bèze d'une constitution plus robuste et plus maître de lui-même. Ce fut donc Bèze qui parut le plus, ou pour mieux dire, qui parut seul dans cette assemblée. Il étoit regardé comme le principal disciple et l'intime confident de Calvin, qui l'avoit choisi pour être coopérateur de son ministère et de ses travaux dans Genève, où sa Réforme sem-

---

[1] Hosp., ad an. 1561; Bez., *Hist. eccl.*, liv. IV; La Poplin., liv. VII; Thuan., lib. XXVIII.

bloit avoir fait son principal établissement. Calvin lui envoyoit ses instructions; et Bèze lui rendoit compte de tout, comme il paroît par les lettres de l'un et de l'autre.

On ne traita proprement dans cette assemblée que de deux points de doctrine, dont l'un fut celui de l'Eglise, et l'autre fut celui de la Cène. C'étoit là que l'on mettoit le nœud de l'affaire, parce que l'article de l'Eglise étoit regardé par les catholiques comme un principe général, qui renversoit par le fondement toutes les églises nouvelles; et que parmi les articles particuliers dont on disputoit, aucun ne paroissoit plus essentiel que celui de la Cène. Le cardinal de Lorraine pressoit l'ouverture du colloque, bien que le gros des prélats, et surtout le cardinal de Tournon archevêque de Lyon, qui les présidoit comme plus ancien cardinal, y eussent une extrême répugnance. Ils craignoient avec raison que les subtilités des ministres, leur dangereuse éloquence avec un air de piété dont les hérétiques les plus pervers ne sont jamais dépourvus, et plus que tout cela le charme de la nouveauté n'imposât aux courtisans devant lesquels on devoit parler, et surtout au roi et à la reine susceptibles, l'un par son bas âge et l'autre par sa naturelle curiosité, de toutes sortes d'impressions, et même par la malheureuse disposition du genre humain et par le génie qui régnoit alors dans la cour, plus encore des mauvaises que des bonnes. Mais le cardinal de Lorraine, aidé de Montluc, évêque de Valence, l'emporta, et le colloque fut commencé.

XCII. Matières traitées dans le colloque, et son ouverture.

Je n'ai pas besoin de raconter ni l'admirable harangue du cardinal de Lorraine et l'applaudissement qu'elle mérita, ni aussi celui que s'attira Bèze, orateur de profession, en offrant de répondre sur le champ au discours médité du cardinal : mais il importe de se souvenir que ce fut dans cette auguste assemblée que les ministres présentèrent publiquement au roi, au nom de toutes leurs églises, leur commune confession de foi dressée sous Henri II dans leur premier synode tenu à Paris[1], comme nous l'avons déjà dit. Bèze, qui la présenta, en fit en même temps la défense par un long discours, où malgré toute son adresse, il tomba dans

XCIII. Harangue du cardinal de Lorraine. Confession de foi des calvinistes présentée au roi dans l'assemblée. Bèze parle et s'explique plus qu'il ne veut sur l'absence de Jésus-Christ

[1] *Hist. eccl. de Bez.*, liv. IV, p. 520.

dans la Cène.

un grand inconvénient. Lui qui quelques jours auparavant accusé par le cardinal de Lorraine en présence de la reine Catherine et de toute la cour, d'avoir écrit dans un de ses livres que Jésus-Christ n'étoit pas plus dans la Cène que dans la boue, *non magis in Cœnâ quàm in cœno*[1], avoit rejeté cette proposition comme impie et comme détestée de tout le parti, avança l'équivalente au colloque même devant toute la France : car étant tombé sur la Cène, il dit dans la chaleur du discours qu'eu égard au lieu et à la présence de Jésus-Christ considéré selon sa nature humaine, son corps étoit autant éloigné de la Cène que les plus hauts cieux le sont de la terre. A ces mots toute l'assemblée frémit[2]. On se ressouvint de l'horreur avec laquelle il avoit parlé de la proposition qui excluoit Jésus-Christ de la Cène comme de la boue. Maintenant il y retomboit, sans que personne l'en pressât. Le murmure qu'on entendit de toutes parts fit voir combien on étoit frappé d'une nouveauté si étrange. Bèze lui-même étonné d'en avoir tant dit, ne cessa depuis de fatiguer la reine, en donnant requêtes sur requêtes pour obtenir la liberté de s'expliquer, à cause que pressé par le temps il n'avoit pas eu le loisir de bien faire entendre sa pensée devant le roi. Mais il ne falloit point tant de paroles pour expliquer ce qu'on croyoit. Aussi pouvons-nous bien dire que la peine de Bèze n'étoit pas de ne s'être pas assez expliqué; au contraire ce qui lui causa et à tous les siens une si visible inquiétude, c'est que découvrant en termes précis le fond de la croyance du parti sur l'absence réelle de Jésus-Christ, il n'avoit que trop fait paroître que ces grands mots de *substance* et les autres, dont ils se servoient pour conserver quelque idée de réalité, n'étoient que des illusions.

XCIV.
Autre explication de l'article de la Cène, pleine de paroles confuses.

Des harangues on passa bientôt aux conférences particulières, principalement sur la Cène, où l'évêque de Valence et Duval évêque de Séez, à qui une demi-érudition, pour ne point encore parler des autres motifs, donnoient une pente secrète vers le calvinisme, ne songeoient non plus que les ministres qu'à trouver quelque formulaire ambigu, où sans entrer dans le fond, on contentât en quelque façon les uns et les autres.

[1] *Epist. Bez. ad Calv.*, inter *ep. Calv.*, p. 330. — [2] Thuan., XXVIII, 48.

Les fortes expressions que nous avons vues dans la confession de foi qui fut alors présentée, étoient assez propres à ce jeu : mais les ministres ne laissèrent pas d'y ajouter des choses qu'il ne faut pas oublier. C'est ce qui paroît surprenant : car comme ils devoient avoir fait leur dernier effort pour bien expliquer leur doctrine dans leur confession de foi qu'ils venoient de présenter à une assemblée si solennelle, il semble qu'interrogés sur leur croyance, ils n'avoient qu'à se rapporter à ce qu'ils en avoient dit dans un acte si authentique : mais ils ne le firent pas, et voici comme ils proposèrent leur doctrine d'un commun consentement. « Nous confessons la présence du corps et du sang de Jésus-Christ en sa sainte Cène, où il nous donne véritablement la substance de son corps et de son sang par l'opération de son Saint-Esprit; et que nous recevons et mangeons spirituellement et par foy ce mesme vray corps qui a esté immolé pour nous pour estre os de ses os et chair de sa chair, et pour estre vivifiez, et en recevoir tout ce qui est utile à nostre salut ; et parce que la foy appuyée sur la promesse de Dieu rend présentes les choses receuës, et qu'elle prend réellement et de fait le vray corps naturel de Nostre-Seigneur par la vertu du Saint-Esprit, en ce sens nous croyons et reconnoissons la présence du propre corps et du propre sang de Jésus-Christ dans la Cène. » Voilà toujours ces grandes phrases, ces pompeuses expressions et ces longs discours pour ne rien dire. Mais avec toutes ces paroles ils ne crurent pas s'être encore assez expliqués ; et bientôt après ils ajoutèrent « que la distance des lieux ne peut empêcher que nous ne participions au corps et au sang de Jésus-Christ, puis que la Cène de Nostre-Seigneur est une chose céleste ; et qu'encore que nous recevions sur la terre par nos bouches le pain et le vin comme les vrays signes du corps et du sang, nos ames, qui en sont nourries, enlevées au ciel par la foy et l'efficace du Saint-Esprit, joüissent du corps présent et du sang de Jésus-Christ; et qu'ainsi le corps et le sang sont vrayment unis au pain et au vin, mais d'une manière sacramentelle, c'est-à-dire non selon le lieu ou la naturelle position des corps, mais en tant qu'ils signifient efficacement que Dieu donne ce corps et ce sang à ceux qui participent fidèlement aux signes mesmes, et qu'ils les reçoivent vrayment par la foy. » Que de paroles pour dire que les signes du corps et du sang reçus avec foi nous unissent par cette foi inspirée de Dieu au corps et au sang qui sont au ciel ! Il n'en falloit pas davantage pour s'expliquer nettement ; et cette jouissance substantielle du corps vraiment et réellement présent, et les autres termes semblables ne servent qu'à entretenir des idées confuses, au lieu de les démêler, comme on est obligé de faire dans une explication de la foi. Mais dans cette simplicité que nous demandons, les chrétiens n'eussent pas trouvé ce qu'ils désiroient, c'est-à-dire la vraie présence de Jésus-Christ en ses deux natures ; et privés de cette présence ils auroient ressenti, pour ainsi parler, un certain vide, qu'au défaut de la chose même les ministres tâchoient de remplir par cette multiplicité de grandes paroles et par leur son magnifique.

XCV. Réflexions des catholiques sur ces discours vagues et pompeux.

Les catholiques n'entendoient rien dans ce prodigieux langage, et ils sentirent seulement qu'on avoit voulu suppléer par toutes ces phrases à ce que Bèze avoit laissé de trop vide et de trop creux dans la Cène des calvinistes. Toute la force étoit dans ces paroles : « La foi rend présentes les choses promises. » Mais ce discours parut bien vague aux catholiques. Par ce moyen, disoient-ils, et le jugement, et la résurrection générale, et la gloire des bienheureux, aussi bien que le feu des damnés, nous seront autant présens que le corps de Jésus-Christ nous l'est dans la Cène ; et si cette présence par foi nous fait recevoir la substance même des choses, rien n'empêche que les ames saintes qui sont dans le ciel ne reçoivent dès à présent et avant la résurrection générale la propre substance de leur corps, aussi véritablement qu'on nous veut faire recevoir ici par la seule foi la propre substance du corps de Jésus-Christ. Car si la foi rend les choses si véritablement présentes qu'on en possède par ce moyen la substance, combien plus la vision bienheureuse ! Mais à quoi sert cet enlèvement de nos ames dans le ciel par la foi, pour nous unir la propre substance du corps et du sang ? Un enlèvement moral et par affection fait-il de semblables unions ? Quelle substance ne pouvons-nous pas embrasser de cette sorte ? Qu'opère ici l'efficace du Saint-Esprit ? Le Saint-Esprit inspire la foi ; mais la foi ainsi inspirée, quelque forte qu'elle soit, ne s'unit pas plus à la substance des choses que les autres pensées et les autres affections de l'esprit. Que veulent dire aussi ces paroles vagues, « que nous recevons de Jésus-Christ ce qui nous est utile, » sans déclarer ce que c'est? Si ces mots de Notre-Seigneur : « La chair ne sert de rien, » s'entendent, selon les ministres, de la vraie chair de Jésus-Christ considérée selon sa substance, pourquoi tant vanter ensuite ce qu'on prétend qui ne sert de rien? Et quelle nécessité de tant prêcher la substance de la chair et du sang si réellement reçue? Que ne rejette-t-on donc, concluoient les catholiques, tous ces vains discours? et du moins, en expliquant la foi, que n'emploie-t-on, sans tant raffiner, les termes propres?

Pierre Martyr Florentin, un des plus célèbres ministres qui fût dans cette assemblée, en étoit d'avis et déclara souvent que pour lui il n'entendoit pas ce mot de *substance;* mais pour ne point choquer Calvin et les siens, il l'expliquoit le mieux qu'il pouvoit.

XCVI. Sentiment de Pierre Martyr sur les équivoques des autres ministres.

Claude Despense, docteur de Paris, homme de bon sens et docte pour un temps où les matières n'étoient point encore autant éclaircies et approfondies qu'elles l'ont été depuis par tant de disputes, fut mis au nombre de ceux qui devoient travailler avec les ministres à la conciliation de l'article de la Cène. On le jugea propre à ce dessein, parce qu'il étoit sincère et d'un esprit doux : mais avec toute sa douceur il ne put souffrir la doctrine des calvinistes, ne trouvant pas supportable qu'ils fissent dépendre l'œuvre de Dieu, c'est-à-dire la présence du corps de Jésus-Christ, non de la parole et de la promesse de celui qui le donnoit, mais de la foi de ceux qui devoient le recevoir : ainsi il improuva leur article dès la première proposition et avant toutes les additions qu'ils y firent depuis. De son côté, pour rendre notre communion avec la substance du corps indépendante de la foi des hommes, et uniquement attachée à l'efficace et à l'opération de la parole de Dieu, en laissant passer les premiers mots jusqu'à ceux où les ministres disoient, « que la foy rendoit les choses présentes, » il mit ces mots à la place : « Et parce que la parole et la promesse de Dieu rend présentes les choses promises, et que par l'efficace de cette parole nous recevons réellement et de fait le vray corps

XCVII. Ce que le docteur Despense ajouta aux expressions des ministres, pour les rendre plus recevables.

naturel de Nostre-Seigneur, en ce sens nous confessons et nous reconnoissons dans la Cène la présence de son propre corps et de son propre sang. » Ainsi il reconnoissoit une présence réelle et substantielle indépendamment de la foi, et en vertu des seules paroles de Notre-Seigneur, par où il crut déterminer le sens ambigu et vague des termes dont les ministres se servoient.

<small>XCVIII. Décisions des prélats qui expliquent très-simplement et en très-peu de paroles toute la doctrine catholique</small> Les prélats n'approuvèrent rien de tout cela, et de l'avis des docteurs qu'ils avoient amenés avec eux, ils déclarèrent l'article des ministres hérétique, captieux et insuffisant : hérétique, parce qu'il nioit la présence substantielle et proprement dite ; captieux, parce qu'en la niant il sembloit la vouloir admettre ; insuffisant, parce qu'il taisoit et dissimuloit le ministère des prêtres, la force des paroles sacramentales et le changement de substance qui en étoit l'effet naturel [1]. Ils opposèrent de leur côté aux ministres une déclaration de leur foi aussi pleine et aussi précise, que celle des calvinistes avoit été imparfaite et enveloppée. Bèze la rapporte en ces termes : « Nous croyons et confessons qu'au saint sacrement de l'autel le vray corps et le sang de Jésus-Christ est réellement et transsubstantiellement sous les espèces du pain et du vin par la vertu et puissance de la divine parole prononcée par le prêtre seul ministre ordonné à cét effet, selon l'institution et commandement de Nostre-Seigneur Jésus-Christ [2]. » Il n'y a rien là d'équivoque ni de captieux ; et Bèze demeure d'accord que c'est tout ce qu'on put « arracher alors du clergé pour apaiser les troubles de la religion, s'estant les prélats rendus juges au lieu de conférens amiables. » Je ne veux que ce témoignage de Bèze pour montrer que les évêques firent leur devoir en expliquant nettement leur foi, en évitant les grandes paroles qui imposent aux hommes par leur son sans signifier rien de précis, et en refusant d'entrer dans aucune composition sur ce qui regarde la foi. Une telle simplicité n'accommoda pas les ministres, et ainsi une si grande assemblée se sépara sans rien avancer. Dieu confondit la politique et l'orgueil de ceux qui crurent par leur éloquence, par de petites adresses et de foibles ménagemens, éteindre un tel feu dans la première vigueur de l'embrasement.

<small>[1] Bèze, *Hist. eccl.*, liv. IV, p. 611-614 ; La Poplin., liv. VII. — [2] *Ibid.*</small>

La réformation de la discipline ne réussit guère mieux : on fit de belles propositions et de beaux discours dont on ne vit que peu d'effet. L'évêque de Valence discourut admirablement à son ordinaire contre les abus et sur les obligations des évêques, principalement sur celle de la résidence qu'il gardoit moins que personne. En récompense il ne dit mot de l'exacte observation du célibat, que les Pères nous ont toujours proposé comme le plus bel ornement de l'ordre ecclésiastique. Il n'avoit pas craint de la violer malgré les canons par un mariage secret ; et d'ailleurs un historien protestant, qui ne laisse pas de lui donner « tous les caractères d'un grand homme [1], » nous a fait voir ses emportemens, son avarice et les désordres de sa vie, qui éclatèrent jusqu'en Irlande de la manière du monde la plus scandaleuse. Il ne laissoit pas de tonner contre les vices, et sut faire voir qu'il étoit du nombre de ces merveilleux réformateurs toujours prêts à tout corriger et à tout reprendre, pourvu qu'on ne touche pas à leurs inclinations corrompues.

XCIX. Vain discours de l'évêque de Valence sur la réformation des mœurs.

Pour ce qui est des calvinistes, ils regardèrent comme un triomphe qu'on les eût seulement ouïs dans une telle assemblée. Mais ce triomphe imaginaire fut court (a). Le cardinal de Lorraine dès longtemps avoit médité en lui-même de leur proposer la signature de l'article x de la *Confession d'Ausgbourg* : s'ils le signoient, c'étoit embrasser la réalité, que tous ceux de la *Confession d'Augsbourg* défendoient avec tant de zèle, et refuser cette signature, c'étoit dans un point essentiel condamner Luther et les siens, constamment les premiers auteurs de la nouvelle réformation et son principal appui. Pour faire mieux éclater aux yeux de toute la France la division de tous ces réformateurs, le cardinal avoit pris de loin des mesures avec les luthériens d'Allemagne, afin qu'on lui envoyât trois ou quatre de leurs principaux docteurs, qui paroissant à Poissy, sous prétexte de concilier tout d'un coup tous les différends, y combattroient les calvinistes. Ainsi on auroit vu ces nouveaux docteurs qui tous donnoient l'Ecriture pour si claire, se presser mutuellement par son autorité sans

C. On propose aux calvinistes l'article x de la *Confession d'Augsbourg*, et ils refusent de le signer.

[1] *Voyez* ci-dessus, liv. VII, n. 7.
(*a*) 1re édit. : Eut son rabat-joie.

jamais pouvoir convenir de rien. Les docteurs luthériens vinrent trop tard; mais le cardinal ne laissa pas de faire sa proposition. Bèze et les siens résolus de ne point souscrire au x⁰ article qu'on leur proposoit, crurent s'échapper en demandant de leur côté aux catholiques s'ils vouloient souscrire le reste; qu'ainsi tout seroit d'accord, à la réserve du seul article de la Cène : subtile, mais vaine défaite. Car les catholiques au fond n'avoient à se soucier en aucune sorte de l'autorité de Luther ni de la *Confession d'Augsbourg* ou de ses défenseurs; et c'étoit aux calvinistes à les ménager, de peur de porter la condamnation jusqu'à l'origine de la Réforme [1]. Quoi qu'il en soit, le cardinal n'en tira rien davantage, et content d'avoir fait paroître à toute la France que ce parti de réformateurs qui paroissoit au dehors si redoutable, étoit si foible au dedans par ses divisions, il laissa séparer l'assemblée. Mais Antoine de Bourbon, roi de Navarre et premier prince du sang, jusqu'alors assez favorable au nouveau parti qu'il ne connoissoit que sous le nom de Luther, s'en désabusa; et au lieu de la piété qu'il y croyoit auparavant, il commença dès lors à n'y reconnoître qu'un zèle amer et un prodigieux entêtement.

CI.
La *Confession d'Augsbourg* reçue par les calvinistes dans tous les autres points, mais seulement par politique.

Au reste ce ne fut pas un petit avantage pour la bonne cause d'avoir obligé les calvinistes à recevoir de nouveau dans une telle assemblée toute la *Confession d'Augsbourg*, à la réserve du seul article de la Cène, puisque, comme nous avons vu, ils renonçoient par ce moyen à tant de points importans de leur doctrine. Bèze néanmoins trancha le mot, et en fit solennellement la déclaration du consentement de tous ses collègues. Mais quoique la politique et le désir de s'appuyer autant qu'ils pouvoient de la *Confession d'Augsbourg*, leur ait fait dire en cette occasion, comme en beaucoup d'autres, ils avoient toute autre chose dans le cœur : et on n'en peut douter, quand on voit quelle instruction ils reçurent de Calvin même durant le colloque. « Vous devez, dit-il, prendre garde vous autres qui assistez au colloque, qu'en voulant trop soutenir vostre bon droit, vous ne paroissiez opiniâtres, et ne fassiez rejeter sur vous toute la faute de la rupture. Vous savez que la *Confession d'Augsbourg* est le flambeau dont se servent

[1] *Ep. Bez. ad Calv., inter Calv.*, ep., p. 345, 347.

vos furies pour allumer le feu dont toute la France est embrasée ; mais il faut bien prendre garde pourquoy on vous presse tant de la recevoir veû que sa mollesse a toujours déplû aux gens de bon sens ; que Mélanchthon son auteur s'est souvent repenti de l'avoir dressée ; et qu'enfin elle est tournée en beaucoup d'endroits à l'usage de l'Allemagne ; outre que sa briéveté obscure et défectueuse a cela de mal, qu'elle omet plusieurs articles de très-grande importance [1]. »

On voit donc bien que ce n'étoit pas le seul article de la Cène, mais en général tout le gros de la *Confession d'Augsbourg* qui lui déplaisoit. On n'exceptoit néanmoins que cet article : encore, quand il s'agissoit de l'Allemagne, souvent on ne trouvoit pas à propos de l'excepter.

CII. Combien de différens personnages jouèrent alors Calvin et les calvinistes sur la *Confession d'Augsbourg*.

C'est ce qui paroît par une lettre du même Calvin écrite pareillement durant le colloque, afin que l'on voie combien de différens personnages il faisoit dans le même temps. Ce fut donc en ce même temps et en l'an 1561, qu'il écrivit aux princes d'Allemagne pour ceux de la ville de Strasbourg une lettre, où il leur fait dire d'abord, « qu'ils sont du nombre de ceux qui reçoivent en tout la *Confession d'Augsbourg*, même dans l'article de la Cène [2], » et ajoute « que la reine d'Angleterre (c'étoit la reine Elisabeth), quoyqu'elle approuve la *Confession d'Augsbourg*, rejette les façons de parler charnelles » d'Heshusius, et des autres qui ne pouvoient supporter ni Calvin, ni Bèze, ni Pierre Martyr, ni Mélanchthon même, qu'ils accusoient de relâchement sur le sujet de la Cène.

CIII. Pareille dissimulation dans l'électeur Fridéric III.

On voit la même conduite dans la confession de foi de l'électeur Fridéric III, comte palatin, rapportée dans le *Recueil de Genève* : confession toute calvinienne et ennemie, s'il en fut jamais, de la présence réelle, puisque ce prince y déclare que Jésus-Christ n'est dans la Cène « en aucune sorte, ni visible, ni invisible, ni incompréhensible, ni compréhensible, mais seulement dans le ciel [3]. » Et toutefois son fils et son successeur Jean Casimir, dans la préface qu'il met à la tête de cette confession, dit expressément que son père « ne s'est jamais départi de la *Confession d'Augsbourg*, ni

[1] *Ep.*, p. 342. — [2] *Ep.*, p. 324. — [3] *Synt. Gen.*, II⁰ part., p. 141, 142.

même de l'*Apologie* qui y fut jointe : » c'est celle de Mélanchthon, que nous avons vue si précise pour la présence réelle; et si on ne vouloit pas en croire le fils, le père même dans le corps de sa confession déclare la même chose dans les mêmes termes.

CIV. Ménagement de Calvin sur l'article x de la Confession d'Augsbourg.

C'étoit donc une mode assez établie, même parmi les calvinistes, d'approuver purement et simplement la *Confession d'Augsbourg* quand il s'agissoit de l'Allemagne, ou par un certain respect pour Luther, auteur de toute la réformation prétendue, ou parce qu'en Allemagne la seule *Confession d'Augsbourg* avoit été tolérée par les Etats de l'Empire : et hors de l'Empire même, elle avoit une si grande autorité, que Calvin et les calvinistes n'osoient dire qu'ils s'en éloignoient qu'avec beaucoup d'égards et de précautions, puisque même dans l'exception qu'ils faisoient souvent du seul article de la Cène, ils se sauvoient plutôt par les éditions diverses et les divers sens de cet article, qu'ils ne le rejetoient absolument [1].

En effet Calvin, qui traite si mal la *Confession d'Augsbourg* quand il parle confidemment avec les siens, garde un respect apparent pour elle partout ailleurs, même à l'égard de l'article de la Cène, en disant qu'il le reçoit en l'expliquant sainement, et comme Mélanchthon auteur de la Confession l'entendoit lui-même [2]. Mais il n'y a rien de plus vain que cette défaite, parce qu'encore que Mélanchthon tînt la plume lorsqu'on dressa cette confession de foi, il y exposoit, non pas sa doctrine particulière, mais celle de Luther et de tout le parti, dont il étoit l'interprète et comme le secrétaire, ainsi qu'il le déclare souvent.

Et quand dans un acte public on pourroit s'en rapporter tout à fait au sentiment particulier de celui qui l'a rédigé, il faudroit toujours regarder, non pas ce que Mélanchthon a pensé depuis, mais ce que Mélanchthon pensoit alors avec tous ceux de sa secte, n'y ayant aucun sujet de douter qu'il n'ait tâché d'expliquer naturellement ce qu'ils croyoient tous, d'autant plus que nous avons vu qu'en ce temps il rejetoit le sens figuré d'aussi bonne foi que Luther; et qu'encore que dans la suite il ait biaisé en plusieurs manières, jamais il ne l'a ouvertement approuvé.

[1] *Ep.*, p. 319; II *def. ult.; Adm. ad Vest.* — [2] *Ibid.*

Il n'y a donc point de bonne foi à se rapporter au sens de Mélanchthon dans cette matière; et on voit bien que Calvin, quoiqu'il se vante partout de dire ses sentimens sans aucune dissimulation, a voulu flatter les luthériens.

Au reste cette flatterie parut si grossière, qu'à la fin on en eut honte dans le parti; et c'est pourquoi on y résolut dans les actes que nous avons vus, et notamment au colloque de Poissy, d'excepter l'article de la Cène, mais celui-là seul, sans se mettre en peine, en approuvant les autres, de l'atteinte que donnoit cette approbation à la propre Confession de foi qu'on venoit de présenter à Charles IX.

LIVRE X.

Depuis 1558 jusqu'à 1570.

SOMMAIRE.

Réformation de la reine Elisabeth. Celle d'Edouard corrigée, et la présence réelle qu'on avoit condamnée sous ce prince tenue pour indifférente. L'église anglicane persiste encore dans ce sentiment. Autres variations de cette église sous Elisabeth. La primauté ecclésiastique de la reine adoucie en apparence, en effet laissée la même que sous Henri et sous Edouard malgré les scrupules de cette princesse. La politique l'emporte partout dans cette réformation. La foi, les sacremens et toute la puissance ecclésiastique est mise entre les mains des rois et des parlemens. La même chose se fait en Ecosse. Les calvinistes de France improuvent cette doctrine, et s'y accommodent néanmoins. Doctrine de l'Angleterre sur la justification. La reine Elisabeth favorise les protestans de France. Ils se soulèvent aussitôt qu'ils se sentent de la force. La conjuration d'Amboise sous François II. Les guerres civiles sous Charles IX. Que cette conjuration et ces guerres sont affaires de religion, entreprises par l'autorité des docteurs et des ministres du parti, et fondées sur la nouvelle doctrine qu'on peut faire la guerre à son prince pour la religion. Cette doctrine expressément autorisée par les synodes nationaux. Illusion des écrivains protestans, et entre autres de M. Burnet, qui veulent que le tumulte d'Amboise et les guerres civiles soient affaires politiques. Que la religion a été mêlée dans le meurtre de François duc de Guise. Aveu de Bèze et de l'amiral. Nouvelle confession de foi en Suisse.

L'Angleterre bientôt revenue après la mort de Marie à la réformation d'Edouard VI, songeoit à fixer sa foi, et à y donner la

1. La reine Elisabeth

dernière forme par l'autorité de sa nouvelle reine. Elisabeth fille de Henri VIII et d'Anne de Boulen, étoit montée sur le trône, et gouvernoit son royaume avec une aussi profonde politique que les rois les plus habiles. La démarche qu'elle avoit faite du côté de Rome incontinent après son avénement à la couronne, avoit donné sujet de penser ce qu'on a publié d'ailleurs de cette princesse, qu'elle ne se seroit pas éloignée de la religion catholique, si elle eût trouvé dans le Pape des dispositions plus favorables. Mais Paul IV, qui tenoit le Siége apostolique, reçut mal les civilités qu'elle lui fit faire comme à un autre prince, sans se déclarer davantage, par le résident de la feue reine sa sœur. M. Burnet nous raconte qu'il la traita de bâtarde [1]. Il s'étonna de son audace de prendre possession de la couronne d'Angleterre, qui étoit un fief du Saint-Siége, sans son aveu; et ne lui donna aucune espérance de mériter ses bonnes graces, qu'en renonçant à ses prétentions et se soumettant au Siége de Rome. De tels discours, s'ils sont véritables, n'étoient guère propres à ramener une reine. Elisabeth rebutée s'éloigna aisément d'un Siége dont aussi bien les décrets condamnoient sa naissance, et s'engagea dans la nouvelle réformation : mais elle n'approuvoit pas celle d'Edouard en tous ses chefs. Il y avoit quatre points qui lui faisoient peine [2] : celui des cérémonies, celui des images, celui de la présence réelle, et celui de la primauté ou suprématie royale : et il faut ici raconter ce qui fut fait de son temps sur ces quatre points.

Pour ce qui est des cérémonies, « elle aimoit, dit M. Burnet, celles que le roy son père avoit retenuës; et recherchant l'éclat et la pompe jusques dans le service divin, elle estimoit que les ministres de son frère avoient outré le retranchement des ornemens extérieurs, et trop dépouillé la religion [3]. » Je ne vois pas néanmoins qu'elle ait rien fait sur cela de considérable.

Pour les images, « son dessein estoit surtout de les conserver dans les églises et dans le service divin : elle faisoit tous ses efforts pour cela; car elle affectionnoit extrêmement les images, qu'elle croyoit d'un grand secours pour exciter la dévotion, et tout au moins elle estimoit que les églises en seroient bien plus fréquen-

---

[1] Burn., liv. III, p. 555. — Ibid., p. 558. — [3] Ibid., p. 557.

tées ¹. » C'étoit en penser au fond tout ce qu'en pensent les catholiques. « Si elles excitent la dévotion » envers Dieu, elles pouvoient bien aussi en exciter les marques extérieures ; c'est là tout le culte que nous leur rendons : « y estre afféctionné » dans ce sens, comme la reine Elisabeth, n'étoit pas un sentiment si grossier qu'on veut à présent nous le faire croire ; et je doute que M. Burnet voulût accuser une reine, qui selon lui a fixé la religion en Angleterre, d'avoir eu des sentimens d'idolâtrie. Mais le parti des iconoclastes avoit prévalu : la reine ne leur put résister ; et on lui fit tellement outrer la matière, que non contente « d'ordonner qu'on ostât les images des églises, elle défendit à tous ses sujets de les garder dans leurs maisons ²; » il n'y eut que le crucifix qui s'en sauva, encore ne fut-ce que dans la chapelle royale, d'où l'on ne put persuader à la reine de l'arracher ³.

IV. *On la persuade par des raisons évidemment mauvaises.* Il est bon de considérer ce que les protestans lui représentèrent pour l'obliger à cette ordonnance contre les images, afin qu'on en voie ou la vanité, ou l'excès. Le fondement principal est que « le deuxième commandement défend de faire des images à la similitude de Dieu ⁴ : » ce qui manifestement ne conclut rien contre les images ni de Jésus-Christ en tant qu'homme, ni des Saints, ni en général contre celles où l'on déclare publiquement, comme fait l'Eglise catholique, qu'on ne prétend nullement représenter la divinité. Le reste étoit si excessif que personne ne le peut soutenir : car ou il ne conclut rien, ou il conclut à la défense absolue de l'usage de la peinture et de la sculpture : foiblesse, qui à présent est universellement rejetée de tous les chrétiens, et réservée à la superstition et grossièreté des mahométans et des Juifs.

V. *On varie manifestement sur la présence réelle. La politique règle la religion.* La reine demeura plus ferme sur le point de l'Eucharistie. Il est de la dernière importance de bien comprendre ses sentimens, selon que M. Burnet les rapporte : « Elle estimoit qu'on s'estoit restreint du temps d'Edouard, sur certains dogmes, dans des limites trop étroites et sous des termes trop précis ; qu'il falloit user d'expressions plus générales, où les partis opposez trouvassent leur compte ⁵. » Voilà ses idées en général. En les appli-

---

¹ Burn., liv. III, p. 551, 558. — ² P. 590. — ³ Thuan., lib. XXI, an. 1559. — ⁴ Burn., *ibid.* — ⁵ *Ibid.*, 557.

quant à l'Eucharistie, « son dessein estoit de faire concevoir en des paroles un peu *vagues* la manière de la présence de Jésus-Christ dans l'Eucharistie. Elle trouvoit fort mauvais que, par des explications si subtiles, on eust chassé du sein de l'Eglise ceux qui croyoient la présence corporelle. » Et encore : « Le dessein estoit de dresser un office pour la communion, dont les expressions fussent si bien ménagées, qu'en évitant de condamner la présence corporelle, on réunist tous les Anglois dans une seule et mesme Eglise [1]. »

On pourroit croire peut-être que la reine jugea inutile de s'expliquer contre la présence réelle, à cause que ses sujets se portoient d'eux-mêmes à l'exclure : mais au contraire « la pluspart des gens estoient imbus de ce dogme de la présence corporelle; ainsi la reine chargea les théologiens de ne rien dire qui le censurast absolument, mais de le laisser indécis, comme une opinion spéculative que chacun auroit la liberté d'embrasser ou de rejeter. »

VI. La foi des prétendus martyrs est changée.

C'étoit une étrange variation dans un des principaux fondemens de la réformation anglicane. Dans la Confession de foi de 1551, sous Edouard, on avoit pris avec tant de force le parti contraire à la présence réelle, qu'on la déclara impossible et contraire à l'ascension de Notre-Seigneur. Lorsque sous la reine Marie, Cranmer fut condamné comme hérétique, il reconnut que le sujet principal de sa condamnation « fut de ne point reconnoître dans l'Eucharistie une présence corporelle de son Sauveur. » Ridley, Latimer et les autres prétendus martyrs de la réformation anglicane rapportés par M. Burnet, ont souffert pour la même cause. Calvin en dit autant des martyrs françois, dont il oppose l'autorité aux luthériens [2]. Cet article paroissoit encore si important en 1549 et durant le règne d'Edouard, que lorsqu'on y voulut travailler à faire « un système de doctrine qui embrassast, dit M. Burnet, tous les points fondamentaux da la religion, on approfondit surtout l'opinion de la présence de Jésus-Christ dans le sacrement [3]. » C'étoit donc alors non-seulement un des points fondamentaux, mais en-

---

[1] Burn., liv. III, p. 579. — [2] Calv., *Diluc. explic.*, *Opusc.*, p. 861. — [3] Liv. II, p. 158.

core parmi les fondamentaux un des premiers. Si c'étoit un point
si fondamental et le principal sujet de ces martyres tant vantés,
on ne pouvoit l'expliquer en termes trop précis. Après une explication aussi claire que celle qu'on avoit donnée sous Edouard, en
revenir, comme vouloit Elisabeth, « à des expressions générales »
qui laissassent la chose « indécise, et où les partis opposez trouvassent leur compte, » en sorte qu'on en pût croire tout ce qu'on
voudroit, c'étoit trahir la vérité et lui égaler l'erreur. En un
mot, « ces termes vagues » dans une confession de foi n'étoient
qu'une illusion dans la matière du monde la plus sérieuse, et qui
demande le plus de sincérité. C'est ce que les réformés d'Angleterre eussent dû représenter à Elisabeth. Mais la politique l'emporta contre la religion, et l'on n'étoit pas d'humeur à tant rejeter
la présence réelle. Ainsi « l'article XXIX » de la confession d'Edouard, où elle étoit condamnée, « fut fort changé[1] : » on y ôta
tout ce qui montroit la présence réelle impossible et contraire à la
séance de Jésus-Christ dans les cieux. « Toute cette forte explication, dit M. Burnet, fut effacée dans l'original avec du vermillon. »
L'historien remarque avec soin qu'on peut encore la lire : mais
cela même est un témoignage contre la doctrine qu'on efface. On
vouloit qu'on la pût lire encore, afin qu'il restât une preuve que
c'étoit précisément celle-là qu'on avoit voulu retrancher. On avoit
dit à la reine Elisabeth sur les images, « que la gloire des premiers réformateurs seroit flestrie, si l'on venoit à rétablir dans les
églises ce que ces zélez martyrs de la pureté évangélique avoient
pris soin d'abattre[2]. » Ce n'étoit pas un moindre attentat de retrancher de la Confession de foi de ces prétendus martyrs ce qu'ils
y avoient mis contre la présence réelle, et d'en ôter la doctrine
pour laquelle ils avoient versé leur sang. Au lieu de leurs termes
simples et précis on se contenta de dire selon le dessein d'Elisabeth, « en termes vagues, que le corps de Notre-Seigneur Jésus-Christ est donné et receû d'une manière spirituelle, et que le
moyen par lequel nous le recevons est la foy[3]. » La première
partie de l'article est très-véritable, en prenant la « manière spirituelle » pour une manière au-dessus des sens et de la nature,

[1] Burn., liv. III, 601. — [2] P. 588. — [3] P. 601.

comme la prennent les catholiques et les luthériens ; et la seconde n'est pas moins certaine, en prenant la réception pour la réception utile et au sens que saint Jean disoit en parlant de Jésus-Christ, que « les siens ne le reçurent pas [1], » encore qu'il fût au monde en personne au milieu d'eux, c'est-à-dire qu'ils ne reçurent ni sa doctrine ni sa grace. Au surplus ce qu'on ajoutoit dans la confession d'Edouard sur la communion des impies, qui ne reçoivent que les symboles, fut pareillement retranché ; et on prit soin de n'y conserver sur la présence réelle que ce qui pouvoit être approuvé par les catholiques et les luthériens.

VII. Changemens essentiels dans la liturgie d'Edouard.

Par la même raison on changea dans la liturgie d'Edouard ce qui condamnoit la présence corporelle : par exemple, on y expliquoit qu'en se mettant à genoux lorsqu'on recevoit l'Eucharistie, « on ne prétendoit rendre par là aucune adoration à une présence corporelle de la chair et du sang, cette chair et ce sang n'estant point ailleurs que dans le ciel [2]. » Mais sous Elisabeth on retrancha ces paroles, et on laissa la liberté toute entière d'adorer dans l'Eucharistie la chair et le sang de Jésus-Christ comme présens. Ce que les prétendus martyrs et les auteurs de la réformation anglicane avoient regardé comme une grossière idolâtrie, devint sous Elisabeth une action innocente. Dans la seconde liturgie d'Edouard on avoit ôté ces paroles qu'on avoit laissées dans la première : « Le corps *ou* le sang de Jésus-Christ garde ton corps et ton ame pour la vie éternelle; » mais ces mots, qu'Edouard avoit retranchés parce qu'ils sembloient « trop favoriser la présence corporelle, furent rétablis par Elisabeth [3]. » La foi alloit au gré des rois; et ce que nous venons de voir ôté dans la liturgie par la même reine, y fut depuis remis sous le feu roi Charles II.

VIII. Illusion de M. Burnet, qui ose dire qu'on n'a point changé la doctrine établie sous Edouard.

Malgré tous ces changemens dans des choses si essentielles, M. Burnet veut que nous croyions qu'il n'y eut point de variations dans la doctrine de la Réforme en Angleterre. « On y détruisoit, dit-il, alors, » tout de même qu'aujourd'hui, le dogme de la présence corporelle; et « seulement on estima qu'il n'estoit ni nécessaire ni avantageux de s'expliquer trop nettement là

[1] *Joan.*, I, 10, 11. — [2] Burn., liv. II, p. 580. — [3] Burn., liv. I, p. 259.

dessus¹ ; » comme si on pouvoit s'expliquer trop nettement sur
la foi. Mais il faut encore aller plus avant. C'est varier manifestement dans la doctrine, non-seulement d'en embrasser une contraire, mais encore de laisser indécis ce qui auparavant étoit décidé. Si les anciens catholiques, après avoir décidé en termes
précis l'égalité du Fils de Dieu avec son Père, avoient supprimé
ce qu'ils en avoient prononcé à Nicée, pour se contenter simplement de l'appeler *Dieu* en termes vagues et au sens que les ariens
n'avoient pu nier, en sorte que ce qu'on avoit si expressément
décidé devînt indécis et indifférent, n'auroient-ils pas manifestement changé la foi de l'Eglise, et fait un pas en arrière? Or c'est
ce qu'a fait l'Eglise anglicane sous Elisabeth; et on ne peut pas en
convenir plus clairement que M. Burnet en est convenu dans les
paroles que nous avons rapportées, où il paroît en termes formels
que ce ne fut ni par hasard ni par oubli qu'on omit les expressions du temps d'Edouard, mais par un dessein bien médité « de
ne rien dire qui censurast la présence corporelle, et au contraire
de laisser ce dogme indécis, en sorte que chacun eust la liberté de
l'embrasser ou de le rejeter : » ainsi, ou sincèrement ou par politique, on revint de la foi des réformateurs, et on laissa pour indifférent le dogme de la présence corporelle, contre lequel ils
avoient combattu jusqu'au sang.

IX. L'Angle-terre est indifféren-te sur la présence réelle.

C'est là encore l'état présent de l'église d'Angleterre, si nous en
croyons M. Burnet. Ç'a été sur ce fondement que l'évêque Guillaume Bedel, dont il a écrit la vie, crut qu'un grand nombre de
luthériens qui s'étoient réfugiés à Dublin, pouvoient communier
sans crainte avec l'église anglicane, « qui en effet, dit M. Burnet,
a eu une telle modération en ce point (de la présence réelle), que
n'y ayant aucune définition positive de la manière dont le corps
de Jésus-Christ est présent dans le sacrement, les personnes de
différent sentiment peuvent pratiquer le mesme culte sans estre
obligeez de se déclarer et sans qu'on puisse présumer qu'elles
contredisent leur foy ². » C'est ainsi que l'église d'Angleterre a
réformé ses réformateurs et corrigé ses maîtres.

X. On ne se

Au reste ni sous Edouard, ni sous Elisabeth, la réformation an-

¹ Burn., liv. III, p. 602. — ² *Vie de Guill. Bedel*, p. 132, 133.

glicane n'employa jamais dans l'explication de l'Eucharistie ni la substance du corps, ni ces opérations incompréhensibles tant exaltées par Calvin. Ces expressions favorisoient trop une présence réelle, et c'est pourquoi on ne s'en servit ni sous Edouard où on la vouloit exclure, ni sous Elisabeth où on vouloit laisser la chose indécise; et l'Angleterre sentit bien que ces mots de Calvin peu convenables à la doctrine du sens figuré, n'y pouvoient être introduits qu'en forçant trop visiblement leur sens naturel.

XI. Il reste que nous expliquions l'article de la suprématie. Il est vrai qu'Elisabeth y répugnoit; et ce titre de *chef de l'Eglise* trop grand à son avis, même dans les rois, lui parut encore plus insupportable, pour ne pas dire plus ridicule, dans une reine [1]. Un célèbre prédicateur protestant lui avoit, dit M. Burnet, « suggéré cette délicatesse; » c'est-à-dire qu'il y avoit encore quelque reste de pudeur dans l'église anglicane, et que ce n'étoit pas sans quelques remords qu'elle abandonnoit son autorité à la puissance séculière; mais la politique l'emporta encore en ce point. Avec toute la secrète honte que la reine avoit pour sa qualité de *chef de l'Eglise,* elle l'accepta et l'exerça sous un autre nom. Par une loi publiée en 1559, « on attacha de nouveau la primauté ecclésiastique à la couronne. On déclara que le droit de faire les visites ecclésiastiques, et de corriger ou de réformer les abus de l'Eglise, estoit annexé pour toûjours à la royauté; et qu'on ne pourroit exercer aucune charge publique, soit civile, ou militaire, ou ecclésiastique, sans jurer de reconnoistre la reine pour souveraine gouvernante dans tout son royaume en toutes sortes de causes séculiéres et ecclésiastiques [2]. » Voilà donc à quoi aboutit le scrupule de la reine; et tout ce qu'elle adoucit dans les lois de Henri VIII sur la primauté des rois, fut qu'au lieu que sous ce roi on perdoit « la vie » en la niant, sous Elisabeth « on ne perdoit que ses biens [3]. »

XII. Les évêques catholiques se souvinrent à cette fois de ce qu'ils étoient; et attachés invinciblement à l'Eglise catholique et au Saint-Siège, ils furent déposés pour avoir constamment refusé de

---

[1] Burn., liv. III, p. 558, 571. — [2] *Ibid.*, p. 570 et seq. — [3] *Ibid.*, p. 571.

souscrire à la primauté de la reine [1], aussi bien qu'aux autres articles de la Réforme. Mais Parker archevêque protestant de Cantorbéry, fut le plus zélé à subir le joug [2]. C'étoit à lui qu'on adressoit les plaintes contre le scrupule qu'avoit la reine sur sa qualité de *Chef;* on lui rendoit compte de ce qu'on faisoit pour engager les catholiques à la reconnoître, et enfin la réformation anglicane ne pouvoit plus compatir avec la liberté et l'autorité que Jésus-Christ avoit donnée à son Eglise. Ce qui avoit été résolu dans le Parlement en 1559 en faveur de la primauté de la reine, fut reçu dans le synode de Londres en 1562 du commun consentement de tout le clergé, tant du premier que du second ordre.

1562.

Là on inséra en ces termes la suprématie parmi les articles de foi : « La majesté royale a la souveraine puissance dans ce royaume d'Angleterre et dans ses autres domaines; et le souverain gouvernement de tous les sujets, soit ecclésiastiques ou laïques, luy appartient en toutes sortes de causes, sans qu'ils puissent estre assujétis à aucune puissance étrangére [3]. » On voulut exclure le Pape par ces derniers mots : mais comme ces autres mots « en toutes sortes de causes, » mis ici sans restriction, comme on avoit fait dans l'acte du Parlement, emportoient une pleine souveraineté, même dans les causes ecclésiastiques, sans en excepter celles de la foi : ils eurent honte d'un si grand excès, et y apportèrent ce tempérament : « Quand nous attribuons à la majesté royale ce souverain gouvernement dont nous apprenons que plusieurs calomniateurs sont offensés, nous ne donnons pas à nos rois l'administration de la parole et des sacremens; ce que les ordonnances de notre reine Elisabeth montrent clairement : mais nous lui donnons seulement la prérogative que l'Ecriture attribue aux princes pieux, de pouvoir contenir dans leur devoir tous les ordres, soit ecclésiastiques, soit laïques, et réprimer les contumaces par le glaive de la puissance civile. »

XIII. Déclaration du clergé sur la suprématie d'Elisabeth.

Cette explication est conforme à une déclaration que la reine avoit publiée, où elle disoit d'abord « qu'elle estoit fort éloignée

XIV. On ne fait que pallier

---

[1] Burn., liv. III, p. 572, 586, etc. — [2] *Ibid.*, p. 571 et seq. — [3] *Syn. Lond.*, art. 37; *Synt. Gen.*, 1 part., p. 107.

grossière-
ment un si
grand mal.
de vouloir administrer les choses saintes ¹. » Les protestans aisés à contenter sur le sujet de l'autorité ecclésiastique, crurent par là être à couvert de tout ce que la suprématie avoit de mauvais, mais en vain : car il ne s'agissoit pas de savoir si les Anglois attribuoient à la royauté l'administration de la parole et des sacremens. Qui les a jamais accusés de vouloir que leurs rois montassent en chaire, ou administrassent la communion et le baptême? Et qu'y a-t-il de si rare dans cette déclaration où la reine Élisabeth reconnoît que ce ministère ne lui appartient pas? La question étoit de savoir si dans ces matières la majesté royale a une simple direction et exécution extérieure, ou si elle influe au fond dans la validité des actes ecclésiastiques. Mais encore qu'en apparence on la réduise dans cet article à la simple exécution, le contraire paroissoit trop dans la pratique. La permission de prêcher s'accordoit par lettres-patentes et sous le grand sceau. La reine faisoit les évêques avec la même autorité que le roi son père et le roi son frère, et pour un temps limité, si elle vouloit. La commission pour les consacrer émanoit de la puissance royale. Les excommunications étoient décernées par la même autorité. La reine régloit par ses édits, non-seulement le culte extérieur, mais encore la foi et le dogme, ou les faisoit régler par son Parlement, dont les actes recevoient d'elle leur validité ²; et il n'y a rien de plus inouï que ce qu'on y fit alors.

XV.
Le parlement continue à s'attribuer la décision sur les points de foi.
Le Parlement prononça directement sur l'hérésie; il régla les conditions sous lesquelles une doctrine passeroit pour hérétique; et où ces conditions ne se trouveroient pas dans cette doctrine, il défendit de la condamner, et « s'en réserva la connoissance ³. » Il ne s'agit pas de savoir si la règle que le Parlement prescrivit est bonne ou mauvaise; mais si le Parlement, un corps séculier dont les actes reçoivent du prince leur validité, peut décider sur les matières de la foi, et « s'en réserver la connoissance; » c'est-à-dire se l'attribuer et l'interdire aux évêques, à qui Jésus-Christ l'a donnée : car ce que disoit le Parlement, qu'il agiroit « de concert avec l'assemblée du clergé ⁴, » n'étoit qu'une illusion, puisqu'enfin

¹ Burn., liv. III, p. 591. — ² Burn., IIᵉ part., liv. III, p. 560, 570, 573, 579, 580, 583, 590, 591, 593, 594, 597, etc. — ³ *Ibid.*, 571. — ⁴ *Ibid.*

c'étoit toujours réserver la suprême autorité au Parlement, et écouter les pasteurs plutôt comme consulteurs dont on prenoit les lumières, que comme juges naturels à qui seuls la décision appartenoit de droit divin. Je ne crois pas qu'un cœur chrétien puisse écouter sans gémir un tel attentat sur l'autorité pastorale et sur les droits du sanctuaire.

Mais de peur qu'on ne s'imagine que toutes ces entreprises de l'autorité séculière sur les droits du sanctuaire fussent simplement des usurpations des laïques sans que le clergé y consentît, sous prétexte qu'il auroit donné l'explication que nous avons vue à la suprématie de la reine dans l'article XXXVII de la Confession de foi : ce qui précède et ce qui suit fait voir le contraire. Ce qui précède, puisque ce synode composé, comme on vient de voir, des deux ordres du clergé, voulant établir la validité de l'ordination des évêques, des prêtres et des diacres, la fonde sur la formule contenue « dans le livre de la consécration des archevêques et évêques, et de l'ordination des prêtres et des diacres, fait *depuis peu*, dans le temps d'Edouard VI, et confirmé par l'autorité du Parlement [1]. » Foibles évêques, malheureux clergé, qui aime mieux prendre la forme de la consécration dans le livre fait *depuis peu*, il n'y avoit que dix ans sous Edouard VI, et confirmé par l'autorité du Parlement, que dans le livre *des Sacremens* de saint Grégoire auteur de leur conversion, où ils pouvoient lire encore la forme selon laquelle leurs prédécesseurs et le saint moine Augustin leur premier apôtre avoient été consacrés, quoique ce livre fût appuyé, non point à la vérité par l'autorité des Parlemens, mais par la tradition universelle de toutes les églises chrétiennes.

XVI. La validité des ordinations, sur quoi fondée en Angleterre

Voilà sur quoi ces évêques fondèrent la validité de leur sacre et celle de l'ordination de leurs prêtres et de leurs diacres [2] ; et cela se fit conformément à une ordonnance du Parlement de 1559, où le doute sur l'ordination fut résolu par un arrêt qui autorisoit le cérémonial des ordinations joint avec la liturgie d'Edouard : de sorte que, si le Parlement n'avoit pas fait ces actes, l'ordination de tout le clergé seroit demeurée douteuse.

XVII. Suite de cette matière.

[1] *Syn. Lond.*, art. 36; *Synt. Gen.*, p. 107. — [2] Burn., *ibid.*, p. 580.

XVIII. Les évêques et leur clergé, qui avoient ainsi mis sous le joug
Les décisions de foi l'autorité ecclésiastique, finissent d'une manière digne d'un tel
réservées
à l'autorité commencement, lorsqu'ayant expliqué leur foi dans tous les ar-
royale par
la déclara- ticles précédens au nombre de xxxix, ils en font un dernier où ils
tion des
évêques. déclarent que « ces articles, autorisés par l'approbation et le consentement, *per assensum et consensum,* de la reine Elisabeth,
doivent être reçus et exécutés par tout le royaume d'Angleterre, »
où nous voyons l'approbation de la reine, et non-seulement « son
consentement » par soumission, mais encore *son assentement,* pour
ainsi parler, par expresse délibération, mentionné dans l'acte
comme une condition qui le rend valable; en sorte que les décrets
des évêques sur les matières les plus attachées à leur ministère
reçoivent leur dernière forme et leur validité dans le même style
que les actes du Parlement par l'approbation de la reine, sans
que ces foibles évêques aient osé témoigner, à l'exemple de tous
les siècles précédens, que leurs décrets valables par eux-mêmes
et par l'autorité sainte que Jésus-Christ avoit attachée à leur caractère, n'attendoient de la puissance royale qu'une entière soumission et une protection extérieure. C'est ainsi qu'en oubliant
avec les anciennes institutions de leur église le chef que Jésus-
Christ leur avoit donné, et se donnant eux-mêmes pour chefs leurs
princes que Jésus-Christ n'avoit pas établis pour cette fin, ils se
sont de telle sorte ravilis, que nul acte ecclésiastique, pas même
ceux qui regardent la prédication, les censures, la liturgie, les
sacremens et la foi même, n'a de force en Angleterre qu'autant
qu'il est approuvé et validé par les rois; ce qui au fond donne aux
rois plus que la parole et plus que l'administration des sacremens,
puisqu'il les rend souverains arbitres de l'un et de l'autre.

XIX. C'est par la même raison que nous voyons la première confes-
La même
doctrine sion de l'Ecosse, depuis qu'elle est protestante, publiée au nom
en Ecosse.
1568. des Etats et du Parlement [1], et une seconde confession du même
1581.
royaume, qui porte pour titre : *Générale Confession de la vraie
foi chrétienne, selon la parole de Dieu et les actes de nos Parlemens* [2].

Il a fallu une infinité de déclarations différentes pour expliquer

[1] *Synt. Gen.,* I part., p. 109. — [2] *Ibid.,* 126.

que ces actes n'attribuoient pas la juridiction épiscopale à la royauté : mais tout cela n'est que des paroles, puisqu'au fond il demeure toujours pour certain que nul acte ecclésiastique n'a de force dans ce royaume-là, non plus qu'en celui d'Angleterre, si le roi et le Parlement ne les autorisent.

J'avoue que nos calvinistes paroissent bien éloignés de cette doctrine; et je trouve non-seulement dans Calvin, comme je l'ai déjà dit, mais encore dans les synodes nationaux, des condamnations expresses de ceux qui confondent le gouvernement civil avec le gouvernement ecclésiastique, « en faisant le magistrat chef de l'Eglise, ou en soumettant au peuple le gouvernement ecclésiastique [1]. » Mais il n'y a rien parmi ces messieurs qui ne s'accommode, pourvu qu'on soit ennemi du Pape et de Rome : tellement qu'à force d'explications et d'équivoques les calvinistes ont été gagnés, et on les a fait venir en Angleterre jusqu'à souscrire la suprématie.

XX. Doctrine anglicane qui fait le roi chef de l'église, condamnée par les calvinistes

On voit par toute la suite des actes que nous avons rapportés, que c'est en vain qu'on nous veut persuader que sous le règne d'Elisabeth cette suprématie ait été réduite à des termes plus raisonnables que sous les règnes précédens [2], puisqu'on n'y voit au contraire aucun adoucissement dans le fond. Un des fruits de la primauté fut que la reine envahit les restes des biens de l'Eglise sous prétexte d'échanges désavantageux, même ceux des évêchés, qui seuls jusqu'alors étoient demeurés sacrés et inviolables [3]. A l'exemple du roi son père, pour engager sa noblesse dans les intérêts de la primauté et de la Réforme, elle leur fit don d'une partie de ces biens sacrés; et cet état de l'église, mis sous le joug dans son spirituel et dans son temporel tout ensemble, s'appelle la réformation de l'Eglise, et le rétablissement de la pureté évangélique.

XXI. On achève de dépouiller les églises.

Cependant, si on doit juger selon la règle de l'Evangile de cette réformation par ses fruits, il n'y a jamais eu rien de plus déplorable, puisque l'effet qu'a produit ce misérable asservissement du clergé, c'est que la religion n'y a plus été qu'une politique : on y

XXII. Passage mémorable de M. Burnet sur la réformation anglicane.

[1] *Syn. de Paris*, 1565; *Syn. de la Rochelle*, 1571. — [2] Burn., liv. III, p. 571, 592, etc. — [3] Thuan., lib. XXI, 1559; Burn., liv. III, p. 584.

a fait tout ce qu'ont voulu les rois. La réformation d'Edouard, où l'on avoit changé toute celle de Henri VIII, a changé elle-même en un moment sous Marie, et Elisabeth a détruit en deux ans tout ce que Marie avoit fait.

Les évêques réduits à quatorze, demeurèrent fermes avec cinquante ou soixante ecclésiastiques[1] : mais, à la réserve d'un si petit nombre dans un si grand royaume, tout le reste fut entraîné par les décisions d'Elisabeth avec si peu d'attachement à la doctrine nouvelle qu'on leur faisoit embrasser, « qu'il y a mesme de l'apparence, de l'aveu de M. Burnet, que si le règne d'Elisabeth eust esté court, et si un prince de la communion romaine eust pu parvenir à la couronne avant la mort de tous ceux de cette génération, on les auroit veûs changer avec autant de facilité qu'ils avoient fait sous l'autorité de Marie[2]. »

XXIII.
L'inamissibilité de la justice rejetée par l'église anglicane.

Dans cette même confession de foi confirmée sous Elisabeth en 1562, il y a deux points importans sur la justification. Dans l'un on rejette assez clairement l'inamissibilité de la justice, en déclarant « qu'après avoir reçu le Saint-Esprit nous pouvons nous éloigner de la grace donnée, et ensuite nous relever et nous corriger[3]. » Dans l'autre la certitude de la prédestination semble tout à fait exclue, lorsqu'après avoir dit que « la doctrine de la prédestination est pleine de consolation pour les vrais fidèles, en confirmant la foi que nous avons d'obtenir le salut par Jésus-Christ, » on ajoute « qu'elle précipite les hommes charnels ou dans le désespoir, ou dans une pernicieuse sécurité malgré leur mauvaise vie. » Et on conclut « qu'il faut embrasser les promesses divines comme elles nous sont proposées *en termes généraux* dans l'Ecriture, et suivre dans nos actions la volonté de Dieu, comme elle est expressément révélée dans sa parole; » ce qui semble exclure cette certitude spéciale où on oblige chaque fidèle en particulier à croire, comme de foi, qu'il est du nombre des élus et compris dans ce décret absolu par lequel Dieu les veut sauver : doctrine, qui en effet ne plait guère aux protestans d'Angleterre, quoique non-seulement ils la souffrent dans les calvinistes, mais

[1] Burn., liv. III, p. 594. — [2] *Ibid.*, 595. — [3] *Synt. Gen.*, I part.; *Conf. Angl.*, art. 16, 17, p. 102.

encore que les députés de cette église l'aient autorisée, comme nous verrons[1], dans le synode de Dordrect.

La reine Elisabeth favorisoit secrètement la disposition que ceux de France avoient à la révolte[2] : ils se déclarèrent à peu près dans le même temps que la réformation anglicane prit sa forme sous cette reine. Après environ trente ans, nos réformés se lassèrent de tirer leur gloire de leur souffrance ; leur patience n'alla pas plus loin. Ils cessèrent aussi d'exagérer à nos rois leur soumission. Cette soumission ne dura qu'autant que les rois furent en état de les contenir. Sous les forts règnes de François Ier et de Henri II ils furent à la vérité fort soumis, et ne firent aucun semblant de vouloir prendre les armes. Le règne aussi foible que court de François II leur donna de l'audace : ce feu longtemps caché éclata enfin dans la conjuration d'Amboise. Cependant il restoit encore assez de force dans le gouvernement pour éteindre la flamme naissante : mais durant la minorité de Charles IX et sous la régence d'une reine dont toute la politique n'alloit qu'à se maintenir par de dangereux ménagemens, la révolte parut toute entière, et l'embrasement fut universel par toute la France. Le détail des intrigues et des guerres ne me regarde pas, et je n'aurois même point parlé de ces mouvemens, si contre toutes les déclarations et protestations précédentes, ils n'avoient produit dans la Réforme cette nouvelle doctrine, qu'il est permis de prendre les armes contre son prince et sa patrie pour la cause de la religion.

XXIV. Commencement des troubles de France par la faveur d'Elisabeth Changement de la doctrine des calvinistes.

On avoit bien prévu que les nouveaux réformés ne tarderoient pas à en venir à de semblables attentats. Pour ne point rappeler ici les guerres des albigeois, les séditions des vicléfites en Angleterre, et les fureurs des taborites (a) en Bohème, on n'avoit que trop vu à quoi avoient abouti toutes les belles protestations des luthériens en Allemagne. Les ligues et les guerres au commencement détestées, aussitôt que les protestans se sentirent, devinrent permises et Luther ajouta cet article à son évangile. Les ministres des vaudois avoient encore tout nouvellement enseigné cette doctrine; et la guerre fut entreprise dans les Vallées contre les ducs

XXV. Les calvinistes prirent les armes par maxime de religion.

---

[1] Liv. XIV. — [2] Burn., liv. III, p. 559, 617.

(a) 1re édit. : les calixtins.

de Savoie, qui en étoient les souverains [1]. Les nouveaux réformés de France ne tardèrent pas à suivre ces exemples, et on ne peut pas douter qu'ils n'y aient été engagés par leurs docteurs.

XXVI. *Bèze avoue que la conjuration d'Amboise fut entreprise par maxime de conscience 1560.* — Pour la conjuration d'Amboise, tous les historiens le témoignent, et Bèze même en est d'accord dans son *Histoire ecclésiastique*. Ce fut sur l'avis des docteurs que le prince de Condé se crut innocent, ou fit semblant de le croire, quoiqu'un si grand attentat eût été entrepris sous ses ordres. On résolut dans le parti de lui fournir « hommes et argent, » afin que « la force luy demeurast : » de sorte qu'il ne s'agissoit de rien moins, après l'enlèvement violent des deux Guises dans le propre château d'Amboise où le roi étoit, que d'allumer dès lors dans tout le royaume le feu de la guerre civile [2]. Tout le gros de la Réforme entra dans ce dessein, et la province de Xaintonge est louée par Bèze en cette occasion, « d'avoir fait son devoir comme les autres [3]. » Le même Bèze témoigne un regret extrême de ce qu'une si juste entreprise a manqué, et en attribue le mauvais succès à la déloyauté de quelques-uns.

XXVII. *Quatre démonstrations qui font voir que le tumulte d'Amboise fut l'ouvrage des protestans, et qu'il eut la religion pour motif. Première démonstration.* — Il est vrai qu'on voulut donner à cette entreprise, comme on a fait à toutes les autres de cette nature, un prétexte de bien public pour y attirer quelques catholiques, et sauver à la Réforme l'infamie d'un tel attentat. Mais quatre raisons démontrent que c'étoit au fond une affaire de religion, et une entreprise menée par les réformés. La première, est qu'elle fut faite à l'occasion des exécutions de quelques-uns du parti, et surtout de celle d'Anne du Bourg, ce fameux prétendu martyr. C'est après l'avoir racontée avec les autres mauvais traitemens qu'on faisoit aux luthériens (alors on nommoit ainsi toute la Réforme), que Bèze fait suivre l'histoire de la conspiration ; et à la tête des motifs qui la firent naître, il met « ces façons de faire ouvertement tyranniques et les menaces dont on usoit à cette occasion envers les plus grands du royaume, » comme le prince de Condé et les Châtillons ; c'est alors, dit-il, « que plusieurs seigneurs se réveillérent comme d'un

---

[1] Thuan., lib. XXVII, 1560, tom. II, p. 17; La Poplin., liv. VII, p. 246, 255. — [2] Thuan., tom. I, lib. XXIV, p. 752; La Poplin., liv. VI ; Bèze, *Hist. Eccles.*, lib. III, p. 250, 254, 270. — [3] *Ibid.*, 313.

profond sommeil : d'autant plus, continue cet historien, qu'ils considéroient que les rois François et Henri n'avoient jamais voulu attenter à la personne des gens d'état (c'est-à-dire, des gens de qualité), se contentant de battre le chien devant le loup ; et qu'on faisoit tout le contraire alors ; qu'on devoit pour le moins, à cause de la multitude, user de remédes moins corrosifs et n'ouvrir pas la porte à un million de séditions. »

En vérité l'aveu est sincère. Tant qu'on ne punit que la lie du peuple, les seigneurs du parti ne s'émurent pas, et les laissèrent traîner au supplice. Lorsqu'ils se virent menacés comme les autres, ils songèrent à prendre les armes, ou, comme parle l'auteur, « chacun fut contraint de penser à son particulier ; et commencérent plusieurs à se rallier ensemble pour regarder à quelque juste défense, pour remettre sus l'ancien et légitime gouvernement du royaume. » Il falloit bien ajouter ce mot pour couvrir le reste : mais ce qui précède fait assez voir ce qu'on prétendoit, et la suite le justifie encore plus clairement. Car ces moyens de juste défense furent, que la chose « estant proposée aux jurisconsultes et gens de renom de France et d'Allemagne, comme aussi aux plus doctes théologiens, il se trouva qu'on se pouvoit légitimement opposer au gouvernement usurpé par ceux de Guise, et prendre les armes à un besoin pour repousser leur violence, pourveû que les princes du sang qui sont nez en tels cas légitimes magistrats, ou l'un d'eux, le voulust entreprendre, surtout à la requeste des Etats de France, ou de la plus saine partie d'iceux[1]. » C'est donc ici une seconde démonstration contre la nouvelle Réforme, en ce que les théologiens que l'on consulta étoient protestans, comme il est expressément expliqué par M. de Thou, auteur non suspect[2]. Et Bèze le fait assez voir, lorsqu'il dit qu'on prit l'avis « des plus doctes théologiens, » qui, selon lui, ne pouvoient être que des réformés. On en peut bien croire autant des jurisconsultes, et jamais on n'en a nommé aucun qui fût catholique.

XXVIII. Deuxième démonstration, où est rapporté l'avis de Bèze et des théologiens du parti.

Une troisième démonstration, qui résulte des mêmes paroles, c'est que ces princes du sang, « magistrats nez dans cette affaire, »

XXIX. Troisième démonstration.

[1] Bèze, *Hist. Eccles.*, lib. III, p. 249. — [2] Lib. XXIV, p. 372, édit. Genev.

furent réduits au seul prince de Condé, protestant déclaré, quoiqu'il y en eût pour le moins cinq ou six autres, et entre autres le roi de Navarre, frère aîné du prince et premier prince du sang, mais que le parti craignoit plutôt qu'il n'en étoit assuré : circonstance qui ne laisse pas le moindre doute, que le dessein de la nouvelle Réforme ne fût d'être maîtresse de l'entreprise.

XXX. Quatrième démonstration.

Et non-seulement le prince est le seul qu'on met à la tête de tout le parti; mais, ce qui fait la quatrième et dernière conviction contre la Réforme, c'est que « cette plus saine partie des Etats » dont on demandoit le concours, furent presque tous de ces réformés. Les ordres les plus importans et les plus particuliers s'adressoient à eux, et l'entreprise les regardoit seuls[1]. Car le but qu'on s'y proposa étoit, comme l'avoue Bèze, « qu'une Confession de foy fust présentée au roy, pourvû d'un bon et légitime conseil[2]. » On voit assez clairement « que ce conseil n'auroit jamais esté bon et légitime, » que le prince de Condé avec son parti n'en fût le maître, et que les réformés n'eussent obtenu ce qu'ils vouloient. L'action devoit commencer par une requête qu'ils eussent présentée au roi pour avoir la liberté de conscience; et celui qui conduisoit tout fut La Renaudie, un faussaire et condamné comme tel à de rigoureuses peines par l'arrêt d'un parlement, où il plaidoit un bénéfice; qui ensuite réfugié à Genève, hérétique par dépit, « bruslant du désir de se venger, et de couvrir l'infamie de sa condamnation par quelque action hardie[3], » entreprit de soulever autant qu'il pourroit trouver de mécontens; et à la fin retiré à Paris chez un avocat huguenot, ordonnoit tout de concert avec Antoine Chandieu, ministre de Paris, qui depuis se fit nommer Sadaël.

XXXI. Les huguenots qui découvrent la conjuration ne justifient pas leur parti.

Il est vrai que l'avocat huguenot chez qui il logeoit, et Lignères autre huguenot, eurent horreur d'un crime si atroce, et découvrirent l'entreprise[4] : mais cela n'excuse pas la Réforme, et ne fait que nous montrer qu'il y avoit des particuliers dans la secte dont la conscience étoit meilleure que celle des théologiens et des ministres, et que celle de Bèze même et de tout le gros du parti,

[1] La Poplin., *ibid.*, 164, etc. — [2] *Hist. Eccl.*, lib. III, p. 313. — [3] Thuan., t. I, lib. XXIV, p. 733, 738. — [4] Bèze; Thuan.; La Poplin., *ibid.*

qui se jeta dans la conspiration par toutes les provinces du royaume. Aussi avons-nous vu[1] que le même Bèze accuse « de déloyauté » ces deux fidèles sujets, qui seuls dans tout le parti eurent horreur du complot et le découvrirent : de sorte que, de l'avis des ministres, ceux qui entrèrent dans ce noir dessein sont les gens de bien, et ceux qui le découvrirent sont les perfides.

Il ne sert de rien de dire que La Renaudie et tous les conjurés protestèrent qu'ils ne vouloient rien attenter contre le roi, ni contre la reine, ni contre la famille royale : car s'ensuit-il qu'on soit innocent pour n'avoir pas formé le dessein d'un si exécrable parricide? N'étoit-ce rien dans un Etat que d'y révoquer en doute la majorité du roi, et d'éluder les lois anciennes qui la mettoient à quatorze ans du commun consentement de tous les ordres du royaume[2]? d'entreprendre sur ce prétexte de lui donner un conseil tel qu'on voudroit? d'entrer dans son palais à main armée? de l'assaillir et de le forcer? d'enlever dans cet asile sacré et entre les mains du roi le duc de Guise et le cardinal de Lorraine, à cause que le roi se servoit de leurs conseils? d'exposer toute la cour et la propre personne du roi à toutes les violences et à tout le carnage qu'une attaque si tumultuaire et l'obscurité de la nuit pouvoit produire? enfin de prendre les armes par tout le royaume, avec résolution de ne les poser qu'après qu'on auroit forcé le roi à faire tout ce qu'on vouloit[3]? Quand il ne faudroit ici regarder que l'injure particulière qu'on faisoit aux Guises, quel droit avoit le prince de Condé de disposer de ces princes; de les livrer entre les mains de leurs ennemis, qui, de l'aveu de Bèze[4], faisoient une grande partie des conjurés; et d'employer le fer contre eux, comme parle M. de Thou[5], s'ils ne consentoient pas volontairement à se retirer des affaires? Quoi! sous prétexte d'une commission particulière donnée, comme le dit Bèze[6], « à des hommes d'une prud'hommie bien approuvée (tel qu'étoit un La Renaudie), de s'enquérir secrètement, et toutefois bien et exactement des

XXXII.
La protestation des conjurés ne les justifie pas.

---

[1] Ci-dessus, n. 26. — [2] *Ordonnance de Charles V*, 1373 et 74, et les suiv. — [3] *Voyez* La Poplin., liv. VI, 155 et suiv. — [4] Bèze, p. 250. — [5] Thu., p. 732, 738. — [6] Bèze, *ibid.*

charges imposées à ceux de Guise, » un prince du sang, de son autorité particulière les tiendra pour bien convaincus, et les mettra au pouvoir de ceux qu'il saura être « aiguillonnez d'appétit de vengeance pour les outrages receûs d'eux, tant en leurs personnes que de leurs parents et alliez ! » car c'est ainsi que parle Bèze. Que devient la société, si de tels attentats sont permis ? Mais que devient la royauté, si on ose les exécuter à main armée dans le propre palais du roi, arracher ses ministres d'entre ses bras, le mettre en tutelle, mettre sa personne sacrée dans le pouvoir des séditieux qui se seroient emparés de son château, et soutenir un tel attentat par une guerre entreprise dans tout le royaume ? Voilà le fruit des conseils « des plus doctes théologiens » réformés « et des jurisconsultes du plus grand renom. » Voilà ce que Bèze approuve, et ce que défendent encore aujourd'hui les protestans [1].

XXXIII.
Mollesse et connivence de Calvin.

On nous allègue Calvin, qui après que l'entreprise eut manqué, a écrit deux lettres, où il témoigne qu'il ne l'avoit jamais approuvée [2]. Mais lorsqu'on est averti d'un complot de cette nature, en est-on quitte pour le blâmer sans se mettre autrement en peine d'empêcher le progrès d'un crime si noir ? Si Bèze eût cru que Calvin eût autant détesté cette entreprise qu'elle méritoit de l'être, l'auroit-il approuvée lui-même, et nous auroit-il vanté l'approbation « des plus doctes théologiens » du parti ? Qui ne voit donc que Calvin agit ici trop mollement, et ne se mit guère en peine qu'on hasardât la conjuration, pourvu qu'il pût s'en disculper en cas que le succès en fût mauvais ? Si nous en croyons Brantôme, l'amiral étoit bien dans une meilleure disposition [3] : et les écrivains protestans nous vantent ce qu'il a écrit dans la vie de ce seigneur, qu'on n'osa jamais lui parler de cette entreprise, « parce qu'on le tenoit pour un seigneur de probité, homme de bien, aimant l'honneur ; et pour ce eust bien renvoyé les conjurateurs rabrouëz et révélé le tout, voire aidé à leur courir sus [4]. » Mais cependant la chose fut faite, et les historiens du parti ra-

[1] Burn., liv. III, p. 616. — [2] *Crit. de Maimb.*, tom. I, lett. XV, n. 6, p. 263 ; Calv., *Ep.*, p. 312, 313. — [3] *Crit.*, ibid., lett. II, n. 2. — [4] Brant., *Vie de l'amiral de Chastil.*

content avec complaisance ce qu'on ne devroit regarder qu'avec horreur.

Il n'est pas ici question d'éluder un fait constant, en discourant sur l'incertitude des histoires et sur les partialités des historiens [1]. Ces lieux communs ne sont bons que pour éblouir. Quand nos réformés douteroient de M. de Thou qu'ils ont imprimé à Genève, et dont un historien protestant vient d'écrire encore que la foi ne leur fut jamais suspecte [2], ils n'ont qu'à lire la Poplinière un des leurs, et Bèze un de leurs chefs, pour trouver leur parti convaincu d'un attentat, que l'amiral, tout protestant qu'il étoit, trouva si indigne d'un homme d'honneur.

XXXIV. Les réflexions sur l'incertitude des histoires inutiles en cette occasion.

Mais cependant ce grand homme d'honneur qui eut tant d'horreur de l'entreprise d'Amboise, ou parce qu'elle étoit manquée, ou parce que les mesures en étoient mal prises, ou parce qu'il trouva mieux ses avantages dans la guerre ouverte, ne laissa pas deux ans après de se mettre à la tête des calvinistes rebelles. Alors tout le parti se déclara. Calvin ne résista plus à cette fois, et la rébellion fut le crime de tous ses disciples. Ceux que leurs histoires célèbrent comme les plus modérés, disoient seulement qu'il ne falloit point commencer [3]. Au reste on se disoit les uns aux autres que se laisser égorger comme des moutons sans se défendre, ce n'étoit pas le métier de gens de cœur : mais quand on veut être gens de cœur de cette sorte, il faut renoncer à la qualité de réformateurs, et encore plus à celle de confesseurs de la foi et de martyrs : car ce n'est pas en vain que saint Paul a dit après David : « On nous regarde comme des brebis destinées à la boucherie [4]; » et Jésus-Christ lui-même : « Je vous envoie comme des brebis au milieu des loups [5]. » Nous avons en main des lettres de Calvin tirées de bon lieu, où dans les commencemens des troubles de France il croit avoir assez fait d'écrire au baron des Adrets contre les pillages et les violences, contre les brise-images et contre la déprédation des reliquaires et des trésors des églises « sans l'autorité publique. » Se contenter, comme il fait, de dire à des soldats ainsi enrôlés : « Ne faites point de violence, et contentez-vous de

XXXV. Les premières guerres sous Charles IX, où tout le parti concourt. 1562

---

[1] *Critiq.*, ibid., n. 1, 4. — [2] Burn., tom. I, *Préf.* — [3] La Poplin., liv. VIII; Bèze, tom. II, liv. VI, p. 5. — [4] *Rom.*, VIII, 36. — [5] *Matth.*, X, 16.

votre paye ¹, » sans rien dire davantage, c'est parler de cette milice comme on fait d'une milice légitime : et c'est ainsi que saint Jean-Baptiste a décidé en faveur de ceux qui portoient les armes sous l'autorité de leurs princes. La doctrine qui permettoit de les prendre pour la cause de la religion fut depuis autorisée, non plus seulement par tous les ministres en particulier, mais encore en commun dans les synodes; et il en fallut venir à cette décision pour engager à la guerre ceux des protestans, qui ébranlés par l'ancienne foi des chrétiens et par la soumission tant de fois promise au commencement de la nouvelle Réforme, ne croyoient pas qu'un chrétien dût soutenir la liberté de conscience autrement qu'en souffrant, selon l'Evangile, en toute patience et humilité. Le brave et sage La Noue, qui d'abord étoit dans ce sentiment, fut entraîné dans un sentiment et dans une pratique contraire par l'autorité des ministres et des synodes. L'Eglise alors fut infaillible, et on céda aveuglément à son autorité contre sa propre conscience.

XXXVI. Décision des synodes nationaux des calvinistes pour approuver la prise des armes. 1563.

Au reste les décisions expresses sur cette matière furent faites pour la plupart dans les synodes provinciaux : mais pour n'avoir pas besoin de les y aller rechercher, il nous suffira de remarquer que ces décisions furent prévenues par le synode national de Lyon en 1563, art. XXXVIII, des faits particuliers, où il est porté « qu'un ministre de Limosin, qui autrement s'estoit bien porté, par menace des ennemis a écrit à la reine mère, qu'il n'avoit jamais consenti au port des armes, jaçoit qu'il y ait consenti et contribué. Item, qu'il promettoit de ne point prescher jusqu'à ce que le roy luy permettroit. Depuis connoissant sa faute, il en a fait confession publique devant tout le peuple, et un jour de Cène, en la présence de tous les ministres du païs et de tous les fidèles. On demande s'il peut rentrer dans sa charge? On est d'avis que cela suffit : toutefois il écrira à celuy qui l'a fait tenter, pour luy faire reconnoistre sa pénitence, et le priera-t-on qu'on le fasse ainsi entendre à la reine, et là, où il adviendroit que le scandale en demeurast à son église, sera en la prudence du synode de Limosin de le changer de lieu. »

¹ *Luc.*, III, 14.

C'est un acte si chrétien et si héroïque dans la nouvelle Réforme de faire la guerre à son souverain pour la religion, qu'on fait un crime à un ministre de s'en être repenti, et d'en avoir demandé pardon à la reine. Il faut faire réparation devant tout le peuple dans l'action la plus célèbre de la religion, c'est-à-dire dans la Cène, des excuses respectueuses qu'on en a faites à la reine, et pousser l'insolence jusqu'à lui déclarer à elle-même qu'on désavoue ce respect, afin qu'elle sache que dorénavant on ne veut garder aucunes mesures; encore ne sait-on pas après cette réparation et ce désaveu, si on a ôté le scandale que cette soumission avoit causé parmi le peuple réformé. Ainsi on ne peut nier que l'obéissance n'y fût scandaleuse : un synode national le décide ainsi. Mais voici dans l'article XLVIII, une autre décision, qui ne paroîtra pas moins étrange : « Un abbé, venu à la connoissance de l'évangile, a bruslé ses titres, et n'a pas permis depuis six ans qu'on ait chanté messe en l'abbaye. » Quelle réforme! Mais voici le comble de la louange : « Ains s'est toujours porté *fidèlement, et a porté les armes pour maintenir l'évangile.* » C'est un saint abbé, qui très-éloigné du papisme et tout ensemble de la discipline de saint Bernard et de saint Benoît, n'a souffert dans son abbaye ni messe ni vêpres, quoi qu'aient pu ordonner les fondateurs; et qui de plus, peu content de ces armes spirituelles tant célébrées par saint Paul, mais trop foibles pour son courage, a généreusement porté les armes et tiré l'épée contre son prince pour la défense du nouvel évangile. « Il doit estre receû à la Cène, » conclut tout le synode national; et ce mystère de paix est la récompense de la guerre qu'il a faite à sa patrie.

XXXVII. Autre décision.

Cette tradition du parti s'est conservée dans les temps suivans; et le synode d'Alais en 1620, remercie M. de Châtillon, qui lui avoit écrit « avec protestation de vouloir employer, à l'exemple de ses prédécesseurs, tout ce qui estoit en luy pour l'avancement du règne de Christ. » C'étoit le style. La conjoncture des temps et les affaires d'Alais expliquent l'intention de ce seigneur, et on sait ce qu'entendoient par le règne de Christ l'amiral de Châtillon et Dandelot ses prédécesseurs.

XXXVIII. La même doctrine s'est perpétuée dans les synodes suivans jusqu'à nos jours.

Les ministres qui enseignoient cette doctrine crurent imposer

XXXIX. Quel fut

l'esprit des huguenots dans ces guerres. au monde, en établissant dans leurs troupes cette belle discipline tant louée par M. de Thou. Elle dura bien environ trois mois : au surplus les soldats bientôt emportés aux derniers excès, s'en crurent assez excusés, pourvu qu'ils sussent crier : « Vive l'évangile; » et le baron des Adrets connoissoit bien le génie de cette milice, lorsqu'au rapport d'un historien huguenot [1], sur le reproche qu'on lui faisoit, que l'ayant quittée on ne lui voyoit plus rien entreprendre qui fût digne de ses premiers exploits, il s'en excusoit en disant, qu'en ce temps il n'y avoit rien qu'il ne pût oser avec des troupes « soudoyeez de vengeance, de passion et d'honneur, » à qui même il avoit « osté tout l'espoir du pardon » par les cruautés où il les avoit engagées. Si nous en croyons les ministres, nos réformés sont encore dans les mêmes dispositions; et celui de tous qui écrit le plus, l'auteur des nouveaux systèmes, et l'interprète des prophéties, vient encore d'imprimer, que « la fureur où sont aujourd'hui ceux à qui on fait violence, et *la rage* qu'ils ont d'estre forcez, fortifie l'amour et l'attache qu'ils avoient pour la vérité [2]. » Voilà, selon les ministres, l'esprit qui anime ces nouveaux martyrs.

XL. *Si l'exemple des catholiques justifie les huguenots.* Il ne sert de rien à nos réformés de s'excuser des guerres civiles sur l'exemple des catholiques sous Henri III et Henri IV, puisqu'outre qu'il ne convient pas à cette Jérusalem de se défendre par l'autorité de Tyr et de Babylone, ils savent bien que le parti des catholiques qui détestoit ces excès et demeura fidèle à ses rois, fut toujours grand; au lieu que dans le parti huguenot on peut à peine compter deux ou trois hommes de marque qui aient persévéré dans l'obéissance.

XLI. *Vaine prétention des calvinistes qui prétendent que ces guerres ne regardoient pas proprement la religion.* On fait encore ici de nouveaux efforts pour montrer que ces guerres furent purement politiques, et non point de religion. Ces vains discours ne méritent pas d'être réfutés, puisque pour voir le dessein de toutes ces guerres, il n'y a seulement qu'à lire les traités de paix et les édits de pacification, dont le fond étoit toujours la liberté de conscience et quelques autres priviléges pour les prétendus réformés : mais puisqu'on s'attache en ce temps

---

[1] D'Aub., tom. I, liv. III, chap. IX, p. 155, 156. — [2] Jurieu, *Accomplis. des proph.; Avis à tous les Chrét.*, à la tête de cet ouvrage, vers le milieu.

plus que jamais à obscurcir les faits les plus avérés, il est de mon devoir d'en dire un mot.

M. Burnet, qui a pris en main la défense de la conjuration d'Amboise [1], vient encore sur les rangs pour soutenir les guerres civiles, mais d'une manière à nous faire voir qu'il n'a vu notre histoire non plus que nos lois, que dans les écrits des plus ignorans et des plus emportés des protestans. Je lui pardonne d'avoir pris ce triumvirat si fameux sous Charles IX pour l'union du roi de Navarre avec le cardinal de Lorraine, au lieu que très-constamment c'étoit celle du duc de Guise, du connétable de Montmorency, et du maréchal de Saint-André; et je ne prendrois pas seulement la peine de relever ces bévues, n'étoit qu'elles convainquent celui qui y tombe de n'avoir pas seulement ouvert les bons livres. C'est une chose moins supportable d'avoir pris, comme il a fait, le désordre de Vassi pour une entreprise préméditée par le duc de Guise dans le dessein de détruire les édits, encore que M. de Thou, dont il ne peut refuser le témoignage, et à la réserve de Bèze trop passionné pour être cru dans cette occasion, les auteurs même protestans disent le contraire [2]. Mais de dire que la régence ait été donnée à Antoine roi de Navarre; de raisonner, comme il fait, sur l'autorité du régent; et d'assurer que ce prince ayant outrepassé son pouvoir dans la révocation des édits, le peuple pouvoit se joindre au premier prince du sang après lui, c'est-à-dire au prince de Condé; de continuer ces vains propos, en disant qu'après la mort du roi de Navarre la régence étoit dévolue au prince son frère, et que le fondement des guerres civiles fut le refus qu'on fit à ce prince « d'un honneur qui luy estoit deû : » c'est, à parler nettement, pour un homme si décisif, mêler ensemble trop de passion avec trop d'ignorance de nos affaires.

Car premièrement il est constant que sous Charles IX la régence fut déférée à Catherine de Médicis, du commun consentement de tout le royaume, et même du roi de Navarre. Les jurisconsultes de M. Burnet, qui « montrèrent, » à ce qu'il prétend, « que la

XLII.
Illusion de M. Burnet.

XLIII.
Ses bévues grossières, et sa profonde ignorance sur les af-

[1] II⁰ part., liv. III, p. 616. — [2] Thuan., lib. XXIX, p. 77 et seq.; La Poplin., liv. VII, p. 283, 284.

432   HISTOIRE DES VARIATIONS.

faires de France. régence ne pouvoit estre confiée à une femme, » ignoroient une coutume constante établie par plusieurs exemples dès le temps de la reine Blanche et de saint Louis [1]. Ces mêmes jurisconsultes, au rapport de M. Burnet, osèrent bien dire « qu'un roi de France n'avoit jamais esté estimé majeur avant l'âge de vingt-deux ans, contre l'expresse disposition de l'ordonnance de Charles V en 1374, qui a toujours tenu lieu de loi dans tout le royaume sans aucune contradiction. Nous alléguer ces jurisconsultes [2], et faire « un droit de la France » de leurs ignorantes et iniques décisions, c'est prendre pour loi du royaume les prétextes des rebelles.

XLIV. Suite des illusions de M. Burnet. Aussi le Prince de Condé n'a-t-il jamais prétendu à la régence, non pas même après la mort du roi son frère; et loin d'avoir révoqué en doute l'autorité de la reine Catherine, au contraire quand il prit les armes, il ne se fondoit que sur des ordres secrets qu'il prétendoit en avoir reçus. Mais ce qui aura trompé M. Burnet, c'est peut-être qu'il aura ouï dire que ceux qui s'unirent avec le prince de Condé pour la défense du roi, qu'ils prétendoient prisonnier entre les mains de ceux de Guise, donnèrent au prince le titre de protecteur et défenseur légitime du roi et du royaume [3]. Un Anglois ébloui du titre de *Protecteur*, s'est imaginé voir dans ce titre, selon l'usage de son pays, l'autorité d'un régent. Le prince n'y songea jamais, puisque même son frère aîné le roi de Navarre vivoit encore : au contraire on ne lui donne ce vain titre de *Protecteur* et défenseur du royaume, qui en France ne signifie rien, qu'à cause qu'on voyoit bien qu'on n'avoit aucun titre légitime à lui donner.

XLV. Les calvinistes françois ne sortent pas mieux de cet embarras. Laissons donc M. Burnet, un étranger qui décide de notre droit sans en avoir seulement la première connoissance. Les François le prennent autrement, et se fondent sur quelques lettres de la reine, « qui prioit le prince de vouloir bien conserver la mère et les enfans et tout le royaume contre ceux qui vouloient tout perdre [4]. » Mais deux raisons convaincantes ne laissent aucune ressource à ce vain prétexte. La première, c'est que la reine, qui

---

[1] *Voyez* La Poplin., liv. VI, p. 155, 156. — [2] *Ibid.*, 616. — [3] Thuan., lib. XXIX, 1562; La Poplin., liv. VIII. — [4] *Crit. du P. Maimb.*, lett. XVII, n. 5, p. 303; Thuan., lib. XXIX, an. 1562, p. 79, 81.

faisoit en secret au prince cette exhortation, n'en avoit pas le pouvoir, puisqu'on est d'accord que la régence lui avoit été déférée à condition de ne rien faire de conséquence que dans le conseil, avec la participation et de l'avis du roi de Navarre, comme premier prince du sang et lieutenant général établi du consentement des Etats dans toutes les provinces et dans toutes les armées durant la minorité[1]. Comme donc le roi de Navarre reconnut qu'elle perdoit tout par le désir inquiet qui la tourmentoit de conserver son autorité, et qu'elle se tournoit entièrement vers le prince et les huguenots, la juste crainte qu'il eut qu'ils ne devinssent les maîtres, et qu'à la fin la reine même par un coup de désespoir ne se mît entre leurs mains avec le roi, lui fit rompre toutes les mesures de cette princesse. Les autres princes du sang lui étoient unis, aussi bien que les principaux du royaume et le Parlement. Le duc de Guise ne fit rien que par les ordres de ce roi ; et la reine connut si bien qu'elle passoit son pouvoir dans ce qu'elle demandoit au prince, qu'elle n'osa jamais user envers lui d'autres paroles que de celles d'invitation ; de sorte que ces lettres tant vantées ne sont à vrai dire que des inquiétudes de Catherine, et non pas des ordres légitimes de la régente ; d'autant plus, et c'est la seconde démonstration, que la reine n'écoutoit le prince que « pour un moment[2], » et par la vaine terreur qu'elle avoit conçue d'être dépouillée de son autorité ; en sorte qu'on croyoit bien, dit M. de Thou, qu'elle reviendroit de ce dessein aussitôt qu'elle se seroit rassurée.

XLVI. Les calvinistes convaincus par Bèze.

En effet la suite fait voir qu'elle rentra de bonne foi dans les desseins du roi de Navarre, et depuis elle ne cessa de négocier avec le prince pour le rappeler à son devoir. Ainsi ces lettres de la reine et tout ce qui s'en ensuivit, n'est réputé par les historiens qu'un vain prétexte. Bèze même fait assez voir que tout rouloit sur la religion, sur les édits violés et sur le prétendu meurtre de Vassi[3]. Le prince ne se remua, ni ne manda l'amiral pour prendre les armes, que « requis et plus que supplié par ceux *de la religion*, de les prendre en sa protection sur le nom et autorité du roy et de ses édits[4]. »

[1] Thuan., lib. XXVI, p. 787, etc.— [2] *Ibid.*, 79.— [3] Liv. VI. — [4] *Ibid.*, p. 4.

XLVII.
La première guerre résolue de l'avis de tous les ministres, et la paix faite malgré eux. Témoignage de Bèze.

Ce fut dans une assemblée « où étoient les principaux de l'église » que la question fut proposée, si on pouvoit en conscience « faire justice » du duc de Guise, « et cela sans grand échec, » car c'est ainsi que le cas fut proposé ; et là il fut répondu « qu'il valoit mieux souffrir ce qu'il plairoit à Dieu, se mettant seulement sur la défensive, si la nécessité amenoit les églises à ce point. Mais que, quoy qu'il fust, il ne falloit les premiers dégaisner l'épée[1]. » Voilà donc un point résolu dans la nouvelle Réforme, que l'on pouvoit sans scrupule faire la guerre à la puissance légitime, du moins en se défendant. Or on prenoit pour attaque la révocation des édits : de sorte que la Réforme établit pour une doctrine constante, qu'elle pouvoit combattre pour la liberté de conscience au préjudice, non-seulement de la foi et de la pratique des apôtres, mais encore de la solennelle protestation que Bèze venoit de faire en demandant justice au roi de Navarre, « que c'estoit à l'Eglise de Dieu d'endurer les coups, et non pas d'en donner : mais qu'il falloit se souvenir que cette enclume avoit usé beaucoup de marteaux[2]. » Cette parole tant louée dans le parti ne fut qu'une illusion, puisqu'enfin contre la nature l'enclume se mit à frapper, et que lassée de porter les coups elle en donna à son tour. Bèze, qui se glorifie de cette sentence, fait lui-même en un autre endroit cette déclaration importante « devant toute la chrétienté, qu'il avoit averti de leur *devoir* tant M. le prince de Condé que monsieur l'amiral et tous autres seigneurs et gens de toute qualité faisant profession de l'*Evangile*, pour les induire à maintenir, par *tous moyens à eux possibles*, l'autorité des édits du roy et l'innocence des pauvres oppressez ; et depuis il a toujours continué en cette mesme volonté, exhortant toutefois un chacun d'user des armes à la plus grande modestie qu'il est possible, et de chercher, après l'honneur de Dieu, la paix en toutes choses, pourveù qu'on ne se laisse tromper ni décevoir[3]. » Quelle erreur, en autorisant la guerre civile, de croire en être quitte en recommandant la modestie à un peuple armé ! Et pour la paix, ne voyoit-il pas que la sûreté qu'il y demandoit donneroit toujours des prétextes ou de l'éloigner, ou de la rompre ? Cependant il fut par ses sermons,

[1] Liv. VI, p. 6. — [2] *Ibid.*, p. 3. — [3] *Ibid.*, p. 6.

comme il le confesse, un des principaux instigateurs de la guerre : un des fruits de son évangile fut d'apprendre à des sujets et à des officiers de la couronne ce nouveau *devoir*. Tous les ministres entrèrent dans ses sentimens; et il raconte lui-même que, lorsqu'on parla de paix, les ministres s'y opposèrent tellement, que le prince résolu de la conclure, fut obligé de les exclure tous de la délibération [1] : car ils vouloient empêcher qu'on ne souffrît dans le parti la moindre exception à l'édit qui lui étoit le plus favorable : c'étoit celui de janvier. Mais le prince, qui pour le bien de la paix avoit consenti à quelques modifications assez légères, « les fit lire devant la noblesse, ne voulant qu'autre en dist son avis, que les gentilshommes portans armes, comme il dit tout haut en l'assemblée : de sorte que les ministres ne furent depuis oüis, ni admis pour en donner leur avis [2]. » Par ce moyen la paix se fit, et toutes les clauses du nouvel édit font voir qu'il ne s'agissoit que de la religion dans cette guerre. On voit même qu'il n'eût pas tenu aux ministres qu'on ne l'eût continuée, pour obtenir les conditions plus avantageuses qu'ils proposèrent par un long écrit, où ils ajoutoient beaucoup, même à l'édit de janvier; et ils en firent, comme dit Bèze, la déclaration, « afin que la postérité fust avertie comme ils se sont portez dans cette affaire [3]. » C'est donc un témoignage éternel que les ministres approuvoient la guerre, et vouloient même, plus que les princes et les gens armés, qu'on la poursuivît sur le seul motif de la religion, qu'on en veut maintenant exclure : et voilà, du consentement de tous les auteurs catholiques et protestans, le fondement des premières guerres.

Les autres guerres sont destituées même des plus vains prétextes, puisque la reine concouroit alors avec toutes les puissances de l'Etat; et on n'allègue pour toute excuse que des mécontentemens et des contraventions : toutes choses qui, après tout, n'ont aucun poids qu'en présupposant cette erreur, que des sujets ont droit de prendre les armes contre leur roi pour la religion, encore que la religion ne prescrive que d'endurer et d'obéir.

XLVIII. Les autres guerres sont destituées de tout prétexte.

Je laisse maintenant à examiner aux calvinistes, s'il y a la moindre apparence dans le discours de M. Jurieu, lorsqu'il dit

XLIX. Réponses de M. Jurieu.

---

[1] Liv. VI, p. 280, 282. — [2] *Ibid.* — [3] *Ibid.*

que c'est ici une querelle « où la religion s'est trouvée purement par accident, et pour servir de prétexte [1], » puisqu'il paroît au contraire que la religion en étoit le fond, et que la réformation du gouvernement n'étoit que le vain prétexte dont on tâchoit de couvrir la honte d'avoir entrepris une guerre de religion, après avoir tant protesté qu'on n'avoit que de l'horreur pour de tels complots.

Mais voici bien une autre excuse que cet habile ministre prépare à son parti dans la conjuration d'Amboise, lorsqu'il répond « qu'en tout cas elle n'est criminelle que selon les règles de l'Evangile [2]. » Ce n'est donc rien, à des réformateurs, qui ne nous vantent que l'Evangile, de former un complot que l'Evangile condamne, et ils se consoleront pourvu qu'ils n'en combattent que les règles saintes? Mais la suite des paroles de M. Jurieu fera bien voir qu'il ne se connoît pas mieux en morale qu'en christianisme, puisqu'il a osé écrire ces mots : « La tyrannie des princes de Guise » ne pouvoit estre abattuë que par une grande effusion de sang; » l'esprit du christianisme ne souffre point cela : mais si l'on juge » de cette entreprise par les règles de la morale du monde, elle » n'est point du tout criminelle [3]. » C'étoit pourtant selon les règles de la morale du monde que l'amiral trouvoit la conjuration si honteuse et si détestable ; c'étoit comme homme d'honneur, et non pas seulement comme chrétien, qu'il en conçut tant d'horreur; et la corruption du monde n'est pas encore allée assez loin pour trouver de l'innocence dans des attentats où l'on a vu toutes les lois divines et humaines également renversées.

Le ministre ne réussit pas mieux dans son dessein, lorsqu'au lieu de justifier ses prétendus réformés de leurs révoltes, il s'attache à faire voir la corruption de la cour contre laquelle ils se révoltèrent, comme si les réformateurs eussent dû ignorer ce précepte apostolique : « Obéissez à vos maîtres, même fâcheux [4]. »

Ses longues récriminations, dont il remplit un volume, ne valent pas mieux, puisqu'il s'agit toujours de savoir si ceux qu'on nous vante comme réformateurs du genre humain en ont diminué

---

[1] *Apolog. pour la Réform.*, Ire part., chap. X, p. 301. — [2] *Ibid.*, chap. XV, p. 453. — [3] *Ibid.* — [4] II *Petr.*, II, 18.

ou augmenté les maux, et s'il les faut regarder ou comme des réformateurs qui les corrigent, ou plutôt comme des fléaux envoyés de Dieu pour les punir.

On pourroit ici traiter la question, s'il est vrai que la Réforme, comme elle s'en glorifie, n'a jamais songé à s'établir par la force [1]: mais le doute est aisé à résoudre par tous les faits qu'on a vus. Tant que la Réforme fut foible, il est vrai qu'elle parut toujours soumise, et donna même pour un fondement de sa religion, qu'elle ne se croyoit pas permis, non-seulement d'employer la force, mais encore de la repousser. Mais on découvrit bientôt que c'étoit là de ces modesties que la crainte inspire et un feu couvert sous la cendre : car aussitôt que la nouvelle Réforme put se rendre la plus forte dans quelque royaume, elle y voulut régner seule. Premièrement les évêques et les prêtres n'y furent plus en sûreté: secondement, les bons catholiques furent proscrits, bannis, privés de leurs biens, et en quelques endroits de la vie, par les lois publiques; comme, par exemple, en Suède, quoiqu'on ait voulu dire le contraire; mais le fait n'en est pas moins constant. Voilà où en sont venus ceux qui d'abord crioient tant contre la force ; et il n'y avoit qu'à considérer l'aigreur, l'amertume et la fierté répandue dans les premiers livres et dans les premiers sermons de ces réformés ; leurs invectives sanglantes ; les calomnies dont ils noircissoient notre doctrine ; les sacriléges, les impiétés, les idolâtries qu'ils ne cessoient de nous reprocher; la haine qu'ils inspiroient contre nous; les pilleries qui furent l'effet de leurs premiers prêches; « l'aigreur et la violence » qui parut dans leurs placards séditieux contre la messe [2], pour juger de ce qu'on devoit attendre de semblables commencemens.

L.
Question sur l'esprit de la Réforme. Si c'étoit un esprit de douceur ou de violence.

1534.

Mais plusieurs sages, dit-on, improuvèrent ces placards : tant pis pour le parti protestant, où l'emportement étoit si extrême, que ce qu'il y restoit de sages ne le pouvoient reprimer. Les placards furent répandus dans tout Paris, attachés et semés dans tous les carrefours, « attachez jusqu'à la porte de la chambre du roy [3]; » et les sages, qui l'improuvoient, ne prenoient aucun moyen effi-

LI.
Suites de l'esprit violent qui dominoit dans la Réforme.

---

[1] *Crit.*, tom. I, lett. VIII, n. 1, p. 129 et seq.; lett. XVI, n. 9, p. 315, etc. — [2] Bèze, liv. I, p. 16. — [3] *Ibid.*

cace pour l'empêcher. Lorsque ce prétendu martyr Anne du Bourg eut déclaré d'un ton de prophète au président Minard qu'il récusoit, que malgré le refus qu'il fit de s'abstenir de la connoissance de ce procès, il ne seroit point de ses juges [1], les protestans surent bien accomplir sa prophétie, et le président fut massacré sur le soir en rentrant dans sa maison. On sut depuis que le Maistre et Saint-André très-opposés au nouvel évangile, auroient eu le même sort, s'ils étoient venus au palais : tant il étoit dangereux d'offenser la Réforme quoique foible ; et nous apprenons de Bèze même que Stuart, parent de la reine, « homme d'exécution, » et très-zélé protestant, « visitoit souvent en la conciergerie des prisonniers pour le fait de la religion [2]. » On ne put pas le convaincre d'avoir fait le coup, mais toujours voit-on le canal par où l'on pouvoit communiquer ; et quoi qu'il en soit, ni le parti ne manquoit de gens de main, ni on ne peut accuser de ce complot que ceux qui s'intéressoient pour Anne du Bourg. Il est aisé de prophétiser, quand on a de tels anges pour exécuteurs. L'assurance d'Anne du Bourg à marquer si précisément l'avenir, fait assez voir le bon avis qu'il avoit reçu ; et ce que dit l'histoire de M. de Thou, pour nous en faire un devin plutôt qu'un complice d'un tel crime, ressent bien une addition de Genève. Il ne faut donc pas s'étonner qu'un parti qui nourrissoit de tels esprits se soit déclaré aussitôt qu'il a trouvé des règnes foibles, et c'est à quoi nous avons vu qu'on ne manqua pas.

LII. Vaines excuses.

Un nouveau défenseur de la Réforme est persuadé par les mœurs peu chastes et par toute la conduite du prince de Condé, qu'il y avoit « plus d'ambition que de religion dans son fait [3] ; » et il avoue que la religion « ne luy servit qu'à trouver des instrumens de vengeance [4]. » Par là il croit tout réduire à la politique et excuser sa religion : sans songer que c'est cela même qu'on lui reproche, qu'une religion qui se disoit réformée ait été un instrument si prompt de la vengeance d'un prince ambitieux. C'est cependant le crime de tout le parti. Mais que nous dit cet auteur

---

[1] Thuan., lib. XXIII, an. 1559, p. 669 ; Bèze, liv. I ; La Poplin., liv. V, p. 144. — [2] Liv. III, p. 248, an. 1560. — [3] Critiq., tom. I, lett. II, n. 3, p. 45 et seq. — [4] Ibid., lett. XVIII, p. 331.

du pillage des églises et des sacristies, et du brisement des images et des autels? Il croit satisfaire à tout en disant que « ni par priéres, ni par remontrances, ni mesme par chastimens le prince ne put arrester » ces désordres [1]. Ce n'est pas là une excuse; c'est la conviction de la violence qui régnoit dans le parti, dont les chefs ne pouvoient contenir la fureur. Mais j'ai bien peur qu'ils n'aient agi dans le même esprit que Cranmer et les autres réformateurs de l'Angleterre, qui dans les plaintes qu'on faisoit contre les briseurs d'images, « encore qu'ils fussent d'humeur à donner des bornes au zèle du peuple, ne vouloient point qu'on s'y prist d'une maniére à luy faire perdre cœur [2]. » Les chefs de nos calvinistes n'en usèrent pas d'une autre sorte; et encore que par honneur ils blâmassent ces emportés, nous ne voyons pas qu'on en fît aucune justice. On n'a qu'à lire l'histoire de Bèze, pour y voir nos réformés toujours prêts au moindre bruit à prendre les armes, à rompre les prisons, à occuper les églises; et jamais on ne vit rien de si remuant. Qui ne sait les violences que la reine de Navarre exerça sur les prêtres et sur les religieux? On montre encore les tours d'où on précipitoit les catholiques, et les abîmes où on les jetoit. Le puits de l'évêché où on les noyoit dans Nîmes, et les cruels instrumens dont on se servoit pour les faire aller au prêche, ne sont pas moins connus de tout le monde. On a encore les informations et les jugemens, où il paroît que ces sanglantes exécutions se faisoient par délibération du conseil des protestans. On a en original les ordres des généraux et ceux des villes, à la requête des consistoires, pour contraindre « les papistes » à embrasser la Réforme, « par taxes, par logemens, par démolition de maisons et par découverte des toits. » Ceux qui s'absentoient pour éviter ces violences, étoient dépouillés de leurs biens : les registres des hôtels de ville de Nîmes, de Montauban, d'Alais, de Montpellier et des autres villes du parti, sont pleins de telles ordonnances; et je n'en parlerois pas sans les plaintes dont nos fugitifs remplissent toute l'Europe. Voilà ceux qui nous vantent leur douceur : il n'y avoit qu'à les laisser faire, à cause qu'ils appliquoient à tout l'Ecriture sainte, et qu'ils chantoient mélodieusement des psaumes

---

[1] *Critiq.*, tom. I, lett. XVII, n. 8. — [2] Burn., II⁰ part., liv. I, p. 15.

rimés. Ils trouvèrent bientôt les moyens de se mettre à couvert des martyres à l'exemple de leurs docteurs, qui furent toujours en sûreté, pendant qu'ils animoient les autres ; et Luther et Mélanchthon, et Bucer et Zuingle, et Calvin et Œcolampade, et tous les autres se firent bientôt de sûrs asiles : et parmi ces chefs des réformateurs je ne connois point de martyrs, même faux, si ce n'est peut-être un Cranmer que nous avons vu, après avoir deux fois renié sa foi, ne se résoudre à mourir en la professant que lorsqu'il vit son abjuration inutile à lui sauver la vie.

<small>LIII.
Contre ceux qui pourroient dire que ceci n'est pas de notre sujet.</small>

Mais à quoi bon, dira-t-on, rappeler ces choses, afin qu'un ministre fâcheux vous vienne dire que vous ne voulez par là qu'aigrir les esprits et accabler des malheureux ? Il ne faut point que de telles craintes m'empêchent de raconter ce qui est si visiblement de mon sujet ; et tout ce que des protestans équitables peuvent exiger de moi dans une histoire, c'est que sans m'en rapporter à leurs adversaires, j'écoute aussi leurs auteurs. Je fais plus : et non content de les écouter, je prends droit, pour ainsi parler, par leur témoignage. Que nos frères ouvrent donc les yeux ; qu'ils les jettent sur l'ancienne Eglise, qui durant tant de siècles d'une persécution si cruelle ne s'est jamais échappée, ni un seul moment, ni dans un seul homme, et qu'on a vue aussi soumise sous Dioclétien, et même sous Julien l'Apostat lorsqu'elle remplissoit déjà toute la terre, que sous Néron et sous Domitien lorsqu'elle ne faisoit que de naître : c'est là qu'on voit véritablement le doigt de Dieu. Mais il n'y a rien de semblable, lorsqu'on se soulève aussitôt qu'on peut, et que les guerres durent beaucoup plus que la patience. L'expérience nous fait assez voir dans tous les partis, que l'entêtement et la prévention peuvent imiter la force, du moins durant quelque temps ; et on n'a point dans le cœur les maximes de la douceur chrétienne, quand on les change sitôt, non-seulement en des pratiques, mais encore en des maximes contraires, avec délibération et par des décisions expresses, comme on a vu qu'ont fait nos protestans. C'est donc ici une véritable variation dans leur doctrine, et un effet de la perpétuelle instabilité, qui doit faire considérer leur Réforme comme un ouvrage de la nature de ceux qui n'ayant rien que d'humain, doivent être dissipés selon la maxime de Gamaliel [1].

L'assassinat de François duc de Guise ne doit pas être oublié dans cette histoire, puisque l'auteur de ce meurtre mêla sa religion dans son crime. C'est Bèze qui nous représente Poltrot comme « émeû d'un secret mouvement [2], » lorsqu'il se détermina à ce coup infâme ; et afin de nous faire entendre que ce « mouvement secret » étoit de Dieu, il nous dépeint encore le même Poltrot tout prêt à exécuter ce noir dessein, « priant Dieu très-ardemment qu'il luy fist la grace de lui changer son vouloir, si ce qu'il vouloit faire luy estoit désagréable ; ou bien qu'il luy donnast constance et assez de force pour tuer ce tyran, et par ce moyen délivrer Orléans de destruction, et tout le royaume d'une si malheureuse tyrannie [3]. Sur cela, et dés le soir du mesme jour, poursuit Bèze, il fit son coup [4] ; » ce fut dans cet enthousiasme, et comme en sortant de cette « ardente prière. » Aussitôt que nos réformés surent la chose accomplie, « ils en rendirent graces à Dieu solennellement avec grandes réjoûissances [5]. » Le duc de Guise avoit toujours été l'objet de leur haine. Dès qu'ils se sentirent de la force, on a vu qu'ils conjurèrent sa perte, et que ce fut de l'avis de leurs docteurs. Après le désordre de Vassi, encore qu'il fût constant qu'il avoit fait tous ses efforts pour l'apaiser [6], le parti se souleva contre lui avec d'effroyables clameurs ; et Bèze, qui en porta les plaintes à la cour, confesse « avoir infinies fois désiré et prié Dieu, ou qu'il changeast le cœur du seigneur de Guise, ce que toutefois il n'a jamais pû espérer, ou qu'il en délivrast le royaume ; de quoy il appelle à témoin tous ceux qui ont ouï ses prédications et priéres [7]. » C'étoit donc dans ses prédications et en public qu'il faisoit « infinies fois » ces prières séditieuses, à la manière de celles de Luther, par lesquelles nous avons vu qu'il savoit si bien animer le monde et susciter des exécuteurs à ses prophéties. Par de semblables prières on représentoit le duc de Guise comme un persécuteur endurci, dont il falloit désirer que Dieu délivrât le monde par quelque coup extraordinaire. Ce que Bèze dit pour s'excuser, « qu'il ne nommoit pas le seigneur de Guise en public [8], est trop

LIV.
L'assassinat du duc de Guise par Poltrot, regardé dans la Réforme comme un acte de religion.

1562.

---

[1] *Act.*, v, 38. — [2] Liv. VI, p. 267. — [3] *Ibid.*, p. 268. — [4] *Ibid.*, p. 269. — [5] *Ibid.*, p. 290. — [6] Thuan., lib. XXIX, p. 77, 78. — [7] Liv. VI, p. 299. — [8] *Ibid.*

grossier. Qu'importe de nommer un homme, quand on sait et le désigner par ses caractères, et s'expliquer en particulier à ceux qui n'auroient pas assez entendu? Ces manières mystérieuses de se faire entendre dans les prédications et le service divin sont plus propres à irriter les esprits, que des déclarations plus expresses. Bèze n'étoit pas le seul qui se déchaînât contre le duc : tous les ministres tenoient le même langage. Il ne faut donc pas s'étonner que parmi tant de gens d'exécution dont le parti étoit plein, il se soit trouvé des hommes qui crussent rendre service à Dieu, en défaisant la Réforme d'un tel ennemi. L'entreprise d'Amboise plus noire encore, avoit bien été approuvée par les docteurs et par Bèze. Celle-ci, dans la conjoncture du siége d'Orléans, où le soutien du parti alloit succomber avec cette ville sous le duc de Guise, étoit bien d'une autre importance, et Poltrot croyoit plus faire pour sa religion que la Renaudie. Aussi s'expliqua-t-il hautement de son dessein, comme d'une chose qui devoit être bien reçue. Encore qu'il fût connu dans le parti comme un homme qui se dévouoit à tuer le duc de Guise, quoi qu'il lui en pût coûter, ni les chefs, ni les soldats, ni même les pasteurs ne l'en détournèrent. Croira qui voudra ce que dit Bèze, que c'est qu'on prit ces paroles « pour des propos d'un homme éventé [1], » qui n'auroit pas publié son dessein s'il avoit voulu l'exécuter. Mais d'Aubigné plus sincère demeure d'accord qu'on espéroit dans le parti qu'il feroit le coup : ce qu'il dit « avoir appris en bon lieu [2]. » Aussi est-il bien certain que Poltrot ne passoit point pour un étourdi : Soubise, dont il étoit domestique, et l'amiral le regardoient comme un homme de service, et l'employoient dans des affaires de conséquence [3]; et la manière dont il s'expliquoit faisoit plutôt voir un homme déterminé à tout qu'un homme « éventé » et léger. « Il se présenta de sang-froid » (ce sont les paroles de Bèze), à M. de Soubise un des chefs du parti, « pour luy dire qu'il avoit résolu en son esprit de délivrer la France de tant de misères, en tuant le duc de Guise; ce qu'il oseroit bien entreprendre *à quelque prix que ce fust* [4]. » La réponse que lui fit Soubise n'étoit

---

[1] Liv. VI, p. 268. — [2] D'Aub., tom. I, liv. III, chap. XVII, p. 176. — [3] Bèze, *ibid.*, 268, 295, 297. — [4] Bèze, *ibid.*, 267, 268.

guère propre à le ralentir : car il lui dit seulement « qu'il fist son devoir accoutumé ; » et pour ce qu'il lui avoit proposé, que « Dieu y sçauroit bien pourvoir par autres moyens. » Un discours si foible dans une action dont il ne falloit parler qu'avec horreur, devoit faire sentir à Poltrot dans l'esprit de Soubise, ou la crainte d'un mauvais succès, ou le dessein de s'en disculper, plutôt qu'une condamnation de l'entreprise en elle-même. Les autres chefs lui parloient avec la même froideur : on se contentoit de lui dire « qu'il falloit bien prendre garde aux vocations extraordinaires [1]. » C'étoit, au lieu de le détourner, lui faire sentir dans son dessein quelque chose d'inspiré et de céleste ; et, comme dit d'Aubigné dans son style vif, « les remontrances qu'on lui faisoit sentoient le refus et donnoient le courage. » Aussi s'enfonçoit-il de plus en plus dans cette noire pensée : il en parloit à tout le monde ; et, continue Bèze, « il avoit tellement cela dans son entendement que c'estoient ses propos ordinaires. » Durant le siége de Rouen, où le roi de Navarre fut tué, comme on parloit de cette mort, Poltrot, « en tirant du fond de son sein un grand soupir : Ha! dit-il, ce n'est pas assez, il faut encore immoler une plus grande victime [2]! » Lorsqu'on lui demanda quelle elle étoit : « C'est, répondit-il, le grand Guise; et en mesme temps levant le bras droit, voilà le bras, s'écria-t-il, qui fera le coup et mettra fin à nos maux ! » Ce qu'il répétoit souvent, et toujours avec la même force. Tous ces discours sont d'un homme résolu, qui ne se cache pas, parce qu'il croit faire une action approuvée : mais ce qui nous découvre mieux la disposition de tout le parti, c'est celle de l'amiral, qu'on y donnoit à tout le monde comme un modèle de vertu et la gloire de la Réforme. Je ne veux pas ici parler de la déposition de Poltrot, qui l'accusa de l'avoir induit avec Bèze à ce dessein. Laissons à part le discours d'un témoin qui a trop varié pour en être tout à fait cru sur sa parole : mais on ne peut pas révoquer en doute les faits avoués par Bèze dans son histoire [3], et encore moins ceux qui sont compris dans la déclaration que l'amiral et lui envoyèrent ensemble à la reine sur l'accusation de l'assassin [4]. Par là donc il

---

[1] D'Aub., tom. I, p. 176. — [2] Thuan., lib. XXXIII, p. 207. — [3] Ibid., p. 291, 308. — [4] Ibid., p. 294, 295, et seq.

demeure pour constant que Soubise envoya Poltrot avec un paquet à l'amiral, lorsqu'il étoit encore auprès d'Orléans pour tâcher de le secourir : que ce fut de concert avec l'amiral que Poltrot alla dans le camp du duc de Guise[1], et fit semblant de se rendre à lui comme un homme qui étoit las de faire la guerre au roi : que l'amiral, qui d'ailleurs ne pouvoit pas ignorer un dessein que Poltrot avoit rendu public, sut de Poltrot même qu'il y persistoit encore, puisqu'il avoue que Poltrot en partant pour faire le coup, « s'avança jusqu'à luy dire qu'il seroit aisé de tuer le seigneur de Guise[2] : » que l'amiral ne dit pas un mot pour le détourner; et qu'au contraire, encore qu'il sût son dessein, il lui donna vingt écus à une fois, et cent écus à une autre pour se bien monter[3] : secours considérable pour le temps, et absolument nécessaire pour lui faciliter tout ensemble et son entreprise et sa fuite. Il n'y a rien de plus vain que ce que dit l'amiral pour s'excuser. Il dit que lorsque Poltrot leur parla de tuer le duc de Guise, « lui amiral n'ouvrit jamais la bouche pour l'inciter à l'entreprendre. » Il n'avoit pas besoin d'inciter un homme dont la résolution étoit si bien prise; et afin qu'il accomplît son dessein, il ne falloit, comme fit l'amiral, que l'envoyer dans le lieu où il pouvoit l'exécuter. L'amiral non content de l'y envoyer, lui donne de l'argent pour y vivre, et se préparer tous les secours nécessaires dans un tel dessein, jusqu'à celui de se monter avec avantage. Ce que l'amiral ajoute, qu'il n'envoyoit Poltrot dans le camp de l'ennemi que pour en avoir des nouvelles, n'est visiblement que la couverture d'un dessein qu'on ne vouloit pas avouer. Pour l'argent, il n'y a rien de plus foible que ce que répond l'amiral, qu'il le donna à Poltrot « sans jamais lui faire mention de tuer ou ne tuer pas le seigneur de Guise[4]. » Mais la raison qu'il apporte, pour se justifier de ne l'avoir pas détourné d'un si noir dessein, découvre le fond de son cœur. Il reconnoît donc que « devant ces derniers tumultes il en a sceû qui estoient délibérez de tuër le seigneur de Guise; que loin de les avoir induits à ce dessein, ou de l'avoir approuvé, il les en a détournez, » et qu'il en a même averti madame de Guise : que « depuis le fait de Vassi, » il a poursuivi ce duc

---

[1] Thuan., lib. XXXIII, p. 209. — [2] P. 308. — [3] P. 297, 300. — [4] P. 297.

comme un ennemi public; « mais qu'il ne se trouvera pas qu'il *ait approuvé* qu'on attentast sur sa personne, jusqu'à ce qu'il ait esté averti que le duc avoit attiré certaines personnes pour tuër M. le prince de Condé et luy. » Il s'ensuit donc qu'après cet avis, sur lequel on ne doit pas croire un ennemi à sa parole, « il a approuvé » qu'on entreprît sur la vie du duc : mais « depuis ce temps il confesse, quand il a ouï dire à quelqu'un que s'il pouvoit il tuëroit le seigneur de Guise jusques dans son camp, il ne l'en a point détourné : » par où l'on voit tout ensemble, et que ce dessein sanguinaire étoit commun dans la Réforme, et que les chefs les plus estimés pour leur vertu, tel qu'étoit sans doute l'amiral, ne se croyoient pas obligés à s'y opposer; au contraire qu'ils y contribuoient par tout ce qu'ils pouvoient faire de plus efficace : tant ils se soucioient peu d'un assassinat, pourvu que la religion en fût le motif.

Si on demande ce qui porta l'amiral à reconnoître des faits qui étoient si forts contre lui, ce n'est pas qu'il n'en ait vu l'inconvénient : mais, dit Bèze, « l'amiral, homme rond et vraiment entier, s'il y en a jamais eû de sa qualité, répliqua que si puis après avenant confrontation, il confessoit quelque chose davantage, il donneroit occasion de penser qu'encore n'auroit-il pas confessé toute la vérité [1]; » c'est-à-dire, à qui sait l'entendre, que cet « homme rond » craignit la force de la vérité dans la confrontation, et se préparoit des excuses, à la manière des autres coupables, à qui leur conscience et la crainte d'être convaincus en fait souvent avouer plus peut-être qu'on n'en tireroit des témoins. Il paroît même, si l'on pèse bien la manière dont s'explique l'amiral, qu'il craint qu'on ne le croie innocent; qu'il n'évite que l'aveu formel et la conviction juridique, et qu'au surplus il prend plaisir à étaler sa vengeance. Ce qu'il fit de plus politique pour sa décharge, fut de demander que l'on réservât Poltrot pour lui être confronté [2], se confiant aux excuses qu'il avoit données et aux conjonctures des temps, qui ne permettoient pas qu'on poussât à bout le chef d'un parti si redoutable. La cour le vit bien aussi, et on acheva le procès. Poltrot, qui s'étoit dédit de la charge qu'il

[1] P. 306. — [2] P. 308.

avoit mise sus et à l'amiral et à Bèze, persista jusqu'à la mort à décharger Bèze : mais pour l'amiral, il le chargea de nouveau par trois déclarations consécutives, et jusqu'au milieu de son supplice, de l'avoir induit à ce meurtre *pour le service de Dieu* [1].
A l'égard de Bèze, il ne paroît pas qu'il ait eu part à cette action autrement que par ses prêches séditieux, et par l'approbation qu'il avoit donnée à l'entreprise d'Amboise, beaucoup plus criminelle : mais, ce qui est bien certain, c'est que devant l'action il ne fit rien pour l'empêcher, encore qu'il ne pût pas ne la pas savoir, et qu'après qu'elle eut été faite, il n'oublia rien pour lui donner toute la couleur d'une action inspirée. Le lecteur jugera du reste, et il n'y en a que trop pour faire connoître de quel esprit étoient animés ceux dont on nous vante la douceur.

LVI. Les catholiques et les protestans d'accord sur la question de la punition des hérétiques

Je n'ai pas besoin ici de m'expliquer sur la question, savoir si les princes chrétiens sont en droit de se servir de la puissance du glaive contre leurs sujets ennemis de l'Eglise et de la saine doctrine, puisqu'en ce point les protestans sont d'accord avec nous. Luther et Calvin ont fait des livres exprès pour établir sur ce point le droit et le devoir du magistrat [2]. Calvin en vint à la pratique contre Servet et contre Valentin Gentil [3]. Mélanchthon en approuva la conduite par une lettre qu'il lui écrivit sur ce sujet [4]. La discipline de nos réformés permet aussi le recours au bras séculier en certains cas; et on trouve parmi les articles de la discipline de l'église de Genève, que les ministres doivent déférer au magistrat les incorrigibles qui méprisent les peines spirituelles, et en particulier ceux qui enseignent de nouveaux dogmes, sans distinction. Et encore aujourd'hui celui de tous les auteurs calvinistes qui reproche sur ce sujet le plus aigrement à l'Eglise romaine la cruauté de sa doctrine, en demeure d'accord dans le fond, puisqu'il permet l'exercice de la puissance du glaive dans les matières de la religion et de la conscience [5] : chose aussi qui ne peut être révoquée en doute sans énerver et comme estropier la puissance publique; de sorte qu'il n'y a point d'illusion plus

---

[1] P. 312, 319, 327. — [2] Luth., *de Magist.*, tom. III; Calv., *Opusc.*, p. 592. — [3] *Ibid.*, p. 600, 659. — [4] Melanch., *Calvino*, inter *Calv., Ep.*, p. 169. — [5] Jur., *Syst.*, II, chap. xxii, xxiii; *Lett. Past. de la 1ʳᵉ année* i, ii, iii; *Hist. du Papism.*, IIᵉ récrim., chap. ii et suiv.

dangereuse que de donner la souffrance pour un caractère de vraie Eglise; et je ne connois parmi les chrétiens que les sociniens et les anabaptistes qui s'opposent à cette doctrine. En un mot, le droit est certain, mais la modération n'en est pas moins nécessaire.

Calvin mourut au commencement des troubles. C'est une foiblesse de vouloir trouver quelque chose d'extraordinaire dans la mort de telles gens; Dieu ne donne pas toujours de ces exemples. Puisqu'il permet les hérésies pour l'épreuve des siens, il ne faut pas s'étonner que, pour achever cette épreuve, il laisse dominer en eux jusqu'à la fin l'esprit de séduction avec toutes les belles apparences dont il se couvre; et sans m'informer davantage de la vie et de la mort de Calvin, c'en est assez d'avoir allumé dans sa patrie une flamme que tant de sang répandu n'a pu éteindre, et d'être allé comparoître devant le jugement de Dieu sans aucun remords d'un si grand crime.

LVII. Mort de Calvin.

Sa mort ne changea rien dans les affaires du parti; mais l'instabilité naturelle aux nouvelles sectes donnoit toujours au monde de nouveaux spectacles, et les confessions de foi alloient leur train. En Suisse les défenseurs du sens figuré, bien éloignés de se contenter de tant de confessions de foi faites en France et ailleurs pour expliquer leur doctrine, ne se contentèrent pas même de celles qui s'étoient faites parmi eux. Nous avons vu celle de Zuingle en 1530, nous en avons une autre publiée à Bâle en 1532, et une autre de la même ville en 1536, une autre en 1554, arrêtée d'un commun accord entre les Suisses et ceux de Genève. Toutes ces confessions de foi, quoique confirmées par divers actes, ne furent pas jugées suffisantes, et il en fallut faire une cinquième en 1566 [1].

LVIII. Nouvelle confession de foi des églises helvétiques.

Les ministres qui la publièrent virent bien que ces changemens dans une chose aussi importante, et qui doit être aussi ferme et aussi simple qu'une confession de foi, décrioient leur religion. C'est pourquoi ils font une préface, où ils tâchent de rendre raison de ce dernier changement; et voici toute leur défense : « C'est qu'encore que plusieurs nations ayent déjà publié des confessions

LIX. Frivoles raisons des ministres sur cette nouvelle confession de foi.

[1] *Synt. Gen.*, I part., p. 1.

de foy différentes, et qu'eux-mesmes aient aussi fait la mesme chose par des écrits publics ; toutefois ils proposent encore celle-cy (lecteur, remarquez) à cause que ces écrits ont peut-estre esté oubliez, ou qu'ils sont répandus en divers lieux, et qu'ils expliquent la chose si amplement, que tout le monde n'a pas le temps de les lire [1]. » Cependant il est visible que ces deux premières confessions de foi que les Suisses avoient publiées tiennent à peine cinq feuillets ; et une autre qu'on y pourroit joindre est à peu près de même longueur ; au lieu que celle-ci, qui devoit être plus courte, en a plus de soixante. Et quand leurs autres confessions de foi auroient été oubliées, rien ne leur étoit plus aisé que de les publier de nouveau, s'ils en étoient satisfaits ; tellement qu'il n'eût pas été nécessaire d'en proposer une quatrième, n'étoit qu'ils s'y sentoient obligés par une raison qu'ils n'osoient dire : c'est qu'il leur venoit continuellement de nouvelles pensées dans l'esprit ; et comme il ne falloit pas avouer que tous les jours ils chargeassent leur confession de foi de semblables nouveautés, ils couvrent leurs changemens par ces vains prétextes.

LX.
On commence seulement alors à connoître parmi les Suisses la justice imputative.

Nous avons vu que Zuingle fut apôtre et réformateur, sans connoître ce que c'étoit que la grace par laquelle nous sommes chrétiens ; et sauvant jusqu'aux philosophes par leur morale, il étoit bien éloigné de la justice imputative. En effet il n'en parut rien dans les confessions de foi de 1532 et de 1536. La grace y fut reconnue d'une manière que les catholiques eussent pu approuver si elle eût été moins vague, et sans rien dire contre le mérite des œuvres [2]. Dans l'accord fait avec Calvin en 1554, on voit que le calvinisme commençoit à gagner ; la justice imputative paroît [3] : on avoit été réformé près de quarante ans, sans connoître ce fondement de la Réforme. La chose ne fut expliquée à fond qu'en 1566 [4] ; et ce fut par un tel progrès que des excès de Zuingle on passa insensiblement à ceux de Calvin.

LXI.
Le mérite

Au chapitre des bonnes œuvres on en parle dans le même sens

---

[1] *Synt. Gen.*, init. Præf. — [2] *Conf.*, 1532, art. 9 ; *Synt. Gen.*, I, p. 68, 1536 ; art. 2, 3, *ibid.*, p. 72. — [3] *Consens.*, art. 3 ; *Opus. Calv.*, 751. — [4] *Conf. fid.*, cap. XV ; *Synt. Gen.*, I part., p. 26.

que font les autres protestans, comme des fruits nécessaires de la foi, et en rejetant *leur mérite,* dont nous avons vu qu'on ne disoit mot dans les confessions précédentes. On se sert ici, pour les condamner, d'un mot souvent inculqué par saint Augustin : mais on le rapporte mal; et au lieu que saint Augustin dit et répète sans cesse que Dieu « couronne ses dons en couronnant nos mérites, » on lui fait dire « qu'il couronne en nous non pas nos mérites, mais ses dons [1]. » On voit bien la différence de ces deux expressions, dont l'une joint les mérites avec les dons, et l'autre les en sépare. Il semble pourtant qu'à la fin on ait voulu faire entendre qu'on ne condamnoit le mérite que comme opposé à la grace, puisqu'on finit par ces paroles : « Nous condamnons donc ceux qui défendent tellement le mérite, qu'ils nient la grace. » A vrai dire, ce n'est donc ici que les pélagiens dont on condamne l'erreur; et le mérite que nous admettons est si peu contraire à la grace, qu'il en est le don et le fruit. des œuvres comment rejeté.

Dans le chapitre x, la vraie foi est attribuée aux seuls prédestinés par ces paroles : « Chacun doit tenir pour indubitable, que s'il croit, et qu'il soit en Jésus-Christ, il est prédestiné [2]. » Et un peu après : « Si nous communiquons avec Jésus-Christ, et qu'il soit à nous, et nous à luy par la vraye foy, ce nous est un témoignage assez clair et assez ferme que nous sommes écrits au livre de vie. » Par là il paroît que la vraie foi, c'est-à-dire la foi justifiante, n'appartient qu'aux seuls élus; que cette foi et cette justice ne se perd jamais finalement; et que la foi temporelle n'est pas la vraie foi justifiante. Ces mêmes paroles semblent établir la certitude absolue de la prédestination : car encore qu'on la fasse dépendre de la foi, c'est une doctrine reçue dans tout le parti protestant, que le fidèle, puisqu'il dit : *Je crois,* sent la vraie foi en lui-même. Mais en cela ils n'entendent pas la séduction de notre amour-propre, ni le mélange de nos passions si étrangement compliquées, que nos propres dispositions et les motifs véritables qui nous font agir sont souvent la chose du monde que nous connoissons avec le moins de certitude; de sorte qu'en disant : *Je crois,* avec ce père affligé de l'Evangile [3], quelque touchés que

LXII. La foi propre aux élus. La certitude du salut. L'inamissibilité de la justice.

[1] *Conf. fid.,* cap. xv; *Synt. Gen.,* I part., p. 26. — [2] Chap. x, p. 15. — [3] *Marc.,* ix, 23.

nous nous sentions, et quand nous pousserions à son exemple des cris lamentables, accompagnés d'un torrent de larmes, nous devons toujours ajouter avec lui : « Aidez, Seigneur, mon incrédulité; » et montrer par ce moyen que dire : *Je crois*, c'est plutôt en nous un effort pour produire un si grand acte qu'une certitude absolue de l'avoir produit.

LXIII. La conversion mal expliquée.
Quelque long que soit le discours que font les zuingliens sur le libre arbitre dans le chapitre IX de leur Confession [1], voici le peu qu'il y a de substantiel. Trois états de l'homme sont bien distingués : celui de sa première institution, où il pouvoit se porter au bien et se détourner vers le mal; celui de la chute, où ne pouvant plus faire le bien, il demeure « libre pour le mal, » parce qu'il « l'embrasse volontairement, et par conséquent avec liberté, » quoique Dieu prévienne souvent l'effet de son choix, et l'empêche d'accomplir ses mauvais desseins; et celui de sa régénération, où rétabli par le Saint-Esprit « dans le pouvoir de faire le bien volontairement, il est libre, » mais non pleinement, à cause de l'infirmité et de la concupiscence qui lui restent : « agissant néanmoins non point passivement; » ce sont les termes, assez étranges, je l'avoue; car qu'est-ce qu'agir passivement? et à qui une telle idée peut-elle être tombée dans l'esprit? Mais enfin nos zuingliens ont voulu parler ainsi. « Agissant (ils continuent à parler de l'homme régénéré,) non point passivement, mais activement, dans le choix du bien et dans l'opération par laquelle il l'accomplit. » Qu'il restoit à dire de choses pour s'expliquer nettement ! Il falloit joindre à ces trois états celui où se trouve l'homme entre la corruption et la régénération, lorsque touché par la grace il commence à enfanter l'esprit de salut parmi les douleurs de la pénitence. Cet état n'est pas l'état de la corruption où on ne veut que le mal, puisqu'on y commence à vouloir le bien; et si les zuingliens ne vouloient point le regarder comme un état, puisque c'est plutôt le passage d'un état à l'autre, ils devoient du moins expliquer en quelque autre endroit que, dans ce passage et avant la régénération, l'effort qu'on fait par la grace pour se convertir n'est pas un mal. Nos réformés ne connoissent point ces précisions

[1] Chap. IX, p. 12.

nécessaires. Il falloit aussi expliquer si dans ce passage, lorsque nous sommes attirés au bien par la grace, nous y pouvons résister; et encore si dans l'état de corruption nous faisons tellement le mal de nous-mêmes, que nous ne puissions même nous abstenir d'un mal plutôt que d'un autre; et enfin si dans l'état de la régénération, faisant le bien par la grace, nous y sommes si fortement entraînés, que nous ne puissions alors nous détourner vers le mal. On avoit besoin de toutes ces choses pour bien entendre l'opération et même la notion du libre arbitre, que ces docteurs laissent embrouillé par des notions trop vagues et trop équivoques.

Mais ce qui finit le chapitre montre encore mieux la confusion de leurs pensées. « On ne doute point, disent-ils, que les hommes régénérez ou non régénérez n'ayent également leur libre arbitre dans les actions ordinaires, puisque l'homme n'estant pas inférieur aux bestes, il a cela de commun avec elles, qu'il veut de certaines choses et n'en veut pas d'autres : ainsi il peut parler et se taire, sortir de la maison et y demeurer. » Etrange pensée de nous faire libres à la manière des bêtes ! ils n'ont pas une idée plus noble de la liberté de l'homme, puisqu'ils disent un peu devant que « par sa chute il n'est pas tout à fait changé en pierre et en bûche [1]; » comme si on vouloit dire qu'il ne s'en faut guère. Quoi qu'il en soit, les Suisses zuingliens n'en prétendent pas davantage; et les protestans d'Allemagne se mettent encore au-dessous, lorsqu'ils disent que dans la conversion, c'est-à-dire dans la plus noble action de l'homme, dans l'action où il s'unit avec Dieu, il n'agit non plus qu'une pierre ou qu'une bûche, quoique hors de là il agisse d'une autre manière [2]. O homme, où t'es-tu laissé toi-même, quand tu expliques si bassement ton libre arbitre ! Mais enfin, puisque l'homme n'est pas une bûche, et que dans les actions ordinaires on fait consister son libre arbitre à pouvoir faire et ne faire pas certaines choses, il falloit considérer que ne trouvant pas en nous-mêmes une autre manière d'agir dans les actions naturelles que dans les autres, cette même liberté nous suit partout, et que Dieu sait bien nous la conserver, lors même qu'il nous

LXIV.
Doctrine prodigieuse sur le libre arbitre.

[1] P. 12, 13. — [2] *Concord.*, p. 662; ci-dessus, liv. VIII, n. 49.

élève par sa grace à des actions surnaturelles, n'étant pas digne de son Saint-Esprit de nous faire agir dans celles-là, non plus que dans les autres, comme des bêtes, ou plutôt comme des pierres et comme des bûches.

LXV. Nos calvinistes s'expliquent moins, et pourquoi.

On s'étonnera peut-être de ce que nous n'avons rien dit de toutes ces choses en parlant de la confession des calvinistes. Mais c'est qu'ils les passent sous silence, et ne trouvent pas à propos de parler de la manière dont l'homme agit : comme si c'étoit une matière indifférente à l'homme même, ou qu'il n'appartînt pas à la foi de connoître dans la liberté, avec l'un des plus beaux traits que Dieu mit en nous pour nous faire à son image, ce qui nous rend dignes de blâme ou de louange devant Dieu et devant les hommes.

LXVI. La Cène sans substance, et la présence seulement en vertu.

Il reste l'article de la Cène, où les Suisses paroîtront plus sincères que jamais. Ils ne se contentent plus de ces termes vagues que nous leur avons vu employer une seule fois en 1536, par les conseils de Bucer et par complaisance pour les luthériens. Calvin même, leur bon ami, ne leur put persuader « la propre substance, » ni les miracles incompréhensibles par lesquels le Saint-Esprit nous la donnoit, malgré l'éloignement des lieux. Ils disent donc qu'à la vérité « nous recevons » non pas une nourriture imaginaire, mais « le propre corps, le vray corps de Nostre-Seigneur livré pour nous; mais intérieurement, spirituellement, par la foy : » le corps et le sang de Notre-Seigneur; « mais spirituellement par le Saint-Esprit, qui nous donne et nous applique les choses que le corps et le sang de Nostre-Seigneur nous ont mériteez, c'est-à-dire la rémission des péchés, la délivrance de nos ames et la vie éternelle [1]. » Voilà donc ce qui s'appelle « la chose receuë » dans ce sacrement. Cette chose reçue en effet, c'est la rémission des péchés et la vie spirituelle : et si le corps et le sang sont reçus aussi, c'est par leur fruit et par leur effet; ou, comme l'on ajoute après, « par leur figure, par leur commémoration, » et non pas par leur substance. C'est pourquoi, après avoir dit « que le corps de Nostre-Seigneur n'est que dans le ciel où il le faut adorer, et non pas sous les espèces du pain, » pour expliquer la manière dont il est

[1] Chap. XXI, p. 48.

présent : « Il n'est pas, disent-ils, absent de la Cène. Bien loin que le soleil soit dans le ciel absent de nous, il nous est présent efficacement, » c'est-à-dire présent par sa vertu. « Combien plus Jésus-Christ nous est-il présent par son opération vivifiante [1] ? » Qui ne voit que ce qui est présent seulement par sa vertu, comme le soleil, n'a pas besoin de communiquer sa propre substance? Ces deux idées sont incompatibles; et personne n'a jamais dit sérieusement qu'il reçoive la propre substance et du soleil et des astres, sous prétexte qu'il en reçoit les influences. Ainsi les zuingliens et les calvinistes, qui de tous ceux qui se sont séparés de Rome se vantent d'être les plus unis entre eux, ne laissent pas de se réformer les uns les autres dans leurs propres confessions de foi, et n'ont pu convenir encore d'une commune et simple explication de leur doctrine.

Il est vrai que celle des zuingliens ne laisse rien de particulier à la Cène. Le corps de Jésus-Christ n'y est pas plus que dans tous les autres actes du chrétien; et c'est en vain que Jésus-Christ a dit de la Cène seule avec tant de force : « Ceci est mon corps, » puisqu'avec ces fortes paroles il n'a pu venir à bout d'y rien opérer de particulier. C'est le foible inévitable du sens figuré; les zuingliens l'ont senti et l'ont avoué franchement : « Cette nourriture spirituelle se prend, disent-ils, hors de la Cène; et toutes les fois qu'on croit, le fidèle qui a crû, a déjà receû cét aliment de vie éternelle, et il en jouït; mais pour la mesme raison quand il reçoit le sacrement, ce qu'il reçoit n'est pas un rien : *Non nihil accipit.* » Où en est réduite la Cène de Notre-Seigneur? On n'en peut dire autre chose, sinon que ce qu'on y reçoit « n'est pas un rien. » Car, poursuivent nos zuingliens, « on y continuë à participer au corps et au sang de Nostre-Seigneur : » ainsi la Cène n'a rien de particulier. « La foy s'échauffe, s'accroist, se nourrit par quelque aliment spirituel; car, tant que nous vivons, elle reçoit de continuels accroissemens. » Elle en reçoit donc autant hors de la Cène que dans la Cène, et Jésus-Christ n'y est pas plus que partout ailleurs. C'est ainsi qu'après avoir dit que ce qu'on reçoit de particulier dans la Cène « n'est pas un rien, » et qu'en effet on

LXVII.
Rien de particulier à la Cène.

[1] P. 50.

le réduit à si peu de chose, on ne peut encore expliquer ce peu qu'on y laisse. Voilà un grand vide, je l'avoue : c'étoit pour couvrir ce vide que Calvin et les calvinistes avoient inventé leurs grandes phrases. Ils ont cru remplir ce vide affreux, en disant dans leur *Catéchisme* que hors de la Cène on ne reçoit Jésus-Christ « qu'en partie, » au lieu que dans la Cène on le reçoit pleinement. Mais que sert de dire de si grandes choses, si en les disant on ne dit rien ? J'aime mieux la sincérité de Zuingle et des Suisses, qui confessent la pauvreté de leur Cène, que la fausse abondance de nos calvinistes riches seulement en paroles.

LXVIII. Les Suisses sont les plus sincères de tous les défenseurs du sens figuré.

Je dois donc ce témoignage aux zuingliens, que leur confession de foi est la plus naturelle et la plus simple de toutes : ce que je dis, non-seulement à l'égard du point de l'Eucharistie, mais à l'égard de tous les autres ; et en un mot, de toutes les confessions de foi que je vois dans le parti protestant, celle de 1566 est, avec tous ses défauts, celle qui dit le plus nettement ce qu'elle veut dire.

LXIX. Confession remarquable des Polonois zuingliens où les luthériens sont maltraités. 1570.

Parmi les Polonois séparés de la communion romaine, il y en avoit quelques-uns qui défendoient le sens figuré, et ceux-ci avoient souscrit en l'an 1567 la confession de foi que les Suisses avoient dressée l'année précédente. Ils s'en contentèrent trois ans durant : mais en l'an 1570 ils jugèrent à propos d'en dresser une autre dans un synode tenu à Czenger, qu'on trouve dans le *Recueil de Genève*, où ils s'expliquent d'une façon fort particulière sur la Cène [1].

Ils condamnent la réalité, et *selon la rêverie* des catholiques, qui disent que le pain est changé au corps, et *selon la folie* des luthériens qui mettent le corps avec le pain [2] : ils déclarent particulièrement contre les derniers que la réalité qu'ils admettent ne peut subsister sans un changement de substance, tel que celui qui arriva dans les eaux d'Egypte, dans la verge de Moïse et dans l'eau des noces de Cana : ainsi ils reconnoissent clairement que la transsubstantiation est nécessaire, même selon les principes des luthériens. Ils témoignent tant d'horreur pour eux, qu'ils ne leur donnent point d'autre nom que celui *de mangeurs de chair hu-*

Synod. Czeng.; Synt. Conf., part. I, p. 148. — [2] Cap. de Cœn. Dom., p. 153.

maine, leur attribuant toujours une manière de communier *charnelle et sanglante*, comme s'ils dévoroient de la chair crue. Après avoir condamné les papistes et les luthériens, ils parlent d'autres errans qu'ils appellent *sacramentaires*. « Nous rejetons, disent-ils, la rêverie de ceux qui croient que la Cène est un signe vide du Seigneur absent [1]. » Par ces mots ils en veulent aux sociniens comme à des gens qui introduisent une Cène vide, quoiqu'ils ne puissent montrer que la leur soit mieux remplie, puisqu'on ne trouve partout, à l'égard du corps et du sang, que « signes, commémoration et vertu [2]. » Pour mettre quelque différence entre la Cène zuinglienne et la socinienne, ils disent « premièrement que la Cène » n'est pas la « seule mémoire de Jésus-Christ absent, » et ils font un chapitre exprès de la présence de Jésus-Christ dans ce mystère [3]. Mais en la voulant expliquer, ils s'embarrassent de termes qui ne sont d'aucune langue, et que je ne puis traduire en la nôtre, tant ils sont étranges et inouïs. C'est, disent-ils, que Jésus-Christ est présent dans la Cène, et comme Dieu et comme homme. Comme Dieu, *enter, præsenter :* traduise ces mots qui pourra : « par sa divinité Jéhovale, » c'est-à-dire, en termes vulgaires, par sa divinité proprement dite et exprimée par le nom incommunicable, « comme la vigne dans les sarmens, et comme le chef dans les membres. » Tout cela est vrai, mais ne sert de rien à la Cène, où il s'agit du corps et du sang. Ils en viennent donc à dire que Jésus-Christ est présent comme homme en quatre manières. « Premièrement, disent-ils, par son union avec le Verbe, en tant qu'il est uni au Verbe qui est partout. Secondement, il est présent dans sa promesse par la parole et par la foi, se communiquant à ses élus comme la vigne se communique à ses branches, et la tête à ses membres, quoiqu'éloignés d'elle. Troisièmement, il est présent par son institution sacramentelle et l'infusion de son Saint-Esprit. Quatrièmement, par son office de dispensateur, ou par son intercession pour ses élus [4]. » Ils ajoutent qu'il n'est pas présent « charnellement, ni localement, » ne devant être « corporellement que dans le ciel jusqu'au jour du jugement universel.»

[1] Cap. *de Sacramentariis*, p. 155. — [2] *Ibid.*, p. 153, 154. — [3] Cap. *de Præs., in Cœn.*, p. 155. — [4] P. 155.

LXX.
L'ubiquité enseignée par les Polonois zuingliens.

De ces quatre manières de présence, les trois dernières sont assez connues parmi les défenseurs du sens figuré. Mais pourront-ils nous faire entendre ce que veut dire la première dans leur sentiment? Ont-ils jamais enseigné, comme font les Polonois de leur communion, que Jésus-Christ « fût présent comme homme à la Cène par son union avec le Verbe, à cause que le Verbe est présent partout? » C'est le raisonnement des ubiquitaires, qui attribuent à Jésus-Christ d'être partout, même selon la nature humaine : mais cette rêverie des ubiquitaires n'est soutenue que parmi les luthériens. Les zuingliens et les calvinistes la rejettent, aussi bien que le catholiques. Cependant les zuingliens polonois empruntent ce sentiment; et n'étant pas pleinement contens de la confession zuinglienne qu'ils avoient souscrite, ils y ajoutent ce nouveau dogme.

LXXI.
Leur accord avec les luthériens et les vaudois

Ils firent plus, et la même année ils s'unirent avec les luthériens, qu'ils venoient de condamner comme « des hommes grossiers et charnels, » comme des hommes qui enseignoient une communion « cruelle et sanglante. » Ils recherchèrent leur communion ; et ces « mangeurs de chair humaine » devinrent leurs frères. Les vaudois entrèrent dans cet accord; et tous ensemble s'étant assemblés à Sendomir, ils souscrivirent ce qui avoit été résolu sur l'article de la Cène dans la confession de foi qu'on appeloit *Saxonique*.

Mais pour mieux entendre cette triple union des zuingliens, des luthériens et des vaudois, il faut savoir ce que c'est que ces vaudois, qu'on trouve alors dans la Pologne. Il est bon aussi de connoître ce que c'est en général que les vaudois, puisqu'à la fin ils sont devenus calvinistes, et que plusieurs protestans leur font tant d'honneur, qu'ils assurent même que l'Eglise persécutée par le Pape a conservé sa succession dans cette société : erreur si grossière et si manifeste, qu'il faut tâcher une bonne fois de les en guérir.

LIVRE XI.

Histoire abrégée des albigeois, des vaudois, des vicléfites et des hussites.

SOMMAIRE.

Histoire abrégée des albigeois et des vaudois. Que ce sont deux sectes très-différentes. Les albigeois sont de parfaits manichéens. Leur origine est expliquée. Les pauliciens, branche des manichéens en Arménie, d'où ils passent dans la Bulgarie, de là en Italie et en Allemagne, où ils ont été appelés *Cathares*, et en France, où ils ont pris le nom d'*Albigeois*. Leurs prodigieuses erreurs et leur hypocrisie sont découvertes par tous les auteurs du temps. Les illusions des protestans qui tâchent de les excuser. Témoignage de saint Bernard, qu'on accuse mal à propos de crédulité. Origine des vaudois. Les ministres les font en vain disciples de Bérenger. Ils ont cru la transsubstantiation. Les sept sacremens reconnus parmi eux. La confession et l'absolution sacramentale. Leur erreur est une espèce de donatisme. Ils font dépendre les sacremens de la sainteté de leurs ministres, et en attribuent l'administration aux laïques gens de bien. Origine de la secte appelée des *Frères de Bohême*. Qu'ils ne sont point vaudois, et qu'ils méprisent cette origine. Qu'ils ne sont point disciples de Jean Hus, quoiqu'ils s'en vantent. Leurs députés envoyés par tout le monde pour y chercher des chrétiens de leur croyance, sans en pouvoir trouver. Doctrine impie de Viclef. Jean Hus, qui se glorifie d'être son disciple, l'abandonne sur le point de l'Eucharistie. Les disciples de Jean Hus divisés en taborites et en calixtins. Confusion de toutes ces sectes. Les protestans n'en peuvent tirer aucun avantage pour établir leur mission, et la succession de leur doctrine. Accord des luthériens, des Bohémiens et des zuingliens dans la Pologne. Les divisions et les réconciliations des sectaires font également contre eux.

1. Quelle est la succession des protestans.

Ce qu'ont entrepris nos réformés, pour se donner des prédécesseurs dans tous les siècles passés, est inouï. Encore qu'au quatrième siècle, le plus éclairé de tous, il ne se soit trouvé qu'un seul Vigilance qui se soit opposé aux honneurs des Saints et au culte de leurs reliques, il est considéré par les protestans comme celui qui a conservé le dépôt, c'est-à-dire la succession de la doctrine apostolique; et il est préféré à saint Jérôme, qui a pour lui toute l'Eglise. Aërius par cette raison devoit aussi être regardé comme le seul que Dieu éclairoit dans le même siècle, puisque seul il rejetoit le sacrifice qu'on offroit partout ailleurs, et en Orient comme en Occident, pour le soulagement des morts. Par malheur il étoit arien ; et on a eu honte de compter parmi les témoins de la vérité un homme qui nioit la divinité du Fils de Dieu. Mais je m'étonne qu'on n'ait point passé par-dessus cette considération. Claude de Turin étoit arien et disciple de Félix d'Urgel [1], c'est-à-dire nestorien de plus. Mais parce qu'il a brisé les images, il est compté parmi les prédécesseurs des protestans. Les autres iconoclastes ont eu beau aussi bien que lui outrer la matière, jusqu'à dire que la peinture et la sculpture étoient des arts défendus de Dieu : c'est assez qu'ils aient accusé le reste de l'Eglise d'idolâtrie, pour mériter un rang honorable parmi les témoins de la vérité. Bérenger n'attaqua jamais que la présence réelle, et laissa tout le reste en son entier : mais c'est assez qu'il ait rejeté un seul dogme pour en faire un calviniste, et le compter parmi les docteurs de la vraie Eglise. Viclef y tiendra sa place, malgré les impiétés que nous verrons, et encore qu'en assurant qu'on n'est plus ni roi, ni seigneur, ni magistrat, ni prêtre, ni pasteur, dès qu'on est en péché mortel, il ait également renversé l'ordre du monde et celui de l'Eglise, et qu'il ait rempli l'un et l'autre de séditions et de troubles. Jean Hus aura suivi cette doctrine, et de plus jusqu'à la fin de ses jours il aura dit la messe et adoré l'Eucharistie : mais à cause qu'en d'autres points il aura combattu l'Eglise romaine, nos réformés le mettront au nombre de leurs martyrs. Enfin pourvu qu'on ait murmuré contre quelqu'un de nos dogmes, et surtout qu'on ait grondé ou crié contre le Pape, quel qu'on ait été d'ailleurs et quelque opinion qu'on ait soutenue, on est compté parmi les prédécesseurs des protestans, et on est jugé digne d'entretenir la succession de leur église.

II. Les vaudois et les albigeois seroient d'un foible secours aux calvinistes.

Mais de tous ces prédécesseurs que les protestans se veulent donner, les vaudois et les albigeois sont les mieux traités, du moins par les calvinistes. Que prétendent-ils par là ? Ce secours est foible. Faire remonter leur antiquité de quelques siècles (car les vaudois, à leur accorder selon leurs désirs Pierre de Bruis et son disciple Henri, ne vont pas plus haut que le siècle onzième), et là tout à coup demeurer court sans montrer personne devant soi, c'est être contraint de s'arrêter trop au-dessous du temps des

[1] Jon. Aur., *Præf. cont. Claud. Taur.*

apôtres; c'est tirer son secours de gens aussi foibles et aussi embarrassés que vous ; à qui on demande, comme à vous, leurs prédécesseurs ; qui ne peuvent, non plus que vous, les montrer; qui par conséquent sont coupables du même crime d'innovation dont on vous accuse : de sorte que nous les nommer dans ce procès, c'est nommer les complices du même crime, et non pas des témoins qui puissent légitimement déposer de votre innocence.

Cependant ce secours tel quel est embrassé avec ardeur par nos calvinistes, et en voici la raison. C'est que les vaudois et les albigeois ont formé des églises séparées de Rome, ce que Bérenger et Viclef n'ont jamais fait. C'est donc en quelque façon se faire une suite d'église que de se les donner pour prédécesseurs. Comme l'origine de ces églises, aussi bien que la croyance dont elles faisoient profession, étoit encore assez obscure du temps de la réformation prétendue, on faisoit accroire au peuple qu'elles étoient d'une très-grande antiquité, et qu'elles venoient des premiers siècles du christianisme.

III. Pourquoi les calvinistes les ont fait valoir.

Je ne m'étonne pas que Léger, un des barbes des vaudois (c'est ainsi qu'ils appeloient leurs pasteurs) et leur plus célèbre historien, ait donné dans cette erreur; car c'est constamment le plus ignorant, comme le plus hardi de tous les hommes. Mais il y a sujet de s'étonner que Bèze l'ait embrassée, et qu'il ait écrit dans son *Histoire ecclésiastique*, non-seulement que « les vaudois de temps immémorial s'estoient opposez aux abus de l'Eglise romaine [1], » mais encore qu'en l'an 1541 « ils couchèrent par acte public en bonne forme la doctrine à eux enseignée comme de père en fils depuis l'an 120 après la nativité de Jésus-Christ, comme ils l'avoient toujours entendue par leurs anciens et ancestres [2]. »

IV. Prétentions ridicules des vaudois et de Bèze.

Voilà sans doute une belle tradition, si elle étoit soutenue par la moindre preuve. Mais par malheur les premiers disciples de Valdo ne le prenoient pas si haut ; et lorsqu'ils se vouloient attribuer la plus grande antiquité, ils se contentoient de dire qu'ils s'étoient retirés de l'Eglise romaine, lorsque sous le pape Silvestre I elle avoit accepté les biens temporels que lui donna Cons-

V. Fausse origine dont se vantoient les vaudois.

[1] Liv. I, p. 35. — [2] *Ibid.*, p. 39.

tantin, premier empereur chrétien. Cette cause de rupture est si vaine, et cette prétention est d'ailleurs si ridicule, qu'elle ne mérite pas d'être réfutée. Il faudroit être insensé pour se mettre dans l'esprit que dès le temps de saint Silvestre, c'est-à-dire environ l'an 320, il y ait eu une secte parmi les chrétiens dont les Pères n'aient jamais eu de connoissance. Nous avons dans les conciles tenus dans la communion de l'Eglise romaine, des anathèmes prononcés contre une infinité de sectes diverses : nous avons des catalogues des hérésies dressés par saint Epiphane, par saint Augustin et par plusieurs autres auteurs ecclésiastiques. Les sectes les plus obscures et les moins suivies ; celles qui ont paru dans un coin du monde, comme celles de certaines femmes qu'on appeloit *Collyridiennes*, qui n'étoient que je ne sais où dans l'Arabie; celle des tertullianistes ou des abéliens, qui n'étoit que dans Carthage ou dans quelques villages autour d'Hippone, et plusieurs autres aussi cachées, ne leur ont pas été inconnues [1]. Le zèle des pasteurs, qui travailloient à ramener les brebis égarées, découvroit tout pour tout sauver : il n'y a que ces séparés pour les biens ecclésiastiques que personne n'a jamais connus. Plus modérés que les Athanases, que les Basiles, que les Ambroises et que tous les autres docteurs; plus sages que tous les conciles, qui sans rejeter les biens donnés aux églises, se contentoient de faire des règles pour les bien administrer, ils ont encore si bien fait qu'ils ont échappé à leur connoissance. Que les premiers vaudois l'aient osé dire, c'est une impudence extrême ; mais de faire remonter avec Bèze cette secte inconnue à tous les siècles jusqu'à l'an 120 de Notre-Seigneur, c'est se donner des ancêtres et une suite d'église par une illusion trop grossière.

VI. Dessein de ce livre XI, et ce qu'on y doit démontrer.

Les réformés affligés de leur nouveauté, qu'on ne cessoit de leur reprocher, avoient besoin de cette foible consolation. Mais pour en tirer du secours, il a fallu encore employer d'autres artifices : il a fallu cacher avec soin le vrai état de ces albigeois et de ces vaudois. On n'en a fait qu'une secte, quoique c'en soient deux très-différentes, de peur que les réformés ne vissent parmi leurs

[1] Epiph., *Hær.* 79, tom. I, p. 1057; August., *Hær.* 86, 87, tom. VIII, col. 24, 25; Tertul., *De Præscrip.*

ancêtres une trop manifeste contrariété. On a, sur toutes choses, caché leur abominable doctrine : on a dissimulé que ces albigeois étoient de parfaits manichéens, aussi bien que Pierre de Bruis et son disciple Henri : on a tu que ces vaudois s'étoient séparés de l'Eglise sur des fondemens détestés par la nouvelle Réforme, aussi bien que par l'Eglise romaine : on a usé d'une pareille dissimulation à l'égard de ces vaudois de Pologne, qui n'avoient que le nom de vaudois ; et on a caché au peuple que leur doctrine n'étoit ni celle des anciens vaudois, ni celle des calvinistes, ni celle des luthériens. L'histoire, que je vais donner de ces trois sectes, quoiqu'elle soit abrégée, ne laisse pas d'être soutenue par assez de preuves, pour faire honte aux calvinistes des ancêtres qu'ils se sont donnés.

HISTOIRE DES NOUVEAUX MANICHÉENS,

appelés *les hérétiques de Toulouse et d'Albi.*

Pour en entendre la suite, il ne faut pas ignorer tout à fait ce que c'étoit que les manichéens. Toute leur théologie rouloit sur la question de l'origine du mal : ils en voyoient dans le monde, et ils en vouloient trouver le principe. Dieu ne le pouvoit pas être, parce qu'il étoit infiniment bon. Il falloit donc, disoient-ils, reconnoître un autre principe, qui étant mauvais par sa nature, fût la cause et l'origine du mal. Voilà donc la source de l'erreur : deux premiers principes, l'un du bien, l'autre du mal ; ennemis par conséquent et de nature contraire, s'étant combattus et mêlés dans le combat, avoient répandu l'un le bien, l'autre le mal dans le monde ; l'un la lumière, l'autre les ténèbres, et ainsi du reste : car je n'ai pas besoin de raconter ici toutes les extravagances impies de cette abominable secte. Elle étoit venue du paganisme, et on en voit des principes jusque dans Platon. Elle régnoit parmi les Perses. Plutarque nous a rapporté les noms qu'ils donnoient au bon et au mauvais principe. Manès Perse de nation, tâcha d'introduire ce prodige dans la religion chrétienne sous l'empire d'Aurélien, c'est-à-dire vers la fin du troisième siècle. Marcion

VII. Erreurs des manichéens, qui sont les auteurs des albigeois.

avoit déjà commencé quelques années auparavant, et sa secte divisée en plusieurs branches avoit préparé la voie aux impiétés et aux rêveries que Manès y ajouta.

VIII. Conséquences du faux principe des manichéens.

Au reste les conséquences que ces hérétiques tiroient de cette doctrine n'étoient pas moins absurdes ni moins impies. L'Ancien Testament avec ses rigueurs n'étoit qu'une fable, ou en tout cas l'ouvrage du mauvais principe : le mystère de l'incarnation, une illusion; et la chair de Jésus-Christ, un fantôme : car la chair étant l'œuvre du mauvais principe, Jésus-Christ, qui étoit le Fils du bon Dieu, ne pouvoit pas l'avoir prise en vérité. Comme nos corps venoient du mauvais principe et que nos ames venoient du bon, ou plutôt qu'elles en étoient la substance même, il n'étoit pas permis d'avoir des enfans, ni de lier la substance du bon principe avec celle du mauvais : de sorte que le mariage, ou plutôt la génération des enfans étoit défendue. La chair des animaux et tout ce qui en sort, comme les laitages, étoient aussi l'ouvrage du mauvais; le vin étoit au même rang : tout cela étoit impur de sa nature, et l'usage en étoit criminel. Voilà donc manifestement ces hommes trompés par les démons dont parle saint Paul, qui devoient « dans les derniers temps...... défendre le mariage, et rejeter » comme immondes « les viandes que Dieu avoit créées [1]. »

IX. Les manichéens tâchoient de s'autoriser par les pratiques de l'Eglise.

Ces malheureux, qui ne cherchoient qu'à tromper le monde par des apparences, tâchoient de s'autoriser par l'exemple de l'Eglise catholique, où le nombre de ceux qui s'interdisoient l'usage du mariage par la profession de la continence étoit très-grand, et où l'on s'abstenoit de certaines viandes, ou toujours, comme faisoient plusieurs solitaires à l'exemple de Daniel [2], ou en certains temps, comme dans le temps de carême. Mais les saints Pères répondoient qu'il y avoit grande différence entre ceux qui condamnoient la génération des enfans, comme faisoient formellement les manichéens [3], et ceux qui lui préféroient la continence avec l'Apôtre et avec Jésus-Christ même [4], et qui ne se croyoient pas permis de reculer en arrière [5], après avoir fait profession

---

[1] I *Timoth.*, IV, 1, 3. — [2] *Dan.*, I, 8, 12. — [3] August., *cont. Faust. Manich.*, lib. XXX, cap. III-VI. — [4] I *Cor.*, VI, 26, 32, 34, 38; *Matth.*, XIX, 12. — [5] *Luc.*, IX, 62.

d'une vie plus parfaite. C'étoit ainsi autre chose de s'abstenir de certaines viandes, ou pour signifier quelque mystère comme dans l'Ancien Testament; ou pour mortifier les sens, comme on le continuoit encore dans le Nouveau : autre chose de les condamner avec les manichéens comme impures, comme mauvaises, comme étant l'ouvrage « non de Dieu, » mais du mauvais. Et les Pères remarquoient que l'Apôtre attaquoit expressément ce dernier sens, qui étoit celui des manichéens, par ces paroles : « Toute créature de Dieu est bonne[1]; » et encore par celles-ci : « Il ne faut rien rejeter » de ce que Dieu a créé; et de là ils concluoient qu'il ne falloit pas s'étonner que le Saint-Esprit eût averti de si loin les fidèles d'une si grande abomination par la bouche de saint Paul.

Tels étoient les principaux points de la doctrine des manichéens. Mais cette secte avoit encore deux caractères remarquables : l'un, qu'au milieu de ces absurdités impies que le démon avoit inspirées aux manichéens, ils avoient encore mêlé dans leurs discours je ne sais quoi de si éblouissant et une force si prodigieuse de séduction, que même saint Augustin, un si beau génie, y fut pris et demeura parmi eux neuf ans durant, très-zélé pour cette secte[2]. On remarque aussi que c'étoit une de celles dont on revenoit le plus difficilement : elle avoit, pour tromper les simples, des prestiges et des illusions inouïes. On lui attribue aussi des enchantemens[3], et enfin on y remarquoit tout l'attirail de la séduction.

X. Trois autres caractères des manichéens. Le premier, l'esprit de séduction.

L'autre caractère des manichéens est qu'ils savoient cacher ce qu'il y avoit de plus détestable dans leur secte avec un artifice si profond, que non-seulement ceux qui n'en étoient pas, mais encore ceux qui en étoient, y passoient un long temps sans le savoir. Car sous la belle couverture de leur continence, ils cachoient des impuretés qu'on n'ose nommer, et qui même faisoient partie de leurs mystères. Il y avoit parmi eux plusieurs ordres. Ceux qu'ils appeloient leurs auditeurs ne savoient pas le fond de la secte; et leurs élus, c'est-à-dire ceux qui savoient tout le mys-

XI. Second caractère : l'hypocrisie.

---

[1] I *Timoth.*, IV, 4. — [2] *Lib. II cont. Faust. Man.*, cap. IX; et *Conf.*, lib. IV, cap. 1 et seq. — [3] Theodoret., *Hæret. fab.*, lib. I, cap. ult. *de Manich.*, p. 212, et seq.

tère, en cachoient soigneusement l'abominable secret, jusqu'à ce qu'on y eût été préparé par divers degrés. On étaloit l'abstinence et l'extérieur d'une vie non-seulement belle, mais encore mortifiée; et c'étoit une partie de la séduction de venir comme par degrés à ce qu'on croyoit plus parfait, à cause qu'il étoit caché.

XII. Troisième caractère: se mêler avec les catholiques dans les églises, et se cacher.

Pour troisième caractère de ces hérétiques, nous y pouvons encore observer une adresse inconcevable à se mêler parmi les fidèles, et à s'y cacher sous la profession de la foi catholique; car cette dissimulation étoit un des artifices dont ils se servoient pour attirer les hommes dans leurs sentimens. On les voyoit dans les églises avec les autres : ils y recevoient la communion ; et encore qu'ils n'y reçussent jamais le sang de Notre-Seigneur, tant à cause qu'ils détestoient le vin dont on se servoit pour le consacrer, qu'à cause aussi qu'ils ne croyoient pas que Jésus-Christ eût du vrai sang; la liberté qu'on avoit dans l'Eglise de participer ou à une ou à deux espèces fit qu'on fut longtemps sans s'apercevoir de leur perpétuelle affectation à rejeter celle du vin consacré. Ils furent donc à la fin reconnus par saint Léon à cette marque[1] : mais leur adresse à tromper les yeux, quoique vigilans, des catholiques, étoit si grande, qu'ils se cachèrent encore, et furent à peine découverts sous le pontificat de saint Gélase. Alors donc, pour les rendre tout à fait reconnoissables au peuple, il en fallut venir à une défense expresse de communier autrement que sous les deux espèces; et pour montrer que cette défense n'étoit pas fondée sur la nécessité de les prendre toujours ensemble, saint Gélase l'appuie en termes formels, sur ce que ceux qui refusoient le vin sacré le faisoient par une « certaine superstition[2] : » preuve certaine que hors la superstition, qui rejetoit comme mauvaise une des parties du mystère, l'usage de sa nature en eût été libre et indifférent, même dans les assemblées solennelles. Les protestans, qui ont cru que ce mot de *superstition* n'étoit pas assez fort pour exprimer les abominables pratiques des manichéens, ne songent pas que ce mot signifie dans la langue latine toute fausse

---

[1] Leo I, serm. XLI, qui est IV de Quadr., cap. IV et V. — [2] Gelas., *in Dec. Grat. de cons.*, distinct. II, cap. *Comperimus;* Ivo, *Microl.*, etc.

religion; mais qu'il est particulièrement affecté à la secte des manichéens, à cause de leurs abstinences et observances superstitieuses : les livres de saint Augustin en sont de bons témoins [1].

Cette secte si cachée, si abominable, si pleine de séduction, de superstition et d'hypocrisie, malgré les lois des empereurs qui en avoient condamné les sectateurs au dernier supplice, ne laissoit pas de se conserver et de se répandre. L'empereur Anastase et l'impératrice Théodore, femme de Justinien, l'avoient favorisée. On en voit les sectateurs sous les enfans d'Héraclius, c'est-à-dire au septième siècle, en Arménie, province voisine de la Perse, d'où cette fable détestable étoit venue, et autrefois sujette à son empire. Ils y furent ou établis, ou confirmés par un nommé Paul [2], d'où le nom de *Pauliciens* leur fut donné en Orient par un nommé Constantin, et enfin par un nommé Serge : et ils y parvinrent à une si grande puissance, ou par la foiblesse du gouvernement ou par la protection des Sarrasins, ou même par la faveur de l'empereur Nicéphore très-attaché à cette secte [3], qu'à la fin persécutés par l'impératrice Théodore, femme de Basile, ils se trouvèrent en état de bâtir des villes, et de prendre les armes contre leurs princes [4].

XIII. Les pauliciens ou les manichéens d'Arménie

Ces guerres furent longues et sanglantes sous l'empire de Basile le Macédonien, c'est-à-dire à l'extrémité du neuvième siècle. Pierre de Sicile fut envoyé par cet empereur à Tibrique, en Arménie [5], que Cédrénus appelle *Téphrique* [6], une des places de ces hérétiques, pour y traiter de l'échange des prisonniers. Durant ce temps il connut à fond les pauliciens, et il adressa un livre sur leurs erreurs à l'archevêque de Bulgarie pour les raisons que nous verrons. Vossius reconnoît que nous avons une grande obligation à Radérus, qui nous a donné en grec et en latin une histoire si particulière et si excellente [7]. Pierre de Sicile nous y désigne ces hérétiques par leurs propres caractères, par leurs deux principes, par le mépris qu'ils avoient pour l'Ancien Testament, par

XIV. Histoire des pauliciens, de Pierre de Sicile, adressée à l'archevêque de Bulgarie.

---

[1] *De morib. Ecc. Cath.*, cap. XXXIV, n. 74; *De morib. Mun.*, cap. XVIII, n. 65; *Cont. Ep. Fundam.*, cap. XV, n. 19. — [2] Cedr., tom. I, p. 432. — [3] Cedr., tom. II, p. 480. — [4] *Ibid.*, p. 541. — [5] Petr. Sic., *Hist. de Munich.* — [6] Cedr., tom. II, p. 541, etc. — [7] Voss., *de Hist. Græc.*

leur adresse prodigieuse à se cacher quand ils vouloient, et par les autres marques que nous avons vues[1]. Mais il en remarque deux ou trois qu'il ne faut pas oublier : c'étoit leur aversion particulière pour les images de la croix; suite naturelle de leur erreur, puisqu'ils rejetoient la passion et la mort du Fils de Dieu; leur mépris pour la sainte Vierge, qu'ils ne tenoient point pour mère de Jésus-Christ, puisqu'il n'avoit pas de chair humaine; et surtout leur éloignement pour l'Eucharistie.

XV. Convenance des pauliciens avec les manichéens réfutés par S. Augustin.

Cédrénus, qui a pris de cet historien la plupart des choses qu'il raconte des pauliciens, marque après lui ces trois caractères, c'est-à-dire leur aversion pour la croix, pour la sainte Vierge et pour la sainte Eucharistie[2]. Les anciens manichéens avoient les mêmes sentimens. Nous apprenons de saint Augustin[3] que leur eucharistie n'étoit pas la nôtre, mais quelque chose de si exécrable qu'on n'ose même y penser, loin qu'on puisse l'écrire. Mais les nouveaux manichéens avoient encore reçu des anciens une autre doctrine qu'il importe de remarquer. Dès le temps de saint Augustin, Fauste le Manichéen reprochoit aux catholiques leur idolâtrie dans le culte qu'ils rendoient aux saints martyrs, et dans les sacrifices qu'ils offroient sur leurs reliques[4]. Mais saint Augustin leur faisoit voir que ce culte n'avoit rien de commun avec celui des païens, parce que ce n'étoit pas le culte de latrie ou de sujétion et de servitude parfaite[5]; et que si on offroit à Dieu l'oblation sainte du corps et du sang de Jésus-Christ aux tombeaux et sur les reliques des martyrs, on se gardoit bien de leur offrir ce sacrifice; mais qu'on espéroit seulement « par là s'exciter à l'imitation de leurs vertus, s'associer à leurs mérites, et enfin être secouru par leurs prières[6]. » Une réponse si nette n'empêcha pas que les nouveaux manichéens ne continuassent dans les calomnies de leurs pères. Pierre de Sicile nous rapporte qu'une femme manichéenne séduisit un laïque ignorant nommé *Serge*[7], en lui disant que les catholiques honoroient les Saints comme des divinités, et que c'étoit pour cette raison qu'on empêchoit les laïques de

---

[1] Pet. Sic., *ibid., Præf.* etc. — [2] Cedr., tom. II, p. 434. — [3] Aug., *Hær.* 46, etc. — [4] Lib. XX, *cont. Faust.,* cap. IV. — [5] *Ibid.,* cap. XXI et seq. — [6] *Ibid.,* cap. XVIII. — [7] Pet. Sic., *Hist. de Manich.*

lire la sainte Écriture, de peur qu'ils ne découvrissent plusieurs semblables erreurs.

C'étoit par de telles calomnies que les manichéens séduisoient les simples. On a toujours remarqué parmi eux un grand désir d'étendre leur secte. Pierre de Sicile découvrit durant le temps de son ambassade à Tibrique, qu'il avoit été résolu dans le conseil des pauliciens, d'envoyer des prédicateurs de leur secte dans la Bulgarie, pour en séduire les peuples nouvellement convertis[1]. La Thrace voisine de cette province étoit, il y avoit déjà longtemps, infectée de cette hérésie. Ainsi il n'y avoit que trop à craindre pour les Bulgares, si les pauliciens, les plus artificieux des manichéens, entreprenoient de les séduire; et c'est ce qui obligea Pierre de Sicile d'adresser à leur archevêque le livre dont nous venons de parler, afin de les prémunir contre des hérétiques si dangereux. Malgré ses soins, il est constant que l'hérésie manichéenne jeta de profondes racines dans la Bulgarie, et c'est de là qu'elle se répandit bientôt après dans le reste de l'Europe; ce qui fit donner, comme nous verrons, le nom de Bulgares aux sectateurs de cette hérésie.

XVI. Dessein des pauliciens sur les Bulgares, et instruction de Pierre de Sicile pour en empêcher l'effet.

Mille ans s'étoient écoulés depuis la naissance de Jésus-Christ, et le prodigieux relâchement de la discipline menaçoit l'Église d'Occident de quelque malheur extraordinaire. C'étoit peut-être aussi le temps de ce terrible « déchaînement de Satan » marqué dans l'Apocalypse[2], « après mille ans; » ce qui peut signifier d'extrêmes désordres, mille ans après que « le fort armé, » c'est-à-dire le démon victorieux, « fut lié » par Jésus-Christ venant au monde[3]. Quoi qu'il en soit, dans ce temps et en 1017, sous le roi Robert, on découvrit à Orléans des hérétiques d'une doctrine qu'on ne connoissoit plus il y avoit longtemps parmi les Latins[4].

XVII. Les manichéens commencent à paroître en Occident après l'an 1000 de Notre-Seigneur.

Une femme italienne avoit apporté en France cette damnable hérésie. Deux chanoines d'Orléans, l'un nommé Etienne ou Héribert, et l'autre nommé Lisoïus, qui étoient en réputation, furent les premiers séduits. On eut beaucoup de peine à découvrir leur

XVIII. Manichéens venus d'Italie, découverts sous le roi Ro-

---

[1] Petr. Sic., initio lib.— [2] Apoc., xx, 2, 3, 7.— [3] Matth., xii, 29; Luc., xi, 21, 22.— [4] Acta Conc. Aurel., Spicil., tom. II, Conc., Lab., tom. IX; Glab., lib. III, cap. VIII.

secret. Mais enfin un Arifaste, qui soupçonna ce que c'étoit, s'étant introduit dans leur familiarité, ces hérétiques et leurs sectateurs confessèrent avec beaucoup de peine qu'ils nioient la chair humaine en Jésus-Christ; qu'ils ne croyoient pas que la rémission des péchés fût donnée dans le baptême, ni que le pain et le vin pussent être changés au corps et au sang de Jésus-Christ[1]. On découvrit qu'ils avoient une eucharistie particulière, qu'ils appeloient *la viande céleste*. Elle étoit cruelle et abominable, et tout à fait du génie des manichéens, quoiqu'on ne la trouve pas dans les anciens. Mais outre ce qu'on en vit à Orléans, Guibert de Nogent la remarque encore en d'autres pays[2]. Il ne faut pas s'étonner qu'on trouve de nouveaux prodiges dans une secte si cachée, soit qu'elle les invente, ou qu'on les y découvre de nouveau.

Voilà de vrais caractères de manichéisme. On a vu que ces hérétiques rejetoient l'incarnation. Pour le baptême, saint Augustin dit expressément que les manichéens « ne le donnoient pas, et le croyoient inutile[3]. » Pierre de Sicile et après lui Cédrénus nous apprennent la même chose des pauliciens[4] : tous ensemble nous font voir que les manichéens avoient une autre eucharistie que la nôtre. Ce que disoient les hérétiques d'Orléans, qu'il ne falloit pas implorer le secours des Saints, étoit encore de même caractère et venoit, comme on a vu, de l'ancienne source de cette secte.

Ils ne dirent rien ouvertement des deux principes : mais ils parlèrent avec mépris de la création et des livres où elle étoit écrite. Cela regardoit l'Ancien Testament, et ils confessèrent dans le supplice qu'ils avoient eu de mauvais sentiments « sur le Seigneur de l'univers[5]. » Le lecteur se souvient bien que c'est celui que les manichéens croyoient mauvais. Ils allèrent au feu avec joie dans l'espérance d'en être miraculeusement délivrés, tant l'esprit de séduction agissoit en eux. Au reste c'est ici le premier exemple d'une semblable condamnation. On sait que les lois romaines condamnoient à mort les manichéens[6] : le saint roi Robert les jugea dignes du feu.

---

[1] Glab., *ibid*; *Acta Conc. Aurel., Conc.*, Labb., *ibid*. — [2] *De vitâ sud*, lib. III, cap. XVI. — [3] *De Hæres., in hæres. Manich.*, tom. VIII, col. 17. — [4] Petr. Sic., *Hist. de Manich.*; Cedr., tom. I, p. 434.— [5] *Ibid*. — [6] *Cod. de hær.*, lib. V.

En même temps la même hérésie se trouve en Aquitaine et à Toulouse, comme il paroît par l'*Histoire* d'Adémare de Chabanes, moine de l'abbaye de Saint-Cibard d'Angoulême, contemporain de ces hérétiques [1]. Un ancien auteur de l'histoire d'Aquitaine, que le célèbre Pierre Pithou a donnée au public, nous apprend qu'on découvrit en cette province, dont le Périgord faisoit partie, « des manichéens qui rejetoient le baptême, le signe de la sainte croix, l'Eglise et le Rédempteur lui-même, » dont ils nioient l'incarnation et la passion, « l'honneur dû aux Saints, le mariage légitime et l'usage de la viande [2]. » Et le même auteur nous fait voir qu'ils étoient de la même secte que les hérétiques d'Orléans, dont l'erreur étoit venue d'Italie.

XXI. La même hérésie en Gascogne et à Toulouse.

En effet nous voyons que les manichéens s'étoient établis en ce pays-là. On les appeloit *Cathares*, c'est-à-dire purs. D'autres hérétiques avoient autrefois pris ce nom ; et c'étoit les novatiens, dans la pensée qu'ils avoient que leur vie étoit plus pure que celle des autres, à cause de la sévérité de leur discipline. Mais les manichéens enorgueillis de leur continence et de l'abstinence de la viande qu'ils croyoient immonde, se regardoient non-seulement comme cathares ou purs, mais encore, au rapport de saint Augustin [3], comme *Catharistes*, c'est-à-dire, purificateurs à cause de la partie de la substance divine mêlée dans les herbes et dans les légumes avec la substance contraire, dont ils séparoient et purifioient cette substance divine en la mangeant. Ce sont là des prodiges, je l'avoue ; et on n'auroit jamais cru que les hommes en pussent être si étrangement entêtés, si on ne l'avoit connu par expérience, Dieu voulant donner à l'esprit humain des exemples de l'aveuglement où il peut tomber, quand il est laissé à lui-même. Voilà donc la véritable origine des hérétiques de France venus des cathares d'Italie.

XXII. Les manichéens d'Italie appelés *Cathares*, et pourquoi.

Vignier, que nos réformés ont regardé comme le restaurateur de l'histoire dans le dernier siècle, parle de cette hérésie et de la découverte qui s'en fit au concile d'Orléans, dont il met la date

XXIII. Origine des manichéens de Toulouse

---

[1] *Bib. nov.*, Labb., tom. II, p. 176, 180. — [2] *Fragm. hist. Aquit.*, edita à Petro Pith., Bar., tom. XI, an. 1017. — [3] *De Hær.*, in *hær. Manich.*, tom. VIII, col. 15.

et d'Italie. par erreur en 1022; et il remarque qu'en cette année « furent pris
Preuve
qu'ils ve- et brulez publiquement plusieurs personnages en présence du
noient de
Bulgarie. roy Robert pour crime d'hérésie; car on écrit, poursuit-il, qu'ils
parloient mal de Dieu et des sacremens, à savoir du baptême, et
du corps et du sang de Jésus-Christ, ensemble aussi du mariage ;
et ne vouloient user des viandes ayant sang et graisse, les réputant immondes [1]. » Il raconte aussi que le principal de ces hérétiques s'appeloit Etienne, dont il donne Glaber pour témoin avec
la chronique de Saint-Cibard : « Selon lesquels, continue-t-il,
plusieurs autres sectaires de la mesme hérésie, qu'on appeloit des
Manichéens, furent exécutez ailleurs, comme à Toulouse et en
Italie. » N'importe que cet auteur se soit trompé dans la date et
dans quelques autres circonstances de l'histoire : il n'avoit pas vu
les actes qu'on a recouvrés depuis. Il suffit que cette hérésie d'Orléans, dont Etienne fut l'un des auteurs, dont le roi Robert vengea
les excès et dont Glaber nous a raconté l'histoire, soit reconnue
pour manichéenne par Vignier; qu'il l'ait regardée comme la
source de l'hérésie qu'on punit depuis à Toulouse, et que toute
cette impiété fût dérivée de la Bulgarie, comme on va voir.

XXIV. Un ancien auteur rapporté dans les additions du même Vignier,
La même
origine ne permet pas d'en douter. Le passage de cet auteur, que Vignier
prouvée
par un an- transcrit tout entier en latin [2], veut dire en françois : « Que dès
cien au-
teur, chez que l'hérésie des Bulgares commença à se multiplier dans la Lom-
Vignier.
bardie, ils avoient pour évêque un certain Marc qui avoit reçu
son ordre de la Bulgarie, et sous lequel étoient les Lombards, les
Toscans et ceux de la Marche : mais qu'il vint de Constantinople
dans la Lombardie un autre Pape nommé Nicétas, qui accusa
l'ordre de la Bulgarie; » et que Marc reçut l'ordre de la Drungarie.

XXV. Quel pays c'est que la Drungarie, je n'ai pas besoin de l'exa-
Suite du
même pas- miner. Renier très-instruit, comme nous verrons, de toutes ces
sage.
hérésies, nous parle des églises manichéennes « de Dugranicie et
de Bulgarie [3], d'où viennent toutes les autres » de la secte en Italie
et en France; ce qui, comme l'on voit, s'accorde très-bien avec
l'auteur de Vignier. On voit dans ce même « ancien auteur » de

[1] *Bibl. hist.*, II⁰ part., à l'an 1022, p. 672. — [2] Addit. à la II⁰ part., p. 133. —
[3] Rin., *Cont. Vald.*, cap. VI, tom. XXV; *Bibl. PP.*, p. 269.

Vignier, que cette hérésie « apportée d'outre-mer, à sçavoir de Bulgarie, de là s'estoit épanchée par les autres provinces, où elle fut après en grande vogue au païs de Languedoc, de Toulouse et de Gascogne signamment, qui la fit dire aussi des albigeois, qu'on appela semblablement *Bulgares* [1], » à cause de leur origine. Je ne veux pas répéter ce que Vignier remarque de la manière dont on tournoit ce nom de *Bulgares* dans notre langue. Le mot en est trop infâme, mais l'origine en est certaine; et il n'est pas moins assuré qu'on appeloit de ce nom les albigeois pour marque du lieu d'où ils venoient, c'est-à-dire de Bulgarie.

Il n'en faudroit pas davantage pour convaincre ces hérétiques de manichéisme. Mais le mal se déclara davantage dans la suite, principalement dans le Languedoc et à Toulouse; car cette ville étoit comme le chef de la secte, « d'où l'hérésie s'étendant, » comme porte le canon d'Alexandre III dans le concile de Tours, « à la manière d'un cancer, dans les pays voisins, a infecté la Gascogne et les autres provinces [2]. » Comme c'étoit là pour ainsi dire la source du mal, c'étoit là aussi que l'on commença d'y appliquer le remède. Le pape Calixte II tint un concile à Toulouse, où l'on condamne les hérétiques qui « rejettent le sacrement du corps et du sang de Notre-Seigneur, le baptême des petits enfans, le sacerdoce et tous les ordres ecclésiastiques, et le mariage légitime [3]. » Le même canon fut répété dans le concile général de Latran sous Innocent II [4]. On voit ici le caractère du manichéisme dans la condamnation du mariage. C'en est encore un autre de rejeter le sacrement de l'Eucharistie; car il faut bien remarquer que le canon porte, non pas que ces hérétiques eussent quelque erreur sur ce sacrement, mais « qu'ils le rejetoient, » comme on a vu que faisoient aussi les manichéens.

XXVI. Conciles de Tours et de Toulouse contre les manichéens de cette dernière ville.

Pour le sacerdoce et tous les ordres ecclésiastiques, on peut voir dans saint Augustin et dans les autres auteurs le renversement qu'introduisirent les manichéens dans toute la hiérarchie, et le mépris qu'ils faisoient de tout l'ordre ecclésiastique. A l'égard du baptême des petits enfans, nous remarquerons dans la

XXVII. Convenance avec les manichéens connus par S. Augustin. La même hé-

---

[1] Vignier, *ibid.* — [2] *Conc. Tur.*, V, can. 4. — [3] *Conc. Tol.*, an. 1119, can. 3. — [4] *Conc. Lat.*, II, an. 1139, can. 23.

résie en Allemagne

suite que les nouveaux manichéens l'attaquèrent avec un soin particulier : et encore qu'en général ils rejetassent le baptême [1], ce qui frappoit les yeux des hommes étoit principalement le refus qu'ils faisoient de ce sacrement aux petits enfans [2], qui étoient presque les seuls à qui on le donnât alors (a). On marqua donc dans ce canon de Toulouse et de Latran les caractères sensibles par où cette hérésie toulousaine, qu'on appela depuis *albigeoise*, se faisoit connoître. Le fond de l'erreur demeuroit plus caché. Mais à mesure que cette race maudite venue de la Bulgarie se répandoit dans l'Occident, on y découvrit de plus en plus les dogmes des manichéens. Ils pénétrèrent jusqu'au fond de l'Allemagne ; et l'empereur Henri IV les y découvrit à Goslar, ville de Suabe, au milieu de l'onzième siècle, étonné d'où pouvoit venir cette engeance du manichéisme [3]. Ceux-ci furent reconnus à cause qu'ils s'abstenoient « de la chair des animaux, quels qu'ils fussent, et en croyoient l'usage défendu. » L'erreur se répandit bientôt de tous côtés en Allemagne, et dans le douzième siècle on découvrit beaucoup de ces hérétiques autour de Cologne. Le nom de *Cathares* faisoit connoître la secte ; et Ecbert, auteur du temps très-versé dans la théologie, nous fait voir dans ces cathares d'autour de Cologne tous les caractères des manichéens [4] : la même détestation de la viande et du mariage, le même mépris du baptême, la même horreur pour la communion, la même répugnance à croire la vérité de l'incarnation et de la passion du Fils de Dieu, et enfin les autres marques semblables que je n'ai plus besoin de répéter.

XXVIII.
Suite des sentimens d'Ecbert sur les manichéens d'Allemagne.

Mais comme les hérésies changent, ou se découvrent davantage avec le temps, on y voit beaucoup de nouveaux dogmes et de nouvelles pratiques. Par exemple, en nous expliquant avec les autres le mépris que ces manichéens faisoient du baptême, Ecbert nous apprend que s'ils rejetoient le baptême d'eau [5], ils donnoient avec des flambeaux allumés un certain baptême de feu, dont il

---

[1] Aug., *de Hær.*, *in hær. Manich*, tom. VIII, col. 17. — [2] Eckb., serm. I ; *Bib. PP.*, tom. IV, II part., p. 81 ; Rin., *cont. Vald.*, cap. VI. — [3] Herm., *Cont.*, ad an. 1052 ; Bar., tom. XI, ad eumd. an.; *Centuriat.*, in cent. XI, cap. V, sub fin.— [4] Eckb., serm. XIII, *adv. Cath.*, tom. IV ; *Bibl. PP.*, part. II. — [5] Serm. I, 8, 11.

(a) 1re édit. : Pendant que tout le reste de l'Eglise avoit tant d'empressement pour le leur donner.

explique la cérémonie ¹. Ils s'acharnoient contre le baptême des petits enfans : ce que je remarque encore une fois, parce que c'est là un des caractères de ces nouveaux manichéens. Ils en avoient encore un autre qui n'est pas moins remarquable : c'est qu'ils disoient que les sacremens perdoient leur vertu par la mauvaise vie de ceux qui les administroient². C'est pourquoi ils exagéroient la corruption du clergé, pour faire voir qu'il n'y avoit plus de sacremens parmi nous; et c'est une des raisons pour lesquelles nous avons vu qu'on les accusoit de rejeter et le sacerdoce et tous les ordres ecclésiastiques.

On n'avoit pas encore tout à fait pénétré la croyance des deux principes dans ces nouveaux hérétiques. Car encore qu'on sentît bien que c'étoit la raison profonde qui leur faisoit rejeter et l'union des deux sexes et toutes ses suites dans tous les animaux, comme les chairs, les œufs et le laitage : Ecbert est le premier, que je sache, qui leur objecte cette erreur en termes formels. Il dit même « qu'il a découvert très-certainement, » que c'étoit la raison secrète qu'ils avoient entre eux d'éviter la viande, « parce que le diable en étoit le créateur ³. » On voit la peine qu'on avoit de pénétrer dans le fond de leur doctrine, mais elle paroissoit assez par ses suites.

XXIX. On découvre qu'ils tenoient deux premiers principes.

On apprend du même auteur que ces hérétiques se mitigeoient quelquefois à l'égard du mariage ⁴. Un certain Hartuvin le permettoit parmi eux à un garçon qui épousoit une fille, et il vouloit qu'on fût vierge de part et d'autre, encore ne devoit-on pas aller au delà du premier enfant : ce que je remarque afin qu'on voie les bizarreries d'une secte qui n'étoit pas d'accord avec elle-même, et se trouvoit souvent contrainte à démentir ses principes.

XXX. Variations de ces hérétiques.

Mais la marque la plus certaine pour connoître ces hérétiques étoit le soin qu'ils avoient de se cacher, non-seulement en recevant les sacremens avec nous, mais encore en répondant comme nous, lorsqu'on les pressoit sur la foi. C'étoit l'esprit de la secte dès son commencement, et nous l'avons remarqué dès le temps de saint Augustin et de saint Léon. Pierre de Sicile et après lui

XXXI. Soin de se cacher.

¹ Eckb., serm. VII. — ² Serm. IV, etc. — ³ Serm. VI, p. 611. — ⁴ Serm. V, p. 608.

Cédrénus nous font voir le même caractère dans les pauliciens. Non-seulement ils nioient en général qu'ils fussent manichéens ; mais encore interrogés en particulier de chaque dogme de la foi, ils paroissoient catholiques en trahissant leurs sentimens par des mensonges manifestes [1], ou du moins en les déguisant par des équivoques pires que le mensonge, parce qu'elles étoient plus artificieuses et plus pleines d'hypocrisie. Par exemple, quand on leur parloit de l'eau du baptême, ils la recevoient en entendant par l'eau du baptême la doctrine de Notre-Seigneur, dont les ames sont purifiées [2]. Tout leur langage étoit plein de semblables allégories ; et on les prenoit pour des orthodoxes, à moins d'avoir appris par un long usage à connoître leurs équivoques.

XXXII. Leurs équivoques lorsqu'on les interrogeoit sur la foi.

Ecbert nous en apprend une qu'on n'auroit jamais devinée. On savoit qu'ils rejetoient l'Eucharistie ; et lorsque, pour les sonder sur un article si important, on leur demandoit s'ils faisoient le corps de Notre-Seigneur, ils répondoient sans hésiter qu'ils le faisoient, en entendant que « leur propre corps », qu'ils faisoient en quelque sorte en mangeant, étoit « le corps de Jésus-Christ [3], » à cause que, selon saint Paul, ils en étoient les membres. Par ces artifices ils paroissoient au dehors très-catholiques. Chose étrange ! un de leurs dogmes étoit, que l'Evangile défendoit de jurer pour quelque cause que ce fût [4] : cependant interrogés sur la religion, ils croyoient qu'il étoit permis non-seulement de mentir, mais encore de se parjurer ; et ils avoient appris des anciens priscillianistes, autre branche de manichéens connue en Espagne, ce vers rapporté par saint Augustin : « Jurez, parjurez-vous tant que vous voudrez, et gardez-vous seulement de trahir le secret de la secte. *Jura, perjura; secretum prodere noli* [5]. » C'est pourquoi Ecbert les appeloit des « hommes obscurs [6], » des gens qui ne prêchoient pas, mais qui parloient à l'oreille, qui se cachoient dans des coins, et qui murmuroient plutôt en secret qu'ils n'expliquoient leur doctrine. C'étoit un des attraits de la secte : on trouvoit je ne sais quelle douceur dans ce secret impénétrable

---

[1] Petr. Sic., init. lib. *Hist. de Manich.* — [2] *Ibid.;* Cedr., tom. I, p. 434. — [3] Eckb., serm. I, 11. — [4] Bern., *in Cant.*, serm. LXV, n. 2. — [5] *De Hær.*, in hær. Priscil.; Eckb., serm. II ; Bern., *loc. cit.* — [6] Init. lib. *id.*, serm. 1, 2, 7, etc.

qu'on y observoit; et comme disoit le Sage, « ces eaux qu'on buvoit furtivement paroissoient plus agréables [1]. » Saint Bernard, qui connoissoit bien ces hérétiques, comme nous verrons bientôt, y remarque ce caractère particulier [2], qu'au lieu que les autres hérétiques poussés par l'esprit d'orgueil, ne cherchoient qu'à se faire connoître, ceux-ci au contraire ne travailloient qu'à se cacher : les autres vouloient vaincre; ceux-ci plus malins ne vouloient que nuire, et se couloient sous l'herbe pour inspirer plus sûrement leur venin par une secrète morsure. C'est que leur erreur découverte étoit à demi vaincue par sa propre absurdité : c'est pourquoi ils s'attaquoient à des ignorans, à des gens de métier, à des femmelettes, à des paysans, et ne leur recommandoient rien tant que ce secret mystérieux [3].

Enervin, qui servoit dans une église auprès de Cologne, dans le temps qu'on y découvrit ces nouveaux manichéens, dont Ecbert nous a parlé, en fait dans le fond le même récit que cet auteur; et ne voyant point dans l'Eglise de plus grand docteur à qui il pût s'adresser pour les confondre que le grand saint Bernard abbé de Clairvaux, il lui en écrivit la belle lettre que le docte Père Mabillon nous a donnée dans ses *Analectes* [4]. Là, outre les dogmes de ces hérétiques que je ne veux plus répéter, nous voyons les partialités qui les firent découvrir : on y voit la distinction « des auditeurs et des élus [5], » caractère certain de manichéisme marqué par saint Augustin : on y voit « qu'ils avoient leur pape [6], » vérité qui se découvrit davantage dans la suite : et enfin qu'ils se glorifioient « que leur doctrine avoit duré jusqu'à nous, mais cachée, dès le temps des martyrs, et ensuite dans la Grèce, et en quelques autres pays; » ce qui est très-vrai, puisqu'elle venoit de Marcion et de Manès, hérésiarques du troisième siècle : et on peut voir par là de quelle boutique est sortie la méthode de soutenir la perpétuité de l'Eglise, par une suite cachée et par des docteurs répandus deçà et delà sans aucune succession manifeste et légitime.

XXXIII. Enervin consulte S. Bernard sur les manichéens d'auprès de Cologne

---

[1] *Prov.*, IX, 17. — [2] Serm. LXV, *in Cant.*, n. 1. — [3] *Ibid.;* Eckb., init. lib. etc.; Bern., serm. LXV, LXVI. — [4] Enervin., *ep. ad* S. *Bern.*, *anal.* III, p. 452. — [5] *Ibid.*, p. 455, 456. — [6] *Ibid.*, p. 457.

XXXIV. Ces hérétiques interrogés devant tout le peuple.

Au reste qu'on ne dise pas que la doctrine de ces hérétiques fut peut-être calomniée pour n'avoir pas été bien entendue : il paroît tant par la lettre d'Enervin que par les sermons d'Ecbert, que l'examen de ces hérétiques fut fait publiquement [1], et que c'étoit un de leurs évêques et un de ses compagnons qui soutinrent leur doctrine autant qu'ils purent en présence de l'archevêque, de tout le clergé et de tout le peuple.

XXXV. Les dogmes de ces hérétiques réfutés par S. Bernard qui les avoit bien connus à Toulouse.

Saint Bernard, que le pieux Enervin excitoit à réfuter ces hérétiques, fit alors les deux beaux sermons sur les *Cantiques*, où il attaque si vivement les hérétiques de son temps. Ils ont un rapport si manifeste à la lettre d'Enervin, qu'on voit bien qu'elle y a donné occasion : mais on voit bien aussi de la manière si ferme et si positive dont parle saint Bernard, qu'il étoit instruit d'ailleurs, et qu'il en savoit plus qu'Enervin lui-même. En effet il y avoit déjà plus de vingt ans que Pierre de Bruis et son disciple Henri avoient répandu secrètement ces erreurs dans le Dauphiné, dans la Provence et surtout aux environs de Toulouse. Saint Bernard fit un voyage dans ces pays-là pour y déraciner ce mauvais germe, et les miracles qu'il y fit en confirmation de la vérité catholique sont plus éclatans que le soleil. Mais ce qu'il importe de bien remarquer, c'est qu'il n'oublia rien pour s'instruire d'une hérésie qu'il alloit combattre, et qu'ayant conféré souvent avec les disciples de ces hérétiques, il n'en a pas ignoré la doctrine. Or il y remarque distinctement avec la condamnation « du baptême des petits enfans, de l'invocation des Saints et des oblations pour les morts; » celle de « l'usage du mariage et de tout ce qui étoit sorti » de près ou de loin « de l'union des deux sexes, comme étoit la viande et le laitage [2]. » Il les taxe aussi de ne pas recevoir l'Ancien Testament, et « de ne recevoir que l'Evangile tout seul [3]. » C'étoit encore une de leurs erreurs notée par saint Bernard, qu'un pécheur n'étoit plus évêque, et « que les Papes, les archevêques, les évêques et les prêtres n'étoient capables ni de donner, ni de recevoir les sacremens, à cause qu'ils étoient pécheurs [4]. » Mais ce qu'il remarque le plus, c'est leur hypocrisie, non-seulement

---

[1] Enervin., *ep. ad S. Bern., Anal.* III, p. 453; Eckb., serm. I.— [2] Serm. LXVI, *in Cant.*, n. 9. — [3] Serm. LXV, n. 3. — [4] Serm. LXVI, n. 11.

dans l'apparence trompeuse de leur vie austère et pénitente, mais encore dans la coutume qu'ils observoient constamment de recevoir avec nous les sacremens, et de professer publiquement notre doctrine qu'ils déchiroient en secret[1]. Saint Bernard fait voir que leur piété n'étoit que dissimulation. En apparence ils blâmoient le commerce avec les femmes, et cependant on les voyoit tous passer avec une femme les jours et les nuits. La profession qu'ils faisoient d'avoir le sexe en horreur, leur servoit à faire croire qu'ils n'en abusoient pas. Ils croyoient tout jurement défendu; et interrogés sur leur foi, ils ne craignoient pas de se parjurer : tant il y a de bizarrerie et d'inconstance dans les esprits excessifs. Saint Bernard concluoit de toutes ces choses, que c'étoit là ce « mystère d'iniquité » prédit par saint Paul[2], d'autant plus à craindre qu'il étoit plus caché; et que ces hommes sont ceux que le Saint-Esprit a fait connoître au même Apôtre comme « des hommes séduits par le démon, qui disent des mensonges en hypocrisie, dont la conscience est cautérisée, qui défendent le mariage et les viandes que Dieu a créées[3]. » Tous les caractères y conviennent trop clairement pour avoir besoin d'être remarqués, et voilà les prédécesseurs que se donnent les calvinistes.

De dire que ces hérétiques toulousains, dont parle saint Bernard, ne sont pas ceux qu'on appela vulgairement les *albigeois*, ce seroit une illusion trop grossière. Les ministres demeurent d'accord que Pierre de Bruis et Henri sont deux des chefs de cette secte, et que Pierre le Vénérable, abbé de Cluny, leur contemporain, dont nous parlerons bientôt, « attaqua les albigeois sous le nom de *pétrobusiens*[4]. » Si les auteurs sont convaincus de manichéisme, les sectateurs n'ont pas dégénéré de cette doctrine, et on peut juger de ces mauvais arbres par leurs fruits : car encore qu'il soit constant par les lettres de saint Bernard et par les auteurs du temps[5], qu'il convertit beaucoup de ces hérétiques toulousains disciples de Pierre de Bruis et de Henri, la race n'en fut pas éteinte, et ils gagnoient d'autant plus de monde qu'ils conti-

XXXVI.
Pierre de Bruis, et Henri.

---

[1] Serm. LXV, *in Cant.*, n. 5. — [2] II *Thess.*, II, 7. — [3] Serm. LXVI, n. 1; I *Timoth.*, IV, 1-3. — [4] La Roq., *Hist. de l'Euch.*, 452, 453.— [5] Epist. CCXLII, ad Tol.; *Vit. S. Bern.*, lib. III, cap. V.

nuoient à se cacher. On les appeloit les *bons hommes*, tant ils étoient doux et simples en apparence : mais leur doctrine parut dans un interrogatoire que plusieurs d'eux subirent à Lombers, petite ville près d'Albi, dans un concile qui s'y tint en 1176 [1].

XXXVII. Concile de Lombers. Célèbre interrogatoire de ces hérétiques

Gaucelin, évêque de Lodève, bien instruit de leurs artifices et de la saine doctrine, y fut chargé de les interroger sur leur croyance. Ils biaisent sur beaucoup d'articles, ils mentent sur d'autres ; mais ils avouent en termes formels, « qu'ils rejettent l'Ancien Testament ; qu'ils croient la consécration du corps et du sang de Jésus-Christ également bonne, soit qu'elle se fasse par un laïque ou par un clerc, pourvu qu'ils soient gens de bien ; que tout serment est illicite ; et que les évêques et les prêtres, qui n'avoient pas les qualités que saint Paul prescrit, ne sont ni prêtres, ni évêques. » On ne put jamais les obliger, quoi qu'on pût dire, à approuver le mariage ni le baptême des petits enfans ; et le refus obstiné de reconnoître des vérités si constantes fut pris pour un aveu de leur erreur. On les condamna aussi par l'Ecriture comme gens qui refusoient de confesser leur foi ; et sur tous les points proposés ils sont vivement pressés par Ponce (a) archevêque de Narbonne, par Arnaud évêque de Nîmes, par les abbés, et surtout par Gaucelin évêque de Lodève, que Gérauld (b) évêque d'Albi, qui étoit présent et l'ordinaire du lieu, avoit revêtu de son autorité. Je ne crois pas qu'on puisse voir en aucun concile ni la procédure plus régulière, ni l'Ecriture mieux employée, ni une dispute plus précise et plus convaincante. Qu'on nous dise encore après cela que ce qu'on dit des albigeois sont des calomnies.

XXXVIII. Histoire du même concile par un auteur du temps.

Un historien du temps récite au long ce concile [2], et donne un fidèle abrégé des actes plus amples qu'on a recouvrés depuis. Voici comme il commence son récit. « Il y avoit dans la province de Toulouse des hérétiques qui se faisoient appeler les *bons hommes*, maintenus par les soldats de Lombers. Ceux-là disoient qu'ils ne recevoient ni la loi de Moïse, ni les prophètes, ni les Psaumes, ni l'Ancien Testament, ni les docteurs du Nouveau, à

[1] *Act. Conc. Lumb., Conc.,* Labb., tom. X, col. 1471, an. 1176. — [2] Roger. Hoved., *in Annal. Angl.*

(a) D'autres disent : Adalbert ou Adelbert. — (b) Selon d'autres : Guillaume V.

la réserve des *Evangiles*, des *Epîtres* de saint Paul, des sept *Epîtres canoniques*, des *Actes* et de l'*Apocalypse*. » C'en est assez, sans parler davantage du reste, pour faire rougir nos protestans des erreurs de leurs ancêtres.

Mais pour faire soupçonner quelque calomnie dans la procédure qu'on tint contre eux, ils remarquent qu'on les appela non point manichéens, mais ariens; que cependant les manichéens n'ont jamais été accusés d'arianisme, et que Baronius lui-même a reconnu cette équivoque [1]. Quelle chicane de verbaliser sur le titre qu'on donne à une hérésie, quand on la voit désignée, pour ne point parler des autres marques, par celle de rejeter l'Ancien Testament ! Mais il faut encore montrer à ces esprits contentieux quelle raison on avoit d'accuser les manichéens d'arianisme. C'est que Pierre de Sicile dit ouvertement, « qu'ils professoient la Trinité en parole, qu'ils la nioient dans leur cœur, et qu'ils en tournoient le mystère en allégories impertinentes [2]. »

XXXIX. Pourquoi ces hérétiques sont appelés ariens.

C'est aussi ce que saint Augustin nous apprend à fond. Fauste évêque des manichéens avoit écrit : « Nous reconnoissons sous trois noms une seule et même divinité de Dieu le Père tout-puissant, de Jésus-Christ son Fils, et du Saint-Esprit [3]. » Mais il ajoutoit ensuite : « Que le Père habitoit la souveraine et principale lumière, que saint Paul appeloit *inaccessible* : pour le Fils, qu'il résidoit dans la seconde lumière, qui est la visible ; et qu'étant double selon l'Apôtre qui nous parle de la vertu et de la sagesse de Jésus-Christ, sa vertu résidoit dans le soleil, et sa sagesse dans la lune ; et enfin pour le Saint-Esprit, que sa demeure étoit dans l'air qui nous environne. » Voilà ce que disoit Fauste : par où saint Augustin le convainc de séparer le Fils d'avec le Père, même par des lieux corporels ; de le séparer encore d'avec lui-même, et de séparer le Saint-Esprit de l'un et de l'autre [4] : les situer aussi, comme faisoit Fauste, dans des lieux si inégaux, c'étoit mettre entre les personnes divines une trop manifeste inégalité. Telles étoient ces allégories pleines d'ignorance, par lesquelles Pierre de Sicile convainquoit les manichéens de nier la Trinité. Ce n'étoit

XL. Sentiment des manichéens sur la Trinité, par S. Augustin.

---

[1] La Roq.; *ibid.*; Bar., tom. XII, an. 1176, p. 674. — [2] Petr. Sic., *Hist. de Manich.* — [3] Faust., ap. Aug., lib. XX *cont. Faust.*, cap. II. — [4] *Ibid.*, cap. VII.

pas la confesser que de l'expliquer de cette sorte; mais, comme dit saint Augustin, « c'étoit coudre la foi de la Trinité à ses inventions. » Un auteur du douzième siècle, contemporain de saint Bernard, nous apprend que ces hérétiques ne disoient point : *Gloria Patri*[1]; et Renier dit expressément que les cathares ou albigeois ne croyoient pas « que la Trinité fût un seul Dieu, mais qu'ils croyoient que le Père étoit plus grand que le Fils et le Saint-Esprit[2]. » Il ne faut donc pas s'étonner que les catholiques aient rangé quelquefois les manichéens avec ceux qui nioient la Trinité sainte, et que par cette considération ils aient pu leur donner le nom d'*Ariens*.

XLI. Manichéens à Soissons. Témoignage de Guibert de Nogent.

Pour revenir au manichéisme de ces hérétiques, Guibert de Nogent, célèbre auteur du douzième siècle et plus ancien que saint Bernard, nous fait voir autour de Soissons des hérétiques, « qui faisoient un fantôme de l'incarnation; qui rejetoient le baptême des petits enfans; qui avoient en horreur le mystère qu'on fait à l'autel; qui prenoient pourtant les sacremens avec nous; qui rejetoient toutes les viandes et tout ce qui sort de l'union des deux sexes[3]. » Ils faisoient, à l'exemple de ces hérétiques que nous avons vus à Orléans, une eucharistie et un sacrifice qu'on n'ose décrire; et pour se montrer tout à fait semblables aux autres manichéens, « ils se cachoient comme eux et se couloient en secret parmi nous, » avouant et jurant tout ce qu'on vouloit, pour se sauver du supplice.

XLII. Témoignage de Radulphus Ardens sur les hérétiques d'Agénois.

Ajoutons à ces témoins Radulphus Ardens, auteur célèbre du onzième siècle, dans la peinture qu'il nous fait des hérétiques d'Agénois, qui « se vantent de mener la vie des apôtres; qui disent qu'ils ne mentent point; qu'ils ne jurent point; qui condamnent l'usage des viandes et du mariage; qui rejettent l'Ancien Testament et ne reçoivent qu'une partie du Nouveau; et ce qui est de plus terrible, admettent deux Créateurs; qui disent que le sacrement de l'autel n'est que du pain tout pur; qui méprisent le baptême et la résurrection des corps[4]. » Sont-ce là des manichéens

---

[1] Herib. mon., *ep. Anal.* III.— [2] Rin., *conf. Vald.*, cap. VI, tom. IV, *Bibl. PP.*, p. 759. — [3] *De vita sua*, lib. III, cap. XVI.— [4] Radulp. Ard., *serm. in Dom. VIII, post Trin.*, tom. II.

bien marqués? Or on n'y voit point d'autres caractères que dans ces Toulousains et ces Albigeois, dont nous avons vu que la secte s'étoit répandue en Gascogne et dans les provinces voisines. Agen avoit eu aussi ses docteurs particuliers : mais quoi qu'il en soit, on voit partout le même esprit, et tout y est de même forme.

Trente de ces hérétiques de Gascogne se réfugièrent en Angleterre en l'an 1160. On les appeloit *Poplicains* ou *Publicains*. Mais voyons quelle étoit leur doctrine par Guillaume de Neubridge, historien voisin de ce temps, dont Spelman auteur protestant a inséré le témoignage dans le second tome de ses *Conciles d'Angleterre* : « On fit, dit-il, entrer ces hérétiques dans le concile assemblé à Oxford. Girard, qui étoit le seul qui sût quelque chose, répondit bien sur la substance du Médecin céleste : mais quand on vint aux remèdes qu'il nous a laissés, ils en parlèrent très-mal, ayant en horreur le baptême, l'Eucharistie et le mariage, et méprisant l'unité catholique [1]. » Les protestans rangent parmi leurs ancêtres ces hérétiques venus de Gascogne [2], à cause qu'ils parlent mal du sacrement de l'Eucharistie, selon les Anglois de ce temps qui étoient persuadés de la présence réelle. Mais ils devroient considérer que ces poplicains sont accusés, non pas de nier la présence réelle, mais « d'avoir en horreur l'Eucharistie, aussi bien que le baptême et le mariage : » trois caractères visibles du manichéisme ; et je ne tiens pas ces hérétiques entièrement justifiés sur le reste, sous prétexte qu'ils en répondirent assez bien, car nous avons trop vu les artifices de cette secte ; et en tout cas ils n'en seroient pas moins manichéens, quand ils auroient adouci quelques erreurs de cette secte.

XLIII.
Les mêmes hérétiques en Angleterre.

Le nom même de *Publicains* ou de *Poplicains* étoit un nom de manichéens, comme il paroît clairement par le témoignage de Guillaume le Breton. Cet auteur, dans la Vie de Philippe Auguste dédiée à Louis son fils aîné, parlant des hérétiques « qu'on appeloit vulgairement *Poplicains*, » dit « qu'ils rejetoient le mariage ; qu'ils regardoient comme un crime de manger de la chair ; et

XLIV.
Que les poplicains ou publicains sont manichéens.

[1] Guil. Neub., *Rer. Angl.*, lib. II, cap. XIII ; *Conc. Ox.*, tom. II *Conc Angl.* ; *Conc.*, Labb., tom. X, an. 1160, col. 1405. — [2] La Roq., *Hist. de l'Euch.*, chap. XVIII, p. 460.

qu'ils avoient les autres superstitions que saint Paul remarque en peu de mots¹ : » c'étoit dans la première à Timothée.

XLV. Les ministres font les vaudois manichéens, en les faisant poplicains.

Cependant nos réformés croient faire honneur aux disciples de Valdo, de les mettre au nombre des poplicains ². Il n'en faudroit pas davantage pour condamner les vaudois. Mais je ne me veux point prévaloir de cette erreur : je laisserai aux vaudois leurs hérésies particulières; et il me suffit ici d'avoir fait voir que les poplicains sont convaincus de manichéisme.

XLVI. Manichéens d'Ermengard.

Je reconnois avec les protestans ³ que le traité d'Ermengard n'a pas dû être intitulé : *Contre les Vaudois*, comme il l'a été par Gretser; car il ne parle en aucune sorte de ces hérétiques : mais c'est que du temps de Gretser on nommoit du nom commun de Vaudois toutes les sectes séparées de Rome depuis l'onzième ou douzième siècle jusqu'au temps de Luther; ce qui fit que cet auteur, en publiant divers traités contre ces sectes, leur donna ce titre général : *Contre les Vaudois*. Mais il ne laissa pas de conserver à chaque livre le titre qu'il avoit trouvé dans le manuscrit. Voici donc comme Ermengard ou Ermengaud avoit intitulé son livre : *Traité contre les hérétiques qui disent que c'est le démon, et non pas Dieu, qui a créé ce monde et toutes les choses visibles* ⁴. Il réfute en particulier chapitre à chapitre toutes les erreurs de ces hérétiques, qui sont toutes celles du manichéisme que nous avons tant de fois marquées. S'ils parlent contre l'Eucharistie, ils ne parlent pas moins contre le baptême : s'ils rejettent le culte des Saints et d'autres points de notre doctrine, ils ne rejettent pas moins la création, l'incarnation, la loi de Moïse, le mariage, l'usage de la viande et la résurrection ⁵; de sorte que se prévaloir de l'autorité de cette secte, c'est mettre sa gloire dans l'infamie même.

XLVII. On passe à l'examen des auteurs qui traitent des manichéens et des vaudois.

Je passe plusieurs autres témoins, qui ne sont plus nécessaires après tant de preuves convaincantes : mais il y en a quelques-uns qu'il ne faut pas oublier, à cause qu'insensiblement ils nous introduisent à la connoissance des vaudois.

---

¹ *Philip.*, lib. I; Duch., tom. V, *Hist. Franc.*, p. 102. — ² La Roq., 455. — ³ Aubert, La Roq. — ⁴ Tom. X *Bibl. PP.*, I part., p. 1233. — ⁵ *Ibid.*, cap. XI-XIII; *ibid.*, cap. I-III, VII; *ibid.*, X, XV, XVI.

Je produis d'abord Alanus, célèbre moine de l'ordre de Cîteaux, et l'un des premiers auteurs qui ont écrit contre les vaudois. Celui-ci dédia un traité contre les hérétiques de son temps au comte de Montpellier son seigneur, et le divisa en deux livres. Le premier regarde les hérétiques de son pays. Il leur attribue les deux principes et la fausseté de l'incarnation de Jésus-Christ avec son corps fantastique, et toutes les autres erreurs des manichéens contre la loi de Moïse, contre la résurrection, contre l'usage de la viande et du mariage : à quoi il ajoute quelques autres choses que nous n'avions pas vues encore dans les albigeois, entre autres, la damnation de saint Jean-Baptiste, pour avoir douté de la venue de Jésus-Christ [1] ; car ils prenoient pour un doute du saint précurseur ce qu'il fit dire au Sauveur du monde par ses disciples : « Etes-vous celui qui devez venir [2] ? » Pensée très-extravagante, mais très-conforme à ce qu'écrit Fauste le Manichéen, au rapport de saint Augustin [3]. Les autres auteurs qui ont écrit contre ces nouveaux manichéens, leur attribuent d'un commun accord la même erreur [4].

XLVIII. Preuve par Alanus, que les hérétiques de Montpellier sont manichéens.

Dans la seconde partie de son ouvrage Alanus traite des vaudois, et il y fait un dénombrement de leurs erreurs, que nous verrons en son lieu : il nous suffit d'observer ici qu'il n'y a rien qui ressente le manichéisme, et de voir d'abord ces deux sectes entièrement distinguées.

XLIX. Le même auteur distingue les vaudois des manichéens.

Celle de Valdo étoit encore assez nouvelle. Elle avoit pris naissance à Lyon en l'an 1160 (a), et Alanus écrivoit en 1202 au commencement du treizième siècle. Un peu après, et environ l'an 1209, Pierre de Vaucernay fit son *Histoire des Albigeois*, où traitant d'abord des diverses sectes et hérésies de son temps, il met en premier lieu les manichéens, dont il rapporte les divers partis [5] ; mais où l'on voit toujours quelques caractères de ceux qu'on a remarqués dans le manichéisme, encore que dans les uns il soit outré, et dans les autres mitigé et adouci selon la fantaisie de ces

L. Pierre de Vaucernay distingue très-bien ces deux sectes, et fait voir que les albigeois sont manichéens.

---

[1] Alan., p. 31. — [2] *Matth.*, XI, 3. — [3] Lib. V, *cont. Faust.*, cap. I, tom. VIII, col. 195. — [4] Ebrard, *Antihær.*, cap. XIII, tom. IV; Bibl. PP., p. 1332; Ermeng., cap. VI; *ibid.*, 1339, etc. — [5] *Hist. Albig. Petr. Mon. Val. Cern.*, cap. II, tom. V; *Hist. Franc. Duchesn.*

(a) D'autres disent en 1170 et même en 1180.

hérétiques. Quoi qu'il en soit, tout est du fond du manichéisme ; et c'est le propre caractère de l'hérésie que Pierre de Vaucernay nous représente *dans la province de Narbonne*, c'est-à-dire de l'hérésie des albigeois dont il entreprend l'histoire. Il n'attribue rien de semblable à d'autres hérétiques dont il parle. « Il y avoit, dit-il, d'autres hérétiques qu'on appeloit *Vaudois*, d'un certain Valdius de Lyon. Ceux-là sans doute étoient mauvais, mais non pas à comparaison de ces premiers. » Il marque ensuite en peu de paroles quatre de leurs erreurs principales, et revient aussitôt après à ses albigeois. Mais ces erreurs des vaudois sont très-éloignées du manichéisme, comme nous verrons bientôt : et voilà encore une fois les albigeois et les vaudois, deux sectes très-bien distinguées, et la dernière sans aucune marque de manichéens.

LI.
Que Pierre de Vaucernay dans sa simplicité a bien marqué les caractères des manichéens.

Les protestans veulent croire que Pierre de Vaucernay parloit de l'hérésie des albigeois sans trop savoir ce qu'il disoit, à cause qu'il leur attribue des blasphèmes qu'on ne trouve point même dans les manichéens. Mais qui peut garantir tous les secrets et toutes les nouvelles inventions de cette abominable secte ? Ce que Pierre de Vaucernay leur fait dire des deux Jésus, dont l'un est né dans une visible et terrestre Bethléem, et l'autre dans la Bethléem céleste et invisible, est à peu près de même génie que les autres rêveries des manichéens. Cette Bethléem invisible revient assez à la Jérusalem d'en haut, que les pauliciens de Pierre de Sicile appeloient *la mère de Dieu*, d'où Jésus-Christ étoit sorti. Qu'on dise tout ce qu'on voudra de Jésus visible qui n'étoit point le vrai Christ et que ces hérétiques croyoient mauvais, je ne vois rien en cela de plus insensé que les autres blasphèmes des manichéens. Nous trouvons chez Renier des hérétiques qui tiennent quelque chose des manichéens [1], et qui reconnoissent un Christ fils de Joseph et de Marie, mauvais d'abord et pécheur, mais ensuite devenu bon et réparateur de leur secte. Il est constant que ces hérétiques manichéens changeoient beaucoup. Renier, qui a été parmi eux, distingue les opinions nouvelles d'avec les anciennes, et remarque qu'il s'y étoit produit beaucoup de nouveautés de son temps, et depuis l'an 1230 [2]. L'ignorance et l'extravagance ne demeurent

[1] Ren., *cont. Val.*, cap. VI, tom. IV, II part., *Bibl. PP.*, p. 753. — [2] *Ibid.*, p. 759.

guère dans un même état, et n'ont point de bornes dans les hommes. Quoi qu'il en soit, si c'étoit la haine qu'on avoit pour les albigeois qui leur faisoit attribuer le manichéisme, ou si l'on veut quelque chose de pis, d'où vient le soin qu'on prenoit d'en excuser les vaudois, puisqu'on ne peut pas supposer qu'ils fussent plus aimés que les autres, ni ennemis moins déclarés de l'Eglise romaine? Cependant voilà déjà deux auteurs très-zélés pour la doctrine catholique et très-opposés aux vaudois, qui prennent soin de les séparer des albigeois manichéens.

LII. Distinction des deux sectes par Ebrard de Béthune.

En voici encore un troisième, qui n'est pas moins considérable. C'est Ebrard, natif de Béthune, dont le livre, intitulé *Antihérésie,* est composé contre les hérétiques de Flandre. Ces hérétiques s'appeloient *Piples* ou *Piphles* dans le langage du pays [1]. Un auteur protestant ne conjecture pas mal, quand il veut que ce mot de *Piphles* soit corrompu de celui de Poplicains [2]; et par là on peut connoître que ces hérétiques flamands étoient comme les poplicains, des manichéens parfaits, bons protestans toutefois si nous en croyons les calvinistes, et dignes d'être leurs ancêtres. Mais pour ne nous arrêter pas au nom, il n'y a qu'à entendre Ebrard, auteur du pays, quand il nous parle de ces hérétiques [3]. Le premier trait qu'il leur donne, c'est qu'ils rejetoient la loi et le Dieu qui l'avoit donnée : le reste va de même pied, et ils méprisoient ensemble le mariage, l'usage des viandes et les sacremens.

LIII. Les vaudois bien distingués des manichéens.

Après avoir mis par ordre tout ce qu'il avoit à dire contre cette secte, il parle contre celle des vaudois [4], qu'il distingue comme les autres de celle des nouveaux manichéens; et c'est le troisième témoin que nous ayons à produire. Mais en voici un quatrième plus important en ce fait que tous les autres.

LIV. Témoignage de Renier, qui avoit été de la secte des manichéens d'Italie dix-sept ans.

C'est Renier, de l'ordre des Frères Prêcheurs, dont nous avons déjà rapporté quelques passages. Il écrivit environ l'an 1250 ou 54, et il intitula son livre : *De Hæreticis : Des Hérétiques,* comme il le témoigne dans sa préface. Il se qualifie *frère Renier, autrefois hérésiarque, et maintenant prêtre,* à cause qu'il avoit été dix-sept ans parmi les cathares, comme il le répète par deux fois. Cet au-

---

[1] *Bibl. PP.*, p. 1075; Pet. de Val. Cern., *ibid.*, cap. II. — [2] La Roq., 454. — [3] La Roq., cap. 1, 2, 3 et seq. — [4] Cap. xxv.

teur est bien connu des protestans, qui ne cessent de nous vanter la belle peinture qu'il a faite des mœurs des vaudois [1]. Il en est d'autant plus croyable, puisqu'il nous dit si sincèrement le bien et le mal. Au reste on ne peut pas dire qu'il n'ait pas été bien instruit de toutes les sectes de son temps. Il avoit souvent assisté à l'examen des hérétiques, et c'étoit là qu'on approfondissoit avec un soin extrême jusques aux moindres différences de tant de sectes obscures et artificieuses dont la chrétienté étoit alors inondée. Plusieurs se convertissoient et révéloient tous les secrets de leur secte, qu'on prenoit grand soin de retenir. C'étoit une partie de la guérison, de bien connoître le mal. Outre cela Renier s'appliquoit à lire les livres des hérétiques, comme il fit le grand volume de Jean de Lyon, un des chefs des nouveaux manichéens [2]; et c'est de là qu'il a extrait les articles de sa doctrine qu'il a rapportés. Il ne faut donc pas s'étonner que cet auteur nous ait raconté plus exactement qu'aucun autre les différences des sectes de son temps.

LV. Il les distingue très-bien des vaudois. Caractères du manichéisme, dans les cathares.

La première dont il nous parle est celle des pauvres de Lyon, descendus de Pierre Valdo; et il en rapporte tous les dogmes jusques aux moindres précisions [3]. Tout y est très-éloigné des manichéens, comme on verra dans la suite. De là il passe aux autres sectes qui tiennent du manichéisme; et il vient enfin aux cathares, dont il savoit tout le secret : car outre qu'il avoit été, comme on a vu, dix-sept ans entiers parmi eux et des plus avant dans la secte, il avoit entendu prêcher leurs plus grands docteurs, et entre autres un nommé Nazarius le plus ancien de tous, qui se vantoit d'avoir pris ses instructions, il y avoit soixante ans, des deux principaux pasteurs de l'église de Bulgarie [4]. Voilà toujours cette descendance de la Bulgarie. C'est de là que les cathares d'Italie, parmi lesquels Renier vivoit, tiroient leur autorité; et comme il a été parmi eux durant tant d'années, il ne faut pas s'étonner qu'il nous ait mieux expliqué, et plus en particulier, leurs erreurs, leurs sacremens, leurs cérémonies, les divers partis qui s'étoient formés parmi eux avec les rapports aussi bien que les différences des uns

---

[1] Ren., *cont. Val.*, tom. IV, *Bib. PP.*, part. II, p. 746; *Præf., ibid.*, 746; *ibid.*, 756, 757; *ibid.*, cap. VII, p. 765; *ibid.*, cap. III, p. 748. — [2] *Ibid.*, cap. VI, p. 762, 763. — [3] *Ibid.*, cap. V, p. 749, et seqq. — [4] *Ibid.*, cap. VI, p. 753-755, 763.

et des autres. On y voit partout très-clairement les principes, les impiétés et tout l'esprit du manichéisme. La distinction des élus et des auditeurs, caractère particulier de la secte célèbre dans saint Augustin et dans les autres auteurs, se trouve ici marquée sous un autre nom. Nous apprenons de Renier que ces hérétiques, outre les cathares ou les purs, qui étoient les parfaits de la secte, avoient encore un autre ordre qu'ils appeloient leurs *croyans* [1], composés de toutes sortes de gens. Ceux-ci n'étoient pas admis à tous les mystères; et le même Renier raconte que le nombre des parfaits cathares de son temps où la secte étoit affoiblie, ne passoit pas quatre mille dans toute la chrétienté; mais « que les croyans étoient innombrables : compte, dit-il, qui a été fait plusieurs fois parmi eux [2]. »

Parmi les sacremens de ces hérétiques, il faut remarquer principalement leur imposition des mains pour remettre les péchés : ils l'appeloient *la consolation;* elle tenoit lieu de baptême et de pénitence tout ensemble. On la voit dans le concile d'Orléans dont nous avons parlé, dans Ecbert, dans Enervin et dans Ermengard. Renier l'explique mieux que les autres, comme un homme qui étoit nourri dans le secret de la secte [3]. Mais ce qu'il y a de plus remarquable dans le livre de Renier, c'est le dénombrement exact des églises des cathares et de l'état où elles étoient de son temps. On en comptoit seize dans tout le monde, et il range avec les autres « l'église de France, l'église de Toulouse, l'église de Cahors, l'église d'Albi; » et enfin « l'église de Bulgarie et l'église de Dugranicie, d'où, » dit-il, « sont venues toutes les autres. » Après cela, je ne vois pas comment on pourroit douter du manichéisme des albigeois, ni qu'ils ne soient descendus des manichéens de la Bulgarie. On n'a qu'à se souvenir des deux ordres de la Bulgarie et de la Drungarie dont nous a parlé l'auteur de Vignier, et qui s'unirent ensemble dans la Lombardie. Je répète encore une fois qu'on n'a pas besoin de chercher ce que c'est que la Drungarie. Ces hérétiques obscurs prenoient souvent leur nom

LVI. Dénombrement mémorable des églises manichéennes. Les albigeois y sont compris. Tout est venu de Bulgarie.

---

[1] Ren., *cont. Val.*, tom. IV, *Bibl. PP.*, part. II, cap. VI, p. 756. — [2] *Ibid.*, p. 759. — [3] Ren., cap. XIV, tom. IV, *Bibl. PP.*, I part., p. 1254; *ibid.*, p. 759.

de lieux inconnus. Renier nous parle des Runcariens, [1] une secte de manichéens de son temps, dont le nom venoit d'un village. Qui sait si ce mot de *Runcariens* n'étoit pas une corruption de celui de *Drungariens?*

Nous voyons dans le même auteur et ailleurs tant de divers noms de ces hérétiques, que ce seroit un vain travail d'en rechercher l'origine. Patariens, Poplicains, Toulousains, Albigeois, Cathares : c'étoit, sous des noms divers et souvent avec quelques diversités, des sectes de manichéens, tous venus de la Bulgarie; d'où aussi ils prenoient le nom qui étoit le plus dans la bouche du vulgaire.

LVII. La même origine prouvée par Matthieu Paris Le pape des albigeois en Bulgarie.

Cette origine est si certaine, que nous la voyons encore reconnue au treizième siècle. « En ces temps, dit Matthieu Paris (c'est en l'an 1223), les hérétiques albigeois se firent un antipape nommé Barthélemi dans les confins de la Bulgarie, de la Croatie et de la Dalmatie [2]. » On voit ensuite que les albigeois alloient le consulter en foule; qu'il avoit un vicaire à Carcassonne et à Toulouse, et qu'il envoyoit ses évêques de tous côtés : ce qui revient manifestement à ce que disoit Enervin [3], que ces hérétiques avoient leur pape, encore que le même auteur nous apprenne que tous ne le reconnoissoient pas. Et afin qu'on n'en doutât point de l'erreur de ces albigeois de Matthieu Paris, le même auteur nous raconte que « les albigeois d'Espagne, » qui prirent les armes en 1234, entre plusieurs autres erreurs, « nioient principalement le mystère de l'Incarnation [4]. »

LVIII. Hypocrisie profonde de ces hérétiques, par Enervin.

Au milieu de tant d'impiétés ces hérétiques avoient un extérieur surprenant. Enervin les fait parler en ces termes : « Vous autres, disoient-ils aux catholiques, vous joignez maison à maison et champ à champ : les plus parfaits d'entre vous, comme les moines et les chanoines réguliers, s'ils ne possèdent point de biens en propre, les ont du moins en commun. Nous qui sommes les pauvres de Jésus-Christ, sans repos, sans domicile certain, nous errons de ville en ville comme des brebis au milieu des loups, et

---

[1] Ren., cap. XIV, tom. IV, *Bibl. PP.*, I part., p. 753, 765. — [2] Matt. Paris, *in Henr. III*, an. 1223, p. 317. — [3] *Epist. Enerv. ad S. Bern.*, anal. Mabil., III. — [4] *Ibid.*, an. 1234, p. 395.

nous souffrons persécution comme les apôtres et les martyrs[1]. »
Ensuite ils vantoient leurs abstinences, leurs jeûnes, la voie étroite
où ils marchoient, et se disoient les seuls sectateurs de la vie apostolique, parce que se contentant du nécessaire, ils n'avoient ni
maison, ni terre, ni richesses, « à cause, disoient-ils, que Jésus-Christ n'avoit ni possédé de semblables choses, ni permis à ses
disciples d'en avoir. »

Selon saint Bernard, il n'y avoit « rien en apparence de plus
chrétien » que leurs discours, « rien de plus irréprochable que
leurs mœurs[2]. » Aussi s'appeloient-ils *les Apostoliques*[3], et ils se
vantoient de mener la vie des apôtres. Il me semble que j'entends
encore un Fauste le Manichéen, qui disoit aux catholiques chez
saint Augustin : « Vous me demandez si je reçois l'Evangile ?
Vous le voyez en ce que j'observe ce que l'Evangile prescrit : c'est
à vous à qui je dois demander si vous le recevez, puisque je n'en
vois aucune marque dans votre vie. Pour moi j'ai quitté père,
mère, femme et enfans, l'or, l'argent, le manger, le boire, les délices, les voluptés, content d'avoir ce qu'il faut pour la vie d'un
jour à l'autre. Je suis pauvre, je suis pacifique, je pleure, je souffre
la faim et la soif, je suis persécuté pour la justice : et vous doutez
que je reçoive l'Evangile[4] ? » Après cela, prendra-t-on encore les
persécutions comme une marque de la vraie Eglise et de la vraie
piété ? C'est un langage de manichéens.

LIX.
Et par
S. Bernard.
Convenance de leurs
discours
avec ceux
de Fauste
le manichéen chez
S. Augustin.

Mais saint Augustin et saint Bernard leur font voir que leur
vertu n'étoit qu'une vaine ostentation. Pousser l'abstinence des
viandes jusqu'à dire qu'elles sont immondes et mauvaises de leur
nature, et la continence jusqu'à la condamnation du mariage,
c'est d'un côté s'attaquer au Créateur, et de l'autre lâcher la bride
aux mauvais désirs en les laissant absolument sans remède[5]. Ne
croyez jamais rien de bon de ceux qui outrent la vertu. Le déréglement de leur esprit, qui mêle tant d'excès dans leurs discours,
introduit mille désordres dans leur vie.

LX.
Leur hypocrisie
confondue
par S. Augustin et
par S. Bernard.

Saint Augustin nous apprend que ces gens, qui ne se permet-

LXI.
Infamie de

---

[1] Anal. III, p. 454. — [2] Serm. LXV, *in Cant.*, n. 5. — [3] Serm. LXVI, n. 8. —
[4] Lib. V, *cont. Faust.*, cap. I, tom. VIII, col. 195. — [5] Bern., serm. LXVI, *in Cant.*

ces héré-
tiques, et
principalement des patariens.
toient pas le mariage, se permettoient toute autre chose. C'est que, selon leurs principes, j'ai honte d'être contraint de le répéter, c'étoit proprement la conception qu'il falloit avoir en horreur; et on voit quelle porte étoit ouverte aux abominations dont les anciens et les nouveaux manichéens sont convaincus. Mais comme, parmi les sectes différentes de ces nouveaux manichéens, il y avoit des degrés de mal, les plus infâmes de tous étoient ceux qu'on appeloit *Patariens*[1]; ce que je suis bien aise de remarquer à cause de nos réformés qui les mettent nommément parmi les vaudois, qu'ils se glorifient d'avoir pour ancêtres[2].

LXII.
Doctrine de ces hérétiques : que l'effet des sacremens dépend de la sainteté des ministres.
Ceux qui vantent le plus leur vertu et la pureté de leur vie, sont ordinairement les plus corrompus. On aura pu remarquer comme ces impurs manichéens se sont glorifiés dans leur origine et dans toute la suite de la secte, d'une vertu plus sévère que les autres; et pour se faire valoir davantage, ils disoient que les sacremens et les mystères perdoient leur force dans des mains impures. Il importe de bien remarquer cette partie de leur doctrine que nous avons vue dans Enervin, dans saint Bernard et dans le concile de Lombez. C'est pourquoi Renier répète par deux fois, que cette imposition des mains qu'ils appeloient *la consolation*, et où ils mettoient la rémission des péchés, étoit inutile à celui qui la recevoit, si celui qui la donnoit étoit en péché lui-même, quand son péché seroit caché[3]. La raison qu'ils rendoient de cette doctrine, selon Ermengard[4], est que lorsqu'on a perdu le Saint-Esprit, on ne peut plus le donner, qui étoit la même raison dont se servoient les anciens donatistes.

LXIII.
Ils condamnent tous sermens, et la punition des crimes
C'étoit encore pour faire les saints et s'élever au-dessus des autres, qu'ils disoient que le chrétien ne devoit jamais affirmer la vérité par serment, pour quelque cause que ce fût, pas même en justice[5] : et qu'il n'étoit permis de punir personne de mort, pas même les plus criminels[6]. Les vaudois, comme nous verrons,

---

[1] Ren., cap. XVI; Ebrard., cap. XXVI, tom. IV, *Bibl. PP.*, I part., p. 1178; Ren., cap. VI, tom. IV, *Bibl. PP.*, II part., p. 753. — [2] La Roq., *Hist. de l'Euch.*, I part., cap. XVIII, p. 445. — [3] Ren., cap. VI; *ibid.*, p. 756, 759. — [4] Enrmeg., cap. XIV, *de imp. Man.*, ibid., p. 1254. — [5] Bern., serm. LXVI, *in Cant.*, n. 2. — [6] Ebrard., cap. XIV, XV; Erm., cap. XVIII, XIX; *ibid.*, p. 1134, 1136, 1260, 1261.

prirent d'eux toutes ces maximes outrées et tout ce vain extérieur de piété.

Voilà quels étoient les albigeois, selon tous les auteurs du temps, sans en excepter un seul. Les protestans en rougissent, et nous disent pour toute réponse que ces excès, ces erreurs et tous ces déréglemens des albigeois sont des calomnies de leurs ennemis. Mais ont-ils une seule preuve de ce qu'ils avancent, ou un seul auteur du temps, et de plus de quatre cents ans après, qui les justifie? Pour nous, nous produisons autant de témoins qu'il y a eu dans tout l'univers d'auteurs qui ont parlé de cette secte. Ceux qui ont été dans leur croyance nous ont révélé ses abominables secrets après leur conversion. Nous suivons la secte damnable jusqu'à sa source : nous montrons d'où elle est venue, par où elle a passé, tous ses caractères, et toute sa descendance qui la lie au manichéisme. On nous oppose des conjectures, et encore quelles conjectures? On les va voir, car je veux ici rapporter les plus vraisemblables.

LXIV. Réponse des ministres, que l'imputation du manichéisme est calomnieuse. Démonstration du contraire.

Le plus grand effort des adversaires est pour justifier Pierre de Bruis et son disciple Henri. Saint Bernard, dit-on, les accuse de condamner et la viande et le mariage. Mais Pierre le Vénérable, abbé de Cluni, qui a réfuté presque en même temps Pierre de Bruis, ne parle point de ces erreurs, et ne lui en attribue que cinq : de nier le baptême des petits enfans, de condamner les temples sacrés, de briser les croix au lieu de les adorer, de rejeter l'Eucharistie, de se moquer des oblations et des prières pour les morts [1]. Saint Bernard assure que cet hérétique et ses sectateurs « ne recevoient que l'Evangile [2]. » Mais Pierre le Vénérable n'en parle « qu'en doutant. La renommée, dit-il, a publié que vous ne croyez pas tout à fait ni à Jésus-Christ, ni aux prophètes, ni aux apôtres : mais il ne faut pas croire aisément les bruits qui sont souvent trompeurs, puisque même il y en a qui disent que vous rejetez tout le canon des Ecritures [3]. » Sur quoi il ajoute : « Je ne veux pas vous blâmer de ce qui n'est pas certain. » Ici les protestans louent la prudence de Pierre le Vénérable, et blâment la cré-

LXV. Examen de la doctrine de Pierre de Bruis. Objection des ministres, tirée de Pierre le Vénérable.

---

[1] Pet. Ven., *cont. Petrob.*, tom. XXII, *Bib. Max.*, p. 1034. — [2] Serm. LXV, *in Cant.*, n. 3. — [3] Pet. Ven., *ibid.*, p. 1037.

dulité de saint Bernard, qui avoit trop légèrement déféré à des bruits confus.

LXVI. Doctrine de Pierre de Bruis, selon Pierre le Vénérable.

Mais premièrement à ne prendre que ce que l'abbé de Cluni reprend comme certain dans cet hérétique, il y en a plus qu'il ne faut pour le condamner. Calvin a compté parmi les blasphèmes la doctrine qui nie le baptême des petits enfans [1]. Le nier avec Pierre de Bruis et son disciple Henri, c'étoit refuser le salut à l'âge le plus innocent qui soit parmi les hommes : c'étoit dire que depuis tant de siècles, où l'on ne baptise presque plus que des enfans, il n'y a plus de baptême dans le monde, il n'y a plus de sacremens, il n'y a plus d'Eglise, ni de chrétiens. C'est ce qui donnoit de l'horreur à Pierre le Vénérable. Les autres erreurs de Pierre de Bruis, que ce vénérable auteur (a) a réfutées, ne sont pas moins insupportables. Ecoutons ce que lui reproche sur l'Eucharistie le saint abbé de Cluni, qui vient de nous déclarer qu'il ne veut rien objecter que de certain. « Il nie, dit-il, que le corps et le sang de Jésus-Christ puissent être faits par la vertu de la divine parole et le ministère du prêtre, et il assure que tout ce qu'on fait à l'autel est inutile [2]. » Ce n'est pas nier seulement la vérité du corps et du sang, mais, comme les manichéens, rejeter absolument l'Eucharistie. C'est pourquoi le saint abbé ajoute un peu après : « Si votre hérésie se renfermoit dans les bornes de celle de Bérenger, qui en niant la vérité du corps n'en nioit pas le sacrement ou l'apparence et la figure, je vous renvoyerois aux docteurs qui l'ont réfuté. Mais, poursuit-il un peu après, vous ajoutez erreur à erreur, hérésie à hérésie ; et vous ne niez pas seulement la vérité de la chair et du sang de Jésus-Christ, mais leur sacrement, leur figure et leur apparence ; et ainsi vous laissez le peuple de Dieu sans sacrifice. »

LXVII. S. Bernard aussi circonspect que Pierre le Vénérable.

Pour les erreurs dont ce saint abbé ne parle pas et celles dont il doute, il est aisé de comprendre que c'est qu'elles n'étoient pas encore assez avérées, et qu'on n'avoit pas pénétré d'abord tous les secrets d'une secte qui avoit tant de replis et tant de détours. On les découvroit peu à peu ; et Pierre le Vénérable nous apprend lui-même que Henri, disciple de Bruis, avoit beaucoup ajouté

[1] *Opusc. cont. Servet.* — [2] *Ibid.*, 1057.

(a) 1re édit. : Les autres erreurs, que ce vénérable auteur...

aux cinq chapitres qu'on avoit repris dans son maître ¹. Il avoit entre ses mains l'écrit où l'on avoit recueilli de la propre bouche de l'hérésiarque toutes ses nouvelles erreurs. Mais ce saint abbé attendoit, pour les réfuter, qu'il en fût encore plus assuré. Saint Bernard, qui a vu de près ces hérétiques, en savoit plus que Pierre le Vénérable, qui n'en écrivoit que par rapport : mais il ne savoit pas tout, et c'est pourquoi il n'osoit pas les appeler tout à fait manichéens ² ; car il n'étoit pas moins circonspect que Pierre le Vénérable à ne leur rien imputer que de certain. En effet voici comme il parle de leurs impuretés : « On dit qu'ils font en secret des choses honteuses ³. » *On dit*, c'est qu'il ne les savoit pas encore avec certitude, et c'est pourquoi il n'osoit en parler positivement. Ceux qui les ont sues en ont parlé : mais cette discrétion de saint Bernard nous fait voir combien est certain ce qu'il leur objecte.

Mais, dit-on, il étoit crédule, et Othon de Frisingue, auteur du temps, lui en a fait le reproche. Il faut encore écouter cette conjecture que les protestans font tant valoir ⁴. Il est vrai, Othon de Frisingue trouve saint Bernard trop crédule, à cause qu'il fit condamner les erreurs visibles de Gilbert de la Poirée (*a*) évêque de Poitiers ⁵, que son disciple Othon tâchoit d'excuser. Ce reproche d'Othon est donc une excuse qu'un disciple affectionné prépare à son maître. Voyons toutefois en quoi il fait consister la crédulité de saint Bernard. « C'est, dit Othon, que cet abbé, et par la ferveur de sa foi, et par sa bonté naturelle, avoit un peu trop de crédulité; en sorte que des docteurs qui se floient trop à la raison humaine et à la sagesse du siècle, lui devenoient suspects; et si on lui rapportoit que leur doctrine ne fût pas tout à fait conforme à la foi, il le croyoit aisément ⁶. » Avoit-il tort ? Non sans doute, et l'expérience fait assez voir que Pierre Abélard, qui lui devint suspect par cette raison, et Gilbert, qui expliquoit la Trinité plutôt selon les *Topiques* d'Aristote que selon la tradition et la règle de la foi, s'écartèrent du bon chemin, puisque leurs

LXVIII.
Réponse à ce qu'on objecte de la crédulité de S. Bernard.

¹ *Ep. ad Episc. Arelat.*, etc., *ante Epist. contra Petrob.*, ibid., p. 1034. — ² Serm. LXVI, *in Cant.* — ³ Serm. LXV. — ⁴ Albert. La Roq. — ⁵ Oth. Fris., *in Frider.*, lib. I, cap. XLVI, XLVII. — ⁶ *Ibid.*
(*a*) De la Porrée.

erreurs condamnées dans les conciles, sont également abandonnées des catholiques et des protestans.

LXIX. S. Bernard n'impute rien à Pierre de Bruis et à Henri séducteur des Toulousains, qu'il ne le sache.

N'accusons donc pas ici la crédulité de saint Bernard. S'il nous a représenté Henri le disciple de Pierre de Bruis et le séducteur des Toulousains, comme le plus scélérat et le plus hypocrite de tous les hommes, tous les auteurs du temps en ont fait le même jugement [1]. Les erreurs qu'il attribue aux disciples de ces hérétiques ont été reconnues, et se découvroient tous les jours de plus en plus, comme la suite de cette histoire l'a fait paroître. Ce n'étoit pas témérairement que saint Bernard leur imputoit celles que nous trouvons dans ses sermons. « Je veux, dit-il, vous raconter leurs impertinences, que nous avons reconnues par leurs réponses qu'ils ont faites sans y penser aux catholiques, ou par les reproches mutuels que leurs divisions ont fait éclater, ou par les choses qu'ils ont avouées lorsqu'ils se sont convertis [2]. » Voilà comme on reconnut ces impertinences, que saint Bernard appelle dans la suite des blasphèmes. Quand il n'y auroit autre chose dans les henriciens que leur aveugle attachement pour ces femmes qu'ils tenoient dans leur compagnie, comme le raconte saint Bernard, et avec lesquelles ils passoient leur vie enfermés dans la même chambre nuit et jour, c'en seroit assez pour les avoir en horreur. Cependant la chose étoit si publique, que saint Bernard vouloit qu'on les connût à cette marque : « Dites-moi, leur disoit-il, mon ami, quelle est cette femme ? Est-ce votre épouse ? Non, répondent-ils, cela ne convient pas à ma profession. Est-ce votre fille, votre sœur, votre nièce ? Non, elle ne m'appartient par aucun degré de parenté. Mais savez-vous qu'il n'est pas permis selon les lois de l'Eglise à ceux qui ont professé la continence, de demeurer avec des femmes ? Chassez donc celle-ci, si vous ne voulez pas scandaliser l'Eglise : autrement ce fait, qui est manifeste, nous fera soupçonner le reste qui ne l'est pas tant [3]. » Il n'étoit pas trop crédule dans ce soupçon, et la turpitude de ces faux continens a depuis été révélée à toute la terre.

LXX. Conclu-

D'où vient donc que les protestans entreprennent la défense de

---

[1] Epist. CCXLI, ad Hildeph., com. Pet. Ven., cont. Petrob.; Act. Hild., Anal. III, p. 312 et seq., etc. — [2] Serm. LXV, in Cant., n. 8. — [3] Ibid., n. 6.

ces scélérats ? La cause en est trop claire. C'est l'envie de se donner des prédécesseurs. Ils ne trouvent que de telles gens qui rejettent et le culte de la croix, et la prière des Saints, et l'oblation pour les morts. Ils sont fâchés de ne remarquer les commencemens de leur Réforme que dans des manichéens. Parce qu'ils grondent contre le Pape et contre l'Eglise romaine, la Réforme est bien disposée en leur faveur. Les catholiques de ce temps-là leur reprochent de penser mal de l'Eucharistie. Nos protestans voudroient bien que ce fussent de simples bérengariens, et non pas des manichéens à qui l'Eucharistie déplaît dans son fond. Mais enfin quand cela seroit, ces réformés, que vous voulez être de vos gens, cachoient leur doctrine, fréquentoient les églises, honoroient les prêtres, alloient à l'offrande : ils se confessoient, ils communioient, ils prenoient avec nous, poursuit saint Bernard, le corps et le sang de Jésus-Christ [1]. » Les voilà donc dans nos assemblées, qu'ils détestoient dans leur cœur comme des conventicules de Satan ; à la messe, qu'ils regardoient dans leur erreur comme une idolâtrie et un sacrilége ; et enfin dans les exercices de l'Eglise romaine, qu'ils croyoient le royaume de l'Antechrist. Est-ce là les disciples de celui qui a ordonné de prêcher son Evangile sur les toits ? Sont-ce là les enfans de lumière ? Ces œuvres sont-elles de celles qui paroissent dans le jour, ou de celles que la nuit doit cacher ? En un mot, est-ce là les prédécesseurs que se donne la Réforme ?

sion. Qu'il n'y a que la honte d'avouer les albigeois pour auteurs.

HISTOIRE DES VAUDOIS.

Les vaudois ne valent pas mieux pour établir une succession légitime. Leur nom est tiré de Valdo, auteur de la secte. C'est dans Lyon qu'ils prirent naissance. On les nomma les pauvres de Lyon à cause de la pauvreté qu'ils affectoient ; et comme la ville de Lyon se nommoit alors *Leona* en latin, on les appela aussi tout court *Léonistes* ou *Lyonistes,* comme qui eût dit les *Lyonnois.*

LXXI. Commencement des vaudois, ou pauvres de Lyon.

On les appela encore les *Insabbatés,* d'un ancien mot qui signifioit des souliers, d'où sont venus d'autres mots d'une semblable

LXXII. Les noms de la secte.

[1] Serm. LXV, *in Cant.,* n. 8 ; Eckbert. Rein.

signification, qui sont encore en usage en beaucoup de langues aussi bien que dans la nôtre. C'est de là donc qu'on les appela les *Insabbatés*[1], à cause de certains souliers d'une forme particulière qu'ils coupoient par-dessus pour faire paroître les pieds nus (a), à l'exemple des apôtres, à ce qu'ils disoient ; et ils affectoient cette chaussure, pour marque de leur pauvreté apostolique.

LXXIII.
Leur histoire divisée en deux.
Leurs commencemens spécieux.

Voici maintenant leur histoire en abrégé. Lorsqu'ils se sont séparés, ils n'avoient encore que très-peu de dogmes contraires aux nôtres, et peut-être point du tout. En l'an 1160, Pierre Valdo (b), marchand de Lyon, dans une assemblée où il étoit selon la coutume avec les autres riches trafiquans, fut si vivement frappé de la mort subite d'un des plus apparens de la troupe, qu'il distribua aussitôt tout son bien, qui étoit grand, aux pauvres de cette ville[2] ; et en ayant par ce moyen ramassé un grand nombre, il leur apprit la pauvreté volontaire, et à imiter la vie de Jésus-Christ et des apôtres. Voilà ce que dit Renier, que les protestans flattés des éloges que nous verrons qu'il donne aux vaudois, veulent qu'on croie sur ce sujet plus que tous les autres auteurs. Mais on va voir ce que peut la piété mal conduite. Pierre Pylicdorf, qui a vu les vaudois dans leur force et en a représenté non-seulement les dogmes, mais encore la conduite avec beaucoup de simplicité et de doctrine, dit que ce Valdo, touché des paroles de l'Evangile où la pauvreté est si hautement recommandée, crut que la vie apostolique ne se trouvoit plus sur la terre[3]. Résolu de la renouveler, il vendit tout ce qu'il avoit. « D'autres en firent autant touchés de componction, » et ils s'unirent ensemble dans ce dessein. Au commencement cette secte, obscure et timide, ou n'avoit encore aucun dogme particulier, ou ne se déclaroit pas ; ce qui a fait qu'Ebrard de Béthune n'y remarque que l'affectation d'une superbe et oisive pauvreté. On voyoit ces Insabbatés ou ces Sabbatés, comme il les nomme[4], avec leurs pieds nus, ou plutôt avec « leurs souliers

[1] Ebrard., *ibid.*, cap. xxv ; Conrad., Ursper., *Chron.* ad an. 1212. — [2] Ren., cap. v, p. 749. — [3] Lib. *cont. Vald.*, cap. I, tom. IV, *Bibl. PP.*, II part., p. 779. — [4] Antih., cap. xxv ; *ibid.*, 1168.

(a) *Insabbatati* : *ensabatés* ou *ensabotés*, suivant qu'on fait venir le mot de *savates* ou de *sabots*. Cette sorte de chaussure devoit être une marque de la pauvreté évangélique. — (b) Né au village de Vaux en Dauphiné, d'où le nom *Pierre de Vaux*, ou *Petrus de Valdo*, ou *Valdo* tout court.

coupés » par-dessus, attendre l'aumône et ne vivre que de ce qu'on leur donnoit. On n'y blâmoit d'abord que l'ostentation ; et sans encore les ranger avec les hérétiques, on leur reprochoit seulement qu'ils en imitoient l'orgueil [1]. Mais écoutons la suite de leur histoire [2] : « Après avoir vécu quelque temps dans cette pauvreté prétendue apostolique, ils s'avisèrent que les apôtres n'étoient pas seulement pauvres, mais encore prédicateurs » de l'Evangile. Ils se mirent donc à prêcher à leur exemple, afin d'imiter en tout la vie apostolique. Mais les apôtres étoient envoyés ; et ceux-ci, que leur ignorance rendoit incapables de cette mission, furent exclus par les prélats, et enfin par le Saint-Siége, d'un ministère qu'ils avoient usurpé sans leur permission. Ils ne laissèrent pas de continuer secrètement, et murmuroient contre le clergé qui les empêchoit de prêcher, à ce qu'ils disoient, par jalousie et à cause que leur doctrine et leur sainte vie confondoient ses mœurs corrompues [3].

LXXIV. Si Valdo étoit un homme de savoir.

Quelques protestans ont voulu dire que Valdo étoit un homme de savoir : mais Renier dit seulement qu'il « avoit quelque peu de littérature : *aliquantulùm litteratus* [4]. » D'autres protestans, au contraire, tirent avantage du grand succès qu'il a eu dans son ignorance. Mais on ne sait que trop les adresses qui se peuvent souvent trouver dans les esprits les plus ignorans pour attirer leurs semblables, et Valdo n'a séduit que de telles gens.

LXXV. Les vaudois condamnés par Lucius III.

Cette secte en peu de temps fit du progrès. Bernard, abbé de Fontcald, qui en a vu les commencemens, en marque l'élévation sous le pape Lucius III [5]. Le pontificat de ce Pape commence en 1181, c'est-à-dire vingt ans après que Valdo eut paru dans Lyon. Il lui fallut bien vingt ans à s'étendre, et à faire un corps de secte qui méritât d'être regardé. Alors donc Lucius III les condamna ; et comme son pontificat n'a duré que quatre ans, il faut que cette première condamnation des vaudois soit arrivée entre l'année 1181 où ce Pape fut élevé à la chaire de saint Pierre, et l'année 1185 où il mourut.

LXXVI. Ils vien-

Conrad, abbé d'Ursperg, qui a vu de près les vaudois, comme

---

[1] *Antih.*, cap. xxv; *ibid.*, 1170.— [2] *Pylicd.*, *ibid.*— [3] *Ibid.*; Ren., *ibid.*— [4] Ren., cap. vi.— [5] Bern., abb. Font., *adv. Vald. sect.*, tom. IV, *Bibl. PP.*, *Præf.*, p. 1195.

nent à Rome. On ne les accuse de rien sur la présence réelle.

nous dirons, a écrit que le pape Lucius « les mit au nombre des hérétiques, à cause de quelques dogmes et observances superstitieuses[1]. » Jusqu'ici ces dogmes ne sont pas encore expliqués : mais on m'avouera que si les vaudois eussent nié des dogmes aussi remarquables que celui de la présence réelle, matière rendue si célèbre par la condamnation de Bérenger, on ne se seroit pas contenté de dire en gros qu'ils avoient « quelques dogmes superstitieux. »

LXXVII. Autre preuve que leurs erreurs ne regardent point l'Eucharistie.

Environ dans le même temps, en l'an 1194, une ordonnance d'Alphonse ou Ildefonse, roi d'Arragon, range les vaudois ou insabbatés, autrement les pauvres de Lyon, parmi les hérétiques anathématisés par l'Eglise ; et c'est une suite manifeste de la sentence prononcée par Lucius III[2]. Après la mort de ce Pape, comme malgré son décret ces hérétiques s'étendoient beaucoup, et que Bernard, archevêque de Narbonne, qui les condamna de nouveau après un grand examen, ne put arrêter le cours de cette secte, plusieurs personnes pieuses, *ecclésiastiques et autres,* procurèrent une conférence pour les ramener à l'amiable[3]. « On choisit de part et d'autre pour arbitre » de la conférence un saint prêtre nommé « Raimond de Daventrie, homme illustre par sa naissance, mais encore plus illustre par sa sainte vie. » L'assemblée fut fort solennelle, « et la dispute fut longue. » On produisit de part et d'autre les passages de l'Ecriture dont on prétendoit s'appuyer. Les vaudois furent condamnés, et déclarés hérétiques sur tous les chefs de l'accusation.

LXXVIII. Preuve de la même vérité par une célèbre conférence où tous les points sont traités.

On voit par là que les vaudois, quoique condamnés, n'avoient pas encore rompu toutes mesures avec l'Eglise romaine, puisqu'ils convinrent d'un arbitre catholique et prêtre. L'abbé de Fontcald, qui fut présent à la conférence, a rédigé par écrit avec beaucoup de netteté et de jugement les points débattus, et les passages qu'on employa de part et d'autre : de sorte qu'il n'y a rien de meilleur pour connoître tout l'état de la question, telle qu'elle étoit alors et au commencement de la secte.

[1] *Chron.,* ad. an. 1212. — [2] Apud Em., II part., *direc. Inq.,* q. XIV, p. 287; et apud Maria, *Præf. in Luc.;* Tud., tom. IV, *Bibl., PP.,* II° part., p. 582. — [3] Bern. de Font. Cal. advers. Vald. sect., in Præf., tom. IV, *Bibl. PP.,* III part., p. 1195.

La dispute roule principalement sur l'obéissance qui étoit due LXXIX.
aux pasteurs. On voit que les vaudois la leur refusoient, et que Articles de la confé-
malgré toutes les défenses ils se croyoient en droit de prêcher, rence.
hommes et femmes. Comme cette désobéissance ne pouvoit être
fondée que sur l'indignité des pasteurs, les catholiques en prou-
vant l'obéissance qui leur est due, prouvent qu'elle est due même
à ceux qui sont mauvais, et que quel que soit le canal, la grace
ne laisse pas de se répandre sur les fidèles[1]. Pour la même raison
on fait voir que les médisances contre les pasteurs, d'où on prenoit le prétexte de la désobéissance, sont défendues par la loi de
Dieu[2]. Dans la suite on attaque la liberté que se donnoient les
laïques de prêcher sans la permission des pasteurs, et même malgré leurs défenses; et on fait voir que ces prédications séditieuses
tendent à la subversion des foibles et des ignorans[3]. Surtout on
prouve par l'Ecriture que les femmes, qui n'ont que le silence en
partage, ne doivent pas se mêler d'enseigner[4]. Enfin on montre
aux vaudois le tort qu'ils ont de rejeter la prière pour les morts,
qui avoit tant de fondement dans l'Ecriture et une suite si évi-
dente de la tradition[5] : et comme ces hérétiques s'absentoient des
églises pour prier entre eux en particulier dans leurs maisons, on
leur fait voir qu'ils ne devoient pas abandonner la maison d'oraison, dont toute l'Ecriture et le Fils de Dieu lui-même avoit tant
recommandé la sainteté[6].

Sans examiner ici qui a raison ou tort dans cette querelle, on LXXX.
voit quel en étoit le fondement et quels furent les points contestés; On n'y parle point
et il est plus clair que le jour que dans ces commencemens, loin de l'Eu-charistie.
qu'il s'agît ou de la présence réelle et de la transsubstantiation, ou
des sacremens, on ne parloit pas encore de la prière des Saints,
de leurs reliques, ou de leurs images.

Ce fut à peu près dans ce même temps qu'Alanus écrivit le livre LXXXI.
dont il a été parlé : où après avoir soigneusement distingué les Alanus, qui fait le
vaudois des autres hérétiques de son temps, il entreprend de dénombre-ment des
prouver, contre leur doctrine, « qu'on ne doit point prêcher sans erreurs vaudoises,

---

[1] Bern. de Font. Cal. *advers. Vald. sect.*, cap. II, tom. IV, cap. I, II, *Bibl. PP.*, III part., p. 1195. — [2] *Ibid.*, cap. III. — [3] *Ibid.*, cap. IV et seq. — [4] *Ibid.*, cap. VII. — [5] *Ibid.*, cap. VIII. — [6] *Ibid.*, IX.

500   HISTOIRE DES VARIATIONS.

n'objecte rien sur l'Eucharistie. mission; qu'il faut obéir aux prélats, et non-seulement aux bons, mais encore aux mauvais; que leur mauvaise vie ne leur fait pas perdre leur puissance; que c'est à l'ordre sacré qu'il faut attribuer le pouvoir de consacrer et celui de lier et de délier, et non pas au mérite de la personne; qu'il se faut confesser aux prêtres, et non aux laïques; qu'il est permis de jurer en certains cas, et de punir de mort les malfaiteurs [1]. » C'est à peu près ce qu'il oppose aux erreurs des vaudois. S'ils avoient erré sur l'Eucharistie, Alanus ne l'auroit pas oublié; car il sait bien le reprocher aux albigeois, contre lesquels il entreprend de prouver et la présence réelle et la transsubstantiation [2]; et après avoir repris dans les vaudois tant de choses moins importantes, il n'en auroit pas omis une si essentielle.

LXXXII. *Ni Pierre de Vaucernay.* Un peu après Alanus et environ l'an 1209, Pierre de Vaucernay, homme assez simple et assurément très-sincère, distingue les vaudois des albigeois par leurs propres caractères, en disant « que les vaudois étoient méchans, mais bien moins que ces autres hérétiques [3], » qui admettoient les deux principes et toutes les suites de cette damnable doctrine. « Pour ne point parler, poursuit cet auteur, de leurs autres infidélités, leur erreur consistoit principalement en quatre chefs : en ce qu'ils portoient des sandales à la manière des apôtres; en ce qu'ils disoient qu'il n'étoit permis de jurer pour quelque cause que ce fût; et qu'il n'étoit non plus permis de faire mourir les hommes (même pour crime); enfin en ce qu'ils disoient que chacun d'eux (quoiqu'ils fussent de purs laïques), pourvu qu'il eût des sandales (c'est-à-dire, comme on a vu, la marque de la pauvreté apostolique), pouvoit consacrer le corps de Jésus-Christ. » Voilà en effet les caractères particuliers qui désignent le vrai esprit des vaudois : l'affectation de la pauvreté dans les sandales qui en étoient la marque; la simplicité et la douceur apparente, en rejetant tout serment et tout supplice; et ce qu'il y avoit de plus propre à cette secte, la croyance que les laïques, pourvu qu'ils eussent embrassé leur prétendue pauvreté apostolique, et qu'ils en portassent la marque, c'est-à-dire pourvu

---

[1] Alan., lib. II, p. 175 et seq. — [2] Lib. I, p. 128 et seq. — [3] Pet. de Vall. Cern., *Hist. Albig.*, cap. II; Duch., *Hist. Franc.*, tom. V, p. 557.

qu'ils fussent de leur secte, pouvoient faire les sacremens, et même « le corps de Jésus-Christ. » Le reste, comme leur doctrine sur les prières pour les morts, alloit avec les autres infidélités de ces hérétiques, que cet auteur ne veut pas marquer en particulier. Mais s'ils s'étoient élevés contre la présence réelle, après le bruit que cette matière avoit fait dans l'Eglise, non-seulement ce religieux ne l'auroit pas oublié, mais encore il se seroit bien gardé de dire « qu'ils faisoient le corps de Jésus-Christ, » ne les faisant en ce point différer d'avec les catholiques, sinon en ce qu'ils attribuoient aux laïques le pouvoir que les catholiques ne reconnoissent que dans les prêtres.

LXXXIII. Les vaudois viennent demander l'approbation d'Innocent III.

Il paroît donc clairement que les vaudois en 1209, lorsque Pierre de Vaucernay écrivoit, n'avoient pas seulement songé à nier la présence réelle; et il leur restoit alors tant de soumission ou véritable ou apparente envers l'Eglise romaine, qu'encore en 1212 ils vinrent à Rome pour y obtenir « du Saint-Siége l'approbation de leur secte. » Ce fut alors que Conrad, abbé d'Ursperg, les y vit, comme il le raconte lui-même[1], avec leur maître Bernard. On les reconnoît aux caractères que leur donne ce chroniqueur : c'étoit « les pauvres de Lyon, ceux que Lucius III avoit mis au nombre des hérétiques, » qui se rendoient remarquables par l'affectation « de la pauvreté apostolique, avec leurs souliers coupés par-dessus; » qui « dans leurs secrètes prédications et dans leurs assemblées cachées ravilissoient l'Eglise et le sacerdoce. » Le Pape, trouvoit étrange l'affectation qu'ils faisoient paroître « dans ces souliers coupés par-dessus et dans leurs capes semblables à celles des religieux, quoiqu'ils eussent contre la coutume une longue chevelure comme les laïques. » En effet, ordinairement ces affectations bizarres couvrent quelque chose de mauvais : mais surtout on fut offensé de la liberté que se donnoient ces nouveaux apôtres, d'aller pêle-mêle, hommes et femmes, à l'exemple, à ce qu'ils disoient, des femmes pieuses qui suivoient Jésus-Christ et les apôtres pour les servir : mais les temps, les personnes et les circonstances étoient bien différentes.

LXXXIV On com-

Ce fut, dit l'abbé d'Ursperg, pour donner à l'Eglise de vrais

[1] Conr. Ursper., ad an. 1212.

pauvres, plus dépouillés et plus soumis que ces faux pauvres de Lyon, que le Pape approuva dans la suite l'institut des frères mineurs rassemblés sous la conduite de saint François, vrai modèle d'humilité et la merveille de ce siècle ; et ces pauvres remplis de haine contre l'Eglise et ses ministres, malgré leur humilité trompeuse, furent rejetés par le Saint-Siége : de sorte qu'on les traita dans la suite comme des hérétiques opiniâtres et incorrigibles. Mais enfin ils firent semblant d'être soumis jusqu'à l'an 1212, qui étoit le quinzième d'Innocent III et cinquante ans après leur naissance.

LXXXV. De là on peut juger de la patience de l'Eglise envers ces hérétiques, puisqu'on voit cinquante ans durant qu'on n'exerce contre eux aucune rigueur, mais qu'on tâche de les ramener par des conférences. Outre celle que Bernard, abbé de Fontcald, nous a rapportée, nous en avons encore une dans Pierre de Vaucernay, environ l'an 1206, où les vaudois furent confondus [1] : et enfin en 1212 ils viennent encore à Rome, où l'on se contente seulement de rejeter leur tromperie. Trois ans après Innocent III tint le grand concile de Latran, où en condamnant les hérétiques, il note en particulier « ceux qui, sous prétexte de piété, s'attribuent l'autorité de prêcher sans être envoyés [2] : » par où il semble avoir voulu noter principalement les vaudois, et les faire remarquer par l'origine de leur schisme.

LXXXVI. On voit maintenant avec évidence les commencemens de la secte. C'étoit une espèce de donatisme, mais différent de celui que les anciens ont combattu dans l'Afrique, en ce que ces donatistes d'Afrique en faisant dépendre l'effet des sacremens de la vertu des ministres, réservoient du moins aux saints prêtres et aux saints évêques le pouvoir de les conférer, au lieu que ces nouveaux donatistes l'attribuoient, comme on a vu, aux laïques dont la vie étoit pure. Mais ils n'en vinrent à cet excès que par degrés : car d'abord ils ne permettoient aux laïques que la prédication. Ils reprenoient, non-seulement les mauvaises mœurs que l'Eglise condamnoit aussi, mais encore beaucoup d'autres choses qu'elle approuvoit, comme les cérémonies, sans néanmoins toucher aux

---

[1] Pet. de Vall., tom. VI, p. 56. — [2] *Conc. Lat.*, IV, can. 3, *de Hæret.*

sacremens : car Pylicdorf, qui a très-bien remarqué et l'ancien esprit et tout le progrès de la secte, remarque qu'ils détruisoient toutes les choses dont on se servoit dans l'Eglise pour édifier les fidèles, « à la réserve, dit-il, des sacremens seuls [1]; » ce qui montre qu'ils les laissèrent en leur entier. Le même auteur raconte encore que ce ne fut « qu'après un long temps qu'ils commencèrent étant laïques à entendre les confessions, à enjoindre des pénitences et à donner l'absolution. Et depuis peu, continue-t-il, on a remarqué qu'un de ces hérétiques, pur laïque, a fait selon sa pensée le corps de Notre-Seigneur, et s'est communié lui-même avec ses complices, encore qu'il en ait été un peu repris par les autres [2]. »

Voilà comme l'audace croissoit peu à peu. Les sectateurs de Valdo scandalisés de la vie de beaucoup de prêtres, « croyoient, dit encore Pylicdorf, être mieux absous par leurs gens, qui leur paroissoient plus vertueux, que par les ministres de l'Eglise [3] : » ce qui venoit de l'opinion dans laquelle consistoit principalement l'erreur des vaudois, que le mérite des personnes agissoit dans les sacremens plus que l'ordre et le caractère.

LXXXVII. L'audace croît peu à peu.

Mais les vaudois poussèrent ce mérite nécessaire aux ministres de l'Eglise jusqu'à n'avoir rien de propre; et c'étoit un de leurs dogmes, que pour consacrer l'Eucharistie, il falloit être pauvre à leur manière : tellement « que les prêtres catholiques n'étoient pas de véritables et légitimes successeurs des disciples de Jésus-Christ, à cause qu'ils possédoient du bien en propre [4]; » ce qu'ils prétendoient que Jésus-Christ avoit défendu à ses apôtres.

LXXXVIII. Doctrine des vaudois sur les biens d'église.

Jusqu'ici toute l'erreur que l'on voit sur les sacremens ne regardoit que les personnes qui les pouvoient administrer : le reste étoit en son entier, comme dit expressément Pylicdorf. Ainsi on ne doutoit en aucune sorte, ni de la présence réelle, ni de la transsubstantiation; et au contraire cet auteur vient de nous dire que ce laïque, qui s'étoit mêlé de donner la communion, croyoit « avoir fait le corps de Jésus-Christ. » Enfin de la manière dont nous avons vu commencer cette hérésie, il semble que Valdo ait eu

LXXXIX. Nulle erreur sur les sacremens.

---

[1] Pet. Pylicd., cont. Vald., cap. 1, tom. V, Bib. PP., II⁰ part., p. 780. — [2] Ibid. — [3] Ibid. — [4] V. sup. Pet. de Vall. Cern., Refut. error., ibid., p. 819.

d'abord un bon dessein ; que la gloire de la pauvreté, dont il se vantoit, ait séduit et lui et ses sectateurs ; que dans l'opinion qu'ils avoient de leur sainte vie, ils se soient remplis d'un zèle amer contre le clergé et contre toute l'Eglise catholique ; qu'irrités de la défense qu'on leur fit de prêcher, ils soient tombés dans le schisme, et comme dit Gui le Carme, « du schisme dans l'hérésie [1]. »

XC. Mauvaise foi manifeste des historiens protestans, et de Paul Perrin sur les commencemens des vaudois.

Par ce fidèle récit et les preuves incontestables dont on le voit soutenu, il est aisé de juger combien les historiens protestans ont abusé de la foi publique, dans le récit qu'ils ont fait de l'origine des vaudois. Paul Perrin, qui en a écrit l'histoire imprimée à Genève, dit qu'en l'an 1160, lorsque la peine de mort *fut apposée* à quiconque ne croiroit pas la présence réelle, « Pierre Valdo citoyen de Lyon fut des plus courageux pour s'opposer à telle invention [2]. » Mais il n'y a rien de plus faux : l'article de la présence réelle avoit été défini cent ans auparavant contre Bérenger : on n'avoit rien fait de nouveau sur cet article ; et loin que Valdo s'y soit opposé, on a vu, cinquante ans durant, et lui et tous ses disciples dans la commune croyance.

XCI. Le ministre de la Roque.

M. de la Roque, plus savant que Perrin, n'est pas plus sincère, lorsqu'il dit que « Pierre Valdo ayant trouvé des peuples entiers séparez de la communion de l'Eglise latine, il se joignit à eux avec ceux qui le suivoient, pour ne faire qu'un mesme corps et une mesme société par l'unité d'une mesme doctrine [3]. » Mais nous avons vu au contraire : 1° que tous les auteurs du temps (car nous n'en avons omis aucun) nous ont montré les vaudois et les albigeois comme deux sectes séparées ; 2° que tous ces auteurs nous font voir ces albigeois comme manichéens ; et je défie tous les protestans qui sont au monde de me montrer qu'il y eût dans toute l'Europe, lorsque Valdo s'éleva, aucune secte séparée de Rome, qui ne fût ou la secte même, ou quelque branche et subdivision du manichéisme. Ainsi on ne pourroit faire le procès à Valdo d'une manière plus convaincante, qu'en accordant à ses défenseurs ce qu'ils demandent pour lui, c'est-à-dire qu'il se « soit joint en unité de doctrine » aux albigeois, ou à ces peuples séparés alors de la com-

---

[1] Guid. Carm., *de Hæres. in hæres. Vald.*, init. — [2] *Hist. des Vaudois,* chap. I. — [3] *Hist. de l'Euch.*, IIe part., chap. XVIII, p. 454.

munion romaine. Enfin quand Valdo se seroit uni à des églises innocentes, ses erreurs particulières n'auroient pas permis qu'on tirât avantage de cette union, puisque ces erreurs sont détestées, non-seulement par les catholiques, mais encore par les protestans.

Mais continuons l'histoire des vaudois, et voyons si nos protestans y trouveront quelque chose de plus favorable depuis que ces hérétiques ne gardèrent plus aucune mesure avec l'Eglise. Le premier acte que nous trouvons contre les vaudois après le grand concile de Latran, est un canon du concile de Tarragone, qui désigne les insabbatés comme gens « qui défendoient de jurer et d'obéir aux puissances ecclésiastiques et séculières, et encore de punir les malfaiteurs, et autres choses semblables [1], » sans qu'il paroisse le moindre mot sur la présence réelle, qu'on auroit non-seulement exprimée, mais encore mise à la tête, s'ils l'avoient niée.

XCII. Si les vaudois ont changé dans leurs progrès leur doctrine sur l'Eucharistie.

Dans le même temps et vers l'an 1250, Renier tant de fois cité, qui distingue si soigneusement les vaudois, ou les léonistes et les pauvres de Lyon d'avec les albigeois, en marque aussi toutes les erreurs, et les réduit à ces trois chefs : contre l'Eglise, contre les sacremens et les Saints, et contre les cérémonies ecclésiastiques [2]. Mais loin qu'il y ait rien dans tous ces articles contre la transsubstantiation, on y trouve précisément parmi leurs erreurs, que « la transsubstantiation se devoit faire en langue vulgaire; qu'un prêtre ne pouvoit pas consacrer en péché mortel [3]; » que lorsqu'on communioit de la main d'un prêtre indigne, « la transsubstantiation ne se faisoit pas dans la main de celui qui consacroit indignement, mais dans la bouche de celui qui recevoit dignement l'Eucharistie; qu'on pouvoit consacrer à la table commune, » c'est-à-dire dans les repas ordinaires, et non-seulement dans les églises, conformément à cette parole de Malachie : « On offre une oblation pure à mon nom [4], » ce qui montre qu'ils ne nioient pas le sacrifice ni l'oblation de l'Eucharistie; et que s'ils rejetoient la messe, c'étoit à cause des cérémonies, la faisant uniquement consister dans « les paroles de Jésus-Christ récitées en langue vulgaire [5]. » Par là on

XCIII. Preuve du contraire par Renier

---

[1] *Conc. Tarrac.*, tom. XI, *Conc.*, part. I, an. 1242, col. 593. — [2] Ren., cap. v, tom. IV, *Bib. PP.*, II part., p. 749. — [3] *Ibid.*, 750. — [4] *Malach.*, I, 11. — [5] Ren., cap. v, tom. IV, *Bib. PP.*, II part., p. 750.

voit clairement qu'ils admettoient la transsubstantiation, et ne s'étoient éloignés en rien de la doctrine de l'Eglise sur le fond de ce sacrement : mais qu'ils disoient seulement qu'il ne pouvoit être consacré par de mauvais prêtres, et le pouvoit être par de bons laïques, selon ces maximes fondamentales de leur secte, que Renier ne manque pas de bien remarquer, « que tout bon laïque est prêtre, et que la prière d'un mauvais prêtre ne sert de rien [1]; » par où aussi ils prétendoient la consécration de ce mauvais prêtre inutile. On voit aussi en d'autres auteurs, selon leurs principes, « qu'un homme sans être prêtre, pouvoit consacrer, et pouvoit administrer le sacrement de pénitence, et que tout laïque, et même les femmes devoient prêcher [2]. »

XCIV. Dénombrement des erreurs vaudoises. Nous trouvons encore dans le dénombrement de leurs erreurs, tant chez Renier que chez les autres, « qu'il n'est pas permis aux clercs (c'est-à-dire aux ministres de l'Eglise) d'avoir des biens; qu'il ne falloit point diviser les terres, ni les peuples [3], » ce qui vise à l'obligation de mettre tout en commun, et à établir comme nécessaire cette prétendue pauvreté apostolique dont ces hérétiques se glorifioient; « que tout serment est péché mortel; que tous les princes et tous les juges sont damnés [4], parce qu'ils condamnent les malfaiteurs contre cette parole : « La vengeance m'appartient, dit le Seigneur [5]; » et encore : « Laissez-les croître jusqu'à la moisson [6]. » Voilà comme ces hypocrites abusoient de l'Ecriture sainte, et avec leur feinte douceur renversoient tous les fondemens de l'Eglise et des Etats.

XCV. Autre dénombrement, et nulle mention d'erreur sur l'Eucharistie. On trouve cent ans après dans Pylicdorf une ample réfutation des vaudois article par article, sans qu'il paroisse dans leur doctrine la moindre opposition à la présence réelle ou à la transsubstantiation. Au contraire on voit toujours dans cet auteur, comme dans les autres, que les laïques de cette secte « faisoient le corps de Jésus-Christ [7], » quoiqu'avec crainte et avec réserve dans le pays où il écrivoit [8]; et en un mot il ne remarque dans ces héré-

[1] Ren., cap. v, tom. IV, *Bib. PP.*, II part, p. 751. — [2] *Frag. Pylicd., ibid.*, 817; Ren., *ibid.*, 751. — [3] Ren., *ibid.*, p. 750; *ibid.*, err. 820. — [4] *Ibid.*, p. 752; ind. err. *ibid.*, 831, 923. — [5] *Rom.*, XII, 19. — [6] *Matth.*, XIII, 30. — [7] Pylic., *cont. Vald.*, tom. IV, *Bibl. PP.*, II part., p. 778 et seq., an. 1395; *ibid.*, cap. XX, p. 893. — [8] *Ibid.*, cap. I.

tiques aucune erreur sur ce sacrement, si ce n'est que les mauvais prêtres ne le faisoient pas, « non plus que les autres sacremens[1]. »

XCVI. Autre dénombrement. Enfin dans tout le dénombrement que nous avons de leurs erreurs, ou dans la Bibliothèque des Pères, ou dans l'inquisiteur Emeric[2], on ne trouve rien contre la présence réelle, encore qu'on y remarque jusqu'aux moindres différences de ces hérétiques d'avec nous, et jusqu'aux moindres articles sur lesquels il les faut interroger : au contraire l'inquisiteur Emeric rapporte ainsi leur erreur sur l'Eucharistie: « Ils veulent que le pain ne soit point transsubstantié au corps de Jésus-Christ, si le prêtre est un pécheur. » Ce qui démontre deux choses : l'une, qu'ils croyoient la transsubstantiation; l'autre, qu'ils croyoient que les sacremens dépendoient de la sainteté des ministres.

On trouve dans le même dénombrement toutes les erreurs des vaudois que nous avons remarquées. Les erreurs des nouveaux manichéens, qu'on a fait voir être les mêmes que les albigeois, sont aussi rapportées à part dans le même livre[3]. On voit par là que ce sont deux sectes entièrement distinguées; et parmi les erreurs des vaudois, il n'y a rien qui ressente le manichéisme, dont l'autre dénombrement est tout rempli.

XCVII. Démonstration que les vaudois n'avoient aucune erreur sur la transsubstantiation. Mais pour revenir à la transsubstantiation, d'où pourroit venir que les catholiques eussent épargné les vaudois sur une matière aussi essentielle, eux qui relevoient avec tant de soin jusqu'aux moindres de leurs erreurs ? Est-ce peut-être que ces matières, et surtout celle de l'Eucharistie, n'étoient pas assez importantes, ou n'étoient pas assez connues après la condamnation de Bérenger par tant de conciles ? Est-ce qu'on vouloit cacher au peuple que ce mystère étoit attaqué ? Mais on ne craignoit point de rapporter les blasphèmes bien plus étranges des albigeois, et même contre ce mystère. On ne taisoit pas au peuple ce que les vaudois disoient de plus atroce contre l'Eglise romaine, comme qu'elle étoit « l'impudique marquée dans l'*Apocalypse*, son pape le chef des errans,

---

[1] Pylicd., *cont. Vald.*, tom. IV, *Bibl. PP.*, II part., p. 778 et seq., an. 1395; *ibid.*, cap. XVI, 18. — [2] *Bibl. PP.* tom IV, II part., p. 820, 832, 836 ; *Director.*, part. II, q. XIV, p. 279. — [3] *Ibid.*, q. XIII, p. 273.

ses prélats et ses religieux des scribes et des pharisiens [1]. » On avoit pitié de leurs excès, mais on ne les cachoit pas; et s'ils avoient rejeté la foi de l'Eglise sur l'Eucharistie, on leur en auroit fait le reproche.

XCVIII. Suite de la même démonstration. Témoignage de Claude Séyssel en 1517. Défaite grossière d'Aubertin.

Encore au siècle passé, en 1517, Claude Séyssel, célèbre par son savoir et par ses emplois sous Louis XII et François Ier, et élevé pour son mérite à l'archevêché de Turin, dans la recherche qu'il fit de ces hérétiques cachés dans les vallées de son diocèse, afin de les réunir à son troupeau, raconte dans un grand détail toutes leurs erreurs [2], comme un fidèle pasteur qui vouloit connoître à fond le mal de ses brebis pour le guérir; et nous en lisons dans son écrit tout ce que les autres auteurs nous en racontent, ni plus ni moins. Il remarque principalement avec eux comme la source de leur égarement, « qu'ils faisoient dépendre l'autorité du ministère ecclésiastique du mérite des personnes [3]; » d'où ils concluoient « qu'il ne falloit point obéir au Pape, ni aux prélats, à cause qu'étant mauvais, et n'imitant pas la vie des apôtres, ils n'ont de Dieu aucune autorité, ni pour consacrer ni pour absoudre; que pour eux, ils avoient seuls ce pouvoir, parce qu'ils observoient la loi de Jésus-Christ; que l'Eglise n'étoit que parmi eux, et que le Siége romain étoit cette prostituée de l'*Apocalypse* et la source de toutes les erreurs. » Voilà ce que ce grand archevêque dit des vaudois de son diocèse. Le ministre Aubertin s'étonne de ce que dans un si exact dénombrement qu'il nous fait de leurs erreurs, on ne trouve point qu'ils rejetassent ni la présence réelle ni la transsubstantiation [4]; et ce ministre n'y trouve point d'autre réponse, si ce n'est que ce prélat, qui les avoit si vivement réfutés dans les autres points, s'étoit ici senti trop foible pour leur résister [5]: comme si un si savant homme et si éloquent n'avoit pas pu du moins copier ce que tant de doctes catholiques avoient écrit sur cette matière. Au lieu donc d'une si vaine défaite, Aubertin devoit reconnoître que si un homme si exact et si éclairé ne reprochoit point cette erreur aux vaudois, c'est qu'en effet il ne l'avoit pas reconnue

---

[1] Ren., cap. IV, *ibid.*, 750; Emeric., *ibid.* — [2] *Adv. error. Vald.*, part., an. 1520, f. 1 et seq. — [3] *Ibid.*, f. 10, 11. — [4] Lib. III, *de Sacram. Euch.*, p. 986, col. 2. — [5] *Ibid.*, 987.

parmi eux : en quoi il n'y a rien de particulier à Séyssel, puisque tous les autres auteurs ne les en ont non plus accusés que cet archevêque.

Aubertin triomphe pourtant d'un passage du même Séyssel, où il dit « qu'il n'a pas trouvé à propos de rapporter que quelques-uns de cette secte, pour se montrer plus savans que les autres, babilloient, ou railloient plutôt qu'ils ne discouroient sur la substance et la vérité du sacrement de l'Eucharistie, parce que ce qu'ils en disoient comme un secret étoit si haut, que les plus habiles théologiens peuvent à peine le comprendre [1]. » Mais loin que ces paroles de Séyssel fassent voir que la présence réelle fût niée par les vaudois, j'en conclurois au contraire qu'il y en avoit parmi eux qui prétendoient raffiner en l'expliquant; et quand on voudroit penser, gratuitement toutefois et sans aucune raison, puisque Séyssel n'en dit mot, que ces hauteurs de l'Eucharistie où les vaudois se jetoient regardoient l'absence réelle, c'est-à-dire la chose du monde la moins haute et la plus conforme au sens de la chair : après tout il paroît toujours que Séyssel nous raconte ici, non la croyance de tous, mais le babil et le vain discours *de quelques-uns :* de sorte que de tous côtés il n'y a rien de plus certain que ce que j'ai avancé, qu'on n'a jamais reproché aux vaudois d'avoir rejeté la transsubstantiation, au contraire qu'on a toujours supposé qu'ils la croyoient.

En effet le même Séyssel, en faisant dire à un vaudois toutes ses raisons, lui met ce discours à la bouche contre un mauvais évêque et un mauvais prêtre : « Comment l'évêque et le prêtre qui est ennemi de Dieu pourra-t-il rendre Dieu propice envers les autres? Celui qui est banni du royaume des cieux, comment pourra-t-il en avoir les clefs? Enfin puisque sa prière et ses autres actions n'ont aucune utilité, comment Jésus-Christ à sa parole se transformera-t-il sous les espèces du pain et du vin, et se laissera-t-il manier par celui qu'il a entièrement rejeté [2]? » On voit donc toujours que l'erreur consiste dans le donatisme, et qu'il ne tient qu'à la bonne vie du prêtre que le pain et le vin ne soient changés au corps et au sang de Jésus-Christ.

[1] *Adv. error. Vald.*, part., an. 1520, fol. 55, 56. — [2] *Ibid.*, fol. 13.

CI.
Interrogatoire des vaudois, dans la bibliothèque de M. le marquis de Seignelay.

Et ce qui ne laisse aucun doute dans cette matière, c'est ce qu'on voit encore aujourd'hui parmi les manuscrits de M. de Thou, présentement ramassés dans la riche bibliothèque de M. le marquis de Seignelay (a) : on y voit, dis-je, les enquêtes en original faites juridiquement contre les vaudois de Pragelas et des autres vallées en 1495, recueillies en deux grands volumes[1], où se trouve l'interrogatoire d'un nommé Thomas Quoti de Pragelas, lequel interrogé si les barbes leur apprenoient à croire au sacrement de l'autel, répond « que les barbes prêchent et enseignent que lorsqu'un chapelain qui est dans les ordres profère les paroles de la consécration sur l'autel, il consacre le corps de Jésus-Christ, et qu'il se fait un vray changement du pain au vray corps; et dit en outre que la prière faite à la maison ou dans le chemin est aussi bonne que dans l'Eglise. » Conformément à cette doctrine le même Quoti répond par deux fois, « qu'il recevoit tous les ans à Pasque le corps de Jésus-Christ; et que les barbes leur enseignoient que pour le recevoir il falloit estre bien confessé, et plûtost par les barbes que par les chapelains. » C'est ainsi qu'ils appeloient les prêtres.

CII.
Suite du même interrogatoire.

La raison de la préférence est tirée des principes des vaudois si souvent répétés; et c'est en conformité de ces principes que le même homme répond « que messieurs les ecclésiastiques menoient une vie trop large, et que les barbes menoient une vie sainte et juste. » Et dans une autre réponse, « que les barbes menoient la vie de saint Pierre, et avoient puissance d'absoudre des péchez, et qu'il le croyoit ainsi; et que si le Pape ne menoit une sainte vie, il n'avoit pas pouvoir d'absoudre. » C'est pourquoi le même Quoti dit encore en un autre endroit, « qu'il avoit ajoûté foy sans aucun doute aux discours des barbes plûtost qu'à ceux des chapelains; parce qu'en ce temps nul ecclésiastique, nul cardinal, nul évesque ou prestre ne menoit la vie des apostres : c'est pourquoy il valoit mieux croire aux barbes qui estoient bons, qu'à un ecclésiastique qui ne l'estoit pas. »

[1] Deux volumes cotés 1769, 1770.

(a) A la Bibliothèque impériale depuis 1732, par cession du comte de Seignelay, petit-fils de Colbert.

LIVRE XI, N. CIII, CV. 511

Il seroit superflu de raconter les autres interrogatoires, puisqu'on y entend partout le même langage, tant sur la présence réelle que sur le reste; et surtout on y répète sans cesse « que les barbes alloient dans le monde comme imitateurs de Jésus-Christ et des apostres, et qu'ils avoient plus de puissance que les prestres de l'Eglise romaine, qui menoient une vie trop large. »

CIII. Suite.

Rien n'y est tant répété que ces dogmes, « qu'il falloit confesser ses péchez; qu'ils les confessoient aux barbes qui avoient pouvoir de les absoudre; qu'ils se confessoient à genoux; qu'à chaque confession ils donnoient un quart (c'étoit une pièce de monnoie); que les barbes leur imposoient des pénitences qui n'étoient ordinairement qu'un *Pater* et un *Credo*, et jamais l'*Ave, Maria;* qu'ils leur défendoient tout serment, et leur enseignoient qu'il ne falloit ni implorer le secours des Saints, ni prier pour les morts. » C'en est assez pour reconnoître les principaux dogmes et le génie de la secte; car au reste de s'imaginer dans des opinions si bizarres, de la règle et une forme constante dans tous les temps et dans tous les lieux, c'est une erreur.

CIV. Nécessité de la confession.

Je ne vois pas qu'on les interroge sur les sacremens administrés par le commun des laïques, soit que les inquisiteurs ne fussent pas informés de cette coutume, ou que les vaudois à la fin l'eussent changée. Aussi avons-nous vu que ce ne fut pas sans peine et sans contradiction qu'elle s'introduisit parmi eux à l'égard de l'Eucharistie [1]. Mais pour la confession, il n'y a rien de plus établi dans cette secte que le droit des laïques gens de bien : « Un bon laïque, disoient-ils, avoit pouvoir d'absoudre : » ils se glorifioient tous de remettre les péchés par l'imposition des mains; ils entendoient les confessions; ils enjoignoient des pénitences; de peur qu'on ne découvrît une pratique si extraordinaire, ils écoutoient très-secrètement les confessions, et recevoient même celles des femmes dans des caves, dans des cavernes et dans d'autres lieux retirés : ils prêchoient en secret dans les coins des maisons, et souvent pendant la nuit [2]. »

CV. Suite de la même matière.

---

[1] Pylicd., cap. I, tom. IV, *Bibl. PP.*, II part., p. 780.— [2] *Ind. err., ibid.*, p. 832, n. 12; Ren., *ibid.*, 750; Pylicd., *ibid.*, cap. I, p. 780; *ibid.*, cap. VIII, p. 782, 820.

CVI. **Que les vaudois faisoient à l'extérieur les devoirs de catholiques.**

Mais ce qu'on ne peut assez remarquer, c'est qu'encore qu'ils eussent de nous l'opinion que nous avons vue, ils assistoient à nos assemblées. « Ils y offrent, dit Renier[1], ils s'y confessent, ils y communient, mais avec feinte. » C'est qu'enfin, quoi qu'ils pussent dire, « il leur restoit quelque défiance de la communion qui se faisoit parmi eux[2]. » Ainsi « ils venoient communier dans l'église aux jours qu'il y avoit le plus de presse, de peur qu'on ne les connût. Plusieurs aussi demeuroient jusqu'à quatre et jusqu'à six ans sans communier, se cachant ou dans les villages ou dans les villes, au temps de Pâque, de peur d'être remarqués. On conseilloit aussi parmi eux de communier dans l'Eglise; mais seulement à Pâque : et ils passoient pour chrétiens sous cette apparence[3]. » C'est ce qu'en disent les anciens auteurs[4], et c'est aussi ce qu'on voit très-souvent dans ces interrogatoires dont nous avons parlé. « Interrogé s'il se confessoit à son curé, et s'il lui découvroit la secte, a répondu qu'il s'y confessoit tous les ans, mais qu'il ne lui disoit pas qu'il fût vaudois; et que les barbes défendoient de le découvrir[5]. » Ils répondent aussi, comme on a vu, « que tous les ans ils communioient à Pâque, et recevoient le corps de Jésus-Christ, et que les barbes les avertissoient que devant que de le recevoir, il falloit être bien confessé. » Remarquez qu'il n'est parlé que du corps seul et d'une seule espèce, comme on la donnoit alors dans toute l'Eglise et après le concile de Constance, sans que les barbes s'avisassent de le trouver mauvais. Un ancien auteur a remarqué « qu'ils recevoient très-rarement de leurs maîtres le baptême et le corps de Jésus-Christ; mais que tant les maîtres que les simples croyans les alloient demander aux prêtres[6]. » On ne voit pas même que pour le baptême ils eussent pu faire autrement sans se déclarer; car on eût bientôt remarqué qu'ils ne portoient pas leurs enfans à l'église, et on leur en eût demandé compte. Ainsi séparés de cœur d'avec l'Eglise catholique, ces hypocrites, autant qu'ils pouvoient, paroissoient à l'extérieur de la même foi que les autres, et ne fai-

---

[1] Ren., *Ibid.*, cap. v, p. 752. — [2] *Ibid.*, VII, p. 765. — [3] *Ind. err.*, n. 12, 13; *ibid.*, 832. — [4] Pylicd., cap. XXV, *ibid.*, 796. — [5] Interrogatoire de Quoti et des autres. — [6] Pylicd., *ibid.*, cap. XXIV, n. 796.

soient en public aucun acte de religion qui ne démentît leur doctrine.

Les protestans peuvent connoître par cet exemple ce que c'étoit que ces fidèles cachés qu'ils nous vantent avant la Réforme, qui n'avoient pas fléchi le genou devant Baal. On pourroit douter si les vaudois avoient retranché quelques-uns des sept sacremens. Et déjà il est certain qu'au commencement on ne les accuse d'en nier aucun; au contraire nous avons vu un auteur qui, en leur reprochant qu'ils changeoient, excepte les sacremens. On pouvoit soupçonner ceux de Renier d'avoir varié en cette matière, à cause qu'il semble dire qu'ils rejetoient non-seulement l'ordre, mais encore la confirmation et l'extrême-onction [1] : mais visiblement il faut entendre celle qui se donnoit parmi nous. Car pour la confirmation, Renier qui la leur fait rejeter, ajoute « qu'ils s'étonnoient qu'on ne permît qu'aux évêques de la conférer. » C'est qu'ils vouloient que les laïques, gens de bien, eussent pouvoir de l'administrer comme les autres sacremens. C'est pourquoi ces mêmes hérétiques, à qui on fait rejeter la confirmation, se vantent après « de donner le Saint-Esprit par l'imposition de leurs mains [2]; » ce qui est en d'autres paroles le fond même de ce sacrement.

CVII. Si les vaudois ont retranché quelqu'un des sacremens : la confirmation.

A l'égard de l'extrême-onction, voici ce qu'en dit Renier : « Ils rejettent le sacrement de l'onction parce qu'on ne la donne qu'aux riches, et que plusieurs prêtres y sont nécessaires [3] : » paroles qui font assez voir que la nullité qu'ils y trouvoient parmi nous venoit des prétendus abus, et non pas du fond. Au reste, comme saint Jacques avoit dit qu'il falloit appeler *les prêtres* [4] en pluriel, ces chicaneurs vouloient croire que l'onction donnée par un seul, comme on faisoit ordinairement parmi nous dès ce temps-là, ne suffisoit pas, et ils prenoient ce mauvais prétexte de la négliger.

CVIII. L'extrême-onction.

Quant au baptême, encore que ces hérétiques ignorans en rejetassent avec mépris les plus anciennes cérémonies, on ne doute pas qu'ils ne le reçussent. On pourroit seulement être surpris des paroles de Renier, lorsqu'il fait dire aux vaudois « que

CIX. Ce que c'étoit que l'ablution, dont parle Renier, dans le baptême.

[1] Pylicd., *ibid.*, cap. v, p. 750, 751. — [2] *Ibid.*, p. 751. — [3] P. 751. — [4] *Jacob.*, v, 14.

l'ablution qu'on donne aux enfans ne leur sert de rien [1]. » Mais comme cette ablution se trouve rangée parmi les cérémonies du baptême que ces hérétiques improuvoient, on voit bien qu'il parle du vin qu'on donnoit aux enfans après les avoir baptisés : coutume qu'on voit encore dans plusieurs vieux Rituels voisins de ce siècle-là, et qui étoit un reste de la communion qu'on leur administroit autrefois sous la seule espèce liquide. Ce vin, qu'on mettoit dans un calice pour le donner à ces enfans, s'appeloit *ablution* par la ressemblance de cette action avec l'ablution que les prêtres prenoient à la messe. Au surplus on ne trouve point chez Renier le mot d'*ablution* pour signifier le baptême : et en tout cas si on s'opiniâtre à le vouloir prendre pour ce sacrement, tout ce qu'on pourroit conclure, ce seroit au pis que les vaudois de Renier trouvoient inutile un baptême donné par des ministres indignes, tels qu'ils croyoient tous nos prêtres : erreur qui est si conforme aux principes de la secte, que les vaudois, que nous avons vus approuver notre baptême, ne le pouvoient faire sans démentir eux-mêmes leur propre doctrine.

CX.
La confession.

Voilà donc déjà trois sacremens dont les vaudois approuvoient le fond, le baptême, la confirmation et l'extrême-onction. Nous avons tout le sacrement de pénitence dans leur confession secrète, dans les pénitences imposées, dans l'absolution reçue pour avoir la rémission des péchés ; et s'ils disoient que la confession de bouche n'étoit pas toujours nécessaire lorsqu'on avoit la contrition dans le cœur, ils disoient vrai au fond et en certains cas, encore que très-souvent, comme on a pu voir, ils abusassent de cette maxime en différant trop longtemps de se confesser.

CXI.
L'Eucharistie.

Il y avoit une secte qu'on appeloit des *Siscidenses*, « qui ne différoit presque en rien d'avec les vaudois; si ce n'est, dit Renier, qu'ils reçoivent l'Eucharistie. » Ce n'est pas qu'il veuille dire que les vaudois ou les pauvres de Lyon ne le reçussent pas, puisqu'au contraire il fait voir qu'ils y recevoient jusqu'à la transsubstantiation. Il veut donc dire seulement qu'ils avoient une extrême répugnance à recevoir ce sacrement des mains de nos prêtres, et que ces autres en faisoient moins de difficulté, ou peut-être point du tout.

[1] Ren., *ibid.*, v, 14.

Les protestans accusent Renier de calomnier les vaudois, en leur reprochant « qu'ils condamnent le mariage; » mais ces auteurs tronquent le passage, et le voici tout entier : « Ils condamnent le sacrement de mariage, en disant que les mariés pèchent mortellement lorsqu'ils usent du mariage pour une autre fin que pour avoir des enfans [1]; » par où Renier fait voir seulement l'erreur de ces superbes hérétiques, qui pour se montrer au-dessus de l'infirmité humaine, ne vouloient pas reconnoître la seconde fin du mariage, c'est-à-dire celle de servir de remède à la concupiscence. C'est donc à cet égard seulement qu'il accuse ces hérétiques de condamner le mariage, c'est-à-dire d'en condamner cette partie nécessaire, et d'avoir fait « un péché mortel » de ce que la grace d'un état si saint rendoit pardonnable.

CXII. Le mariage. Si Renier a calomnié les vaudois

On voit maintenant quelle a été la doctrine des vaudois ou des pauvres de Lyon. On ne peut accuser les catholiques ni de l'avoir ignorée, puisqu'ils étoient parmi eux et tous les jours en recevoient les abjurations; ni d'en avoir négligé la connoissance, puisqu'au contraire ils s'appliquoient avec tant de soin à en rapporter jusqu'aux minuties; ni enfin de les avoir calomniés, puisqu'on les a vus si soigneux, non-seulement de distinguer les vaudois d'avec les cathares et les autres manichéens, mais encore de nous apprendre tous les correctifs que quelques-uns d'entre eux apportoient aux excès des autres; et enfin de nous raconter avec tant de sincérité ce qu'il y avoit de louable dans leurs mœurs, qu'encore aujourd'hui leurs partisans en tirent avantage : car nous avons vu qu'on n'a pas dissimulé les spécieux commencemens de Valdo, ni la première simplicité de ses sectateurs. Renier, qui les blâme tant, ne feint pas de dire « qu'ils vivoient justement devant les hommes; qu'ils croyoient de Dieu ce qu'il en faut croire, et tout ce qui étoit contenu dans le Symbole [2], » qu'ils étoient réglés dans leurs mœurs, modestes dans leurs habits, justes dans leur négoce, chastes dans leurs mariages, abstinens dans leur manger, et le reste qu'on sait assez. Nous aurons un mot à dire sur ce témoignage de Renier; mais en attendant nous voyons qu'il flatte pour ainsi dire plutôt les vaudois que de les calomnier; et ainsi

CXIII. Démonstration que les catholiques n'ont ni ignoré ni dissimulé la doctrine des vaudois.

[1] Ren., *ibid.*, p. 751. — [2] *Ibid.*, cap. IV, p. 749; cap. VII, p. 765.

on ne peut douter que ce qu'il dit de ces hérétiques ne soit véritable. Et quand on voudroit supposer avec les ministres que les auteurs catholiques poussés de la haine qu'ils avoient contre eux, les auroient chargés de calomnies, c'est une nouvelle preuve de ce que nous venons de dire de leur croyance, puisqu'enfin si les vaudois s'étoient opposés à la transsubstantiation et à l'adoration de l'Eucharistie dans un temps où nos adversaires conviennent qu'elle étoit si établie parmi nous, les catholiques, qu'on nous représente si portés à les charger de faux crimes, n'auroient pas manqué à leur en reprocher de si véritables.

CXIV. Division de la doctrine des vaudois en trois chefs.

Maintenant (a) donc que nous connoissons toute la doctrine des vaudois, nous la pouvons diviser en trois sortes d'articles. Il y en a que nous détestons avec les protestans : il y en a que nous approuvons, et que les protestans rejettent ; il y en a qu'ils approuvent, et que nous rejetons.

CXV. Doctrine que les protestans rejettent dans les vaudois, aussi bien que les catholiques.

Les articles que nous détestons en commun, c'est premièrement cette doctrine si injurieuse aux sacremens, qui en fait dépendre la validité de la sainteté de leurs ministres : c'est secondement de rendre commune indifféremment l'administration des sacremens entre les prêtres et les laïques ; c'est ensuite de défendre le serment en tout cas, et par là de condamner non-seulement l'apôtre saint Paul, mais encore Dieu même qui a juré[1] ; c'est enfin de condamner les justes supplices des malfaiteurs, et d'autoriser tous les crimes par l'impunité.

CXVI. La doctrine que les catholiques approuvent dans les vaudois, et que les protestans rejettent.

Les articles que nous approuvons et que les protestans rejettent, c'est celui des sept sacremens, à la réserve de l'ordre peut-être et à la manière que nous avons dite ; et ce qui est encore plus important, celui de la présence réelle et de la transsubstantiation. Tant d'articles que les protestans détestent, ou avec nous ou contre nos sentimens dans les vaudois, passent à la faveur de cinq ou six chefs où ces mêmes vaudois les favorisent ; et malgré leur hypocrisie et leurs erreurs ces hérétiques deviennent leurs ancêtres.

[1] *Hebr.*, VI, 13, 16, 17 ; et VII, 21.

(a) Dans la 1re édition, tout le n. CXIV se trouve à la fin de l'ouvrage, parce qu'il fut composé après l'impression du XIe livre.

Tel étoit l'état de cette secte jusqu'au temps de la nouvelle Ré- CXVII.
forme. Quoiqu'elle fît tant de bruit depuis l'an 1517, les vaudois, Les vaudois changent de doctrine depuis Luther et Calvin.
que nous avons vus jusqu'à cette année dans tous les sentimens
de leurs ancêtres, ne s'en ébranlèrent pas. Enfin en 1530, après
beaucoup de souffrances, ou ils furent sollicités, ou ils s'avisèrent
d'eux-mêmes de se faire des protecteurs de ceux qu'ils entendoient depuis si longtemps crier comme eux contre le Pape.
Ceux qui s'étoient retirés depuis environ deux cents ans, comme
le remarque Séyssel [1], dans les montagnes de Savoie et de Dauphiné, consultèrent Bucer et les Suisses leurs voisins. Avec
beaucoup de louanges qu'ils en reçurent, Gilles un de leurs historiens nous apprend qu'ils reçurent aussi des avis sur trois défauts
qu'on remarquoit parmi eux [2]. Le premier regardoit *la décision
de certains points de doctrine;* le second, l'établissement de l'ordre
de la discipline et des assemblées ecclésiastiques pour les faire
plus à découvert ; le troisième les invitoit à ne plus permettre à
ceux qui désiroient d'être tenus pour membres de leurs églises
« d'assister aux messes, ou d'adhérer en aucune sorte aux superstitions papales, ni de reconnoistre les prêtres de l'Eglise
romaine pour pasteurs, et se servir de leur ministère. »

Il n'en faut pas davantage pour confirmer toutes les choses que CXVIII.
nous avons dites sur l'état de ces malheureuses églises, qui ca- Nouveaux dogmes proposés aux vaudois par les protestans.
choient leur foi et leur culte sous une profession contraire. Sur
ces avis de Bucer et d'Œcolampade, le même Gilles raconte qu'on
proposa de nouveaux articles parmi les vaudois. Il avoue qu'il ne
les rapporte pas tous, mais en voici cinq ou six de ceux qu'il rapporte, qui feront bien voir l'ancien esprit de la secte. Car afin de
réformer les vaudois à la mode des protestans, il fallut leur faire
dire « que le chrétien peut jurer licitement ; que la confession auriculaire n'est pas commandée de Dieu ; que le chrétien peut licitement exercer l'office de magistrat sur les autres chrétiens ; qu'il
n'y a point de temps déterminé pour jeusner ; que le ministre peut
posséder quelque chose en particulier pour nourrir sa famille,
sans préjudice à la communion apostolique ; que Jésus-Christ n'a
ordonné que deux sacremens, le baptême et la sainte Eucharis-

---

[1] Séyss., fol. 2. — [2] *Hist. eccl. des Egl. réf.*, de Pierre Gilles, chap. v.

tie¹. » On voit par là une partie de ce qu'il falloit réformer dans les vaudois, pour en faire des zuingliens ou des calvinistes, et entre autres qu'une des corrections étoit de ne mettre que deux sacremens. Il fallut bien aussi leur dire deux mots de la prédestination, dont assurément ils n'avoient guère entendu parler; et on les instruisit de ce nouveau dogme, qui étoit alors comme l'ame de la Réforme, « que quiconque reconnoist le franc-arbitre, nie la prédestination. » On voit par ces mêmes articles, que dans la suite des temps les vaudois étoient tombés dans de nouvelles erreurs, puisqu'il fallut leur apprendre « qu'on doit au jour de dimanche cesser des œuvres terriennes, pour vaquer au service de Dieu; » et encore, « qu'il n'est point licite au chrétien de se venger de son ennemi². » Ces deux articles font voir la brutalité et la barbarie où ces églises vaudoises, qu'on veut être comme la ressource du christianisme renversé, étoient tombées lorsque les protestans les réformèrent : et cela confirme ce qu'en dit Séyssel³, que c'étoit « une race d'hommes lasche et bestiale, qui à peine sçavent distinguer par raison s'ils sont des bestes ou des hommes, mourans ou vivans. » Tels étoient à peu près, au rapport de Gilles, les articles de réformation qu'on proposoit aux vaudois pour les rapprocher des protestans. Si Gilles n'en a pas dit davantage, c'est ou qu'il a craint de faire paroître trop d'opposition entre les vaudois et les calvinistes, dont on tâchoit de faire un même corps, ou que c'est là tout ce qu'on put alors tirer des vaudois. Quoi qu'il en soit, il avoue qu'on ne put convenir de cet accord⁴, « à cause que quelques barbes estimoient qu'en établissant toutes ces conclusions, on déshonoroit la mémoire de ceux qui avoient tant heureusement conduit ces églises jusqu'alors. » Ainsi on voit clairement que le dessein des protestans n'étoit pas de suivre les vaudois, mais de les faire changer et de les réformer à leur mode.

CXIX. Conférence des vaudois avec Œcolampade. Durant cette négociation avec les ministres de Strasbourg et de Bâle, deux députés des vaudois eurent une longue conférence avec Œcolampade, qu'Abraham Scultet, historien protestant, rapporte

¹ *Hist. eccl. des Egl. Réf.*, de Pierre Gilles, chap. v. — ² *Ibid.* — ³ Séyss., fol. 38. — ⁴ Gill., *ibid.*, cap. v.

toute entière dans ses *Annales évangéliques*, et déclare qu'il l'a transcrite de mot à mot [1].

Un des députés commence la conversation en avouant que les ministres, du nombre desquels il étoit, « souverainement ignorans, estoient incapables d'enseigner les peuples : qu'ils vivoient d'aumosnes et de leur travail, pauvres pastres ou laboureurs, ce qui estoit cause de leur profonde ignorance et de leur incapacité : qu'ils n'estoient point mariez, et qu'ils ne vivoient pas toujours fort chastement; mais que lors qu'ils avoient manqué, on les chassoit de la compagnie : que ce n'estoit pas les ministres, mais les prestres de l'Eglise romaine qui administroient les sacremens aux vaudois; mais que leurs ministres leur faisoient demander pardon à Dieu de ce qu'ils recevoient les sacremens par ces prestres, à cause qu'ils y estoient contraints, et au reste les avertissoient de n'adhérer pas aux cérémonies de l'Antechrist : qu'ils pratiquoient la confession auriculaire, et que jusqu'alors ils avoient toujours reconnu sept sacremens, en quoy ils entendoient dire qu'ils s'estoient beaucoup trompez. » Ils racontent dans la suite comme ils rejetoient la messe, le purgatoire et l'invocation des saints; et pour s'éclaircir de leurs doutes, ils font les demandes suivantes : « S'il estoit permis aux magistrats de punir de mort les criminels, à cause que Dieu disoit : Je ne veux point la mort du pécheur. » Mais ils demandoient en même temps « s'il ne leur estoit pas permis de tuër les faux frères qui les dénonçoient aux catholiques, à cause que n'ayant point de juridiction parmi eux, il ne leur restoit que cette voye pour les réprimer : si les loix humaines et civiles par lesquelles le monde se gouvernoit estoient bonnes, veû que l'Ecriture a dit que les loix des hommes sont vaines : si les ecclésiastiques pouvoient recevoir des donations et avoir quelque chose en propre : s'il estoit permis de jurer; si la distinction qu'ils faisoient du péché originel, véniel et mortel estoit recevable : si tous les enfans, de quelque nation qu'ils soient, sont sauvez par les mérites de Jésus-Christ, et si les adultes n'ayant pas la foy peuvent l'estre en quelque religion que ce soit : quels sont les préceptes judiciaires et cérémoniaux de la loy de Moïse : s'ils ont esté

---

[1] *Ann. Eccl.*, decad. 2, ann. 1530, a pag. 294, ad 306, Heidelb.

abolis par Jésus-Christ, et quels sont les livres canoniques. » Après toutes ces demandes qui confirment si clairement tout ce que nous avons dit du dogme vaudois, et de l'ignorance brutale où étoient enfin tombés ces hérétiques, leur député parle en ces termes : « Rien ne nous a tant troublez, foibles et imbéciles que nous sommes, que ce que j'ai leû dans Luther sur le libre-arbitre et la prédestination ; car nous croyions que tous les hommes avoient naturellement quelque force ou quelque vertu, laquelle pouvoit quelque chose estant excitée de Dieu, conformément à cette parole : « Je suis à la porte, et je frappe ; » et que celuy qui n'ouvroit pas recevoit selon ses œuvres : mais si la chose n'est pas ainsi, je ne voy plus, comme dit Erasme, à quoy servent les préceptes. Pour la prédestination, nous croyons que Dieu avoit preveû de toute éternité ceux qui devoient estre sauvez ou réprouvez ; qu'il avoit fait tous les hommes pour estre sauvez, et que les réprouvez devenoient tels par leur faute. Mais si tout arrive par nécessité, comme dit Luther, et que les prédestinez ne puissent pas devenir réprouvez, et au contraire, pourquoy tant de prédications et tant d'écritures, puisqu'il n'en sera ni pis ni mieux, et que tout arrive par nécessité ? » Quelque ignorance qui paroisse dans tout ce discours, on voit que ces malheureux avec leur esprit grossier disoient mieux que ceux qu'ils choisissoient pour réformateurs ; et voilà, si Dieu le permet, ceux qu'on nous donne pour les restes et pour la ressource du christianisme.

On ne trouve rien ici de particulier sur l'Eucharistie ; ce qui fait croire que la conférence n'est pas rapportée en son entier ; et il n'est pas malaisé d'en deviner la raison. C'est en un mot que sur ce point les vaudois, comme on a pu voir, étoient plus papistes que ne vouloient les zuingliens et les luthériens. Au reste ce député ne parle à Œcolampade d'aucune confession de foi dont on usât parmi eux : nous avons aussi déjà vu que Bèze n'en rapporte aucune que celle que les vaudois firent en 1544, si longtemps après Luther et Calvin. Ce qui fait voir manifestement que les confessions de foi qu'on nous produit comme étant des anciens vaudois, ne peuvent être que très-modernes, ainsi que nous le dirons bientôt.

Après toutes ces conférences avec ceux de Strasbourg et de Bâle, en 1536 Genève fut consultée par les vaudois ses voisins; et c'est alors que commença leur société avec les calvinistes, par les instructions de Farel ministre de Genève. Mais il ne faut qu'entendre parler des calvinistes eux-mêmes, pour voir combien les vaudois étoient éloignés de leur Réforme. Crespin, dans l'*Histoire des Martyrs*, dit « que ceux d'Angrogne, par longue succession et comme de père en fils avoient suivi quelque pureté de doctrine [1]. » Mais pour montrer combien à leur gré cette pureté de doctrine étoit légère, il dit en un autre endroit où il parle des vaudois de Mérindol : « *Que si peu de vraye lumière qu'ils avoient,* ils taschoient de l'allumer davantage de jour en jour, à envoyer çà et là, voires jusques bien loin où ils oyoient dire qu'il s'élevoit quelque rayon de lumière [2]. » Et ailleurs il convient encore que « leurs ministres, qui les enseignoient secrètement, ne le faisoient pas avec telle pureté qu'il le falloit : car d'autant que l'ignorance s'estoit débordée par toute la terre, et que Dieu avoit à bon droit laissé errer les hommes comme bestes brutes, ce n'est point merveille si ces pauvres gens n'avoient point la doctrine si pure qu'ils ont eûe depuis, et l'ont encore plus aujourd'huy que jamais [3]. » Ces dernières paroles font sentir la peine qu'ont eue les calvinistes depuis 1536 à conduire les vaudois où ils vouloient; et enfin il n'est que trop clair que depuis ce temps il ne faut plus regarder cette secte comme attachée à sa doctrine ancienne, mais comme réformée par les calvinistes.

CXX. Les vaudois nullement calvinistes; preuve par Crespin.

Bèze fait assez entendre la même chose, quoiqu'avec un peu plus de précaution, lorsqu'il avoue dans ses *Portraits* « que la pureté de la doctrine s'estoit aucunement abâtardie par les vaudois [4]. » Et dans son Histoire, que « par succession de temps ils avoient aucunement décliné de la piété et de la doctrine [5]. » Il parle plus franchement dans la suite, puisqu'il confesse que « par longue succession de temps la pureté de la doctrine s'estoit grandement abâtardie entre leurs ministres; » en sorte qu'ils reconnurent par le ministère « d'Œcolampade, de Bucer et autres, comme peu à

CXXI. Preuve par Bèze.

---

[1] Cresp., *Hist. des Mart.*, en 1536, fol. 111. — [2] En 1543, fol. 133. — [3] En 1561, fol. 532. — [4] Liv. I, p. 23, 1536. — [5] *Ibid.*, p. 35, 36, 1544.

peu la pureté de la doctrine n'estoit demeurée entre eux, et donnérent ordre, envoyant vers leurs fréres en Calabre, que tout fust remis en meilleur estat. »

CXXII. *Changement des vaudois de Calabre, et leur entière extinction.*
Ces Frères de Calabre étoient comme eux des fugitifs, qui selon les maximes de la secte, tenoient leurs assemblées, au rapport de Gilles, « le plus couvertement qu'il leur estoit possible, *et dissimuloient plusieurs choses* contre leur volonté [1]. » On doit entendre maintenant ce que ce ministre nous cache sous ces mots. C'est que ces vaudois de Calabre, à l'exemple de tous les autres, faisoient tout l'exercice de bons catholiques; et je vous laisse à penser s'ils eussent pu s'en exempter en ce pays-là, après ce que l'on a vu de la dissimulation des vallées de Pragelas et d'Angrogne. En effet Gilles nous raconte que ces Calabrois, persuadés à la fin de se retirer des assemblées ecclésiastiques et n'ayant pu se résoudre, comme ce ministre le leur conseilloit, *à quitter un si beau païs*, furent bientôt abolis.

CXXIII. *Les vaudois d'à présent ne sont pas prédécesseurs, mais sectateurs des calvinistes.*
Ainsi finirent les vaudois. Comme ils n'avoient subsisté qu'en se cachant, ils tombèrent aussitôt qu'ils prirent la résolution de se découvrir; car ce qui resta depuis sous le nom de *Vaudois* n'étoit plus, comme il paroît, que des calvinistes, que Farel et les autres ministres de Genève avoient formés à leur mode : de sorte que ces vaudois, dont ils font leurs prédécesseurs et leurs ancêtres, à vrai dire ne sont que leurs successeurs, et de nouveaux sectateurs qu'ils ont attirés à leur croyance.

CXXIV. *Nul secours à tirer des vaudois pour les calvinistes.*
Mais après tout, de quel secours sont aux calvinistes ces vaudois dont ils veulent s'autoriser? Il est constant par cette histoire que Valdo et ses disciples sont tous de simples laïques, qui sans ordre et sans mission se sont ingérés de prêcher, et dans la suite d'administrer les sacremens. Ils se sont séparés de l'Eglise sur une erreur manifeste et détestée par les protestans autant que par les catholiques, qui est celle du donatisme; encore ce donatisme des vaudois est-il sans comparaison plus mauvais que l'ancien donatisme de l'Afrique, si puissamment réfuté par saint Augustin. Ces donatistes d'Afrique disoient à la vérité qu'il falloit être saint pour administrer validement les sacremens; mais ils n'é-

[1] Gilles, chap. III et XXIX.

toient pas venus à cet excès des vaudois, de donner l'administration des sacremens aux saints laïques comme aux saints prêtres. Si les donatistes d'Afrique prétendirent que les évêques et les prêtres catholiques étoient déchus de leur ministère par leurs crimes, ils les accusoient du moins de crimes effectivement réprouvés par la loi de Dieu. Mais nos nouveaux donatistes se séparent de tout le clergé catholique, et le prétendent déchu de son ordre, à cause qu'il ne gardoit pas leur prétendue pauvreté apostolique, qui tout au plus n'étoit qu'un conseil : car voilà l'origine de la secte, et ce que nous y avons vu tant qu'elle a subsisté dans sa première croyance. Qui ne voit donc qu'une telle secte n'est au fond qu'une hypocrisie qui nous vante sa pauvreté avec ses autres vertus; et fait dépendre les sacremens, non de l'efficace que leur a donné Jésus-Christ, mais du mérite des hommes? Et enfin ces nouveaux docteurs, dont les calvinistes prennent leur suite, d'où venoient-ils eux-mêmes, et qui les avoit envoyés? Embarrassés de cette demande aussi bien que les protestans, comme eux ils se cherchoient des prédécesseurs : et voici la fable dont ils se payoient. On leur disoit que du temps de saint Silvestre, lorsque Constantin donna du bien aux églises, un des compagnons de ce Pape n'y voulut pas consentir, et se retira de sa communion, en demeurant avec ceux qui le suivirent dans la voie de la pauvreté; qu'alors donc l'Eglise avoit défailli dans Silvestre et ses adhérens, et qu'elle étoit demeurée parmi eux [1]. » Qu'on ne dise point que c'est ici une calomnie des ennemis des vaudois; car nous avons vu que les auteurs qui le rapportent unanimement n'avoient point eu dessein de les calomnier. La fable duroit encore du temps de Séyssel. On disoit encore au vulgaire, que « cette secte avoit pris son commencement d'un certain Léon, homme très-religieux, du temps de Constantin le Grand, qui détestant l'avarice de Silvestre et l'excessive largesse de Constantin, aima mieux suivre la pauvreté et la simplicité de la foi, que d'être avec Silvestre souillé d'un gras et riche bénéfice, auquel se seroient joints tous ceux qui sentoient bien de la foi [2]. » On avoit persuadé à ces ignorans que c'étoit de

---

[1] Ren., *ibid.*, chap. IV, V, p. 749; Pylicd., chap. IV, p. 799; *Fragm.*, Pylicd., 815, 816, etc. — [2] Séyss., fol. 5.

ce faux Léon que la secte des léonistes avoit pris son nom et sa naissance. Les chrétiens veulent voir une suite dans leur doctrine et dans leur église. Les protestans se renomment des vaudois, les vaudois de leur prétendu compagnon de saint Silvestre ; et l'un et l'autre est également fabuleux.

CXXV. *Les calvinistes n'ont aucun auteur du temps qui favorise leur prétention sur les vaudois.* Ce qu'il y a de véritable dans l'origine des vaudois, est qu'ils tirèrent le motif de leur séparation de la dotation des églises et des ecclésiastiques, contraire à la pauvreté qu'ils prétendoient que Jésus-Christ exige de ses ministres. Mais comme cette origine est absurde, et que d'ailleurs elle n'accommode pas les protestans, on a vu ce que Paul Perrin en a raconté dans son *Histoire des Vaudois*. Il nous a fait de Valdo un des hommes « des plus courageux pour s'opposer » à la présence réelle en l'an 1160 [1]. Mais produit-il quelque auteur qui confirme ce qu'il en a dit? Il n'en produit pas un seul : ni Aubertin, ni la Roque, ni Cappel, ni enfin aucun protestant ou d'Allemagne ou de France, n'ont produit ni ne produiront jamais aucun auteur, ni du temps, ni des siècles suivans, trois à quatre cents ans durant, qui ait donné aux vaudois l'origine que cet historien pose pour fondement de son histoire. Les catholiques, qui ont tant écrit ce que Bérenger et les autres ont dit contre la présence réelle, ont-ils du moins nommé Valdo parmi ceux qui s'y sont opposés? Pas un seul n'y a pensé. Nous avons vu qu'ils ont dit toute autre chose de Valdo. Mais pourquoi l'auroient-ils épargné seul? Quoi! cet homme, qu'on nous fait si courageux à s'opposer au torrent, cachoit-il tellement sa doctrine que personne ne se soit jamais aperçu qu'il ait combattu un article de cette importance? Ou Valdo étoit-il si redoutable, qu'aucun catholique n'osât l'accuser de cette erreur en l'accusant de tant d'autres? Un historien qui commence par un fait de cette nature, et qui le pose pour fondement de son histoire, de quelle créance est-il digne? Cependant Paul Perrin est écouté comme un oracle dans le calvinisme, tant on y croit aisément ce qui favorise les préjugés de la secte.

CXXVI. *Livres vaudois* Mais au défaut des auteurs connus, Perrin produit pour toutes preuves quelques vieux livres des vaudois écrits à la main, qu'il

---

[1] *Hist. des Vaudois*, chap. I.

prétend avoir recouvrés; entre autres un volume où étoit « un *produits par Perrin.* livre de l'Antechrist en date d'onze cent vingt, et en ce même volume plusieurs sermons des barbes vaudois¹. » Mais il est déjà bien certain qu'il n'y avoit ni vaudois ni barbes en l'an 1120, puisque Valdo, selon Perrin même, n'est venu qu'en 1160. Ce mot de *barbes* n'est connu parmi les vaudois pour signifier leurs docteurs, que plusieurs siècles après, et tout à fait dans les derniers temps. Ainsi on ne peut faire passer tous ces discours pour être d'onze cent vingt. Perrin se réduit aussi à conserver cette date au seul discours sur l'Antechrist, qu'il espère par ce moyen pouvoir attribuer à Pierre de Bruis, qui vivoit environ en ce temps-là, ou à quelques-uns de ses disciples. Mais la date étant à la tête semble devoir être commune, et par conséquent très-fausse pour le premier, comme elle l'est visiblement pour les autres. Et d'ailleurs ce traité sur l'Antechrist, qu'on prétend être de 1160, n'est pas d'un autre langage que les autres pièces des barbes que Perrin a citées; et ce langage est très-moderne, fort peu différent du provençal que nous connoissons. Non-seulement le langage de Villehardouin, qui a écrit cent ans après Pierre de Bruis, mais encore celui des auteurs qui ont suivi Villehardouin, est plus ancien et plus obscur que celui que l'on veut dater de l'an 1120, si bien qu'on ne peut se moquer du monde d'une façon plus grossière, qu'en nous donnant ces discours comme fort anciens.

Cependant sur cette seule date de 1120 mise, on ne sait par qui *CXXVII. Suite.* ni en quel temps, dans ce volume vaudois que personne ne connoît, nos calvinistes ont cité ce livre de l'Antechrist comme étant indubitablement de quelque disciple de Pierre de Bruis, ou de lui-même². Les mêmes auteurs citent hardiment quelques discours que Perrin a cousus à celui sur l'Antechrist, comme étant de la même date de 1120, quoique dans un de ces discours où il est traité du purgatoire on cite un livre « que saint Augustin a intitulé : *des Milparlemens* ³, » c'est-à-dire des *mille paroles*, comme si saint Augustin avoit fait un livre de ce titre; ce qui ne

---

¹ *Hist. des Vaudois*, liv. I, chap. VII, p. 57; *Hist. des Vaudois et Albigeois*, III⁰ part., liv. III, chap. I, p. 353. — ² Aub., p. 962; La Roq., *Hist. de l'Euch.*, p. 451, 459. — ³ Perr., *Hist. des Vaud.*, III⁰ part., liv. III, chap. II, p. 305.

se peut rapporter qu'à une compilation composée au treizième siècle, qui a pour titre : *Milleloquium sancti Augustini,* que l'ignorant auteur de ce traité du purgatoire a pris pour un ouvrage de ce Père. Au surplus nous pourrions parler de l'âge de ces livres des vaudois, et des altérations qu'on y pourroit avoir faites, si on nous avoit indiqué quelque bibliothèque connue où on les pût voir. Jusqu'à ce qu'on ait donné au public cette instruction nécessaire, nous ne pouvons que nous étonner de ce qu'on nous produit comme authentiques des livres qui n'ont été vus que de Perrin seul, puisque ni Aubertin, ni la Roque ne les citent que sur sa foi, sans nous dire seulement qu'ils les aient jamais maniés. Ce Perrin, qui nous les vante seul, n'y observe aucune des marques par lesquelles on peut établir la date d'un volume, ou en prouver l'antiquité: et il nous dit seulement que ce sont « de vieux livres des vaudois [1] : » ce qui en gros peut convenir aux plus modernes gothiques et à des volumes de cent à six vingts ans. Il y a donc tout sujet de croire que ces livres, dont on nous fait voir ce qu'on veut sans aucune preuve solide de leur date, ont été composés ou altérés par ces vaudois réformés de la façon de Farel et de ses confrères.

CXXVIII. Confession de foi produite par Perrin. Qu'elle est postérieure au calvinisme.

Quant à la Confession de foi que Perrin a publiée, et que tous nos protestans nous allèguent comme une pièce authentique des anciens vaudois, « elle est extraite, dit-il, du livre intitulé : *Almanach spirituel,* et des *Mémoires* de George Morel [2]. » Pour l'*Almanach spirituel,* je ne sais qu'en dire, si ce n'est que ni Perrin, ni Léger même, qui parle avec tant de soin des livres des vaudois, n'ont rien marqué de la date de celui-ci. Ils n'ont pas même pris la peine de nous dire s'il est manuscrit ou imprimé; et nous pouvons tenir pour certain qu'il est fort moderne, puisque ceux qui en veulent tirer avantage ne nous en ont pas marqué l'antiquité. Mais ce qui décide, c'est ce que rapporte Perrin, que cette confession de foi est extraite des *Mémoires* de George Morel. Or il paroît par Perrin même que George Morel fut celui qui environ l'an 1530, tant d'années après la Réforme, alla conférer avec

---

[1] *Hist. des Vaud.,* liv. I, chap. VII, p. 56. — [2] *Ibid.,* liv. I, chap. XII, p. 79.

Œcolampade et Bucer, des moyens de s'y unir [1] : ce qui nous fait assez voir que cette Confession de foi, non plus que les autres que Perrin produit, n'est pas des anciens vaudois ; mais des vaudois réformés à la mode des protestans.

Aussi avons-nous déjà remarqué qu'il ne fut nulle mention de Confession de foi des vaudois dans la conférence de 1530 des mêmes vaudois avec Œcolampade [2]. Nous pouvons même assurer qu'ils ne firent de Confession de foi que longtemps après, puisque Bèze, si soigneux de rechercher et de faire valoir les actes de ces hérétiques, ne parle, comme on a vu [3], d'aucune Confession de foi qu'il en eût connue qu'en 1541. Quoi qu'il en soit, avant la Réforme de Luther et de Calvin, on n'avoit jamais entendu parler de Confession de foi des vaudois. Séyssel, que la vigilance pastorale et l'obligation de sa charge engageoit dans ces derniers temps, c'est-à-dire en 1516 et en 1517, à une recherche si exacte de tout ce qui regardoit cette secte, ne nous dit pas un seul mot de Confession de foi [4], c'est-à-dire qu'il n'en avoit rien appris, ni par un examen juridique, ni de ceux qui se convertissant entre ses mains avec tant de marques de sincérité, lui découvroient avec larmes et componction tout le secret de la secte. Ils n'avoient donc point encore alors de Confession de foi ; il falloit apprendre leur doctrine par leurs interrogatoires, comme on a vu : mais de Confession de foi, ni d'aucun écrit des vaudois, on n'en trouve pas un mot dans les auteurs qui les ont le mieux connus. Au contraire les frères de Bohême, secte dont nous parlerons bientôt, et à laquelle les vaudois ont souvent tenté de s'unir et devant et après Luther, nous apprennent qu'ils n'écrivoient rien. « Ils n'avoient jamais éu, disoient-ils, d'église connue en Bohême, et nos gens ne savoient rien de leur doctrine, parce qu'ils n'en avoient jamais publié aucun écrit dont nous soyons assurés [5]. » Et dans un autre endroit : « Ils ne vouloient point qu'il y eût aucun témoignage public de leur doctrine [6]. » Que si l'on veut dire qu'ils ne laissoient pas d'avoir entre eux quelques écrits et quelques

CXXIX. Démonstration que les vaudois n'avoient point de Confession de foi avant la Réforme prétendue.

---

[1] *Lettre d'Œcolampade;* Perr., *ibid.,* chap. VI, p. 46; chap. VII, p. 59. — [2] Ci-dessus, n. 119. — [3] Ci-dessus, n. 4. — [4] Séyss., fol. 3 et seq. — [5] Esrom. Rudig., *de fratr. Orth. narrat. Heid. cum. hist.,* Cam., 1625, p. 147, 148. — [6] *Præf. Conf. fid. Frat. Bohem.,* an 1572, *ibid.,* 173.

Confessions de foi, ils les eussent données aux frères avec lesquels ils vouloient s'unir. Mais les frères déclarent qu'ils n'en ont rien su que par quelques articles de Mérindol, « lesquels, disent-ils, il se pourroit faire qu'on auroit polis de notre temps¹. » C'est ce qu'écrit un savant ministre de ces bohémiens longtemps après la Réforme de Luther et de Calvin. Il auroit parlé plus conséquemment, si au lieu de dire qu'on a poli ces articles depuis la Réforme, il avoit dit qu'on les a fabriqués. Mais c'est qu'on vouloit dans le parti donner quelque air d'antiquité aux articles des vaudois, et ce ministre ne vouloit pas tout à fait révéler ce secret de la secte. Quoi qu'il en soit, il en dit assez pour nous faire entendre ce qu'il faut croire des Confessions de foi qu'on produisoit de son temps sous le nom des vaudois; et on voit bien qu'ils ne savoient guère la doctrine des protestans avant que les protestans les en eussent instruits. A peine savoient-ils eux-mêmes ce qu'ils croyoient; et ils ne s'en expliquoient que confusément avec leurs meilleurs amis, loin d'avoir des Confessions de foi toutes formées, comme Perrin a voulu nous le faire accroire.

CXXX. *Que les vaudois en dressant leur confession de foi calviniste, ont retenu quelque chose des dogmes qui leur étoient particuliers.*

Et néanmoins nous reconnoissons même dans ces pièces de Perrin quelque trace de l'ancien génie vaudois, qui confirme ce que nous en avons dit. Par exemple dans le livre de l'Antechrist, il est dit « que les empereurs et les rois, estimant que l'Antechrist estoit semblable à la vraye et sainte mère Eglise, l'ont aimé et l'ont doté contre le commandement de Dieu² ; » ce qui revient à l'opinion vaudoise, de croire défendu aux clercs d'avoir aucun bien : erreur, comme on a vu, qui fit le premier fondement de leur séparation. Ce qui est porté dans le catéchisme, qu'on reconnoît les ministres « par le vray sens de la foy, et par la saine doctrine et par la vie de bon exemple, etc.³, » revient encore à l'erreur qui faisoit croire aux vaudois que les ministres de mauvaise vie étoient déchus du ministère, et perdoient l'administration des sacremens. C'est pourquoi il est dit encore dans le livre de l'Antechrist, qu'une de ses œuvres est « d'attribuër la réformation du Saint-Esprit à la foy morte extérieurement, et de baptiser les en-

---

¹ Rud., *ibid.*, 147, 148.— ² *Hist. des Vaud.*, III⁰ part., liv, III, chap. I, p. 292. — ³ *Ibid.*, III⁰ part., liv. I, p. 157.

fans en cette foy, en enseignant que par cette foy ces enfans reçoivent de luy le baptême et la régénération [1] : » paroles par où l'on exige la foi vivante dans les ministres du baptême comme une chose nécessaire pour la régénération de l'enfant, et le contraire est rangé parmi les œuvres de l'Antechrist. Ainsi lorsqu'ils composoient ces nouvelles confessions de foi agréables à la Réforme où ils avoient dessein d'entrer, on ne pouvoit les empêcher d'y couler toujours quelque chose qui ressentoit l'ancien levain; et sans perdre le temps davantage dans cette recherche, c'est assez qu'on ait vu dans ces ouvrages des vaudois les deux erreurs qui ont fait le fondement de leur séparation.

Telle est l'histoire des albigeois et des vaudois, selon qu'elle est rapportée par les auteurs du temps. Nos réformés, qui n'y trouvent rien de favorable à leurs prétentions, ont voulu se laisser tromper par le plus grossier de tous les artifices. Plusieurs auteurs catholiques qui ont écrit en ce siècle, ou sur la fin du siècle précédent, n'ont pas assez distingué les vaudois d'avec les albigeois, et ont donné aux uns et aux autres le nom commun de vaudois. Quelle qu'ait été la cause de leur erreur, nos protestans sont trop habiles critiques pour vouloir que l'on en croie ou Mariana, ou Gretser, ou même M. de Thou et quelques autres modernes, au préjudice des anciens auteurs, qui tous unanimement, comme on a vu, ont distingué ces deux sectes. Cependant, sur une erreur si grossière, les protestans, après avoir pris pour chose avouée que les albigeois et les vaudois n'étoient qu'une même secte, ont conclu que les albigeois n'avoient été traités de manichéens que par calomnie, puisque selon les anciens auteurs les vaudois sont exempts de cette tache.

<small>CXXXI. Réflexions sur l'histoire des albigeois et des vaudois. Artifice des ministres.</small>

Il falloit considérer que ces anciens, qui, en accusant les vaudois d'autres erreurs, les ont déchargés du manichéisme, en même temps les ont distingués des albigeois que nous en avons convaincus. Par exemple, le ministre de la Roque, qui ayant écrit le dernier sur cette matière, a ramassé les finesses de tous les autres auteurs du parti et surtout celles d'Aubertin, croit avoir justifié les albigeois d'avoir comme les manichéens rejeté l'Ancien Testa-

<small>CXXXII. Démonstration que les hérétiques qui ont nié la réalité aux douzième et treizième siècles sont manichéens. Insignes</small>

[1] *Hist. des Vaud.*, IIIe part., liv. III, p. 267.

suppositions des ministres.

ment, en montrant que selon Renier les vaudois le recevoient [1]. Il ne gagne rien, puisque ces voudois sont chez le même Renier très-bien distingués des cathares [2], qui sont la tige des albigeois. Le même la Roque tire avantage de ce qu'il y avoit des hérétiques qui, selon Radulphus Ardens, disoient « que le sacrement n'étoit que du pain tout pur [3]. Il est vrai : mais le même Radulphus Ardens ajoute ce que la Roque, aussi bien qu'Aubertin, a dissimulé, que ces mêmes hérétiques « admettent deux créateurs, et rejettent l'Ancien Testament, la vérité de l'incarnation, le mariage et la viande. » Le même ministre cite encore certains hérétiques, chez Pierre de Vaucernay, qui nioient la vérité du corps de Jésus-Christ dans l'Eucharistie [4]. Je l'avoue ; mais en même temps cet historien nous assure « qu'ils admettoient pareillement les deux principes, » et avoient toutes les erreurs des manichéens. La Roque veut nous faire croire que le même Pierre de Vaucernay distingue les ariens et les manichéens d'avec les vaudois et les albigeois [5]. La moitié de son discours est véritable : il est vrai qu'il distingue les manichéens des vaudois, mais il ne les distingue pas des hérétiques « qui étoient dans le pays de Narbonne ; » et il est certain que ce sont les mêmes qu'on appeloit *Albigeois*, qui constamment étoient des manichéens. Mais, continue le même la Roque, Renier reconnoît des hérétiques qui disent que « le corps de Jésus-Christ est de simple pain [6] ; c'étoient ceux qu'il appelle *Ordibariens* qui parloient ainsi, et en même temps ils nioient la création [7], et proféroient mille autres blasphèmes que le manichéisme avoit introduits : de sorte que ces ennemis de la présence réelle l'étoient en même temps du Créateur et de la Divinité.

CXXXIII. Suite. Manichéisme à Metz. Les bogomiles.

La Roque revient à la charge avec Aubertin, et croit trouver de bons protestans en la personne de ces hérétiques, qui selon Césarius d'Hesterbac, « blasphémoient le corps et le sang de Jésus-Christ [8]. » Mais le même Césarius nous apprend qu'ils admettoient les deux principes et tous les autres blasphèmes des manichéens ;

---

[1] La Roq., 459; Aub., p. 967, ex Ren., cap. III. — [2] Ren., cap. VI. — [3] La Roq., 456; Aub., p. 964, B; Rad. Ard., serm. VIII post. Pentec. — [4] La Roq.; Aub., *ibid.*, 965, ex Pet. de Valle-Cern., *Hist. Albig.*, lib. II, cap. VI. — [5] *Hist. Albig.*, cap. II. — [6] La Roq., p. 457; Aub., 905; Ren., cap. VI. — [7] Ren., *ibid.* — [8] Cæs. Hesterb., lib. V, cap. II, *in Bibl. Cisterc.*; La Roq., 457; Aub., 964.

ce qu'il assure savoir très-bien, non point par ouï-dire, « mais pour avoir souvent conversé avec eux dans le diocèse de Metz. » Un fameux ministre de Metz, que j'ai fort connu, faisoit accroire aux calvinistes de ce pays-là, que ces albigeois de Césarius étoient de leurs ancêtres [1]; et on leur fit voir alors que ces ancêtres qu'on leur donnoit étoient d'abominables manichéens. La Roque, dans son *Histoire de l'Eucharistie* [2], voudroit qu'on crût que les *Bogomiles* étoient les mêmes qu'on appeloit en divers lieux *Vaudois, Pauvres de Lyon, Poplicains, Bulgares, Insabbatés, Gazares* et *Turlupins*. Je conviens que les vaudois, les insabbatés et les pauvres de Lyon sont la même secte : mais qu'on les ait appelés *Gazares* ou *Cathares, Poplicains, Bulgares*, ni *Bogomiles*, c'est ce qu'on ne montrera jamais par aucun auteur du temps. Mais enfin M. de la Roque veut donc que ces bogomiles soient de leurs amis? Sans doute, parce qu'ils « ne jugeoient dignes d'aucune estime le corps et le sang que l'on consacre parmi nous. » Mais il devoit avoir appris d'Anne Comnène, qui nous a fait connoître ces hérétiques, qu'ils « réduisoient en fantôme l'incarnation de Jésus ; qu'ils enseignoient des impuretés que la pudeur de son sexe ne permettoit pas à cette princesse de répéter ; et enfin qu'ils avoient été convaincus par l'empereur Alexis son père d'introduire un dogme mêlé des deux plus infâmes de toutes les hérésies, de celle des manichéens et de celle des massaliens [3]. »

CXXXIV. Suite des suppositions des ministres.

Le même la Roque met encore parmi ses amis Pierre Moran, qui, pressé de déclarer sa croyance devant tout le peuple, confessa qu'il « ne croyoit pas que le pain consacré fût le corps de Notre-Seigneur [4]; » et il oublie que ce Pierre Moran, selon le rapport de l'auteur dont il cite le témoignage, étoit du nombre de ces hérétiques convaincus de manichéisme, qu'on appeloit *Ariens* [5] pour la raison que nous avons rapportée.

CXXXV. Autre falsification.

Cet auteur compte encore parmi les siens les hérétiques dont il est dit au concile de Toulouse, sous Calixte II, « qu'ils rejettent le sacrement du corps et du sang de Jésus-Christ [6]; » et il tronque

---

[1] Ferry, *Cat. Gen.*, p. 85. — [2] P. 455.— [3] Ann. Comn., *Alex.*, lib. XV, p. 486 et seq. — [4] *Ibid.*, 458. — [5] Rog., *de Heved.*, Ann. Aug. Baron., ad an. 1178. — [6] *Ibid.*, 451.

le propre canon d'où il a tiré ces paroles, puisqu'on y voit dans la suite que ces hérétiques, avec le sacrement du corps et du sang, « rejettent encore le baptême des petits enfans et le mariage légitime [1]. »

CXXXVI. Autre passage tronqué. — Il corrompt avec une pareille hardiesse un passage de l'inquisiteur Emeric sur le sujet des vaudois. « Emeric, dit-il, leur attribue comme une hérésie ce qu'ils disoient, que le pain n'est pas transsubstantié au vrai corps de Jésus-Christ, ni le vin au sang [2]. » Qui ne croiroit les vaudois convaincus par ce témoignage de nier la transsubtantiation? Mais nous avons récité le passage entier, où il y a : « La neuvième erreur des vaudois, c'est que le pain n'est point transsubstantié au corps de Jésus-Christ, *si le prêtre qui le consacre est pécheur.* » M. de la Roque retranche ces derniers mots, et par cette seule fausseté il ôte aux vaudois deux points importans de leur doctrine : l'un, qui fait l'horreur des protestans, c'est-à-dire la transsubstantiation; l'autre, qui fait l'horreur de tous les chrétiens, qui est de dire que les sacremens perdent leur vertu entre les mains des ministres indignes. C'est ainsi que nos adversaires prouvent ce qu'ils veulent par des falsifications manifestes, et ils ne craignent pas de se donner des prédécesseurs à ce prix.

CXXXVII. Récapitulation. — Voilà une partie des illusions d'Aubertin et de la Roque sur le sujet des albigeois et des vaudois, ou des pauvres de Lyon. En un mot, ils justifient parfaitement bien les derniers du manichéisme, mais en même temps ils n'apportent aucune preuve pour montrer qu'ils aient nié la transsubstantiation; au contraire ils corrompent les passages qui prouvent qu'ils l'ont admise. Et pour ceux qui l'ont niée en ces temps-là, ils n'en produisent aucuns qui ne soient convaincus de manichéisme, par le témoignage des mêmes auteurs qui les accusent d'avoir nié le changement des substances dans l'Eucharistie : de sorte que leurs ancêtres sont, ou avec nous défenseurs de la transsubtantiation comme les vaudois, ou avec les albigeois convaincus de manichéisme.

CXXXVIII. Deux autres objec- — Mais voici ce que ces ministres ont avancé de plus subtil. Accablés par le nombre des auteurs qui nous parlent de ces hérétiques

[1] *Conc. Tolos.*, an. 1119, can. 3. — [2] P. 457, *Direct.*, part. II, q. XIV.

toulousains et albigeois comme de vrais manichéens, ils ne peuvent pas nier qu'il n'y en ait eu, et même en ces pays-là ; et c'étoit ceux, disent-ils, que l'on appeloit *Cathares* ou *Purs* [1]. Mais ils ajoutent qu'ils étoient en très-petit nombre, puisque Renier qui les connoissoit si bien nous assure qu'ils n'avoient « que seize églises dans tout le monde ; » et au reste que le nombre de ces *Cathares* n'excédoit pas *quatre mille* dans toute la terre : « Au lieu, dit Renier, que les croyans sont innombrables. » Ces ministres laissent à entendre par ce passage que ces seize églises et quatre mille hommes répandus dans tout l'univers, n'y pouvoient pas faire tout le bruit et toutes les guerres qu'y ont faites les albigeois : qu'il faut donc bien qu'on ait étendu le nom de *Cathares* ou de *Manichéens* à quelque autre secte plus nombreuse ; et que c'est celle des vaudois et des albigeois qu'on appeloit du nom de *Manichéens*, ou par erreur ou par calomnie.

Qui veut voir jusqu'où peut aller la prévention ou l'illusion, n'a qu'à entendre après les discours de ces ministres la vérité que je vais dire, ou plutôt il ne faut que se souvenir de celle que j'ai déjà dite. Et premièrement pour ces seize églises, on a vu que le mot d'*église* se prenoit en cet endroit de Renier [2], non pour des églises particulières qui étoient en certaines villes, mais souvent pour des provinces entières : ainsi on voit parmi ces églises, « l'église de l'Esclavonie, l'église de la Marche en Italie, l'église de France, l'église de Bulgarie, » la mère de toutes les autres. Toute la Lombardie étoit renfermée sous le titre de deux églises ; celles de Toulouse et d'Albi, qui en France furent autrefois les plus nombreuses, comprenoient tout le Languedoc, et ainsi du reste : de manière que sous ces seize églises on exprimoit toute la secte comme divisée en seize cantons, qui toutes avoient leur rapport à la Bulgarie, comme on a vu.

Nous avons aussi remarqué, pour ce qui regarde ces quatre mille cathares, qu'on n'entendoit sous ce nom que les parfaits de la secte, qu'on appeloit *Elus* du temps de saint Augustin ; mais qu'en même temps Renier assuroit que s'il n'y avoit de son temps, c'est-à-dire au milieu du treizième siècle où la secte étoit affoiblie,

---

[1] Aub., 968 ; La Roq., 460, ex Ren., cap. VI. — [2] Ren., cap. VI.

que quatre mille cathares parfaits, la multitude du reste de la secte, c'est-à-dire des simples *croyans*, étoit encore infinie.

CXLI. Si le mot de *croyans* signifie les vaudois chez les anciens auteurs. Illusion d'Aubertin.

La Roque après Aubertin prétend que le mot de *croyans* signifioit les vaudois [1], à cause que Pylicdorf et Renier lui-même les appellent ainsi. Mais c'est encore ici une illusion trop grossière. Le mot de *croyans* étoit commun à toutes les sectes : chaque secte avoit *ses croyans* ou ses sectateurs. Les vaudois avoient *leurs croyans, credentes ipsorum*, dont Pylicdorf a parlé en divers endroits. Ce n'est pas que le mot de *croyans* fût affecté aux vaudois : mais c'est que, comme les autres, ils avoient les leurs. L'endroit de Renier cité par les ministres dit que les hérétiques « avoient leurs croyans, *credentes suos*, auxquels ils permettoient toute sorte de crimes [2]. » Ce n'est pas des vaudois qu'il parle, puisqu'il en loue les bonnes mœurs. Le même Renier nous raconte les mystères des cathares, ou la fraction de leur pain ; et il dit « qu'on recevoit à cette table non-seulement les cathares, hommes et femmes, mais encore leurs croyans [3], c'est-à-dire ceux qui n'étoient pas encore arrivés à la perfection des cathares : ce qui montre manifestement ces deux ordres si connus parmi les manichéens ; et ce qu'on marque, que les simples croyans sont reçus à cette espèce de mystère, fait voir qu'il y en avoit d'autres dont ils n'étoient pas jugés dignes. C'est donc de ces croyans des cathares que le nombre étoit infini : et ceux-là conduits par les autres, dont le nombre étoit plus petit, faisoient tout le mouvement dont l'univers étoit troublé.

CXLII. Conclusion. Que les vaudois ne sont point du sentiment des calvinistes.

Voilà donc les subtilités, pour ne pas dire les artifices, où sont réduits les ministres pour se donner des prédécesseurs. Ils n'en ont point dont la suite soit manifeste : ils en vont chercher, comme ils peuvent, parmi des sectes obscures, qu'ils tâchent de réunir et d'en faire de bons calvinistes, quoiqu'il n'y ait rien de commun entre eux que la haine contre le Pape et contre l'Eglise.

CXLIII. Ce qu'il faut croire de la vie des vaudois.

On me demandera peut-être ce que je crois de la vie des vaudois que Renier a tant vantée. J'en croirai tout ce qu'on voudra, et plus, si l'on veut, que n'en dit Renier ; car le démon ne se

---

[1] Aub., 968 ; La Roq., 460, cap. I, XIV, XVIII, p. 780, etc. — [2] Cap. I, p. 747. — [3] *Ibid.*, cap. VI, p. 756.

soucie pas par où il tienne les hommes. Ces hérétiques toulousains, manichéens constamment, n'avoient pas moins que les vaudois cette piété apparente. C'est d'eux que saint Bernard a dit : « Leurs mœurs sont irréprochables ; ils n'oppriment personne ; ils ne font de tort à personne ; leurs visages sont mortifiés et abattus par le jeûne ; ils ne mangent point leur pain comme des paresseux, et ils travaillent pour gagner leur vie[1]. » Qu'y a-t-il de plus spécieux que ces hérétiques de saint Bernard ? Mais après tout c'étoit des manichéens, et leur piété n'étoit que feinte. Regardez le fond : c'est l'orgueil, c'est la haine contre le clergé, c'est l'aigreur contre l'Eglise ; c'est par là qu'ils ont avalé tout le venin d'une abominable hérésie. On mène où l'on veut un peuple ignorant, lorsqu'après avoir allumé dans son cœur une passion violente, et surtout la haine contre ses conducteurs, on s'en sert comme d'un lien pour l'entraîner. Mais que dirons-nous des vaudois qui se sont si bien exemptés des erreurs manichéennes ? Le démon a fait son œuvre en eux, quand il leur a inspiré le même orgueil ; la même ostentation de leur pauvreté prétendue apostolique ; la même présomption à nous vanter leurs vertus ; la même haine contre le clergé, poussée jusqu'à mépriser les sacremens dans leurs mains ; la même aigreur contre leurs frères portée jusqu'à la rupture et jusqu'au schisme. Avec cette aigreur dans le cœur, fussent-ils à l'extérieur encore plus justes qu'on ne dit, saint Jean m'apprend qu'ils sont homicides[2]. Fussent-ils aussi chastes que les anges, ils ne seront pas plus heureux que les vierges folles dont les lampes étoient sans huile[3], et les cœurs sans cette douceur qui seule peut nourrir la charité.

Renier a donc bien marqué le caractère de ces hérétiques, quand il attribue la cause de leur erreur à leur haine, à leur aigreur, à leur chagrin : *Sic processit doctrina ipsorum et rancor*[4]. Ces hérétiques, dit-il, dont l'extérieur étoit si spécieux, lisoient beaucoup, et « prioient peu. Ils alloient au sermon, mais pour tendre des piéges aux prédicateurs, comme les Juifs en tendoient au Fils de Dieu ; » c'est-à-dire qu'il y avoit parmi eux beaucoup d'esprit de dispute, et peu d'esprit de componction. Tous ensemble, et mani-

CXLIV.
L'aigreur est le caractère de cette secte.
Abus de l'Ecriture.

---

[1] Serm. LXV, *in Cant.* — [2] I *Joan.*, III, 15. — [3] *Matth.*, XXV, 3. — [4] Chap. V, p. 749.

chéens et vaudois, ils ne cessoient de crier contre les inventions humaines et de citer l'Ecriture sainte, dont ils avoient un passage toujours prêt, quoi qu'on leur pût dire. Lorsqu'interrogés sur la foi ils éludoient la demande par des équivoques [1], si si on les en reprenoit, c'étoit, disoient-ils, Jésus-Christ même qui leur avoit appris cette pratique, lorsqu'il avoit dit aux Juifs : « Détruisez ce temple, et je le rebâtirai en trois jours [2], » entendant du temple de son corps ce que les Juifs entendoient de celui de Salomon. Ce passage sembloit fait exprès à qui ne savoit pas le fond des choses. Les vaudois en avoient cent autres de cette sorte qu'ils savoient tourner à leurs fins; et à moins d'être fort exercé dans les Ecritures, on avoit peine à se tirer des filets qu'ils tendoient. Un autre auteur nous remarque un caractère bien particulier de ces faux pauvres [3]. Ils n'alloient point comme un saint Bernard, comme un saint François, comme les autres prédicateurs apostoliques, attaquer au milieu du monde les impudiques, les usuriers, les joueurs, les blasphémateurs et les autres pécheurs publics, pour tâcher de les convertir. Ceux-ci au contraire, s'il y avoit dans les villes ou dans les villages des gens retirés et paisibles, c'étoit dans leurs maisons qu'ils s'introduisoient avec leur simplicité apparente. A peine osoient-ils élever la voix, tant ils étoient doux : mais les mauvais prêtres et les mauvais moines étoient mis aussitôt sur le tapis : une satire subtile et impitoyable prenoit la forme de zèle; les bonnes gens qui les écoutoient étoient pris; et transportés de ce zèle amer, ils s'imaginoient encore devenir plus gens de bien en devenant hérétiques : ainsi tout se corrompoit. Les uns étoient entraînés dans le vice par les grands scandales qui paroissoient dans le monde de tous côtés : le démon prenoit les simples d'une autre manière; et par une fausse horreur des méchans il les aliénoit de l'Eglise, où l'on en voyoit tous les jours croître le nombre.

CXLV.
Eminente sainteté dans l'Eglise catholique.
S. Bernard

Il n'y avoit rien de plus injuste, puisque l'Eglise, loin d'approuver les désordres qui donnoient lieu aux révoltes des hérétiques, les détestoit par tous ses décrets, et nourrissoit en même temps dans son sein des hommes d'une sainteté si éminente,

[1] Ren., *ibid.* — [2] *Joan.*, II, 19. — [3] Pylicd., cap. X, p. 283.

qu'auprès d'elle toute la vertu de ces hypocrites ne paroissoit que foiblesse. Le seul saint Bernard, que Dieu suscita en ce temps-là avec toutes les graces des prophètes et des apôtres pour combattre les nouveaux hérétiques lorsqu'ils faisoient de plus grands efforts pour s'étendre en France, suffisoit pour les confondre. C'étoit là qu'on voyoit un esprit vraiment apostolique, et une sainteté si éclatante, qu'elle fut en admiration même à ceux dont il avoit combattu les erreurs : de manière qu'il y en eut, qui en damnant insolemment les saints docteurs, exceptoient saint Bernard de cette sentence [1], et se crurent obligés à publier qu'à la fin il s'étoit mis dans leur parti; tant ils rougissoient d'avoir contre eux un tel témoin. Parmi ses autres vertus, on voyoit reluire et dans lui et dans ses frères les saints moines de Cîteaux et de Clairvaux, pour ne point parler des autres, cette pauvreté apostolique dont les hérétiques se vantoient : mais saint Bernard et ses disciples, pour avoir porté cette pauvreté et la mortification chrétienne à sa dernière perfection, ne se glorifioient pas d'être les seuls qui eussent conservé les sacremens, et n'en étoient pas moins obéissans aux supérieurs même mauvais, distinguant avec Jésus-Christ les abus d'avec la chaire et la doctrine.

CXLVI. Aigreur et présomption des hérétiques

On pourroit compter dans le même temps de très-grands saints, non-seulement parmi les évêques, parmi les prêtres, parmi les moines, mais encore dans le commun peuple, et même parmi les princes et au milieu des pompes du monde : mais les hérétiques ne vouloient voir que les vices, afin de dire plus hardiment avec le pharisien : « Nous ne sommes pas comme le reste des hommes [2]; » nous sommes purs, nous sommes ces pauvres que Dieu aime : venez à nous, si vous voulez recevoir les sacremens.

CXLVII. S'il faut se laisser surprendre à leur fausse constance. Réponse mémorable de S. Bernard

Il ne faut donc pas s'étonner de la régularité apparente de leurs mœurs, puisque c'étoit une partie de la séduction contre laquelle nous avons été prémunis par tant d'avertissemens de l'Evangile. On ajoute, comme un dernier trait de la piété extérieure de ces hérétiques, qu'ils ont souffert avec une patience surprenante. Il est vrai, et c'est le comble de l'illusion. Car les hérétiques de ces temps-là, et même les manichéens dont nous avons vu les infa-

[1] Apud. Ren., cap. VI, p. 755. — [2] *Luc.*, XVIII, 11.

mies, après avoir biaisé et dissimulé le plus longtemps qu'ils pouvoient pour se délivrer du dernier supplice, lorsqu'ils étoient convaincus et condamnés selon les lois, couroient à la mort avec joie. Leur fausse constance étonnoit le monde : Enervin, qui les accusoit, ne laissoit pas d'en être frappé, et demandoit avec inquiétude à saint Bernard la raison d'un tel prodige [1]. Mais le Saint trop instruit des profondeurs de Satan, pour ignorer qu'il savoit faire imiter jusqu'au martyre à ceux qu'il tenoit captifs, répondoit que par un juste jugement de Dieu le malin pouvoit avoir puissance, « non-seulement sur les corps des hommes, mais encore sur leurs cœurs [2]; » et que s'il avoit bien pu porter Judas à se donner la mort à lui-même, il pouvoit bien porter ces hérétiques à la souffrir de la main des autres. Ne nous étonnons donc pas de voir des martyrs de toutes les religions, et même dans les plus monstrueuses, et apprenons par cet exemple à ne tenir pour vrais martyrs que ceux qui souffrent dans l'unité.

CXLVIII. Condamnation inévitable de ces hérétiques, ou ce qu'ils renioient leur religion.

Mais ce qui devroit éternellement désabuser les protestans de toutes ces sectes impies, c'est la détestable coutume de renier leur religion, et de participer à notre culte pendant qu'ils le rejetoient dans leur cœur. Il est constant que les vaudois, à l'exemple des manichéens, ont vécu dans cette pratique depuis le commencement de la secte jusque vers le milieu du dernier siècle. Séyssel ne pouvoit assez s'étonner [3] de la fausse piété de leurs barbes, qui condamnoient les mensonges, jusqu'aux plus légers, comme autant de péchés mortels, et ne craignoient point devant les juges de mentir sur leur foi avec une opiniâtreté si étonnante, qu'à peine pouvoit-on leur en arracher la confession avec la question la plus rigoureuse. Ils défendoient de jurer pour rendre témoignage à la vérité devant le magistrat; et en même temps ils juroient tout ce qu'on vouloit pour tenir leur secte et leur croyance cachées : tradition qu'ils avoient reçue des manichéens, comme ils avoient aussi hérité de leur présomption et de leur aigreur. Les hommes s'accoutument à tout, quand une fois leurs conducteurs ont pris l'ascendant sur leurs esprits, et surtout lorsqu'ils les ont engagés dans une cabale sous prétexte de piété.

[1] *Analect.*, liv. III, p. 454. — [2] Serm. LXVI, *in Cant.*, sub. fin. — [3] Fol. 47.

HISTOIRE DES FRÈRES DE BOHÊME,

VULGAIREMENT ET FAUSSEMENT APPELÉS VAUDOIS.

Il faut maintenant parler de ceux qu'on appeloit faussement *Vaudois et Picards*, et qui s'appeloient eux-mêmes les *Frères de Bohême*, ou les *Frères Orthodoxes*, ou *les Frères* seulement. Ils composent une secte particulière séparée des albigeois et des pauvres de Lyon. Lorsque Luther s'éleva, il en trouva quelques églises dans la Bohême et surtout dans la Moravie, qu'il détesta durant un long temps. Il en approuva dans la suite la confession de foi corrigée, comme nous verrons. Bucer et Musculus leur ont aussi donné de grandes louanges. Le docte Camérarius, dont nous avons tant parlé, cet intime ami de Mélanchthon, a jugé leur histoire digne d'être écrite par son éloquente plume. Son gendre Rudiger, appelé par les églises protestantes du Palatinat, leur préféra celles de la Moravie dont il voulut être ministre [1]; et de toutes les sectes séparées de Rome avant Luther, celle-ci est la plus louée par les protestans : mais sa naissance et sa doctrine fera bientôt voir qu'il n'y a aucun avantage à en tirer.

CXLIX. La secte des Frères de Bohême

Pour sa naissance, plusieurs trompés par le nom et par quelque conformité de doctrine, font descendre ces Bohémiens des anciens vaudois : mais pour eux ils renoncent à cette origine, comme il paroît clairement dans la préface qu'ils mirent à la tête de leur confession de foi en 1572 [2]. Ils y expliquent amplement leur origine, et ils disent entre autres choses que les vaudois sont plus anciens qu'eux; que ceux-ci avoient à la vérité quelques églises dispersées dans la Bohême, lorsque les leurs commencèrent à paroître, mais qu'ils ne les connoissoient pas; que néanmoins ces vaudois se firent connoître à eux dans la suite, mais sans vouloir entrer, disent-ils, dans le fond de leur doctrine. « Nos annales, poursuivent-ils, nous apprennent qu'ils ne furent jamais unis à nos églises pour deux raisons : la première, parce qu'ils ne donnoient aucun témoignage de leur foi et de leur doctrine; la se-

CL. Ils désavouent ceux qui les appellent *Vaudois*, et pourquoi.

---

[1] *De Eccl. Frat. in Boh. et Morav., Hist.,* Heid., 1605. — [2] *De orig. Eccl. Boh., et Conf. ab iis editis,* Heid., an. 1605, cum *Hist. Joac. Camer.,* p. 173.

conde, parce que pour conserver la paix ils ne faisoient point de difficulté d'assister aux messes célébrées par ceux de l'Eglise romaine. » D'où ils concluoient, non-seulement « qu'ils n'avoient jamais fait aucune union avec les vaudois, mais encore qu'ils avoient toujours cru qu'ils ne le pouvoient faire en sûreté de conscience. » C'est ainsi qu'ils s'éloignent de l'origine vaudoise; et ce qui est ambitieusement recherché par les calvinistes, est rejeté par ceux-ci avec mépris.

CLI. Sentimens de Camérarius et de Rudiger.

Camérarius écrit la même chose dans son *Histoire des Frères de Bohême* : mais Rudiger, un de leurs pasteurs dans la Moravie, dit encore plus clairement, que ces églises sont bien différentes de celles des vaudois; « que les vaudois sont de l'an 1160, au lieu que les frères n'ont commencé à paroître que dans le quinzième siècle; » et qu'enfin « il est écrit dans les annales des frères, qu'ils ont toujours refusé constamment de faire union avec les vaudois, à cause qu'ils ne donnoient pas une pleine confession de leur foi et participoient à la messe [1]. »

CLII. Les vaudois désavoués par les frères, aussi bien que les picards.

Aussi voyons-nous que ces frères s'intitulent dans tous leurs synodes et dans tous leurs actes *les Frères de Bohême, faussement appelés Vaudois* [2]. Ils détestent encore plus le nom de *Picards :* « Il y a bien de l'apparence, dit Rudiger, que ceux qui l'ont donné les premiers à nos ancêtres, l'ont tiré d'un certain Picard, qui renouvelant l'ancienne hérésie des adamites, introduisoit et des nudités et des actions infâmes; et comme cette hérésie pénétra dans la Bohême environ le temps de l'établissement de nos églises, on les déshonora par un si infâme titre, comme si nous n'eussions été que de misérables restes de cet impudique Picard [3]. » On voit par là comme les frères rejettent ces deux origines, la picarde et la vaudoise : « Ils tiennent même à injure d'être appelés picards et vaudois [4]; » et si la première origine leur déplaît, la seconde, dont nos protestans se glorifient, leur paroît seulement un peu moins honteuse : mais nous allons voir maintenant que celle qu'ils se donnent eux-mêmes n'est guère plus honorable.

[1] *Hist.*, p. 105, etc.; Rudig., *de Eccl. Frat. in Boh. et Mov. Narr.*, p. 147. — [2] *In Synt. Sendom., Synt. Gen.*, II part., p. 219. — [3] Rudig., *ibid.*, p. 148. — [4] *Apol.*, 1532, ap. Lyd., tom. II, p. 137.

HISTOIRE DE JEAN VICLEF,

ANGLOIS.

Ils se vantent d'être disciples de Jean Hus : mais pour juger de leur prétention, il faut encore remonter plus haut, puisque Jean Hus lui-même s'est glorifié d'avoir eu Viclef (a) pour maître. Je dirai donc en peu de paroles ce qu'il faut croire de Viclef, sans produire d'autres pièces que ses ouvrages, et le témoignage de tous les protestans de bonne foi.

CLIII. Doctrine impie de Viclef, dans son *Trialogue*

Le principal de tous ses ouvrages, c'est le *Trialogue*, ce livre fameux qui souleva toute la Bohême, et excita tant de troubles en Angleterre. Voici quelle en étoit la théologie : « Que tout arrive par nécessité ; qu'il a longtemps regimbé contre cette doctrine, à cause qu'elle étoit contraire à la liberté de Dieu ; mais qu'à la fin il avoit fallu céder, et reconnoître en même temps que tous les péchés qu'on fait dans le monde sont nécessaires et inévitables [1] ; que Dieu ne pouvoit pas empêcher le péché du premier homme, ni le pardonner sans la satisfaction de Jésus-Christ, mais aussi qu'il étoit impossible que le Fils de Dieu ne s'incarnât pas, ne satisfît pas, ne mourût pas ; que Dieu à la vérité pouvoit bien faire autrement, s'il eût voulu ; mais qu'il ne pouvoit pas vouloir autrement ; qu'il ne pouvoit pas ne point pardonner à l'homme ; que le péché de l'homme venoit de séduction et d'ignorance ; et qu'ainsi il avoit fallu par nécessité que la sagesse divine s'incarnât pour le réparer [2] ; que Jésus-Christ ne pouvoit pas sauver les démons ; que leur péché étoit un péché contre le Saint-Esprit ; qu'il eût donc fallu pour les sauver que le Saint-Esprit se fût incarné, ce qui étoit absolument impossible ; qu'il n'y avoit donc aucun moyen possible pour sauver les démons en général ; que rien n'étoit possible à Dieu que ce qui arrivoit actuellement ; que cette puissance qu'on admettoit pour les choses qui n'arrivoient pas est une illusion ; que Dieu ne peut rien produire au dedans de

[1] Lib. III, cap. VII, VIII, XXIII, p. 56, 82, edit. 1525. — [2] Lib. III, cap. XXIV, XXV, p. 85, etc.

(a) Né vers 1324, au bourg de Wicliff, comté d'York ; d'où le nom francisé *Jean de Wicleff*, ou *Viclef* tout court.

lui qu'il ne le produise nécessairement, ni au dehors qu'il ne le produise aussi nécessairement en son temps ; que lorsque Jésus-Christ a dit qu'il pouvoit demander à son Père plus de douze légions d'anges, il faut entendre qu'il le pouvoit s'il eût voulu, mais reconnoître en même temps qu'il ne pouvoit le vouloir [1]; que la puissance de Dieu étoit bornée dans le fond, et qu'elle n'est infinie qu'à cause qu'il n'y a pas une plus grande puissance [2]; en un mot que le monde et tout ce qui existe est d'une absolue nécessité, et que s'il y avoit quelque chose de possible à qui Dieu refusât l'être, il seroit ou impuissant ou envieux ; que comme il ne pouvoit refuser l'être à tout ce qui le pouvoit avoir, aussi ne pouvoit-il rien anéantir [3]; qu'il ne faut point demander pourquoi Dieu n'empêche pas le péché, c'est qu'il ne peut pas, ni en général pourquoi il fait ou ne fait pas quelque chose, parce qu'il fait nécessairement tout ce qu'il peut faire [4]; qu'il ne laisse pas d'être libre, mais comme il est libre à produire son Fils qu'il produit néanmoins nécessairement [5]; que la liberté qu'on appelle *de contradiction*, par laquelle on peut faire et ne pas faire, est un terme erroné introduit par les docteurs, et que la pensée que nous avons que nous sommes libres est une perpétuelle illusion, semblable à celle d'un enfant qui croit qu'il marche tout seul pendant qu'on le mène ; qu'on délibère néanmoins, qu'on avise à ses affaires, qu'on se damne, mais que tout cela est inévitable, aussi bien que tout ce qui se fait et ce qui s'omet dans le monde ou par la créature, ou par Dieu même [6]; que Dieu a tout déterminé ; qu'il nécessite tant les prédestinés que les réprouvés à tout ce qu'ils font, et chaque créature particulière à chacune de ses actions ; que c'est de là qu'il arrive qu'il y a des prédestinés et des réprouvés ; qu'ainsi il n'est pas au pouvoir de Dieu de sauver un seul des réprouvés [7]; qu'il se moque de ce qu'on dit des sens composés et divisés, puisque Dieu ne peut sauver que ceux qui sont sauvés actuellement [8]; qu'il y a une conséquence nécessaire qu'on pèche, si certaines choses sont ; que Dieu veut que ces choses soient, et

---

[1] Lib. III, cap. XXVII; lib. I, cap. X, p. 15; *ibid.*, cap. XI, p. 18. — [2] *Ibid.*, cap. II.— [3] Lib. III, cap. IV; *ibid.*, cap. X, p. 16.— [4] Lib. III, cap. IX.— [5] Lib. I, cap. X. — [6] *Ibid.*, X, XI. — [7] *Ibid.*, lib. III, cap. IX; lib. II, cap. XIV; lib. III, cap. IV. — [8] Lib. III, cap. VIII.

que cette conséquence soit bonne, parce qu'autrement elle ne seroit pas nécessaire; ainsi qu'il veut qu'on pèche, qu'il veut le péché à cause du bien qu'il en tire; et qu'encore qu'il ne plaise pas à Dieu que Pierre pèche, le péché de Pierre lui plaît; que Dieu approuve qu'on pèche; qu'il nécessite au péché; que l'homme ne peut pas mieux faire qu'il ne fait; que les pécheurs et les damnés ne laissent pas d'être obligés à Dieu, et qu'il fait miséricorde aux damnés en leur donnant l'être, qui leur est plus utile et plus désirable que le non-être; qu'à la vérité il n'ose pas assurer tout à fait cette opinion, ni pousser les hommes à pécher, en enseignant qu'il est agréable à Dieu qu'ils pèchent ainsi, et que Dieu leur donne cela comme une récompense; qu'il voit bien que les méchans pourroient prendre occasion de cette doctrine de commettre de grands crimes, et que s'ils le peuvent ils le font : mais que si on n'a point de meilleures raisons à lui dire que celles dont on se sert, il demeurera confirmé dans son sentiment sans en dire un mot [1]. »

On voit par là qu'il ressent une horreur secrète des blasphèmes qu'il profère : mais il y est entraîné par l'esprit d'orgueil et de singularité auquel il s'est livré lui-même, et il ne peut retenir sa plume emportée. Voilà un extrait fidèle de ses blasphèmes : ils se réduisent à deux chefs, à faire un Dieu dominé par la nécessité, et, ce qui en est une suite, un Dieu auteur et approbateur de tous les crimes, c'est-à-dire un Dieu que les athées auroient raison de nier : de sorte que la religion d'un si grand réformateur est pire que l'athéisme.

On voit en même temps combien de ses dogmes ont été suivis par Luther. Pour Calvin et les calvinistes, on le verra dans la suite; et en ce sens ce n'est pas en vain qu'ils auront compté cet impie parmi leurs prédécesseurs.

Au milieu de tous ces blasphèmes, il affectoit d'imiter la fausse piété des vaudois, en attribuant l'effet des sacremens au mérite des personnes : « en disant que les clefs n'opèrent que dans ceux qui sont saints, et que ceux qui n'imitent pas Jésus-Christ n'en peuvent avoir la puissance; que cette puissance pour cela n'est

CLIV.
Il imite la fausse piété des vaudois.

[1] Lib. III, cap. IV, VIII.

pas perdue dans l'Eglise; qu'elle subsiste dans des personnes humbles et inconnues; que les laïques peuvent consacrer et administrer les sacremens [1]; que c'est un grand crime aux ecclésiastiques de posséder des biens temporels; un grand crime aux princes de leur en avoir donné, et de ne pas employer leur autorité à les en priver [2]. » Me permettra-t-on de le dire ? voilà dans un Anglois le premier modèle de la réformation anglicane et de la déprédation des églises. On dira que nous combattons pour nos biens ; non : nous découvrons la malignité des esprits outrés, qui sont, comme on voit, capables de tous excès.

CLV. Qu'on n'a point calomnié la doctrine de Viclef au concile de Constance.

M. de la Roque prétend qu'on a calomnié Viclef dans le concile de Constance [3], et qu'on lui a imputé des propositions qu'il ne croyoit pas, entre autres celle-ci : *Dieu est obligé d'obéir au diable* [4]. Mais si nous trouvons tant de blasphèmes dans un seul ouvrage qui nous reste de Viclef, on peut bien croire qu'il y en avoit beaucoup d'autres dans les livres qu'on avoit alors en si grand nombre; et en particulier celui-ci est une suite manifeste de la doctrine qu'on vient de voir, puisque Dieu, qui en toutes choses agissoit par nécessité, étoit entraîné par la volonté du diable à faire certaines choses lorsqu'il y falloit nécessairement concourir.

CLVI. Pernicieuse doctrine de Viclef sur les rois

On ne trouve non plus dans le *Trialogue* la proposition imputée à Viclef : *Qu'un roi cessoit d'être roi pour un péché mortel* [5]. Il y avoit assez d'autres livres de Viclef où elle se pouvoit trouver. En effet nous avons une conférence entre les catholiques de Bohême et les calixtins en présence du roi George Pogiebrac, où Hilaire doyen de Prague soutient à Roquesane chef des calixtins, que Viclef avoit écrit en termes exprès : « Qu'une vieille pouvoit être roi et pape, si elle étoit meilleure et plus vertueuse que le pape et que le roi : qu'alors la vieille diroit au roi : *Levez-vous : je suis plus digne* que vous d'être assise sur le trône [6]. » Comme Roquesane répondoit que ce n'étoit pas la pensée de Viclef, le même Hilaire s'offrit à faire voir à toute l'assemblée ces propositions, et encore celle-ci : « Que celui qui étoit par sa vertu le plus digne

---

[1] Lib. IV, cap. X, XIV, XXIII, XXV, XXXII. — [2] *Ibid.*, cap. XVII-XIX, XXIV. — [3] *Hist. de l'Euch.* — [4] *Conc. Const.*, sess. VIII, prop. 6. — [5] *Ibid.*, prop. 15. — [6] *Disp. cum Rokys.*, apud. Canis., *ant. Lect.*, tom. III, II part., p. 474.

de louange, étoit aussi le plus digne en dignité; et que la plus sainte vieille devoit être mise dans le plus saint office [1]. » Roquesane demeura muet, et le fait passa pour constant.

Le même Viclef consentoit à l'invocation des Saints, en honoroit les images, en reconnoissoit les mérites et croyoit le purgatoire.

CLVII. Articles de Viclef conformes à notre doctrine.

Pour ce qui est de l'Eucharistie, le grand effort est contre la transsubstantiation, qu'il dit être la plus détestable hérésie qu'on ait jamais introduite [2]. C'est donc son grand article, de trouver du pain dans ce sacrement. Quant à la présence réelle, il y a des passages contre, il y en a pour. Il dit que « le corps est caché dans chaque parcelle et dans chaque point du pain [3]. » En un autre endroit, après avoir dit, selon sa maudite maxime, que la sainteté du ministre est nécessaire pour consacrer validement, il ajoute qu'il faut présumer pour la sainteté des prêtres : mais, dit-il, « parce qu'on n'en a qu'une simple probabilité, j'adore sous condition l'hostie que je vois, et j'adore absolument Jésus-Christ qui est dans le ciel. » Il ne doute donc de la présence qu'à cause qu'il n'est pas certain de la sainteté du ministre, qu'il y croit absolument nécessaire. On trouveroit d'autres passages semblables, mais il importe fort peu d'en savoir davantage.

Un fait plus important est avancé par M. de la Roque le fils [4]. Il nous produit une confession de foi, où la présence réelle est clairement établie, et la transsubstantiation non moins clairement rejetée : mais ce qu'il y a de plus important, c'est qu'il nous assure que cette confession de foi fut proposée à Viclef dans le concile de Londres, où arriva ce grand tremblement de terre, qu'on appela pour cette raison *Concilium terræ motûs :* les uns disant que la terre avoit eu horreur de la décision des évêques, et les autres de l'hérésie de Viclef.

CLVIII. Confession de foi de Viclef, produite par M. de la Roque, fils du ministre.

Mais sans m'informer davantage de cette confession de foi, dont nous parlerons avec plus de certitude quand nous en aurons vu toute la suite, je puis bien assurer par avance qu'elle ne peut pas

CLIX. Qu'elle est fausse par Viclef même.

---

[1] *Disp. cum Rokys.,* apud Canis., ant. Lect., tom. III, II part., p. 500. — [2] Lib. III, cap. XXX; lib. II, cap. XIV; lib. III, cap. V; lib. IV, cap. VI, VII, XL, XLI; lib. IV, cap. I, VI. — [3] Lib. IV, cap. I. — [4] *Nouv. accus. cont. M. Varill.,* p. 73.

avoir été proposée à Viclef par le concile. Je le prouve par Viclef même, qui répète quatre fois que « dans le concile de Londres où la terre trembla : » *In suo concilio terræ motûs*, on définit en termes exprès, « que la substance du pain et du vin ne demeuroit pas après la consécration [1] : » donc il est plus clair que le jour que la confession de foi, où ce changement de substance est rejeté, ne peut pas être de ce concile.

<small>CLX. Viclef renonce à sa doctrine, et meurt dans la communion extérieure de l'Eglise.</small>

Je crois M. de la Roque d'assez bonne foi pour se rendre à une preuve si constante. En attendant, nous lui sommes obligés de nous avoir épargné la peine de prouver ici la lâcheté de Viclef : sa palinodie devant le concile : celle « de ses disciples qui n'eurent pas d'abord plus de fermeté que luy [2] : la honte qu'il eût de sa lascheté, ou bien de s'estre écarté des sentimens receûs alors [3], » qui lui fit rompre commerce avec les hommes; d'où vient que depuis sa rétractation on n'entend plus parler de lui; et enfin sa mort dans sa cure et dans l'exercice de sa charge : ce qui démontre aussi bien que sa sépulture en terre sainte, qu'il étoit mort à l'extérieur dans la communion de l'Eglise.

Il ne me reste donc plus qu'à conclure avec cet auteur, qu'il n'y a que de la honte à tirer pour les protestans de la conduite de Viclef, « ou hypocrite prévaricateur, ou catholique romain, qui mourut dans l'Eglise mesme, en assistant au sacrifice, où l'on mettoit l'éloignement entre les deux partis [4]. »

<small>CLXI. Sentiment de Mélanchthon sur Viclef.</small>

Ceux qui voudront savoir le sentiment de Mélanchthon sur Viclef, le trouveront dans la préface de ses *Lieux communs*, où il dit qu'on « peut juger de l'esprit de Viclef par les erreurs dont il est plein [5]. Il n'a, dit-il, rien compris dans la justice de la foi : il brouille l'Evangile et la politique : il soutient qu'il n'est pas permis aux prêtres d'avoir rien en propre : il parle de la puissance civile d'une manière séditieuse et pleine de sophisterie : par la même sophisterie il chicane sur l'opinion universellement reçue touchant la cène du Seigneur. » Voilà ce qu'a dit Mélanchthon après avoir lu Viclef. Il en auroit dit davantage, et il auroit relevé ce que cet

---

[1] Lib. IV, cap. XXXVI-XXXVIII. — [2] La Roque, *ibid.*, 70. — [3] *Ibid.*, p. 81, 85, 88-90. — [4] La Roq., *ibid.* — [5] *Præf. ad Mycon.*; Hosp., II part., ad an. 1550, fol. 115.

auteur avoit décidé tant contre le libre arbitre que pour faire Dieu auteur du péché, s'il n'avoit craint, en le reprenant de ces excès, de déchirer son maître Luther sous le nom de Viclef.

HISTOIRE DE JEAN HUS

ET DE SES DISCIPLES.

Ce qui a donné à Viclef un si grand rang parmi les prédécesseurs de nos réformés, c'est d'avoir dit que le Pape étoit l'Antechrist, et que depuis l'an mil de Notre-Seigneur, où Satan devoit être déchaîné selon la prophétie de saint Jean, l'Eglise romaine étoit devenue la prostituée et la Babylone[1]. Jean Hus (a) disciple de Viclef, a mérité les mêmes honneurs, puisqu'il a si bien suivi son maître dans cette doctrine.

<small>CLXII. Jean Hus imite Viclef dans sa haine contre le Pape.</small>

Il l'avoit abandonné en d'autres chefs. Autrefois on a disputé de ses sentimens sur l'Eucharistie. Mais la question est jugée du consentement des adversaires, depuis que M. de la Roque, dans son *Histoire de l'Eucharistie*[2], a fait voir par les auteurs du temps, par le témoignage des premiers disciples de Hus et par ses propres écrits qu'on a encore, qu'il a cru la transsubstantiation et tous les autres articles de la croyance romaine, sans en excepter un seul, si ce n'est la communion sous les deux espèces, et qu'il a persisté dans ce sentiment jusqu'à la mort. Le même ministre démontre la même chose de Jérôme de Prague disciple de Jean Hus, et le fait est incontestable.

<small>CLXIII. Jean Hus dit la messe, et n'a point d'autre sentiment sur l'Eucharistie que ceux de l'Eglise romaine.</small>

Ce qui faisoit douter de Jean Hus, étoit quelques paroles qu'il avoit inconsidérément proférées et qu'on avoit mal entendues, ou qu'il avoit rétractées. Mais ce qui le fit plus que tout le reste tenir pour suspect en cette matière, c'étoit les louanges excessives qu'il donnoit à Viclef ennemi de la transsubstantiation. Viclef étoit en effet le grand docteur de Jean Hus, aussi bien que de tout le parti des hussites : mais il est constant qu'ils n'en suivoient pas la doc-

<small>CLXIV. Pourquoi on a douté de la doctrine de Jean Hus.</small>

---

[1] Vic., lib. IV, cap. I, etc. — [2] II part., cap. XIX, p. 484.
(a) Huss, bourg de Bohème; d'où nous avons fait *Jean de Huss*, et *Jean Hus*.

trine toute crue, et qu'ils tâchoient de l'expliquer, comme faisoit aussi Jean Hus, à qui Rudiger donne la louange « d'avoir adroitement expliqué et courageusement défendu les sentimens de Viclef[1]. » On demeuroit donc d'accord dans le parti que Viclef, qui à vrai dire en étoit le chef, avoit bien outré les matières, et avoit grand besoin d'être expliqué. Mais quoi qu'il en soit, il est bien constant que Jean Hus s'est glorifié de son sacerdoce jusqu'à la fin, et n'a jamais discontinué de dire la messe tant qu'il a pu.

CLXV. Jean Hus catholique en tout dans les points controversés, excepté la communion sous les deux espèces et le Pape.

M. de la Roque le jeune soutient fortement les sentimens de son père; et il est même assez sincère pour avouer « qu'ils déplaisent à bien des gens du parti, et surtout au fameux M...., qui n'aimoit pas d'ordinaire les véritez qui avoient échappé à ses lumiéres[2]. » Tout le monde sait que c'est M. Claude, dont il supprime le nom. Mais ce jeune auteur pousse ses recherches plus avant que n'avoit fait encore aucun protestant. Personne ne peut plus douter, après les preuves qu'il rapporte[3], que Jean Hus n'ait prié les Saints, honoré leurs images, reconnu le mérite des œuvres, les sept sacremens, la confession sacramentale et le purgatoire. La dispute rouloit principalement sur la communion sous les deux espèces; et ce qui étoit le plus important, sur cette damnable doctrine de Viclef, que l'autorité, et surtout l'autorité ecclésiastique, se perdoit par le péché[4]; car Jean Hus soutenoit dans cet article des choses aussi outrées que celles que Viclef avoit avancées, et c'est de là qu'il tiroit ses pernicieuses conséquences.

CLXVI. Que tout est bon aux protestans pourvu qu'on crie contre le Pape.

Si avec une semblable doctrine, et encore en disant la messe tous les jours jusqu'à la fin de sa vie, on peut être non-seulement un vrai fidèle, mais encore un saint et un martyr, comme tous les protestans le publient de Jean Hus, aussi bien que de son disciple Jérôme de Prague, il ne faut plus disputer des articles fondamentaux : le seul article fondamental est de crier contre le Pape et contre l'Eglise romaine; mais surtout si l'on s'emporte avec Viclef et Jean Hus jusqu'à appeler cette Eglise l'*église de l'Antechrist,* cette doctrine est la rémission de tous les péchés et couvre toutes les erreurs.

[1] Rudig., *Narr.*, p. 153. — [2] *Nouv. acc. cont. Varil.*, p. 148 et suiv. — [3] *Ibid.*, p. 158 et suiv. — [4] *Conc. Const.*, sess. XV, prop. 11-13, etc.

Revenons aux frères de Bohême, et voyons comme ils sont disciples de Jean Hus. Incontinent après sa condamnation et son supplice, on vit deux sectes s'élever en Bohême sous son nom, la secte des calixtins et la secte des taborites (a); les calixtins, sous Roquesane, qui du commun consentement de tous les auteurs catholiques et protestans, fut sous prétexte de réforme le plus ambitieux de tous les hommes; les taborites, sous Zisca dont les actions sanguinaires ne sont pas moins connues que sa valeur et ses succès. Sans nous informer de la doctrine des taborites, leurs rébellions et leur cruauté les a rendus odieux à la plupart des protestans. Des gens qui ont porté le fer et le feu dans le sein de leur patrie vingt ans durant, et qui ont laissé pour marque de leur passage tout en sang et tout en cendres, ne sont guère propres à être tenus pour les principaux défenseurs de la vérité, ni à donner à des églises une origine chrétienne. Rudiger, qui seul de sa secte, faute d'avoir trouvé mieux, a voulu que les frères bohémiens descendissent des taborites [1], demeure d'accord que Zisca, « poussé par ses inimitiés particulières, porta si loin la haine qu'il avoit contre les moines et contre les prêtres, que non-seulement il mettoit le feu aux églises et aux monastères (où ils servoient Dieu), mais encore que pour ne leur laisser aucune demeure sur la terre, il faisoit passer au fil de l'épée tous les habitans des lieux qu'ils occupoient [2]. » C'est ce que dit Rudiger, auteur non suspect; et il ajoute que les frères, qu'il faisoit descendre de ces barbares taborites, « avoient honte de cette origine [3]. » En effet ils y renoncent en termes formels dans toutes leurs confessions de foi et dans toutes leurs apologies, et ils montrent même qu'il est impossible qu'ils soient sortis des taborites, parce que dans le temps qu'ils ont commencé de paroître, cette secte abattue par la mort de ses généraux et par la paix générale des catholiques et des calixtins, qui réunirent toutes les forces de l'Etat pour la détruire, « ne fit plus que traîner jusqu'à ce que Pogiebrac et Roquesane achevassent d'en ruiner les misérables restes; en sorte, disent-ils, qu'il ne resta plus de

---

[1] *De frat. narrat.*, p. 158. — [2] *Ibid.*, p. 155. — [3] *Ibid.*

(a) Après la mort de Jean Hus, une partie de ses disciples se retirèrent sur une montagne, qu'ils appelèrent *Thabor ;* c'est de là qu'est venu leur nom.

taborites dans le monde [1] : » ce que Camérarius confirme dans son *Histoire* [2].

CLXVIII. Les calixtins.

L'autre secte, qui se glorifia du nom de Jean Hus, fut celle des calixtins, ainsi appelés, parce qu'ils croyoient le calice absolument nécessaire au peuple. Et c'est constamment de cette secte que sortirent les frères en 1457, selon qu'ils le déclarent eux-mêmes dans la préface de leur confession de foi de 1558, et encore dans celle de 1572, que nous avons tant de fois citées, où ils parlent en ces termes : « Ceux qui ont fondé nos églises se séparèrent alors des calixtins par une nouvelle séparation [3]; » c'est-à-dire, comme ils l'expliquent dans leur apologie de 1532, que de même que les calixtins s'étoient séparés de Rome, ainsi les frères se séparèrent des calixtins [4] : de sorte que ce fut un schisme et une division dans une autre division et dans un autre schisme. Mais quelles furent les causes de cette séparation ? On ne les peut pas bien comprendre sans connoître et la croyance et l'état où se trouvèrent alors les calixtins.

CLXIX. Le *Compactatum*, ou les quatre articles accordés par le concile de Bâle.

Leur doctrine consistoit d'abord en quatre articles. Le premier concernoit la coupe ; les trois autres regardoient la correction des péchés publics et particuliers, qu'ils portoient à certains excès ; la libre prédication de la parole de Dieu, qu'ils ne vouloient pas qu'on pût défendre à personne ; et les biens d'Eglise. Il y avoit là quelque mélange des erreurs des vaudois. Ces quatre articles furent réglés dans le concile de Bâle d'une manière dont les calixtins furent d'accord, et la coupe leur fut accordée à certaines conditions, dont ils convinrent. Cet accord s'appela *Compactatum*, nom célèbre dans l'histoire de Bohême. Mais une partie des hussites, qui ne voulut pas se contenter de ces articles, commença, sous le nom des *Taborites*, ces sanglantes guerres dont nous venons de parler ; et les calixtins, l'autre partie des hussites qui avoient accepté l'accord, ne s'y tint pas, puisqu'au lieu de déclarer, comme on en étoit convenu à Bâle, que la coupe n'étoit pas nécessaire, ni commandée de Jésus-Christ, ils en pres-

---

[1] *Præf. Confess.*, 1572, seu *De orig. Eccl. Boh.*, etc., post *Hist. Camer, init., Præf.* — [2] P. 176. — [3] *De frat. narrat.*, p. 287; *Præf. Boh. Conf.*, 1558; *Synt. Gen.*, p. 164. — [4] *Apol. frat.*, I, 1 part., ap. Lyd., tom. II, p. 129.

sèrent la nécessité, même à l'égard des enfans nouvellement baptisés. A la réserve de ce point, on est d'accord que les calixtins convenoient de tout le dogme avec l'Eglise romaine, et leurs disputes avec les taborites le font voir. Lydius un ministre de Dordrect en a recueilli les actes ¹, et ils ne sont pas révoqués en doute par les protestans.

On y voit donc que les calixtins ne conviennent pas seulement de la transsubstantiation, mais encore en tout et partout sur la matière de l'Eucharistie, de la doctrine et des pratiques reçues dans l'Eglise romaine, à la réserve de la communion sous les deux espèces; et pourvu que le Pape l'accordât, ils étoient prêts à reconnoître son autorité ². CLXX. Les calixtins disposés à reconnoître le Pape.

On pourroit ici demander : D'où vient donc qu'avec de tels sentimens ils conservoient tant de respect pour Viclef, qu'ils appeloient aussi bien que les taborites le docteur évangélique par excellence ³ ? C'est en un mot qu'on ne trouve rien de régulier dans ces sectes séparées. Quoique Viclef eût parlé avec tout l'emportement possible contre la doctrine de l'Eglise romaine, et en particulier contre la transsubstantiation, les calixtins l'excusoient, en répondant que ce qu'il avoit dit contre ce dogme, il ne l'avoit pas dit décisivement, mais *scholastiquement* ⁴, comme on parloit, c'est-à-dire par manière de dispute; et on peut juger par là combien ils trouvoient de facilité à justifier, quoi qu'on leur pût dire, un auteur dont ils étoient entêtés. CLXXI. D'où vient donc qu'ils respectoient tant la mémoire de Viclef.

Ils n'en étoient pas moins bien disposés à reconnoître le Pape, et les seuls intérêts de Roquesane empêchèrent leur réunion. Ce docteur avoit lui-même ménagé l'accommodement, dans l'espérance qu'il avoit conçue qu'après un si grand service le Pape se porteroit aisément à le pourvoir de l'archevêché de Prague, qui étoit l'objet de ses vœux ⁵. Mais le Pape, qui ne vouloit pas commettre les ames et le dépôt de la foi à un homme si factieux, donna cette prélature à Budovix, autant supérieur à Roquesane en mérite qu'en naissance. Tout manqua par cet endroit. La CLXXII. L'ambition de Roquesane et des calixtins empêche leur réunion avec l'Eglise.

¹ Lyd. Valdens., tom. I, Roterod., 1616. — ² *Syn. Prag.*, an. 1431, ap. Lyd., p. 304, et an. 1434; *ibid.*, p. 332, 354. — ³ *Disp. cum Rokys.*, can. 15, *Ant. lect.*, tom. III, II part. — ⁴ *Ibid.*, p. 472. — ⁵ Camer., *Hist. narr., Apol. frat.*, p. 115, etc.

Bohême se vit replongée dans des guerres plus sanglantes que toutes les précédentes : Roquesane, malgré le Pape, s'érigea en archevêque de Prague, ou plutôt en Pape dans la Bohême : et Pogiebrac, qu'il éleva par ses intrigues à la royauté, ne lui pouvoit rien refuser.

CLXXIII. *Origine des frères de Bohême qui se séparent de Roquesane et des calixtins.*

Durant ces troubles, des gens de métier qui commençoient à gronder dès le règne précédent, se mirent plus que jamais à parler entre eux de la réforme de l'Eglise. La messe, la transsubstantiation, la prière pour les morts, les honneurs des Saints, et surtout la puissance du Pape les choquoit. Enfin ils se plaignoient que les calixtins « romanisoient en tout et partout, à la réserve de la coupe [1]. » Ils entreprirent de les corriger. Roquesane irrité contre le Saint-Siége, leur parut un instrument propre à entreprendre cette affaire. Rebutés par ses superbes réponses, qui ne respiroient que l'amour du monde, ils lui reprochèrent son ambition; qu'il n'étoit qu'un mondain, et qu'il les abandonneroit plutôt que ses honneurs [2]. En même temps ils mirent à leur tête un Kelesiski, maître cordonnier, qui leur fit un corps de doctrine qu'on appela *les formes de Kelesiski*. Dans la suite ils se choisirent un pasteur nommé Matthias Convalde, homme laïque et ignorant; et en l'an 1467, ils se séparèrent publiquement des calixtins, comme les calixtins avoient fait de Rome. Telle a été la naissance des frères de Bohême; et voilà ce que Camérarius, et eux-mêmes, tant dans leurs *Annales* que dans leurs *Apologies* et dans les préfaces de leurs confessions de foi, nous racontent de leur origine, si ce n'est qu'ils mettent leur séparation en 1457, et il me paroît plus net de la mettre dix ans après en 1467, dans le temps qu'ils marquent eux-mêmes la création de leurs nouveaux pasteurs.

CLXXIV. *Foibles commencemens de cette secte.*

Je trouve ici un peu de contradiction entre ce qu'ils racontent de leur histoire dans leur *Apologie* de 1532, et ce qu'ils en disent dans la préface de 1572 : car ils disent dans cette préface qu'en 1457, dans le temps qu'ils se séparèrent d'avec les calixtins, ils étoient un peuple ramassé de toute sorte de conditions [3] : et dans

---

[1] *Apol.*, 1532, I part. — [2] Camer., *de Eccles. frat.*, p. 67, 84, etc.; *Apol. frat.*, 1532, I part.— [3] *De Orig. Eccl. Boh.*, post Hist. Camer., p. 267.

leur *Apologie* de 1532, où ils étoient un peu moins fiers, ils reconnoissent franchement qu'ils étoient ramassés « du menu peuple et de quelques prêtres bohémiens en petit nombre, tous ensemble un très-petit nombre de gens, petit reste et méprisables ordures, » ou, comme on voudra traduire, *miserabiles quisquiliæ*, « laissées dans le monde par Jean Hus ¹. » C'est ainsi qu'ils se séparèrent des calixtins, c'est-à-dire des seuls hussites qui fussent alors. Voilà comme ils sont disciples de Jean Hus : morceau rompu d'un morceau, schisme séparé d'un schisme, hussites divisés des hussites, et qui n'en avoient presque retenu que la désobéissance et la rupture avec l'Eglise romaine.

Si on demande comment ils pouvoient reconnoître Jean Hus, comme ils font partout, pour un docteur évangélique, pour un *saint martyr*, pour *leur maître*, et pour *l'apôtre des Bohémiens*, et en même temps rejeter comme sacrilége la messe que leur apôtre avoit dite constamment jusqu'à la fin, la transsubstantiation et les autres dogmes qu'il avoit toujours retenus : c'est qu'ils disoient que « Jean Hus n'avoit fait que commencer le rétablissement de l'Evangile ; » et ils vouloient croire « qu'il auroit bien changé d'autres choses, si on lui en eût laissé le temps ². » En attendant il ne laissoit pas d'être martyr et apôtre, encore qu'il persévérât dans des pratiques si damnables selon eux ; et les frères en célébroient le martyre dans leurs églises le huitième juillet, comme nous l'apprenons de Rudiger ³.

CLXXV.
Ils ne prenoient que le nom de Jean Hus, et n'en suivoient pas la doctrine.

Camérarius demeure d'accord de leur extrême ignorance, et fait ce qu'il peut pour l'excuser. Ce qui est de bien certain, c'est que Dieu ne fit pas des miracles pour les éclairer. Tant de siècles après que la question du baptême des hérétiques avoit été si bien éclaircie du commun consentement de toute l'Eglise, ils furent si ignorans qu'ils rebaptisèrent « tous ceux qui venoient à eux des autres églises ⁴. » Ils persistèrent cent ans durant dans cette erreur, comme ils l'avouent dans tous leurs écrits, et ils reconnoissent dans la préface de 1558 qu'il n'y avoit que très-peu de temps qu'ils

CLXXVI.
Leur extrême ignorance, et leur audace à rebaptiser toute la terre.

---

¹ I part., *Apol.*, Lyd., tom. II, p. 221 et 222, 232, etc. — ² *Apol.*, 1532, I part., ap. Lyd., tom. II, p. 116-118, etc.— ³ Rudig., *Nar. post. Cam. Hist.*, p. 151.—
⁴ Camer., *Hist. narr.*, p. 102.

en étoient revenus [1]. Il ne faut pas s'imaginer que ce fût une erreur médiocre, puisque c'étoit dire que le baptême étoit perdu dans toute l'Eglise, et ne restoit que parmi eux. C'est ce qu'osèrent penser deux ou trois mille hommes, plus ou moins, également révoltés, et contre les calixtins parmi lesquels ils vivoient, et contre l'Eglise romaine dont ils s'étoient séparés les uns et les autres trente ou quarante ans auparavant. Une si petite parcelle d'une autre parcelle détachée depuis si peu d'années de l'Eglise catholique, osoit rebaptiser tout le reste de l'univers, et réduire tout l'héritage de Jésus-Christ à un coin de la Bohême. Ils se croyoient donc les seuls chrétiens, puisqu'ils se croyoient les seuls baptisés; et quoi qu'ils aient pu dire pour se défendre de ce crime, leur rebaptisation les en convainquoit. Pour toute excuse, ils répondoient que s'ils rebaptisoient les catholiques, les catholiques aussi les rebaptisoient. Mais on sait assez que l'Eglise romaine n'a jamais rebaptisé ceux qui avoient été baptisés par qui que ce fût au nom du Père et du Fils et du Saint-Esprit; et quand il y auroit eu dans la Bohême des catholiques assez ignorans pour ne savoir pas une chose si triviale, ceux qui se disoient leurs réformateurs ne devoient-ils pas en savoir davantage? Après tout, comment ces nouveaux rebaptisateurs ne se firent-ils pas rebaptiser eux-mêmes? Si lorsqu'ils vinrent au monde le baptême avoit cessé dans toute la chrétienté, celui qu'ils avoient reçu ne valoit pas mieux que celui des autres; et en cassant le baptême de ceux qui les avoient baptisés, que pouvoit devenir le leur? Ils devoient donc aussitôt se faire rebaptiser que de rebaptiser le reste de l'univers; et il n'y avoit à cela qu'un inconvénient : c'est que selon leurs principes il n'y avoit plus personne sur la terre qui leur pût rendre cet office, puisque le baptême de quelque côté qu'il pût venir, étoit également nul. Voilà ce que c'est d'être réformés de la façon d'un cordonnier, qui de leur aveu, dans une préface de leur *Confession de foi* [2], ne sut jamais un mot de latin, et qui n'étoit pas moins présomptueux qu'ignorant. Voilà les

---

[1] *Præf. Apol.*, 1558, apud. Lyd., tom. II, p. 105; *Ibid.*, *Apol.*, part. IV, p. 274; *Conf. fid.*, 1558, art. 12; *Synt. Gen.*, p. 195; *Ibid.*, p. 170. — [2] *Conf. fid.*, 1558: *Synt. Gen.*, II part., p. 164.

hommes qu'on admire parmi les protestans. S'agit-il de condamner l'Eglise romaine? Ils ne cessent de lui reprocher l'ignorance de ses prêtres et de ses moines. S'agit-il des ignorans de ces derniers siècles, qui ont prétendu réformer l'Eglise par le schisme? Ce sont des pêcheurs devenus apôtres, encore que leur ignorance demeure marquée éternellement dès le premier pas qu'ils ont fait. N'importe; si nous en croyons les luthériens, dans la préface qu'ils mirent à la tête de l'*Apologie des frères* en l'imprimant à Vitenberg du temps de Luther : si, dis-je, nous les en croyons, c'étoit dans cette ignorante société et dans cette poignée de gens que « l'Eglise de Dieu s'étoit conservée, lorsqu'on la croyoit tout à fait perdue [1]. »

Cependant ces restes de l'Eglise, ces dépositaires de l'ancien christianisme, étoient eux-mêmes honteux de ne voir dans tout le monde aucune église de leur croyance. Camérarius nous apprend [2] qu'au commencement de leur séparation il leur vint en la pensée de s'informer s'ils ne trouveroient point en quelque endroit de la terre, et principalement en Grèce ou en Arménie, ou quelque part en Orient, le christianisme que l'Occident avoit perdu tout à fait dans leur pensée. En ce temps plusieurs prêtres grecs, qui s'étoient sauvés du sac de Constantinople en Bohême et que Roquesane y avoit reçus dans sa maison, eurent permission de célébrer les saints mystères selon leur rit. Les frères y virent leur condamnation, et la virent encore plus dans les entretiens qu'ils eurent avec ces prêtres. Mais quoique ces Grecs les eussent assurés qu'en vain ils iroient en Grèce y chercher des chrétiens à leur mode et qu'ils n'en trouveroient jamais, ils nommèrent des députés, gens habiles et avisés, dont les uns coururent tout l'Orient, d'autres allèrent du côté du nord dans la Moscovie, et d'autres prirent leur route vers la Palestine et l'Egypte : d'où s'étant rejoints à Constantinople selon le projet qu'ils en avoient fait, ils revinrent enfin en Bohême dire à leurs frères pour toute réponse, qu'ils se pouvoient assurer d'être les seuls de leur croyance dans toute la terre.

CLXXVII. Leurs vaines enquêtes à chercher dans tout l'univers quelque église de leur croyance.

[1] Joan. Eusleb., in orat. præfixâ, *Apol. frat.*, sub hoc titulo : *Œconomia*, etc., ap. Lyd., tom. II, p. 95. — [2] *De Eccl. frat.*, p. 91.

CLXXVIII.
Comment
ils recher-
choient
l'ordina-
tion dans
l'Eglise
catholique

Leur solitude dénuée de la succession et de toute ordination légitime leur fit tant d'horreur, qu'encore du temps de Luther ils envoyoient de leurs gens qui se couloient furtivement dans les ordinations de l'Eglise romaine : un traité de Luther, que nous avons cité ailleurs, nous l'apprend. Pauvre église qui destituée du principe de fécondité que Jésus-Christ a laissé à ses apôtres et dans l'ordre apostolique, étoient contraints de se mêler parmi nous pour y venir mendier ou plutôt dérober les ordres !

CLXXIX.
Reproches
que leur
fait Luther

Au reste Luther leur reprochoit qu'ils ne voyoient goutte non plus que Jean Hus dans la justification, qui étoit le point principal de l'Evangile : car « ils la mettoient, poursuit-il, dans la foi et dans les œuvres ensemble, ainsi qu'ont fait plusieurs Pères ; et Jean Hus étoit plongé dans cette opinion [1]. » Il a raison : car ni les Pères, ni Jean Hus, ni Viclef son maître, ni les orthodoxes, ni les hérétiques, ni les albigeois, ni les vaudois, ni aucun autre, n'avoient songé avant lui à la justice imputative. C'est pourquoi il méprisoit les frères de Bohême, « comme des gens sérieux, rigides, d'un regard farouche, qui se martyrisoient avec la loi et les œuvres, et qui n'avoient pas la conscience joyeuse [2]. » C'est ainsi que Luther traitoit les plus réguliers à l'extérieur de tous les réformateurs schismatiques et les seuls restes de la vraie Eglise, à ce qu'on disoit. Il fut bientôt satisfait : les frères outrèrent la justification luthérienne, jusqu'à donner aveuglément dans les excès des calvinistes, et même dans ceux dont les calvinistes d'aujourd'hui tâchent de se défendre. Les luthériens vouloient que nous fussions justifiés sans y coopérer, et sans y avoir part. Les frères ajoutèrent que c'étoit même « sans le savoir et sans le sentir, comme un embryon est vivifié dans le ventre de sa mère [3]. » Après qu'on étoit régénéré, Dieu commençoit à se faire sentir, et si Luther vouloit qu'on connût avec certitude sa justification, les frères vouloient encore qu'on fût « entièrement et indubitablement » assuré de sa persévérance et de son salut. Ils poussèrent l'imputation de la justice jusqu'à dire que « les péchés, quelque énormes qu'ils fussent, étoient véniels, » pourvu qu'on les

---

[1] Luth., *Coll.*, p. 286, edit. Franc., an. 1076. — [2] *Ibid.* — [3] *Apol.*, part. IV, ap. Lyd., tom. II, p. 244, 248.

commît « avec répugnance ¹, » et que c'étoit de ces péchés que saint Paul disoit « qu'il n'y avoit point de damnation pour ceux qui étoient en Jésus-Christ ². »

Les frères avoient comme nous sept sacremens dans la confession de 1504, présentée au roi Ladislas. Ils les prouvoient par les Ecritures, et ils les reconnoissoient « établis pour l'accomplissement des promesses que Dieu avoit faites aux fidèles ³. » Il falloit qu'ils conservassent encore cette doctrine des sept sacremens du temps de Luther, puisqu'il le trouva mauvais. La confession de foi fut réformée, et les sacremens réduits à deux, le baptême et la Cène, comme Luther l'avoit prescrit. L'absolution fut reconnue, mais hors du rang des sacremens ⁴. En 1504 on parloit de la confession des péchés comme d'une chose d'obligation. Cette obligation ne paroît plus si précise dans la confession réformée, et on y dit seulement « qu'il faut demander au prêtre l'absolution de ses péchés par les clefs de l'Eglise, et en obtenir la rémission par ce ministère établi de Jésus-Christ pour cette fin ⁵. »

CLXXX.
Leur doctrine sur les sept sacremens

Pour la présence réelle, les défenseurs du sens littéral et les défenseurs du sens figuré ont également tâché de tirer à leur avantage les confessions de foi des bohémiens. Pour moi, à qui la chose est indifférente, je rapporterai seulement leurs paroles; et voici d'abord ce qu'ils écrivirent à Roquesane, comme ils le rapportent eux-mêmes dans leur *Apologie*⁶ : « Nous croyons qu'on reçoit le corps et le sang de Notre-Seigneur sous les espèces du pain et du vin. » Et un peu après : « Nous ne sommes pas de ceux qui, entendant mal les paroles de Notre-Seigneur, disent qu'il a donné le pain consacré en mémoire de son corps, qu'il montroit avec le doigt, en disant : « Ceci est mon corps. » D'autres disent que ce pain est le corps de Notre-Seigneur qui est dans le ciel, mais en signification. Toutes ces explications nous paroissent très-éloignées de l'intention de Jésus-Christ, et nous déplaisent beaucoup. »

CLXXXI.
Sur la présence réelle.

---

¹ *Apol.*, II part., p. 172, 173; IV part., p. 282; *ibid.*, part. II, p. 168. — ² *Rom.*, VIII, 1. — ³ *Conf. fid.*, ap. Lyd., tom. II, p. 8 et seq., citat. *in Apol.*, 1531, ap. eumd. Lyd., 296, tom. II, Ien.; Germ., liv. *de l'Ador.*, p. 229, 230. — ⁴ *Ibid.*, art. 11-13. — ⁵ *Ibid.*, art. 5, 14; *Prof. fid. ad Lad.*, cap. *de Pœnit. laps.*, ap. Lyd., tom. II, p. 15. — ⁶ *Apol.*, 1532, IV part., ap. Lyd., 295.

CLXXXII. Suite.

Dans leur Confession de foi de 1504, ils parlent ainsi[1] : Toutes les fois « qu'un digne prêtre avec un peuple fidèle prononce ces paroles : « Ceci est mon corps, ceci est mon sang, » le pain présent est le corps de Jésus-Christ qui a été offert pour nous à la mort, et le vin est le sang répandu pour nous; et ce corps et ce sang sont présens sous les espèces du pain et du vin en mémoire de sa mort. » Et pour montrer la fermeté de leur foi, ils ajoutent qu'ils en croiroient autant d'une pierre, si Jésus-Christ avoit dit que ce fût son corps[2].

CLXXXIII. Ils font dépendre le sacrement du mérite du ministre.

On voit ici le même langage dont se servent les catholiques : on voit le corps et le sang *sous les espèces* incontinent après les paroles; et on les y voit, non point *en figure,* mais en vérité. Ce qu'ils ont de particulier, c'est qu'ils veulent que ces paroles soient prononcées par un digne prêtre. Voilà ce qu'ils ajoutoient à la doctrine catholique. Pour accomplir l'œuvre de Dieu dans le pain de l'Eucharistie, la parole de Jésus-Christ ne suffisoit pas, et le mérite du ministre étoit nécessaire : c'est ce qu'ils avoient appris de Jean Viclef et de Jean Hus.

CLXXXIV. Forte expression de la réalité.

Ils répètent la même chose dans un autre endroit : « Lors, disent-ils, qu'un digne prêtre prie avec son peuple fidèle, et dit : « Ceci est mon corps, ceci est mon sang, » aussitôt le pain présent est le même corps qui a été livré à la mort, et le vin présent est son sang, qui a été répandu pour notre rédemption[3]. » On voit donc qu'ils ne changent rien sur la présence réelle dans la doctrine catholique : au contraire ils semblent choisir les termes les plus forts pour l'établir, en disant « qu'incontinent après les paroles le pain est le vrai corps de Jésus-Christ, le même qui est né de la Vierge et qui devoit être livré à la croix; et le vin son vrai sang naturel, le même qui devoit être répandu pour nos péchés[4] » et tout cela, « sans délai, et au moment même, et d'une présence très-réelle et très-véritable[5], » *præsentissimè,* comme ils parlent. Et le sens figuratif leur parut, disent-ils, « si odieux dans un de leurs synodes, qu'un des leurs nommé Jean Czizco, »

---

[1] *Prof. fid. ad Lad.,* cap. *de Euch.,* ap. Lyd., tom. II, p. 10, *citat Apol.,* IV part.; *ibid.,* 296. — [2] *Ibid.,* p. 12. — [3] *Apol. ad Lad., ibid.,* 12. — [4] *Prof. fid. ad Lad., ibid.,* p. 27; *Apol.,* 66, etc. — [5] *Ibid., Apol.,* 132, IV part., 290.

qui avoit osé le soutenir, fut chassé de « leur communion¹. » Ils ajoutent qu'ils ont publié divers écrits contre cette présence en signe, et que ceux qui la défendent les tiennent pour leurs adversaires; qu'ils les appellent *des papistes, des antechrists* et *des idolâtres*².

C'est encore une autre preuve de leur sentiment de dire que Jésus-Christ « est présent dans le pain et dans le vin par son corps et par son sang : » autrement, continuent-ils, « ni ceux qui sont dignes ne recevroient que du pain et du vin, ni ceux qui sont indignes ne seroient coupables du corps et du sang, ne pouvant être coupables de ce qui n'y est pas³. » D'où il s'ensuit qu'ils y sont, non-seulement pour les dignes, mais encore pour les indignes.

CLXXXV. La même chose appuyée.

Il est vrai qu'ils ne veulent pas qu'on adore Jésus-Christ dans l'Eucharistie pour deux raisons : l'une, qu'il ne l'a pas commandé; l'autre, qu'il y a deux présences de Jésus-Christ, la personnelle, la corporelle et la sensible, laquelle seule doit attirer nos adorations; et la spirituelle ou sacramentelle, qui ne les doit pas attirer⁴. Mais encore qu'ils parlent ainsi, ils ne laissent pas de reconnoître « la substance du corps » de Jésus-Christ dans le sacrement⁵ : « il ne nous est pas ordonné, disent-ils, d'honorer cette substance du corps de Jésus-Christ consacré, mais la substance de Jésus-Christ qui est à la droite du Père⁶. » Voilà donc dans le sacrement et dans le ciel la substance du corps de Jésus-Christ, mais adorable dans le ciel, et non pas dans le sacrement. Et de peur qu'on ne s'en étonne, ils ajoutent que Jésus-Christ « n'a pas même voulu obliger les hommes à l'adorer sur la terre, encore qu'il y fût présent, à cause qu'il attendoit le temps de sa gloire⁷ : » ce qui montre que leur intention n'étoit pas d'exclure la présence substantielle, en excluant l'adoration; et qu'au contraire ils la supposoient, puisque s'ils ne l'eussent pas crue, ils n'auroient eu en aucune sorte à s'excuser de n'adorer pas dans le sacrement ce qui en effet n'y eût pas été.

CLXXXVI. La manière dont ils refusent l'adoration confirme qu'ils crurent la réalité, et même hors l'usage.

¹ *Prof. fid. ad Lad.*, ibid., p. 298. — ² *Ibid.*, p. 291, 299. — ³ *Ibid.*, 309. — ⁴ *Apol. ad Lad.*, p. 67, et alibi passim. — ⁵ *Ibid.*, p. 301, 306, 307, 309, 311, etc. — ⁶ *Apol. ad Lad.*, ibid., p. 67. — ⁷ *Prof. fid. ad Lad.*, p. 29; *Apol. ad eumd.*, p. 68.

Ne leur demandons pas au reste où ils prennent cette rare doctrine, qu'il ne suffit pas de savoir Jésus-Christ présent pour l'adorer, et que ce n'étoit pas son intention qu'on l'adorât sur la terre, ni autre part que dans sa gloire : je me contente de rapporter ce qu'ils prononcent sur la présence réelle, et encore sur la présence réelle, non à la mode des mélanchthonistes, dans le seul usage, mais incontinent après la consécration.

CLXXXVII. Leur incertitude et leurs ambiguïtés affectées.

Avec des expressions apparemment si précises et si décisives pour la présence réelle, ils s'embarrassent ailleurs d'une si étrange manière, qu'ils semblent n'avoir rien tant appréhendé que de laisser un témoignage clair et certain de leur foi : car ils répètent sans cesse que Jésus-Christ n'est pas « en personne » dans l'Eucharistie[1]. Il est vrai qu'ils appellent y être *en personne,* y être *corporellement et sensiblement*[2] : expressions qu'ils font toujours marcher ensemble, et qu'ils opposent à une manière d'être spirituelle qu'ils reconnoissent. Mais ce qui rejette dans un nouvel embarras, c'est qu'ils semblent dire que Jésus-Christ est présent dans l'Eucharistie de cette présence spirituelle, comme il l'est dans le baptême et dans la prédication de la parole[3], comme il a été mangé par les anciens Hébreux dans le désert, comme saint Jean-Baptiste étoit Elie. On ne sait aussi ce qu'ils veulent dire avec cette bizarre expression : Jésus-Christ n'est pas ici « avec son corps naturel d'une manière existante et corporelle, » *existenter et corporaliter;* mais il y est « spirituellement, puissamment, par manière de bénédiction et en vertu : » *spiritualiter, potenter, benedictè, in virtute*[4]. Ce qu'ils ajoutent n'est pas plus intelligible, que « Jésus-Christ est ici dans la demeure de bénédiction; » c'est-à-dire, selon leur langage, qu'il est dans l'Eucharistie, « comme il est à la droite de Dieu, mais non pas comme il est dans les cieux. » S'il y est comme à la droite de Dieu, il y est donc en personne. C'est ainsi qu'on devroit conclure naturellement : mais comment distinguer les cieux d'avec la droite de Dieu? C'est où on se perd. Les frères avoient parlé précisément, en disant : « Il n'y a qu'un Seigneur Jésus, qui est tel dans le sa-

[1] *Apol. ad Lad., ibid.,* p. 68, 69, etc., 71, 73. — [2] *Ibid.,* p. 301, 306, 307, 309, 311, etc. — [3] *Ibid.,* p. 302, 304, 307, 308. — [4] *Ibid.,* 74.

crement avec son corps naturel, mais qui est d'une autre manière à la droite de son Père : car c'est autre chose de dire : C'est là Jésus-Christ, ceci est mon corps; autre chose de dire, qu'il y est de telle manière [1]. » Mais ils n'ont pas plutôt parlé nettement qu'ils s'égarent dans des discours alambiqués, où les jette la confusion et l'incertitude de leur esprit et de leurs pensées, avec un vain désir de contenter les deux partis de la Réforme.

Plus ils alloient en avant, plus ils devenoient importans et mystérieux; et comme chacun les vouloit tirer à soi, ils sembloient aussi de leur côté vouloir contenter les deux partis. Voici enfin ce qu'ils dirent en 1558, et c'est à quoi ils parurent s'en vouloir tenir. Ils se plaignent d'abord qu'on les accuse « de ne pas croire que la présence du vrai corps et du vrai sang soit présente [2]. » Bizarres expressions, que la présence soit présente! C'est ainsi qu'ils parlent dans la préface : mais dans le corps de la confession ils enseignent « qu'il faut reconnoître que le pain est le vrai corps de Jésus-Christ, et que la coupe est son vrai sang, sans rien ajouter du sien à ses paroles. » Mais pendant qu'ils ne veulent pas qu'on ajoute rien aux paroles de Jésus-Christ, ils y ajoutent eux-mêmes le mot de *vrai* qui n'y est pas; et au lieu que Jésus-Christ a dit : « Ceci est mon corps, » ils supposent qu'il ait dit : « Ce pain est mon corps; » ce qui est fort différent, comme on l'a pu voir ailleurs. Que s'il leur a été libre d'ajouter ce qu'ils jugeoient nécessaire pour marquer une vraie présence, il a été libre aux autres d'ajouter aussi ce qu'il falloit pour ôter toute équivoque; et rejeter ces expressions après les disputes nées, c'étoit être ennemi de la lumière et laisser les questions indécises. C'est pourquoi Calvin leur écrivit qu'il ne pouvoit approuver « leur obscure et captieuse brièveté, » et il vouloit qu'ils expliquassent « comment le pain est le corps de Jésus-Christ; » à faute de quoi il soutenoit que « leur Confession de foi ne pouvoit être souscrite sans péril, et seroit une occasion de grandes disputes [3]. » Mais Luther étoit content d'eux, à cause qu'ils approchoient de ses expressions, et qu'ils inclinoient davantage vers la *Confession d'Augs-*

CLXXXVIII
Les luthériens et les calvinistes les veulent tirer à eux. Ils penchent vers les premiers.

---

[1] *Apol. ad Lad.*, *ibid.*, p. 71. — [2] P. 162. — [3] Calv., *Epist. ad Vald.*, p. 312 et seq.

bourg. Car même ils continuoient à se plaindre de ceux « qui nioient que le pain et le vin fussent le vrai corps et le vrai sang de Jésus-Christ, » et qui les appeloient *des papistes, des idolâtres et des Antechrists*[1], à cause qu'ils reconnoissoient la véritable présence. Enfin pour faire voir combien ils penchoient à la présence réelle, ils veulent que les ministres en distribuant ce sacrement et « en récitant les paroles de Notre-Seigneur, exhortent le peuple » à croire « que la présence de Jésus-Christ est présente[2] ; » et dans ce dessein ils ordonnent, quoique d'ailleurs peu portés à l'adoration, « qu'on reçoive le sacrement à genoux. »

CLXXXIX. Luther leur donne son approbation, et comment.   Avec ces explications et avec les adoucissemens que nous avons rapportés, ils satisfirent tellement Luther, qu'il mit son approbation à la tête d'une Confession de foi qu'ils publièrent, en déclarant néanmoins « qu'ils paroissoient à cette fois non-seulement plus ornés, plus libres et plus polis, mais encore plus considérables et meilleurs[3] ; » ce qui faisoit assez connoître qu'il n'approuvoit leur confession qu'à cause qu'elle avoit été réformée selon ses maximes.

CXC. Leurs fêtes leurs temples, leurs jeûnes, le célibat de leurs prêtres.   Il ne paroît pas qu'on les ait inquiétés ni sur les jeûnes réglés qu'ils conservoient parmi eux, ni sur les fêtes qu'ils célébroient en interdisant tout travail, non-seulement à l'honneur de Notre-Seigneur, mais encore de la sainte Vierge et des Saints[4]. On ne leur reprochoit pas que c'étoit observer les jours contre le précepte de l'Apôtre, ni que ces fêtes à l'honneur des Saints fussent autant d'actes d'idolâtrie. On ne les accuse non plus d'ériger des temples aux Saints, sous prétexte qu'ils continuent, comme nous, à nommer *Temple de la Vierge, in templo divæ Virginis, de saint Pierre et de saint Paul*, les églises consacrées à Dieu en leur mémoire[5]. On les laisse pareillement ordonner le célibat à leurs prêtres, en les privant du sacerdoce lorsqu'ils se marient[6] ; car constamment c'étoit leur pratique, aussi bien que celle des taborites. Tout cela est sans venin pour les frères, et il n'y a que nous seuls où tout est poison[7].

---

[1] Calv., *Epist. ad Vald.*, p. 195. — [2] *Ibid.*, p. 396. — [3] *Ibid.*, p. 211. — [4] Art. 15, 17. — [5] *Act. Syn.*, Torin., 1595 ; *Synt.*, II part., p. 240, 242. — [6] Art. 9. — [7] Æn. Sylv., *Hist. Boh.*, ap. Lyd., p. 395, 405.

LIVRE XI, N. CXCI-CXCIII.   563

Je voudrois encore qu'on leur demandât où ils trouvent dans l'Ecriture ce qu'ils disent de la sainte Vierge, « qu'elle est vierge devant l'enfantement et après l'enfantement [1]. » Il est vrai que les saints Pères l'ont tellement cru, qu'ils ont rejeté le contraire comme un blasphème exécrable : mais c'est aussi ce qui nous fait voir qu'on peut compter parmi les blasphèmes beaucoup de choses dont le contraire n'est écrit nulle part, de sorte que, lorsqu'on se vante de ne parler qu'après l'Ecriture, ce n'est pas un discours sérieux, mais c'est qu'on trouve bon de parler ainsi, et que ce respect apparent pour l'Ecriture éblouit les simples.

CXCI. La perpétuelle virginité de Marie, Mère de Dieu.

On prétend que ces frères bohémiens dont les paroles étoient si douces et si respectueuses envers les puissances, à mesure qu'ils s'engageoient dans les sentimens des luthériens, entrèrent aussi dans leurs intrigues et dans leurs guerres. Ferdinand les trouva mêlés dans la rébellion de l'électeur de Saxe contre Charles V, et les chassa de Bohême. Ils se réfugièrent en Pologne; et il paroît par une lettre de Musculus aux protestans de Pologne, de 1556, qu'il n'y avoit que peu d'années qu'on avoit reçu dans « ce royaume-là ces réfugiés de Bohême [2]. »

CXCII. Ils se réfugient en Pologne.

Quelque temps après on fit l'union des trois sectes des protestans de Pologne, c'est-à-dire des luthériens, des bohémiens et des zuingliens. L'acte d'union fut passé en 1570 au synode de Sendomir, et il est intitulé en cette sorte : « L'union et consentement mutuel fait entre les églises de Pologne, à savoir entre ceux de la Confession d'Augsbourg, ceux de la Confession des frères de Bohême et ceux de la Confession des églises helvétiques [3], » ou des zuingliens. Dans cet acte les bohémiens se qualifient *Les Frères de Bohême, que les ignorans appellent Vaudois* [4]. Il paroît donc clairement qu'il s'agissoit de ces vaudois, qu'on nommoit ainsi par erreur, comme nous l'avons fait voir, et qui aussi désavouoient cette origine. Car pour ce qui est des anciens vaudois, nous apprenons d'un ancien auteur qu'il n'y en avoit presque point « dans le royaume de Cracovie, » c'est-à-dire dans la Pologne, « non plus que dans l'Angleterre, dans les Pays-Bas, en

CXCIII. Ils s'y unissent avec les luthériens et les zuingliens, dans l'assemblée de Sendomir. 1570.

---

[1] *Orat. Enc.*, ap. Lyd., p. 30, art. 17, p. 201. — [2] *Syntag. Gen.*, II part., p. 212. — [3] *Ibid.*, p. 218. — [4] *Ibid.*, p. 219.

Danemark, en Suède, en Norwége et en Prusse [1]; et depuis le temps de cet auteur ce petit nombre étoit tellement réduit à rien, qu'on n'en entend plus parler en tous ces pays.

CXCIV. *Termes de l'accord de Sendomir.* — L'accord fut fait en ces termes : Pour y expliquer le point de la Cène, on y transcrivit tout entier l'article de la *Confession Saxonique* où cette matière est traitée. Nous avons vu que Mélanchthon avoit dressé cette confession en 1551 pour être portée à Trente[2]. On y disoit que Jésus-Christ « est vraiment et substantiellement présent dans la communion, et qu'on le donne vraiment à ceux qui reçoivent le corps et le sang de Jésus-Christ. » A quoi ils ajoutent par une manière de parler étrange, « que la présence substantielle de Jésus-Christ n'est pas seulement signifiée, mais vraiment rendue présente, distribuée et donnée à ceux qui mangent, les signes n'étant pas nus, mais joints à la chose même selon la nature des sacremens[3]. »

CXCV. *Les zuingliens sont ceux qui se relâchent le plus dans cet accord.* — Il semble qu'on presse beaucoup « la présence substantielle, » lorsqu'on dit pour l'inculquer avec plus de force, qu'elle n'est pas signifiée, « mais vraiment présente : » mais je me défie de ces fortes expressions de la Réforme, qui plus elle diminue la vérité du corps et du sang dans l'Eucharistie, plus elle est riche en paroles, comme si par là elle prétendoit réparer la perte qu'elle fait des choses. Au reste en venant au fond, quoique cette déclaration soit pleine d'équivoques, et qu'elle laisse des échappatoires à chaque parti pour conserver sa propre doctrine, toutefois ce sont les zuingliens qui font la plus grande avance, puisqu'au lieu qu'ils disoient dans leur confession que le corps de Notre-Seigneur étant dans le ciel « absent de nous, » nous devient présent seulement « par sa vertu; » les termes de l'accord portent que Jésus-Christ nous est « substantiellement présent; » et malgré toutes les règles du langage humain, une présence en vertu devient tout à coup une présence en substance.

CXCVI. *Relâchement des* — Il y a des termes, dans l'accord, que les luthériens auroient peine à sauver, si on ne s'accoutumoit dans la nouvelle Réforme

---

[1] Pyliod., *cont. Vald.*, cap. xv, tom. IV, *Bibl. PP.*, II part., p. 785. —
[2] Voy. ci-dessus, liv. VIII, n. 18; *Synt. Conf.*, I part., p. 166; II part., p. 72. —
[3] *Ibid.*, p. 146.

à tout expliquer comme on veut. Par exemple, ils semblent s'é- *luthériens, et comment ils s'en peuvent sauver.* loigner beaucoup de la croyance qu'ils ont que le corps de Jésus-Christ est pris par la bouche, et même par les indignes, lorsqu'ils disent dans cet accord, « que les signes de la Cène donnent par la foi aux croyans ce qu'ils signifient [1]. » Mais outre qu'ils peuvent dire qu'ils ont parlé de la sorte, parce que la présence réelle n'est connue que par la foi, ils pourront encore ajouter qu'en effet il y a des biens dans la Cène qui ne sont donnés qu'aux seuls croyans, comme la vie éternelle et la nourriture des ames; et que c'est de ceux-là qu'ils veulent parler, lorsqu'ils disent « que les signes donnent par la foi ce qu'ils signifient. »

Je ne m'étonne pas que les bohémiens aient souscrit sans peine à cet accord. Séparés depuis quarante à cinquante ans de l'Eglise catholique, et réduits à ne trouver le christianisme que dans le coin qu'ils occupoient en Bohême, quand ils virent paroître les protestans, ils ne songèrent qu'à s'appuyer de leur secours. Ils surent gagner Luther par leurs soumissions : on avoit tout de Bucer par des équivoques : les zuingliens se laissoient flatter aux expressions générales des frères, qui disoient sans néanmoins le pratiquer, qu'il ne falloit rien ajouter aux termes dont Notre-Seigneur s'étoit servi. Calvin fut plus difficile. Nous avons vu dans la lettre qu'il écrivit aux frères bohémiens réfugiés en Pologne [2], comme il y blâme l'ambiguïté de leur Confession de foi, et déclare qu'on n'y peut souscrire sans ouvrir la porte à la dissension ou à l'erreur.

CXCVII. Disposition des frères de Bohême.

Contre son avis tout fut souscrit, la *Confession Helvétique*, la *Bohémique* et la *Saxonique*, la présence substantielle avec la présence par la seule vertu, c'est-à-dire les deux doctrines contraires avec les équivoques qui les flattoient toutes deux. On ajouta tout ce qu'on voulut aux paroles de Notre-Seigneur; et en même temps on approuva la Confession de foi où l'on posoit pour maxime qu'il n'y falloit rien ajouter : tout passa, et par ce moyen on fit la paix. On voit comment se séparent et comment s'unissent toutes ces sectes séparées de l'unité catholique : en se séparant de

CXCVIII. Réflexions sur cette union.

---

[1] Voy. ci-dessus liv. VIII, n. 18; *Synt. Conf.*, I part., p. 164. — [2] *Ep. ad Vald.*, p. 317.

la chaire de saint Pierre, elles se séparent entre elles et portent le juste supplice d'avoir méprisé le lien de leur unité. Lorsqu'elles se réunissent en apparence, elles n'en sont pas plus unies dans le fond; et leur union cimentée par des intérêts politiques, ne sert qu'à faire connoître par une nouvelle preuve qu'elles n'ont pas seulement l'idée de l'unité chrétienne, puisqu'elles n'en viennent jamais « à s'unir dans les sentimens, » comme saint Paul l'a ordonné [1].

CXCIX.
Réflexions générales sur l'histoire de toutes ces sectes.

Qu'il nous soit maintenant permis de faire un peu de réflexion sur cette histoire des vaudois, des albigeois et des bohémiens. On voit si les protestans ont eu raison de les compter parmi leurs ancêtres, si cette descendance leur fait honneur, et en particulier s'ils ont dû regarder la Bohême depuis Jean Hus comme « la mère des églises réformées [2]. » Il est plus clair que le jour, d'un côté, qu'on ne nous allègue ces sectes que dans la nécessité de trouver dans les siècles passés des témoins de ce qu'on croit être la vérité; et de l'autre, qu'il n'y a rien de plus misérable que d'alléguer de tels témoins, qui sont tous convaincus de faux en des matières capitales, et qui au fond ne s'accordent ni avec les protestans, ni avec nous, ni avec eux-mêmes. C'est la première réflexion que doivent faire les protestans.

CC.
Autre réflexion sur ce que des sectes si contraires se fondent toutes sur l'évidence de l'Ecriture.

La seconde n'est pas moins importante. Ils doivent considérer que toutes ces sectes si différentes entre elles, et si opposées à la fois tant à nous qu'aux protestans, conviennent avec eux du commun principe de se régler par les Ecritures, non pas comme l'Eglise les aura entendues de tout temps, car cette règle est très-véritable, mais comme chacun les pourra entendre par lui-même. Voilà ce qui a produit toutes les erreurs et toutes les contrariétés que nous avons vues. Sous le nom de l'Ecriture chacun a suivi sa pensée; et l'Ecriture prise en cette sorte, loin d'unir les esprits, les a divisés, et a fait adorer à chacun les illusions de son cœur sous le nom de la vérité éternelle.

CCI.
Dernière et plus im-

Mais il y a une dernière et beaucoup plus importante réflexion à faire sur toutes les choses qu'on vient de voir dans cette histoire

---

[1] *Philip.*, II, 2. — [2] Jur., *Avis aux Protest. de l'Europe*, à la tête des *Préj. légitimes*, p. 9.

abrégée des albigeois et des vaudois. On y découvre la raison pour laquelle le Saint-Esprit a inspiré à saint Paul cette prophétie : « L'Esprit dit expressément que dans les derniers temps, quelques-uns abandonneront la foi, en suivant des esprits d'erreur et des doctrines de démons; qui enseigneront le mensonge avec hypocrisie, et dont la conscience sera flétrie d'un cautère; qui défendront de se marier, et obligeront de s'abstenir des viandes que Dieu a créées pour être reçues avec action de graces par les fidèles et par ceux qui connoissent la vérité, parce que tout ce que Dieu a créé est bon ; et on ne doit rien rejeter de ce qui se mange avec action de graces, puisqu'il est sanctifié par la parole de Dieu et par la prière [1]. » Tous les saints Pères sont d'accord qu'il s'agit ici de la secte impie des marcionites et des manichéens qui enseignoient deux principes, et attribuoient au mauvais la création de l'univers; ce qui leur faisoit détester et la propagation du genre humain, et l'usage de beaucoup de nourritures qu'ils croyoient immondes et mauvaises par leur nature, comme l'ouvrage d'un créateur qui étoit lui-même impur et mauvais. Saint Paul désigne donc ces sectes maudites par deux pratiques si marquées : et sans parler d'abord du principe d'où on tiroit ces deux mauvaises conséquences, il s'attache à exprimer les deux caractères sensibles par lesquels nous avons vu que ces sectes infâmes ont été reconnues dans tous les temps.

portante réflexion sur l'accomplissement de la prédiction de S. Paul.

Mais encore que saint Paul n'exprime pas d'abord la cause profonde pour laquelle ces abuseurs défendoient l'usage de deux choses si naturelles, il la marque assez dans la suite, lorsqu'il dit pour combattre ces erreurs, que « tout ce que Dieu a créé est bon [2], » renversant par ce principe le détestable sentiment de ceux qui trouvoient de l'impureté dans l'œuvre de Dieu, et ensemble nous faisant voir que la racine du mal étoit de ne pas connoître la création et de blasphémer le Créateur. C'est aussi ce que saint Paul appelle en particulier, plus que toutes les autres doctrines, *des doctrines de démons* [3], parce qu'il n'y a rien de plus convenable à la jalousie de ces esprits séducteurs contre Dieu et contre les hommes, que d'attaquer la création, condamner les

CCII. La doctrine des deux principes marquée par S. Paul : pourquoi cette doctrine est appelée une doctrine de démons.

[1] I *Timoth.*, IV, 1-5. — [2] I *Timoth.*, IV, 4. — [3] *Ibid.*, 1.

œuvres de Dieu, blasphémer contre l'auteur de la loi et contre la loi elle-même, et souiller la nature humaine par toute sorte d'impuretés et d'illusions. Car c'est là ce que faisoit le manichéisme; et voilà une vraie doctrine de démons, surtout si on ajoute les enchantemens et les prestiges dont il est constant par tous les auteurs qu'on a si souvent usé dans cette secte. De détourner maintenant ce sens si simple et si naturel de saint Paul contre ceux qui reconnoissant et le mariage et toutes les viandes comme une institution et un ouvrage de Dieu, s'en abstiennent volontairement pour mortifier les sens et purifier l'esprit, c'est une illusion trop manifeste; et nous avons vu que les saints Pères s'en sont moqués avant nous. On voit donc très-clairement à qui saint Paul en vouloit, et on ne peut pas méconnoître ceux qu'il a si bien marqués par leurs propres caractères.

CCIII. Question: Pourquoi le Saint-Esprit, de toutes les hérésies, n'a prédit en particulier que le seul manichéisme. Caractères de cette hérésie. L'hypocrisie. L'esprit de mensonge. La conscience cautérisée

Pourquoi parmi tant d'hérésies le Saint-Esprit n'a voulu marquer expressément que celle-ci : les saints Pères en ont été étonnés et en ont rendu des raisons telles qu'ils l'ont pu en leur siècle. Mais le temps, fidèle interprète des prophéties, nous en a découvert la cause profonde; et on ne s'étonnera plus que le Saint-Esprit ait pris un soin si particulier de nous prémunir contre cette secte, après qu'on a vu que c'est celle qui a le plus longtemps et le plus dangereusement infecté le christianisme : le plus longtemps, par tant de siècles qu'on lui a vu occuper; et le plus dangereusement, parce que sans rompre avec éclat comme les autres, elle se tenoit cachée autant qu'il étoit possible dans l'Eglise même, et s'insinuoit sous les apparences de la même foi, du même culte et encore d'un extérieur étonnant de piété. C'est pourquoi l'apôtre saint Paul a marqué si expressément son *hypocrisie*. Jamais l'esprit de *mensonge*, que cet Apôtre remarque, n'a été plus justement attribué à aucune secte; parce qu'outre que celle-ci enseignoit comme les autres une fausse doctrine, elle excelloit au-dessus des autres à dissimuler sa croyance. Nous avons vu que ces malheureux avouoient tout ce qu'on vouloit : le mensonge ne leur coûtoit rien dans les choses les plus essentielles; ils n'épargnoient pas le parjure pour cacher leurs dogmes; la facilité qu'ils avoient à trahir leurs consciences y faisoit voir une certaine insensibilité, que saint Paul exprime admirablement par le *cautère*, qui rend les chairs insensibles en les mortifiant, comme le docte Théodoret l'a remarqué en ce lieu [1] : et je ne crois pas que jamais une prophétie ait pu être vérifiée par des caractères plus sensibles que celle-ci l'a été.

Il ne faut plus s'étonner pourquoi le Saint-Esprit a voulu que la prédiction de cette hérésie fût si particulière et si précise. C'étoit plus que toutes les autres hérésies l'erreur *des derniers temps*, comme l'appelle saint Paul [2], soit que nous prenions pour les derniers temps, selon le style de l'Ecriture, tous les temps de la loi nouvelle ; soit que nous prenions pour les derniers temps la fin des siècles, où *Satan* devoit *être déchaîné* de nouveau [3]. Dès le second et le troisième siècle l'Eglise a vu naître et Cerdon, et Marcion, et Manès, ces ennemis du Créateur. On trouve partout des semences de cette doctrine : on en trouve chez Tatien, qui condamnoit et le vin et le mariage, et qui dans sa *Concordance des Evangiles* avoit rayé tous les passages où il est porté que Jésus-Christ est sorti du sang de David [4]. Cent autres sectes infâmes avoient attaqué le Dieu des Juifs, mais avant Manès et Marcion ; et nous apprenons de Théodoret que ce dernier n'avoit fait que tourner d'une autre manière les impiétés de Simon le Magicien [5]. Ainsi cette erreur a commencé dès l'origine du christianisme : c'étoit le vrai *mystère d'iniquité* qui commençoit du temps de saint Paul [6] : mais le Saint-Esprit, qui prévoyoit que cette peste se devoit un jour déclarer d'une manière plus manifeste, l'a fait prédire à cet Apôtre avec une précision et une évidence étonnante. Marcion et Manès ont mis dans une plus grande évidence ce mystère d'iniquité : la détestable secte a toujours eu depuis ce temps-là sa suite funeste. Nous l'avons vu ; et jamais erreur n'avoit plus longtemps troublé l'Eglise, ni étendu plus loin ses branches. Mais lorsque par l'éminente doctrine de saint Augustin, et par les soins de saint Léon et de saint Gélase, elle fut éteinte dans tout l'Occident, et dans Rome même où elle avoit

CCIV.
Suite des raisons pourquoi le Saint-Esprit a marqué cette hérésie plutôt que les autres.

---

[1] *Comm. in hunc locum*, tom. III, p. 479. — [2] I *Timoth.*, IV. — [3] *Apoc.*, XX, 3, 7. — [4] Epiph., *Hær.* XLVI, p. 390, etc.; Theod., I *Hær.*, fab. 20. — [5] Theod., *ibid.*, cap. XXIV. — [6] II *Thess.*, II, 7.

tâché de s'établir, on voit enfin arriver le terme fatal *du déchaînement de Satan. Mille ans* après que *ce fort armé eut été lié* par Jésus-Christ venu au monde [1], l'esprit d'erreur revient plus que jamais; les restes du manichéisme trop bien conservés en Orient, se débordent sur l'Eglise latine. Qui nous empêche de regarder ces malheureux temps comme un des termes du déchaînement de Satan, sans préjudice des autres sens plus cachés? Si pour accomplir la prophétie il ne faut que *Gog et Magog* [2], nous trouverons dans l'Arménie près de Samosate, la province nommée Gogarène où demeuroient les pauliciens, et nous trouverons Magog dans les Scythes dont les Bulgares sont sortis [3]. C'est de là que sont venus ces ennemis innombrables *de la cité sainte* [4], par qui l'Italie est attaquée la première. Le mal est porté en un instant jusqu'à l'extrémité du Nord : une étincelle allume un grand feu; l'embrasement s'étend presque par toute la terre. On y découvre partout le venin caché; avec le manichéisme, l'arianisme et toutes les hérésies reviennent sous cent noms bizarres et inouïs. A peine put-on éteindre ce feu durant trois à quatre cents ans, et on en voyoit encore des restes au quinzième siècle.

CCV. Comment les vaudois sont sortis des albigeois manichéens.

Après qu'il n'en resta plus que la cendre, le mal ne finit pas pour cela. Satan avoit mis dans la secte impie de quoi renouveler l'incendie d'une manière plus dangereuse que jamais. La discipline ecclésiastique s'étoit relâchée par toute la terre; les désordres et les abus portés jusqu'aux environs de l'autel faisoient gémir les bons, les humilioient, les pressoient à se rendre encore meilleurs : mais ils firent un autre effet dans les esprits aigres et superbes. L'Eglise romaine, la Mère et le lien des Eglises, devint l'objet de la haine de tous les esprits indociles : des satyres envenimées animent le monde contre le clergé; l'hypocrite manichéen en fait retentir tout l'univers, et donne le nom d'Antechrist à l'Eglise romaine : car c'est alors qu'est née cette pensée, parmi les ordures du manichéisme et au milieu des précurseurs de l'Antechrist même. Ces impies s'imaginent paroître plus saints, en disant qu'il faut être saint pour administrer les sacremens. L'igno-

[1] *Apoc.,* xx, 2, 3, 7; *Matth.,* xii, 29; *Luc.,* xi, 21, 22. — [2] *Apoc.,* xx, 7, 8. — [3] Boch. *Phal.,* lib. III, 13. — [4] *Apoc.,* ibid.

rant vaudois avale ce poison. On ne veut plus recevoir les sacremens par des ministres odieux et décriés : *le filet se rompt* [1] de tous côtés, et les schismes se multiplient. Satan n'a plus besoin du manichéisme : la haine contre l'Eglise s'est répandue. La damnable secte a laissé une engeance semblable à elle, et un principe de schisme trop fécond. N'importe que les hérétiques n'aient pas la même doctrine; l'aigreur et la haine les dominent, et les réunissent contre l'Eglise; c'en est assez. Le vaudois ne croit pas comme l'albigeois; mais comme l'albigeois il hait l'Eglise, et se publie le seul saint, le seul ministre des sacremens. Viclef ne croit pas comme les vaudois; mais Viclef publie comme les vaudois que le Pape et tout son clergé est déchu de toute autorité par ses déréglemens. Jean Hus ne croit pas comme Viclef, quoiqu'il l'admire : ce qu'il en admire le plus, et ce qu'il en suit presque uniquement, c'est que les crimes font perdre l'autorité. Ces petits bohémiens prirent cet esprit, comme on a vu; et ils le firent paroître principalement, lorsqu'ils osèrent, une poignée d'hommes ignorans, rebaptiser toute la terre.

CCVI. Comment Luther et Calvin sont sortis des albigeois et des vaudois.

Mais une plus grande apostasie se préparoit par le moyen de ces sectes. Le monde rempli d'aigreur enfante Luther et Calvin, qui cantonnent la chrétienté : les tours sont différens, mais le fonds est le même : c'est toujours la haine contre le clergé et contre l'Eglise romaine, et nul homme de bonne foi ne peut nier que ce n'ait là été la cause visible de leur progrès étonnant. Il falloit se réformer : qui ne le reconnoît? Mais il étoit encore plus nécessaire de ne pas rompre. Ceux qui prêchoient la rupture, étoient-ils meilleurs que les autres? Ils en faisoient le semblant; et c'étoit assez pour tromper et « gagner comme la gangrène, » selon l'expression de saint Paul [2]. Le monde vouloit condamner et rejeter ses conducteurs : cela s'appelle *Réforme*. Un nom spécieux éblouit les peuples; et pour exciter la haine, on n'épargne pas la calomnie : ainsi notre doctrine est défigurée; on la hait devant que de la connoître.

CCVII. Les églises protestan-

Avec de nouvelles doctrines on bâtit de nouveaux corps d'églises. Les luthériens et les calvinistes font les deux plus grands :

[1] *Luc.*, v, 6. — [2] II *Timoth.*, II, 17.

mais ils ne peuvent trouver dans toute la terre une seule église qui croie comme eux, ni d'où ils puissent tirer une mission ordinaire et légitime. Les vaudois et les albigeois, que quelques-uns nous allèguent, ne servent de rien. Nous venons de les faire voir de purs laïques, aussi embarrassés de leur envoi et de leur titre que ceux qui ont recours à eux. On sait que ces hérétiques toulousains ne sont jamais parvenus jusqu'à tromper aucun prêtre. Les prédicateurs des vaudois sont des marchands, des gens de métier, des femmes même. Les bohémiens n'ont pas une meilleure origine; et comme nous l'avons prouvé lorsque les protestans nous allèguent toutes ces sectes, ce n'est pas leurs auteurs qu'ils nous nomment, mais leurs complices.

CCVIII. *Elles y trouvent encore moins la succession dans la doctrine.*

Mais peut-être que s'ils ne trouvent pas dans ces sectes la suite des personnes, ils y trouveront la suite de la doctrine? Encore moins: semblables par certains endroits aux hussites, par d'autres aux vaudois, par d'autres aux albigeois et aux autres sectes, ils les démentent en d'autres articles : ainsi sans rencontrer rien qui soit uniforme, et prenant de côté et d'autre ce qui paroît les accommoder, sans suite, sans unité, sans prédécesseurs véritables, ils remontent le plus haut qu'ils peuvent. Ils ne sont pas les premiers à rejeter les honneurs des Saints, ni les oblations pour les morts : ils trouvent avant eux des corps d'église de cette même croyance sur ces deux points. Les bohémiens les recevoient : mais on a vu que ces bohémiens cherchèrent en vain des associés sur la terre. Quoi qu'il en soit, voilà une église devant Luther : c'est quelque chose à qui n'a rien. Mais après tout, cette église qui est devant Luther n'est que cinquante ans devant : il faudroit tâcher d'aller plus haut : on trouvera les vaudois, et un peu plus haut les manichéens de Toulouse. On trouvera au quatrième siècle les manichéens d'Afrique contraires au culte des Saints : un seul Vigilance les suit dans ce seul point : mais on ne trouvera point plus haut d'auteur certain, et c'est de quoi il s'agit. On ira un peu plus loin sur l'oblation pour les morts. Le prêtre Aërius paroîtra, mais seul et sans suite, arien de plus : c'est tout ce qu'on trouvera de positif; tout ce qu'on alléguera au-dessus sera visiblement allégué en l'air. Mais voyons ce qu'on trouvera sur la présence réelle, et souvenons-nous qu'il s'agit de faits positifs et constans. Carlostad n'est pas le premier qui a soutenu que le pain n'est pas fait le corps : Bérenger l'avoit déjà dit quatre cents ans auparavant dans l'onzième siècle. Mais Bérenger n'est pas le premier : ces manichéens d'Orléans venoient de le dire ; et le monde étoit plein encore du bruit de leur mauvaise doctrine, quand Bérenger en recueillit cette petite partie. Plus haut je trouve bien des prétentions et des procès qu'on nous fait sur cette matière, mais non pas des faits avérés et positifs.

Au reste les sociniens ont une suite plus manifeste : en prenant un mot d'un côté et un mot de l'autre, ils nommeront dans tous les siècles des ennemis déclarés de la divinité de Jésus-Christ, et à la fin ils trouveront Cérinthus sous les apôtres. Ils n'en seront pas mieux fondés pour avoir trouvé quelque chose de semblable parmi tant de témoins discordans d'ailleurs, puisqu'au fond la suite leur manque avec l'uniformité. A le prendre de cette sorte, c'est-à-dire en composant chacun son église de tout ce qu'on trouvera de conforme à ses sentimens deçà et delà, sans aucune liaison, rien n'empêche, comme on l'aura pu remarquer, que de toutes les sectes qu'on voit aujourd'hui et de toutes celles qu'on verra jamais, on ne remonte jusqu'à Simon le Magicien, et jusqu'à ce *mystère d'iniquité* qui commençoit du temps de saint Paul [1].

CCIX. Quelle succession ont les hérétiques.

[1] II *Thess.*, II, 7.

LIVRE XII.

Depuis 1571 jusqu'à 1579, et depuis 1603 jusqu'à 1615.

SOMMAIRE.

En France même les églises de la Réforme troublées du mot de substance. Il est maintenu comme établi selon la parole de Dieu dans un synode, et dans l'autre réduit à rien en faveur des Suisses, qui se fâchoient de la décision. Foi pour la France, et foi pour la Suisse. Assemblée de Francfort, et projet de nouvelle confession de foi pour tout le second parti des protestans; ce qu'on y vouloit supprimer en faveur des luthériens. Détestation de la présence réelle, établie et supprimée en même temps. L'affaire de Piscator, et décision doctrinale de quatre synodes nationaux réduite à rien. Principes des calvinistes, et démonstrations qu'on en tire en notre faveur. Propositions de Dumoulin reçues au synode d'Ay. Rien de solide ni de sérieux dans la Réforme.

I. Plusieurs églises prétendues réformées de France veulent changer l'article de la Cène dans la confession de foi. 1571.

L'union de Sendomir n'eut son effet qu'en Pologne. En Suisse les zuingliens demeurèrent fermes à rejeter les équivoques. Déjà les François commençoient à entrer dans leurs sentimens. Plusieurs soutenoient ouvertement qu'il falloit rejeter le mot de *substance*, et changer l'article XXXVI de la Confession de foi présentée à Charles IX, où la Cène étoit expliquée. Ce n'étoit pas des particuliers qui faisoient cette dangereuse proposition, mais les églises entières, et encore les principales églises, celles de l'Isle de France et de Brie, celle de Paris, celle de Meaux, où l'exercice du calvinisme avoit commencé, et les voisines. Ces églises vouloient changer un article si considérable de la confession de foi que dix ans auparavant on avoit donnée comme n'enseignant autre chose que la pure parole de Dieu : c'eût été trop décrier le nouveau parti. Le synode de la Rochelle, où Bèze fut président, résolut de condamner ces réformateurs de la Réforme en 1571.

II. Le synode national les condamne. Décision de ce synode pleine d'embarras.

C'étoit le cas de parler précisément. La contestation étant émue et les parties étant présentes, il n'y avoit qu'à trancher en peu de mots : mais ce n'est que les idées nettes qui produisent la brièveté. Voici donc de mot à mot comme on parla; et je demande seulement qu'il me soit permis de diviser le décret en plusieurs parties, et de le réciter comme à trois reprises.

On commence par rejeter ce qui est mauvais, et on le fait assez bien. Poser, ce sera la grande peine ; mais lisons : « Sur le xxxvi° article de la Confession de foy, les députez de l'Isle de France représentèrent qu'il seroit besoin d'expliquer cét article, en ce qu'il parle de la participation de la substance de Jésus-Christ. Aprés une assez longue conférence, le synode approuvant l'article xxxvi, *rejette l'opinion* de ceux qui ne veulent recevoir le mot de *substance,* par lequel mot on n'entend aucune confusion, commixtion ou conjonction qui soit d'une façon charnelle ni autrement naturelle, mais une conjonction vraye, très-étroite et d'une façon spirituelle, par laquelle Jésus-Christ luy-mesme est tellement fait nostre, et nous siens, qu'il n'y a aucune conjonction de corps ni naturelle ni artificielle qui soit tant étroite ; laquelle ne tend point à cette fin toutefois que de sa substance et personne, jointe avec nos substances et personnes, soit composée quelque troisiéme personne et substance, mais seulement à ce *que sa vertu et tout ce qui est en luy requis à nostre salut nous soit par ce moyen plus étroitement donné et communiqué,* ne consentant avec ceux qui nous disent que nous nous joignons avec *tous ses merites et dons et avec son esprit* seulement, sans que luy-mesme soit nostre. » Voilà bien des paroles sans rien dire. Ce n'est pas une commixtion charnelle ni naturelle : qui ne le sait pas? Elle n'a rien de commun avec les mélanges vulgaires : la fin en est divine ; la manière en est toute céleste, et en ce sens spirituelle : qui en doute ? Mais quelqu'un a-t-il jamais seulement songé que de la substance de Jésus-Christ unie à la nôtre il s'en fît une troisième personne, une troisième substance ? Il ne faut point tant perdre de temps à rejeter ces prodiges qui ne sont jamais entrés dans aucun esprit.

C'est quelque chose de rejeter ceux qui ne veulent participer qu'aux mérites de Jésus-Christ, à ses dons et à son esprit, sans que lui-même se donne à nous : il ne faudroit qu'ajouter qu'il se donne à nous en la propre et naturelle substance de sa chair et de son sang ; car c'est de quoi il s'agit, c'est ce qu'il faut expliquer. Les catholiques le font très-nettement ; car ils disent que Jésus-Christ en prononçant : « Ceci est mon corps ; » le même « qui a été

III. Vains efforts du synode pour trouver la substance du corps et du sang dans la doctrine des églises prétendues réformé livré pour vous. Ceci est mon sang, » le même « qui a été répandu pour vous [1], » en désigne non la figure, mais la substance, laquelle en disant : *Prenez,* il rend toute nôtre, n'y ayant rien qui soit plus à nous que ce qui nous est donné de cette sorte. Cela parle, cela s'entend. Au lieu de s'expliquer ainsi nettement et précisément, nous allons voir nos ministres se perdre en vagues discours, et entasser passages sur passages sans rien conclure. Reprenons où nous avons fini; voici ce qui se présente : « Ne consentant, poursuivent-ils, avec ceux qui disent que nous nous joignons avec ses mérites et avec ses dons et son esprit seulement, ains admirant avec l'Apostre, *Eph.*, v, ce secret supernaturel et incompréhensible à nostre raison, nous croyons que nous sommes faits participans du corps livré pour nous et du sang répandu pour nous; que nous sommes *chair de sa chair, et os de ses os,* et le recevons avec tous ses dons avec luy par foy engendré en nous par l'efficace et vertu incompréhensible du Saint-Esprit; en entendant ainsi ce qui est dit : « Qui mange la chair et boit le sang a la vie éternelle; » *item :* « Christ est le sep et nous les sarmens, » et qu'il nous fait « demeurer en luy afin de porter fruit, » et que nous sommes « membres de son corps, de sa chair et de ses os. » » On craint assurément d'être entendu, ou plutôt on ne s'entend pas soi-même quand on se charge de tant de paroles inutiles, de tant de phrases enveloppées, de tant de passages confusément entassés. Car enfin ce qu'il faut montrer, c'est le tort qu'ont ceux qui ne voulant reconnoître dans l'Eucharistie que la communication des mérites et de l'esprit de Jésus-Christ, rejettent de ce mystère « la propre substance de son corps et de son sang. » Or c'est ce qui ne paroît dans aucun de ces passages entassés. Ces passages concluent seulement que nous recevons quelque chose découlée de Jésus-Christ pour nous vivifier, comme les membres reçoivent du chef l'esprit qui les anime; mais ne concluent nullement que nous recevions la propre substance de son corps et de son sang. Il n'y a aucun de ces passages, à la réserve d'un seul, c'est-à-dire celui de saint Jean, vi, qui regarde l'Eucharistie; et encore celui de saint Jean, vi, ne la regarde-t-il pas, si nous en croyons les calvinistes. Et si ce passage bien

[1] *Matth.*, XXVI, 26, 28; *Luc.*, XXII, 19, 20; 1 *Cor.*, XI, 24.

entendu montre en effet dans l'Eucharistie la propre substance de la chair et du sang de Jésus-Christ, il ne la montre plus de la manière qu'il est ici employé par les ministres, puisque tout leur discours se réduit enfin à dire « que nous recevons Jésus-Christ avec tous ses dons avec luy par foy engendré en nous. Or Jésus-Christ *par foy engendré en nous* n'est rien moins que Jésus-Christ uni à nous en la propre et véritable substance de sa chair et de son sang, la première de ces unions n'étant que morale, faite par de pieuses affections de l'ame; et la seconde étant physique, réelle et immédiate de corps à corps et de substance à substance : ainsi ce grand synode n'explique rien moins que ce qu'il veut expliquer.

Je remarque dans ce décret que les calvinistes ayant entrepris d'expliquer le mystère de l'Eucharistie, et dans ce mystère la propre substance du corps et du sang de Jésus-Christ qui en est le fond, nous allèguent toute autre chose que les paroles de l'institution : « Ceci est mon corps, ceci est mon sang; » car ils sentent bien qu'en disant que ces mots emportent la propre substance du corps et du sang, c'est faire clairement paroître que le dessein de Notre-Seigneur a été d'exprimer le corps et le sang, non point en figure ni même en vertu, mais en effet, en vérité et en substance. Ainsi cette substance sera, non-seulement par la foi dans l'esprit et dans la pensée du fidèle, mais en effet et en vérité sous les espèces sacramentelles où Jésus-Christ la désigne, et par là même dans nos corps où il nous est ordonné de la recevoir, afin qu'en toutes manières nous jouissions de notre Sauveur et participions à notre victime.

IV.
Erreur du synode, qui cherche le mystère de l'Eucharistie, sans en produire l'institution.

Au reste comme le décret n'avoit allégué aucun passage qui établît la propre substance dont il étoit question, mais plutôt qu'il l'avoit exclue en ne montrant Jésus-Christ uni que *par foy*, on revient enfin à la substance par les paroles suivantes : « Et de fait, ainsi que nous tirons nostre mort du premier Adam en tant que nous participons à sa substance; ainsi faut-il que nous participions vraiment au second Adam Jésus-Christ afin d'en tirer nostre vie. Partant seront tous pasteurs, et généralement tous fidèles exhortez à ne donner aucun lieu aux opinions contraires à ce que dessus, qui a fondement *exprés en la parole de Dieu*. »

V.
Raison du synode pour établir la substance. On conclut que l'autre opinion est contraire à la parole de Dieu.

TOM. XIV.

VI.
Le synode dit plus qu'il ne veut.

Les saints Pères se sont servis de cette comparaison d'Adam pour montrer que Jésus-Christ devoit être en nous autrement que par foi ou par affection, ou moralement : car ce n'est point seulement par affection et par la pensée qu'Adam et les parens sont dans leurs enfans; c'est par la communication du même sang et de la même substance : et c'est pourquoi l'union que nous avons avec nos parens, et par leur moyen avec Adam d'où nous sommes tous descendus, n'est pas seulement morale, mais physique et substantielle. Les Pères ont conclu de là que le nouvel Adam devoit être en nous d'une manière aussi physique et aussi substantielle, afin que nous pussions tirer de lui l'immortalité, comme nous tirons la mortalité de notre premier père. C'est aussi ce qu'ils ont trouvé, et bien plus abondamment dans l'Eucharistie que dans la génération ordinaire, puisque ce n'est pas une portion du sang et de la substance, mais que c'est toute la substance et tout le sang de Notre-Seigneur Jésus-Christ qui nous y est communiqué. Dire maintenant avec les ministres que cette communication se fasse simplement par foi, c'est non-seulement affoiblir la comparaison, mais encore anéantir le mystère; c'est en ôter la substance; et au lieu qu'elle se trouve plus abondamment en Jésus-Christ qu'en Adam, c'est faire qu'elle s'y trouve beaucoup moins, ou plutôt point du tout.

VII.
Il s'agissoit d'un point de doctrine.

C'est ainsi que nos docteurs s'embarrassent, et que plus ils font d'efforts pour s'expliquer, plus ils jettent d'obscurité dans les esprits. Cependant à travers ces obscurités on démêle clairement que parmi les défenseurs du sens figuré, il y avoit à la vérité une opinion qui ne vouloit dans l'Eucharistie que les dons et les mérites de Jésus-Christ ou tout au plus son esprit, et non pas la propre substance de sa chair et de son sang; mais que cette opinion étoit expressément contraire à la parole de Dieu, et ne devoit trouver aucun lieu parmi les fidèles.

VIII.
Les Suisses se croient condamnés dans cette décision.

Il n'est pas malaisé de deviner qui étoient les défenseurs de cette opinion : c'étoient les Suisses disciples de Zuingle, et les François qui en approuvant leur sentiment, vouloient faire réformer l'article. C'est pourquoi on entendit aussitôt les plaintes des Suisses, qui crurent voir leur condamnation dans le synode de la

Rochelle, et la fraternité rompue, puisque malgré le tour de douceur qu'on prenoit dans le décret, leur doctrine au fond étoit rejetée comme contraire à la parole de Dieu, avec expresse exhortation à n'y donner aucun lieu parmi les pasteurs et les fidèles.

Ils écrivirent à Bèze dans cet esprit [1], et la réponse qu'on leur fit fut surprenante. Bèze eut ordre de leur écrire que le décret du synode de la Rochelle ne les regardoit pas, mais seulement certains François; de sorte qu'il y avoit une confession de foi pour la France, et une autre pour la Suisse, comme si la foi varioit selon les pays, et qu'il ne fût pas aussi véritable qu'en Jésus-Christ il n'y a ni Suisse, ni François, qu'il est véritable, selon saint Paul, qu'il n'y a « ni Scythe, ni Grec [2]. » Au surplus Bèze ajoutoit, pour contenter les Suisses, que « les Eglises de France détestoient la présence substantielle et charnelle, » avec les monstres de la transsubstantiation et de la consubstantiation. Voilà donc en passant, les luthériens aussi maltraités que les catholiques, et leur doctrine regardée comme également monstrueuse, mais c'est en écrivant aux Suisses : nous avons vu qu'on sait s'adoucir quand on écrit aux luthériens, et que la consubstantiation est épargnée.

IX. Le synode leur fait répondre par Bèze, que cette doctrine n'est que pour la France. Les luthériens, aussi bien que les catholiques, détestés comme défenseurs d'une opinion monstrueuse.

Les Suisses ne se payèrent pas de ces subtilités du synode de la Rochelle, et ils virent bien qu'on les attaquoit sous le nom de ces François. Bullinger ministre de Zurich, qui eut ordre de répondre à Bèze, lui sut bien dire que c'étoit eux en effet que l'on avoit condamnés : « Vous condamnez, répondit-il, ceux qui rejettent le mot de propre substance ; et qui ne sait que nous sommes de ce nombre ? » Ce que Bèze avoit ajouté contre la présence charnelle et substantielle n'ôtoit pas la difficulté ; Bullinger savoit assez que les catholiques aussi bien que les luthériens se plaignent qu'on leur attribue une présence charnelle à quoi ils ne pensent pas, et d'ailleurs il ne savoit ce que c'étoit de recevoir en substance ce qui n'est pas substantiellement présent : ainsi ne comprenant rien dans les raffinemens de Bèze, ni dans sa substance unie sans être présente, il lui répondit « qu'il falloit parler nettement en matière de foi, pour ne point réduire les simples à ne savoir plus que croire ; » d'où il conclut, « qu'il falloit adoucir

X. Les Suisses ne se contentent pas de la réponse de Bèze, et se tiennent toujours pour condamnés.

---

[1] Hospin., 1571, p. 344. — [2] *Coloss.*, III, 11. — [3] Hospin., *ibid.*

le décret, » et ne proposa que ce seul moyen d'acommodement.

XI. Il fallut enfin changer le décret, et réduire à rien la substance. 1572.

Il y fallut enfin venir; et l'année suivante, dans le synode de Nîmes, on réduisit la substance à si peu de chose, qu'il eût autant valu la supprimer tout à fait. Au lieu qu'au synode de la Rochelle il s'agissoit de réprimer *une opinion* contraire à ce qui avoit *fondement exprès en la parole de Dieu,* on tâche d'insinuer qu'il ne s'agit que d'un mot. On efface du décret de la Rochelle ces mots qui en faisoient tout le fort : « Le synode rejette l'opinion de ceux qui ne veulent recevoir le mot de *substance.* » On déclare qu'on ne veut point préjudicier aux étrangers; et on a tant de complaisance pour eux, que ces grands mots de *propre substance du corps et du sang de Jésus-Christ* tant affectés par Calvin, tant soutenus par ses disciples, si soigneusement conservés au synode de la Rochelle et à la fin réduits à rien par nos réformés, ne paroissent plus dans leur confession de foi que pour être un monument de l'impression de réalité et de substance que les paroles de Jésus-Christ avoient faites naturellement dans l'esprit de leurs auteurs et dans celui de Calvin même.

XII. Réflexion sur cet affoiblissement de la première doctrine.

Cependant s'ils veulent penser à ces affoiblissemens de leur première doctrine, ils y pourront remarquer comment l'esprit de séduction les a surpris. Leurs pères ne se seroient pas aisément privés de la substance du corps et du sang de Jésus-Christ. Accoutumés dans l'Eglise à cette douce présence du corps et du sang de leur Sauveur, qui est le gage d'un amour immense, on ne les auroit pas aisément réduits à des ombres et à des figures, ni à une simple vertu découlée de ce corps et de ce sang. Calvin leur avoit promis quelque chose de plus. Ils s'étoient laissés attirer par une idée de réalité et de substance continuellement inculquée dans ses livres, dans ses sermons, dans ses commentaires, dans ses confessions de foi, dans ses catéchismes : fausse idée, je le confesse, puisqu'elle y étoit en paroles seulement, et non en effet; mais enfin cette belle idée les avoit charmés; et ne croyant rien perdre de ce qu'ils avoient dans l'Eglise, ils n'ont pas craint de la quitter. Maintenant que Zuingle a pris le dessus de l'aveu de leurs synodes, et que les grands mots de Calvin demeurent visiblement sans force et sans aucun sens, que ne reviennent-ils de leur erreur, et que ne cherchent-ils dans l'Eglise la réelle possession dont on les avoit flattés ?

Les Suisses zuingliens furent apaisés par l'explication du synode de Nîmes : mais le fond de la division subsistoit toujours. Tant de différentes confessions de foi en étoient une marque trop convaincante pour pouvoir être dissimulée. Cependant les François, et les Suisses, et les Anglois, et les Polonois avoient la leur, que chacun gardoit sans prendre celle des autres; et leur union sembloit plus tenir de la politique que d'une concorde sincère.

XIII. Les diverses confessions de foi marquent la désunion du parti.

On a souvent cherché des remèdes à cet inconvénient, mais en vain. En 1577 il se tint une assemblée à Francfort, où se trouvèrent les ambassadeurs de la reine Elisabeth, avec des députés de France, de Pologne, de Hongrie et des Pays-Bas. Le comte palatin Jean Casimir, qui l'année précédente avoit amené en France un si grand secours à nos réformés, procura cette assemblée [1]. Tout le parti qui défendoit le sens figuré, dont ce prince étoit lui-même, y étoit assemblé, à la réserve des Suisses et des Bohémiens. Mais ceux-ci avoient envoyé leur déclaration, par laquelle ils se soumettoient à ce qui seroit résolu : et pour les Suisses, le Palatin fit déclarer par son ambassadeur qu'il s'en tenoit assuré. Le dessein de cette assemblée, comme il paroît tant par le discours du député lorsqu'il en fit l'ouverture, que par le consentement unanime de tous les autres députés, étoit de dresser une commune confession de foi de ces églises [2]; et la raison qui avoit porté le Palatin à faire cette proposition, c'est que les luthériens d'Allemagne, après avoir fait ce fameux livre de la *Concorde* dont nous avons souvent parlé, devoient tenir une assemblée à Magdebourg, pour y prononcer d'un commun accord l'approbation de ce livre, et à la fois la condamnation de tous ceux qui ne voudroient pas y souscrire; en sorte qu'étant déclarés hérétiques, ils fussent exclus de la tolérance que l'Empire avoit accordée sur le sujet de la religion. Par ce moyen tous les défenseurs du sens figuré étoient proscrits, et le monstre de l'ubiquité soutenu dans ce livre étoit établi. Il étoit de l'intérêt de ces églises que l'on vouloit condamner, de paroître alors nombreuses, puissantes et unies. On les décrioit comme

XIV. L'assemblée de Francfort où on tâche de faire convenir les défenseurs du sens figuré d'une commune confession de foi. 1577.

[1] *Act. auth.* Blond., p. 59. — [2] *Ibid.*, p. 60.

ayant chacune leur confession de foi particulière; et les luthériens réunis sous le nom commun de la *Confession d'Augsbourg,* se portoient aisément à proscrire un parti que sa désunion faisoit mépriser.

XV. On veut comprendre les luthériens dans cette commune confession de foi.
On y couvroit néanmoins le mieux qu'on pouvoit un si grand mal par des paroles spécieuses; et le député palatin disoit que toutes ces confessions de foi, « conformes dans la doctrine, ne différoient que dans la méthode et dans la manière de parler. » Mais il savoit bien le contraire, et les différences n'étoient que trop réelles pour ces églises. Quoi qu'il en soit, il leur importoit, pour arrêter les luthériens, de leur faire voir leur union par une confession de foi aussi reçue entre eux tous que l'étoit celle d'Augsbourg dans le parti luthérien. Mais on avoit un dessein encore plus général : car en faisant cette nouvelle confession de foi commune aux défenseurs du sens figuré, on vouloit chercher des expressions dont les luthériens défenseurs du sens littéral pussent convenir, et faire par ce moyen un même corps de tout le parti qui se disoit réformé. Les députés n'avoient point de meilleur moyen d'empêcher la condamnation dont le parti luthérien les menaçoit. C'est pourquoi le décret qu'ils firent sur cette « commune confession de foi » fut tourné de cette sorte : « Qu'il la falloit faire, et la faire claire, pleine et solide, avec une claire et briève réfutation de toutes les hérésies de ce temps en tempérant néanmoins tellement le style, qu'on attirast plûtost que d'aigrir ceux qui confessent purement la *Confession d'Augsbourg,* autant que la vérité le pourroit permettre [1]. »

XVI. Qualités de cette nouvelle confession de foi. Députés nommés pour la dresser.
La faire claire, la faire pleine, la faire solide cette confession de foi, avec une claire et courte réfutation de toutes les hérésies de ce temps, c'étoit une grande affaire; de beaux mots, mais une chose bien difficile, pour ne pas dire impossible, parmi des gens dont les sentimens étoient si divers : surtout pour n'irriter pas davantage les luthériens si zélés défenseurs du sens littéral, il falloit passer bien légèrement sur la présence réelle, et sur les autres articles si souvent marqués. On nomma des théologiens « bien instruits des maux de l'Eglise, » c'est-à-dire des divisions

[1] *Act. auth.* Blond., p. 62.

de la Réforme, et des confessions de foi qui la partageoient. Rodolphe Gaultier et Théodore de Bèze, ministres l'un de Zurich et l'autre de Genève « devoient mettre la dernière main à l'ouvrage, » qu'on devoit ensuite envoyer « à toutes les églises pour estre leû, éxaminé, corrigé et augmenté comme on le trouveroit à propos. »

Pour préparer un ouvrage d'un si grand raffinement, et empêcher la condamnation que les luthériens alloient faire éclore, on résolut d'écrire au nom de toute l'assemblée une lettre qui fût capable de les adoucir. On leur dit donc « que cette assemblée avoit esté convoquée de plusieurs endroits du monde chrétien, pour s'opposer aux entreprises du Pape, aprés les avis qu'on avoit eûs qu'il réunissoit contre eux les plus puissans princes de la chrétienté ; » c'étoit à dire l'Empereur, le roi de France, et le roi d'Espagne ; « mais que ce qui les avoit le plus affligez estoit que quelques princes d'Allemagne, qui invoquent, disoient-ils, le mesme Dieu que nous, » comme si les catholiques en avoient un autre, « et détestoient avec nous la tyrannie de l'Antechrist romain, se préparoient à condamner la doctrine de leurs églises ; et qu'ainsi parmi les malheurs qui les accabloient, ils se voyoient attaquez par ceux dont la vertu et la sagesse faisoit la meilleure partie de leur espérance. »

<small>XVII. Lettre écrite aux luthériens par l'assemblée de Francfort.</small>

Ensuite ils représentoient à ceux de la Confession d'Augsbourg, que le Pape en ruinant les autres églises ne les épargneroit pas : « car comment, poursuivent-ils, haïroit-il moins ceux qui les premiers luy ont donné le coup mortel ? » c'est-à-dire, les luthériens qu'ils mettent par ce moyen à la tête de tout le parti. Ils proposent un concile libre pour s'unir entre eux, et s'opposer à l'ennemi commun. Enfin après s'être plaints qu'on les vouloit condamner sans les ouïr, ils disent que la controverse qui les divise le plus d'avec ceux de la Confession d'Augsbourg, c'est-à-dire celle de la Cène et de la présence réelle, n'a pas tant de difficulté qu'on s'imagine, et qu'on leur fait tort en les accusant de rejeter la *Confession d'Augsbourg*. Mais ils ajoutent qu'elle avoit besoin d'explication en quelques endroits, et que Luther même et Mélanchthon y avoient fait quelques corrections ; par où ils en-

<small>XVIII. L'assemblée diminue la difficulté de la présence réelle.</small>

tendent manifestement ces diverses éditions où l'on a fait les changemens que nous avons vus durant la vie de Luther et de Mélanchthon.

XIX. Consentement du synode de Sainte-Foi à la nouvelle confession de foi. 1578.

L'année suivante les calvinistes de France tinrent leur synode national de Sainte-Foi, où ils donnèrent pouvoir de changer la Confession de foi qu'ils avoient si solennellement présentée à nos rois, et qu'ils se glorifioient de soutenir jusqu'à répandre tout leur sang. Le décret en est mémorable : il y est porté « qu'après avoir veü les instructions de l'assemblée tenüe à Francfort par le moyen du duc Jean Casimir, *ils entrent dans le dessein* de lier en une sainte union de pure doctrine toutes les églises *réformées de la chrétienté,* dont certains théologiens protestans vouloient condamner la plus grande et saine partie; et approuvent le dessein de faire et dresser un formulaire de Confession de foy commune à toutes les églises, aussi bien que l'invitation faite nommément aux églises de ce royaume, pour envoyer au lieu assigné gens bien approuvez et autorisez avec ample procuration, pour traiter, accorder et décider de tous les points de la doctrine et autres choses concernant l'union, repos, et conservation de l'Eglise et du pur service de Dieu. » En exécution de ce projet ils nomment quatre députés pour dresser cette commune confession de foi, mais avec un pouvoir beaucoup plus ample que celui qu'on leur avoit demandé dans l'assemblée de Francfort. Car au lieu que cette assemblée, qui n'avoit pu croire que les églises pussent convenir d'une confession de foi sans la voir, avoit ordonné qu'après qu'elle auroit été composée par certains ministres et limée par d'autres, elle seroit envoyée à toutes les églises pour l'examiner et corriger : ce synode facile au delà de tout ce qu'on avoit pu imaginer, non-seulement « donne charge expresse » à ces quatre députés « de se trouver au lieu et jour assigné, avec amples procurations tant des ministres qu'en particulier de monseigneur le vicomte de Turenne; » mais y ajoute de plus, « qu'en cas mesme qu'on n'eust le moyen d'éxaminer par toutes les provinces cette confession de foy, on se remet à leur prudence et sain jugement pour accorder et conclure tous les points qui seront mis en délibération, soit pour la doctrine, ou autres choses concernant le bien, union et repos de toutes les églises ¹. »

Voilà donc manifestement, par l'autorité de tout un synode national, la foi des églises prétendues de France entre les mains de quatre ministres et de M. de Turenne, avec pouvoir d'en régler ce qu'il leur plairoit; et ceux qui ne veulent pas qu'on puisse s'en rapporter à toute l'Eglise dans les moindres points de la foi, s'en rapportent à leurs députés.

<small>XX. La foi entre les mains de quatre ministres et de M. de Turenne.</small>

On s'étonnera peut-être de voir M. de Turenne nommé entre ces docteurs : mais c'est que « ce bien, union et repos de toutes les églises, » pour lequel on faisoit la députation, disoit beaucoup plus qu'il ne paroissoit d'abord. Car le duc Jean Casimir et Henri de la Tour vicomte de Turenne, qu'on députe avec les ministres, songeoient à établir ce repos par autre chose que par des discours et des confessions de foi : mais elles entroient nécessairement dans la négociation; et l'expérience avoit fait voir qu'on ne pouvoit liguer comme il faut ces églises nouvellement réformées, sans auparavant convenir dans la doctrine. Toute la France étoit embrasée de guerres civiles; et le vicomte de Turenne jeune alors, mais plein d'esprit et de valeur, que le malheur des temps avoit entraîné dans le parti depuis deux ou trois ans seulement, s'y étoit donné d'abord tant d'autorité, moins encore par son illustre naissance qui le lioit aux plus grandes maisons du royaume que par sa haute capacité et par sa valeur, qu'il étoit déjà lieutenant du roi de Navarre depuis Henri IV. Un homme de ce génie entra aisément dans le dessein de réunir tous les protestans : mais Dieu ne permit pas qu'il en vînt à bout. On trouva les luthériens intraitables; et les confessions de foi, malgré la résolution qu'on avoit prise unanimement de les changer toutes, subsistèrent comme contenant la pure parole de Dieu, à laquelle il n'est permis ni d'ôter ni d'ajouter.

<small>XXI. Pourquoi M. de Turenne dans cette députation pour la doctrine.</small>

Nous voyons que l'année d'après, c'est-à-dire en 1579, on espéroit encore l'union, puisque les calvinistes des Pays-Bas écrivirent en commun aux luthériens auteurs du livre de la *Concorde*, à Kemnice, à Chytré, à Jacques André et aux autres outrés défen-

<small>XXII. Lettre où les calvinistes reconnoissent Luther et Mé-</small>

---

¹ *Hist. de l'ass. de Franc., Act. auth.* Blond., p. 63; *Syn. de Sainte-Foi*, p. 5, 6.

586   HISTOIRE DES VARIATIONS.

lanchthon pour leurs pères. 1579.

seurs de l'ubiquité, qu'ils ne laissoient pas d'appeler non-seulement *leurs frères,* mais *leur chair;* tant leur union étoit intime malgré des divisions si considérables, les invitant « à prendre des conseils modérez, à entrer dans les moyens d'union pour lesquels le synode de France (c'étoit celui de Sainte-Foi) avoit nommé des députez; et à l'exemple, disent-ils, de nos saints pères, Luther, Zuingle, Capiton, Bucer, Mélanchthon, Bullinger, Calvin, » qui s'étoient entendus comme on a vu. Voilà donc les pères communs des sacramentaires et des luthériens; voilà ceux dont les calvinistes vantent la concorde et les conseils modérés.

XXIII. Le projet de la confession commune continué jusqu'à nos jours, et toujours inutilement.

Tous ces desseins d'union furent sans effet; et les défenseurs du sens figuré, loin de pouvoir convenir d'une commune confession de foi avec les luthériens défenseurs du sens littéral, n'en purent pas même convenir entre eux. On en renouvela souvent la proposition, et encore presque de nos jours en l'an 1614 au synode de Tonneins, ce qui fut suivi en 1615 des expédiens proposés par le célèbre Pierre Dumoulin. Mais quoiqu'il en eût été remercié par le synode de l'Isle de France, tenu la même année au bourg d'Ay en Champagne², et qu'il eût le crédit qu'on sait non-seulement en France parmi ses confrères, mais encore en Angleterre et dans tout son parti, tout demeura inutile. Les églises qui défendent le sens figuré ont reconnu le mal essentiel de leur désunion, mais elles ont reconnu en même temps qu'il étoit irrémédiable; et cette commune confession de foi tant désirée et tant recherchée est devenue une idée de Platon.

XXIV. Vaines défaites des ministres.

Ce seroit une partie de l'histoire de rapporter les réponses des ministres à ce décret de Sainte-Foi, après qu'il eut été produit². Mais tout tombe par le récit que je viens de faire. Les uns disoient qu'il s'agissoit seulement d'une tolérance mutuelle : mais on voit bien qu'une commune confession de foi n'y eût pas été nécessaire, puisque l'effet de cette tolérance n'est pas de se faire une foi commune, mais de souffrir mutuellement chacun dans la sienne. D'autres, pour excuser le grand pouvoir qu'on donnoit à quatre députés de décider de la doctrine, ont répondu que c'est qu'on savoit « à peu près » de quoi on pouvoit convenir³. Cet *à peu près*

---

[1] *Act. auth.* Blond., p. 72.—[2] *Exp.*, art. 20, t. XIII, p. 102.—[3] An., II *Rep.*, p. 365.

est admirable. On est sans doute peu délicat sur les questions de la foi, quand on se contente de savoir *à peu près* ce qu'il en faut dire ; et on sait encore bien peu à quoi s'en tenir, quand faute de le savoir on est contraint de donner à des députés un pouvoir indéfini de conclure tout ce qu'ils voudront. Le ministre Claude répondoit qu'on savoit précisément ce qu'on pouvoit dire ; et que si les députés eussent passé outre, on eût été en droit de les désavouer comme gens qui auroient outrepassé leur pouvoir [1]. Je le veux : mais cette réponse ne satisfait pas à la principale difficulté. C'est enfin que pour complaire aux luthériens il eût fallu leur abandonner tout ce qui tendoit à exclure tant la présence réelle que les autres points contestés avec eux, c'est-à-dire changer manifestement dans des articles si considérables une profession de foi qu'on dit expressément contenue dans la parole de Dieu.

Il se faut bien garder de confondre ensemble ce qu'on voulut faire alors et ce qu'on a fait depuis, en recevant les luthériens à la communion au synode de Charenton en 1631. Cette dernière action marque seulement que les calvinistes peuvent supporter la doctrine luthérienne comme une doctrine qui ne donne aucune atteinte aux fondemens de la foi. Mais certainement c'est autre chose de supporter dans la confession de foi des luthériens ce qu'on croit y être une erreur ; autre chose de supprimer dans la sienne propre ce qu'on y croit une vérité révélée de Dieu, et déclarée expressément par sa parole. C'est ce qu'on avoit résolu de faire dans l'assemblée de Francfort et au synode de Sainte-Foi ; c'est ce qu'on auroit exécuté s'il avoit plu aux luthériens : de sorte qu'il n'a tenu qu'aux défenseurs de la présence réelle qu'on n'ait effacé tout ce qui la choque dans les confessions de foi des sacramentaires. Mais c'est qu'on s'expose à changer souvent quand on a une fois changé : une confession de foi qui change la doctrine des siècles passés montre dès là qu'elle peut elle-même être changée ; et il ne faut pas s'étonner que le synode de Sainte-Foi ait cru pouvoir corriger en 1578 ce que le synode de Paris avoit établi en 1559.

XXV. Différence de ce qu'on vouloit faire en faveur des luthériens à Francfort et à Sainte-Foi d'avec ce qu'on a fait depuis à Charenton

Tous ces moyens d'accommodement dont nous venons de parler, loin de diminuer la désunion de nos réformés, l'ont augmentée.

XXVI. Esprit d'instabi-

---

[1] M. Claude, *dans la Conf. Nog., Rép. à l'Exp.*, p. 149.

lité dans le calvinisme. On voyoit des gens, qui sans bien savoir encore à quoi s'en tenir, avoient commencé par rompre avec toute la chrétienté. On sentoit une religion bâtie sur le sable, qui n'avoit pas même de stabilité dans ses confessions de foi, quoique faites avec tant de soin et publiées avec tant d'appareil. On ne pouvoit se persuader qu'on n'eût pas le droit d'innover dans une religion si changeante; et c'est ce qui produisit les nouveautés de Jean Fischer ou le Pêcheur, connu sous le nom de *Piscator*, et celles d'Arminius.

XXVII. *La dispute de Piscator* L'affaire de Piscator nous apprendra beaucoup de choses importantes; et je demande qu'il me soit permis de la rapporter tout au long, d'autant plus qu'elle est peu connue par la plupart de nos réformés.

Piscator enseignoit la théologie dans l'académie de Herborne, ville du comté de Nassau, vers la fin du siècle passé. En examinant la doctrine de la justice imputée, il dit que la justice de Jésus-Christ, qui nous étoit imputée, n'étoit pas celle qu'il avoit pratiquée dans tout le cours de sa vie, mais celle qu'il avoit subie en portant volontairement la peine de notre péché sur la croix; c'étoit-à-dire que la mort de Notre-Seigneur étant le sacrifice de prix infini par lequel il avoit satisfait et payé pour nous, c'étoit aussi par cet acte seul que le Fils de Dieu étoit proprement Sauveur, sans qu'il fût besoin d'y en joindre d'autres, parce que celui-ci étoit suffisant : de sorte que si nous avions à être justifiés par imputation, c'étoit par celle de cet acte, en vertu duquel précisément nous nous trouvions quittes envers Dieu, et « où l'original de la sentence portée contre nous avoit esté effacé, » comme dit saint Paul, « par le sang qui pacifie le ciel et la terre [1]. »

XXVIII. *Sa doctrine est détestée par le synode national de Gap. Première décision. 1603.* Cette doctrine *fut détestée* par nos calvinistes dans le synode de Gap, en 1603, comme contraire aux articles XVIII, XX et XXII de la *Confession de foi;* et on arrête « qu'il sera écrit à M. Piscator et à l'université en laquelle il enseigne [2]. »

Il est certain que ces trois articles ne décidoient rien sur l'affaire de Piscator : c'est pourquoi nous ne voyons plus qu'on ait parlé des articles XXII et XXIII. Et pour le XVIIIe, où l'on prétendit toujours qu'étoit la décision, il ne disoit autre chose, sinon que

[1] *Coloss.*, II, 14. — [2] *Syn. de Gap*, chap. de la Conf. de foy.

« nous étions justifiez par l'obéissance de Jésus-Christ, laquelle nous estoit allouée, » sans spécifier quelle obéissance : de sorte que Piscator n'avoit point de peine à se défendre de la confession de foi. Mais puisqu'on veut qu'il ait innové au préjudice de la confession des prétendus réformés de ce royaume, qui avoit été souscrite par ceux des Pays-Bas, j'y consens.

On écrivit à Piscator de la part du synode, ainsi qu'il avoit été résolu ; et sa réponse modeste, mais ferme dans son sentiment, fut lue au synode de la Rochelle en l'année 1607. Après cette lecture on fit ce décret : « Sur les lettres du docteur Jean Piscator, professeur en l'académie de Herborne, responsives à celle du synode de Gap, pour raison de sa doctrine, où il établit la justification par la seule obéissance de Christ en sa mort et passion imputée à justice aux croyans, et non par l'obéissance de sa vie ; la compagnie *n'approuvant* la division des causes si conjointes, a déclaré que toute l'obéissance de Christ en sa vie et en sa mort nous est imputée pour l'entière rémission de nos péchez, *comme n'estant qu'une seule et mesme obéissance.* »

XXIX. Seconde condamnation de la doctrine de Piscator au synode de la Rochelle. 1607.

Sur ces dernières paroles je demanderois volontiers à nos réformés pourquoi ils requièrent, pour nous mériter la rémission des péchés, non-seulement l'obéissance de la mort, mais encore celle de toute la vie de Notre-Seigneur ? Est-ce que le mérite de Jésus-Christ mourant n'est pas infini, et dès là plus que suffisant à notre salut ? Ils ne le diront pas ; et il faudra donc qu'ils disent que ce qu'on requiert comme nécessaire après un mérite infini n'en ôte ni l'infinité, ni la suffisance ; mais en même temps il s'ensuit que considérer Jésus-Christ comme continuant son intercession par sa présence, non-seulement dans le ciel, mais encore sur nos autels dans le sacrifice de l'Eucharistie, ce n'est rien ôter à l'infinité de la propitiation faite à la croix ; c'est seulement, comme parle le synode de la Rochelle, ne vouloir pas diviser « des choses conjointes, » et regarder tout ce qu'a fait Jésus-Christ dans sa vie, tout ce qu'il a fait dans sa mort et tout ce qu'il fait encore, soit dans le ciel où il se présente pour nous à son Père, soit sur nos autels où il est présent d'une autre sorte, comme la continuation d'une même intercession et d'une même obéissance, qu'il a com-

XXX. Remarque importante que la doctrine des calvinistes contre Piscator résout les difficultés qu'ils nous font sur le sacrifice de l'Eucharistie.

mencée dans sa vie, qu'il a consommée dans sa mort et qu'il ne cesse de renouveler et dans le ciel et dans les mystères, pour nous en faire une vive et perpétuelle application.

<small>XXXI.
Troisième décision.
Formulaire et souscription ordonnée contre Piscator dans le synode de Privas.
1612.</small>

La doctrine de Piscator eut ses partisans. On ne trouvoit rien contre lui dans les articles XVIII, XX et XXII de la *Confession de foi*. En effet on abandonna les deux derniers pour s'arrêter au XVIII°, qui ne disoit pas davantage, comme on a vu; et afin de pousser à bout Piscator et sa doctrine, on en vint dans le synode national de Privas jusqu'à obliger tous les pasteurs à souscrire expressément contre Piscator, en ces termes : « Je soussigné N..., sur le contenu en l'article XVIII de la confession de foy des églises réformées, touchant nostre justification, déclare et proteste que *je l'entens selon le sens receû en nos églises, approuvé par les synodes nationaux, et conforme à la parole de Dieu :* qui est que Nostre-Seigneur Jésus-Christ a esté sujet à la loy morale et cérémoniale, non-seulement pour nostre bien, mais en nostre place; et que toute l'obéissance qu'il a renduë à la loy nous est imputée, et que nostre justification consiste non-seulement en la rémission des péchez, mais en l'imputation de la justice active; et *m'assujétissant à la parole de Dieu,* je croy que *le Fils de l'homme est venu pour servir, et non pour estre servi,* et qu'il a servi pour ce qu'il est venu : *promettant de ne me départir jamais de la doctrine receûe en nos églises, et de m'assujétir aux réglemens des synodes nationaux sur ce sujet.* »

<small>XXXII.
L'Ecriture mal alléguée, et toute la doctrine mal entendue.</small>

A quoi sert à la justice imputée que Jésus-Christ « soit venu pour servir, et non pour estre servi : » et ce que fait ce passage venu tout à coup sans liaison au milieu de ce décret, le devine qui pourra. Je ne vois pas aussi à quoi nous sert l'imputation de la loi *cérémoniale,* qui n'a jamais été faite pour nous, ni pour quelle raison il a fallu que Jésus-Christ « y fût sujet non-seulement pour notre bien, mais en notre place. » Je comprends bien comment Jésus-Christ ayant dissipé par sa mort les ombres et les figures de la loi, nous a laissés libres de la servitude des lois cérémonielles, qui n'étoient qu'ombres et figures; mais qu'il ait fallu pour cela qu'il y ait été sujet en notre place, la conséquence en seroit pernicieuse, et on concluroit de même qu'il nous a aussi déchargés de la loi morale en l'accomplissant. Tout cela montre le peu de justesse de nos réformés, plus soigneux d'étaler de l'érudition et de jeter en l'air de grands mots, que de parler avec précision dans leurs décrets.

Je ne sais pourquoi l'affaire de Piscator tenoit si extraordinairement au cœur à nos réformés de France, ni pourquoi le synode de Privas en étoit venu aux dernières précautions, en ordonnant la souscription que nous avons vue. Il falloit du moins s'en tenir là : un formulaire de foi qu'on fait souscrire à tous les pasteurs, doit expliquer la matière pleinement et précisément. Néanmoins, après cette souscription et tous les décrets précédens, on eut besoin de faire encore une nouvelle déclaration au synode de Tonneins en 1614. Quatre grands décrets coup sur coup, et en termes si différens, sur un article particulier et dans une matière si bornée, c'est assurément beaucoup : mais dans la nouvelle Réforme on trouve toujours quelque chose qu'il faut ajouter ou diminuer; et jamais on n'y explique la foi si sincèrement, ni avec une si pleine suffisance, qu'on s'en tienne précisément aux premières décisions.

XXXIII. Quatrième décision contre Piscator au synode de Tonneins.

1614.

Pour achever cette affaire, je ferai une courte réflexion sur le fond de la doctrine, et quelques autres réflexions sur la procédure.

XXXIV. Impiété de la justice imputative comme elle est proposée par ces synodes.

Sur le fond, j'entends bien que la mort de Jésus-Christ, et le paiement qu'il a fait pour nous à la justice divine de la peine dont nous étions redevables envers elle, nous est imputé comme on impute à un débiteur le paiement que sa caution fait à sa décharge. Mais que la justice parfaite accomplie par Notre-Seigneur dans sa vie et dans sa mort, et l'obéissance absolue qu'il a rendue à *la loi* nous soit imputée ou, comme on parle, *allouée* dans le même sens que le paiement de la caution est imputé au débiteur : c'est dire que par sa justice il nous décharge de l'obligation d'être gens de bien, comme par son supplice il nous décharge de l'obligation de subir celui que nos péchés avoient mérité.

J'entends donc et très-clairement d'une autre manière à quoi il nous sert d'avoir un Sauveur d'une sainteté infinie. Car par là je le vois seul digne de nous impétrer toutes les graces nécessaires

XXXV. Netteté et simplicité de la doctrine catholique, apposée aux obscurités de la doctrine contraire.

pour nous faire justes. Mais que formellement nous soyons faits justes parce que Jésus-Christ l'a été, et que sa justice nous soit allouée comme s'il avoit accompli la loi à notre décharge, ni l'Ecriture ne le dit, ni aucun homme de bon sens ne le peut entendre.

Par ce moyen, en comptant pour rien la justice que nous avons intérieurement, et celle que nous pratiquons par la grace, on nous fait tous dans le fond également justes, parce que la justice de Jésus-Christ, qu'on suppose être la seule qui nous rende justes, est infinie.

On ravit aussi aux élus de Dieu la couronne de justice, que le juste Juge réserve à chacun en particulier, puisqu'on suppose qu'ils ont tous la même justice qui est infinie; ou si enfin on avoue que cette justice infinie nous est allouée par divers degrés, suivant que nous en approchons plus ou moins par la justice particulière que la grace met en nous, c'est avec des expressions extraordinaires ne dire que la même chose que les catholiques.

XXXVI. Réflexion sur la procédure. Qu'on n'y allègue l'Ecriture que pour la forme.

Voilà en peu de paroles ce que j'avois à dire sur le fond. J'aurai encore plutôt fait sur la procédure : elle n'a rien que de foible, rien de grave ni de sérieux. L'acte le plus important est le formulaire de souscription ordonné au synode de Privas : mais d'abord on n'y songe pas seulement à convaincre Piscator par les Ecritures. Il s'agissoit d'établir « que l'obéissance de Jésus-Christ, par laquelle il a accompli toute la loy dans sa vie et dans sa mort, nous est allouée pour nous rendre justes; » ce qu'on appelle dans le formulaire de Privas, comme on avoit fait à Gap, *l'imputation de la justice active.*

Or tout ce qu'on a pu trouver en quatre synodes pour établir cette doctrine et l'imputation de cette justice active par les Ecritures, c'est que « le Fils de l'homme est venu non pas pour estre servi, mais pour servir : » passage si peu convenant à la justice imputée, qu'on ne peut pas même entrevoir pourquoi il est allégué.

C'est-à-dire que dans la nouvelle Réforme, pourvu qu'on ait nommé la parole de Dieu avec emphase et qu'ensuite on ait jeté un passage en l'air, on croit avoir satisfait à la profession qu'on a faite de n'en croire que l'Ecriture en termes exprès. Les peuples sont éblouis de ces magnifiques promesses, et ne sentent pas même ce que fait sur eux l'autorité de leurs ministres, quoique ce soit elle au fond qui les détermine.

Non-seulement on n'a rien prouvé contre Piscator par la parole de Dieu, mais encore on n'a rien prouvé par la confession de foi qu'on lui opposoit.

XXXVII. Manière dont on allègue la confession de foi.

Car nous avons vu d'abord qu'on abandonne à Privas les articles XX et XXII qu'on avoit allégués à Gap. On se réduit au XVIIIe; et comme il ne disoit rien que de général et d'indéfini, on s'avise de faire dire dans le formulaire : « Je déclare et proteste que j'entens l'article XVIII de nostre confession de foy selon le sens receû en nos églises, approuvé par les synodes et conforme à la parole de Dieu. »

La parole de Dieu eût suffi seule : mais comme on en disputoit, pour finir, il en fallut revenir à l'autorité des choses jugées, et s'en tenir à l'article de la confession de foi, « en l'entendant, » non selon ses termes précis, mais « selon le sens receû dans les Eglises et approuvé dans les synodes nationaux ; » ce qui enfin règle la dispute par la tradition, et nous montre que le moyen le plus assuré pour entendre ce qui est écrit, c'est de voir comment on l'a toujours entendu.

Voilà ce qui se passa dans l'affaire de Piscator en quatre synodes nationaux. Le dernier avoit été celui de Tonneins, tenu en 1614, où après la souscription ordonnée dans le synode de Privas tout paroissoit défini de la manière du monde la plus sérieuse : et néanmoins ce n'étoit rien ; car l'année d'après, sans aller plus loin, c'est-à-dire en 1615, Dumoulin, le plus célèbre de tous les ministres, s'en moqua ouvertement avec l'approbation de tout un synode : en voici l'histoire.

XXXVIII. On se moque de tous ces décrets. Rien de sérieux dans la Réforme. Mémoire de Dumoulin approuvé dans le synode d'Ay. 1615.

On étoit toujours inquiet dans le parti de la Réforme opposé au luthéranisme, de n'y avoir jamais pu parvenir à une commune confession de foi qui en réunît tous les membres, comme la *Confession d'Augsbourg* réunissoit les luthériens. Tant de diverses confessions de foi montroient un fond de division qui affoiblissoit le parti. On revint donc encore une fois au dessein de les réunir. Dumoulin en proposa les moyens dans un écrit envoyé au synode de l'Isle de France. Tout alloit à dissimuler les dogmes dont on ne pouvoit convenir; et Dumoulin écrit en termes formels que parmi les choses qu'il faudra *dissimuler* dans cette nouvelle confession de foi, il faut mettre « la question de Piscator touchant la justification [1] : » une doctrine tant *détestée* par quatre synodes nationaux devient tout à coup indifférente, selon l'opinion de ce ministre; et le synode de l'Isle de France, de la même main dont il venoit de souscrire à la condamnation de Piscator, et la plume, pour ainsi dire, encore toute trempée de l'encre dont il avoit fait cette souscription, remercie Dumoulin par lettres expresses de cette ouverture [2] : tant il y a d'instabilité dans la nouvelle Réforme, et tant on y sacrifie les plus grandes choses à cette commune confession qui ne s'est pu faire.

XXXIX. Paroles de Dumoulin: dissimulation. Caractère de l'hérésie reconnu dans la Réforme.

Les paroles de Dumoulin sont trop mémorables pour n'être pas rapportées : « Là, dit-il, dans cette assemblée qu'on tiendra pour cette nouvelle confession de foi, je ne voudrois point qu'on disputast de la religion : car depuis que les esprits se sont échauffez, ils ne se rendent jamais, et chacun en s'en retournant dit qu'il a vaincu : mais je voudrois que sur la table fust mise la confession des églises de France, d'Angleterre, d'Ecosse, des Païs-Bas, du Palatinat, des Suisses, etc. Que de ces confessions on tâchast d'en dresser *une commune,* en laquelle *on dissimulast* plusieurs choses, sans la connoissance desquelles on peut estre sauvé, *comme est la question de Piscator* sur la justification, et plusieurs opinions subtiles proposées *par Arminius* sur le franc arbitre, la prédestination et la persévérance des saints [3]. »

Il ajoute que Satan, qui « a corrompu l'Eglise romaine par le trop avoir, » c'est-à-dire, « par l'avarice et l'ambition, tasche à corrompre les églises » de la nouvelle Réforme « par le trop sçavoir, » c'est-à-dire par la curiosité, qui est en effet la tentation où succombent tous les hérétiques, et le piége où ils sont pris : et conclut que sur les voies d'accommodement « on aura fait une grande partie du chemin, si on veut se commander d'ignorer plusieurs choses, se contenter des nécessaires à salut, et se supporter dans les autres. »

[1] *Act. auth.*, Blond., pièce VI, p. 72. — [2] *Ibid.* — [3] *Ibid.*, n. 4.

La question eût été d'en convenir : car si par les choses dont la connoissance est nécessaire à salut, il entend celles que chaque particulier est obligé à savoir expressément sous peine de damnation, cette commune confession de foi est déjà faite dans le Symbole des apôtres et dans celui de Nicée. L'union que l'on feroit sur ce fondement s'étendroit bien loin au delà des églises nouvellement réformées, et on ne pourroit s'empêcher de nous y comprendre : mais « si par la connoissance des choses nécessaires à salut » il entend la pleine explication de toutes les vérités expressément révélées de Dieu, qui n'en a révélé aucune dont la connoissance ne tende à assurer le salut de ses fidèles; « y dissimuler » ce que les synodes ont déclaré « expressément révélé de Dieu avec détestation » des erreurs contraires, c'est se moquer de l'Eglise, en tenir les décrets pour des illusions même après les avoir signés, trahir sa religion et sa conscience.

XL. Réflexion sur ces paroles de Dumoulin, approuvées dans le synode d'Ay.

Au reste quand on verra que ce même Dumoulin, qui passe ici si légèrement avec les propositions de Piscator les propositions bien plus importantes d'Arminius, en fut dans la suite un des plus impitoyables censeurs : on reconnoîtra dans son procédé la perpétuelle inconstance de la nouvelle Réforme qui accommode ses dogmes à l'occasion.

XLI. Inconstance de Dumoulin.

Pour achever le récit du projet de réunion qu'on fit alors, après cette commune confession de foi du parti opposé aux luthériens, on vouloit encore en faire une plus vague et plus générale, où les luthériens seroient compris. Dumoulin développe ici toutes les manières dont on pourroit s'expliquer, « sans condamner ni la présence réelle, ni l'ubiquité, ni la nécessité du baptême[1], » ni les autres dogmes luthériens; et ce qu'il ne peut sauver par des équivoques ou des expressions vagues, il l'enveloppe le mieux qu'il peut dans le silence : il espère par ce moyen abolir les mots *de Luthériens, de Calvinistes, de Sacramentaires*, et faire par ses équivoques qu'il ne reste plus aux protestans que le nom commun *d'Eglise chrétienne réformée*. Tout le synode de l'Isle de France applaudit à ce beau projet; et c'est après cette union qu'il seroit temps, poursuit Dumoulin, de solliciter d'accord l'Eglise romaine :

XLII. Points importans à supprimer entre autres ce qui est contraire à la présence réelle.

[1] *Act. auth.*, Blond., n. 12, 13.

mais il doute qu'on y réussît. Il a raison ; car nous n'avons point d'exemple qu'en matière de religion elle ait jamais approuvé des équivoques, ou consenti à la suppression des articles qu'elle a crus une fois révélés de Dieu.

<small>XLIII.
Importance des disputes entre les défenseurs du sens figuré.</small>

Au reste je n'accorde pas à Dumoulin et aux autres de même parti, que les diversités de leurs confessions de foi ne soient que dans la méthode et dans les expressions, ou bien en police et cérémonies ; ou si c'étoit sur les matières de foi, que ce fût en choses qui n'étoient encore passées en loi ni règlement public : car on a pu voir et on verra le contraire dans toute la suite de cette histoire. Et peut-on dire, par exemple, que la doctrine de l'épiscopat, où l'église d'Angleterre est si ferme, et qu'elle pousse si loin qu'elle ne reçoit les ministres calvinistes qu'en les ordonnant de nouveau, soit une affaire de langage, ou en tout cas de pure police et de pure cérémonie? N'est-ce rien de regarder une église comme n'ayant point de pasteurs légitimement ordonnés? Il est vrai qu'on leur rend bien la pareille, puisqu'un fameux ministre du calvinisme a écrit ces mots : « Si quelqu'un des nostres enseignoit la distinction de l'évesque et du prestre, et qu'il n'y a pas de vray ministère sans évesques, nous ne le pourrions souffrir dans nostre communion, c'est-à-dire au moins dans nostre ministère [1]. » Les protestans anglois en sont donc exclus. Est-ce là un différend de peu d'importance? Ce n'est pas ainsi qu'en parle le même ministre, puisqu'il demeure d'accord que « pour ces différences, » qu'il veut appeler « petites, de gouvernement et de discipline, on se traite comme des excommuniez [2]. » Que si l'on vient au particulier de ces confessions de foi, combien trouvera-t-on de points dans les unes qui ne sont point dans les autres? Et en effet si la différence n'étoit que dans les mots, il y auroit trop d'opiniâtreté à n'en pouvoir convenir après l'avoir si souvent tenté : si elle n'étoit qu'en cérémonies, la foiblesse seroit trop grande de s'y arrêter ; mais c'est que chacun ressent qu'on n'est pas d'accord dans le fond ; et si on se vante cependant d'être bien unis, cela ne sert qu'à confirmer que l'union de la nouvelle réformation est plus politique qu'ecclésiastique.

[1] Jur., *Syst.*, p. 214. — [2] Id., *Avis aux Protest.*, n. 5, à la tête des *Préj. lég.*

Il ne me reste qu'à prier nos Frères de considérer les grands pas qu'ils ont vu faire, non pas à des particuliers, mais à leurs églises en corps, sur des choses qu'on y avoit décidées avec toute l'autorité, disoit-on, de la parole de Dieu : cependant tous ces décrets n'ont rien été. C'est un style de la Réforme de nommer toujours la parole de Dieu : on n'en croit pas pour cela davantage, et on supprime sans crainte ce qu'on avoit avancé avec une si grande autorité, mais il ne faut pas s'en étonner. Il n'y a rien de plus authentique dans la religion que des confessions de foi : rien ne doit avoir été plus autorisé par la parole de Dieu que ce que les calvinistes y avoient dit contre la présence réelle et contre les autres dogmes des luthériens. Ce n'étoit pas seulement Calvin qui avoit traité « de détestable l'invention de la présence corporelle : » *De corporali præsentiâ detestabile commentum* [1] : toute la Réforme de France venoit de dire en corps par la bouche de Bèze, « qu'elle détestoit ce monstre et la consubstantiation » luthérienne, avec « la transsubstantiation » papistique [2]. Mais il n'y a rien de sincère ni de sérieux dans ces détestations de la présence réelle, puisqu'on a été prêt à retrancher tout ce qu'on avoit dit contre, et que ce retranchement se devoit faire, non-seulement par un décret d'un synode national, mais encore par un commun résultat de tout le parti assemblé solennellement à Francfort. La doctrine du sens figuré, pour ne point parler ici des autres, après tant de combats et tant de martyres prétendus, seroit supprimée par un éternel silence, s'il avoit plu aux luthériens. L'Angleterre, la France, l'Allemagne, les Suisses, les Pays-Bas, en un mot tout ce qu'il y a de calvinistes dans le monde ont consenti à la suppression. Comment donc peut-on demeurer si attaché à un dogme qu'on voit si peu révélé de Dieu, que par les vœux communs de tout le parti il est déjà retranché de la profession du christianisme ?

[1] II *Déf. cont. Vestph.,* op. 83. — [2] Ci-dessus, n. 9.

LIVRE XIII.

Doctrine sur l'Antechrist, et variations sur cette matière depuis Luther jusqu'à nous.

SOMMAIRE.

Variations des protestans sur l'Antechrist. Vaines prédictions de Luther. Evasion de Calvin. Ce que Luther avoit établi sur cette doctrine est contredit par Mélanchthon. Nouvel article de foi ajouté à la confession dans le synode de Gap. Fondement visiblement faux de ce décret. Cette doctrine méprisée dans la Réforme. Absurdités, contrariétés et impiétés de la nouvelle interprétation des prophéties, proposée par Joseph Mède et soutenue par le ministre Jurieu. Les plus saints docteurs de l'Eglise mis au rang des blasphémateurs et des idolâtres.

<small>I. Article ajouté à la confession de foi, pour déclarer le Pape Antechrist.</small> Les disputes d'Arminius mettoient en feu toutes les Provinces-Unies, et il seroit temps d'en parler : mais comme ces questions et les décisions dont elles furent suivies sont d'une discussion plus particulière, avant que de m'y engager, il faut rapporter un fameux décret du synode de Gap, dont j'ai différé le récit pour ne point interrompre l'affaire de Piscator.

Ce fut donc dans ce synode et en 1603, qu'on fit un nouveau décret pour déclarer le Pape Antechrist. On jugea ce décret de telle importance, qu'on en composa un nouvel article de foi, qui devoit être le xxxi°, et on lui donnoit place après le xxx°, parce que c'étoit là qu'il étoit dit que tous vrais pasteurs sont égaux; de sorte que ce qui fait dans le Pape le caractère d'Antechrist, c'est qu'il se dit supérieur des autres évêques. S'il est ainsi, il y a longtemps que l'Antechrist règne; et je ne sais pourquoi la Réforme a été si lente à ranger parmi ce grand nombre d'antechrists qu'elle a introduits, saint Innocent, saint Léon, saint Grégoire et les autres Papes, dont les *Epîtres* nous font voir à toutes les pages l'exercice de cette supériorité.

<small>II. Vaines prédictions de Luther, et</small> Au reste, quand Luther exagéra tant cette nouvelle doctrine de la Papauté antichrétienne, il le fit avec cet air de prophète que nous avons remarqué. Nous avons vu de quel ton il avoit prédit

que la puissance pontificale alloit être anéantie [1]; et comme sa prédication étoit ce souffle de Jésus-Christ par lequel l'homme de péché alloit tomber, sans armes, sans violence, sans qu'autre que lui s'en mêlât : tant il étoit ébloui et enivré de l'effet inespéré de son éloquence. Toute la Réforme attendoit un prompt accomplissement de cette nouvelle prophétie. Comme on vit que le Pape subsistoit toujours (car bien d'autres que Luther se briseront contre cette pierre), et que la puissance pontificale, loin de tomber par le souffle de ce faux prophète, se soutenoit contre la conjuration de tant de princes soulevés, en sorte que l'attachement du peuple de Dieu pour cette autorité sainte, qui fait le lien de son unité, redoubloit plutôt qu'il ne s'affoiblissoit par tant de révoltes : on se moqua de l'illusion des prophéties de Luther, et de la folle crédulité de ceux qui les avoient prises pour des oracles célestes. Calvin y trouva pourtant une excuse, et il dit à quelqu'un qui s'en moquoit, que « si le corps de la papauté subsistoit encore, l'esprit et la vie en estoient sortis, de manière que ce n'estoit plus qu'un corps mort [2]. » Ainsi on hasarde une prophétie; et quand l'événement n'y répond pas, on en sort par un tour d'esprit.

défaite aussi vaine de Calvin.

Mais on nous dit avec un air sérieux que c'est une prophétie non pas de Luther, mais de l'Ecriture, et qu'on la voit avec évidence (car il le faut bien, puisque c'est un article de foi) dans saint Paul et dans Daniel. Pour ce qui est de l'*Apocalypse*, il ne plaisoit pas à Luther d'employer ce livre, ni de le recevoir dans son canon. Mais pour saint Paul, qu'y avoit-il de plus évident, puisque le Pape « est assis dans le temple de Dieu [3]? » Dans l'Eglise, dit Luther, c'est-à-dire sans difficulté, dans la vraie Eglise, dans le vrai temple de Dieu, n'y ayant dans l'Ecriture aucun exemple qu'on appelle de ce nom un temple d'idoles : de sorte que le premier pas qu'il faut faire pour bien entendre que le Pape est l'Antechrist, est de reconnoître pour la vraie Eglise celle dans laquelle il préside. La suite n'est pas moins claire. Qui ne voit que « le Pape se montre comme un Dieu, s'élevant au-dessus de tout ce qu'on adore, » principalement dans ce sacrifice tant condamné

III.
Daniel et S. Paul produits en l'air.

---

[1] Ci-dessus, liv. I, n. 31. — [2] *Gratul., ad Ven. Presbyt., Opusc.*, p. 331. — [3] II *Thessal.*, II, 4; ci-dessus, liv. III, n. 60.

par nos réformés, où pour se montrer Dieu, le Pape confesse ses péchés avec tout le peuple, et s'élève au-dessus de tout en priant et tous les Saints et tous ses frères de demander pardon pour lui; déclarant aussi dans la suite, et dans la partie la plus sainte de ce sacrifice, qu'il espère ce pardon, « non par ses mérites, mais par bonté et par grace, au nom de Jésus-Christ Nostre-Seigneur? » Antechrist de nouvelle forme, qui oblige tous ses adhérens à mettre leur espérance en Jésus-Christ, et qui pour avoir toujours été le plus ferme défenseur de sa divinité, est mis par les sociniens à la tête de tous les antechrists, comme le plus grand de tous et le plus incompatible avec leur doctrine.

IV.
Les protestans se déshonorent eux-mêmes par cette doctrine.

Mais encore, si un tel songe mérite qu'on s'y applique, lequel est-ce de tous les Papes qui est « ce méchant et cét homme de péché » marqué par saint Paul? On ne voit dans l'Ecriture de semblables expressions que pour caractériser quelque personne particulière. N'importe, c'est tous les Papes, après saint Grégoire, comme on disoit autrefois; et, comme on le dit à présent, c'est tous les Papes depuis saint Léon, qui sont « cét homme de péché, ce méchant » et cet Antechrist, encore qu'ils aient converti au christianisme l'Angleterre, l'Allemagne, la Suède, le Danemark, la Hollande : si bien que tous ces pays, en embrassant la Réforme, ont reconnu publiquement qu'ils avoient reçu le christianisme de l'Antechrist même.

V.
Illusions sur l'*Apocalypse*.

Qui pourroit ici raconter les mystères que nos réformés ont trouvés dans l'*Apocalypse*, et les prodiges trompeurs de la bête, qui font les miracles que Rome attribue aux Saints et à leurs reliques, afin que saint Augustin, et saint Chrysostome, et saint Ambroise, et les autres Pères, dont on convient qu'ils ont annoncé de pareils miracles d'un consentement unanime, soient des précurseurs de l'Antechrist? Que dirai-je du caractère que la bête imprime sur le front, qui veut dire le signe même de la croix de Jésus-Christ, et le saint chrême dont on se sert pour l'y imprimer, afin que saint Cyprien et tous les autres évêques devant et après, qui constamment, comme on en demeure d'accord, ont appliqué ce caractère, soient des antechrists, et les fidèles, qui l'ont porté dès l'origine du christianisme, marqués à la marque de la bête;

et le signe du Fils de l'homme, le sceau de son adversaire? On se lasse de raconter ces impiétés ; et je crois pour moi que ce sont ces impertinences et ces profanations du saint livre de l'*Apocalypse*, qu'on voyoit croître sans fin dans la nouvelle Réforme, qui firent que les ministres eux-mêmes, las de les entendre, résolurent dans le synode national de Saumur, « que nul pasteur n'entreprendroit l'exposition de l'*Apocalypse* sans le conseil du synode provincial [1]. »

<small>VI. Cette doctrine de l'Antechrist n'étoit dans aucun acte de la Réforme : Luther la met dans les articles de Smalcalde ; mais Mélanchthon s'y oppose.</small>

Or encore que les ministres n'aient cessé d'animer le peuple par ces idées odieuses d'antichristianisme, jamais on n'avoit osé les faire paroître dans les confessions de foi, quelque envenimées qu'elles fussent toutes contre le Pape. Le seul Luther avoit inséré parmi les articles de Smalcalde un long article de la Papauté, qui ressemble plus à une outrageuse déclamation qu'à un article dogmatique, et il y avoit inséré cette doctrine [2] : mais nul autre n'avoit suivi cet exemple. Bien plus, lorsque Luther proposa l'article, Mélanchthon refusa de le souscrire [3] ; et nous lui avons vu dire, du commun consentement de tout le parti, que la supériorité du Pape étoit un si grand bien pour l'Eglise, qu'il la faudroit établir si elle n'étoit pas établie [4] : cependant c'est précisément dans cette supériorité que nos réformés reconnurent le caractère de l'Antechrist dans le synode de Gap en 1603.

<small>1603.</small>

<small>VII. Décision du synode de Gap. Son faux fondement</small>

On y disoit que l'évêque de Rome « prétendoit domination sur toutes les églises et pasteurs, et se nommoit » Dieu. En quel endroit? dans quel concile? dans quelle profession de foi? C'est ce qu'il falloit marquer, puisque c'étoit le fondement du décret. Mais on n'a osé ; car on auroit vu qu'il n'y avoit à produire que quelque impertinent glossateur, qui disoit que d'une certaine manière, et au sens que Dieu dit aux juges : « Vous êtes des dieux, » le Pape pouvoit être appelé *Dieu*. Grotius s'étoit moqué de cette objection de son parti, en demandant depuis quand on prenoit pour dogme reçu les hyperboles de quelque flatteur. Je suis bien aise de dire que le reproche qu'on fait au Pape, de se *nommer Dieu*, n'a point d'autre fondement. Sur ce fondement on décide « qu'il est propre-

---

[1] *Syn. de Saumur*, 1596. — [2] Ci-dessus, liv. IV, n. 38. — [3] *Ibid.*, n. 39. — [4] Liv. V, n. 24.

ment l'Antechrist et le fils de perdition, marqué dans la parole de Dieu, et la beste vêtuë d'écarlate, que le Seigneur déconfira, comme il l'a promis et comme il commençoit déjà : » et voilà ce qui devoit composer le trente-unième article de foi des prétendus réformés de France, selon le décret de Gap, chapitre de la *Confession de foi.* Ce nouvel article avoit pour titre : *Article omis.*

1607. Le synode de la Rochelle ordonna en 1607 que cet article de Gap, « comme très-véritable et conforme à ce qui estoit prédit dans l'Ecriture, et que nous voyons en nos jours *clairement accompli,* seroit imprimé ès éxemplaires de la confession de foy, qui seroient mis de nouveau sous la presse. » Mais on jugea de daugereuse conséquence de permettre à une religion tolérée à certaine condition, et sous une certaine confession de foi, d'en multiplier les articles comme il plairoit à ses ministres, et on empêcha l'effet de ce décret du synode.

VIII. Occasion de ce décret.
On demandera peut-être par quel esprit on s'étoit porté à cette nouveauté. Le synode même de Gap nous en découvre le secret. Nous y lisons ces paroles dans le chapitre de la discipline : « Sur ce que plusieurs sont inquiétez pour avoir nommé le Pape *Antechrist,* la compagnie proteste que c'est la créance et confession commune de *nous tous,* » par malheur omise pourtant dans toutes les éditions précédentes, « et que c'est un fondement de nostre séparation de l'Eglise romaine, fortement tiré de l'Ecriture, et scellé par le sang de tant de martyrs. » Malheureux martyrs, qui versent leur sang pour un dogme profondément oublié dans toutes les confessions de foi ! Mais il est vrai que depuis peu il est devenu le plus important de tous, et le sujet le plus essentiel de la rupture.

IX. Cette doctrine de l'Antechrist, combien méprisée même dans la Réforme.
Ecoutons ici un auteur, qui seul fait plus de bruit dans tout son parti que tous les autres ensemble, et à qui il semble qu'on ait remis la défense de la cause, puisqu'on ne voit plus que lui sur les rangs. Voici ce qu'il dit dans ce fameux livre intitulé : *L'Accomplissement des Prophéties.* Il se plaint avant toutes choses « que cette controverse de l'Antechrist ait langui depuis un siècle. On l'a malheureusement abandonnée par politique, et pour obéir aux princes papistes. Si on avoit perpétuellement mis devant les

yeux des réformez cette grande et importante vérité, que le papisme est l'antichristianisme, ils ne seroient pas tombez dans le relaschement où on les voit aujourd'huy. Mais il y avoit si long-temps qu'ils n'avoient ouï dire cela, qu'ils l'avoient oublié ¹. » C'est donc ici un des fondemens de la Réforme ; et cependant, poursuit cet auteur, il est arrivé par un aveuglement manifeste, « qu'on se soit uniquement attaché à des controverses qui ne sont que *des accessoires*, et qu'on ait négligé celle-cy, que le papisme est l'empire antichrestien ². » Plus il s'attache à cette matière, plus son imagination s'échauffe. « Selon moy, continue-t-il, c'est icy une vérité si capitale, que sans elle on ne sçauroit estre vray chrétien. » Et ailleurs : « Franchement, dit-il, je regarde si fort cela comme un article de foy des vrais chrétiens, que je ne sçaurois tenir pour bons chrétiens ceux qui nient cette vérité aprés que les événemens et les travaux de tant de grands hommes l'ont mise dans une si grande évidence ³. » Voici un nouvel article fondamental dont on ne s'étoit pas encore avisé, et qu'au contraire on « avoit malheureusement abandonné » dans la Réforme : « car, ajoute-t-il, cette controverse estoit si bien amortie, que nos adversaires la croyoient morte, et ils s'imaginoient que nous avions renoncé à cette prétention, *et à ce fondement* de toute nostre Réforme ⁴. »

X. Réfutée par les plus savans protestans, Grotius, Hammond, Jurieu lui-même.

Il est vrai pour moi, que depuis que je suis au monde je n'ai jamais trouvé parmi nos prétendus réformés aucun homme de bon sens qui fît fort sur cet article : de bonne foi, ils avoient honte d'un si grand excès ; et ils étoient plus en peine de nous excuser les emportemens de leurs gens qui avoient introduit au monde ce prodige, que nous ne l'étions à le combattre. Les habiles protestans nous déchargeoient de ce soin. On sait ce qu'a écrit sur ce sujet le savant Grotius, et combien clairement il a démontré que le Pape ne pouvoit être l'Antechrist ⁵. Si l'autorité de Grotius ne paroît pas assez considérable à nos réformés, parce qu'en effet ce savant homme en étudiant soigneusement les Ecritures et en li-

---

¹ *Avis,* tom. I, p. 48. — ² *Ibid.* et suiv. — ³ *Acc. des Proph.,* I part., chap. XVI, p. 292. — ⁴ *Avis,* etc.; *ibid.,* p. 49, 50. — ⁵ *Avis,* p. 4 ; *Acc.,* I part., chap. XVI, p. 291.

sant les anciens auteurs ecclésiastiques, s'est désabusé peu à peu des erreurs où il étoit né : le docteur Hammond, ce savant Anglois, n'étoit pas suspect dans le parti. Cependant il ne s'est pas moins attaché que Grotius à détruire les rêveries des protestans sur l'antichristianisme imputé au Pape.

Ces auteurs, avec quelques autres qu'il plaît à notre ministre d'appeler « la honte et l'opprobre non-seulement de la Réforme, mais encore du nom chrétien [1], » étoient entre les mains de tout le monde et recevoient des louanges, non-seulement des catholiques, mais encore de tout ce qu'il y avoit de gens habiles et modérés parmi les protestans. M. Jurieu lui-même étoit ébranlé par leur autorité. C'est pourquoi dans ses *Préjugés légitimes*, il nous donne tout ce qu'il dit de l'Antechrist comme une chose qui n'est pas unanimement reçue, comme une chose « indécise, » comme une peinture « de laquelle les traits sont applicables à divers sujets, dont quelques-uns sont déjà venus, et d'autres peut-estre sont à venir [2]. » Aussi l'usage qu'il en fait lui-même est d'en faire « un préjugé contre le papisme, » et non pas « une démonstration. » Mais cet article est redevenu à la mode : que dis-je? ce qui étoit *indécis* est devenu *le fondement de toute la réformation*. « Car certainement, dit notre auteur, je ne la croy bien fondée, cette réformation, qu'à cause de cela, que l'Eglise que nous avons abandonnée est le véritable antichristianisme [3]. » Qu'on ne se tourmente pas à chercher, comme on a fait jusqu'ici, les articles fondamentaux : voici le fondement des fondemens, sans lequel la Réforme seroit insoutenable. Que deviendra-t-elle donc si cette doctrine, « que le papisme est le vray antichristianisme, » se détruit en l'exposant? La chose sera bien claire pour peu qu'on écoute.

XI.
Exposition de la doctrine du ministre Jurieu.

Il faut seulement songer que tout le mystère consiste à faire bien voir ce qui constitue cet antichristianisme prétendu. Il en faut ensuite marquer le commencement, la durée et la fin la plus prompte qu'on pourra pour consoler ceux qui s'ennuient d'une si longue attente. On croit trouver dans l'*Apocalypse* [4] une lumière

---

[1] *Avis*, p. 4. — [2] *Préj. lég.*, I part., chap. IV, p. 72, 73. — [3] *Ibid.*, p. 50. — [4] *Apoc.*, XI-XIII.

certaine pour développer ce secret; et on suppose, en prenant les jours pour années, que les douze cent soixante jours destinés dans l'*Apocalypse* à la persécution de l'Antechrist, font douze cent soixante ans. Prenons tout cela pour vrai; car il ne s'agit pas de disputer, mais de rapporter historiquement la doctrine qu'on nous donne pour le fondement de la Réforme.

D'abord on y est fort embarrassé de ces douze cent soixante ans de persécution. La persécution est fort lassante, et on voudroit bien trouver que ce temps finira bientôt : c'est ce que notre auteur témoigne ouvertement; car depuis les dernières affaires de France, « l'ame abismée, dit-il, dans la plus profonde douleur que j'aye jamais ressentie, j'ay voulu pour ma consolation trouver des fondemens d'espérer une prompte délivrance pour l'Eglise [1]. » Occupé de ce dessein il va chercher « dans la source mesme des oracles sacrez, pour voir, dit-il, si le Saint-Esprit ne m'apprendroit point *de la ruine prochaine* de l'empire antichrétien quelque chose de plus seûr et de plus précis que ce que les autres interprètes y avoient découvert [2]. » XII. M. Jurieu occupé du soin d'abréger le temps des prétendues prophéties.

On trouve ordinairement bien ou mal tout ce qu'on veut dans des prophéties, c'est-à-dire dans des lieux obscurs et dans des énigmes, quand on y apporte de violentes préventions. L'auteur nous avoue les siennes : « Je veux, dit-il, avoüer de bonne foy que j'ay abordé ces divins oracles plein de mes préjugez et tout disposé à croire que nous estions prés de la fin du régne et de l'empire de l'Antechrist [3]. » Comme il se confesse prévenu lui-même, il veut aussi qu'on le lise « avec de favorables préventions : » alors il ne croit pas *qu'on puisse s'éloigner de ses pensées* [4]*;* tout passera aisément avec ce secours. XIII. Cet auteur avoue sa prévention

Le voilà donc bien convaincu, de son propre aveu, d'avoir apporté à la lecture des Livres divins non pas un esprit dégagé de ses préjugés, et par là prêt à recevoir toutes les impressions de la divine lumière, mais au contraire un esprit *plein de ses préjugez,* rebuté de persécutions, qui vouloit absolument en trouver la fin, et la ruine prochaine de cet empire incommode. Il trouve que tous les interprètes remettent l'affaire à longs jours. Joseph Mède, XIV. Il abandonne ses guides, et pourquoi.

[1] *Avis,* p. 4. — [2] *Ibid.,* 7, 8. — [3] *Ibid.,* p. 8. — [4] P. 53.

qu'il avoit choisi pour son conducteur et qui avoit en effet si bien commencé à son gré, s'est égaré à la fin, parce qu'au lieu qu'il espéroit sous un si bon guide « voir finir la persécution dans vingt-cinq ou trente ans, » pour accomplir ce que Mède suppose, il faudroit plusieurs siècles. « Nous voilà, dit-il, bien reculez et bien éloignez de nostre compte : il nous faudra encore attendre plusieurs siécles[1]. » Cela n'accommode pas un homme si pressé de voir une fin, et d'annoncer de meilleures nouvelles à ses frères.

XV. Impossibilité de placer les douze cent soixante ans, que la Réforme veut donner à la persécution de l'Antechrist.

Mais enfin, malgré qu'il en ait, il faut trouver douze cent soixante ans de persécution bien comptés. Pour en trouver bientôt la fin, il en faut placer de bonne heure le commencement. La plupart des calvinistes avoient commencé ce compte lorsqu'on avoit selon eux commencé à dire la messe et à adorer l'Eucharistie; car c'étoit là le dieu Maozin, que l'Antechrist devoit adorer, selon Daniel[2]. Entre autres belles allégories, il y avoit un rapport confus entre Maozin et la messe. Crespin étale ce conte dans son *Histoire des Martyrs*[3]; et tout le parti est ravi de cette invention. Mais, quoi! mettre l'adoration de l'Eucharistie dans les premiers siècles, c'est trop tôt : dans le dixième ou dans l'onzième, sous Bérenger, cela se peut; la Réforme ne se soucie guère de ces siècles-là : mais enfin à commencer douze cent soixante ans entiers au dixième ou onzième siècle, il y avoit encore six cent soixante ans au moins de mauvais temps à essuyer : notre auteur en est rebuté; et son esprit lui serviroit de bien peu, s'il ne lui fournissoit quelque expédient plus favorable.

XVI. Nouvelle date donnée à la naissance de l'Antechrist par ce ministre dans ses Préjugés.

Jusqu'ici dans le parti on avoit respecté saint Grégoire. A la vérité on y trouvoit bien des messes, même pour les morts, bien des invocations de Saints, bien des reliques ; et ce qui est bien fâcheux à la Réforme, une grande persuasion de l'autorité de son Siége. Mais enfin sa sainte doctrine et sa sainte vie imprimoient du respect. Luther et Calvin l'avoient appelé le dernier évêque de Rome : après ce n'étoit que papes et antechrists : mais pour lui, il n'y avoit pas moyen de le mettre dans ce rang. Notre auteur a

---

[1] *Acc.*, IIe part., chap. IV, p. 60. — [2] *Dan.*, XI, 38. — [3] *Hist. des mart.*, par Cresp., liv. I.

été plus hardi ; et dans ses *Préjugés légitimes* (car il commençoit dès lors à être inspiré pour l'interprétation de l'*Apocalypse*), après avoir souvent décidé avec tous ses interprètes que l'Antechrist commenceroit avec la ruine de l'empire romain, il déclare « que cét empire a cessé » quand Rome a cessé d'être « la capitale des provinces, quand cét empire fut démembré en dix parties ; ce qui arriva à la fin du cinquiéme siécle et au commencement du sixiéme[1]. » C'est ce qu'il répète quatre ou cinq fois, afin qu'on n'en doute pas ; et enfin il conclut ainsi : « Il est donc certain qu'au commencement du sixiéme siécle les corruptions de l'Eglise estoient assez grandes, et l'orgueïl de l'Evesque de Rome estoit déja monté assez haut, pour que l'on puisse marquer *dans cet endroit* la première naissance de l'empire antichrétien. » Et encore : « On peut bien compter pour la naissance de l'empire antichrétien un temps dans lequel on voyoit déja tous les germes de la corruption et de la tyrannie future[2]. » Et enfin : « Ce démembrement de l'empire romain en dix parties arriva environ l'an 500, un peu avant la fin du cinquiéme siécle, et dans le commencement du sixiéme[3]. » Il est donc clair que c'est de là qu'il faut commencer à compter les douze cent soixante ans assignés à la durée de l'empire du papisme.

XVII. Les temps n'y cadrent pas, à cause de la sainteté des Papes d'alors.

Par malheur on ne trouve pas l'Eglise romaine assez corrompue dans ce temps-là pour en faire une église antichrétienne ; car les Papes de ces temps-là ont été les plus zélés défenseurs du mystère de l'incarnation et de la rédemption du genre humain, et tout ensemble des plus saints que l'Eglise ait eus. Il ne faut qu'entendre l'éloge que donne Denys le Petit[4], un homme si savant et si pieux, au pape saint Gélase, qui étoit assis dans la chaire de saint Pierre depuis l'an 492 jusqu'à l'an 496. On y verra « que toute la vie » de ce saint Pape « étoit ou la lecture ou la prière : » ses jeûnes, sa pauvreté, et dans la pauvreté de sa vie son immense charité envers les pauvres, sa doctrine enfin, et sa vigilance qui lui faisoit regarder le moindre relâchement dans un pasteur comme un grand péril des ames, composoient en lui un

[1] *Préj. lég.*, 1 part., p. 82. — [2] *Ibid.*, p. 83, 85. — [3] *Ibid.*, p. 128. — [4] *Præf., leg., coll. decret. cod. hist.*, tom. I, p. 183.

évêque tel que saint Paul l'avoit décrit. Voilà le Pape que ce savant homme a vu dans la chaire de saint Pierre vers la fin du cinquième siècle, où l'on veut que l'Antechrist ait pris naissance. Encore cent ans après, saint Grégoire le Grand étoit assis dans cette chaire, et toute l'Eglise en Orient comme en Occident étoit remplie de la bonne odeur de ses vertus, parmi lesquelles éclatoient son humilité et son zèle. Néanmoins il étoit assis dans le Siége qui « commençoit à devenir le siége d'orgueil et celuy de la beste[1]. » Voilà de beaux commencemens pour l'Antechrist. Si ces Papes avoient voulu être un peu plus méchans, et défendre avec un peu moins de zèle le mystère de Jésus-Christ et celui de la piété, le système cadreroit mieux : mais tout s'accommode ; l'Antechrist ne faisoit encore que de naître[2], et dans ses commencemens rien n'empêche qu'il ne fût saint, et très-zélé défenseur de Jésus-Christ et de son règne. Voilà ce que voyoit notre auteur au commencement de l'année 1685 et quand il composa ses *Préjugés légitimes*.

XVIII. L'auteur change, et veut avancer la ruine de l'Antechrist.

Lorsqu'il eut vu sur la fin de la même année la révocation de l'Edit de Nantes et toutes ses suites, ce grand événement lui fit changer ses prophéties, et avancer le temps de la destruction du règne de l'Antechrist. L'auteur voulut pouvoir dire qu'il espéroit bien la voir lui-même. Il publia en 1686 le grand ouvrage de l'*Accomplissement des prophéties*, où il détermine la fin de la persécution antichrétienne à l'an 1710, ou au plus 1714 ou 1715. Au reste il avertit son lecteur qu'après tout il croit difficile de marquer précisément l'année : « Dieu, dit-il, dans ses prophéties *n'y regarde pas de si prés.* » Sentence admirable! Cependant « on peut dire, poursuit-il, que cela doit arriver depuis l'an 1710 jusqu'à l'an 1715. » Voilà ce qui est certain; et constamment au commencement du dix-huitième siècle, ce qu'il appelle persécution sera cessé : ainsi nous touchons au bout; à peine y a-t-il vingt-cinq ans. Qui des calvinistes zélés ne voudroit avoir patience, et attendre un si court terme?

XIX. Il est obli-

Il est vrai qu'il y a ici de l'embarras : car à mesure qu'on

[1] *Préj. lég.*, I part., p. 147. — [2] *Ibid.*, 128. — [3] *Acc.*, II⁰ part., chap. II, p. 18, 28.

avance la fin des douze cent soixante ans, il en faut faire remonter le commencement, et établir la naissance de l'empire antichrétien toujours dans des temps plus purs. Ainsi pour finir en 1710 ou environ, il faut avoir commencé la persécution antichrétienne en l'an 450 ou 54, sous le pontificat de saint Léon ; et c'est aussi le parti que prend l'auteur, après Joseph Mède, qui s'est rendu de nos jours célèbre en Angleterre par ses doctes rêveries sur l'*Apocalypse* et sur les autres prophéties dont on se sert contre nous.

ge à le faire naître en la personne de S. Léon le Grand.

Il semble que Dieu ait eu dessein de confondre ces imposteurs en remplissant la chaire de saint Pierre des plus grands hommes et des plus saints qu'elle ait jamais eus, dans les temps que l'on en veut faire le siége de l'Antechrist. Peut-on seulement songer aux lettres et aux sermons où saint Léon inspire encore aujourd'hui avec tant de force à ses lecteurs la foi en Jésus-Christ, et croire qu'un Antechrist en ait été l'auteur? Mais quel autre Pape a combattu avec plus de vigueur les ennemis de Jésus-Christ, a soutenu avec plus de zèle et la grace chrétienne et la doctrine ecclésiastique, et enfin a donné au monde une plus saine doctrine avec de plus saints exemples? Celui dont la sainteté se fit respecter par le barbare Attila et sauva Rome du carnage, est le premier Antechrist et la source de tous les autres. C'est l'Antechrist qui a tenu le quatrième concile général, si respecté par tous les vrais chrétiens : c'est l'Antechrist qui a dicté cette divine lettre à Flavien, qui a fait l'admiration de toute l'Eglise, où le mystère de Jésus-Christ est si hautement et si précisément expliqué, que les Pères de ce grand concile s'écrioient à chaque mot : *Pierre a parlé par Léon :* au lieu qu'il falloit dire que l'Antechrist parloit par sa bouche, ou plutôt que Pierre et Jésus-Christ même parloient par la bouche de l'Antechrist. Ne faut-il pas avoir avalé jusqu'à la lie le breuvage d'assoupissement que boivent les prophètes de mensonge, et s'en être enivré jusqu'au vertige pour annoncer au monde de tels prodiges?

xx. Absurdité de ce système.

A cet endroit de la prophétie le nouveau prophète a prévu l'indignation du genre humain et celle des protestans, aussi bien que des catholiques : car il est forcé d'avouer que « depuis Léon Ier jusqu'à Grégoire le Grand » inclusivement, Rome a eu plusieurs

xxi. Vaine évasion du ministre.

bons évêques dont il faut faire autant d'antechrists; et il espère contenter le monde en disant que c'étoit « des antechrists commencez[1]. » Mais enfin si les douze cent soixante ans de la persécution antichrétienne commencent alors, il faut ou abandonner le sens qu'on donne à la prophétie ou dire que dès lors « la sainte cité fut foulée aux pieds par les gentils; les deux témoins, » c'est-à-dire « le petit nombre des fidèles, » mis à mort[2]; « la femme enceinte, » c'est-à-dire l'Eglise, « chassée dans le désert[3], » et tout au moins privée de son exercice public; que dès lors enfin commencèrent les exécrables « blasphèmes de la beste contre le nom de Dieu, et contre tous ceux qui habitent dans le ciel, et la guerre qu'elle devoit faire aux Saints[4]. » Car il est expliqué en termes exprès dans saint Jean, que tout cela devoit durer pendant les douze cent soixante jours qu'on veut prendre pour des années. Faire commencer ces blasphèmes, cette guerre, cette persécution antichrétienne, et ce triomphe de l'erreur dans l'Eglise romaine dès le temps de saint Léon, de saint Gélase, de saint Grégoire, et la faire durer pendant tous ces siècles, où constamment cette Eglise étoit le modèle de toutes les églises, non-seulement dans la foi, mais encore dans la piété et dans les mœurs, c'est le comble de l'extravagance.

XXII. Deux mauvais caractères qu'on attribue à S. Léon.

Mais encore, qu'a fait saint Léon pour mériter d'être le premier Antechrist? On n'est pas Antechrist pour rien. Voici les trois caractères qu'on donne à l'antichristianisme qu'il faut faire convenir au temps de saint Léon et à lui-même : *l'idolâtrie, la tyrannie et la corruption des mœurs*[5]. On gémit d'avoir à défendre saint Léon de tous ces reproches contre des chrétiens : mais la charité nous y contraint. Commençons par la corruption des mœurs. Mais quoi! on n'objecte rien sur ce sujet : on ne trouve dans la vie de ce grand Pape que des exemples de sainteté. De son temps la discipline ecclésiastique étoit encore dans toute sa force, et saint Léon en étoit le soutien. Voilà comme les mœurs étoient déchues. Parcourons les autres caractères, et tranchons encore

---

[1] *Acc.*, IIe part., chap. II, p. 39-41. — [2] *Apoc.*, XI, 2, 7; *Acc. des Proph.*, IIe part., chap. X, p. 159. — [3] *Apoc.*, XII, 6, 14. — [4] *Ibid.*, XIII, 5, 6. — [5] *Acc. des Proph.*, IIe part., chap. II, p. 18, 28.

en un mot sur celui de la tyrannie. C'est, dit-on, que depuis « Léon Iᵉʳ qui estoit séant l'an 450, jusqu'à Grégoire le Grand, les évesques de Rome ont travaillé à s'arroger une supériorité sur l'Eglise universelle [1] : » mais est-ce Léon qui a commencé? On n'ose le dire; on dit seulement « qu'il y travailloit : » car on sait bien que saint Célestin, son prédécesseur, et saint Boniface, et saint Zozime, et saint Innocent, pour ne pas maintenant remonter plus haut, ont agi comme saint Léon, et n'ont pas moins soutenu l'autorité de la chaire de saint Pierre. Pourquoi donc ne sont-ils pas de ces antechrists du moins commencés? C'est que si l'on avoit commencé dès leur temps, les douze cent soixante ans seroient déjà écoulés, et l'événement auroit démenti le sens qu'on veut donner à l'*Apocalypse*. Voilà comme on amuse le monde, et comme on tourne les oracles divins à sa fantaisie.

Mais il est temps de venir au troisième caractère de la bête, qu'on veut trouver dans saint Léon et dans toute l'Eglise de son temps. C'est un nouveau paganisme, une idolâtrie pire que celle des gentils, dans le culte qu'on rendoit aux Saints et à leurs reliques. C'est sur ce troisième caractère qu'on appuie le plus : Joseph Mède a l'honneur de l'invention; car c'est lui qui interprétant ces paroles de Daniel : « Il adorera le dieu Mauzzim; » c'est-à-dire comme il le traduit, le Dieu des forces, et encore « il élèvera les forteresses » Mauzzim « du Dieu étranger; » les entend de l'Antechrist, qui appellera les Saints sa forteresse [2]. XXIII. Idolâtrie de S. Léon Les Maozzims de Daniel appliqués aux Saints

Mais comment trouvera-t-il que l'Antechrist donnera ce nom aux Saints? C'est, dit-il [3], à cause que saint Basile a prêché à tout son peuple, ou plutôt à tout l'univers, qui a lu avec respect ses divins sermons, que les quarante martyrs dont on voit les reliques, « étoient des tours par lesquelles la ville étoit défendue [4]. » Saint Chrysostome a dit aussi « que les reliques de saint Pierre et de saint Paul étoient à la ville de Rome des tours plus assurées que dix mille remparts [5]. » N'est-ce pas là, conclut Mède, élever les dieux Mauzzims? Saint Basile et saint Chrysostome sont XXIV. S. Basile et les autres saints du même temps accusés de la même idolâtrie.

[1] *Acc. des Proph.*, IIᵉ part., chap. II, p. 41. — [2] *Expos. of. Dan.*, cap. XI, n. 36, etc.; Book, III, cap. XVI, XVII, p. 66 et seq.; *Dan.*, XI, 38, 39. — [3] *Ibid.*, cap. XVII, p. 673. — [4] Bas., *Orat. in* XL *Mart.*; id. *in M. Mart.* — [5] Chrys., hom. XXXII *in Ep. ad Rom.*

les Antechrists qui érigent ces forteresses contre le vrai Dieu.

XXV. Autres saints pareillement idolâtres.
Ils ne sont pas les seuls : le poëte Fortunat a chanté, après saint Chrysostome, que « Rome avoit deux remparts et deux tours dans saint Pierre et dans saint Paul. » Saint Grégoire en a dit autant. Saint Chrysostome répète encore « que les saints martyrs de l'Egypte nous fortifient comme des remparts imprenables, comme d'inébranlables rochers, contre les ennemis invisibles [1]. » Et Mède reprend toujours : « N'est-ce pas là des Moazins ? » Il ajoute que saint Hilaire trouve aussi nos boulevards dans les anges. Il cite saint Grégoire de Nysse, frère de saint Basile [2], Gennadius, Evagrius, saint Eucher, Théodoret et les prières des Grecs, pour montrer la même chose. Il n'oublie pas que la croix est appelée notre défense, et que nous disons tous les jours : « Se fortifier du signe de la croix : » *Munire se signo crucis* [3] : la croix y vient comme le reste, et ce sacré symbole de notre salut sera encore rangé parmi les Maozins de l'Antechrist.

XXVI. S. Ambroise ajouté aux autres par M. Jurieu.
M. Jurieu relève tous ces beaux passages de Joseph Mède ; et pour n'être pas un simple copiste, il y ajoute saint Ambroise, qui dit que saint Gervais et saint Protais étoient les anges tutélaires de la ville de Milan [4]. Il pouvoit encore nommer saint Grégoire de Nazianze, saint Augustin et enfin tous les autres Pères, dont les expressions ne sont pas moins fortes [5]. Tout cela, c'est faire des Saints autant de dieux, parce que c'est en faire des remparts et des rochers où on a une retraite assurée, et que l'Ecriture donne ces noms à Dieu.

XXVII. Les ministres ne peuvent pas croire ce qu'ils disent.
Ces messieurs savent bien en leur conscience que les Pères dont ils produisent les passages ne l'entendent pas ainsi : mais qu'ils veulent dire seulement que Dieu nous donne dans les Saints, comme il a fait autrefois dans Moïse, dans David et dans Jérémie, des invincibles protecteurs dont les prières agréables nous sont une défense plus assurée que mille remparts : car il sait faire de ses Saints, quand il lui plaît et à la manière qu'il lui plaît, des forteresses imprenables, et des « colonnes de fer, et des murailles

---

[1] Chrys., hom. LXX *ad Pop. Ant.* — [2] *Orat. in* XL *Mart.* — [3] *Ibid.*, p. 678. — [4] *Acc. des Proph.*, 1re part., chap. XIV, p. 248, 249 et seq.— [5] *Ibid.*, p. 245; Med., ubi sup., cap. XVI.

d'airain ¹. » Nos docteurs, encore un coup, savent bien en leur
conscience que c'est là le sens de saint Chrysostome et de saint
Basile, quand ils appellent les Saints des tours et des forteresses.
Ces exemples leur devroient apprendre à ne prendre pas au criminel d'autres expressions aussi fortes, et ensemble aussi innocentes que celles-là : et du moins il ne faudroit pas pousser l'impiété jusqu'à faire de ces saints docteurs les fondateurs de l'idolâtrie
antichrétienne, puisque c'est attribuer cet attentat à toute l'Eglise
de leur temps, dont ils n'ont fait que nous expliquer la doctrine
et le culte. Aussi ne faut-il pas s'imaginer qu'on puisse croire sérieusement ce qu'on en dit, ni ranger tant de Saints parmi des
blasphémateurs et des idolâtres. On doit seulement conclure de
là que les ministres sont emportés au delà de toute mesure, et
que, sans éclairer l'esprit, ils ne songent qu'à exciter la haine
dans le cœur.

Mais enfin, s'il faut tenir pour des antechrists tous ces préten- XXVIII.
dus adorateurs des Mauzzins, pourquoi différer jusqu'à saint Léon Pourquoi ils ne font
le commencement de l'empire antichrétien ? Montrez-moi que du pas com-mencer
temps de ce saint Pape on ait plus fait pour les Saints, que de les l'antichris-tianisme à
reconnoître pour des tours et des remparts invincibles. Montrez- S. Basile aussitôt
moi qu'on eût mis alors plus de force dans leurs prières, et qu'on qu'à S. Léon.
eût rendu plus d'honneur à leurs reliques. Vous dites ² qu'en 360
et 390 le culte des créatures, c'est-à-dire, selon vous, celui des
Saints, n'étoit pas encore établi dans le service public : montrez-
moi qu'il le fut ou plus ou moins sous saint Léon. Vous dites que
dans ces mêmes années de 360 et 390, on prenoit encore de grandes
précautions pour ne pas confondre le service de Dieu avec le service des créatures qui naissoit : montrez-moi qu'on en ait moins
pris dans la suite, et surtout du temps de saint Léon. Mais qui
jamais auroit pu confondre des choses si bien distinguées ? On demande à Dieu les choses; on demande aux Saints des prières : qui
s'avisa jamais de demander ou des prières à Dieu, ou les choses
mêmes aux Saints comme à ceux qui les donnassent ? Montrez
donc que du temps de saint Léon on eût confondu des caractères
si marqués, et le service de Dieu avec l'honneur qu'on rend pour

¹ *Jerem.*, I, 18. — ² *Acc.*, IIe part., p. 23.

l'amour de lui à ses serviteurs. Vous ne l'entreprendrez jamais. Pourquoi donc demeurer en si beau chemin? Osez dire ce que vous pensez. Commencez par saint Basile et par saint Grégoire de Nazianze le règne de l'idolâtrie antichrétienne, et les blasphèmes de la bête contre l'Eternel et contre tout ce qui habite dans le ciel : tournez en blasphème contre Dieu et contre les Saints ce qu'on a dit dès lors de la gloire que Dieu donnoit à ses serviteurs dans son Eglise. Saint Basile n'est pas meilleur que saint Léon, ni l'Eglise plus privilégiée à la fin du quatrième siècle que cinquante ans après, dans le milieu du cinquième. Mais je vois la réponse que vous me faites dans votre cœur : c'est qu'à commencer par saint Basile, tout seroit fini il y a longtemps ; et démentis par l'événement, vous ne pourriez plus amuser les peuples d'une vaine attente.

XXIX. Calcul ridicule.
En effet notre auteur avoue qu'on pourroit commencer tout son calcul à quatre années différentes : à 360, à 393, à 430 et enfin à 450 ou 55, qui est le calcul qu'il suit [1]. Toutes ces quatre supputations, selon lui, conviennent admirablement au système de la nouvelle idolâtrie : mais par malheur dans les deux premières supputations, où tout le reste, à ce qu'on prétend, convenoit si bien, le principal manque : c'est que selon ces calculs l'empire papal devroit être tombé en 1620 ou 1653 [2] : or il est encore, et il a quelque répit. Pour le troisième calcul, il finit en 1690, à quatre ou cinq ans d'ici, dit notre auteur : ce seroit trop s'exposer que de prendre un terme si court. Cependant tout y convenoit parfaitement. Voilà ce que c'est que ces convenances dont on fait un si grand cas : ce sont des illusions manifestes, des songes, des visions démenties par l'événement.

XXX. Pourquoi l'idolâtrie de S. Basile et des autres Pères de même temps, n'est pas réputée antichrétienne.
« Mais, dit-on, la principale raison pourquoy Dieu ne veut pas compter la naissance de l'antichristianisme de ces années 360, 393 et 430, » encore que la nouvelle idolâtrie, qu'on veut être le caractère de l'antichristianisme, y fût établie, c'est « qu'il y avoit un quatrième caractère de la naissance de cét empire antichrétien qui n'estoit pas encore arrivé [3] ; » c'est que l'empire romain devoit être détruit; c'est qu'il devoit y avoir sept rois [4], c'est-à-dire, se-

[1] *Acc.*, II⁰ part., p. 20 et seq.— [2] *Ibid.*, p. 22.— [3] *Ibid.*, p. 23.— [4] *Apoc.*, XVII, 9.

lon tous les protestans, sept formes de gouvernement dans la ville aux sept montagnes, c'est-à-dire dans Rome. L'empire papal devoit faire le septième gouvernement; et il falloit que les six autres fussent détruits pour donner lieu au septième, qui étoit celui du Pape et de l'Antechrist. Lorsque Rome devoit cesser d'être maîtresse, et que l'empire antichrétien devoit commencer, il falloit qu'il y eût dix rois qui reçussent en même temps la souveraine puissance; et dix royaumes, « dans lesquels l'Empire de Rome devoit estre subdivisé[1], » selon l'oracle de l'*Apocalypse*. Tout cela s'est accompli à point nommé dans le temps de saint Léon : c'est donc là le temps précis de la naissance de l'Antechrist, et on ne peut pas résister à ces convenances.

Doctrine admirable! Ce n'étoit pas ces dix rois ni ce démembrement de l'empire qui devoit constituer l'Antechrist, et ce n'étoit là tout au plus qu'une marque extérieure de sa naissance : ce qui le constitue véritablement, c'est la corruption des mœurs, c'est la prétention de la supériorité, c'est principalement la nouvelle idolâtrie. Tout cela n'est pas plus sous saint Léon que quatre-vingts ou cent ans auparavant : mais Dieu ne le vouloit pas encore imputer à antichristianisme, et il ne lui plaisoit pas que la nouvelle idolâtrie, quoique déjà toute formée, fût antichrétienne. Il n'est pas possible à la fin que de telles extravagances, où l'impiété et l'absurdité combattent ensemble à qui emportera le dessus, n'ouvrent les yeux à nos frères; et ils se désabuseront à la fin de ceux qui leur débitent de tels songes.

XXXI. Absurdité inouïe.

Mais entrons un peu dans le détail de ces belles convenances, qui ont tant ébloui nos réformés; et commençons par ces sept rois qui selon saint Jean sont les sept têtes de la bête, et par ces dix cornes qui selon le même saint Jean sont dix autres rois. Le sens, dit-on, en est manifeste. « Les sept testes, dit saint Jean [2], sont les sept montagnes sur lesquelles la femme est assise, et ce sont sept rois : cinq sont passez; l'un subsiste, l'autre n'est pas encore arrivé; et lorsqu'il sera arrivé, il faut qu'il subsiste peu; et la beste, qui estoit et qui n'est pas, est aussi le huitiéme roy, et en mesme temps un des sept; et il va tomber en ruine[3]. » Les sept rois, c'est,

XXXII. Le système des ministres sur les sept rois de l'*Apocalypse*, évidemment confondu par les termes de cette prophétie.

[1] *Apoc.*, XVII, 12. — [2] *Ibid.*, 3, 9, 12. — [3] *Acc.*, 1re part., p. 11.

dit-on, les sept formes de gouvernement sous lesquelles Rome a vécu : les rois, les consuls, les dictateurs, les décemvirs, les tribuns militaires qui avoient la puissance consulaire, les empereurs et enfin le Pape. *Cinq ont passé,* dit saint Jean : cinq de ces gouvernemens étoient écoulés lorsqu'il écrivit sa prophétie : *l'un est encore*; c'étoit l'empire des Césars sous lequel il écrivoit : *et l'autre doit bientôt venir;* qui ne voit l'empire papal? C'est un des sept rois : une des sept formes de gouvernement; et c'est aussi *le huitième roi,* c'est-à-dire la huitième forme de gouvernement : la septième, parce que le Pape tient beaucoup des empereurs par la domination qu'il exerce; et la huitième, parce qu'il a quelque chose de particulier, cet empire spirituel, cette domination sur les consciences; il n'y a rien de plus juste : mais un petit mot gâte tout. Premièrement, je demanderois volontiers pourquoi les sept rois sont sept formes de gouvernement, et non pas sept rois effectifs. Qu'on me montre dans les Ecritures que des formes de gouvernement soient nommées des rois ; au contraire, je vois trois versets après que les dix rois sont dix vrais rois, et non pas dix sortes de gouvernement. Pourquoi les sept rois du verset 9 seroient-ils si différens des dix rois du verset 12 ? Prétend-on nous faire accroire que les consuls, des magistrats annuels, soient des rois? que l'abolition absolue de la puissance royale dans Rome soit un des sept rois de Rome? que dix hommes, les décemvirs, soient un roi, et toute la suite de quatre ou six tribuns militaires, plus ou moins, un autre roi? Mais en vérité est-ce là une autre forme de gouvernement? Qui ne sait que les tribuns militaires ne différoient des consuls que dans le nombre? C'est pourquoi on les appeloit *Tribuni militum consulari potestate.* Et si saint Jean a voulu marquer tous les noms de la suprême puissance parmi les Romains, pourquoi avoir oublié les triumvirs? N'eurent-ils pas pour le moins autant de puissance que les décemvirs? Que si l'on dit qu'elle fut si courte qu'elle ne mérite pas d'être comptée, pourquoi celle des décemvirs, qui ne dura que deux ans, le sera-t-elle plutôt? Il est vrai, nous dira-t-on : mettons-les à la place des dictateurs; aussi bien n'y a-t-il guère d'apparence de mettre la dictature comme une forme de gouvernement sous laquelle Rome ait vécu un certain temps. C'étoit une magistrature extraordinaire qu'on faisoit selon l'exigence dans tous les temps de la république, et non une forme particulière de gouvernement. Déplaçons-les donc et mettons les triumvirs à leur place. J'y consens, et je suis bien aise moi-même de donner à l'interprétation des protestans toute la plus belle apparence qu'elle puisse avoir : car avec tout cela ce n'est qu'illusion : un petit mot, comme je l'ai dit, va tout réduire en fumée : car enfin il est dit du *septième roi*, qui sera donc, puisqu'on le veut, un septième gouvernement, que « lorsqu'il sera venu, il faut qu'il subsiste peu de temps. » A peine saint Jean l'a-t-il fait paroître ; et incontinent, « il va, dit-il, en ruine [1]. » Si c'est l'empire papal, il doit être court. Or on prétend que selon saint Jean il doit durer du moins douze cent soixante ans, autant de temps, comme le confesse notre nouvel interprète, « que tous les autres gouvernemens ensemble [2]. » Ce n'est donc pas l'empire papal dont il s'agit.

XXXIII. Réponse illusoire.

Mais c'est, dit-on, que devant Dieu « mille ans, » comme dit saint Pierre [3], « ne sont qu'un jour. » Le beau dénouement ! Tout est également court aux yeux de Dieu, et non-seulement le règne du septième roi, mais encore le règne de tous les autres. Or saint Jean vouloit caractériser ce septième roi en le comparant avec les autres ; et son règne devoit être remarquable par la brièveté de sa durée. Pour faire trouver ce caractère dans le gouvernement papal, qui ne voit qu'il ne suffit pas qu'il soit court devant Dieu, devant qui rien n'est durable ? Il faudroit qu'il fût court à comparaison des autres gouvernemens ; plus court par conséquent que celui des tribuns militaires qui ont à peine subsisté trente à quarante ans ; plus court que celui des décemvirs qui n'en ont duré que deux ; plus court du moins que celui des rois, ou des consuls, ou des empereurs qui ont rempli le plus de temps par leur durée. Mais au contraire celui que saint Jean a caractérisé par la brièveté de sa durée, non-seulement dure plus que chacun des autres, mais encore dure plus que tous les autres ensemble : quelle absurdité plus manifeste ! et n'est-ce pas entreprendre de rendre les prophéties ridicules que de les expliquer de cette sorte ?

[1] *Apoc.*, XVII, 10. — [2] *Acc.*, 1re part., p. 11. — [3] II *Petr.*, III, 8.

XXXIV. Les dix rois de l'Apocalypse aussi évidemment mal expliqués.

Mais disons un mot des dix rois, sur lesquels notre interprète croit triompher, après Joseph Mède [1]. C'est lorsqu'il nous fait paroître, 1° les Bretons, 2° les Saxons, 3° les François, 4° les Bourguignons, 5° les Visigoths, 6° les Suèves et les Alains, 7° les Vandales, 8° les Allemands, 9° les Ostrogoths en Italie, où les Lombards leur succèdent, 10° les Grecs. Voilà dix royaumes bien comptés, dans lesquels l'empire romain s'est divisé au temps de sa chute. Sans disputer sur les qualités, sans disputer sur le nombre, sans disputer sur les dates, voici du moins une chose bien constante; c'est qu'aussitôt que ces dix rois paroissent, saint Jean leur fait donner « leur autorité et leur puissance à la beste [2]. » Nous l'avouerons, disent nos interprètes, et c'est aussi où nous triomphons; car c'est là *ces dix rois vassaux et sujets que l'empire antichrétien*, c'est-à-dire l'empire pontifical, « a toûjours eû sous luy pour l'adorer, et maintenir sa puissance [3]. » Voilà une convenance merveilleuse : mais, je vous prie, qu'ont contribué à établir l'empire papal des rois ariens, tels qu'étoient les Visigoths et les Ostrogoths, les Bourguignons et les Vandales; ou des rois païens, tels qu'étoient alors les François et les Saxons? Est-ce là ces dix rois vassaux de la Papauté, qui ne sont au monde que pour l'adorer? Mais quand est-ce que ces Vandales et les Ostrogoths ont adoré les Papes? Est-ce sous Théodoric et ses successeurs, lorsque les Papes vivoient sous leur tyrannie? ou sous Genséric, lorsqu'il pilla Rome avec les Vandales, et en emporta les dépouilles en Afrique? Et puisqu'on amène ici jusqu'aux Lombards, seroient-ils aussi parmi ceux qui agrandissent l'Eglise romaine, eux qui n'ont rien oublié pour l'opprimer durant tout le temps qu'ils ont subsisté, c'est-à-dire durant deux cents ans? Car qu'ont été durant tout ce temps les Alboïns, les Astolphes et les Didiers, que des ennemis de Rome et de l'Eglise romaine? Et les empereurs d'Orient, qui étoient en effet empereurs romains, quoiqu'on les mette ici les derniers sous le nom de *Grecs*, les faut-il encore compter parmi « les vassaux et les sujets » du Pape, eux que saint Léon et ses successeurs, jusqu'au temps de Charlemagne,

---

[1] *Préj. légit.*, Ire part., chap. VII, p. 126; *Acc. des Proph.*, IIe part. 27, 28. — [2] *Apoc.*, XVII, 13. — [3] *Acc.*, Ire part., chap. XV, p. 266.

ont reconnus pour leurs souverains? Mais, dira-t-on, ces rois païens et hérétiques ont embrassé la vraie foi. Il est vrai, ils l'ont embrassée longtemps après ce démembrement en dix royaumes. Les François ont eu quatre rois païens : les Saxons ne se sont convertis que sous saint Grégoire, cent cinquante ans après le démembrement : les Goths, qui régnoient en Espagne, se sont convertis de l'arianisme dans le même temps : que fait cela à ces rois, qui selon les prétentions de nos interprètes, devoient commencer à régner en même temps que la bête, et lui donner leur puissance? D'ailleurs ne sait-on point d'autre époque pour faire entrer ces rois dans l'empire antichrétien, que celle où ils se sont faits ou chrétiens ou catholiques? Quelle heureuse destinée de cet empire prétendu antichrétien, qu'il se compose des peuples convertis à Jésus-Christ! Mais qu'est-ce, après tout, que ces rois si heureusement convertis ont contribué à l'établissement de la puissance du Pape? Si en entrant dans l'Eglise ils en ont reconnu le premier Siége qui étoit celui de Rome, ni ils ne lui ont donné cette primauté qu'il avoit très-constamment quand ils se sont convertis, ni ils n'ont reconnu dans le Pape que ce qu'y avoient reconnu les chrétiens avant eux, c'est-à-dire le successeur de saint Pierre. Les Papes de leur côté n'ont exercé leur autorité sur ces peuples qu'en leur enseignant la vraie foi, et en maintenant le bon ordre et la discipline; et personne ne montrera que durant ce temps, ni quatre cents ans après, ils se soient mêlés d'autre chose, ni qu'ils aient rien entrepris sur le temporel : voilà ce que c'est que ces dix rois avec lesquels devoit commencer l'empire papal.

Mais c'est, dit-on, qu'il en est venu dix autres à la place, et les voici avec leurs royaumes : 1° l'Allemagne, 2° la Hongrie, 3° la Pologne, 4° la Suède, 5° la France, 6° l'Angleterre, 7° l'Espagne, 8° le Portugal, 9° l'Italie, 10° l'Ecosse [1]. Expliquera qui pourra pourquoi l'Ecosse paroît ici plutôt que la Bohême, pourquoi la Suède plutôt que le Danemark ou la Norwége; pourquoi enfin le Portugal, comme séparé de l'Espagne, plutôt que Castille, Arragon, Léon, Navarre et les autres royaumes : mais pourquoi

xxxv. Vaine réponse.

[1] *Préj.*, Ire part., chap. vi, p. 105.

perdre le temps à examiner ces fantaisies? Qu'on me réponde du moins si c'étoit là ces dix royaumes qui devoient se former du débris de l'Empire romain à même temps que l'Antechrist devoit paroître, et qui lui devoient donner leur autorité et leur puissance; que fait ici la Pologne, et les autres royaumes du Nord, que Rome ne connoissoit pas, et qui sans doute n'ont pas été formés de ses ruines, lorsque l'Antechrist saint Léon est venu au monde? Se moque-t-on d'écrire sérieusement de semblables rêveries? C'est en vérité, pour des gens qui ne parlent que de l'Ecriture, se jouer trop témérairement de ses oracles; et si l'on n'a rien de plus précis pour expliquer les prophéties, il vaudroit mieux en adorer l'obscurité sainte, et respecter l'avenir que Dieu a mis en sa puissance.

XXXVI. Contrariétés des nouveaux interprètes.

Il ne faut pas s'étonner si ces interprètes hardis se détruisent à la fin les uns les autres. Joseph Mède, sur le verset où saint Jean raconte que dans un grand tremblement de terre « la dixième partie de la ville tomba [1], » croyoit avoir très-bien rencontré en interprétant cette dixième partie de la nouvelle Rome antichrétienne, qui est dix fois plus petite que l'ancienne Rome. Pour parvenir à la preuve de son interprétation, il compare sérieusement l'ère de l'ancienne Rome avec celle de la nouvelle, et par une belle figure il démontre que la première est dix fois plus grande que l'autre : mais M. Jurieu son disciple lui ôte une interprétation si mathématique. « Il s'est trompé avec tous les autres, dit fièrement le nouveau prophète, quand par la cité dont parle saint Jean il a entendu la seule ville de Rome [2]. Il faut tenir pour certain, poursuit-il d'un ton de maître, que la grande cité c'est Rome avec son empire [3]. » Et la dixième partie de cette cité, que sera-ce? Il l'a trouvé : « La France, dit-il, est cette dixième partie [4]. » Mais quoi! la France tombera-t-elle, et ce prophète augure-t-il si mal de sa patrie? Non, non : elle pourra bien être abaissée; qu'elle y prenne garde; le prophète l'en menace : mais elle ne périra pas. Ce que le Saint-Esprit veut dire ici, en disant qu'elle tombera, « c'est qu'elle tombera pour le papisme [5] : » au

[1] *Apoc.*, XI, 13; Med., *Comm. in Apoc.*, part. II, p. 489. — [2] *Acc.*, IIe part., chap. II, p. 194. — [3] *Ibid.*, p. 200, 203. — [4] *Ibid.*, p. 201. — [5] *Ibid.*

reste, elle sera plus éclatante que jamais, parce qu'elle embrassera la Réforme; et cela bientôt; et nos rois (chose que j'ai peine à répéter) vont être réformés à la calvinienne. Quelle patience n'échapperoit à ces interprétations? Mais enfin il a mieux dit qu'il ne pense, d'appeler cela une chute : la chute seroit trop horrible, de tomber dans une Réforme où l'esprit d'illusion domine si fort.

XXXVII. L'Anglois trouve l'Angleterre dans l'Apocalypse, et le François y trouve la France.

Si l'interprète françois trouve la France dans l'*Apocalypse*, l'Anglois y trouve l'Angleterre : la fiole versée sur les fleuves et sur les fontaines « sont les émissaires du Pape, et les Espagnols vaincus sous le règne d'Elisabeth de glorieuse mémoire [1]. » Mais le bon Mède rêvoit : son disciple mieux instruit nous apprend que la seconde et la troisième fiole « c'est les croisades, où Dieu a rendu du sang aux catholiques pour le sang des vaudois et des albigeois, qu'ils avoient répandu [2]. » Ces vaudois et ces albigeois, et Jean Viclef et Jean Hus, et tous les autres de cette sorte, jusqu'aux cruels taborites, reviennent partout dans les nouvelles interprétations comme de fidèles témoins de la vérité persécutée par la bête : mais on les connoît à présent, et il n'en faudroit pas davantage pour reconnoître la fausseté de ces prétendues prophéties.

XXXVIII. Le roi de Suède prédit, et la prédiction démentie à l'instant.

Joseph Mède s'étoit surpassé lui-même dans l'explication de la quatrième fiole. Il la voyoit répandue « sur le soleil, sur la principale partie du ciel de la bête [3], » c'est-à-dire de l'empire papal : c'est que le Pape alloit perdre l'empire d'Allemagne, qui est son soleil : cela étoit clair. Pendant que Mède, si on l'en veut croire, imprimoit ces choses « qu'il avoit méditées longtemps auparavant, » il apprit les merveilles « de ce roi pieux, heureux et victorieux, que Dieu envoyoit du Nord pour défendre sa cause [4] : » c'étoit, en un mot, le grand Gustave. Mède ne peut plus douter que sa conjecture ne soit une inspiration; et il adresse à ce grand roi le même cantique que David adressoit au Messie : « Mettez votre épée, ô grand Roi; combattez pour la vérité et pour la jus-

---

[1] Med., *Comm. Apoc.*, p. 528, ad Phial., 3, *Apoc.*, XVI.— [2] *Acc. des Proph.*, IIe part., chap. IV, p. 72; *Préj. légit.*, Ire part., chap. V, p. 98, 99.— [3] *Comm.*, *Apoc.*, p. 528; *Apoc.*, XVI, 8. — [4] *Comm. Apoc.*, p. 529.

tice, et régnez ¹. » Mais il n'en fut rien, et avec sa prophétie Mède a publié sa honte.

XXXIX. Ridicule pensée sur le Turc. Il y a encore un bel endroit, où pendant que Mède contemple la ruine de l'empire turc, son disciple y voit au contraire les victoires de cet empire. L'Euphrate dans l'*Apocalypse*, c'est à Mède l'empire des Turcs ; et l'Euphrate mis à sec dans l'épanchement de la sixième fiole, c'est l'empire turc détruit ². Il n'y entend rien : M. Jurieu nous fait voir que l'Euphrate, c'est l'Archipel et le Bosphore, que les Turcs passèrent en 1390 pour se rendre maîtres de la Grèce et de Constantinople ³. Bien plus, « il y a beaucoup d'apparence que les conquestes des Turcs sont poussées si loin, pour leur donner le moyen de servir avec les protestans au grand œuvre de Dieu ⁴, » c'est-à-dire à la ruine de l'empire papal : car encore que les Turcs « n'ayent jamais esté si bas qu'ils sont, » c'est cela même qui fait croire à notre auteur qu'ils se relèveront bientôt. « Je regarde, dit-il, cette année 1685 comme critique en cette affaire. Dieu y a abaissé les réformez et les Turcs en mesme temps *pour les relever en mesme temps*, et les faire estre les instrumens de sa vengeance contre l'empire papal. » Qui n'admireroit cette relation du turcisme avec la Réforme, et cette commune destinée de l'un et de l'autre ? Si les Turcs se relèvent, pendant que le reste des chrétiens s'affligera de leurs victoires, les réformés alors lèveront la tête, et croiront voir approcher le temps de leur délivrance. On ne savoit pas encore ce nouvel avantage de la Réforme, de devoir croître et décroître avec les Turcs. Notre auteur lui-même étoit demeuré court à cet endroit quand il composoit ses *Préjugés légitimes ;* et il n'avoit rien entendu dans les plaies des deux dernières fioles où ce mystère étoit renfermé : mais enfin, « aprés avoir frappé deux fois, quatre, cinq et six fois, avec une attention religieuse, la porte s'est ouverte ⁵, » et il a vu ce grand secret.

XL. Pourquoi on souffre ces absurdités dans le parti. On me dira que parmi les protestans les habiles gens se moquent, aussi bien que nous, de ces rêveries. Mais cependant on les laisse courir, parce qu'on les sait nécessaires pour amuser un peuple

---

¹ *Psal.* XLIV. — ² *Apoc.*, XVI, 12 ; *Ibid., ad Phial.*, 6, p. 520. — ³ *Acc.*, II⁰ part., chap. VII, p. 99. — ⁴ *Ibid.*, 101. — ⁵ *Ibid.*, p. 94.

crédule. Ç'a été principalement par ces visions qu'on a excité la haine contre l'Eglise romaine, et qu'on a nourri l'espérance de la voir bientôt détruite. On en revient à cet artifice ; et le peuple trompé cent fois, ne laisse pas de prêter l'oreille, comme les Juifs livrés à l'esprit d'erreur faisoient autrefois aux faux prophètes. Des exemples ne servent de rien pour désabuser le peuple prévenu. On crut voir dans les prophéties de Luther la mort de la Papauté si prochaine, qu'il n'y avoit aucun protestant qui n'espérât d'assister à ses funérailles. Il a bien fallu prolonger le temps, mais on a toujours conservé le même esprit ; et la Réforme n'a jamais cessé d'être le jouet de ces prophètes de mensonge, qui prophétisent les illusions de leur cœur.

XLI. Les prophètes du parti sont des trompeurs. Aveu du ministre Jurieu.

Dieu me garde de perdre le temps à parler ici d'un Cotterus, d'un Drabicius, d'une Christine, d'un Coménius, et de tous ces autres visionnaires dont notre ministre nous vante les prédictions et reconnoît les erreurs [1]. Il n'est pas jusqu'au savant Usser qui n'ait voulu, à ce qu'on prétend, faire le prophète. Mais le même ministre demeure d'accord qu'il s'est trompé comme les autres. Ils ont tous été démentis par l'expérience ; et « on y trouve, dit le ministre [2], tant de choses qui achopent, qu'on ne sçauroit affermir son cœur là-dessus. » Cependant il ne laisse pas de les regarder comme des prophètes et de grands prophètes, des Ezéchiels, des Jérémies. Il trouve « dans leurs visions tant de majesté et tant de noblesse que celles des anciens prophétes n'en ont pas davantage, et une suite de miracles aussi grands qu'il en soit arrivé depuis les apostres. » Ainsi le premier homme de la Réforme se laisse encore éblouir par ces faux prophètes, après que l'événement les a confondus : tant l'esprit d'illusion règne dans le parti ; mais les vrais prophètes du Seigneur le prennent d'un autre ton contre ces menteurs qui abusent du nom de Dieu : « Ecoute, ô Hananias, dit Jérémie, la parole que je t'annonce, et que j'annonce à tout le peuple. Les prophètes qui ont été devant nous dès le commencement, et qui ont prophétisé le bien ou le mal aux nations et aux royaumes, lorsque leurs paroles ont été accomplies, on a vu qu'ils étoient des prophètes que le Seigneur avoit véritablement en-

[1] *Avis à tous les Ch.*, au comm., p. 5-7. — [2] *Acc. des proph.*, II° part., p. 174.

voyés ; et la parole du Seigneur fut adressée à Jérémie : Va et dis à Hananias : Voici ce que dit le Seigneur : Tu as brisé des chaînes de bois, *en signe de la délivrance future du peuple,* et tu les changeras en chaînes de fer : j'aggraverai le joug des nations *à qui tu annonces la paix.* Et le prophète Jérémie dit au prophète Hananias : Ecoute, ô Hananias ; le Seigneur ne t'a pas envoyé, et tu as fait que le peuple a mis sa confiance dans le mensonge : pour cela, dit le Seigneur, je t'ôterai de dessus la face de la terre : tu mourras cette année, parce que tu as parlé contre le Seigneur : et le prophète Hananias mourut cette année au septième mois [1]. » Ainsi méritoit d'être confondu celui qui trompoit le peuple au nom du Seigneur, et le peuple n'avoit plus qu'à ouvrir les yeux.

XLII. Les interprètes ne valent pas mieux.

Les interprètes de la Réforme ne valent pas mieux que ses prophètes. L'*Apocalypse* et les autres prophéties ont toujours été le sujet sur lequel les beaux esprits de la Réforme ont cru qu'il leur étoit libre de se jouer. Chacun a trouvé ses convenances, et les crédules protestans y ont toujours été pris. M. Jurieu reprend souvent, comme on a vu, Joseph Mède qu'il avoit choisi pour son guide [2]. Il a fait voir jusqu'aux erreurs de Dumoulin son aïeul, dont toute la Réforme avoit admiré les interprétations sur les prophéties ; et il a montré « que le fondement sur lequel il a basti est tout à fait destitué de solidité. » Il y avoit pourtant beaucoup d'esprit, et une érudition très-recherchée dans ces visions de Dumoulin : mais c'est qu'en ces occasions plus on a d'esprit, plus on se trompe ; parce que plus on a d'esprit, plus on invente et plus on hasarde. Le bel esprit de Dumoulin, qui a voulu s'exercer sur l'avenir, l'a engagé dans un travail dont on se moque jusque dans sa famille ; et M. Jurieu, son petit-fils, qui montre peut-être dans cette matière plus d'esprit que les autres, n'en sera que plus certainement la risée du monde.

XLIII. Ce que les ministres ont trouvé dans l'Apocalypse touchant

J'ai honte de discourir si longtemps sur des visions plus creuses que celles des malades. Mais je ne dois pas oublier ce qu'il y a de plus important dans ce vain mystère des protestans. Selon l'idée qu'ils nous donnent de l'*Apocalypse*, rien ne devroit y être mar-

---

[1] *Jer.*, XXVIII, 7 et seq. — [2] Jur., *Acc. des proph.*, 1ʳᵉ part., p. 71 ; IIᵉ part., p. 183.

qué plus clairement que la Réforme elle-même avec ses auteurs, leurs réformateurs qui étoient venus pour détruire l'empire de la bête ; et surtout elle devroit être marquée dans l'épanchement des sept fioles où sont prédites, à ce qu'ils prétendent, les sept plaies de leur empire antichrétien. Mais ce que voient ici nos interprètes est si mal conçu, que l'un détruit ce que l'autre avance. Joseph Mède croit avoir trouvé Luther et Calvin, lorsque la fiole est répandue sur *la mer,* c'est-à-dire, sur le monde antichrétien, et qu'aussitôt cette mer « est changée en un sang semblable à celui d'un corps mort [1]. » Voilà, dit-il, la Réforme : c'est un poison qui tue tout : car alors « tous les animaux qui étoient dans la mer moururent [2]. » Mède prend soin de nous expliquer ce sang semblable à celui d'un cadavre, et il dit que c'est comme le sang d'un membre coupé, à cause « des provinces et des royaumes qui furent alors arrachés du corps de la Papauté [3]. » Voilà une triste image pour les réformés, de ne voir les provinces de la Réforme que comme « des membres coupés, » qui ont perdu, selon Mède, « toute liaison avec la source de la vie, tout esprit vital et toute chaleur, » sans qu'on nous en dise davantage.

Telle est l'idée de la Réforme, selon Mède. Mais s'il la voit dans XLIV. Idée du l'effusion de la seconde fiole, l'autre interprète la voit seulement à ministre l'effusion de la septième : « Lorsqu'il sortit, dit saint Jean [4], une Jurieu. grande voix du temple céleste comme venant du trône, qui dit : C'est fait. Et il se fit de grands bruits, des tonnerres et des éclairs, et un si grand tremblement de terre, qu'il n'y en eut jamais un tel depuis que les hommes sont sur la terre : » c'est là, dit-il, la Réforme [5].

A la vérité ce grand mouvement convient assez aux troubles dont elle remplit tout l'univers, car on n'en avoit jamais vu de semblables pour la religion. Mais voici le bel endroit : « La grande ville fut divisée en trois parties. » C'est, dit notre auteur, l'Eglise romaine, la luthérienne et la calvinienne ; voilà les trois partis qui divisent la grande cité, c'est-à-dire l'Eglise d'Occident. J'accepte l'augure ; la Réforme divise l'unité : en la divisant elle se

---

[1] Jos. Mèd., *ad Ph.,* 2; *Apoc.,* XVI, 3. — [2] *Apoc., ibid.* — [3] Mèd., *ibid.* — [4] *Apoc.,* XVI, 17. — [5] *Acc.,* IIe part., chap. VIII, p. 122.

rompt elle-même en deux, et laisse l'unité à l'Eglise romaine dans la chaire de saint Pierre qui en est le centre. Mais saint Jean ne devoit pas avoir oublié qu'une des parties divisées, c'est-à-dire la calvinienne, se rompoit encore en deux morceaux, puisque l'Angleterre, qu'on veut ranger avec elle, fait néanmoins dans le fond une secte à part ; et notre ministre ne doit pas dire que cette division soit légère, puisque de son propre aveu on se traite de part et d'autre « comme des excommuniez [1]. » En effet l'église anglicane met les calvinistes puritains au nombre des non-conformistes, c'est-à-dire au nombre de ceux dont elle ne permettoit pas le service, et n'en reçoit les ministres qu'en les ordonnant de nouveau comme des pasteurs sans aveu et sans caractère. Je pourrois aussi parler des autres sectes qui ont partagé le monde en même temps que Luther et Calvin, et qui prises ensemble ou séparément, font un assez grand morceau pour n'être pas omises dans ce passage de saint Jean. Et après tout il falloit donner à la Réforme un caractère plus noble que celui de tout renverser, et une plus belle marque que celle d'avoir mis en pièces l'Eglise d'Occident, la plus florissante de tout l'univers ; qui a été le plus grand de tous les malheurs.

[1] Ci-dessus, liv. XII, n. 43.

FIN DU QUATORZIÈME VOLUME.

TABLE

DES MATIÈRES CONTENUES DANS LE QUATORZIÈME VOLUME.

HISTOIRE DES VARIATIONS

DES ÉGLISES PROTESTANTES.

PRÉFACE. — DESSEIN DE L'OUVRAGE.

REMARQUES HISTORIQUES.	1
I. Idée générale de la religion protestante, et de cet ouvrage.	1
II. Les variations dans la foi, preuve certaine de fausseté. Celles des ariens. Fermeté de l'Eglise catholique.	1
III. Caractère des hérésies, d'être variables. Passage célèbre de Tertullien.	2
IV. Ce caractère de l'hérésie reconnu dans tous les âges de l'Eglise.	3
V. Caractère d'immutabilité dans la foi de l'Eglise catholique.	3
VI. Principe d'instabilité dans les doctrines nouvelles. Saint Paul, saint Chrysostome.	3
VII. Deux causes d'instabilité dans les hérésies.	3
VIII. Quelles variations on prétend montrer dans les églises protestantes.	4
IX. Le parti protestant divisé en deux corps principaux.	4
X. Que les variations de l'un des partis est une preuve contre l'autre, principalement celles de Luther et des luthériens.	4
XI. Recueil de confessions de foi, imprimé à Genève.	5
XII. Les calvinistes approuvent les confessions de foi des luthériens, du moins comme n'ayant rien de contraire aux points fondamentaux.	6
XIII. Les confessions de foi des luthériens.	6
XIV. Confessions de foi des défenseurs du sens figuré, ou du second parti des protestans.	7
XV. Autres actes authentiques. Que ces variations prouvent la foiblesse de la religion protestante.	8
XVI. Les protestans ont eu honte de tant de confessions de foi. Vains prétextes dont ils ont tâché de se couvrir.	8
XVII. Les protestans des deux partis tentent vainement de se réunir sous une seule et uniforme confession de foi.	10
XVIII. Combien ces variétés dégénèrent de l'ancienne simplicité du christianisme.	10
XIX. Pourquoi il faudra beaucoup parler dans cette histoire de ceux que les protestans appellent les réformateurs.	10
XX. Pièces de cette histoire, d'où tirées. Pourquoi il n'y a point d'histoire plus certaine ni plus authentique que celle-ci.	11
XXI. Quelques objections qu'on peut faire contre cet ouvrage.	11
XXII. Qu'il y a des choses qu'il a fallu reprendre de plus haut, comme l'Histoire des vaudois, des albigeois, de Jean Viclef et de Jean Hus.	12

xxiii. Pourquoi on suit l'ordre des temps sans distinction des matières. . 12
xxiv. Toute la matière de l'Eglise traitée ensemble. Etat présent de cette fameuse dispute, et à quels termes elle est réduite par les ministres Claude et Jurieu. 12
xxv. Quelles plaintes les protestans pourront faire, et combien vaines. . 14
xxvi. Quelles récriminations leur peuvent être permises. 15
xxvii. Cette histoire est très-avantageuse pour la connoissance de la vérité. 15
xxviii. Et pour faciliter la réunion. 16
xxix. Ce que cette histoire doit opérer dans les catholiques. 16

LIVRE PREMIER.

Depuis l'an 1517 jusqu'à l'an 1520.

i. La réformation de l'Eglise étoit désirée depuis plusieurs siècles. . . . 18
ii. La réformation qu'on désiroit ne regardoit que la discipline, et non pas la foi. 20
iii. Témoignage de saint Bernard. 20
iv. Témoignage de Gerson et du cardinal Pierre d'Ailli, évêque de Cambray. 21
v. Deux manières de désirer la réformation de l'Eglise. 22
vi. Les commencemens de Luther : ses qualités. 23
vii. Fondement de la réforme de Luther : ce que c'est que sa justice imputative, et la justification par la foi. 24
viii. La foi spéciale de Luther, et la certitude de la justification. 24
ix. Selon Luther, on est assuré de sa justification sans l'être de sa pénitence. 25
x. Inconvénient de cette doctrine. 26
xi. Si l'on peut être assuré de sa foi, sans l'être de sa pénitence. . . . 27
xii. La sécurité blâmée par Luther. 28
xiii. Réponse de Luther par la distinction de deux sortes de péchés. . . 29
xiv. La difficulté demeure toujours. 29
xv. Contradiction de la doctrine de Luther. 29
xvi. Suite des contradictions de Luther. 30
xvii. Suite. 31
xviii. Luther oublioit tout ce qu'il avoit dit de bien au commencement de la dispute. 31
xix. Etrange doctrine de Luther sur la guerre contre le Turc. 32
xx. Humilité apparente de Luther, et sa soumission envers le Pape. . . 32
xxi. Raisons dont il appuyoit cette soumission. 33
xxii. Ses emportemens dont il demande pardon. 34
xxiii. Nouvelle protestation de soumission envers le Pape : offre le silence à Léon X et à Charles V. 34
xxiv. Il est condamné par Léon X, et s'emporte à d'horribles excès. . . 36
xxv. Sa fureur contre le Pape et contre les princes qui le soutenoient. . 37
xxvi. Comment Luther rejeta enfin l'autorité de l'Eglise. 38
xxvii. Lettre de Luther aux évêques : sa prétendue mission extraordinaire. 40
xxviii. Raisonnement de Luther contre les anabaptistes qui prêchoient sans mission ordinaire et sans miracles. 41
xxix. De quels miracles Luther prétendoit autoriser sa mission. . . . 43
xxx. Suite des miracles vantés par Luther. 43
xxxi. Luther fait le prophète ; il promet de détruire le Pape en un moment, sans souffrir qu'on prenne les armes. 44
xxxii. Les vanteries de Luther, et le mépris qu'il fait de tous les Pères. . 46

XXXIII. Bouffonneries et extravagances. 47
XXXIV. Les séditions et les violences. 48

LIVRE II.

Depuis 1520 jusqu'en 1529.

I. Le livre de la *Captivité de Babylone* : sentimens de Luther sur l'Eucharistie, et l'envie qu'il eut d'ébranler la réalité. 50
II. Le changement de substance attaqué par Luther, et sa manière grossière d'expliquer la réalité. 51
III. L'impanation établie par quelques luthériens, et rejetée par Luther. . 52
IV. Variations de Luther sur la transsubstantiation : manière inouïe de décider de la foi. 53
V. Etranges emportemens dans ses livres contre Henri VIII, roi d'Angleterre. 54
VI. Lettre d'Erasme à Mélanchthon sur les emportemens de Luther. . . 54
VII. La division parmi les prétendus évangéliques : Carlostad attaque Luther et la réalité. 55
VIII. Origine des démêlés de Luther et de Carlostad : orgueil de Luther. 56
IX. Sermon de Luther, où en dépit de Carlostad et de ceux qui le suivoient, il menace de se rétracter, et de rétablir la messe : son extravagance à vanter son pouvoir. 56
X. Luther décide des plus grandes choses par dépit : l'élévation : les deux espèces. 57
XI. De quelle sorte la guerre fut déclarée entre Luther et Carlostad. . . 58
XII. Les guerres des anabaptistes, et celle des paysans révoltés : la part qu'eut Luther dans ces révoltes. 59
XIII. Le mariage de Luther qui avoit été précédé par celui de Carlostad. 60
XIV. Lettre mémorable de Mélanchthon à Camérarius sur le mariage de Luther. 61
XV. Notable diminution de l'autorité de Luther. 63
XVI. Dispute entre Erasme et Luther sur le franc arbitre : Mélanchthon déplore les emportemens de Luther. 63
XVII. Blasphème et audace de Luther dans son *Traité du serf arbitre*. . 64
XVIII. Nouveaux emportemens contre le roi d'Angleterre : Luther vante sa douceur. 65
XIX. Zuingle et Œcolampade prennent la défense de Carlostad. Qui étoit Zuingle : sa doctrine sur le salut des païens. 66
XX. Vaine réponse de ceux de Zurich pour la défense de Zuingle. . . . 67
XXI. Erreur de Zuingle sur le péché originel. 68
XXII. Erreur de Zuingle sur le baptême. 70
XXIII. Zuingle s'accoutume à forcer en tout l'Ecriture sainte. Son mépris pour l'antiquité est la source de son erreur. 71
XXIV. Quel étoit Œcolampade. 72
XXV. Progrès de la doctrine sacramentaire. 73
XXVI. Zuingle soigneux d'ôter de l'Eucharistie tout ce qui s'élevoit au-dessus des sens. 74
XXVII. De l'esprit qui apparut à Zuingle pour lui fournir un passage, où le signe d'institution reçut d'abord le nom de la chose. 75
XXVIII. Luther écrit contre les sacramentaires, et pourquoi il traita Zuingle plus durement que les autres. 76
XXIX. Paroles d'un fameux luthérien sur la jalousie de Luther contre Zuingle. 77

XXX. Puissans raisonnemens de Luther pour la présence réelle; et ses vanteries après les avoir faits. 77
XXXI. Les zuingliens prouvent à Luther que les catholiques entendent mieux que lui le sens littéral. 80
XXXII. Bèze prouve la même vérité. 81
XXXIII. Tout un synode de zuingliens établit la même vérité en Pologne. 82
XXXIV. Luther n'entendoit pas la force de cette parole : *Ceci est mon corps*. 82
XXXV. Les sacramentaires prouvoient à Luther qu'il admettoit une espèce de sens figuré. 83
XXXVI. Différence de la doctrine inventée, et de la doctrine reçue par tradition. 84
XXXVII. Le sens catholique est visiblement le plus naturel. 84
XXXVIII. Question : Si le sacrement est détruit dans la transsubstantiation. 85
XXXIX. Comment les noms de pain et de vin peuvent demeurer dans l'Eucharistie : deux règles tirées de l'Ecriture. 86
XL. Luther consterné par ces disputes; et son abattement déploré par Mélanchthon. 87
XLI. Luther enseigne l'ubiquité. 88
XLII. Luther déclare de nouveau qu'il importe peu de mettre la substance du pain ou de l'ôter : grossière théologie de ce docteur dont Mélanchthon est scandalisé. 88
XLIII. La dispute sacramentaire renversoit les fondemens de la Réforme. Paroles de Calvin. 89
XLIV. Les luthériens prennent les armes sous la conduite du landgrave, qui reconnoît qu'il a tort. 90
XLV. Le nom de *protestans*. Conférence de Marpourg, où le landgrave tente vainement de concilier les deux partis des protestans. 91

LIVRE III.

En l'an 1530.

I. La célèbre diète d'Augsbourg où les confessions de foi sont présentées à Charles V. 93
II. La *Confession d'Augsbourg* rédigée par Mélanchthon, et présentée à l'Empereur. 94
III. De la *Confession de Strasbourg*, ou des quatre villes, et de Bucer qui la dressa. 94
IV. De la *Confession d'Augsbourg*, et de l'*Apologie* : l'autorité de ces deux pièces dans tout le parti. 95
V. L'article X de la *Confession d'Augsbourg*, où il s'agit de la Cène, est couché en quatre façons : la variété des deux premières. 95
VI. Deux autres manières dont est couché le même article : leurs différences. 96
VII. Laquelle de ces manières est l'originale. 97
VIII. Cinquième manière dont le même article X est rapporté dans l'*Apologie* de la *Confession d'Augsbourg*. 98
IX. La manière d'expliquer la réalité dans l'*Apologie*, tend à établir en même temps le changement de substance. 99
X. Défaite des luthériens sur ces variations. 99
XI. Les sacramentaires ne sont pas plus constans à expliquer leur foi. . 100
XII. Termes vagues et ambigus de la *Confession de Strasbourg* sur l'article de la Cène. 100

TABLE. 631

XIII. Suite de ces mêmes ambiguïtés, et leur effet mémorable sur les villes qui y souscrivirent. 102
XIV. La confession de Zuingle très-nette et sans équivoque. 103
XV. L'état de la question paroît clairement dans la confession de Zuingle. 104
XVI. Quelle raison on a eue de se servir du mot de *substance* dans l'Eucharistie : que c'est la même qui a obligé à l'employer dans la Trinité. . . 105
XVII. Les luthériens ont eu la même raison que nous de se servir du mot de *substance*. Zuingle ne s'en est jamais servi, ni Bucer au commencement. 106
XVIII. Doctrine de la justification : qu'il n'y a plus de difficulté après les choses qui en sont dites dans la *Confession d'Augsbourg*, et dans l'*Apologie*. 106
XIX. Que la doctrine de Luther sur le libre arbitre est rétractée dans la *Confession d'Augsbourg*. 107
XX. Parole de la *Confession d'Augsbourg*, qui visoit au semi-pélagianisme. 107
XXI. Tous les reproches faits aux catholiques fondés sur des calomnies : première calomnie sur la justification gratuite. 108
XXII. On attribuoit aux catholiques les deux propositions contradictoires : *ex opere operato*, ce que c'est. 108
XXIII. Que dans la doctrine des luthériens, les sacremens opèrent *ex opere operato*. 109
XXIV. Que la rémission des péchés est purement gratuite, selon le concile de Trente. 109
XXV. Seconde calomnie : sur le mérite des œuvres : qu'il est reconnu dans la *Confession d'Augsbourg* et par Luther, au même sens que dans l'Eglise. 110
XXVI. L'*Apologie* établit le mérite des œuvres. 111
XXVII. Mélanchthon ne s'entend pas lui-même dans l'*Apologie*, lorsqu'il y nie que les bonnes œuvres méritent la vie éternelle. 112
XXVIII. Qu'il y a quelque chose dans la vie éternelle qui ne tombe pas sous le mérite. 113
XXIX. Variations des luthériens dans ce qu'ils ont retranché de la *Confession d'Augsbourg*. 113
XXX. Trois autres calomnies contre l'Eglise : l'accomplissement de la loi avoué dans l'*Apologie*, au même sens que dans l'Eglise. 114
XXXI. Le mérite de condignité. 114
XXXII. Le mérite de congruité. 115
XXXIII. Médiation de Jésus-Christ toujours nécessaire. 116
XXXIV. Comment les mérites de Jésus-Christ sont à nous : et comment ils nous sont imputés. 117
XXXV. Justification, régénération, sanctification, renouvellement : comment c'est au fond la même grace. 117
XXXVI. Les œuvres satisfactoires reconnues dans l'*Apologie*, et les moines comptés parmi les saints. 118
XXXVII. La nécessité du baptême et l'amissibilité de la justice enseignée dans la *Confession d'Augsbourg*. 119
XXXVIII. Les inconvéniens de la certitude et de la foi spéciale ne sont pas levés dans la *Confession d'Augsbourg*. 120
XXXIX. Que, selon les propres principes des luthériens, l'incertitude reconnue par les catholiques ne doit causer aucun trouble, ni empêcher le repos de conscience. 121
XL. Quel est le vrai repos de la conscience dans la justification, et quelle certitude on y reçoit. 122
XLI. La *Confession de Strasbourg* explique la justification comme l'Eglise romaine. 122
XLII. Du mérite, selon Bucer. 123

XLIII. Bucer entreprend la défense des prières de l'Eglise, et fait voir en quel sens les mérites des saints nous sont utiles. 124
XLIV. Etrange doctrine de la *Confession d'Augsbourg* sur l'amour de Dieu. 124
XLV. Autre erreur de la justification luthérienne. 126
XLVI. Les luthériens reconnoissent le sacrement de pénitence et l'absolution sacramentale. 126
XLVII. La confession avec la nécessité du dénombrement des péchés. . . 127
XLVIII. Les sept sacremens. 128
XLIX. Les vœux monastiques et celui de la continence. 128
L. Saint Bernard, saint François, saint Bonaventure mis par Luther au rang des saints : son doute bizarre sur le salut de saint Thomas d'Aquin. 129
LI. La messe luthérienne. 129
LII. L'oblation, comment retranchée. 130
LIII. Ce qu'on inventa pour rendre l'oblation odieuse dans la messe. . . 131
LIV. La prière et l'oblation pour les morts. 131
LV. Les luthériens rejettent la doctrine d'Aérius, contraire à la prière pour les morts. 132
LVI. Comment l'oblation de l'Eucharistie profite à tout le monde. . . . 133
LVII. Horrible calomnie fondée sur les prières adressées aux Saints. . . 134
LVIII. Calomnies sur les images ; et imposture grossière sur l'invocation des Saints. 135
LIX. Les luthériens n'osoient rejeter l'autorité de l'Eglise romaine. . . . 135
LX. Paroles mémorables de Luther, pour reconnoître la vraie Eglise dans la communion romaine. 136
LXI. Les deux espèces. 137
LXII. Le corps des luthériens se soumet au jugement du concile général, dans la *Confession d'Augsbourg*. 139
LXIII. Conclusion de cette matière : combien elle devroit servir à ramener les luthériens. 140

LIVRE IV.

Depuis 1530 *jusqu'à* 1537.

I. Les ligues des protestans après le décret de la diète d'Augsbourg ; et la résolution de prendre les armes, autorisée par Luther. 141
II. Le trouble de Mélanchthon dans ces nouveaux desseins de guerre. . 143
III. Négociations de Bucer : mort de Zuingle à la guerre. 145
IV. Fondement des équivoques de Bucer, pour concilier les partis. . . 146
V. L'accord que Bucer propose n'est que dans les mots. 147
VI. Equivoque de la présence spirituelle et de la présence réelle. . . . 147
VII. Présence du corps, comment spirituelle. 147
VIII. Si la présence du corps n'est que spirituelle, les paroles de l'institution sont inutiles. 148
IX. S'il falloit admettre une présence locale. 149
X. Equivoque sur le mot de *sacrement* et de *mystère*. 149
XI. L'Eucharistie est un signe, et comment. 150
XII. Tous les mystères de Jésus-Christ sont des signes à certains égards. 150
XIII. Bucer se joue des mots. 151
XIV. OEcolampade avoit averti Bucer de l'illusion qu'il y avoit dans ces équivoques. 151
XV. Sentimens de ceux de Zurich. 152
XVI. Confession de foi de ceux de Bâle. 152

XVII. Conférence de Luther avec le diable. 153
XVIII. Les Suisses s'échauffent contre Luther. 154
XIX. Autre Confession de foi de Bâle, et la précédente adoucie. 155
XX. Equivoque de cette Confession de foi. 156
XXI. Chacun suivoit les impressions de son conducteur. 156
XXII. Bucer avoue que les indignes reçoivent réellement le corps. . . . 156
XXIII. Accord de Vitenberg, et ses six articles. 157
XXIV. Bucer trompe Luther, et élude les termes de l'accord. 158
XXV. Sentiment de Calvin sur les équivoques en matière de foi. 159
XXVI. Si la présence est durable dans l'Eucharistie. 161
XXVII. Suite : conclusion de l'accord. 162
XXVIII. Ceux de Zurich se moquent des équivoques de Bucer. 163
XXIX. Les zuingliens ne veulent point entendre parler de miracles, ni de toute-puissance dans l'Eucharistie. 163
XXX. Doctrine de Bucer, et retour des villes de sa croyance à la présence réelle. 164
XXXI. Mélanchthon commence à douter de la doctrine de Luther. Sa foible théologie. 165
XXXII. Dispute du temps de Ratramne, où Mélanchthon se confond. . . 167
XXXIII. Mélanchthon souhaite une nouvelle décision. La tyrannie de Luther. 169
XXXIV. Luther fait une nouvelle déclaration de sa foi dans les articles de Smalcalde. 169
XXXV. Nouvelle manière d'expliquer les paroles de l'institution. 170
XXXVI. Si le pain peut être le corps. 170
XXXVII. Luther ne peut éviter les équivoques des sacramentaires qui éludent tout. 171
XXXVIII. Emportement de Luther contre le Pape dans les articles de Smalcalde. 172
XXXIX. Mélanchthon veut qu'on reconnoisse l'autorité du Pape. 172

LIVRE V.

Réflexions générales sur les agitations de Mélanchthon, et sur l'état de la Réforme.

I. Comment Mélanchthon fut attiré à Luther. 173
II. Mélanchthon épris de la nouveauté, et de la trompeuse apparence de la justice imputative. 174
III. Comment Mélanchthon excusoit les emportemens de Luther. 176
IV. Le commencement des agitations de Mélanchthon. 176
V. Mélanchthon reconnoît enfin que les grands succès de Luther avoient un mauvais principe. 176
VI. Il prévoit les désordres qui arriveroient pour avoir méprisé l'autorité des évêques. 177
VII. L'autorité et la discipline ecclésiastique entièrement méprisées dans les nouvelles Eglises. 178
VIII. Autre fruit de la Réforme. La servitude de l'Eglise, où le magistrat se fit pape. 179
IX. Luther prend la mission du prince pour faire la visite ecclésiastique. 179
X. Les Eglises luthériennes ne sont pas mieux disciplinées, et Mélanchthon le reconnoît. 180
XI. Mélanchthon déplore la licence du parti, où le peuple décidoit à table des points de la religion. 181

XII. La justice imputative diminuoit la nécessité des bonnes œuvres. Décision des luthériens et de Mélanchthon. 181
XIII. Nulle réformation des mœurs dans les églises protestantes : témoignage d'Erasme. 182
XIV. Témoignage de Bucer. 184
XV. Tyrannie insupportable de Luther : ce que Calvin en écrivit à Mélanchthon. 185
XVI. Mélanchthon tyrannisé par Luther songe à la fuite. 186
XVII. Il passe sa vie sans oser jamais s'expliquer tout à fait sur la doctrine. 187
XVIII. Nouvelle tyrannie dans les églises luthériennes, après celle de Luther. 188
XIX. Mélanchthon ne sait où il en est, et cherche toute sa vie sa religion. 189
XX. Quels dogmes Mélanchthon trouvoit mal expliqués. 191
XXI. Mélanchthon déclare qu'il s'en tient à la Confession d'Augsbourg, dans le temps qu'il songe à la réformer. 192
XXII. Ces incertitudes venoient de la constitution des églises protestantes. 192
XXIII. L'autorité de l'Eglise absolument nécessaire dans les matières de la foi. 193
XXIV. Sentiment de Mélanchthon sur la nécessité de reconnoître le Pape et les évêques. 194
XXV. Mélanchthon, dans l'assemblée de Smalcalde, est d'avis qu'on reconnoisse le concile convoqué par le Pape, et pourquoi. 195
XXVI. Quand on a renversé certains principes, tout ce qu'on fait est insoutenable et contradictoire. 196
XXVII. Raisons de la restriction que mit Mélanchthon à sa souscription dans les articles de Smalcalde. 197
XXVIII. Paroles de Mélanchthon sur l'autorité de l'Eglise. 198
XXIX. Mélanchthon ne se peut déprendre de l'opinion de la justice imputative, quelque grace que Dieu lui fasse pour en revenir. Deux vérités qu'il reconnoît. 198
XXX. Mélanchthon ne peut ni se contenter lui-même sur la justice imputative, ni se résoudre à la quitter. 200
XXXI. Déchirement de Mélanchthon : il prévoit les suites horribles du renversement de l'autorité de l'Eglise. 202
XXXII. Causes des erreurs de Mélanchthon. Il allègue les promesses faites à l'Eglise, et ne s'y fie pas assez. 203
XXXIII. Les princes et les docteurs du parti lui sont également insupportables. 205
XXXIV. Les prodiges, les prophéties, les horoscopes, dont Mélanchthon étoit troublé. 206

LIVRE VI.

Depuis 1537 jusqu'à l'an 1546.

I. L'incontinence scandaleuse du landgrave, et quel remède on y trouva dans la Réforme. 209
II. Actes importans sur cette affaire, tirés d'un livre imprimé par l'ordre de l'électeur Charles-Louis, comte palatin. 210
III. Bucer envoyé à Luther et aux autres chefs du parti, pour obtenir la permission d'épouser une seconde femme. Instruction de ce prince à son envoyé. 211
IV. Suite de l'instruction. Le landgrave promet à Luther les biens des monastères, si on favorise son dessein. 211

v. Continuation. Le landgrave se propose d'avoir recours à l'Empereur, et même au Pape, si on le refuse. 212
vi. Avis doctrinal de Luther. La polygamie accordée par lui et les autres chefs des protestans. 213
vii. Ce que répondent les consultans sur le sujet de l'Empereur. . . . 215
viii. Le secret du second mariage qui devoit passer pour concubinage : ce scandale méprisé par les consultans. 215
ix. Le second mariage se fait en secret : le contrat qui fut passé. . . . 216
x. Réponse du landgrave et de Luther à ceux qui leur reprochent ce mariage. 216
xi. Sermon scandaleux de Luther sur le mariage. 217
xii. Le landgrave oblige Luther à supprimer dans la messe l'élévation du saint sacrement : comment on se servit de cette occasion pour l'échauffer de nouveau contre les sacramentaires. 218
xiii. L'ancienne jalousie de Luther contre Zuingle et ses disciples se réveille. 219
xiv. Luther ne veut plus qu'on prie pour les sacramentaires, et les croit damnés sans ressource 220
xv. Anathèmes de Luther. 221
xvi. Les zuingliens reprennent Luther d'avoir toujours le diable à la bouche, et le traitent d'insensé. 221
xvii. Scandaleuse prière de Luther, qui dit qu'il n'a jamais offensé le diable. 221
xviii. Nouvelle confession de foi de Bucer. Il confirme que les indignes reçoivent réellement le corps de Notre-Seigneur. Invention de la foi solide. 222
xix. Embrouillemens du même auteur sur la communion des impies. . . 222
xx. Mélanchthon travaille à rendre la présence réelle momentanée, et la met seulement dans l'usage. 223
xxi. Le vrai fondement de ce dogme est l'aversion pour la messe. Deux choses que les protestans n'y peuvent souffrir. 223
xxii. La haine aveugle de Luther pour l'oblation et pour le canon de la messe. 223
xxiii. En quel sens on offre dans la messe pour la rédemption du genre humain. Les ministres contraints d'approuver ce sens. 224
xxiv. Toute la messe est renfermée dans la seule présence réelle : qu'on ne peut admettre cette présence sans la reconnoître permanente et hors de la réception. 224
xxv. La présence réelle permanente et hors de l'usage retenue par Luther, après même qu'il eut supprimé l'élévation. 225
xxvi. Mélanchthon ne trouve point d'autre moyen pour détruire la messe qu'en niant la présence permanente. 225
xxvii. Vaines raisons de Mélanchthon. 226
xxviii. Autres raisons aussi frivoles. 226
xxix. Ces raisons de Mélanchthon détruisoient toute la doctrine de Luther. 226
xxx. Dernière raison de Mélanchthon plus foible que toutes les autres. . 227
xxxi. La vraie raison de Mélanchthon, c'est qu'il ne pouvoit séparer la messe de la présence réelle, si on la reconnoissoit permanente : parole de Luther. 227
xxxii. Dissimulation de Mélanchthon. Lettres mémorables de Luther pour la présence permanente. 228
xxxiii. L'élévation irrépréhensible, selon le sentiment de Luther. 228
xxxiv. L'adoration nécessaire : aveu formel de Luther après beaucoup de variations. 229
xxxv. Les théologiens de Vitenberg et de Leipsick reconnoissent avec

Mélanchthon qu'on ne peut éviter le sacrifice, la transsubstantiation et l'adoration, qu'en changeant la doctrine de Luther. 229
XXXVI. Doctrine de Luther changée incontinent après sa mort par les théologiens de Vitenberg. 231
XXXVII. Qu'on ne peut répondre aux raisonnemens de ces théologiens. . 231
XXXVIII. Les théologiens de Vitenberg reviennent au sentiment de Luther, et pourquoi ? Les seuls catholiques ont une doctrine suivie. . . . 232
XXXIX. Luther plus furieux que jamais sur la fin de ses jours : ses emportemens contre les docteurs de Louvain. 232
XL. Ses derniers sentimens sur les zuingliens. 233
XLI. La mort de Luther. 234
XLII. Pièce nouvelle produite par M. Burnet sur le sentiment de Luther. . 234
PIÈCES concernant le second mariage du landgrave de Hesse. 236
CONSULTATION de Luther, et des autres docteurs protestans, sur la polygamie. 241
CONTRAT DE MARIAGE de Philippe, landgrave de Hesse, avec Marguerite de Saal. 251

LIVRE VII.

Récit des variations et de la Réforme d'Angleterre sous Henri VIII, depuis l'an 1529 jusqu'à 1547; et sous Edouard VI, depuis 1547 jusqu'à 1553, avec la suite de l'histoire de Cranmer jusqu'à sa mort en 1556.

I. La mort de Henri VIII, roi d'Angleterre : on entreprend à cette occasion de raconter le commencement et la suite de la réformation anglicane. . 256
II. On pose ici pour fondement l'histoire de M. Burnet : magnifiques paroles de ce docteur sur la réformation anglicane. 257
III. Premier fait avoué : que la réformation a commencé par un homme également rejeté de tous les partis. 258
IV. Quelle fut la foi de Henri VIII, auteur de la Réforme. 258
V. Quels furent les instrumens dont se servit Henri VIII dans la Réforme : Cromwel son vice-gérent dans le spirituel. 259
VI. Thomas Cranmer est le héros de M. Burnet. 259
VII. Les héros de M. Burnet ne sont pas toujours, selon lui-même, de fort honnêtes gens : ce qu'il raconte de Montluc, évêque de Valence. . . 259
VIII. Cranmer luthérien, selon M. Burnet. Comment il entra en faveur auprès du roi et d'Anne de Boulen. 261
IX. Cranmer envoyé à Rome pour le divorce, y est fait pénitencier du Pape : il se marie, quoique prêtre, mais en secret. 261
X. Cranmer, nommé archevêque de Cantorbéry, prend des bulles du Pape, quoique marié et luthérien. 262
XI. Le sacre de Cranmer : profession de soumission envers le Pape : sa protestation, son hypocrisie. 262
XII. Réflexion sur la prétendue modération de Cranmer. 264
XIII. Cranmer procède au divorce : il prend la qualité de légat du Saint-Siége dans la sentence. 264
XIV. Sentence de Clément VII, et emportement de Henri contre le Saint-Siége. 265
XV. Morus et Fischer condamnés à mort, pour n'avoir pas voulu reconnoître le roi comme chef de l'Eglise. 265
XVI. Date mémorable du commencement des cruautés de Henri, et de ses autres excès. 266

XVII. Cromwel fait vice-gérent : tout concourt à exciter le roi contre la foi de l'Eglise. 267
XVIII. Visite archiépiscopale de Cranmer par l'autorité du roi. 268
XIX. Déprédation des biens des monastères. 268
XX. Mort de la reine Catherine : parallèle de cette princesse avec Anne de Boulen. 269
XXI. Suite du parallèle, et marque visible du jugement de Dieu. Cranmer casse le maraige du roi et d'Anne. 269
XXII. La lâcheté de Cranmer mal excusée par M. Burnet. 271
XXIII. Exécution d'Anne de Boulen. 272
XXIV. Définitions de Henri sur la foi. Il confirme celle de l'Eglise sur le sacrement de pénitence. 272
XXV. Sur l'Eucharistie. 273
XXVI. Sur les images et sur les Saints. 273
XXVII. Sur les cérémonies : sur la croix. 274
XXVIII. Sur le purgatoire, et les messes pour les morts. 274
XXIX. Le roi décide sur la foi de son autorité. 274
XXX. Cranmer et les autres souscrivent contre leur conscience aux articles de Henri. Vaine défaite de M. Burnet. 274
XXXI. Pour engager la noblesse, on lui vend les biens de l'Eglise à vil prix. 275
XXXII. Cromwel et Cranmer confirment de nouveau la foi de l'Eglise, qu'ils détestoient dans leur cœur. 275
XXXIII. Les six articles de Henri. 275
XXXIV. Le mariage du roi avec Anne de Clèves. Dessein de Cromwel qui le proposa. Nouvelles amours du roi. Cromwel condamné à mort. . . . 276
XXXV. Hypocrisie de Cromwel. Vains artifices de M. Burnet. 277
XXXVI. Prostitution de la conscience de Cranmer. Il casse le mariage du roi avec Anne de Clèves. Termes magnifiques de cette inique sentence. Le roi épouse Catherine Howard, favorable à la Réforme, et bientôt décapitée pour ses infamies. 277
XXXVII. Nouvelle déclaration de foi, conforme aux sentimens de l'Eglise. 278
XXXVIII. Hypocrisie de Cranmer, qui souscrit à tout. 279
XXXIX. On ne changea rien de considérable dans les missels, et autres livres d'Eglise. Suite des hypocrisies de Cranmer. 279
XL. Conduite de Cranmer sur les six articles. 279
XLI. Récit de M. Burnet sur la résistance de Cranmer. 280
XLII. Honteuses pensées de Cranmer sur l'autorité ecclésiastique, qu'il sacrifie à la royauté. 280
XLIII. Réponse de Cranmer à une objection. Honteuse doctrine sur l'autorité de l'Eglise durant les persécutions. 281
XLIV. Cranmer a toujours persisté dans ce sentiment. 281
XLV. Le dogme qui fait émaner de la royauté toute l'autorité ecclésiastique, mis en pratique. 282
XLVI. Cranmer agit suivant ce dogme, qui est le seul où la Réforme n'a pas varié. 282
XLVII. Scrupule de la reine Elisabeth sur le pouvoir qu'on lui donnoit dans l'Eglise. 282
XLVIII. Contradiction manifeste dans la doctrine anglicane. 283
XLIX. Les flatteries de Cranmer, et les désordres de Henri, sources de la Réforme en Angleterre. 284
L. Inutile à la foi d'examiner la conduite et la procédure de Clément VII. 284
LI. On entre dans le récit de l'affaire du mariage. Le fait établi. Vains prétextes dont Henri couvroit sa passion. 285
LII. La dispense de Jules II attaquée par des raisons de fait et de droit. 286

LIII. Raison de droit, fondée sur le *Lévitique*. Etat de la question. . . . 286
LIV. Les protestans d'Allemagne favorables à la dispense de Jules II, et au premier mariage de Henri. 287
LV. Bucer de même avis. 287
LVI. Zuingle et Calvin d'avis contraire. 287
LVII. Bizarre décision des luthériens. 287
LVIII. Remarques sur la conformité du sentiment des protestans avec la sentence de Clément VII. 288
LIX. Henri corrompt quelques docteurs catholiques. 288
LX. Touchant la consultation prétendue de la Faculté de théologie de Paris. 289
LXI. Récit du jurisconsulte Charles Dumoulin. 289
LXII. Raisons de la décision de Clément VII. 290
LXIII. Deux points de Réforme sous Henri VIII, selon M. Burnet. . . . 291
LXIV. Premier point. La lecture de l'Ecriture. Comment elle fut accordée au peuple sous Henri VIII. 291
LXV. Si les progrès de la Réforme sont dus à la lecture de l'Ecriture, et comment. 291
LXVI. Comment on déçoit les hommes par l'Ecriture mal interprétée. . . 292
LXVII. Preuve par M. Burnet des piéges qu'on tend aux simples par la prétendue netteté de l'Ecriture. 292
LXVIII. Second point de réformation de Henri VIII selon M. Burnet. Que l'Eglise anglicane agissoit par un principe schismatique, lorsqu'elle croyoit pouvoir régler sa foi indépendamment de tout le reste de l'Eglise. . 293
LXIX. Si en cela l'Eglise anglicane suivoit l'ancienne Eglise, comme le prétend M. Burnet. 293
LXX. Si l'Eglise anglicane eut raison de croire qu'il étoit trop difficile en nos jours de consulter la foi de toute l'Eglise. 294
LXXI. Toutes sortes de nouveautés s'introduisoient en Angleterre, malgré les rigueurs de Henri VIII, et pourquoi. 295
LXXII. On raisonna en Angleterre sur de faux principes, lorsqu'on y rejeta la primauté du Pape. 296
LXXIII. Si le pape saint Grégoire, sous qui les Anglois furent convertis, a eu d'autres sentimens que les nôtres sur l'autorité de son Siége. . . 296
LXXIV. Mort de Henri VIII. 296
LXXV. Tout change après sa mort : le tuteur du jeune roi est zuinglien. . 297
LXXVI. Fondement de la Réforme sur la ruine de l'autorité ecclésiastique. . 297
LXXVII. Suite de l'anéantissement de l'autorité ecclésiastique. 299
LXXVIII. Réflexion sur les misérables commencemens de la Réforme, où l'ordre sacré n'a aucune part aux affaires de la religion et de la foi. . 299
LXXIX. Le roi est rendu maître absolu de la prédication, et fait défense de prêcher par tout le royaume jusqu'à nouvel ordre. 300
LXXX. Les six articles abolis. 301
LXXXI. Pierre Martyr appelé, et la doctrine zuinglienne établie. 301
LXXXII. Bucer n'est pas écouté. 302
LXXXIII. Aveu de M. Burnet sur la croyance de l'Eglise grecque. . . . 302
LXXXIV. Les réformateurs se repentent d'avoir dit qu'ils avoient agi par l'assistance du Saint-Esprit dans la réformation de la liturgie. 302
LXXXV. Tous les restes d'antiquité, retenus d'abord dans la liturgie, en sont effacés. 303
LXXXVI. L'Angleterre abroge la messe qu'elle avoit ouïe en se faisant chrétienne. 303
LXXXVII. La messe gallicane, et les autres, au fond, sont la même chose que la romaine. 304
LXXXVIII. La Réforme se corrige elle-même sur la prière pour les morts. 304

LXXXIX. Suite des altérations. 305
XC. Les cérémonies et le signe de la croix retenus. 305
XCI. L'Angleterre nous justifie sur l'observance des fêtes, et même de celle des saints. 305
XCII. De même sur l'abstinence des viandes. 306
XCIII. Cranmer renverse tout l'ordre dans sa Réforme. 306
XCIV. Suite. 307
XCV. Comment on excitoit la haine publique contre la doctrine catholique. Exemple dans l'instruction du jeune Edouard, et sur les images. . . 307
XCVI. Si l'on peut tirer avantage du soudain progrès de la Réforme prétendue. 308
XCVII. Si le duc de Sommerset avoit l'air d'un réformateur. 310
XCVIII. Vains empressemens de M. Burnet à justifier Cranmer sur de petites choses, sans dire un mot sur les grandes. 310
XCIX. Cranmer et les autres réformateurs inspirent la révolte contre la reine Marie. 311
C. Cranmer déclaré hérétique, et pour quel article. 312
CI. Fausse réponse de Cranmer devant ses juges. 312
CII. Cranmer condamné selon ses principes 312
CIII. Cranmer abjure la Réforme par deux fois, un peu avant son supplice. 313
CIV. M. Burnet compare la faute de Cranmer à celle de saint Pierre. . . 313
CV. S'il est vrai que Cranmer ne fut complaisant envers Henri VIII que tant que sa conscience le lui permit. 314
CVI. M. Burnet excuse mal les réformateurs. 315
CVII. Illusion dans les exemples de M. Burnet. 315
CVIII. M. Burnet peu sûr dans ses faits. 315
CIX. Illusion de M. Burnet sur *Fra Paolo*. 317
CX. Les plans de la religion que fait M. Burnet, à l'exemple de *Fra-Paolo*. 317
CXI. Pitoyable allégation de Gerson. 318
CXII. Erreur grossière sur le célibat et sur le Pontifical romain. . . . 319
CXIII. Vaine défaite. 319
CXIV. Conclusion de ce livre. 320

LIVRE VIII.

Depuis 1546 *jusqu'à l'an* 1561.

I. Thèses de Luther pour exciter les luthériens à prendre les armes. . . 322
II. Herman, archevêque de Cologne, appelle les protestans dans son diocèse. Son ignorance prodigieuse. 323
III. Doute dans la ligue, si on traiteroit Charles V d'empereur : victoire de Charles V. Le livre de l'*Interim*. 324
IV. Projet de l'*Interim*. La conférence de Ratisbonne de 1541. 325
V. Articles conciliés et non conciliés : ce que c'est dans cette conférence. 325
VI. Autre conférence. La dernière main mise à l'*Interim*. Le peu de succès de ce livre. 326
VII. Nouvelle confession de foi de Bucer. 326
VIII. On reçoit en même temps à Strasbourg deux actes contraires. . . 326
IX. Bucer passe en Angleterre, où il meurt, sans avoir pu rien changer dans les articles de Pierre Martyr. 327
X. Osiandre abandonne aussi son église de Nuremberg, et met tout en trouble dans la Prusse. 327
XI. Quel étoit Osiandre. Sa doctrine sur la justification 327
XII. L'esprit profane d'Osiandre remarqué par Calvin. 328

XIII. Sentiment de Mélanchthon et des autres protestans sur Osiandre. . 329
XIV. Osiandre, enflé de sa faveur auprès du prince, ne garde plus de mesures. 329
XV. La dispute des cérémonies ou des choses indifférentes. 330
XVI. Jalousie et desseins cachés d'Illiric contre Mélanchthon. 330
XVII. La *Confession saxonique* et celle de Virtemberg : pourquoi faites, et par quels auteurs. 330
XVIII. Article de l'Eucharistie dans la *Confession saxonique*. 331
XIX. Changement que fit Mélanchthon dans la *Confession saxonique*, aux articles de celle d'Augsbourg et de Smalcalde. 332
XX. L'article de l'Eucharistie dans la *Confession de Virtemberg*. . . . 332
XXI. La confusion où l'on tombe quand on s'abandonne à ses propres pensées. 333
XXII. Dieu ne veut pas le péché. Article mieux expliqué dans la *Confession saxonique*, qu'on n'avoit fait dans celle d'Augsbourg. 333
XXIII. La coopération du libre arbitre. 333
XXIV. Doctrine de Mélanchthon sur la coopération du libre arbitre. Demipélagianisme. 334
XXV. L'exercice du libre arbitre clairement reconnu par Mélanchthon dans les opérations de la grace. 335
XXVI. Sa doctrine condamnée par ses confrères. 335
XXVII. Confusion des nouvelles sectes. 335
XXVIII. Doctrine des luthériens qui se contredit elle-même. 336
XXIX. Article considérable de la *Confession saxonique* sur la distinction des péchés mortels et véniels. 336
XXX. Le mérite des œuvres dans la *Confession de Virtemberg*. . . . 337
XXXI. La conférence de Worms pour concilier les deux religions. Division des luthériens. 337
XXXII. Les luthériens condamnent tout d'une voix la nécessité des bonnes œuvres pour le salut. 338
XXXIII. Osiandre épargné par les luthériens. 339
XXXIV. Les divisions des luthériens éclatent. Les catholiques tâchent d'en profiter pour leur salut. 339
XXXV. Triomphe d'Osiandre dans la Prusse. Conversion mémorable de Staphyle. 340
XXXVI. Nouvelle formule des luthériens pour expliquer l'Eucharistie dans l'assemblée de Francfort. 340
XXXVII. La question de l'ubiquité fait tourner Mélanchthon vers les sacramentaires. 341
XXXVIII. Incompatibilité des sentimens de Mélanchthon et de Calvin. . . 341
XXXIX. Si Mélanchthon étoit calviniste sur l'Eucharistie. 341
XL. Mélanchthon n'ose parler. 342
XLI. Triste état de Mélanchthon, et sa mort. 343
XLII. Les zuingliens condamnés par les luthériens : et les catholiques justifiés par cette conduite. 344
XLIII. Assemblée des luthériens à Naümbourg, pour convenir sur la *Confession d'Augsbourg*. 345
XLIV. Railleries des zuingliens. 346
XLV. L'ubiquité établie. 346
XLVI. Autre déclaration sur l'ubiquité sous le nom de répétition de la *Confession d'Augsbourg*. 347
XLVII. Dessein des luthériens en établissant l'ubiquité. 348
XLVIII. Deux mémorables décisions des luthériens sur la coopération du libre arbitre. 348

TABLE.

XLIX. Doctrine des luthériens, que nous sommes sans action dans la conversion. 348
L. Embarras et contradiction de la doctrine luthérienne. 349
LI. Conclusion. Que si l'on s'entend, il n'y a plus de dispute sur la coopération. 350
LII. Objection des libertins, et difficultés des infirmes sur la coopération. 350
LIII. La résolution des luthériens par huit propositions. Les quatre premières qui contiennent les principes généraux. 351
LIV. Quatre autres propositions pour appliquer les premières. 352
LV. La résolution des luthériens, fondée sur les huit propositions précédentes, est purement demi-pélagienne. 352
LVI. Preuve du demi-pélagianisme des luthériens. 353
LVII. Semi-pélagianisme des luthériens. Exemple proposé par Calixte. . . 353
LVIII. Confusion des nouvelles sectes, où l'on passe d'une extrémité à l'autre. 354
LIX. Les calvinistes entrent dans le semi-pélagianisme des luthériens. . . 354
LX. Difficulté dans le livre de la *Concorde* sur la certitude du salut. . . . 354
LXI. Résolution par la doctrine du docteur Jean-André Gérard. 354
LXII. Histoire abrégée du livre de la *Concorde*. 355
LXIII. Les troubles de France commencent. Confession de foi dressée par Calvin. 355

LIVRE IX.

En l'an 1561. Doctrine et caractère de Calvin.

I. Le génie de Calvin : il raffine au delà de Luther. 356
II. Deux points principaux de la Réforme. Calvin raffine sur l'un et sur l'autre. 356
III. Trois choses que Calvin ajoute à la justice imputative. Et premièrement la certitude du salut. 357
IV. Mémorable confession de foi de l'électeur palatin Fridéric. 357
V. Second dogme ajouté par Calvin à la justice imputative : Qu'elle ne se peut jamais perdre. 357
VI. Troisième dogme de Calvin : Que le baptême n'est pas nécessaire au salut. 358
VII. Raisons de Calvin, tirées des principes de Luther, et premièrement sur la certitude du salut. 358
VIII. Pour l'inamissibilité de la justice. 358
IX. Contre la nécessité du baptême. 358
X. Suite de la doctrine de Calvin. Que es enfans des fidèles naissent dans la grace. 358
XI. Passage dont Calvin appuie ce nouveau dogme. 359
XII. Pourquoi Calvin est regardé comme l'auteur des trois dogmes précédens. 359
XIII. Calvin, posés ces principes, raisonnoit mieux que Luther, mais s'égaroit davantage. 359
XIV. Inconvéniens de la certitude du salut. 359
XV. Inconvéniens de l'inamissibilité soutenue par Calvin. 359
XVI. Inconvéniens de la doctrine qui fait naître en grace les enfans. . . 360
XVII. Luther n'est pas moins blâmable d'avoir posé ces principes, que Calvin d'avoir tiré ces conséquences. 360
XVIII. Si ces trois dogmes se trouvent dans les confessions de foi. . . . 360

xix. Deux dogmes des calvinistes sur les enfans, peu convenables à leurs principes. 361
xx. Accord avec ceux de Genève. 361
xxi. Contradiction dans la doctrine des calvinistes. 361
xxii. Autre contradiction. 361
xxiii. Raffinement de Calvin sur l'autre point de réforme qui est celle de l'Eucharistie. 362
xxiv. Traité de Calvin, pour montrer qu'après quinze ans de dispute les luthériens et les zuingliens ne s'étoient point entendus. 362
xxv. Calvin, déjà connu par son Institution, se fait regarder par son Traité de la Cène. 362
xxvi. Doctrine de Calvin sur l'Eucharistie, presque oubliée par les siens. 362
xxvii. Calvin ne se contente pas qu'on reçoive un signe dans la Cène. . . 363
xxviii. Ni même un signe efficace. 363
xxix. Ni la vertu et le mérite de Jésus-Christ. 363
xxx. La doctrine de Calvin tient quelque chose de celle de Bucer, et des articles de Vitenberg. 363
xxxi. Etat de la question remis. Sentiment des catholiques sur ces paroles : *Ceci est mon corps*. 363
xxxii. Ce que fait la foi dans ce mystère. Sentiment des catholiques sur ces paroles : *Faites ceci en mémoire de moi*. 365
xxxiii. Comment la jouissance du corps de Jésus-Christ est perpétuelle et permanente. 366
xxxiv. Il faut unir à Jésus-Christ le corps et l'esprit. 366
xxxv. L'état précis de la question posé par la doctrine précédente. . . 367
xxxvi. Calvin cherche à concilier Luther et Zuingle. 367
xxxvii. Combien Calvin parle fortement de la réalité. 367
xxxviii. Il faut qu'on soit uni au corps de Jésus-Christ plus que par vertu et par pensée. 368
xxxix. Nouvel effet de la foi selon Calvin. 368
xl. Calvin veut la propre substance. 368
xli. Il veut que nous recevions le corps et le sang de Jésus-Christ autrement que les anciens Hébreux ne le pouvoient faire. 369
xlii. A entendre naturellement les expressions de Calvin, on doit croire que la réception du corps et du sang est indépendante de la foi. . . 369
xliii. Que selon les expressions de Calvin le vrai corps doit être dans le sacrement. 370
xliv. Autre expression de Calvin, que le corps est sous le signe du pain, comme le Saint-Esprit sous la colombe. 370
xlv. Autre expression de Calvin, qui fait Jésus-Christ présent sous le pain, comme Dieu l'étoit dans l'arche. 371
xlvi. Calvin dit qu'il ne dispute que de la manière, et qu'il met la chose autant que nous. 371
xlvii. Calvin met une présence du corps ineffable et miraculeuse. . . . 372
xlviii. Réflexion sur ces paroles de Calvin. 372
xlix. Calvin admet une présence qui est propre et particulière à la Cène. 373
l. Suite des expressions de Calvin. 373
li. La communion des indignes, combien réelle, selon Calvin. . . . 373
lii. Suite des expressions de Calvin sur la communion des indignes. . 374
liii. Comparaison de Calvin, qui appuie la vérité du corps reçu par les indignes. 374
liv. Calvin parle peu conséquemment. 375
lv. Calvin explique comme nous cette parole : *La chair ne sert de rien*. 375

LVI. Expression de Calvin, que les indignes ne reçoivent selon nous que le cadavre de Jésus-Christ. 376
LVII. Calvin affoiblit ses propres expressions. 376
LVIII. Il élude le miracle qu'il reconnoît dans la Cène. 377
LIX. Calvin sent le foible de sa doctrine dans l'explication du miracle de l'Eucharistie. 377
LX. Les calvinistes ont mieux senti qu'il falloit admettre un miracle dans l'Eucharistie, qu'ils ne l'ont admis en effet. 378
LXI. Embarras et contradictions de Calvin dans la défense du sens figuré. 379
LXII. La cause de son embarras. 379
LXIII. Il a mieux vu la difficulté que les autres sacramentaires. Comment il a tâché de la résoudre. 379
LXIV. Les exemples qu'il tiroit de l'Ecriture. Celui de la circoncision qui le convainc au lieu de l'aider. 380
LXV. Autre exemple qui ne fait rien à la question : Que l'Eglise est aussi appelée le corps de Jésus-Christ. 381
LXVI. Calvin fait de nouveaux efforts pour sauver l'idée de réalité. . . 381
LXVII. Il ne peut satisfaire l'idée de réalité qu'imprime l'institution de Notre-Seigneur. 382
LXVIII. Les calvinistes dans le fond ont abandonné Calvin : comment il est expliqué dans le livre du *Préservatif*. 383
LXIX. Suite des explications qu'on donne aux paroles de Calvin. . . . 383
LXX. S'il n'y a que de simples défauts d'expressions dans ces endroits de Calvin. 384
LXXI. Calvin a voulu faire entendre plus qu'il ne disoit en effet. . . . 384
LXXII. Pourquoi les hérétiques sont obligés d'imiter le langage de l'Eglise. 385
LXXIII. Triomphe de la vérité. 585
LXXIV. Passage de Calvin pour une présence réelle indépendante de la foi. 385
LXXV. Les cérémonies rejetées par Calvin. 386
LXXVI. Quelle opinion on eut des calvinistes parmi les protestans. . . . 387
LXXVII. Orgueil de Calvin. 387
LXXVIII. Ses vanteries. 387
LXXIX. Différence de Luther et de Calvin. 388
LXXX. Comme Calvin vantoit son éloquence. 388
LXXXI. L'éloquence de Calvin. 389
LXXXII. Il est aussi violent, et plus aigre que Luther. 389
LXXXIII. Le mépris qu'il fait des Pères. 390
LXXXIV. Les Pères se font respecter par les protestans, malgré qu'ils en aient. 391
LXXXV. Si Calvin a varié dans sa doctrine. 391
LXXXVI. Variations dans les actes des calvinistes : l'accord de Genève comparé avec le Catéchisme et la Confession de France. 391
LXXXVII. Troisième confession de foi envoyée en Allemagne. 392
LXXXVIII. Autre confession de foi des prisonniers, pour être envoyée aux protestans. 394
LXXXIX. Tous les articles de la *Confession d'Augsbourg* sont avoués par les calvinistes. 395
XC. Réflexions sur ces trois confessions de foi. 395
XCI. Le colloque de Poissy : comment entrepris. Calvin n'y vient point, et laisse cette affaire à Bèze. 395
XCII. Matières traitées dans le colloque, et son ouverture. 397
XCIII. Harangue du cardinal de Lorraine : confession de foi des calvinistes, présentée au roi dans l'assemblée. Bèze parle et s'explique plus qu'il ne veut sur l'absence de Jésus-Christ dans la Cène. 397
XCIV. Autre explication de l'article de la Cène pleine de paroles confuses. 398

xcv. Réflexions des catholiques sur ces discours vagues et pompeux. . . . 400
xcvi. Sentiment de Pierre Martyr sur les équivoques des autres ministres. 401
xcvii. Ce que le docteur Despense ajouta aux expressions des ministres, pour les rendre plus recevables. 401
xcviii. Décisions des prélats, qui expliquent très-simplement et en très-peu de paroles toute la doctrine catholique. 402
xcix. Vains discours de l'évêque de Valence sur la réformation des mœurs. 403
c. On propose aux calvinistes l'article x de la *Confession d'Augsbourg*, et ils refusent de le signer. 403
ci. La *Confession d'Augsbourg* reçue par les calvinistes dans tous les autres points, mais seulement par politique. 404
cii. Combien de différens personnages jouèrent alors Calvin et les calvinistes sur la *Confession d'Augsbourg*. 405
ciii. Pareille dissimulation dans l'électeur Fridéric III. 405
civ. Ménagement de Calvin sur l'article x de la *Confession d'Augsbourg*. . 406

LIVRE X.

Depuis 1558 *jusqu'à* 1570.

i. La reine Elisabeth croit ne pouvoir assurer son règne que par la religion protestante. Quatre points qui lui faisoient peine. 407
ii. 1ᵉʳ point. Les cérémonies. 408
iii. 2ᵉ point. Les images. Pieux sentimens de la reine. 408
iv. On la persuade par des raisons évidemment mauvaises. 409
v. On varie manifestement sur la présence réelle. La politique règle la religion. 409
vi. La foi des prétendus martyrs est changée. 410
vii. Changemens essentiels dans la liturgie d'Edouard. 412
viii. Illusion de M. Burnet, qui ose dire qu'on n'a point changé la doctrine établie sous Edouard. 412
ix. L'Angleterre est indifférente sur la présence réelle. 413
x. On ne se sert point du mot de *substance*, ni des miracles que Calvin admet dans l'Eucharistie. 413
xi. La suprématie de la reine dans les matières spirituelles est rétablie malgré ses scrupules. 414
xii. Fermeté des évêques catholiques. 414
xiii. Déclaration du clergé sur la suprématie d'Elisabeth. 415
xiv. On ne fait que pallier grossièrement un si grand mal. 415
xv. Le Parlement continue à s'attribuer la décision sur les points de foi. 416
xvi. La validité des ordinations, sur quoi fondée en Angleterre. . . . 417
xvii. Suite de cette matière. 417
xviii. Les décisions de foi réservées à l'autorité royale, par la déclaration des évêques. 418
xix. La même doctrine en Ecosse. 418
xx. Doctrine anglicane, qui fait le roi chef de l'Eglise, condamnée par les calvinistes. 419
xxi. On achève de dépouiller les églises. 419
xxii. Passage mémorable de M. Burnet, sur la réformation anglicane. . 419
xxiii. L'inamissibilité de la justice rejetée par l'église anglicane. . . . 420
xxiv. Commencement des troubles de France par la faveur d'Elisabeth. Changement de la doctrine des calvinistes. 421
xxv. Les calvinistes prirent les armes par maxime de religion. 421

XXVI. Bèze avoue que la conjuration d'Amboise fut entreprise par maxime de conscience. 422
XXVII. Quatre démonstrations qui font voir que le tumulte d'Amboise fut l'ouvrage des protestans, et qu'il eut la religion pour motif. Première démonstration. 422
XXVIII. Deuxième démonstration, où est rapporté l'avis de Bèze et des théologiens du parti. 423
XXIX. Troisième démonstration. 423
XXX. Quatrième démonstration. 424
XXXI. Les huguenots qui découvrent la conjuration ne justifient pas le parti. 424
XXXII. La protestation des conjurés ne les justifie pas. 425
XXXIII. Mollesse et connivence de Calvin. 426
XXXIV. Les réflexions sur l'incertitude des histoires inutiles en cette occasion. 427
XXXV. Les premières guerres civiles sous Charles IX, où tout le parti concourt. 427
XXXVI. Décision des synodes nationaux des calvinistes pour approuver la prise des armes. 428
XXXVII. Autre décision. 429
XXXVIII. La même doctrine s'est perpétuée dans les synodes suivans jusqu'à nos jours. 429
XXXIX. Quel fut l'esprit des huguenots dans ces guerres. 429
XL. Si l'exemple des catholiques justifie les huguenots. 430
XLI. Vaine prétention des calvinistes, qui prétendent que ces guerres ne regardoient pas proprement la religion. 430
XLII. Illusion de M. Burnet. 431
XLIII. Ses bévues grossières, et sa profonde ignorance sur les affaires de France. 431
XLIV. Suite des illusions de M. Burnet. 432
XLV. Les calvinistes françois ne sortent pas mieux de cet embarras. . . 432
XLVI. Les calvinistes convaincus par Bèze. 433
XLVII. La première guerre résolue de l'avis de tous les ministres, et la paix faite malgré eux. Témoignage de Bèze. 434
XLVIII. Les autres guerres sont destituées de tout prétexte. 435
XLIX. Réponses de M. Jurieu. 435
L. Question sur l'esprit de la Réforme. Si c'étoit un esprit de douceur ou de violence. 437
LI. Suites de l'esprit violent qui dominoit dans la Réforme. 437
LII. Vaines excuses. 438
LIII. Contre ceux qui pourroient dire que ceci n'est pas de notre sujet. 440
LIV. L'assassinat du duc de Guise par Poltrot, regardé dans la Réforme comme un acte de religion. 441
LV. Suite. 445
LVI. Les catholiques et les protestans d'accord sur la question de la punition des hérétiques. 446
LVII. Mort de Calvin. 447
LVIII. Nouvelle confession de foi des églises helvétiques. 447
LIX. Frivoles raisons des ministres sur cette nouvelle confession de foi. 447
LX. On commence seulement alors à connoître parmi les Suisses la justice imputative. 448
LXI. Le mérite des œuvres comment rejeté. 448
LXII. La foi propre aux élus. La certitude du salut. L'inamissibilité de la justice. 449
LXIII. La conversion mal expliquée. 450

LXIV. Doctrine prodigieuse sur le libre arbitre. 451
LXV. Nos calvinistes s'expliquent moins, et pourquoi. 452
LXVI. La Cène sans substance, et la présence seulement en vertu. . . . 452
LXVII. Rien de particulier à la Cène. 453
LXVIII. Les Suisses sont les plus sincères de tous les défenseurs du sens figuré. 454
LXIX. Confession remarquable des Polonais zuingliens, où les luthériens sont maltraités. 454
LXX. L'ubiquité enseignée par les Polonais zuingliens. 456
LXXI. Leur accord avec les luthériens et les vaudois. 456

LIVRE XI.

Histoire abrégée des albigeois, des vaudois, des vicléfites et des hussites.

I. Quelle est la succession des protestans. 457
II. Les vaudois et les albigeois seroient d'un foible secours aux calvinistes. 458
III. Pourquoi les calvinistes les ont fait valoir. 459
IV. Prétentions ridicules des vaudois et de Bèze. 459
V. Fausse origine dont se vantoient les vaudois. 459
VI. Dessein de ce livre XI, et ce qu'on y doit démontrer. 460

Histoire des nouveaux manichéens, appelés les hérétiques de Toulouse et d'Albi.

VII. Erreurs des manichéens, qui sont les auteurs des albigeois. . . . 461
VIII. Conséquence du faux principe des manichéens. 462
IX. Les manichéens tâchoient de s'autoriser par les pratiques de l'Eglise. 462
X. Trois autres caractères des manichéens. Le premier, l'esprit de séduction. 463
XI. Second caractère : l'hypocrisie. 463
XII. Troisième caractère : se mêler avec les catholiques dans les églises, et se cacher. 464
XIII. Les pauliciens ou les manichéens d'Arménie. 465
XIV. Histoire des pauliciens, par Pierre de Sicile, adressée à l'archevêque de Bulgarie. 465
XV. Convenance des pauliciens avec les manichéens réfutés par saint Augustin. 466
XVI. Dessein des pauliciens sur les Bulgares, et instruction de Pierre de Sicile pour en empêcher l'effet. 467
XVII. Les manichéens commencent à paroître en Occident après l'an 1000 de Notre-Seigneur. 467
XVIII. Manichéens venus d'Italie, découverts sous le roi Robert à Orléans. 467
XIX. Suite. 468
XX. Suite. 468
XXI. La même hérésie en Gascogne et à Toulouse. 469
XXII. Les manichéens d'Italie appelés cathares, et pourquoi. 469
XXIII. Origine des manichéens de Toulouse et d'Italie. Preuve qu'ils venoient de Bulgarie. 469
XXIV. La même origine prouvée par un ancien auteur, chez Vignier. . . 470
XXV. Suite du même passage. 470
XXVI. Conciles de Tours et de Toulouse contre les manichéens de cette dernière ville. 471

XXVII. Convenance avec les manichéens connus par saint Augustin. La même hérésie en Allemagne. 471
XXVIII. Suite des sentimens d'Ecbert sur les manichéens d'Allemagne. . . 472
XXIX. On découvre qu'ils tenoient deux premiers principes. 473
XXX. Variations de ces hérétiques. 473
XXXI. Soin de se cacher. 473
XXXII. Leurs équivoques lorsqu'on les interrogeoit sur la foi. 474
XXXIII. Enervin consulte saint Bernard sur les manichéens d'auprès de Cologne. 475
XXXIV. Ces hérétiques interrogés devant tout le peuple. 476
XXXV. Les dogmes de ces hérétiques réfutés par saint Bernard, qui les avoit bien connus à Toulouse. . . . . , 476
XXXVI. Pierre de Bruis, et Henri. 477
XXXVII. Concile de Lombez. Célèbre interrogatoire de ces hérétiques. . . 478
XXXVIII. Histoire du même concile par un auteur du temps. 478
XXXIX. Pourquoi ces hérétiques sont appelés ariens. 479
XL. Sentiment des manichéens sur la Trinité, par saint Augustin. . . 479
XLI. Manichéens à Soissons. Témoignage de Gui de Nogent. 480
XLII. Témoignage de Radulphus Ardens sur les hérétiques d'Agénois. . . 480
XLIII. Les mêmes hérétiques en Angleterre. 481
XLIV. Que les poplicains ou publicains sont manichéens. 481
XLV. Les ministres font les vaudois manichéens, en les faisant poplicains. 482
XLVI. Manichéens d'Ermengard. 482
XLVII. On passe à l'examen des auteurs qui traitent des manichéens et des vaudois. 482
XLVIII. Preuve par Alanus, que les hérétiques de Montpellier sont manichéens. 483
XLIX. Le même auteur distingue les vaudois des manichéens. 483
L. Pierre de Vaucernay distingue très-bien ces deux sectes, et fait voir que les albigeois sont manichéens. 483
LI. Que Pierre de Vaucernay dans sa simplicité a bien marqué les caractères des manichéens. 484
LII. Distinction des deux sectes par Ebrard de Béthune. 485
LIII. Les vaudois bien distingués des manichéens. 485
LIV. Témoignage de Renier, qui avoit été de la secte des manichéens d'Italie dix-sept ans. 485
LV. Il les distingue très-bien des vaudois. Caractère du manichéisme dans les cathares. 486
LVI. Dénombrement mémorable des églises manichéennes. Les albigeois y sont compris. Tout est venu de Bulgarie. 487
LVII. La même origine prouvée par Matthieu Paris. Le pape des albigeois en Bulgarie. 488
LVIII. Hypocrisie profonde de ces hérétiques, par Enervin. 488
LIX. Et par saint Bernard. Convenance de leurs discours avec ceux de Fauste le Manichéen chez saint Augustin. 489
LX. Leur hypocrisie confondue par saint Augustin et par saint Bernard. . 489
LXI. Infamie de ces hérétiques, et principalement des patariens. . . . 489
LXII. Doctrine de ces hérétiques : que l'effet des sacremens dépend de la sainteté des ministres. 490
LXIII. Ils condamnent tous sermens, et la punition des crimes. 490
LXIV. Réponse des ministres, que l'imputation du manichéisme est calomnieuse. Démonstration du contraire. 491
LXV. Examen de la doctrine de Pierre de Bruis. Objection des ministres, tirée de Pierre le Vénérable. 491

LXVI. Doctrine de Pierre de Bruis, selon Pierre le Vénérable. 492
LXVII. Saint Bernard aussi circonspect que Pierre le Vénérable. 492
LXVIII. Réponse à ce qu'on objecte de la crédulité de saint Bernard. . . 493
LXIX. Saint Bernard n'impute rien à Pierre de Bruis et à Henri, séducteur des Toulousains, qu'il ne le sache. 494
LXX. Conclusion. Qu'il n'y a que la honte d'avouer les albigeois pour auteurs. 494

Histoire des vaudois.

LXXI. Commencement des vaudois, ou pauvres de Lyon. 495
LXXII. Les noms de la secte. 495
LXXIII. Leur histoire divisée en deux. Leurs commencemens spécieux. . 496
LXXIV. Si Valdo étoit un homme de savoir. 497
LXXV. Les vaudois condamnés par Lucius III. 497
LXXVI. Ils viennent à Rome. On ne les accuse de rien sur la présence réelle. 497
LXXVII. Autre preuve que leurs erreurs ne regardent point l'Eucharistie. 498
LXXVIII. Preuve de la même vérité par une célèbre conférence où tous les points sont traités. 498
LXXIX. Articles de la conférence. 499
LXXX. On n'y parle point de l'Eucharistie. 499
LXXXI. Alanus, qui fait le dénombrement des erreurs vaudoises, n'objecte rien sur l'Eucharistie. 499
LXXXII. Ni Pierre de Vaucernay. 500
LXXXIII. Les vaudois viennent demander l'approbation d'Innocent III. . 501
LXXXIV. On commence à traiter les vaudois comme hérétiques opiniâtres. 501
LXXXV. Patience de l'Eglise envers les vaudois. 502
LXXXVI. La secte vaudoise est une espèce de donatisme. 502
LXXXVII. L'audace croît peu à peu. 503
LXXXVIII. Doctrine des vaudois sur les biens d'église. 503
LXXXIX. Nulle erreur sur les sacremens. 503
XC. Mauvaise foi manifeste des historiens protestans, et de Paul Perrin sur les commencemens des vaudois. 504
XCI. Le ministre de la Roque. 504
XCII. Si les vaudois ont changé dans leurs progrès leur doctrine sur l'Eucharistie. 505
XCIII. Preuve du contraire par Renier. 505
XCIV. Dénombrement des erreurs vaudoises. 506
XCV. Autre dénombrement, et nulle mention d'erreur sur l'Eucharistie. . 506
XCVI. Autre dénombrement. 507
XCVII. Démonstration que les vaudois n'avoient aucune erreur sur la transsubstantiation. 507
XCVIII. Suite de la même démonstration. Témoignage de Claude Séyssel en 1517. Défaite grossière d'Aubertin. 508
XCIX. Vaine objection d'Aubertin. 509
C. Autre preuve par Séyssel, que les vaudois croyoient la transsubstantiation. 509
CI. Interrogatoire des vaudois, dans la bibliothèque de M. le marquis de Seignelay. 510
CII. Suite du même interrogatoire. 510
CIII. Suite. 511
CIV. Nécessité de la confession. 511
CV. Suite de la même matière. 511

CVI. Que les vaudois faisoient à l'extérieur les devoirs de catholiques. . 512
CVII. Si les vaudois ont retranché quelqu'un des sacremens : la confirmation. 513
CVIII. L'extrême-onction. 513
CIX. Ce que c'étoit que l'ablution, dont parle Renier, dans le baptême. . 513
CX. La confession. 514
CXI. L'Eucharistie. 514
CXII. Le mariage. Si Renier a calomnié les vaudois. 515
CXIII. Démonstration que les catholiques n'ont ni ignoré ni dissimulé la doctrine des vaudois. 515
CXIV. Division de la doctrine des vaudois en trois chefs. 516
CXV. Doctrine que les protestans rejettent dans les vaudois, aussi bien que les catholiques. 516
CXVI. La doctrine que les catholiques approuvent dans les vaudois, et que les protestans rejettent. 516
CXVII. Les vaudois changent de doctrine depuis Luther et Calvin. . . . 517
CXVIII. Nouveaux dogmes proposés aux vaudois par les protestans. . . . 517
CXIX. Conférence des vaudois avec Œcolampade. 518
CXX. Les vaudois nullement calvinistes : preuve par Crespin. 521
CXXI. Preuve par Bèze. 521
CXXII. Changement des vaudois de Calabre, et leur entière extinction. . . 521
CXXIII. Les vaudois d'à présent ne sont pas prédécesseurs, mais sectateurs des calvinistes. 522
CXXIV. Nul secours à tirer des vaudois pour les calvinistes. 522
CXXV. Les calvinistes n'ont aucun auteur du temps qui favorise leur prétention sur les vaudois. 524
CXXVI. Livres vaudois produits par Perrin. 524
CXXVII. Suite. 525
CXXVIII. Confession de foi produite par Perrin. Qu'elle est postérieure au calvinisme. 526
CXXIX. Démonstration que les vaudois n'avoient point de confession de foi avant la Réforme prétendue. 527
CXXX. Que les vaudois en dressant leur confession de foi calviniste, ont retenu quelque chose des dogmes qui leur étoient particuliers. . . 528
CXXXI. Réflexion sur l'histoire des albigeois et des vaudois. Artifice des ministres. 529
CXXXII. Démonstration que les hérétiques qui ont nié la réalité au douzième et treizième siècle sont manichéens. Insigne supposition des ministres. 529
CXXXIII. Suite. Manichéisme à Metz. Les bogomiles. 530
CXXXIV. Suite des suppositions des ministres. 531
CXXXV. Autre falsification. 531
CXXXVI. Autre passage tronqué. 532
CXXXVII. Récapitulation. 532
CXXXVIII. Deux autres objections des ministres. 532
CXXXIX. Seize églises des manichéens, qui comprenoient toute la secte. 533
CXL. Les cathares au nombre de quatre mille. Ce que c'étoit. 533
CXLI. Si le mot de *croyans* signifie les vaudois chez les anciens auteurs. Illusion d'Aubertin. 534
CXLII. Conclusion. Que les vaudois ne sont point du sentiment des calvinistes. 534
CXLIII. Ce qu'il faut croire de la vie des vaudois. 534
CXLIV. L'aigreur est le caractère de cette secte. Abus de l'Ecriture. . . 535
CXLV. Eminente sainteté dans l'Eglise catholique. Saint Bernard. . . . 536
CXLVI. Aigreur et présomption des hérétiques. 537

CXLVII. S'il faut se laisser surprendre à leur fausse constance. Réponse mémorable de saint Bernard. 537
CXLVIII. Condamnation inévitable de ces hérétiques, en ce qu'ils renioient leur religion. 538

Histoire des Frères de Bohême, vulgairement et faussement appelés vaudois.

CXLIX. La secte des Frères de Bohême. 539
CL. Ils désavouent ceux qui les appellent vaudois; et pourquoi. . . . 539
CLI. Sentimens de Camérarius et de Rudiger. 540
CLII. Les vaudois désavoués par les Frères, aussi bien que les Picards. . 540

Histoire de Jean Viclef, Anglois.

CLIII. Doctrine impie de Viclef, dans son *Trialogue*. 541
CLIV. Il imite la fausse piété des vaudois. 543
CLV. Qu'on n'a point calomnié la doctrine de Viclef au concile de Constance. 544
CLVI. Pernicieuse doctrine de Viclef sur les rois. 544
CLVII. Articles de Viclef conformes à notre doctrine. 545
CLVIII. Confession de foi de Viclef produite par M. de la Roque, fils du ministre. 545
CLIX. Qu'elle est fausse par Viclef même. 545
CLX. Viclef renonce à sa doctrine, et meurt dans la communion extérieure de l'Eglise. 546
CLXI. Sentimens de Mélanchthon sur Viclef. 546

Histoire de Jean Hus, et de ses disciples.

CLXII. Jean Hus imite Viclef dans sa haine contre le Pape. 547
CLXIII. Jean Hus dit la messe, et n'a point d'autres sentimens sur l'Eucharistie que ceux de l'Eglise romaine. 547
CLXIV. Pourquoi on a douté de la doctrine de Jean Hus. 547
CLXV. Jean Hus catholique en tout dans les points controversés, excepté la communion sous les deux espèces, et le Pape. 548
CLXVI. Que tout est bon aux protestans, pourvu qu'on crie contre le Pape. 548
CLXVII. Les taborites. 549
CLXVIII. Les calixtins. 550
CLXIX. Le *Compactatum*, ou les quatre articles accordés par le concile de Bâle. 550
CLXX. Les calixtins disposés à reconnoître le Pape. 551
CLXXI. D'où vient donc qu'ils respectoient tant la mémoire de Viclef. . . 551
CLXXII. L'ambition de Roquesane et des calixtins empêche leur réunion avec l'Eglise. 551
CLXXIII. Origine des Frères de Bohême qui se séparent de Roquesane et des calixtins. 552
CLXXIV. Foibles commencemens de cette secte. 552
CLXXV. Ils ne prenoient que le nom de Jean Hus, et n'en suivoient pas la doctrine. 553
CLXXVI. Leur extrême ignorance, et leur audace à rebaptiser toute la terre. 553
CLXXVII. Leurs vaines enquêtes à chercher dans tout l'univers quelque église de leur croyance. 555

CLXXVIII. Comment ils recherchoient l'ordination dans l'Eglise catholique. 556
CLXXIX. Reproches que leur fait Luther. 556
CLXXX. Leur doctrine sur les sept sacremens. 557
CLXXXI. Sur la présence réelle. 557
CLXXXII. Suite. 558
CLXXXIII. Ils font dépendre le sacrement du mérite du ministre. . . . 558
CLXXXIV. Forte expression de la réalité. 558
CLXXXV. La même chose appuyée. 559
CLXXXVI. La manière dont ils refusent l'adoration confirme qu'ils crurent la réalité, et même hors l'usage. 559
CLXXXVII. Leur incertitude et leurs ambiguïtés affectées. 560
CLXXXVIII. Les luthériens et les calvinistes les veulent tirer à eux. Ils penchent vers les premiers. 561
CLXXXIX. Luther leur donne son approbation, et comment. 562
CXC. Leurs fêtes, leurs temples, leurs jeûnes, le célibat de leurs prêtres. . 562
CXCI. La perpétuelle virginité de Marie, mère de Dieu. 563
CXCII. Ils se réfugient en Pologne. 563
CXCIII. Ils s'y unissent avec les luthériens et les zuingliens, dans l'assemblée de Sendomir. 563
CXCIV. Termes de l'accord de Sendomir. 564
CXCV. Les zuingliens sont ceux qui se relâchent le plus dans cet accord. . 564
CXCVI. Relâchement des luthériens, et comment ils s'en peuvent sauver. . 564
CXCVII. Disposition des Frères de Bohême. 565
CXCVIII. Réflexions sur cette union. 565
CXCIX. Réflexions générales sur l'histoire de toutes ces sectes. 566
CC. Autre réflexion sur ce que des sectes si contraires se fondent toutes sur l'évidence de l'Ecriture. 566
CCI. Dernière et plus importante réflexion sur l'accomplissement de la prédiction de saint Paul. 566
CCII. La doctrine des deux principes marquée par saint Paul : pourquoi cette doctrine est appelée une doctrine de démons. 567
CCIII. Question : Pourquoi le Saint-Esprit, de toutes les hérésies, n'a prédit en particulier que le seul manichéisme. Caractère de cette hérésie. L'hypocrisie. L'esprit de mensonge. La conscience cautérisée. 568
CCIV. Suite des raisons pourquoi le Saint-Esprit a marqué cette hérésie plutôt que les autres. 569
CCV. Comment les vaudois sont sortis des albigeois manichéens. . . . 570
CCVI. Comment Luther et Calvin sont sortis des albigeois et des vaudois. 571
CCVII. Les églises protestantes cherchent en vain la succession des personnes dans les sectes précédentes. 571
CCVIII. Elles y trouvent encore moins la succession dans la doctrine. . . 572
CCIX. Quelle succession ont les hérétiques. 573

LIVRE VII.

Depuis 1571 jusqu'à 1579, et depuis 1603 jusqu'à 1615.

I. Plusieurs églises prétendues réformées de France veulent changer l'article de la Cène dans la confession de foi. 574
II. Le synode national les condamne. Décision de ce synode pleine d'embarras. 574
III. Vains efforts du synode pour trouver la substance du corps et du sang dans la doctrine des églises prétendues réformées. 575

IV. Erreur du synode, qui cherche le mystère de l'Eucharistie, sans en produire l'institution. 577
V. Raison du synode pour établir la substance. On conclut que l'autre opinion est contraire à la parole de Dieu. 577
VI. Le synode dit plus qu'il ne veut. 578
VII. Il s'agissoit d'un point de doctrine. 578
VIII. Les Suisses se croient condamnés dans cette décision. 578
IX. Le synode leur fait répondre par Bèze, que cette doctrine n'est que pour la France. Les luthériens aussi bien que les catholiques détestés comme défenseurs d'une opinion monstrueuse. 579
X. Les Suisses ne se contentent pas de la réponse de Bèze, et se tiennent toujours pour condamnés. 579
XI. Il fallut enfin changer le décret, et réduire à rien la substance. . . . 580
XII. Réflexion sur cet affoiblissement de la première doctrine. 580
XIII. Les diverses confessions de foi marquent la désunion du parti. . . 581
XIV. L'assemblée de Francfort où on tâche de faire convenir les défenseurs du sens figuré d'une commune confession de foi. 581
XV. On veut comprendre les luthériens dans cette commune confession de foi. 582
XVI. Qualités de cette nouvelle confession de foi. Députés nommés pour la dresser. 582
XVII. Lettre écrite aux luthériens par l'assemblée de Francfort. . . . 583
XVIII. L'assemblée diminue la difficulté de la présence réelle. 583
XIX. Consentement du synode de Sainte-Foi à la nouvelle confession de foi. 584
XX. La foi entre les mains de quatre ministres et de M. de Turenne. . . 585
XXI. Pourquoi M. de Turenne dans cette députation pour la doctrine. . 585
XXII. Lettre où les calvinistes reconnoissent Luther et Mélanchthon pour leurs pères. 585
XXIII. Le projet de la confession commune continué jusqu'à nos jours, et toujours inutilement. 586
XXIV. Vaines défaites des ministres. 586
XXV. Différence de ce qu'on vouloit faire en faveur des luthériens à Francfort et à Sainte-Foi, d'avec ce qu'on a fait depuis à Charenton. . . . 587
XXVI. Esprit d'instabilité dans le calvinisme. 587
XXVII. La dispute de Piscator. 588
XXVIII. Sa doctrine est détestée par le synode national de Gap. Première décision. 588
XXIX. Seconde condamnation de la doctrine de Piscator au synode de la Rochelle. 589
XXX. Remarque importante : Que la doctrine des calvinistes contre Piscator résout les difficultés qu'ils nous font sur le sacrifice de l'Eucharistie. . 589
XXXI. Troisième décision. Formulaire et souscription ordonnée contre Piscator dans le synode de Privas. 590
XXXII. L'Ecriture mal alléguée, et toute la doctrine mal entendue. . . 590
XXXIII. Quatrième décision contre Piscator au synode de Tonneins. . . 591
XXXIV. Impiété de la justice imputative, comme elle est proposée par ces synodes. 591
XXXV. Netteté et simplicité de la doctrine catholique, apposée aux obscurités de la doctrine contraire. 591
XXXVI. Réflexion sur la procédure : qu'on n'y allègue l'Ecriture que pour la forme. 592
XXXVII. Manière dont on allègue la confession de foi. 593
XXXVIII. On se moque de tous ces décrets. Rien de sérieux dans la Réforme. Mémoire de Dumoulin approuvé dans le synode d'Ay. 593

XXXIX. Paroles de Dumoulin : dissimulation. Caractère de l'hérésie reconnu dans la Réforme. 594
XL. Réflexion sur ces paroles de Dumoulin, approuvées dans le synode d'Ay. 595
XLI. Inconstance de Dumoulin. 595
XLII. Points importans à supprimer, entre autres ce qui est contraire à la présence réelle. 595
XLIII. Importance des disputes entre les défenseurs du sens figuré. . . . 598

LIVRE XIII.

Doctrine sur l'Antechrist, et variations sur cette matière, depuis Luther jusqu'à nous.

I. Article ajouté à la confession de foi, pour déclarer le Pape antechrist. 598
II. Vaines prédictions de Luther, et défaite aussi vaine de Calvin. . . . 598
III. Daniel et saint Paul produits en l'air. 599
IV. Les protestans se déshonorent eux-mêmes par cette doctrine. . . . 600
V. Illusions sur l'Apocalypse. 600
VI. Cette doctrine de l'Antechrist n'étoit dans aucun acte de la Réforme. Luther la met dans les articles de Smalcalde; mais Mélanchthon s'y oppose. 601
VII. Décision du synode de Gap. Son faux fondement. 601
VIII. Occasion de ce décret. 602
IX. Cette doctrine de l'Antechrist combien méprisée, même dans la Réforme. 602
X. Réfutée par les plus savans protestans, Grotius, Hammond, Jurieu lui-même. 603
XI. Exposition de la doctrine du ministre Jurieu. 604
XII. M. Jurieu occupé du soin d'abréger le temps des prétendues prophéties. 605
XIII. Cet auteur avoue sa prévention. 605
XIV. Il abandonne ses guides, et pourquoi. 605
XV. Impossibilité de placer les douze cent soixante ans que la Réforme veut donner à la persécution de l'Antechrist. 606
XVI. Nouvelle date donnée à la naissance de l'Antechrist par ce ministre dans ses *Préjugés*. 606
XVII. Les temps n'y cadrent pas à cause de la sainteté des papes d'alors. 607
XVIII. L'auteur change, et veut avancer la ruine de l'Antechrist. . . . 608
XIX. Il est obligé à le faire naître en la personne de saint Léon le Grand. 608
XX. Absurdité de ce système. 609
XXI. Vaine évasion du ministre. 609
XXII. Trois mauvais caractères qu'on attribue à saint Léon. 610
XXIII. Idolâtrie de saint Léon. Les Maozims de Daniel appliqués aux saints. 611
XXIV. Saint Basile et les autres saints du même temps accusés de la même idolâtrie. 611
XXV. Autres saints pareillement idolâtres. 612
XXVI. Saint Ambroise ajouté aux autres par M. Jurieu. 612
XXVII. Les ministres ne peuvent pas croire ce qu'ils disent. 612
XXVIII. Pourquoi ils ne font pas commencer l'antichristianisme à saint Basile aussitôt qu'à saint Léon. 613
XXIX. Calcul ridicule. 614
XXX. Pourquoi l'idolâtrie de saint Basile, et des autres Pères de même temps, n'est pas réputée antichrétienne. 614
XXXI. Absurdité inouïe. 615

IV. Erreur du synode, qui cherche le mystère de l'Eucharistie, sans en produire l'institution. 577
V. Raison du synode pour établir la substance. On conclut que l'autre opinion est contraire à la parole de Dieu. 577
VI. Le synode dit plus qu'il ne veut. 578
VII. Il s'agissoit d'un point de doctrine. 578
VIII. Les Suisses se croient condamnés dans cette décision. 578
IX. Le synode leur fait répondre par Bèze, que cette doctrine n'est que pour la France. Les luthériens aussi bien que les catholiques détestés comme défenseurs d'une opinion monstrueuse. 579
X. Les Suisses ne se contentent pas de la réponse de Bèze, et se tiennent toujours pour condamnés. 579
XI. Il fallut enfin changer le décret, et réduire à rien la substance. . . . 580
XII. Réflexion sur cet affoiblissement de la première doctrine. 580
XIII. Les diverses confessions de foi marquent la désunion du parti. . . . 581
XIV. L'assemblée de Francfort où on tâche de faire convenir les défenseurs du sens figuré d'une commune confession de foi. 581
XV. On veut comprendre les luthériens dans cette commune confession de foi. 582
XVI. Qualités de cette nouvelle confession de foi. Députés nommés pour la dresser. 582
XVII. Lettre écrite aux luthériens par l'assemblée de Francfort. . . . 583
XVIII. L'assemblée diminue la difficulté de la présence réelle. . . . 583
XIX. Consentement du synode de Sainte-Foi à la nouvelle confession de foi. 584
XX. La foi entre les mains de quatre ministres et de M. de Turenne. . . 585
XXI. Pourquoi M. de Turenne dans cette députation pour la doctrine. . 585
XXII. Lettre où les calvinistes reconnoissent Luther et Mélanchthon pour leurs pères. 585
XXIII. Le projet de la confession commune continué jusqu'à nos jours, et toujours inutilement. 586
XXIV. Vaines défaites des ministres. 586
XXV. Différence de ce qu'on vouloit faire en faveur des luthériens à Francfort et à Sainte-Foi, d'avec ce qu'on a fait depuis à Charenton. . . 587
XXVI. Esprit d'instabilité dans le calvinisme. 587
XXVII. La dispute de Piscator. 588
XXVIII. Sa doctrine est détestée par le synode national de Gap. Première décision. 588
XXIX. Seconde condamnation de la doctrine de Piscator au synode de la Rochelle. 589
XXX. Remarque importante : Que la doctrine des calvinistes contre Piscator résout les difficultés qu'ils nous font sur le sacrifice de l'Eucharistie. 589
XXXI. Troisième décision. Formulaire et souscription ordonnée contre Piscator dans le synode de Privas. 590
XXXII. L'Ecriture mal alléguée, et toute la doctrine mal entendue. . . 590
XXXIII. Quatrième décision contre Piscator au synode de Tonneins. . 591
XXXIV. Impiété de la justice imputative, comme elle est proposée par ces synodes. 591
XXXV. Netteté et simplicité de la doctrine catholique, apposée aux obscurités de la doctrine contraire. 591
XXXVI. Réflexion sur la procédure : qu'on n'y allègue l'Ecriture que pour la forme. 592
XXXVII. Manière dont on allègue la confession de foi. 593
XXXVIII. On se moque de tous ces décrets. Rien de sérieux dans la Réforme. Mémoire de Dumoulin approuvé dans le synode d'Ay. 593

XXXIX. Paroles de Dumoulin : dissimulation. Caractère de l'hérésie reconnu dans la Réforme. 594
XL. Réflexion sur ces paroles de Dumoulin, approuvées dans le synode d'Ay. 595
XLI. Inconstance de Dumoulin. 595
XLII. Points importans à supprimer, entre autres ce qui est contraire à la présence réelle. 595
XLIII. Importance des disputes entre les défenseurs du sens figuré. . . . 598

LIVRE XIII.

Doctrine sur l'Antechrist, et variations sur cette matière, depuis Luther jusqu'à nous.

I. Article ajouté à la confession de foi, pour déclarer le Pape antechrist. 598
II. Vaines prédictions de Luther, et défaite aussi vaine de Calvin. . . . 598
III. Daniel et saint Paul produits en l'air. 599
IV. Les protestans se déshonorent eux-mêmes par cette doctrine. . . . 600
V. Illusions sur l'Apocalypse. 600
VI. Cette doctrine de l'Antechrist n'étoit dans aucun acte de la Réforme. Luther la met dans les articles de Smalcalde; mais Mélanchthon s'y oppose. 601
VII. Décision du synode de Gap. Son faux fondement. 601
VIII. Occasion de ce décret. 602
IX. Cette doctrine de l'Antechrist combien méprisée, même dans la Réforme. 602
X. Réfutée par les plus savans protestans, Grotius, Hammond, Jurieu lui-même. 603
XI. Exposition de la doctrine du ministre Jurieu. 604
XII. M. Jurieu occupé du soin d'abréger le temps des prétendues prophéties. 605
XIII. Cet auteur avoue sa prévention. 605
XIV. Il abandonne ses guides, et pourquoi. 605
XV. Impossibilité de placer les douze cent soixante ans que la Réforme veut donner à la persécution de l'Antechrist. 606
XVI. Nouvelle date donnée à la naissance de l'Antechrist par ce ministre dans ses *Préjugés*. 606
XVII. Les temps n'y cadrent pas à cause de la sainteté des papes d'alors. 607
XVIII. L'auteur change, et veut avancer la ruine de l'Antechrist. . . . 608
XIX. Il est obligé à le faire naître en la personne de saint Léon le Grand. 608
XX. Absurdité de ce système. 609
XXI. Vaine évasion du ministre. 609
XXII. Trois mauvais caractères qu'on attribue à saint Léon. 610
XXIII. Idolâtrie de saint Léon. Les Maozims de Daniel appliqués aux saints. 611
XXIV. Saint Basile et les autres saints du même temps accusés de la même idolâtrie. 611
XXV. Autres saints pareillement idolâtres. 612
XXVI. Saint Ambroise ajouté aux autres par M. Jurieu. 612
XXVII. Les ministres ne peuvent pas croire ce qu'ils disent. 612
XXVIII. Pourquoi ils ne font pas commencer l'antichristianisme à saint Basile aussitôt qu'à saint Léon. 613
XXIX. Calcul ridicule. 614
XXX. Pourquoi l'idolâtrie de saint Basile, et des autres Pères de même temps, n'est pas réputée antichrétienne. 614
XXXI. Absurdité inouïe. 615

XXXII. Le système des ministres sur les sept rois de l'Apocalypse, évidemment confondu par les termes de cette prophétie. 615
XXXIII. Réponse illusoire. 617
XXXIV. Les dix rois de l'Apocalypse aussi évidemment mal expliqués. . . 618
XXXV. Vaine réponse. 619
XXXVI. Contrariété des nouveaux interprètes. 620
XXXVII. L'Anglois trouve l'Angleterre dans l'Apocalypse, et le François y trouve la France. 621
XXXVIII. Le roi de Suède prédit, et la prédiction démentie à l'instant. . . 621
XXXIX. Ridicule pensée sur le Turc. 622
XL. Pourquoi on souffre ces absurdités dans le parti. 622
XLI. Les prophètes du parti sont des trompeurs. Aveu du ministre Jurieu. 623
XLII. Les interprètes ne valent pas mieux. 624
XLIII. Ce que les ministres ont trouvé dans l'Apocalypse touchant leurs réformateurs. 624
XLIV. Idée du ministre Jurieu. 625

FIN DE LA TABLE DU QUATORZIÈME VOLUME.

BESANÇON. — IMPRIMERIE D'OUTHENIN CHALANDRE FILS.

HISTOIRE GÉNÉRALE

DES

AUTEURS SACRÉS

ET ECCLÉSIASTIQUES

QUI CONTIENT

LEUR VIE, LE CATALOGUE, LA CRITIQUE, LE JUGEMENT, LA CHRONOLOGIE, L'ANALYSE
ET LE DÉNOMBREMENT DE DIFFÉRENTES ÉDITIONS DE LEURS OUVRAGES ;

CE QU'ILS RENFERMENT DE PLUS INTÉRESSANT

sur le dogme, sur la morale et sur la discipline de l'Eglise, l'histoire des conciles
tant généraux que particuliers, et les actes choisis des Martyrs,

Par le R. P. Dom Remy CEILLIER.

NOUVELLE ÉDITION

soigneusement revue, corrigée et augmentée par un Directeur de Séminaire,
avec la collaboration de deux savants professeurs de St.-Sulpice.

15 vol. in-4°. — Prix : 150 francs.

Dix volumes sont en vente. Le paiement devra s'effectuer après livraison du dernier volume.

L'idée de renfermer en un seul corps d'ouvrage l'ensemble de la tradition catholique, à partir des Ecrivains sacrés jusqu'au dernier Concile général de Trente, qui couronne magnifiquement l'œuvre des siècles et résume dans une formule immuable la Révélation divine, est une des plus grandes conceptions du siècle de Louis XIV. On sait avec quelle joie Bossuet accueillit le programme d'une pareille œuvre, et avec quelle douleur il vit plus tard s'évanouir ses espérances, quand le trop fameux docteur de Sorbonne, Ellies Dupin, qui avait entrepris cet immense travail, sembla vouloir empoisonner les sources mêmes de la tradition, et faire de sa *Bibliothèque des auteurs ecclésiastiques* en 58 vol. in-8°, l'arsenal de toutes les hérésies et de toutes les erreurs. L'Evêque de Meaux n'hésita point : il adressa au chancelier de France, et à Mgr. de Harlai, archevêque de Paris, un de ces mémoires où l'érudition le dispute à l'éloquence, et où la doctrine de l'Eglise apparait dans son radieux éclat, dégagée des perfides insinuations et des critiques calomnieuses de Dupin. Le parlement de Paris s'émut à cette voix que la France et l'Europe admiraient. La *Bibliothèque des auteurs ecclésiastiques* fut supprimée par un arrêt solennel. Son auteur était convaincu d'avoir cherché « à affaiblir la piété des fidèles, en diminuant de la « vénération due à la sainte Vierge; de favoriser le nestorianisme, *d'ôter aux preuves de la primauté du Saint-* « *Siège une partie de leur force;* d'attribuer aux saints Pères des erreurs et l'immortalité de l'âme, et de parler « d'eux avec trop peu de respect, » etc. Ce sont les termes mêmes de l'arrêt du Parlement de Paris. — Ellies Dupin mourut en 1719, laissant un mémoire flétri, et une œuvre dont les ennemis de l'Eglise purent seuls se réjouir. Dix ans plus tard, l'idée qu'il avait si malheureusement travestie fut reprise par le savant bénédictin Dom Remy Ceillier, prieur de Flavigny ; et en 1729 le premier volume de l'*Histoire générale des auteurs sacrés et ecclésiastiques* fut publié aux applaudissements du monde catholique. Les 22 suivants parurent sans interruption jusqu'en 1763, date de la mort de Dom Ceillier. Cette longue période du XVIIIe siècle, remplie par les succès éphémères du philosophisme et le retentissement de tant de voix hostiles à l'Eglise, s'écoula pour l'illustre Bénédictin dans l'étude de la science ecclésiastique ; et son livre, véritable monument, survécut au triomphe de l'incrédulité, pour attester à notre âge la grandeur, la majesté, la divinité de l'Eglise. L'*Histoire générale des auteurs sacrés et ecclésiastiques* est pour le Clergé ce qu'est pour les littérateurs l'*Histoire littéraire de la France*. Tout ce qui, de près ou de loin, intéresse le dogme, la morale, la liturgie, l'histoire, le droit canonique, se trouve dans cette œuvre d'érudition immense et de gigantesque labeur. Pas un traité des Pères de l'Eglise qui ne soit analysé avec une telle exactitude et une telle sûreté de doctrine qu'on a pu dire que « les analyses de Dom Ceillier peuvent en quelque sorte suppléer à la lecture des ouvrages eux-mêmes. » Pas un des livres canoniques de l'ancien et du nouveau Testament dont l'intégrité, l'authenticité, l'inspiration divine ne soient victorieusement démontrées. Tous les livres apocryphes sont analysés avec le plus grand soin, étudiés dans leurs tendances générales, et rapprochés par le savant Bénédictin des époques et des auteurs auxquels ils doivent être attribués. La réputation de Dom Ceillier grandira sans doute à mesure que son magnifique ouvrage sera plus généralement connu ; cependant il n'eut point, durant sa vie, à regretter les suffrages de la postérité. Ceux qui lui furent adressés venaient de trop haut pour qu'ils pussent jamais être dépassés ; et, quand, dans sa modeste cellule, le Prieur de Flavigny reçut de Benoît XIV, ce Pontife d'immortelle mémoire, deux brefs de félicitation pour son *Histoire des auteurs sacrés*, il dut entendre, dans cette haute approbation, celle de tous les siècles à venir. Il dut prévoir l'immense succès réservé à son ouvrage qui, sans la tourmente révolutionnaire, aurait déjà été réimprimé plusieurs fois et serait maintenant dans toutes les bibliothèques ecclésiastiques.

De nos jours, où l'on revient à l'étude des saints Pères, l'*Histoire générale des auteurs sacrés* est devenue nécessaire, indispensable au Clergé. Nous avons donc répondu à un véritable besoin de notre époque en donnant une nouvelle édition de l'ouvrage de Dom Ceillier, augmentée de tout ce que la science moderne et les récentes découvertes du cardinal Maï ont ajouté à la collection des Pères et des auteurs ecclésiastiques.

BESANÇON. — IMPRIMERIE D'OUTHENIN CHALANDRE FILS.

www.ingramcontent.com/pod-product-compliance
Lightning Source LLC
Chambersburg PA
CBHW050318240426
43673CB00042B/1452